U0153132

犯罪學與犯罪預防

林滄崧——著

五南圖書出版公司 印行

序文

　　繼專為介紹犯罪學總論與理論面向知識的《析釋犯罪學》出版後，集犯罪學總論、理論、類型論與犯罪預防等知識的本書也隨之出版，誠如在《析釋犯罪學》二版序文中所言，對於想了解犯罪學而不需要去理解犯罪類型及操作犯罪預防實務的讀者來說，《析釋犯罪學》是相當適用的犯罪學專書；而對不僅需要融會犯罪學總論與理論面向知識，更需要貫通犯罪類型及操作犯罪預防實務的讀者來說，本書則可提供具備全體系與脈絡性的介紹，相信一定可以滿足讀者對犯罪學全般領域知識的需求。

　　在社會安全治理領域上，通常會有理論與實務之分，甚至以實務現況質疑理論的有效性，有此想念者恐怕是忽略了現代社會與行為科學理論的建構，都是以實務現象為素材。以犯罪學為例，現代犯罪學理論的建構幾乎都是採實證途徑，亦即以社會犯罪事件元素（犯罪人、被害人、犯罪情境）為基礎，或以質性歸納、或以量化演繹等方式，建構出全般犯罪或某特定犯罪類型發生的原理原則，此一原理原則就是理論。因此，犯罪實務現象滋生理論並生成各種治安策略，再從治安策略成效去反饋修正理論後再生成理論治安策略，如此理論建構與策略檢驗的循環，就是當前世界各國在從事犯罪學理論研究與犯罪預防策略的操作模型，同時也是本書強調全體系與脈絡性的原因。

　　感謝恩師黃富源教授（現職銘傳大學社會科學院院長，前行政院人事行政總處人事長）對我創建人生價值及犯罪學專業建立的啟蒙教誨，感恩前警大莊副校長德森與夫人對我及家人的呵護，另有幸於現任新北市侯市長任職警大校長期間擔任秘書工作，貼身領悟侯市長大器視野、決斷細緻與正派厚道的領袖特質，儼然上了一門人生哲學課。另現任中央警察大學楊校長源明於臺中市政府警察局局長任內，提出諸多治安治理的先驅見解與作為，不僅在當時讓臺中市的治安治理績效領全國之首，更觸動筆者對諸多理論思維的修正，油然敬仰；警大學生總隊陳總隊長惠堂待滄崧如父如兄，關心之至，銘感於心；國內知名書畫家張子文先生不僅是滄崧從警價值引領者，更為本書名題字，增添本書質感，敬表感謝。

　　感謝我的犯罪學啟蒙老師蔡德輝教授、許春金教授、范國勇教授、張平吾教授，聽您們講課有如徜徉在活躍學海當中，不但讓我奠定犯罪學知識的基

礎，更持續保持對犯罪學知識發展的熱愛；另在求學及工作路途上諸多老師、長官、同事與好友們的指導、鼓勵與陪伴，因篇幅限制關係，在此致上滄崧最深沉感恩之意。

林滄崧 謹誌於臺中・太平

2023.8.21

ontents 目錄

第一篇 總 論

第二篇 理 論

表目錄

圖目錄

第一篇

總　論

第一章　認識犯罪學

幾乎每個初次研讀犯罪學的人應該都會有一種困擾——「犯罪理論怎麼這麼多？」若真實的狀況是「犯罪理論一定會愈來愈多！」想必會更加令人困擾。但這就是社會科學的特性，很不幸地，犯罪學就站在歸屬於社會科學這一邊。

社會科學不同於自然科學，自然科學知識講求的就是具體實證，若不是真實被發現存在，就是真實被創造出來，若發生同一現象有先後兩個理論存在時，一定是後來的新理論推翻前面的舊理論，不可能對同一存在的現象有兩種解釋與說法。舉個例子來說，我們常喝的「水」，它的化學式叫做「H_2O」，「H_2O」這個化學式是怎麼來的，誠如上述所說，自然科學知識講求的就是具體實證，不是真實被發現存在，就是真實被創造出來。1800年，英國化學家尼科爾森（William Nicholson, 1753-1815）首先使用電解的方法將水分解成為氫氣和氧氣，在當時對水的理解就只是「氫＋氧」。但到了1805年，法國科學家蓋呂薩克（〔法語〕Joseph Louis Gay-Lussac, 1778-1850）則發現了一個單位體積的氧氣和兩個單位體積的氫氣燃燒後會生成水，自此「2倍的氫＋1倍的氧」取代「氫＋氧」，成為我們對「水」的理解，也是「水」生成的唯一理論。

但社會科學就不一樣了，社會科學研究的不精準特性，創造了許多可以讓人們各說各話的空間，你說你的、我說我的，就看日後人們要用誰的。因此，學派創建的現象便會出現在社會科學領域當中，若各學派或理論擁護者各自相安無事也就算了，若想獨占鰲頭時，便會產生相互攻訐的狀況。在犯罪學領域的狀況也是如此，相互攻訐的下場使得發展氣氛不是太好，這時候就出現了兩個出來打圓場的理論：一般化犯罪理論與整合型理論。

一般化犯罪理論認為所有的犯罪都有共同的特徵，即具有低自我控制特徵的個體，當遇有犯罪機會時，犯罪很有可能發生，因為這樣的解釋可以適用在各種犯罪類型，因此又稱為犯罪共通性理論。整合型理論則包括科際整合與理論整合兩種類型，無論是那一類型，都有想要去緩和既有犯罪學理論間相互攻訐的現象，以及提高犯罪學理論解釋力的企圖。

早期犯罪學理論通常都只從一個角度觀點去解釋犯罪現象是如何發生，所以被稱之為「一元化理論」、「單元化理論」或「小型理論」，例

如赫胥1969年所持的社會鍵理論，他認為犯罪行為的發生與一個人所接觸社會鍵功能的強弱有關。因此，「社會鍵功能」就是赫胥論述犯罪行為發生與否的觀點。又如標籤理論，該理論認為個體與外在社會互動下，從解讀社會外界對他評價的結果，去認定自己的好壞，若社會（尤其是重要的人，如父母、老師、警察等）給他一個不良的迴應，那麼個體就會去內化接受這些不良迴應，並形成一個負面標籤而逐漸烙印在他的認知裡，使得這個個體開始趨向偏差或犯罪行為，此時「社會迴應」就是標籤理論論述犯罪行為發生與否的觀點。

絕大多數的犯罪學理論都是單元化理論或小型理論，所以要去理解犯罪學理論其實並不難，只要理解每一個理論所持的觀點後，便可以理解該理論如何去解釋犯罪行為的發生。就如上述所說，因為有部分持單元化理論的犯罪學者之間會有相互批評攻訐的現象，所以才產生後來的整合型理論，一方面試著去排解單元化理論之間的攻訐，一方面也想嘗試去強化對犯罪的解釋力。既然是整合，那便不會是只持一個觀點去解釋犯罪現象與行為，多個觀點或角度便是整合型理論的特色，因此這類的犯罪學理論又稱為「多元化理論」或「中型理論」，用以區隔「單元化理論」或「小型理論」。

為何本書開宗明義就先講犯罪學理論的特性與發展，因為在十幾年來的教學實務上發現，許多學生未接觸犯罪學前充滿興趣，一旦接觸犯罪學後充滿恐懼。歸結其因，主要還是對眾多犯罪學理論的數量及其構成有所不解或誤解，甚至只會去死背理論而不去理解理論，若按照之前所說，犯罪學理論如此眾多，但人的記憶量又有限能記多少。再者，既然犯罪學理論沒有對錯的問題，只有受不受歡迎的現象，那麼，那些比較不受青睞的理論觀點就可以先放一邊，先去理解較為典型的理論觀點後，再逐漸去涉獵那些較不受青睞的理論觀點，如此才能對犯罪學持續保持興趣。

第一節 犯罪學的發衍

何謂犯罪學？顧名思義就是研究犯罪的一門科學，那有趣的問題來了，其中「犯罪」二字，究竟是代表犯罪「行為」？犯罪「人」？還是犯罪「事件」？也許有人會問這有差別嗎？答案是：當然有。而這也是讓人

們在接觸犯罪學時感到迷惑的地方。但是明眼人一看到筆者寫出犯罪行為、犯罪人與犯罪事件這三個詞，且是如此的排序時，就可以看出接下來所要說的便是犯罪學發展史。

一　非自然觀點時期（又稱魔鬼說）

　　人類社會在理解犯罪上分成兩大時期，一是非自然觀點時期，又稱為魔鬼說，該時期約略在十八世紀中期以前，發生地在歐洲地帶。十八世紀中期以前（又稱中古時期）的歐洲國家大多屬政教合一的國家體制，許多社會制度的運作都涉及了宗教之說，宗教統治與宗教鬥爭在此時期是相當普遍的現象，對犯罪行為的解釋也無法避免的沾染關於宗教上的解釋，「被魔鬼附身」便是當時解釋一個人從事犯罪行為最直接也最能被接受的說法，而燒死魔鬼、浸死魔鬼或釘死魔鬼也是對付這類犯罪人常用的方式，因此此時期制裁犯罪的刑罰制度可想而知是有多麼殘忍，至少不把犯罪人當人看，而是當魔鬼看。也因此在歐洲人類歷史上，十八世紀中期以前回溯至四世紀期間，又被稱為黑暗時代（Dark Ages）。此時期的犯罪學並非是自然人所可以理解，所以在此時期所描述犯罪行為是如何發生的觀點，統稱為非自然觀點時期，又稱為魔鬼說。

二　自然觀點時期（又稱自然說）

　　就在犯罪學魔鬼說的發展後端，約莫在十七世紀末，歐洲興起了所謂啟蒙運動（Enlightenment），它是一場強調理性哲學與人本文化的思想改造運動，它站在宗教的對立面，認為人類是具有理性的，且從理性出發去發展的知識，可以解決人類社會的問題。自啟蒙運動開始，人類歷史在思想、知識與傳播上逐漸開啟以人為主、以人為本的研究歷程。

　　啟蒙時代最主要的思想特徵，是它相信「人是具有理性，且有完全的自由意志」，此一論點不同於以宗教神權作為知識權威與教條的內涵，而是相信理性是人類社會運作的普世原則與價值，對任何社會上的各種制度與習俗，都可以透過理性的檢驗而獲得真實的樣貌，而不再是透過宗教神權的演繹。啟蒙運動所開啟以理性為主的思潮，在十八世紀橫掃整個中古歐洲，宣揚者以當時期的哲學家為主，例如法國的伏爾泰（〔法語〕

Voltaire, 1694-1778）、孟德斯鳩（〔法語〕Charles de Secondat, Baron de Montesquieu, 1689-1755），及盧梭（Jean-Jacques Rousseau, 1712-1778）；英國的洛克（John Locke, 1632-1704）、邊沁（Jeremy Bentham, 1748-1832）等人。

理性哲學在中古歐洲地帶遍地開花的結果，連帶影響對各種社會現象的觀察，其中在犯罪學領域就有一個人受到該理性哲學的影響，那便是貝加利亞（Cesare Beccaria, 1738-1794）。貝加利亞於1764年出版《犯罪與懲罰》一書，便是其深受啟蒙運動理性哲學思潮影響下，批判當時充滿殘忍刑求與酷刑的刑罰制度的表述。犯罪學發展自貝加利亞以理性詮釋犯罪行為開始，正式邁入自然人的觀點，也讓犯罪學正式結束魔鬼說的時代。

同時，貝加利亞不僅對當時刑罰制度提出反動批判，同時也論及人類犯罪行為的原因乃出自於自由意志與理性選擇的結果，犯罪只不過是遵循趨樂避苦原則，完全與魔鬼之說無關。貝加利亞如此論述犯罪行為發生，是犯罪學領域第一個具有自然觀點依據的學說或理論，因此後來的犯罪學研究者便稱貝加利亞所持哲學理性觀點為「古典理論」，追隨其觀點者統稱為「古典學派」。從此可以得知，古典理論當中「古典」的意思，便是稱最早也是第一個出現具有系統解釋的觀點，而不具有其他任何意義。就如古典音樂、古典經濟學等，其中古典兩字只是代表在各該領域的先驅地位。

然而犯罪學理論觀點發展到了二十世紀，再度出現「理性選擇」一詞，且有復興古典理論之說，故將十八世紀時貝加利亞所持的古典理論稱之為「傳統古典理論」或「傳統古典學派」，而將二十世紀所出現的理性選擇觀點之說，稱之為「現代古典理論」或「現代古典學派」，而這兩者有何差別，將在介紹犯罪學理論章節再詳加說明。

三 自然觀點時期的犯罪學發展簡述

自然觀點時期的犯罪學理論學說，始自於十八世紀貝加利亞所持的傳統古典理論之後，相關理論學說便開始呈現蓬勃發展至今，除了傳統古典學派時期的觀點外，更因社會重大變遷的結果，依序又產生了其他學派觀點之說。其中最主要的便是十九世紀的實證學派，以及在二十世紀中期萌生且延續到二十一世紀的現代古典學派。前述這三學派之所以產出有其時

代的社會背景所支撐，例如傳統古典學派有「啟蒙運動」的哲學思潮所支持；實證學派有當時「工業革命」的科學實證氛圍所支持；現代古典學派則有「經濟學成本效益的風險觀點」所支撐。

　　湊巧的是，若觀察這三學派的代表人物以及年代，分別為1764年的貝加利亞、1876年的龍布羅梭，以及1968年的貝克，其中的間距都大約是一百年，也就是說傳統古典學派自十八世紀萌生之後，主導對犯罪行為的解釋將近一百年的時間，後因犯罪率不斷提升且形而上的自由意志說並無法滿足人們對犯罪事實真正的理解，且十九世紀興起工業革命，科學實證研究成為創造知識或生產工具最主要的途徑，不僅在自然科學領域蓬勃發展，連帶地使社會科學領域也受到這一股實證研究風潮的影響。犯罪學研究也開始著重在實證研究上，傳統古典學派的自由意志說因此逐漸退場，實證學派取而代之登上犯罪學研究主場地位。然而，實證學派所主張的決定論將犯罪人視為社會性病人，並從此提出各項矯治處遇計畫，但社會科學的不精準特性以及同樣無法有效降低犯罪率的盲點，在主導犯罪原因解釋權將近一百年之後，於二十世紀時，現代古典學派接著登上主導地位。

　　誠如前述所言，社會科學之間的理論是相對存在關係，而非絕對存在關係，也就是說即使實證學派興起，不表示傳統古典學派就此消失，只是失寵而已；同樣地，現代古典學派興起時，實證學派的觀點也只是失寵而已。有關自然觀點時期各學派的發展狀況，簡述如表1-1，至於詳細的學派內涵以及所包含的理論群，將在理論該篇各節當中予以說明。

表1-1　自然觀點時期的犯罪學各學派發展簡述表

	傳統古典學派	實證學派	現代古典學派
代表年代	1764	1876	1968
代表人物	貝加利亞	龍布羅梭	貝克
代表論著	《犯罪與懲罰》	《犯罪人》	〈犯罪與懲罰：經濟觀點〉
時代背景	啟蒙運動	工業革命	風險社會
觀點依據	哲學	自然科學	經濟學

（接下頁）

	傳統古典學派	實證學派	現代古典學派
學派內涵	自由意志論 一犯罪是人類個體基於自由意志下理性選擇的結果（強調人有完全的理性可以選擇完美的決定，屬哲學性的理性選擇）	決定論 一犯罪是人類個體受到其內在變異的生理與心理因素，以及外在社會環境因素影響所導致。因此，個體是否會從事犯罪乃受到個人生理、心理與外在社會環境所決定	成本效益論 一犯罪行為就如社會上的經濟行為一樣，每個人都會透過成本效益分析，以決定是否從事犯罪（強調人只有部分的理性可以選擇最好的決定，屬經濟學性的理性選擇）
關注焦點	犯罪行為	犯罪人	犯罪事件
刑事政策	懲罰模式 一刑罰嚇阻	矯正模式 一矯治教化	正義模式 一刑罰嚇阻與情境嚇阻並行
控制策略	制定法律與創建刑事司法體系	研發各種矯正技術與治療模式	推動刑事政策兩極化與情境監控措施
刑罰主張	主張定期刑 一刑罰額度與犯罪行為相對	主張不定期刑 一教化時間與矯治效果相對	重罪累犯加重刑期、輕罪初犯緩和處分

第二節　犯罪學的架構

　　犯罪學既是一門科學也是一門學科，研讀犯罪學的內涵時，即需依循系統性、組織性與邏輯性的脈絡進行。例如，我們發現社會上詐騙案件盛行，到底在數量上有多嚴重，這個問題就涉及到犯罪定義及其測量統計，這是總論的議題；犯罪者如何進行詐騙，被害者又是如何受騙，這就涉及到理論的描述；詐騙案件本身以及詐騙加害者與被害者分別有何特徵，這乃涉及到類型論的劃分；最後如何預防詐騙被害，又詐騙者應該如何加以處罰才能遏止其再犯等，這些則是涉及到預防論與刑罰論的議題。從上述可知，不論是在創造犯罪學知識或者要理解犯罪學知識的過程中，其實都依循著總論、理論、類型論以及預防（刑罰）論的脈絡進行。

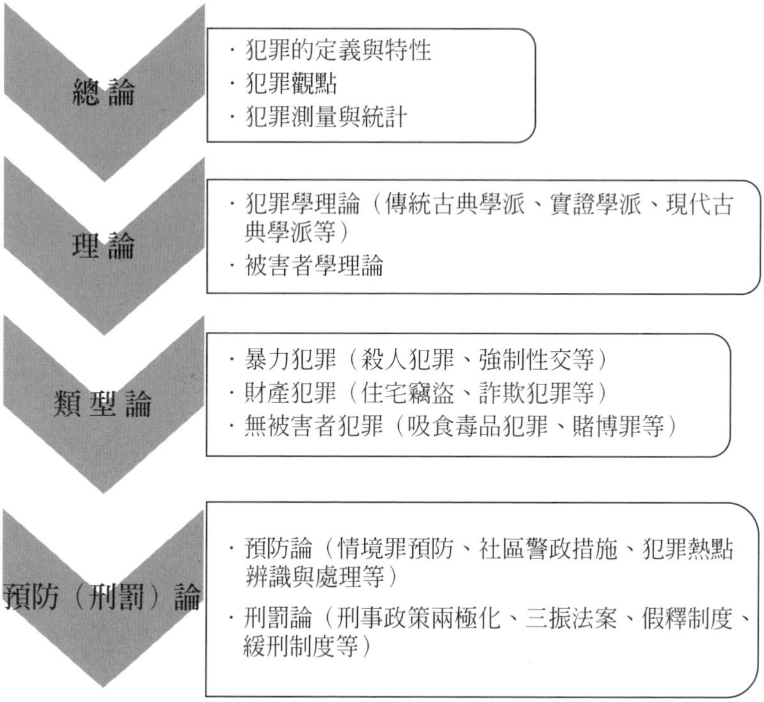

總　論
- ·犯罪的定義與特性
- ·犯罪觀點
- ·犯罪測量與統計

理　論
- ·犯罪學理論（傳統古典學派、實證學派、現代古典學派等）
- ·被害者學理論

類 型 論
- ·暴力犯罪（殺人犯罪、強制性交等）
- ·財產犯罪（住宅竊盜、詐欺犯罪等）
- ·無被害者犯罪（吸食毒品犯罪、賭博罪等）

預防（刑罰）論
- ·預防論（情境罪預防、社區警政措施、犯罪熱點辨識與處理等）
- ·刑罰論（刑事政策兩極化、三振法案、假釋制度、緩刑制度等）

圖1-1　犯罪學架構簡示圖

 總論

　　所謂總論，講的就是對犯罪的總體認識，其中包括犯罪的定義為何？犯罪有哪些特性？如何知道社會上犯罪發生數量的多寡等。犯罪學總論是研讀犯罪學的基本功夫，其中內涵雖然不多且淺顯，但對總論有了基本認識後，會連動影響接下來對理論、類型論，以及預防和刑罰論的理解。因此，總論在犯罪學課程當中雖然通常比較不受青睞，但筆者個人覺得總論是奠定犯罪學基礎相當重要的領域。

　　在總論部分，具有顯著重要性的包括對犯罪定義與特性的認識、理解犯罪的測量與統計方法，以及因犯罪黑數所衍生「無被害者犯罪」與「除罪化」等議題的瞭解，在本章僅稍作說明，另於第三章與第四章當中詳加說明。

（一）犯罪的定義與特性

犯罪現象伴隨著人類社會的發展而有不同的演化過程，近年來隨著人們對於刑事司法研究的興致提高，對於犯罪定義的需求也日益強烈，因為刑事司法乃是社會控制的主要機制之一，其主要對象即是犯罪（crime）及犯罪人（offenders）。若犯罪定義不明，恐怕刑事司法的政策研究將無法聚焦，造成研究資源的離散，且在刑事司法實務上也將因犯罪定義的不明，形成執法標準模糊的窘境。

以犯罪學的角度而言，明確的犯罪定義必須以研究犯罪行為的驅動性（drive）[1]為基礎。因為人類行為的發展主要深受自我概念（self-conception）與社會化（socialization）結果的影響。因此，探求犯罪行為的原因必須回應自我概念與社會化形成過程的影響，進而確定犯罪的意義以及形成該意義的基礎。

Mannle和Hirschel（1988）認為：任何問題在被有系統的研究之前，充分的定義是必須的，犯罪學家關心犯罪的定義，是因為定義的範圍會影響到其研究領域的確定性。如果對於犯罪的定義太過狹隘，會對日後的研究失去許多珍貴的資料；反之，若對犯罪的定義過於擴大，則對研究主題毫無意義（meaningless），或產生矛盾（conflicting）與重疊（overlapping）的現象。因此，適當的對所要研究的社會議題下一個時空上的定義，有助於人類社會對此一議題的深入瞭解。

人類何種類型的行為可被稱之為犯罪，又應該如何加以應對，一直是人類社會所亟欲釐清的問題。因為唯有對犯罪的定義加以釐清說明，才能在人類行為中找到研究的重心與控制犯罪的基礎。換言之，有了明確的犯罪行為，就能將這些犯罪人與犯罪行為以刑事司法的機制加以處理，並透過各種刑罰措施達到預防犯罪與再犯罪的目的。

---

1 犯罪何由產生一直是犯罪學者亟欲探求的目標，觀察犯罪學理論的發展可以充分說明此一現象。自人類社會理性看待犯罪現象開始，自由意志論主宰犯罪原因的解釋，其後復受科學主義思潮的影響，對於人類個體犯罪原因的解釋上趨於嚴謹的研究，決定論的研究勢力抬頭。然而對於犯罪原因的解釋，不論是自由意志論或決定論，渠等研究目的都在尋求犯罪行為的驅動性。現代的犯罪學研究，除遵循以往個體犯罪原因的探討外，也分化從被害者與生態學的角度觀察犯罪發生的成因，且更融合眾多科學智識，形成科際整合的犯罪學研究途徑。此舉不僅說明人類開始重視犯罪問題，更呈現人類行為複雜難懂的現象。

（二）犯罪測量與統計

　　瞭解犯罪的定義與特性之後，接下來就是要瞭解犯罪的狀況。社會當中犯罪的狀況到底如何，總要有些具體的方法去挖掘出來，而挖掘社會中犯罪狀況的技術，便是犯罪測量；將測量出來的各種犯罪資料〔包括犯罪類型（質）與犯罪數量（量）〕予以有系統及有組織地加以整理，便是犯罪統計。目前最常被犯罪研究者所採用的犯罪測量技術或犯罪統計資料有三種：官方犯罪統計（official statistics）、自陳報告調查（self-report survey），以及被害者調查（victim survey）。這三種犯罪測量與統計相當具有獨立性，且分別適用在各種不同研究條件的犯罪主題。

1. 官方犯罪統計

　　所謂官方統計係指經由政府官方司法機構統計執法所得而保存的犯罪資料，這些政府官方機構諸如警察、檢察、法院及矯正等司法機關。由此可知，官方統計的來源係為司法機關執法所得。以臺灣為例，在警察機關當中有「中華民國刑案統計」、在檢察機關有「檢察統計」、在法院機關有「司法統計」、在矯正機關有「矯正統計分析」，我國法務部又結合其所屬司法機關之統計資料編纂成《犯罪狀況及其分析》一書。

2. 自陳報告調查

　　自陳報告調查係指讓受調查者自己陳述在過去某一特定時間內，違反法律或社會規範的程度及類型等資料。自陳報告的犯罪測量被認為是解決犯罪黑數很好的測量機制，如前所述，官方統計有兩大缺點：一是犯罪黑數，二是無法獲得犯罪人的主觀資料，而自陳報告統計不但可以降低犯罪黑數效應，連帶的也可以透過問卷的設計，達到蒐集犯罪人主觀資料的目的。

3. 被害者調查

　　第三種犯罪測量的方式為被害者調查，這種犯罪測量方式的興起乃緣於許多犯罪被害人不願意向警察報案，導致有許多的犯罪黑數產生。因此，循著被害者身上去挖掘犯罪量數者，稱之為被害者調查，由此可知，被害者調查亦有降低犯罪黑數的作用。至於被害者為何不願意向警察報案，又犯罪黑數如何產生，將在犯罪黑數專題當中加以詳述。總之，被害

者調查也同自陳報告調查一樣，有著挖掘社會當中犯罪黑數的意義。

以上三種犯罪測量與統計是目前在犯罪學研究上較受歡迎使用的方法，其中各有其優點與缺點，研究者可就研究主題的性質來決定採取的測量方法。但無論那一種測量方法都有共同的困境，那就是測量的精準度多多少少都會受到影響，這跟之前所說犯罪學是被歸類在社會科學領域，而社會科學研究的不準確特性，導致了犯罪測量也同時產生不準確的現象。除此之外，犯罪定義的不穩定性、刑事立法的時空異動性、刑事執法的差異性以及犯罪行為本身所具有隱匿性等，都是影響犯罪測量的重要因素。

（三）「犯罪黑數」、「無被害者犯罪」與「除罪化」

犯罪學研究在實施測量或使用犯罪統計時，最怕的就是犯罪黑數，因為犯罪黑數的多寡會影響研究的真實性，進而影響後續所提出的策略效果。因此，如何避免或降低犯罪黑數對犯罪學研究的影響，就要看研究主題的質性以及研究者的操作；再來，為何在本項當中要把「犯罪黑數」、「無被害者犯罪」與「除罪化」放在一起討論，原因很簡單，因為在所有犯罪類型當中存有犯罪黑數最為龐大，也最不為人知的便是無被害者犯罪，因為無法有效掌握其犯罪真實面貌，或在處理此等犯罪時產生許多副作用，導致在刑事政策上，逐漸浮現將無被害者犯罪除罪化的呼聲。因此從理解犯罪學內涵的角度上，打破傳統犯罪學的編排，以閱讀者角度出發，將高相關性議題放在一起討論，將有助於讀者進行系統性的理解。

二 理論

本書開篇時便已經說過，犯罪學理論非常眾多，其原因除了來自犯罪本身的複雜性，也有來自犯罪學者本身的專業取向所影響，導致犯罪學理論蘊含高濃度應用科學的味道。也就是說，犯罪學理論一直是處於借用他種科學知識所研發出來的學問，所以是一種應用科學。例如我們最熟悉的龍布羅梭醫生，他創建了所謂的犯罪生物學派，這個學派名稱是他自己創立命名的嗎？當然不是，是後來的犯罪學家給的封號，為何給這個「犯罪生物學派」的封號，就是因為龍布羅梭以其醫學專業角度，針對犯罪人與非犯罪人在「生理特徵」上進行研究比較，並據以說明人為何會有犯罪行為。

　　犯罪學理論體系除了依照所引用的科學知識加以建構分類外，也可以發現在發展歷史當中，分別從犯罪行為、犯罪人以及犯罪事件等不同研究角度來建構犯罪學理論，若詳加以分類可劃分出三大犯罪理論發展階段：1.犯罪行為理論（傳統古典學派，採用哲學觀點）；2.犯罪人理論，又稱犯罪原因理論（實證學派，採用自然科學觀點，如生物學、心理學、社會學、生態學等）；3.犯罪事件理論（現代古典學派，採用經濟學觀點）。為利於理解這三大犯罪理論發展進程，以表列說明如下。

表1-2　犯罪學三大犯罪理論發展進程

	犯罪行為理論	犯罪人理論 （犯罪原因理論）	犯罪事件理論
理論年代	1764	1876	1968
觀點學說	哲學	自然科學	經濟學
學派名稱	傳統古典學派	實證學派	現代古典學派
		批判學派（從1960年代標籤理論開始至今，包括衝突理論與修復正義觀點）	
代表人物	貝加利亞	龍布羅梭	貝克
代表著作	《犯罪與懲罰》	《犯罪人》	〈犯罪與懲罰：經濟觀點〉
理論學科	哲學	生物學、心理學 社會學、生態學 醫學等	經濟學
刑事政策	懲罰模式 ─刑罰嚇阻	矯正模式 ─矯治教化	正義模式 ─刑罰嚇阻與情境嚇阻並行
控制策略	制定法律與創建刑事司法體系	研發各種矯正技術與治療模式	推動刑事政策兩極化與情境監控措施

　　若要理解犯罪學理論必先熟悉現有理論的發展進程，包括表1-1與表1-2的內容。表1-1於之前已經說明了，在此不贅述，而表1-2所呈現的就是當前犯罪學三大犯罪理論〔犯罪行為理論、犯罪人理論（犯罪原因理論）、犯罪事件理論〕或四大學派（傳統古典學派、實證學派、現代古典學派、批判學派）的發展進程，並在三大犯罪理論或四大學派裡，各自

建構出所屬的單元化理論內涵，此一部分將於接下來的理論篇當中詳細介紹。

綜觀犯罪學理論的發展進程，可以歸結出下列四個特徵：

（一）都是以犯罪為研究對象，但從中分化出「犯罪行為」、「犯罪人」與「犯罪事件」等三個截然不同的研究重點。

（二）都是對前一階段的犯罪控制策略不滿，進而開發出新的研究觀點與犯罪控制策略。

（三）雖然研究途徑與研究觀點不同，但在創立理論學派時，都有學理依據與具體的犯罪控制策略，使每一個理論學派都能長期主導人類社會的犯罪解釋權。

（四）批判學派自1960年代標籤理論發展開始，即伴隨犯罪學理論的發展進程至今，並偶有令人驚喜的理論表現。例如，衝突理論以及修復式正義觀點，其中修復式正義觀點更推展到司法實務運作上。以我國為例，自2000年開始推行實驗性修復式司法，乃至2012年9月起開始辦理全國性的修復式司法案件，截至2016年12月31日止，共有1,275件申請修復案件，其中672件當事人願意進行對話修復，達成協議比例達七成（聯合報，2017）。可見批判學派的存在不僅對犯罪學理論的發展具有催化效果，對犯罪控制策略也有啟發思辨的積極作用。

三　類型論

（一）犯罪類型學的意義

犯罪類型學乃是從犯罪者及犯罪行為的特性角度去思考，並建構出對這些犯罪者或犯罪行為的認識。比如說，犯罪者的類型學可區分為少年犯罪、女性犯罪、老人犯罪等；犯罪行為的類型學則可區分殺人犯罪、毒品犯罪、竊盜犯罪等。犯罪類型學又可區分為宏觀犯罪類型學及微觀犯罪類型學（張平吾等人，2010），宏觀犯罪類型學指的是涉及兩種或以上犯罪者或犯罪行為類型的研究，例如少年犯罪即是宏觀犯罪類型學的分類，因為少年犯罪又包含了少年竊盜事件、少年飆車事件、少年毒品事件等；微觀犯罪類型學則針對某一類型犯罪者或犯罪行為，例如少年機車竊盜事件、住宅竊盜事件、吸食毒品犯罪事件等。

　　在犯罪學理上，目前並沒有具體一致的犯罪類型分類法，世界各國在治安實務上對於犯罪類型的分類也沒有一致的共識。就以我國來說，依據104年中華民國刑案統計所列出的犯罪類型來看，並沒有很有系統性地依照學理採取宏觀犯罪類型學，或微觀犯罪類型學的分類方式，而是採宏觀與微觀融合分類方式。舉例來說，依照犯罪類型學的分類概念，犯罪類型可區分「暴力犯罪」、「財產犯罪」、「無被害者犯罪」，以及無法歸類於前述三種犯罪類型的「其他」等，但在我國的犯罪統計犯罪類型分類上，僅有「暴力犯罪」一項，其餘可歸屬於「財產犯罪」及「無被害者犯罪」的犯罪類型，皆以具體單一的犯罪類型呈現，因此在分類上顯得較為缺乏系統性。

　　當然，犯罪類型至今仍缺乏一致性的共識也是有其原因，主要還是在分類依據上，是要以犯罪行為來分類，還是犯罪人來分類，其實很難兼顧，只能按照當時社會的犯罪統計需求來區分類型並加以統計。以我國警政機關所出版的104年中華民國刑案統計為例，在其序文當中即載明（內政部警政署刑事警察局，2020）：

1. 暴力犯罪案件，自79年起，除原有故意殺人、強盜、搶奪、擄人勒贖四案類外，並增加強（輪）姦及恐嚇取財兩案類。另依據警政署88年12月22日（88）警署統字第161777號函規定，暴力犯罪統計之定義，自89年元月起修正為「故意殺人罪（不含過失致死）、強盜（含強海盜罪及準強海盜罪）、搶奪、擄人勒贖、恐嚇取財（以著手槍擊、下毒、縱火、爆炸四種手段之犯罪為限），強制性交（併含共同強制性交及對幼性交），重傷害（含傷害致死）」七項。又自80年起增列外籍人士涉案分析統計資料；95年起增列民生竊盜（包括住宅竊盜、公用設施、車輛零件及車內物品、電機、農漁牧機具、農漁牧產品、電纜線等七項）、住宅竊盜及網路犯罪案件。
2. 教育程度不識字項原列於自修項下，自81年起單獨統計；自殺案件及意外災害分析統計，自86年起停止辦理。
3. 87年5月20日公布施行「毒品危害防制條例」，故煙毒及麻醉藥品合併統計。
4. 機車竊盜案件原係單獨統計，惟依警政署88年8月30日（88）警署統字第106610號函規定自88年7月起修正竊盜統計範圍，將機車竊盜列入並合併統計。

5. 自94年4月1日起「詐欺背信」案類修正為「詐欺」，另新增「背信」案類；94年3月31日前統計併含背信案件，是宜注意。

6. 自97年起全般刑案、竊盜案件有關被害人數年齡、職業、教育程度分析，均含機車竊盜案件。

7. 自103年起本書所指保七總隊，係整併原臺灣省保安警察總隊、國家公園警察大隊、任務編組環境保護警察隊、森林暨自然保育警察隊、高屏溪流域專責警力等單位。

8. 104年4月1日起詐欺案件犯罪方法自原訂47項增刪為44項，解除分期付款詐騙（ATM）、假冒機構（公務員）、假電郵詐欺原包含於假冒名義項下，均單獨統計。

　　從上述序文中所抽列的8點說明可知，犯罪統計所載之犯罪類型會因應當時社會的犯罪狀況而有所調整，由此也可以說明犯罪類型具有動態變化的特性。例如前述第5點：「自94年4月1日起『詐欺背信』案類修正為『詐欺』，另新增『背信』案類；94年3月31日前統計併含背信案件，是宜注意。」為何我國的「詐欺」案件會自民國94年4月1日起單列，而讓「背信」案類新增獨立，理由很簡單，因為在民國94年前後至今，我國社會詐騙案件大量產出下，不僅詐騙案件的質與量推陳出新，被害者更遍及各階層。

（二）犯罪類型的解釋途徑

　　經由前述列舉官方犯罪統計的解釋後可以得知，犯罪類型是呈現動態發展的狀態，不管在質與量上都充滿變化性，它可以讓人們很快地瞭解，某一犯罪類型在哪一個時間點上呈現萎縮或膨脹的現象，同時也可以藉此對比當時的治安策略發展方向。但是就犯罪學研究而言卻產生一個困擾，因為犯罪類型的質量呈現動態性，因而不利於長期時間序列性的觀察與研究，因此在建構微觀的犯罪類型理論時，往往缺乏穩定有效的犯罪統計參考值。

　　在前述理論該節已經說過，犯罪學理論基本上可分成「犯罪原因論」與「犯罪事件論」兩種，犯罪原因論所屬理論在解釋犯罪人從事犯罪原因時，其受到犯罪類型內涵呈現動態發展的影響較小，反而是犯罪事件論所屬理論受到的影響較大，原因即在於犯罪類型的內涵（也就是質的部

分）若不斷變動，即很難聚焦在固定的犯罪事件模式上，一旦無法聚焦，則該犯罪類型的理論建構便很難穩定，因而對每一個特定的犯罪類型也很難進行理論解釋。對於這樣的難題是不是就此無解，當然不是，上天給你關上一道門，自然就會為你開一扇窗。

「犯罪事件論」在解釋各種犯罪類型時，其所代表的理論即是現代古典學派，而犯罪學理論發展到現代古典學派的同時，被害者學也在同時間發展得如火如荼，而被害者學的發展過程與犯罪學發展如出一轍，先是從被害者個體的被害原因，轉向被害事件發生的原因，也就是說，被害者學理論的觀點也從「被害者原因論」轉向到「被害事件論」。就這麼湊巧，犯罪事件論與被害事件論就此逐漸結合，共同融入成為現代古典學派的核心觀點，使得現今在解釋每一種特定的犯罪類型時，順利找到出口與著力點。

基此，當代犯罪學對於犯罪事件的分類方式，就與官方統計有所不同，官方統計當中對於犯罪類型的分類可能基於某一犯罪行為的手段或型態，但犯罪學理論所要解釋的重點卻在於該犯罪類型最後的犯罪標的。也許很多人讀到這裡時還不太懂，舉個例子來說，「強盜罪」在我國的官方統計裡被歸類為「暴力犯罪」類型，原因就在於強盜罪是以暴力脅迫的「手段」取人財物，所以官方統計上就以該犯罪類型的實施方式或手段，將之歸類在暴力犯罪上；但從犯罪學理論觀點的解釋角度就不同了，強盜罪在犯罪學理論的解釋上就要以財產犯罪視之，即使實施強盜罪的手段兇殘，也只是視為具有暴力性的財產犯罪，為何如此，因為強盜罪最後的犯罪標的是財物，以暴力脅迫手段實施只是要獲取財物的一種過程，因此，在犯罪學理論的解釋引用上，就要以財產性的理論解釋較為妥當。這與現代犯罪學採取犯罪事件論的解釋觀點有關，此將於理論專章時再予以詳細說明。

四　預防及刑罰論

犯罪學研究的最終目的，在於瞭解某一犯罪事件發生的原因後，可以對症下藥採取預防措施，預防的效果基本上呈現在「一般預防（對於潛在犯罪人，嚇阻預防其犯罪）」與「特別預防（對於已經犯過罪的人，嚇阻預防其再犯罪）」上。早期強調「犯罪原因論」時期（包括傳統古典學派

與實證學派），著重透過刑罰施予（傳統古典學派時期）或矯治教化的操作下（實證學派時期），以達到犯罪預防效果。但隨著犯罪事件觀點的興起，刑罰論與矯治論受重視的程度逐漸降低，取而代之的是強調預防「犯罪事件」不要發生的操作模式。

換句話說，單以刑罰或矯治措施以達到犯罪預防效果的期望是落空的，並隨著犯罪率不斷提升以及相關批判思想學說逐漸興起之下，傳統以制裁「犯罪人」為思考的犯罪預防策略，也隨著理論觀點的演進，逐漸轉向以避免「犯罪事件」發生為思考。話雖如此，難道以「犯罪人」為思考的犯罪預防策略就此消失嗎？答案當然也不是，而是不再以處理「犯罪人」為唯一的犯罪預防策略，而是再加諸減少「犯罪事件」發生為思考的犯罪預防策略，雙軌途徑並進。簡單地說，在犯罪預防上，早期以研究犯罪人為主的犯罪原因論採取「刑罰嚇阻」單元性策略，於現代已轉向以研究犯罪事件為主的犯罪事件論，採取「刑罰嚇阻」與「情境嚇阻」雙軌性策略之差別而已。簡述如表1-3。

表1-3 犯罪學「預防與刑罰論」內涵示意表

處理策略	理論基礎	策略內涵	興盛時期	策略重心
刑罰論	犯罪原因論	刑罰嚇阻	傳統古典學派	以犯罪人為對象，透過刑罰的痛苦懲罰預防一般人不去犯罪（一般預防），也讓已經犯過罪的人不再犯罪（特別預防）。
		矯治教化	實證學派	以犯罪人為對象，透過刑罰與矯治措施預防一般人不去犯罪（一般預防），也讓已經犯過罪的人不再犯罪（特別預防）。
預防論	犯罪事件論	刑罰嚇阻情境嚇阻	現代古典學派	以犯罪事件為對象：1. 一方面透過適當的刑罰設計（例如三振法案精神、刑事政策兩極化策略）嚇阻「人」從事犯罪；2. 一方面則透過情境犯罪預防策略的實施（例如監視系統、財務烙碼）等營造情境監控方式，以達到預防犯罪事件發生的目的。

　　也許有讀者讀到這裡會覺得有個疑問，刑罰不就是犯罪預防嗎，在犯罪原因論壟罩著犯罪學理論的時期，總把犯罪預防的思路擺在犯罪人身上，所以「消滅犯罪、人人有責」、「破大案、抓要犯」、「治亂世、用重典」等治安策略不斷地在社會角落裡迴盪不已，但不斷地只從犯罪人身上找尋治安策略的結果，犯罪率卻未有顯著的下降，因此針對犯罪人的刑罰論逐漸退去其重要性，取而代之的是針對犯罪事件的預防論，這種犯罪學理論觀點（犯罪人原因論轉換為犯罪事件發生論）與策略（刑罰論轉換成預防論）的變化，不論在學理上有所改變，在實務上也呈現出如此的操作。

　　舉個例子來說，就學理上的轉變而言，我國中央警察大學設有一個學系叫做犯罪防治學系，它的前身叫做獄政系，該系畢業生畢業後投入犯罪人矯正工作，該系的興盛時期就是在犯罪原因論興盛的時期。到了1990年，該系因應犯罪學學理與實務操作上的變化與需要，將該系分設為兩組，一組稱之為矯治組，一組稱之為預防組。前者依循早期獄政系的教育模式，設計犯罪矯治專業課程，學生畢業後參加監獄官高考，分發至法務所屬矯正機關，簡言之，該組核心專業在於犯罪學與刑事政策；後者則強調犯罪預防操作，設計犯罪預防專業課程，學生畢業後參加警察特考，分發至警察機關從事犯罪預防相關工作，該組的核心專業在於犯罪學與犯罪預防。

　　另就實務操作而言，我國內政部警政署於2014年正式成立「防治組」，將原有戶口組管理科、查察科業務併入防治組成立查尋管理科、戶口科，民防組組訓科業務併入防治組成立民力科；另刑事警察局預防科有關婦幼安全業務，移入防治組成立婦幼安全科等（內政部警政署，2020）。雖然未盡將全般犯罪預防業務蒐羅在列，但在全國最高警政機關內成立與犯罪預防相關單位，也顯現預防論在實務操作上已逐漸受到重視。

第二章　犯罪的恆定與刑罰的必然

　　十九世紀末，義大利社會學家費利（Enrico Ferri）在研究犯罪現象時，提出「犯罪飽和」的觀點，認為人類社會在一定的條件下，犯罪會達到一定程度的飽和點。由此可知，犯罪存在於人類社會乃具有恆定的性質，犯罪古典學派的始祖貝加利亞也認為：人類社會需要一種可以壓制想令社會陷入混亂狀態之力量，這個力量就是為對付違背法律的人所設置的刑罰。自此開始，刑罰成為抗制犯罪的一種理性制度，也是犯罪者所應接受必然的結果。

　　人類社會為了處理有關犯罪與刑罰上的諸多問題，進而創造了所謂刑事司法制度，以作為連結犯罪與刑罰的操作區域，成為現今處理與控制犯罪最主要的機制。刑事司法主在犯罪控制，本在價值上應無任何疑義，然而因其運作的過程與結果，事涉人民的權利義務，使刑事司法操作的價值分裂為「犯罪控制模式」（crime control model）與「適法程序模式」（due process model）兩相爭鋒的現象，成為現代刑事司法研究與實務運作上重要的特徵。

第一節　犯罪的恆定

　　法國社會學家涂爾幹（Émile Durkheim, 1858-1917）認為：犯罪是一種正常而非病態的社會現象（normal not pathological social phenomenon），此語意義深遠。就歷史以觀，犯罪可說是無論任何時空背景、經濟條件、政治型態與社會環境等因素的不同，都並存於人類社會制度與運作當中，人類社會不斷地進化，文明程度也不斷地提升，犯罪現象非但未因文明的高度發展而有所減縮，反而呈現各種犯罪類型也隨人類社會演進的過程而有所變異與適應。

一　犯罪的產生與對抗

　　義大利社會學家費利在研究犯罪現象時即提出「犯罪飽和原則」，認為所有人類社會在一定的條件下，犯罪會達到一定程度的飽和點。此意味

著人類社會不要企求完全消滅犯罪，甚至若犯罪統計尚未達社會犯罪飽和點時，則該社會應該存有許多犯罪黑數，應要加強追訴的能力。此也說明了犯罪不但存在於人類社會，更保有一定程度的數量與地位。

犯罪既然存於人類社會且保持一種事實的恆定，那麼對於社會所共同不許的犯罪現象又如何抗制？義大利數學家貝加利亞稱：「我們需要一種契機，這個契機有足夠的力量得以壓制想令社會陷入往昔混亂狀態之專制主義式精神，而且得直接對感性有所作用。這個契機，也就是為對付違背法律的人所設置的刑罰[1]。」（李茂生譯，1993）因此，刑罰乃成了抗制犯罪最主要與最直接的手段，也是人類社會創造制度以抗制犯罪的一種必然。

在超自然解釋犯罪行為的時代，當時社會對於犯罪行為（deviance）的解釋為：「另外一個世界的力量或靈魂控制了人類的行為。」因此，在中古歐洲神說宗教盛行的時代裡，犯罪被視為惡靈附身的結果。犯罪人必須為他們的罪惡付出代價，以掌理宗教事務的祭司與貴族們成為理所當然的裁判者，他們個人的喜惡成為判決的基礎，折磨犯罪人也成了刑之執行所必然呈現的現象，刑罰制度可說是沉浸在黑暗時代裡。而在此時的犯罪便直接可對應至刑罰，兩者之間幾乎毫無連結的理論基礎可言。

復經十八世紀歐洲的啟蒙運動，繼之自由主義、理性主義、人道主義與實證主義的提倡與影響，人們開始梳理自我與社會存在的關係與意義，復受科學與人本主義的薰陶，人類社會逐漸重視人文價值，不再僅視犯罪與犯罪人的行為表徵而論其好壞。所以，現今人類社會面對犯罪行為時，不再直接對應到刑罰的施予，而是透過刑事司法體系，一種控制犯罪與處理犯罪的社會機制來加以運作，因而形成現代世界各國所普遍存在的刑事司法制度。

綜上可知，現代人類社會對於犯罪的抗制乃趨於成熟理性，惟何種行為是為犯罪？又如何加以抗制？刑事司法體系如何操作方可確保人權與社會秩序取得衡平？刑罰制度又如何加以創造改善等，諸如此類的問題，卻又逐漸浮起而成為現今面對犯罪現象的幾項重要課題。

---

1 貝加利亞所稱的專制主義式精神指的是：人類有一種想極力保護自己持有物的本能外，更有一種想侵犯他人持有物的專制主義傾向。另有關於句中「感性」一詞的解釋是：大眾的行為大多數都是出於違反公共利益之個人慾望與感情，因此刑罰的作用必須有效對抗此種非出於理性的行為。

❸ 犯罪定義的面向

（一）社會整體論（犯罪社會學）

就犯罪社會學而言，犯罪並不是詮釋某一種行為的絕對概念，而是呈現人類社會深具複雜多變特質的一種現象。從現今犯罪多因論的特徵可以發現，其只不過是在反映當時代三大主流社會學意識──結構功能（一致觀）、過程互動（互動觀）與階級衝突（衝突觀）──於解釋社會偏差行為的基本立場而已。雖三者對於犯罪行為的解釋採取不同的預設基礎，但卻皆以整體論觀點來加以詮釋。亦即，以普遍性的社會理論模型，透過其概念建構一個所謂「社會事實」（social facts）的存在。因此，犯罪是如何產出的答案就很明顯，就是社會整體運作下所產生的。

社會整體論是啟蒙思想及現代化（modernization）社會學理論的思想產物。也就是說，當時代所呈現的普遍主義（universalism）造就了對犯罪行為的觀察，採取強壓在一個整體社會的思考之下。以社會整體論來定義犯罪的重要性，是因其所界定出來的犯罪行為具有一致性，有利於日後的犯罪原因研究、預防計畫以及對個體產生隨之而來的刑罰與處遇等，如此也才能使定義犯罪的理論基礎具有正當性（justification）與合理性（rationalization）。

這樣的要求可回應到之前犯罪學發展背景的說明，因犯罪學研究是在啟蒙理性思想下發展，而這種思想所關注的即是在追求一個普遍的價值，而在社會整體論的支持下，所衍生的理論便成為實現這個價值所進行解釋與合理化的工具。因此，從犯罪學研究的歷史觀之，犯罪學理論的發展乃企求「一個可以含括解釋所有犯罪現象」的理性或科學解釋模式，也都企圖經由此一模式來達到正當性與合理性的地位，進而建構現代化犯罪理論的發展輪廓。

犯罪定義採取社會整體論的觀點，隨著現代化的發展而有逐漸強化的現象，但當逐一發展的犯罪學理論是基於社會整體論定義之下時，其理論概念、解釋模式，甚至經驗研究都受到某種程度的侷限。例如，基於法律與社會道德觀點定義下的犯罪學研究，因人類社會區域與文化的分立而受到質疑，其所衍生的犯罪學理論也因此受到普遍性原則的挑戰；另基於互動與衝突觀點定義的犯罪學研究，在基本假設上便引起極大的爭議，所衍生犯罪學理論的說法，更面臨無法接受實證考驗的窘況（許春金，

2003）。因此，現代犯罪學理論的發展到了末期，相繼的對理論內涵或理論發展方向提出諸多的修正與轉換，以俾強化該理論的存在價值，或強化對犯罪行為的詮釋能力。

（二）「社會整體論」的案外案——後現代主義犯罪學

當社會學邁入所謂後現代主義（postmodernism）領域，連帶的也影響到對犯罪行為的看法。所謂的後現代主義乃相對於現代主義（modernism），其出發點乃觀察強壓於社會整體論下，所發展出的現代化社會學理論是否能真實的反映與描述目前的社會環境。換言之，我們是否真能從這些犯罪學理論的模擬（mimesis）與迴映（mirroring）中瞭解犯罪行為的生成。因此，現代主義強調社會整體不可分，視各種社會事實乃是綜合與普遍的共識，且是一種客觀存在的觀察；而後現代主義則持相反的看法，認為對於各種社會事實應讓其保持差異的存在，抱持多元與相對的立場，用以主觀的感受乃有助於對該一社會事實獲得真實的瞭解（張君玫譯，2003）。

後現代主義犯罪學主張多元相對的立場，使原本呈現多元定義的犯罪學概念出現發展新式理論的生機，但有犯罪學者認為後現代主義犯罪學乃企圖挑戰與解構當今犯罪學實證主義的知識體，是一種虛無誇大論者的表現。當然，現今社會科學源自於物理科學的科學性研究，講求的必是一種可以普遍含括解釋的價值，否則必會降低該理論的詮釋性。然而，後現代主義所稱的多元性概念，搭配當代逐漸呈現多元的社會，是否在犯罪學理論的發展上就應是呈現多元分立的景象，其實不然。研究後現代社會的社會學家包曼（Zygmunt Bauman）曾指出，所謂的後現代與現代之間不是一種斷裂關係，而後現代的出現僅在描述現代社會面臨山窮水盡的發展現象，代表著現代社會已經發展到現代理論所能解釋的極限情境。雖面對現今多元發展的社會，社會學家必須揭示與詮釋文化多元主義，但並不能放棄追求一個具統合性的後現代理論取向（張君玫譯，2003）。由此可知，對於犯罪產出來源的認識，現代犯罪理論無法給予明確的界定外，冀求後現代主義基於多元相對的立場，似乎也無法對所謂犯罪一詞釐定清楚的輪廓。

（三）個體特質論（犯罪生物學與犯罪心理學）

　　犯罪的產出除了上述社會學的原因外，在犯罪學發展史上也可觀察出對於人類個體特質因素的論述，主要就集中在犯罪生物學與犯罪心理學。犯罪生物學與犯罪心理學對犯罪產出的解釋一直深受人們的好奇，卻也備受質疑，因為以個體特質角度出發的犯罪論點即使為人所接受，但其所衍生出來的防治策略卻一直不如犯罪社會學所提出來的策略為執政者所青睞。原因很簡單，因為從個體特質角度出發所擬提出來的某些抗制犯罪策略一直存有「侵犯人權」的疑慮，也存有須經由「個體同意」的難度，這比起犯罪社會學所提出來調整或建置社會機制（例如高風險家庭機制、設置監視錄影器等）的防治策略來說，真的困難許多，若再加上當代民主政治氛圍高度講求立即績效，那麼追求立即可見的效果，就非屬犯罪社會學防治策略不可了。

第二節　刑罰的必然

　　現代社會抗制犯罪的主要機制稱為刑事司法，關於刑事司法（criminal justice），依美國聯邦犯罪控制法案（1973）的定義為：一切與預防、控制，或減少犯罪有關的活動，或執行刑事法令等。其中包括：警察部門基於預防、控制與降低犯罪的作為，及逮捕犯罪人等；法院部門乃關於司法審判及檢察與辯護服務等；矯治部門則指矯正、觀護、假釋機構，以及有關於預防、控制與降低犯罪行為與吸食毒品的計畫方案等均屬之（Rush, 1994）。因此，傳統上關於刑事司法的範圍乃定義在警察、法院及矯正等三個方面，而其操作的思想原理乃根基於法律學、社會學、心理學、政治學及管理科學等知識的運用，而形成跨科學運用的知識整合體（Holman and Quinn, 1996）。

　　質言之，刑事司法乃指刑事法律的執行，其中包括犯罪偵查、起訴、審判與矯正等諸多機構與作為稱之。究其功能而言，主要乃在於控制、預防與降低犯罪，而成為社會控制的一種制度。因此現代社會在犯罪控制的努力上，乃著重在刑事司法的研究與精進，藉由良善與完美的刑事司法政策以達到控制犯罪的目的。

一 刑事司法的運作內涵

刑事司法在運作上乃牽涉到諸多部門,如警察、檢察、法院與矯正等的參與,因此在研究上有稱刑事司法為一個系統(system)運作的型態。而所謂系統係指該系統內各部門具有相互關聯,且有共同目標與抗拒變遷的特性,然而為保持該系統的運行,即使面臨外在的衝擊,該系統內的各單元會隨之反應與調適而保持其正常的功能。因此有學者提出刑事司法系統的觀念,乃在強調各單元間的相互依存與相互影響;但也有學者認為刑事司法的運作個體擁有各自的經營型態與人員訓練目的,因此形成各自封閉的運作型態,所以,刑事司法在運作上不能稱之為系統。

姑且不論刑事司法是否具有系統性的運作型態,現代刑事司法的運作深受到政治、經濟、社會與教育等外在環境影響乃是不爭的事實,且也必須回應與調適社會價值觀與意識形態的變遷。因此,刑事司法至少是一個開放的運作空間應是肯定的結論(許春金,2001)。

另觀察刑事司法運作的過程,其可分為輸入(input)、處理(throughput)與輸出(output)等三個階段,輸入即是犯罪行為與犯罪人的發現,處理則在判斷為犯罪人與否,輸出則是將受刑人釋放。

(一)在輸入的階段裡,犯罪的定義與其分布通常影響著刑事司法系統的運作方式,其中重要者應屬「犯罪化」與「除罪化」的問題。

(二)在處理的階段,檢察官與法官對犯罪案件的自由裁量、執法人員的多寡與相關設備的充足與否,都對該系統處理時的「質」與「量」產生一定程度的影響。

(三)在輸出階段,犯罪人的釋放也深受執法者自由裁量所影響,其中有關假釋、緩刑、社區處遇等廣泛的應用,即是系統調適外在壓力的結果。

刑事司法主在犯罪控制,本在價值上應無任何疑義,然而因其運作的過程與結果,事涉人民的權利義務,因而使刑事司法操作的價值分裂為二:一為社會秩序與倫理道德的維持;二為個人基本自由與人權的維護。當此兩項價值沉浸在刑事司法之內時,秩序(order)與自由(freedom)即相互爭鋒,亦即產生所謂「犯罪控制模式」(crime control model)與「適法程序模式」(due process model)相互拉扯的現象,而此一現象則成為現代刑事司法研究與實務上重要的特徵。

　　犯罪控制模式的主要概念認為：刑事司法體系最重要的任務與功能，乃在保護社會大眾與壓制犯罪行為，個人權益的維護則在其次。因此，在此模式所運作的刑事司法必然強調效能，亦即增加逮捕、起訴、審判的速度，與提高定罪率的能力，進而達成嚇阻犯罪的目的。而此模式下所操作的社會，對於犯罪嫌疑人的人權較不重視，此乃社會安全之利益大於個人利益考量下的結果。

　　而適法程序模式倡議：個人權益之保障應與社會安全之維護列為同等重要，因為國家若為少數的犯罪而犧牲大多數人民的基本權力，則將形成濫權的國度。因此，此一模式下的刑事司法強調在逮捕、起訴與審判的過程中，應充分尊重犯罪嫌疑人的基本人權，以及在程序上的保障。

　　雖「犯罪控制模式」與「適法程序模式」在面對犯罪與犯罪人的立場上，產生兩元分立的觀點，也各自操控刑事司法運作的變化，總體觀察而言，「犯罪控制模式」的目標在於社會安全的維護，強調法律的社會功能觀，所以是以巨觀的社會發展為基礎，重視法律在犯罪防治上的角色。綜言之，此一模式強調人有自由意志，具有理性可選擇不犯罪，因此對於犯罪者應透過刑事司法的機制，予以嚴厲、迅速與確實的懲罰；而「適法程序模式」的目標則在於個體在司法程序上的權益維護，強調法律在司法程序上的平等正義地位，所以是以個體權益保障為基礎，重視法律在犯罪防治上的中立價值。所以此模式強調公平的司法程序，執法人員在執法過程中的自由裁量應加以限制，以充分保障人權的價值。兩者之差異比較，如表2-1。

表2-1　「犯罪控制模式」與「適法程序模式」的差異比較

	犯罪控制模式	適法程序模式
目　　標	保障社會安全	保障基本人權
理論基礎	功能觀點	衝突觀點
操作影響	巨觀社會	微觀個人
性　　質	法律在懲罰壞人	法律在保障好人
價　　值	法律的效益價值	法律的中立價值

三 刑事司法結構

所謂刑事司法結構，係指犯罪人經過該結構的處理運作下，所經歷過的程序而言，一般來說會經歷以下程序：

(一) **警察**：近來警察機關被賦予三個工作的價值典範：犯罪偵查、犯罪預防與為民服務。而其中的犯罪偵查則啟動了整部刑事司法體系的運作，而成為該體系的入口。

(二) **檢察官**：檢察官的角色是純然的犯罪偵查，乃基於國家的立場執行犯罪偵查與起訴的工作，其工作範圍觸及警察、法院及矯正機關，可說是居於重要的地位。

(三) **法院**：法院的職責乃針對犯罪證據以發現真實，據以表示對於犯罪嫌疑人有罪與否之判決，並依其罪行科以適當之刑期。在此階段，著重於量刑的品質與對刑罰本質的認識。

(四) **矯正機構**：矯正機構即犯罪人執行矯正之處所，依我國監獄行刑法第1條：徒刑拘役之執行，以使受刑人改悔向上，適於社會生活為目的。因此，矯正機構執行矯正的目的在於使受刑人改悔向上，著重於教化的效果性，然在實務上一直存有「教化第一，戒護優先」的矛盾產生。

研究刑事司法最引人興趣，也是最為嚴肅的議題應屬刑事司法對犯罪的反應。基本上對於此一議題可從兩個角度論之，一是「犯罪化」與「除罪化」；二是犯罪案件選擇性查緝。前已述及刑事司法會受到內、外在環境因素的影響，使其成為一個開放彈性的空間，此一論點尤在對犯罪行為的反應上可見一斑。

就「犯罪化」與「除罪化」而言，刑事司法主在犯罪控制，因此對於違反社會秩序與社會道德的行為，皆有可能被選擇進入刑事司法體系內而成為被「犯罪化」的對象；而有些原應進入刑事司法體系處理的犯罪行為，因社會價值觀念變遷的結果、或刑事司法體系無力負擔、或無顯著法益標的可供保護時，則有將該行為予以「除罪化」之呼聲。因此，無論是犯罪化或除罪化都是受到內外在環境因素所影響。

而就犯罪案件選擇性重點查緝而言，因刑事司法體系是官方抗制犯罪的唯一機構，在整個人員編制與資源應用上本就有一定的侷限性，所以在面對千變萬化與種類繁多的犯罪現象時，總是對於犯罪案件呈現輕重緩急

的選擇性考量。一般而言，對於嚴重且具有暴力性質或數量龐大的犯罪行為較受重視，而一些輕微案件，諸如無被害者犯罪則較為不被重視[2]。

　　當然，刑事司法對於犯罪的選擇性考量，在觀點上本是見仁見智，端視其調節組織壓力與自由裁量運用的結果。觀察近年來臺灣社會湧起將刑法第239條通姦罪予以除罪化的呼聲，甚至提出釋憲的作為，並於2020年5月29日司法院大法官會議釋字第791號解釋刑法通姦罪違憲，並從即日起失效[3]；以及因應現代電腦科技而將駭客（hacker）行為犯罪化的作為可知，刑事司法對於犯罪的選擇性考量有其目的性存在。

　　犯罪是刑事司法體系處理的對象，也是社會控制的主要對象之一，然而對於犯罪的認識，至今卻仍是百家爭鳴。諸如，對犯罪的定義目前仍具有爭議，有以法律觀、或互動觀、或道德觀、或衝突觀等，從犯罪定義的源頭即是如此充滿爭論，以致在犯罪的研究上產生離散現象。然而就以刑事司法的研究範疇而論，因現代社會顧及人權保障，重視程序正義（due process），所以對於犯罪的定義以採法律觀為主。

　　任何一個國家在從事犯罪控制的同時，都會兼顧社會發展的需要。就目前各種犯罪控制的模式當中，可以發現兩個值得探討研究的議題：一是犯罪控制與適法程序的衝突；二是執法策略的迷思。前者乃重在尋求執

2　刑事司法機構處理所謂的犯罪行為乃基於法定的理由，而這法定的理由有時乃在回應政治、歷史與社會觀點的需求，進而影響刑事司法資源的分配。諸如觀察近年來臺灣的防制毒品策略可以發現，執政當局一方面擴大對毒品的定義範圍，一方面又運用龐大的偵查體系與矯治體系積極查緝與戒治。投入的刑事司法資源不可謂不大，而造成此一現象的原因，與我國清末時期因遭受毒品戕害而使國力衰減的歷史，及藥物濫用的年齡層逐年下降的趨勢有關。又近年來社會上所興起的飆車事件與酒後駕車，都因在政治與社會觀點考量下，一方面提高其倫理非難程度而犯罪化其行為，另一方面也運用相當龐大的警力予以查緝。此等現象都是刑事司法在政治與社會壓力下所做的選擇性反應。

3　2002年12月27日司法院大法官會議釋字第554號針對通姦罪是否除罪化指出：性行為自由與個人的人格有不可分離的關係，本可自主決定是否與人發生性行為，及與何人發生性行為。惟性行為之自由，必須在不妨害社會秩序與公共利益之前提下，才受保障。換言之，個體所謂的性自由應受婚姻與家庭制度的制約，本諸家庭和諧與維持家庭持續經營為必要條件。但反對者認為：通姦罪的立法目的是要保障婚姻制度與社會善良風俗，但通姦罪的存在，在實際上已然形成雙方互相攻詰的工具，而法律也成了當事人報復的工具，通姦罪的存在反使讓婚姻美滿的理想成為空談；臺灣社會歷經多年的社會價值轉化之後，於2020年5月29日司法院大法官會議再度針對刑法通姦罪作出釋字第791號的解釋，正式宣告我國現行刑法第239條通姦罪違憲，並自即日起失效。觀察其解釋文內涵中有其理由之一為：「基於刑法謙抑性原則，國家以刑罰制裁之違法行為，原則上應以侵害公益、具有反社會性之行為為限，而不應將損及個人感情且主要係私人間權利義務爭議之行為亦一概納入刑罰制裁範圍。」

法當局在抗制犯罪的同時，必須顧及人權的保護。雖說限制與犧牲部分個人的自由可成全社會更大的自由，但其限制的界線切割卻也影響著人類個體價值尊嚴的維護，因此，在這方面也一直呈現犯罪控制與適法程序相互拉扯的現象。後者則代表對立法品質的評估，與執法人員對於犯罪行為的認知與態度的問題，舉凡立法機關將某種社會行為列為刑罰法令規範的意旨、執法人員自由裁量、選擇性辦案等都是這方面較為顯著的問題。因此，犯罪控制一詞不僅代表對於犯罪行為「實然面」的處理，其更牽涉到對犯罪行為「應然面」的考量與評估（林東茂，2002）。

就現代社會而言，犯罪控制已然成為一個國家穩定社會秩序的重要工作，而犯罪控制途徑眾多，其中影響社會發展及個體權益最重者，首稱刑罰制度。刑罰，乃是國家基於主權抗制犯罪者所發動最為嚴厲、也最具強制力的手段。但是現代的刑罰制度卻也在科學與人道考量下，充分展現人類理性運作的軌跡。

第三節　刑罰的存在與流變

人類社會以「刑罰」來抗制犯罪將近有千年的歷史，然而真正將刑罰導入制度卻僅是近百年來的發展，其可說肇始於歐洲啟蒙運動的影響。在古代，無論中外的人類社會裡，刑罰均被視為一種報復手段，雖大部分的刑罰都透過公部門的審判與執行，然而在當時刑罰所充斥的報應思想，可說是抗制犯罪最基本的概念。「以牙還牙，以眼還眼」、「殺人者死，偷盜者刖足」等，都是當時社會普遍接受的刑罰觀。然而，直至十八世紀的歐洲，因當時執政者的枉法濫刑，使至人民生活秩序紊亂，基本人權也遭受到前所未有的戕害。因此，在當時興起一片理性主義與人道主義的催促下，執政當局逐漸釋放審理犯罪的權力，而逐漸改善對犯罪者的裁判與刑罰品質，諸如罪刑法定主義與罪刑均衡原則等，都是當時重要的刑罰制度產物，並使成為現代刑法與刑罰制度的先聲。

一　刑罰制度的演進歷程

（一）歐洲社會發生啟蒙運動之前

　　刑罰制度如同犯罪存在於人類社會一般，也是隨著人類社會的演進而有不同的制度發展。人類歷史上關於刑罰制度的產生，最早乃起源於西元前2100年的蘇美人社會，他們發展出一套刑事法典以作為限制對犯罪人的復仇程序。直至西元前1700年，著名的《漢摩拉比法典》同樣的也被設計來限制被害家族對犯罪者所進行殘忍的報復手段。歐洲社會在歷經啟蒙運動之前，刑罰制度主要包括折磨犯罪人痛苦的人體刑、剝奪犯罪人生命的死刑，與完全隔離該犯罪人於社會的流放刑等。因此，此時期的刑罰制度主要呈現懲罰（retribution）與威嚇（deterence）的思想，終致形成該時期一個重要的刑罰理念：「公平應報」（equivalent retaliation），亦即「以牙還牙，以眼還眼」（*lex talionis*: an eye for an eye）。

　　然而，此一時期的刑罰制度雖將犯罪人導向一個制式處遇的軌道，但在當時封建思想與逐漸擴大的神學思想下，執行審判與解釋犯罪的權力乃集中於當權者，法律與刑罰為政治與宗教上的貴族所誤用，也為其掌控權力優勢所壟斷。雖然刑罰制度的產生，從私人或家族間的復仇到公器刑罰的演變，但假刑罰公器而逞私慾的現象，專擅殘忍的司法審判與刑罰操作，猶如造成刑罰制度的黑暗時代。

（二）歐洲社會發生啟蒙運動之後

　　直至十八世紀，歐洲興起啟蒙運動的風潮，成為近代理性思維運動的開端。啟蒙運動對於刑事刑罰的影響，乃強調本於人道與理性的立場，對專制、壟斷、殘酷的刑事刑罰領域產生自覺與批判。當時最主要的思想家如貝加利亞即站在理性主義的角度，對於當時專制政治支配的古刑事法制，發動改革的批判與呼籲。在其於1764年所出版的《犯罪與懲罰》一書中，即以社會契約說的立場，批判當時專制殘酷的審判與刑罰制度。該學說雖與當時的政治風氣相悖，但此書卻深受當時知識分子的讚賞，在短期內也被翻譯成多國語言，顯然成為當時刑事刑罰思想的主流，而貝加利亞也同時被尊稱為「近代刑法學的始祖」。

　　貝加利亞對於刑罰的批判，主要是認為嚴厲殘酷的刑罰制度，不必然會對於犯罪者產生嚇阻，反使犯罪者勇於從事更嚴重的犯罪行為。因此，

刑罰應相對於罪行的說法，成為日後刑法學中「罪刑均衡」原則的思想來源。再者，貝加利亞將人類定位為理性的動物，透過追求快樂與避免痛苦的理性衡量下說明犯罪的發生。因此，其認為應將懲罰的痛苦程度凌駕於犯罪的快樂之上，使犯罪人或一般人理性選擇不犯罪。此一學說成為日後犯罪學古典學派的主要思想基礎，也奠定刑事司法上「報應模式」的理論發展。

　　刑罰制度歷經啟蒙運動後，深受理性主義與人道主義的洗禮，進而產生諸如「罪刑法定」、「罪刑均衡」、「法律之前，人人平等」等關於刑事刑罰上的思想，對於其日後改革紊亂專擅的審判制度、維護人本尊嚴與廢棄不人道的行刑措施上，發揮扭轉路線的積極作用，除使當時的刑罰制度發生重大變革外，更影響當今刑事學的走向。

（三）近代社會的刑罰制度

　　近代的刑罰制度在十九世紀中期，復受科學實證主義的影響下，對於犯罪的解釋，除延續古典學派所稱是為個體基於理性選擇下的結果外。諸多學者也基於實證主義，從微觀的個人生理與心理、或從巨觀的社會結構與互動下，思考個體犯罪的成因。而刑罰制度也從單一懲罰應報的思想，擴及到矯正與治療的觀點。

　　在科學主義思潮的影響下，實證犯罪學派的興起是近代刑罰制度發展重要的特徵。與其說是一個新思潮的興起，不如說是對古典學派解釋犯罪的一種反動。實證學派質疑古典學派僅基於人類理性的決定，去說明犯罪的成因乃過於不足與武斷，其認為犯罪發生於人類社會之中，為何大多數人擁有相同的生活環境，與接受相似的社會化過程，而僅有極少數的人會從事犯罪，這其中的差異非僅「理性」一項可充分予以說明，必須透過科學的程序來加以呈現。

　　實證學派的倡導人之一，法國社會學家孔德（Auguste Comte, 1798-1857）即認為：除非以嚴謹的科學方法為研究根基，否則就沒有社會現象的真正知識。因此，關於犯罪學的研究自十九世紀中期開始，實證主義全面影響犯罪學的研究方向，直至今日仍為研究犯罪現象的主流觀點而有凌駕古典學派的趨勢。近代刑罰制度的發展同樣也因受實證主義的影響而產生大幅度的調整，其所基於的理論思想更與古典學派相對立，而呈現相互爭鋒的現象。

　　概括而論，此時期的刑罰制度深受實證主義思潮的影響，而回應在各種犯罪人的處遇措施上，個體的犯罪行為不再是自由意志下理性選擇的結果，而是諸多環繞個體所無法操控的內在與外在環境因素所造成。因此，犯罪人就如同病人一般，需要整體社會透過諸多的矯治措施來協助加以改善，並協助渠等順利復歸於社會。刑事司法上稱此為「醫療模式」。

　　近代的刑罰制度就在上述「報應模式」與「醫療模式」的取捨擺盪下，發展成為此一時期的刑罰特色。「報應模式」乃源於古典學派的理念，強調自由社會中的法律地位，重視對犯罪行為的評價，與認為每個人都能為他所採取的行為負責。因此，犯罪人的社會背景與其所生長的社會環境並不是主要的關注焦點，且刑罰的施予也著重在平等與公正，更勝於處遇與復歸。「醫療模式」則源於實證學派的觀點，專注於尋找個體從事犯罪的原因，並希冀透過再社會化的過程，使其重回正常社會之中，成為具有生產力的個體。所以「醫療模式」下的刑罰制度，解釋犯罪時著重於「人」的因素。因此，對於犯罪人而言，適當的處遇與順利的復歸社會才是刑罰所立的第一要務。兩者之差異比較如表2-2。

表2-2　「報應模式」與「醫療模式」的差異比較

	報應模式	醫療模式
理論基礎	古典學派	實證學派
關注主題	法律在社會的角色	犯罪原因
處遇目標	公正、懲罰、公平應報	復歸、預防
研究焦點	犯罪行為	犯罪人
處理方式	定期刑	不定期刑

　　近代的刑罰制度充斥著實證主義風潮，並實際引領諸多刑事政策的施行將近有百餘年的時間。不定期刑制度、矯治機構內的調查分類、教化輔導、強制診療、戒治觀察等，無一不顯露受「醫療模式」所影響的痕跡。此一現象不僅在於顯現近代的刑罰制度走入科學的境遇，更在突顯近代的刑罰制度尊重人權與人道價值的意義。

　　直至當代，因各種矯治措施的無功、龐大財政預算支出的壓力及再犯率並無顯著降低等因素的影響，當代刑事政策對於「醫療模式」所持的

意念似乎產生鬆動，對於其所產生的矯治效果也開始竄出質疑的聲浪。1974年，美國犯罪學者馬丁森（Robert Martinson）提出「矯治無效論」（nothing works），對當代充斥「醫療模式」的刑事政策無異是一項沉重的打擊。且無異因此而引起相當廣泛的注意與討論，進而影響日後的刑事政策走向，由矯治哲學逐漸轉變為公平應報主義（或稱「正義模式」）。

　　古典主義的抬頭是當代刑罰制度的重要特徵，但有別於傳統古典主義之處，現代古典主義強調公平應報（just deserts）的精神。雖說現代古典學派的再起，可視為對實證學派解決犯罪問題能力上的反動，但其並不全然否定實證學派在刑事政策上的努力[4]。且當代所稱之公平應報的精神，乃在於喚醒人們不應只是一味的投入與重視犯罪者的權益，更應保持法律在於維持社會普遍價值的衡平性。現代古典學派的再興無異給予現代刑事政策走向提供一個反思重整的機會，且無論如何，介於社會、法律與犯罪人之間的刑罰制度發衍至今，整體的理論架構可說是已趨於成熟穩健的發展。

三　犯罪研究觀點的變遷與融合

（一）變遷

　　傳統犯罪學領域強調以「人」為研究對象，其中包括傳統古典學派以人的「行為」為論述核心，以及實證學派以人的「特質」為研究核心。這兩大學派雖然在論述犯罪的角度有所不同，但卻都屬於犯罪「原因論」的解釋；也就是說，傳統古典學派與實證學派都是從「人」的角度出發，企圖從人的身上去找出犯罪的「原因」，並針對該原因去擬定抗制犯罪的策略。因此，從這兩大學派所屬的各理論內涵當中，可以嗅出很濃烈「原因論」的味道。

　　傳統古典學派若從1764年貝加利亞出版《犯罪與懲罰》一書開始算起，直到1876年實證學派代表人物龍布羅梭出版《犯罪人》一書為止，

4　如近來我國的刑事政策走向，也深受現代古典學派的影響，除將重大犯罪案件加重刑期、累犯者加長刑期、連續犯與牽連犯改為一罪一罰外。對於強姦犯實施強制診療、煙毒犯實施戒治觀察、短期自由刑者施予社區處遇，以使順利復歸社會，免於監獄化不良影響等措施，都是肯定矯治哲學的體現。

在犯罪學史上算是馳騁了將近一百年的時間，最終還是因為人類社會的犯罪現象並未受到控制，以及受到十九世紀工業革命強調實證主義的影響而漸漸消默，理性哲學觀點在犯罪學史上逐漸退場，繼而興之便是科學實證觀點。但實證學派的下場也沒好到哪兒去，還是同樣因為人類社會的犯罪現象並未受到實證學派所力推的矯治策略而受到控制，同樣在將近一百年後逐漸被現代古典學派所力推的「事件論」所取代。

　　犯罪學現代古典學派的興起乃受到兩個重大事件的影響：一是1968年美國經濟學家貝克（Gary S. Becker）在美國芝加哥大學經濟學研究中心任職期間，發表〈犯罪與懲罰：經濟觀點〉（Crime and Punishment: An Economic Approach）論文，強調應以經濟學觀點分析「人的行為」。貝克的經濟學觀點主要有三：市場均衡、安定的偏好，以及追求極大化的行為等，其中的「追求極大化的行為」便成為犯罪學現代古典學派的主要論述觀點，稱之為「理性選擇理論」。貝克就在這樣的經濟學觀點下，利用經濟學分析方法來研究社會總體互動關係，其中包括研究犯罪和懲罰、自殺、利他行為，以及不理性的行為等。

　　因此，在貝克的犯罪經濟學概念當中，人的犯罪行為與一般的經濟行為並無二致，都只是想在有限度的理性範圍內，去追求極大化利益的可能，而人類的犯罪行為便是這種基於成本效益評估後理性選擇的結果。換言之，人類個體選擇從事犯罪行為就像是購物一樣，可看作是一種經濟「事件」；簡單的說，個體考慮要不要去犯罪，就跟他考慮要不要買一件商品一樣，都有一定程度的理性選擇過程。因此，「犯罪」一詞，對人類社會來說，就不單單只考慮人的「行為」或人的「特質」原因而已，而是把犯罪當作一個「事件」來看待。自此，現代古典學派的理論內涵便脫離了「原因論」的解釋範疇，而是進入了「事件論」的領域時代。

　　助長現代古典學派興起的第二個事件為1974年美國犯罪學家馬丁森提出「矯治無效論」一說。然而，若說矯治對於犯罪人是無效的，其實也言過其實，矯治只是對有效的犯罪人有效，對無效的犯罪人依然無效，所以重點是在如何分辨到底對哪些犯罪人有效，對哪些犯罪人無效。到目前為止，評估矯治有效或無效的方法主要在於「再犯預測」技術，可惜的是，「再犯預測」技術在發展上受到限制，因此轉向為直接以犯罪人的再犯罪刑程度以及頻率來論定其有效或無效，最終引導出「三振法案」以及「刑事政策兩極化」的刑事政策作為因應。再一方面，也使傳統「修復式

正義或司法」（Restorative Justice）的觀點獲得復甦的契機。

（二）融合

1. 犯罪學與被害者學的融合

犯罪學觀點的融合是現代犯罪學研究很重要的變遷現象，其變遷動力來自於對傳統犯罪學理論誤謬的批判，這一點不簡單，畢竟要讓大多數犯罪學家去面對與放棄其半生以上的研究成果，進而去接受這些以往的研究成果是不足的，這需要相當的勇氣與反省能力。曾有學者針對實證犯罪學發展至今對於犯罪的解釋，提出以下四點關於傳統犯罪學理論誤謬思維的解說（許春金，2013；Phillipson, 1973）：

(1) 假設「犯罪是人類行為的一種特殊類型」是值得討論的

犯罪並非是獨特或例外的，因此與一般行為並無兩樣，例如搶劫銀行與在消防栓前違規停車，其行為基本上是一樣的，在個體心理與生理上並沒有任何區別性，所以實證犯罪學對「犯罪是人類行為的一種特殊類型」的說法值得討論。例如，具有侵害性的行為都有赫胥和蓋佛森所說：「缺乏對他人的關心與漠視行為後果的特性」，而是否會被刑法制裁，則有其政治、歷史、宗教等因素的影響。就如某一行為在此時此地是為犯罪，但在他時或他地卻不為犯罪，可見犯罪並非行為上的一種特殊類型，無論在犯罪統計上與觀感上都是屬於「正常」的行為。

(2) 對「犯罪人」與「非犯罪人」錯誤的二分法

實證犯罪學另一個基本假設是「犯罪人與非犯罪人在根本上不同」，所以研究犯罪的任務即在找出這兩者之間，有關生理、心理與社會條件上的差異。但除了極少數因心理疾病的無意識犯罪外，絕大多數的犯罪都是世俗、投機且理性的，其行為與一般正常人一樣受到相同動機的驅使，皆在追求快樂、利益、權力與地位，其中的差別不在於目標，而在於手段。因此從近年來的許多研究結果可以發現，情境因素逐漸在犯罪上占有重要的角色，又從許多青少年自陳偏差行為的研究中可發現，青少年時期所從事的偏差行為是大多數人生命歷程中正常且短暫的發展階段，故將犯罪人與非犯罪人二分研究的做法也值得商榷。

(3) 對「加害人」與「被害人」人為的二分法

實證犯罪學將被害者視為一個犯罪事件中必然存在的因素，且將研究焦點只擺在加害人身上，這樣的研究設計其實是忽略犯罪事件中的動態因素。現今對於犯罪事件的研究發現，被害人並非被動存在的，反而是在整個犯罪事件中居於與加害人有密切互動的地位。如在英國的研究指出，有40%的攻擊行為加害者在攻擊事件中被害；且也有其他研究指出，從事偏差活動者相較於從事非偏差活動者在遭受被害的統計上呈現正相關。因此，研究犯罪時將加害者與被害者區分研究，實無助於瞭解犯罪事件發生的原因，也將無助於釐清犯罪事件的真相。

(4) 採取靜態的個體特性研究，忽略動態的互動影響

實證犯罪學派的理論大多提供一種靜態的研究結論，從靜態的相關資料中描述犯罪事件的發生，從而忽略情境因素在促發犯罪的重要性，使得實證學派研究者無法解釋為何具有相同特性的人，有的會去從事犯罪，但有的人卻不會去犯罪。換言之，特性取向的靜態研究刻意忽略了情境因素的影響，而將犯罪的發生歸責於個人特性。然而許多暴力事件的研究可發現，暴力事件當時的情境因素，才是激發個體特性後產生暴力行為的主因（例如情境處理論及被害者引發論）。

然而，當實證犯罪學所代表的傳統犯罪學在進行理論反思的同時，被害者學也面臨相同的困境，單從被害者本身去建構犯罪事件發生的論述是有所不足的；換句話說，早期被害者學犯了與實證犯罪學同樣的毛病，都只是從被害者身上找出被害的原因，這種被害原因論與犯罪原因論都面臨相同的瓶頸——找到原因了，又怎樣？社會上的犯罪事件還是沒有得到有效的控制。

生命果真會為自己找出路，犯罪學的理論發展在原因論上走到了瓶頸的關頭時，「情境」的因素逐漸受到重視，並企圖從「情境」的觀點去突破傳統理論無法有效支援實務的盲點。簡單地說，從犯罪人或被害人的個人角度建構理論，進而去支撐的治安策略，似乎無法有效遏止犯罪率的提升；再來，在犯罪預防實務上似乎也很難從犯罪原因論或被害原因論上去擬定具體有效的治安策略。雖然一個犯罪事件離不開犯罪者與被害者，但總是缺乏連結兩者的觸媒，此時，「情境」的概念逐漸興起，不管是精心研究所得也好，誤打誤撞也好，情境的概念就正好像個媒人一樣，雙手兩

邊牽起犯罪者與被害者，三者共同構築現在正流行的犯罪學事件論觀點，不管在犯罪學理論上或犯罪預防實務上，犯罪事件論現在正廣受理論與實務領域的歡迎，其中最具有代表性的理論便是日常活動理論。

　　大家所熟知的日常活動理論，其理論要素有三：「有動機與能力的加害人」、「合適的被害標的物」，以及「缺乏有效的監控」等。明眼人一看就知道前述「情境的概念就正好像個媒人一樣，雙手兩邊牽起犯罪者與被害者，三者共同構築現在還正興旺的犯罪學事件論」的意思。「有動機與能力的加害人」指的就是加害者（犯罪學）；「合適的被害標的物」講的就是被害者（被害者學）；「缺乏有效的監控」指的就是當加害者與被害者在時空點上同時聚合時的情境是缺乏有效監控的。因此，「犯罪事件論」雖然比起「犯罪原因論」更具上層概念，但它從犯罪事件總體觀點去解析一個犯罪事件發生的原因，卻也較能貼近實務解釋的效果。此一發展現況，使傳統犯罪學及被害者學產生相互融合，並可共同建構描述犯罪事件發生的理論契機，這也是當代犯罪學強調「犯罪事件」並降低「犯罪人」與「犯罪行為」的重要關鍵。

2. 犯罪學古典主義與實證主義的融合

　　對於實證犯罪學解釋犯罪事件的無功，許多犯罪學研究者逐漸又回到古典主義中有關「理性選擇」的觀點，並嘗試與被害者學理論相互融合後，成為現代犯罪學研究的新取向。

　　誠如在第一章當中提到，「理性選擇理論」是犯罪學理論發展史上相當重要的概念，它在犯罪學理論發展史上出現過兩次，而且都是主導當時期犯罪學理論發展的重要核心概念。第一次出現在1764年以貝加利亞出版《犯罪與懲罰》一書所代表的傳統古典理論，此時的理性選擇理論內涵很單純，就是基於當時啟蒙運動下的哲學思想，認為人類個體是具有完全性的自由意志，每一個行為都是個體基於完全性的自由意志下，所產生理性選擇的結果（包括犯罪行為）；再加上當時對於人類行為的論述採享樂主義（或稱趨樂避苦）觀點，因而想到的治安策略就是用刑罰痛苦來相對應，制定法律與建置刑事司法體系所形成的「刑罰嚇阻」成為當時唯一的治安策略。

　　第二次「理性選擇理論」出現在實證學派逐漸衰落時期，也就是1968年美國經濟學家貝克提出〈犯罪與懲罰：經濟觀點〉一文，及1974

年馬丁森提出「矯治無用論」觀點為代表的現代古典理論。第二次「理性選擇理論」的內涵也很簡單，它與第一次「理性選擇理論」最大的差別就只有在對於理性的解釋，第二次「理性選擇理論」對於人類理性的解釋，就拋棄了傳統古典理論的哲學性思考，而改從經濟學思考，採納經濟學當中所提及的人類理性只具有部分性的說法；換句話說，或許人類個體的理性程度有高低之別，但就是不可能有完全理性之人。再來，貝克將人類的犯罪行為視同一般的經濟行為一樣，都是從成本與效益之間去評估是否划算，就好像要去買一個商品，個人覺得划算就會花錢買，至於是否買貴或買便宜就不是重點了；人類的犯罪行為也是一樣，如果個體自我評估成本效益後，覺得用某一類的犯罪途徑（例如詐騙）取得錢財是划算的，就會去付出犯罪行動，至於會不會被抓到也就不是重點了。

至於1974年馬丁森提出「矯治無用論」觀點，對於第二次「理性選擇理論」並沒有理論性加強的效果，他只不過是對實證學派逐漸衰落的困境再補上一腳而已，因為矯治是實證學派反制犯罪的重要策略，當馬丁森提出「矯治無用論」觀點時，無疑讓第二次「理性選擇理論」觀點所代表的現代古典學派，得以正式冒出頭來與實證學派相抗衡，所以「矯治無用論」觀點在此時發表，對現代古典學派的興起具有助攻的功效。

雖然現代古典學派冒出頭來在犯罪學理論上占有一席之地，但是現代古典學派的理論內涵，並不如傳統古典學派及實證學派這麼宏觀，這麼具有理論底蘊。就如之前所說，傳統古典學派基於哲學背景，講求人類自由意志與享樂主義；實證學派基於科學背景，講求個體特質與社會特質等促使個體從事犯罪的原因。反觀現代古典學派的理論內涵乃基於經濟學觀點，把人類犯罪行為視作一般經濟行為一樣，就是這麼世俗、這麼普通。且現代古典學派的理論體系又相當鬆散，不易形成一股體系，原因還是之前所說的，世俗及普通。基本上若真要找出幾個當作現代古典學派的代表理論，最典型的就是「理性選擇理論」與「日常活動理論」，而其中的理性選擇理論代表犯罪者的經濟性犯罪決策模式，日常活動理論則代表犯罪事件的經濟性形成模式，前者就像是個體的靈魂，後者則像似個體的骨架肉身，兩者共同構築一個犯罪事件的活動。

犯罪學理論的發展走到今日，現代古典學派興起並持續蓬勃發展，傳統古典學派中有關「理性選擇」觀點又獲重視，再加上以往偏差社會學、環境犯罪學、經濟學以及認知心理學等在犯罪行為的研究成果，使當代犯

罪學研究產生多元整合的氣象，亦即拋棄以往古典學派趨重於犯罪行為的研究觀點；也不偏採實證學派趨重於犯罪人的研究取向，轉而以具組織性的觀點將犯罪者、被害者、情境因素、機會因素以及時空因素加以整合探討，而成為現今研究犯罪學的主流觀點。

第三章　犯罪定義與特性

第一節　犯罪的定義

在人類歷史上，無論任何時空背景、經濟狀況、政治型態與社會環境等條件有何差異，犯罪都並存於人類社會之中，且隨著人類社會不斷地進化，文明程度也不斷地提升之下，犯罪現象非但沒有因文明的高度發展而有所減縮，反而呈現各種犯罪類型也隨人類社會演進的過程而有所變異與適應。因此，從人類社會的發展史與現象面分析可知，犯罪未曾與人類社會脫離。

人類何種類型的行為可被稱之為犯罪，又應該如何加以應對，一直是人類社會所亟欲釐清的問題。因為唯有對犯罪的定義加以釐清說明，才能在人類行為中找到研究的重心與抗制犯罪的基礎。換言之，有了明確的定義，就能將這些犯罪人與犯罪行為以刑事司法的機制加以處理，並透過各種刑罰或矯治措施達到預防犯罪的目標。

Muncie和McLaughlin（2001）從研究犯罪定義的歷史角度，歸結諸多學者的看法，形成下列七個犯罪的定義解釋，並加以分類成法律、社會道德、社會互動以及社會衝突等四個觀點的犯罪定義：

一　法律觀點——違反刑罰法令者為犯罪的定義

【定義一】犯罪，乃是法律規範所禁止的行為（Michael and Adler, 1933）。

【定義二】犯罪，是故意違反刑罰法令的行為，且在審判中無可免責之事由，而為重罪或輕罪之宣告者。因此非經過法院宣告有罪之行為，不為犯罪（Tappan, 1947）。

【定義三】犯罪，是違反刑罰法令之行為，法律無明文禁止者之行為不為犯罪。且刑事法令須經由政府當局所公布，並明訂其構成要件與處罰規定供人民遵守。而法律對待每一個人均應以同一標準（亦即法律之前人人平等），且由政府以公權力執行相關法律與刑罰（Sutherland and Gressey, 1924/1970）。

　　上述犯罪的定義乃基於法律的觀點，此一觀點是目前最為普遍，也最快速為人們所理解的定義。其概念等同於「形式犯罪」，而代表的意義有二：一是「無法律即無犯罪」，其所觀照者乃在於法律規範上的適用，即構成要件該當性、違法性及有責性的斟酌審辨，法律無明文規定禁止之行為是不被認為犯罪。二是「無罪推定原則」，在未經刑事司法體系判決有罪之前，該行為不為犯罪，且該嫌疑人亦不為犯罪人。

　　從而可知，法律的形成乃犯罪之形成。所以，基於法律觀點的犯罪定義有以下前提：1.在審判當時，法律對該行為有明文禁止；2.犯罪者必須具有犯罪意圖（意志自由）；3.該犯罪行為是為該犯罪者自願行使（行為自由）；4.對犯罪行為須明訂處罰條件。

　　依上述所稱，人是具有自由意志，且能為其行為所負責。我們僅能從司法程序中定義犯罪。然而，是否真只能在法律條文及司法程序中認識犯罪？反對此一觀點的學者認為：人類行為並不能以僵化的法律條文來加以解釋，甚至法律觀點下的犯罪僅是當下對此一行為價值判斷的結果，並會導致犯罪學家在研究犯罪現象時，忽略其他同樣會傷害到社會大眾利益，卻未在法律禁止規範內的行為。Quinney和Wildeman即認為：犯罪行為並不是法律所定義般的如此簡單，因為這樣會太過於簡化對社會經驗的理解（interpretation），而犯罪行為之所以被認為是犯罪，乃是由於此一行為對社會造成損害，或升高對社會造成損害的結果（Muncie and McLaughlin, 2001）。

　　因此，現代犯罪學者便將對犯罪的研究領域擴及至「偏差行為」（deviant behavior）的研究，企圖瞭解造成社會損害程度不一的偏差行為原因，並嘗試去瞭解為何有些偏差行為會被選定為犯罪而進入刑事司法體系之中，而有些則否；甚且認為犯罪不應只是在法律條文上的判斷[1]，而

1　從法律觀點的犯罪定義可導引出下列三個議題以供討論：1.一個行為是為犯罪與否取決於法院的判決過程，但是法律的引用與審理等過程是否真能反映真實。因為司法程序有相當嚴謹的認定過程，以致於在刑事司法體系的漏斗效應下，犯罪都只被加諸於具某些條件上的犯罪人；2.某些行為為何及如何的被立法為犯罪，而有些行為則只是遭受非正式的控制與非難，其切割的立足點為何（吸食或施打麻醉藥品被認為是犯罪，吸菸則僅受到輕微的非難）；3.法律觀點的犯罪定義較傾向於重視法律規範與制定，而對其執行過程中的諸多問題則是較為忽略。諸如英美法制的刑事訴訟過程中的認罪協商制度、陪審團的素質，及歐陸法制中法官的自由裁量等，這些都會影響一個已進入司法審判程序的犯罪嫌疑人被認定為犯罪人與否之重要因素。

是估量整體社會價值的自然反應。因為法律觀點的犯罪定義，基本上已排除如政治、社會、經濟等對社會、甚至是人類生活的影響。因此，脫離傳統法律觀點的犯罪定義，可以使我們擴大對犯罪的研究領域與認識，其中包括社會互動與社會秩序的研究，然而也將必然分化研究犯罪現象的途徑。

貳　社會道德觀點──違反社會道德規範者為犯罪的定義

對於犯罪的定義，有些社會學家批評說：沒有一個地方的法律會是相同的，亦即對於犯罪的定義也不可能是放諸四海而皆準，因此以較具科學及值得信賴的指標來區分犯罪行為是必要的。雪林（Thorsten Sellin）便主張應該排除法律觀點的定義，而擴大以道德與社會規範之觀點來對犯罪下定義。

雪林認為：每個社會都有其社會行為標準與行為道德準則，而這些道德準則不可能都回應在法律之中，所以包含「偏差行為」、「異常行為」、「反社會行為」等之非行，以法律觀點的犯罪定義都無法含括。因此若以法律觀點定義犯罪，則會侷限了對犯罪的相關研究。所以，研究犯罪現象若能取得客觀與科學的地位，其實也不用受制於立法者所設定的條件與範圍。然而，以道德觀點所建立的犯罪定義同樣面臨一個困擾，就是在不同的社會裡，其實也很難找到具有相同行為標準與道德準則，與前述一樣，當在建立起具一致性的犯罪定義時，就會面臨困窘（Muncie and McLaughlin, 2001）。

蘇哲蘭（Edwin Sutherland）在美國針對經理人員從事業務上不法行為的調查發現：即使他們的做法極為嚴重且是有害的，但這些不法業務也不被認為是犯罪，而僅可能被視為違反一些社會習慣，因此他便認為：對於犯罪的定義並不在刑事法典上，而應該在於傷害社會與對社會危害上。

【定義四】犯罪的本質，是一種禁止侵犯到他人地位的行為，對於犯罪的定義而言，其中包含了兩個抽象的標準，也是對於犯罪定義重要的元素是：該行為對於社會的危害性與刑罰對該行為的適用性（Sutherland, 1949）。

　　雖然以道德觀點的法律定義比起法律觀點的犯罪定義能形成較有系統且客觀的描述，但仍還是具有爭論。因為道德標準並非一成不變，在現今所允許的行為也許在過去是不被允許的；或是現在所不允許的於過去卻是被允許的，例如美國在1920年至1932年之間的酒類自由消費行為是不被允許的，而在當今則被認為是合適的，也是符合期待的社會行為；我國夫妻之間的強制性交問題，在以往被認為是家務事，如今也都成為犯罪行為而為法律所禁止。從這些例子看來可發現，犯罪並非呈現一個凝固的目標，從許多社會與時間的角度觀察，犯罪會是一個具歷史觀與社會觀的概念。

　　Wilkins也認為：無論何種型態的社會，我們都沒有絕對的標準來對犯罪下定義，而這種暫時性與具文化關係性的犯罪概念，正足以證明沒有哪一種行為本質我們可稱它為犯罪，也沒有哪一種行為無論何時何地都被稱為犯罪（Muncie and McLaughlin, 2001）。

三　社會互動觀點──社會結構下的弱勢者之行為被定義為犯罪

　　犯罪（crime）與偏差（deviance）乃是違反法律或規範的行為，但這些行為並沒有一個共同的標準，刑法只是社會一個共同合意的表現，但這個「合意」仍存在著許多爭議。持此論的互動學派便認為：社會並沒有一個長久不變的合意或共識，社會秩序的組成是由多數的團體根據他們對社會現實的解釋來運作，如此變化多樣的特性，使得所謂的合意便產生許多的衝突。

　　大體而論，互動學派對於犯罪的定義採取較為悲觀的看法，他們認為犯罪是社會互動下所產生的結果；也就是說，犯罪是社會中掌控權勢者所定義，行為本身並不存有價值判斷的因素，而是社會與法律對此一行為反應的結果。換言之，犯罪不存在於人們產生何種行為的問題，而在於行為如何被他人所認知與評估。如同持互動論最力的學者貝克爾（Howard S. Becker）所言：社會結構學派並不關心各種社會因素與情況，其實犯罪產生的主因是決定於社會互動的結果。

　　【定義五】社會團體經由制定法律規範製造偏差行為，違反了這些法律規範，便構成了偏差行為，而且經由運用這些規範至特定人們身

上，並將他們標籤為違反規範的人。以此一觀點來看，許多的犯罪並不起因於一個人的行為特性，而是法律規範很成功的標籤到所謂犯罪行為人的身上（Becker, 1963）。

四　社會衝突觀點──意識與階級型態衝突的犯罪定義

繼社會互動觀點之後，以社會衝突為基礎的分析觀點認為：犯罪的產生非僅是針對某些特定行為的標籤而已。擴及到利益團體間的相互爭鬥，社會上某些具優勢地位的團體在被授權後，將可能藉此一權力去傷害其他團體。例如，馬克思主義論者強調控制生產的階級差異，上層階級者便利用法律的差別立法與執法來維護其政治與經濟上的利益。亦即，犯罪本身並無自然價值判斷的本質，而是由具社會優越權勢地位者對某種行為加諸定義所造成。衝突觀點強調犯罪的政治經濟特性，法律只是提供某些人們權利與方法去界定何種行為是犯罪行為。

【定義六】犯罪不是有或無的問題，也不是為與不為的問題，而是誰能將這個標籤成功的加諸在他人身上，犯罪才會產生。而整個定義犯罪的過程是由政治與經濟結構關係所建構（Chambliss, 1975）。

另學者Sumner認為：社會階級力量是制定法律時重要的決定因素，但卻不能僅歸結於階級關係與階級衝突。所謂的犯罪是道德及政治判斷的客體，是一個行為處於特殊意識形態下所遭受的一種社會非難。因此，犯罪的意義不是行為或法律的範圍，而是文化差異及政治型態的呈現結果（Muncie and McLaughlin, 2001）。

【定義七】犯罪不僅是個標籤，而且是具有歷史與意識形態的意義。定義犯罪的過程是相當複雜且具有歷史內涵，其乃是透過實質衝突與道德思考下判斷的結果，而這些道德的意識形態，正是促成某些行為遭受社會非難的基礎（Sumner, 1990）。

社會衝突觀點的犯罪定義乃延續互動觀的看法並加以擴張，並經過發

展後，其所論及的階級概念從原生的政治意識階級擴及到道德意識階級，並認為：刑法並非基於整個社會的共同利益或道德標準所決定，而是要以法律保有自己的權勢與利益；或意將自己的道德嗜好與標準加諸於他人之不同權力團體所決定（Greenberg, 1981）。

統整以上對於犯罪定義的解釋可知，犯罪並不是詮釋某一種行為的絕對概念，而是呈現人類社會深具複雜多變特質的一種現象。從上述犯罪定義多元性特徵可以發現，此一定義多元的現象乃在反應當時代兩大主流社會學意識——結構功能與階級衝突——於解釋社會偏差行為（deviant behavior）的基本立場。雖兩者對於犯罪行為的解釋採取不同的預設基礎，但卻皆以整體論觀點來加以詮釋，亦即以普遍性的社會理論模型，透過其概念建構一個所謂「社會事實」（social facts）的存在。因而可以觀察上述四個犯罪定義同樣產生具有社會整體論的輪廓。

第二節　犯罪的特性

談到犯罪的特性，基本上可分成微觀的犯罪特性以及巨觀的犯罪特性。微觀的犯罪特性所指的是從犯罪本身的角度出發，觀察它在人類社會當中有何種變化；而巨觀的犯罪特性則是從人類社會的角度出發，去看犯罪在人類社會當中的發展變化。簡單來說，前者就是講犯罪本身所具有的基本特徵，後者講的是人類社會當中的犯罪呈現何種發展現象，而其中最著名的應屬義大利社會學家費利所稱的「犯罪飽和原則」（the law of criminal saturation）。

一　微觀的犯罪特性

犯罪既然可與人類社會並存發展，想必有其本身生存的特性。黃富源等人（2012）就曾提出犯罪現象本身具有普遍性、相對性、複雜（多元）性、刑罰威嚇弱效性以及變異性等特徵，使得犯罪現象可以永存人類社會之中。除此之外，犯罪現象還有一種特性，就是它在經過治安政策的操作之後，所產生犯罪轉移的特性，最顯著的例子就是情境犯罪預防措施實施後，所衍生出來的「犯罪轉移效應」（許春金，2010），若綜合兩

者，可得犯罪現象的特性說明如下：

（一）犯罪現象的普遍性

　　法國社會學家涂爾幹指出，不論何種社會結構或政治型態，都普遍存在著犯罪現象。義大利社會學家費利提出「犯罪飽和原則」，亦認為犯罪是一般社會無可避免的現象。所以，如何以科學方法掌握犯罪者、被害者等諸多犯罪特性，並提出一套可行的預防策略，才是治本之道。

（二）犯罪現象的相對性

　　犯罪概念會因時間與空間的不同而有不同的內涵，例如就時間而言，電腦犯罪在電腦發明之前是沒有的；就空間而言，在臺灣吃豬肉沒事，在回教國家裡就有事了，而且是很大條的事，所以，犯罪現象在時間面與空間面上是相對存在的。

（三）犯罪原因的複雜性（多元性）

　　犯罪原因常因社會結構、社會過程或個人特質等單一因素，或是多種因素交雜而顯得錯綜複雜，而這複雜的特性才促成了需要以精密的科學觀點與方法來探索犯罪現象產生的原因。其實要證明犯罪原因複雜性很簡單，光看犯罪學理論有多少就知道，犯罪學理論這麼多，但犯罪現象依然存在且蓬勃，據此可知，人類社會還沒有完全找出完整的犯罪原因。

（四）刑罰威嚇的弱效性

　　傳統對抗犯罪的手段就是刑罰，傳統古典學派認為：當刑罰具有嚴厲性、迅速性與確實性時，便能有效遏止犯罪，這樣的觀點一直延續到今日仍有不少人堅信不移。但站在刑罰對立面的犯罪現象卻不一定這麼認為，例如臺語俗諺：「嚴官府，出多賊」，嚴厲的刑罰未必真能有效抑制犯罪；迅速的刑罰制裁則又涉及程序正義的問題；最後只剩刑罰確實性尚有可行空間。由上可知，刑罰威嚇其實有其弱效的一面，「治亂世用重典」在當時確實可以產生嚇阻效果，但隨著時間拉長，其威嚇效果性便會逐漸降低。例如臺灣社會自2008年三聚氰胺事件、2011年塑化劑事件後，「食品安全衛生管理法」歷經9次的修法，哪一次不是基於治亂世用重典的思考，結果還是抵擋不住食安犯罪的發生，原因即在「砍頭生意有人做，賠錢生意沒人做」的原因，即使用重典當時有效，那只不過是避避風

頭，等風頭一過，食安問題依然滋生。這就是刑罰威嚇有其弱效的一面。

（五）犯罪現象的變異性

犯罪現象的類型並非穩定不變，而是有其時空背景，常因時空的不同而異其內涵，或犯罪化（例如臺灣的酒駕，早期採社會教育宣導方式，惟教育宣導成效不彰，遂將酒駕行為明定列為公共危險罪），或除罪化（例如通姦除罪化議題，目前世界各國皆朝向通姦罪除罪化，然除罪化不是不處理這種行為，而是採取其他統治手段，例如以民法或行政管理手段來規範），或產生新興的犯罪型態（詐騙案件當中的詐騙手法推陳出新），即可說明犯罪現象具有極大的變異性。

（六）犯罪現象的轉移效應

以上所描述的犯罪特性是指犯罪現象的原生特性，也就是說，不去刻意處理犯罪時，犯罪現象本身即具有的特性。而現在所要介紹的「犯罪轉移」特性，主要是犯罪經過人們操作控制後所產出的特性。「犯罪轉移」特性最常發生在情境犯罪預防後的現象，但即使沒有情境犯罪預防措施，僅是警察針對某一特定犯罪實施強大取締，通常也會有犯罪轉移的現象發生。因此，也就有人說犯罪本身就像是「變形蟲」一樣，沒有一個時刻是穩定不變動的。犯罪轉移現象基本上可區分為下列六種型態：

1. 犯罪區位的轉移：犯罪因甲地實施高度控管，導致某些犯罪類型從甲地轉移到乙地。例如，臺灣強力執行反詐騙時，詐騙集團只好將行騙基地轉移往大陸或東南亞地區。

2. 犯罪時間的轉移：犯罪因在某一特定時段實施高度控管，使得該犯罪轉移到其他時段的改變。例如，社會當中的酒駕取締大都集中在晚上時段，則聚會喝酒時間就會安排到中午時段，使午餐時間後的酒駕人數增加。

3. 犯罪手法的轉移：當某一種犯罪類型原有的犯罪手法因為受到強化控制而不易得手時，則會改變其他犯罪手法。例如，有些網路犯罪（電子下注賭博、付費的性行業）的經營網站主機，從臺灣移到國外，以避免臺灣警方查緝。

4. 犯罪目標的轉移：竊賊會在同一區域裡，選擇特定的犯罪目標。例如，竊賊會放棄監控高的住宅為目標，轉向找尋受監控能力相對薄弱的住宅行竊。

5. 犯罪類型的轉移：當某一區域的住宅情境犯罪預防程度高時，則潛在的犯罪人會因金錢需求性急迫而轉向街頭搶奪。

6. 犯罪加害人的轉移：某項有效的犯罪預防活動，會使原有的潛在加害人停止犯罪，卻促使新的潛在加害人起而代之。例如，臺灣無論公共區域或私人領域內的監視錄影設備密度愈來愈高，導致從事街頭性犯罪類型（如竊盜與搶奪等）的潛在犯罪人數急速下降，但卻使參與詐騙犯罪類型的犯罪人數增加。

二 巨觀的犯罪特性

從人類社會的角度出發，去看犯罪在人類社會當中的發展與變化時，可以觀察出犯罪具有與化學飽和定律一樣的特徵，費利稱之為「犯罪飽和原則」。犯罪飽和原則係指：人類社會在同等的自然環境與社會環境條件下，會產生同等的犯罪質性與數量，因此，在自然與社會因素不產生劇烈的變動下，該社會的犯罪率不至於產生重大的升降。反之，因為社會中的自然與社會條件乃處於一種變動狀態，因此犯罪率就會呈現一種動態的規律性。

因此，犯罪在人類社會當中所呈現的動態規律方式，主要有以下兩種特性（黃富源等人，2012）：

（一）犯罪的週期性波動

犯罪的週期性波動主要在描述犯罪率變化的來源與狀況。在來源上，因為人類社會是處於一種動態發展的狀況，所以犯罪率也是隨著呈現動態波動的現象；在狀況呈現上，財產犯罪與暴力犯罪呈現一種交替變動的現象，亦即當社會上財產犯罪率升高時，暴力犯罪率會隨之下降；反之，當暴力犯罪率升高時，財產犯罪率也會隨之降低。

（二）犯罪的週期性增長

以費利的觀點來說，因為人類社會受到自然與社會環境不斷變遷的影響，導致犯罪率會隨著人類社會的持續發展而呈現週期性增長的趨勢。然而這種增長方式不會是短期急速增長，而是有點類似階梯式的增長型態。

第四章 犯罪測量、犯罪黑數與除罪化

第一節 犯罪測量與統計

瞭解犯罪的定義與特性之後，接下來就是要瞭解社會中的犯罪狀況。社會當中犯罪狀況到底如何，總要有具體的方法去挖掘出來，而挖掘社會犯罪狀況的技術，便是犯罪測量；而將測量出來的各種犯罪資料〔包括犯罪類型（質）與犯罪數量（量）〕予以有系統及有組織地整理，那便是犯罪統計。目前最常被犯罪研究者所採用的犯罪測量技術或犯罪統計資料有三種：官方犯罪統計（official statistics）、自陳報告調查（self-report survey），以及被害者調查（victim survey）。這三種犯罪測量與統計相當具有獨立性，且分別適用在各種不同研究條件的犯罪主題。

一 官方犯罪統計

所謂官方犯罪統計係指經由政府官方司法機構統計執法所得而保存的犯罪資料，這些政府官方機構諸如警察、檢察、法院及矯正等司法機關。以臺灣為例，在警察機關當中有「中華民國刑案統計」、在檢察機關有「檢察統計」、在法院機關有「司法統計」、在矯正機關有「矯正統計分析」，我國法務部又結合其所屬司法機關之統計資料編纂成《犯罪狀況及其分析》一書。

前述官方統計在各該司法機關的網站皆可搜尋，每年度皆會更新，因此有長期性的資料可供查詢運用，幾乎含括各種犯罪類型，其資料內容廣泛豐富且分析詳細，是犯罪學研究者相當依賴的犯罪統計來源。它的缺點之一是，潛藏著犯罪黑數的危機，而且是隨著犯罪質性的輕重而有所不同，嚴重程度愈輕者，其犯罪黑數愈嚴重，甚至在推估無被害者犯罪時，更是難以官方統計為依據；其理由很簡單，無被害者犯罪缺乏控訴者，所以統計內的數據幾乎都是官方執法人員一筆一筆查獲的，因為缺乏被害者的舉發，因此犯罪黑數相對地就會提高。所以，官方統計通常運用在研究犯罪質性較為嚴重的犯罪現象上，例如擄人勒贖或殺人案件等。官方統計的第二個缺點是，它僅有犯罪行為或犯罪人的客觀資料，並沒有主觀

資料，也就是說從官方統計當中僅可以知道犯罪行為的類型區分、數量、發生時間與發生地等可明顯觀察的資料，至於該犯罪發生時的當時情境特徵、地形地物與氣候特徵等便無法知曉；再者，犯罪人的價值觀、人格取向與行為態度等資料，也無法從官方統計當中獲知。

二 自陳報告調查

自陳報告調查係指讓受調查者自己陳述在過去某一特定時間內，違反法律或社會規範的程度及類型等資料。自陳報告的犯罪測量被認為是解決犯罪黑數很好的測量機制，如前所述，官方統計有兩大缺點：一是犯罪黑數，二是無法獲得犯罪人的主觀資料，而自陳報告統計不但可以降低犯罪黑數效應，連帶地也可以透過問卷的設計，達到蒐集犯罪人主觀資料的目的。

自陳報告除了可以改善官方統計存有犯罪黑數與無法獲得犯罪人的主觀資料的缺點外，亦可適用在輕微犯罪與偏差行為的調查，並從中瞭解這些輕微犯罪與偏差行為在社會階層中的分布。也許有人會有疑問，瞭解這些輕微犯罪與偏差行為在社會階層中的分布有何意義？當然有，其主要用意即在透過自陳報告的結果去證明，「犯罪性」幾乎每個人都是一樣的；也就是說，無論是社會高產階級、中產階級或低產階級，人性當中的犯罪性或偏差性其實是差不了多少的。那為何具體呈現出來的官方統計資料，大多集中在低、中產階級？這就是批判學派興起的原由，同時也是犯罪學研究者所想要研究、瞭解的原因。

再來，自陳報告的測量途徑也被應用在性別之間犯罪量數的差異上。以我國為例，當前官方統計當中，男女犯罪率大約八比二，但透過自陳報告的檢驗後，男女偏差行為的比率差距卻有顯著拉近的現象；可見不論從社會階層中的分布或者是性別之間的分布來看，透過自陳報告的測量後，可以突顯出「犯罪性」與「犯罪行為」之間微妙的關係。換言之，低產階級犯罪率高於高產階級、男性犯罪率高於女性，但在犯罪性上似乎兩者差異不是很大，促成其中差異的原因可能在於犯罪機會的取得以及外控條件的差異上。

一般來說，自陳報告調查被大量的運用在少年偏差（犯罪）行為研究上，諸如少年偏差行為在類型、性別、社會階層等層面上的分布。美國犯

罪學家Siegel（2000）認為原因有二：一是大多數的少年正值求學期，都身處在學校裡面，因此有利於大量施測；二是學校裡的學生組成具有普遍性與常態性，很有利於瞭解社會橫斷面的現象。由此可見，自陳報告無論在測量或運用目的上，似乎都站在與官方統計的相對面，兩者亦有相互補充不足、相輔相成的作用。

　　然而，自陳報告統計也有其測量上難以克服的缺點，其中最受人質疑的地方就是信度與效度的問題，受測者對於自陳報告的內容會有多報、少報或者是遺忘的情況，使得在信度上便產生疑慮；若受測者對於各種犯罪類型的構成要件認知不足，則又可能產生效度不足的問題。其次，雖自陳報告適用於少年犯罪的研究，但是當大多數犯罪少年有輟學的現象時，則又容易遺失極有研究價值的樣本，導致後來的統計推論失去真實性。最後，因自陳報告適合用於輕微犯罪的調查上，所以在犯罪類型研究的主題上便有所限制。

三　被害者調查

　　第三種犯罪測量的方式為被害者調查，這種犯罪測量方式的興起緣於許多的犯罪被害人不願意向警察報案，導致有許多的犯罪黑數產生，因此循著被害者身上去挖掘犯罪量數而產生所謂的被害者調查。由此可知，被害者調查亦有降低犯罪黑數的作用。至於被害者為何不願意向警察報案，又犯罪黑數如何產生，將在犯罪黑數專題當中加以詳述。總之，被害者調查也同自陳報告調查一樣，有著挖掘社會當中犯罪黑數的意義。

　　美國是世界上第一個實施被害者調查的國家，美國司法部在1966年針對1萬個家庭實施被害者調查時發現，其所調查出來的犯罪數竟比其所知的官方統計高出許多，從中獲知許多美國民眾在警察機關裡無法順利報案或是害怕被報復而不敢報案，或者是警察機關漠視等因素，造成許多犯罪黑數。

　　被害者調查的功能不僅在於呈現社會上究竟有多少數量的犯罪事件，還可以呈現多少量數的犯罪黑數，更可以從這些犯罪事件當中獲取真實的發生時間、發生地點，以及發生的環境特徵等，進而綜合這些資料後去預測哪些人與哪些情境特徵之下，容易有犯罪事件發生的風險。被害者調查測量方式問世的同時，在犯罪學理論發展上也同時開展出被害者學，

甚至與現代古典學派相銜接，將研究對象從「犯罪人」身上轉移到「犯罪事件」上，逐漸稀釋對犯罪人的研究興趣，進而轉向犯罪事件當中，被害者的角色以及被害當時的情境特徵，乃至於促使情境犯罪預防技術的興起，最後終於獲致犯罪率逐漸下降的趨勢。

被害者調查統計最大的盲點是對某些特定犯罪類型束手無策，最具典型的便是無被害者犯罪，既然犯罪事件當中沒有被害者，因此就難以被害者角度去測量社會中關於該犯罪類型的數量。其次，被害者調查統計與自陳報告統計有共同的缺點，那就是信、效度的問題，當遇到受測者誇大多報、遺忘少報，以及對各種犯罪類型的錯誤認知下，也會影響其信度與效度。最後，被害者調查統計所呈現的調查結果，只能被視為在社會當中可能發生的情況，恐怕不能據以表示實際的狀況。

以上三種犯罪測量與統計是目前在犯罪學領域上較受歡迎與使用的方法，其中各有其優點與缺點，需視研究主題的性質來決定採取的測量方法。但無論哪一種測量方法都有共同的困境，那就是測量的精準度多多少少都會受到影響，這跟之前所說犯罪學是被歸類在社會科學領域，而社會科學研究的不準確特性，導致了犯罪測量也同時產生不準確的現象。除此之外，犯罪定義的不穩定性、刑事立法的時空異動性、刑事執法的差異性以及犯罪行為本身所具有隱匿的特性，都是影響犯罪測量的重要因素。以下係三者特性與優缺點之比較如表4-1。

表4-1　主要犯罪統計的特性與優缺點比較表

統計類型	特性	優點	缺點或限制
官方犯罪統計	泛指由警察、檢察、法院和矯治機構等所保存有關犯罪的資料。	1. 可長期蒐集。 2. 犯罪類型包含範圍廣。 3. 資料豐富。 4. 分析詳細。 5. 適於研究較具嚴重性的犯罪。	1. 犯罪黑數高。 2. 司法機關執法與記錄方式可能影響犯罪的分布方式。 3. 無犯罪人詳細的背景資料，如價值觀、人格、行為態度等。 4. 因治安機關執法寬嚴的方式改變（如春安工作的實施）而影響犯罪率的波動。

（接下頁）

統計類型	特性	優點	缺點或限制
自陳報告統計	讓受調查者報告在過去特定時間內，違反法律或社會規範的程度及類型。	1. 可獲知犯罪黑數。 2. 可瞭解犯罪類型及程度外，亦可估量受訪者的行為態度、價值觀、人格特性、自我概念、休閒活動等。 3. 可適用於犯罪及偏差行為的調查。 4. 可衡量犯罪及偏差行為在社會階層上的分布。 5. 適宜少年及偏差行為研究。	1. 信度不足（少報、多報、遺忘）。 2. 效度也不夠（認知偏差、推論也有問題）。 3. 從事少年犯罪行為研究時，輟學者無法獲知其自陳報告內容。 4. 較多資料均屬輕微的偏差行為，且犯罪類型較官方統計少。
被害調查統計	透過犯罪被害者的抽樣調查而來衡量犯罪行為的本質及數量，並藉以瞭解被害特性及導致被害的情境因素。	1. 可獲知犯罪黑數。 2. 可瞭解犯罪發生的類型及時空上的分布。 3. 可瞭解被害事件的情境因素。 4. 有助於犯罪預防策略的擬定。	1. 被害調查的犯罪類型有限（無被害者犯罪無法呈現）。 2. 只能被解釋一種對可能已發生的犯罪類型的估量，而不能解釋為真正的發生。 3. 被害者的多報、短報，以及對各種犯罪類型的錯誤認知，也會影響其信度與效度。

第二節　「犯罪黑數」、「無被害者犯罪」與「除罪化」

　　犯罪學研究在實施測量或使用犯罪統計時，最怕的就是犯罪黑數，因為犯罪黑數的多寡會影響研究的真實性，進而影響後續所提出防治策略的有效性。因此，如何降低犯罪黑數對犯罪學研究的影響，就要看研究主題的質性以及研究者的操作；再來，為何在本節當中要把「犯罪黑數」、「無被害者犯罪」與「除罪化」放在一起討論，原因很簡單，因為在所有

犯罪類型當中存有犯罪黑數最為龐大便是無被害者犯罪，而具有龐大犯罪黑數的無被害者犯罪也因為無法有效掌握其犯罪真實面貌，或在處理此等犯罪時產生許多副作用，引發在刑事政策上逐漸有將無被害者犯罪除罪化的呼聲。因此從理解犯罪學內涵的角度上，打破傳統犯罪學的編排，以閱讀者角度出發，將高相關性議題放在一起討論，將有助於想熟稔犯罪學內涵的讀者，進行有系統的理解。

換句話說，當我們面對犯罪測量與統計議題時，將會面臨犯罪黑數的議題，而犯罪黑數又屬無被害者犯罪最為龐大、影響最為深重，導致世上各國都逐漸將無被害者犯罪在刑事政策上逐漸採取除罪化的作為（例如性交易專區的設置、觀光賭場的設置、開放大麻使用等），所以這四個議題是一個系統性的關聯主題，就應該放在一起討論。

一 犯罪黑數

依據我國內政部警政署警政統計名詞定義的解釋，所謂犯罪黑數（亦稱犯罪的未知數），指所有不在各種官方犯罪統計上出現的犯罪數。換言之，未為眾所皆知或未受刑事司法機關所追訴與審判之犯罪，即一種「隱藏之犯罪」；一般而言，犯罪黑數包括民眾未報案之犯罪案件，及已發生但未為警方所知或登錄的犯罪案件。

上述所說犯罪黑數包括「民眾未報案之犯罪案件」，以及「已發生但未為警方所知或登錄的犯罪案件」。問題來了，既然犯罪被害發生在民眾身上，為何民眾不報案？又已發生的犯罪未為警方所知就算了，怎會有警方所知卻未登錄？黃富源（1982）針對這些疑問進行研究，並分析犯罪黑數產生的原因，共有以下五個層面的原因來源：

（一）社會大眾的態度層面

1. 社會大眾看待犯罪事件發生的態度冷漠，或者有多一事不如少一事的想法，導致民眾即使知悉犯罪事件發生也不願意插手管事。
2. 社會大眾的價值觀，有時候不喜歡法律被充分的執行。

（二）執法機關層面

1. 犯罪案件進入到刑事司法體系之後，歷經逮捕、起訴、審判與監禁等司法程序，會經歷一些耗損的現象，此稱為漏斗效應。亦即，犯罪人的人

數會隨著司法程序的進行而逐漸減少。

2. 執法機關犯罪統計的記錄方式若有缺陷時，則也容易造成犯罪黑數現象。

3. 執法機關的隱匿（俗稱「吃案」）。

4. 執法機關的偏見或選擇性辦案，常造成案件成立與否以及影響後續追查的強度與深度。

5. 執法機關本身偵查犯罪的能力有限。

6. 檢察機關選擇性起訴，較傾向於選擇可能成功的案件，而放棄一些不會勝訴的案件。

（三）犯罪者及其關係人方面

1. 犯罪行為只有自己知道，除非自首或經他人舉發，否則犯罪者不可能自我檢舉犯罪。

2. 犯罪者的親友即使知悉犯罪行為，基於維護犯罪者立場，常對其行為加以庇護。

3. 犯罪者及其親友與警察的特殊關係，而以較輕微之案件查辦或直接「吃案」解決。

（四）被害者與目擊證人方面

1. 被害者與目擊證人若缺乏法律知識，而不知道可以向警察機關報案，或不願意向警方報案。

2. 有些犯罪事件被害人擔心事件被公開或受到二次傷害。

3. 犯罪被害人若身為共犯角色時，深怕警方深入調查而放棄報案請求警察機關偵辦。

4. 被害人或目擊證人有時擔心遭到報復而放棄報案。

5. 被害人若認損失輕微或不知自己被害因而未向警察機關報案。

6. 有時被害人會衡量遭受犯罪侵害的輕重，擔心若提出訴訟時會傷害到加害者（尤其是少年及兒童）因而放棄報案。

7. 若對執法機關破案能力質疑，或對被害者及目擊證人的保護缺乏信心時，通常也會放棄報案念頭。

8. 被害者的某些特殊屬性，使得被害者通常不願意提出報案，例如非法居留外籍女子從事性交易時，遭嫖客搶奪金錢。

（五）犯罪現象的本質方面

1. 不同類型的犯罪有其不同的報案率和破案率，如強制性交犯罪的報案率會比其他犯罪為低，而殺人及汽車竊盜之報案率則較高。
2. 在犯罪行為傷害及損失程度方面，若案件傷害及損失情節輕微，被害者較不會報案；警察為求績效，也常選擇較大及容易偵辦的案子加以偵查。
3. 犯罪的既遂或未遂程度，也會影響民眾報案意願，通常既遂案件之被害者較有意願向警方報案。
4. 有些犯罪行為在本質上，難以確認是否違法。

貳 無被害者犯罪

　　無被害者犯罪，顧名思義就是以一個犯罪事件為前提，但這個犯罪事件沒有具體積極的被害者，或者說犯罪者本身就是被害者。基本上，無被害者犯罪所侵犯的法益多屬於社會法益，例如賭博罪，觸犯賭博罪的人乃違反了社會善良公俗法益；又例如觸犯妨害風化罪章或毒品罪者，多屬於違反社會法益，而參與該犯罪事件的人並沒有積極被害觀感，因此在刑事司法過程運作中並未有積極的被害者角色出現。

　　關於無被害者犯罪的定義，高金桂（1987）認為：「若某種行為為刑罰法律所禁止，且具有可責性，並在成人之間進行財貨及服務上的交易，而他們也自認為並未受到該行為所侵害，而不願向司法機關報告該行為時，稱為無被害者犯罪。」從這個定義可知，無被害者有幾個重要的條件：

（一）刑罰法律所禁止並具有可責性，所以一定是以成立犯罪事件為前提。
（二）在成人之間所進行的財貨（賭博）或服務（性交易）上的交易，若是在與未成年之間的交易，則就脫離無被害者犯罪的範圍，例如容留或與13歲少女從事性交易活動，就不歸屬在妨害風化罪章，而是歸屬在妨害性自主罪章當中。
（三）參與該犯罪事件者自認未受到該行為所侵害，因此並無被害感。
（四）基於無被害感的前提下，不願向司法機關報案，無被害者犯罪會產生大量的犯罪黑數即在於此一原因——犯罪事件參與者不願向司法機關報案。

　　黃富源等人（2012）蒐集諸多學者的觀點後，認為無被害者犯罪具有加害人與被害人皆違法，以及彼此間具有連帶關係的四大特性：

（一）**具有同意參與的特徵**：無被害者犯罪中，參與其中的多方當事人是在共同合意下進行財務或服務上的交易，因具有「共同合意」的因素，所以排除有所謂「被害人」的存在。

（二）**缺乏控訴的參與者**：在無被害犯罪事件中，該犯罪事件的任何一方當事人，都沒有人願意訴諸法律行動，因此含有大量的犯罪黑數。

（三）**無傷害的自我判斷**：在無被害者犯罪類型的犯罪情境中，參與其中的任一當事人並無感受被傷害，所以才稱之為無被害者「犯罪」。

（四）**具有交易的本質**：此類型的犯罪大多是參與者自願交換利益的結果。

　　從以上的四大特性可以知道，無被害者犯罪事件當中的任何當事人，都是共同合意參與交易或自願參與其中，在此交易或參與過程中並沒有被侵害感，也不願向司法機關報案。既然是自願、無被侵害感也不願報案，因此衍生所謂可罰性的問題。如上所述，無被害者犯罪大多數都是歸屬侵害社會法益中的社會道德罪，然而社會道德標準是亙古不變？還是會隨社會變遷與時代進步而有所調整？此一議題一直處於爭議之中，例如通姦罪；再來，違反社會道德規範者是否等於具有反社會性，也持續受人們關注，例如施用毒品罪；最後，難道違反社會道德規範的行為只能用刑罰法規範，可否採取其他行政措施即可，例如賭博罪[1]。

　　除了毒品犯罪是近代興起的犯罪類型外，其實可以看出無被害者犯罪類型幾乎都潛存在人類社會當中幾千年以上的歷史，尤其是性交易（娼妓）、賭博與通姦罪等，這三個無被害者犯罪類型最困擾著刑事司法體系，也最難以在現代刑事政策上站穩腳步。原因很簡單，因為這涉及到人性需求與社會文化的問題。當某一種行為涉及到人性需求與社會文化時，

---

[1] 例如，我國離島建設條例第10條之2第1項：「開放離島設置觀光賭場，應依公民投票法先辦理地方性公民投票，其公民投票案投票結果，應經有效投票數超過二分之一同意，投票人數不受縣（市）投票權人總數二分之一以上之限制。」該條例第10條之2第5項：「依前項法律特許經營觀光賭場及從事博弈活動者，不適用刑法賭博罪章之規定。」從上述條例可說明，我國在政策上已開放採行政管理方式並除罪化賭博行為，雖然採特定區域除罪化，但卻也裂解了賭博是否違反社會道德規範的地位。在實務上，我國目前委由得標金融機構發行樂透彩及運動彩券等，並對外公開向社會大眾販售，雖名為遊戲或娛樂，但實質上仍蘊含有賭博性質。因此，賭博是否真正是違反社會道德規範，真的很值得討論。甚至我國在未來也有可能走向賭博全面除罪化之路，不相信嗎？「我們來打賭！」

這一行為就很難從人類社會中消失，而若我們又將此一行為列在犯罪行為當中時，就好像自己拿石頭往自己的腳砸一樣，既無法透過刑事司法控制又不想放棄刑事司法控制，因此造成刑事司法資源耗費龐大，或業者轉入地下經營成形成黑市等窘況，並導致無被害者犯罪除罪化的呼聲日益升高。

三　除罪化

當今無被害者犯罪面臨除罪化的呼聲日益強大，其原因便在於「可罰性」的問題，因為無被害者犯罪所侵害之法益大多屬於社會法益中的社會道德罪，社會道德是很形而上也很虛擬的概念，它的標準在哪裡？又以誰為標準？社會道德乃隨著時空的變異而有所變化，且其所違反之公共道德並不具有反社會性時，國家刑罰是否適合強制介入處理，此一議題確實備受爭議。

當然，除罪化不是單為無被害者犯罪行為所產生，而是有其產出的許多思想背景（甘添貴，1998），其中包括：

（一）國民法律意識的變化

有些法律所保障的法益，隨著時代的變遷，原被保障的法益會因當時代社會價值觀點的變化而有所變異。就以通姦罪而言，亞洲地區如日本於1947年廢除通姦罪、韓國也於2015年廢除通姦罪，連我國對岸的中國大陸地區於1974年所制定的新刑法當中也沒有通姦罪條文[2]。鑑於時代的變遷，因性自主意識抬頭，通姦行為在許多國家逐漸的移除刑罰課責之列，而轉向以民事手段處理。換句話說，通姦行為雖從刑罰法令當中移除，但在民事法令當中卻可能增加其可歸責能量，也就是說用刑罰處罰通姦罪時，在民事的補償上較低；而廢除通姦罪後，雖然失去刑罰法令的課責，但在民事補償上卻會大幅提升。

（二）自由刑執行之弊端

矯正機構對受刑人執行矯治教化，基本上算是一種矯正教育，其不

---

2 中國大陸的刑法條文當中雖然沒有通姦罪，但卻有破壞軍婚罪，即若一方明知對方是現役軍人的配偶而與之長期通姦、同居者，則構成該罪。

同於一般教育，而是蘊含強制性的教育模式。但基於強制之下所實施的教育，其實在效果上是值得討論的。再者，自由刑執行在監獄機構內，若再加上目前監獄人滿為患，不僅矯正效果堪慮，監獄化負面作用亦難戒除。因此，除罪化變成了緩和監獄擁擠以及降低自由刑執行弊端的另一種思考方向。

（三）刑事司法體系抗制犯罪成本過高，且能力有限

社會運行是呈現動態發展的型態，再加上社會運作過程急速變遷，造成許多的犯罪類型即使不變，但在犯罪手法上卻因此激增、複雜且多元化（例如詐騙案件手法不斷推陳出新、毒品吸食採用咖啡包形式避查）。儘管刑事司法體系在人員與設備上不斷更新充實，卻仍無法有效防止犯罪，因而不得不對一些無被害者犯罪採取除罪化或類除罪化的措施（我國對於毒品吸食者所採行的美沙酮計畫），或非機構化措施（如我國刑法於2005年公布其中第74條之修正內容，乃擴大緩刑適用條件），其目的即在於讓受短期自由刑者，採以非機構化措施服刑。

（四）學說思想之倡導

1960年代期間，美國掀起標籤理論的倡導風潮，認為犯罪本身不僅僅是個體本身的問題，連政府本身都有問題，因而提出「當個體愈早進入刑事司法體系時，該個體停留在刑事司法體系內的時間愈長」的說法，認為若沒有必要列為犯罪者，應儘量予以除罪化，也認為沒有必要進入到機構內處遇者，應該採取非機構性（社區）處遇為佳。

在前述的社會思想背景之下，除罪化的呼聲漸起，但總要有一些學理上的基礎，或者是社會經驗上的基礎來支撐，否則對社會正常運行來說將會造成不穩定的現象。甘添貴（1998）認為除罪化乃基於「刑法謙抑」與「法益保護」等兩個理念所生成，前者指刑法應基於謙抑之本旨，在必要且合理之最小限度內，始予以適用的法思想觀點；後者則指刑法乃是保護個人生活利益之最後手段，若不真正危害任何法益時，則該行為亦應除罪化。甘添貴進一步解釋：

（一）基於刑法謙抑主義[3]，有下列情況之行為，應予以除罪化

1. 處罰某一不法行為，無助於防止惡害或處罰之效果，反較原惡害所產生之惡害為大時（例如美國在1920年至1933年期間推行全國禁酒令，此一禁酒令不但損失稅收收入，也沒有使酒精消耗量減少，反而使私釀酒業猖獗以及假酒氾濫，因而導致民眾失明或死亡、許多民眾因販賣私酒觸法、更有許多執法官員收賄腐敗，最嚴重的還讓黑手黨藉由運販私酒而獲得龐大利益而壯大等。當時美國政府為了處理一個小小的民眾喝酒問題，卻衍生許多重大的社會問題）。

2. 處罰某一不法行為，無法公平或無差別執行時（例如毒品犯罪偵查困難，產生的犯罪黑數尚無法估計，因而產生執法無法公平的現象；或者是執法人員產生執法之選擇性與隨意性時，將產生執法偏差性）。

3. 處罰某一不法行為，顯然造成刑事手續之質或量過度負擔（例如我國檢警體系投入許多資源在反毒工作上，但卻無法獲得相對資源質量上的回應時，不僅造成檢警體系的沉重負擔，也同時會因反毒效果不佳而形成對法律的不敬與不信）。

4. 尚有其他統治手段，可抗制該不法行為時（例如我國在政策上開放觀光賭場的設置，即是採取行政管理的方式來取代刑罰禁止）。

（二）基於法益保護的觀點下，當受到保護的法益價值消失時，應予以除罪化

　　目前我國在無被害者犯罪除罪化的進程上較為緩慢，主要還是受限於臺灣社會文化以及民意趨向的影響，例如通姦除罪化，即使有許多法律學者以及女權團體極力呼籲通罪除罪化，甚至還聲請釋憲（司法院大法官釋字第554號解釋），釋憲結果認為通姦行為除罪化或犯罪化都不違憲，強調性行為乃憲法所保障之自由權，但應受婚姻與家庭制約，除罪與否係屬立法裁量範疇。這樣的解釋便將通姦罪是否除罪交由立法機構去裁量，既然交由立法機構去裁量那就必須考量到社會文化與民意趨向。而民意趨

3　2020年5月29日司法院大法官會議再度針對我國刑法通姦罪作出釋字第791號的解釋，正式宣告我國現行刑法第239條通姦罪違憲，並自即日起失效。觀察其解釋文內涵中有其理由之一為：「基於**刑法謙抑性原則**，國家以刑罰制裁之違法行為，原則上應以侵害公益、具有反社會性之行為為限，而不應將損及個人感情且主要係私人間權利義務爭議之行為亦一概納入刑罰制裁範圍。」

向如何呢？最好的例證便是2015年5月法務部將通姦罪是否除罪化這項議題放上國發會「公共政策網路參與平臺」，讓網友投票表達贊成或反對意見，直到當年8月截止的投票結果，共有10,723名網友投票，其中9,157名反對修法廢除、1,567名贊成修法廢除，比例分別是反對85%、贊成15%，並有991則留言回應看法。這雖然是網路調查，但再觀察以往此一議題的民調結果時，大約都有七成以上民眾反對通姦罪除罪化，由此可看出我國在無被害者犯罪除罪化的進程上，顯得相當緩慢。

　　再有例子就是性交易是否除罪化的問題，我國目前是否有開放性交易合法化？答案是有的，它規定在我國社會秩序維護法當中。該法第91條之1規定：直轄市、縣（市）政府得因地制宜，制定自治條例，規劃得從事性交易之區域及其管理。這也就是說，我國在中央政府所主導的政策及法制層面上已是將性交易合法化，但須由地方政府自行制定自治條例、劃設性交易專區來進行管理。然而，基於臺灣整體政治氛圍與民意趨向詭譎的現在，有哪一個地方政府首長敢劃設性交易專區？至少目前還沒有。國家政策與法制都已準備好了，為何地方首長不敢動，就是因為受限於臺灣當前的社會文化與民意趨向。

第二篇

理 論

表1-1　自然觀點時期的犯罪學各學派發展簡述表

	傳統古典學派	實證學派	現代古典學派
代表年代	1764	1876	1968
代表人物	貝加利亞	龍布羅梭	貝克
代表論著	《犯罪與懲罰》	《犯罪人》	〈犯罪與懲罰：經濟觀點〉
時代背景	啟蒙運動	工業革命	風險社會
觀點依據	哲學	科學	經濟學
學派內涵	自由意志論 犯罪是人類個體基於自由意志下理性選擇的結果（強調人有完全的理性可以選擇完美的決定，屬哲學性的理性選擇）	決定論 犯罪是人類個體受到其內在變異的生理與心理因素，以及外在社會環境因素影響所導致。因此，個體是否會從事犯罪乃受到個人生理、心理與外在社會環境所決定	成本效益論 犯罪行為就如社會上的經濟行為一樣，每個人都會透過成本效益分析，以決定是否從事犯罪（強調人只有部分的理性可以選擇最好的決定，屬經濟學性的理性選擇）
關注焦點	犯罪行為	犯罪人	犯罪事件
刑事政策	懲罰模式 ─刑罰嚇阻	矯正模式 ─矯治教化	正義模式 ─刑罰嚇阻與情境嚇阻並行
控制策略	制定法律與創建刑事司法體系	研發各種矯正技術與治療模式	推動刑事政策兩極化與情境監控措施
刑罰主張	主張定期刑 ─刑罰額度與犯罪行為相對	主張不定期刑 ─教化時間與矯治效果相對	重罪累犯加重刑期、輕罪初犯緩和處分

　　讀者或許會覺得表1-1為何在此又出現，因為到了犯罪學理論專篇時不得不再次複習一下，原因有四：

　　第一，什麼叫做理論？先不講學術上的定義，就字面上的文義解釋來說，「理」是道理與條理（邏輯），「論」是論述與解釋；所以理論兩字加起來，就是針對某一現象要能夠有道理與條理（邏輯）地論述出來。而犯罪學理論研究的四大目的，就在於描述犯罪、解釋犯罪、預測犯罪與控制犯罪，其中要能妥適地描述、解釋、預測與控制犯罪，非得透過理論根據不可，不然誰會相信你所解釋的犯罪內涵是正確的、你所提出預測與控

制犯罪的方向是正確的？

第二，此舉要突顯犯罪學理論的重要性，道理很簡單，研讀犯罪學其實就像是在賞析一部犯罪學理論的發展史，若想要對犯罪學有整體的認識，就不得不對犯罪學理論體系有整體的認識，所以筆者在警大教授犯罪學時，光是理論部分就花了半個學期的時間，因為一旦學生對犯罪學理論概念通透了，後續的類型論、預防（刑罰）論自然就會通透。

第三，筆者教過很多學生以及對犯罪學有興趣的讀者，他們對犯罪學最頭痛的就是理論怎麼這麼多，又怎麼每個都長得這麼像，或是理論內容很繁雜、很難懂。由此可知，理論就是進入犯罪學領域的瓶頸，突破這個瓶頸之後，自然能體會柳暗花明又一村的喜悅。

第四，在本書總論篇裡已經說明，犯罪學的整體架構分成四大部分，分別是總論、理論、類型論及預防（刑罰）論，其中理論就是居於核心地位。試想：我們如何解釋某一犯罪類型是如何發生的？總不能用揣測或空想吧！此時就必須要有理論上的依據來做論述上的支撐，不然如何說服大眾認為我們所說的是對的、是有道理的，所以在進入研讀類型論之前，就必須要有理論認識上的根基；再來，接續進入到犯罪預防（刑罰）論時，若我們不能先瞭解犯罪人從事犯罪的原因，我們如何制定適合的刑罰，又若我們沒有辦法去瞭解某一類型犯罪事件發生的原因，我們又如何針對這類犯罪事件擬定犯罪預防策略，總也不能用揣測或空想吧！此時也必須要有理論上的依據來做相關策略上的支撐，不然如何說服大眾認同我們所制定的刑罰與擬定的犯罪預防策略是有效的。簡單地說，進入到類型論時，你要懂理論；進入到刑罰論與預防論時，你還是要懂理論。

基於上述這四個理由，這裡就再把犯罪學的理論發展表再拿出來講一次，因為這個表是整個犯罪學理論的綱構，也是犯罪學發展史的三個朝代，若能完全通透這個表，那恭喜你，你對犯罪學的認識至少已經達到一半以上了。

自然觀點時期的犯罪學理論學說，始自於十八世紀貝加利亞所持的傳統古典理論之後，相關理論學說便開始呈現蓬勃發展至今，除了傳統古典學派時期的觀點外，更因社會重大變遷的結果，依序又產生了其他學派觀點之說。其中最主要的便是十九世紀的實證學派，以及在二十世紀萌生且延續到二十一世紀的現代古典學派。前述這三學派之所以產出有其時代的社會背景所支撐，例如傳統古典學派有「啟蒙運動」的哲學思潮所支持；

實證學派有當時「工業革命」的科學實證氛圍所支持；現代古典學派則有「經濟學成本效益的風險社會觀點」所支撐。

　　湊巧的是，若觀察這三學派的代表人物以及年代，分別為1764年的貝加利亞、1876年的龍布羅梭，以及1968年的貝克，其中的間距都大約是一百年，也就是說傳統古典學派自十八世紀萌生之後，主導對犯罪行為的解釋將近一百年的時間，後因犯罪率不斷提升且形而上的自由意志說並無法滿足人們對犯罪事實的真正理解，且十九世紀興起工業革命，科學實證研究成為創造知識最主要的途徑，不僅在自然科學領域蓬勃發展，連帶地使社會科學領域也受到這一股實證研究風潮的影響，犯罪學研究也開始著重在實證研究上，傳統古典學派的自由意志說因此逐漸退場，實證學派取而代之登上犯罪學研究主場地位。然而，實證學派所主張的決定論將犯罪人視為社會性病人，並從此提出各項矯治處遇計畫，但社會科學的不精準特性以及同樣無法有效降低犯罪率的盲點，在主導犯罪原因解釋權將近一百年之後，於二十世紀時，現代古典學派接著登上主導地位。

　　誠如前述所言，社會科學之間的理論是相對存在關係，而非絕對存在關係，也就是說即使實證學派興起，不表示傳統古典學派就此消失，只是失寵而已；同樣地，現代古典學派興起時，實證學派的觀點也只是失寵而已。由此可得知，現在正得寵的便是現代古典學派。傳統古典學派、實證學派與現代古典學派就好像是犯罪學發展歷史上的三個朝代，本篇即是在詳細說明這三個朝代的發展背景，以及各朝代內所產出理論的內涵。

　　批判學派呢？在某些犯罪學教科書裡都會提到所謂批判學派，其實「批判學派」這個名詞與「傳統古典學派」、「實證學派」與「現代古典學派」一樣，都只是一個形式名詞，都是後來的人創造出來的名詞，用以代表某一類理論觀點的集合。批判學派就是指那些對主流理論（即上述的傳統古典、實證與現代古典等學派）有不同見解，並加以質疑批判的理論集合；既然是對主流理論有不同意見，所以便是非主流理論，然而雖屬非主流，但並不表示就不會受到重視，相反地也受到刑事司法實務界相當程度的重用。例如，1950年代興起的標籤理論影響少年刑事政策走向轉向處遇[1]的制度；1970年代興起的「修復式正義（司法）」（restorative

---

1　轉向制度（diversion）是指原屬少年司法之虞犯或觸法少年，轉由司法以外之手段處理。此一制度深受當時期所產出的犯罪學標籤理論（labeling theory）的影響，連帶在美國自1960

justice）影響傳統刑事司法體系的運作走向[2]等。由此可知，批判學派興起於實證學派期間並持續發展至今，它雖然算不上在主流理論觀點當中，卻也是一股不可忽略的理論勢力。

年代開始整體社會逐漸朝向開放多元，因此於1967年美國當時之「執法及司法行政委員會」（President's Commission on Law Enforcement and Administration of Justice）乃提出以提供少年服務、整合社會資源等避免造成少年負面標籤之方法，來替代一般司法程序。在我國少年事件處理法當中也有相同轉向處分的操作規定，相關條文可參見少年事件處理法第25、26、28、29、42條。

2 我國法務部於民國99年6月22日正式函頒實施推動「修復式司法試行方案」實施計畫，擇定板橋、士林、宜蘭、苗栗、臺中、臺南、高雄及澎湖等8處地方法院檢察署開始試辦「修復式司法試行方案」，101年9月起更擴及全國各地方法院檢察署。

第五章　犯罪學理論架構與被害者學理論體系

　　犯罪學理論與其他社會科學理論一樣，都有一定的邏輯脈絡，只是與其他社會科學不太一樣的地方是，犯罪學理論架構因為學者對理論分類的依據有所不同，導致許多基礎理論分屬在不同的分類裡，也因此讓許多研讀犯罪學的人甚感困擾。

　　以目前來說，犯罪學理論的分類方式主要有兩種，且這兩種分類方式最大的差異僅在犯罪社會學裡。第一種分類方式（如圖5-1犯罪學理論架構(1)）是以該理論本身的內涵元素屬性來作為依據，例如社會鍵理論（第四層），因為該理論內涵具有濃重的「控制」意味，因此把它分類在控制理論（第三層）裡，而控制係屬於社會學的概念，所以繫屬在犯罪社會學（第二層）裡，而犯罪社會學又屬實證學派（第一層）時期的產物，因此犯罪社會學就歸屬在實證學派底下；同理，依照犯罪學理論架構(1)所示，古典緊張理論（第四層）的理論內涵具有濃厚的「壓力緊張」的意味，因此隸屬在緊張理論（第三層）裡，又歸屬在犯罪社會學（第二層），最終依屬在實證學派（第一層）裡。

　　第二種分類方式（如圖5-2犯罪學理論架構(2)）是以該理論的內涵元素在整個社會運作系統的角色來作為依據，例如社會鍵理論（第四層），因為該理論內涵具有濃重的「控制」意味，而「控制」具有人與外在環境相對互動的社會過程，因此把它分類在社會過程理論（第三層）裡，而社會過程係屬於社會學的概念，所以繫屬在犯罪社會學（第二層）裡，而犯罪社會學又屬實證學派（第一層）時期的產物，因而犯罪社會學就歸屬在實證學派底下；同理，依照犯罪學理論架構(2)所示，古典緊張理論（第四層）的理論內涵敘述個體犯罪乃是基於階層因素所造成，低下階層者因本身條件不足而無法透過正向管道獲取成功，在此緊張壓力下因而尋求以非法管道滿足成功慾望，所以，「階層」是該理論主要的核心成分，又「階層」在整體社會運作系統當中係屬於結構層面，因此就是隸屬在社會結構（第三層）裡，又歸屬在犯罪社會學（第二層），最終依屬在實證學派（第一層）裡。

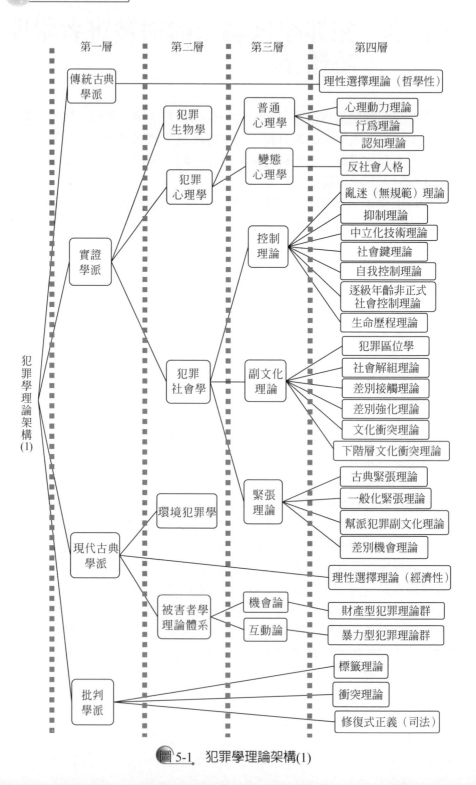

圖5-1 犯罪學理論架構(1)

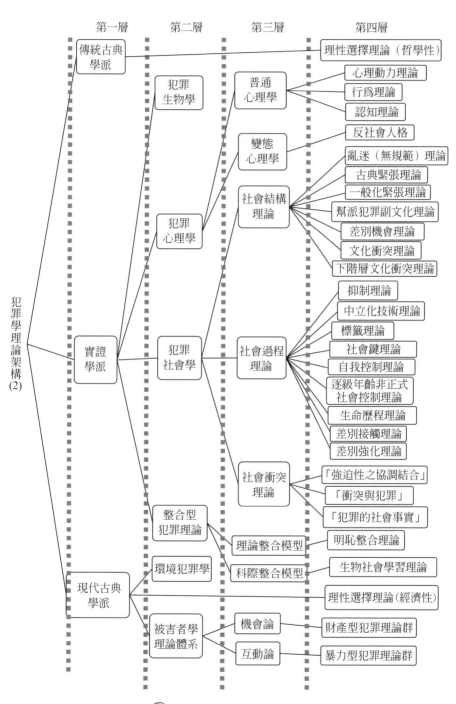

第一層　　第二層　　第三層　　第四層

- 傳統古典學派
  - 理性選擇理論（哲學性）
- 實證學派
  - 犯罪生物學
  - 犯罪心理學
    - 普通心理學
      - 心理動力理論
      - 行為理論
      - 認知理論
    - 變態心理學
      - 反社會人格
  - 犯罪社會學
    - 社會結構理論
      - 亂迷（無規範）理論
      - 古典緊張理論
      - 一般化緊張理論
      - 幫派犯罪副文化理論
      - 差別機會理論
      - 文化衝突理論
      - 下階層文化衝突理論
    - 社會過程理論
      - 抑制理論
      - 中立化技術理論
      - 標籤理論
      - 社會鍵理論
      - 自我控制理論
      - 逐級年齡非正式社會控制理論
      - 生命歷程理論
      - 差別接觸理論
      - 差別強化理論
    - 社會衝突理論
      - 「強迫性之協調結合」
      - 「衝突與犯罪」
      - 「犯罪的社會事實」
- 現代古典學派
  - 整合型犯罪理論
    - 理論整合模型
      - 明恥整合理論
    - 科際整合模型
      - 生物社會學習理論
  - 環境犯罪學
    - 理性選擇理論（經濟性）
  - 被害者學理論體系
    - 機會論
      - 財產型犯罪理論群
    - 互動論
      - 暴力型犯罪理論群

犯罪學理論架構(2)

圖5-2　犯罪學理論架構(2)

　　研讀犯罪學理論時，建議讀者要依循著層次脈絡而下，以理論架構(1)的分類來說，第一層係指理論學派的分別，依照學派發展先後的時序分別為傳統古典學派、實證學派以及現代古典學派，而批判學派則自實證學派期間開始發展至今，其理論觀點有別於前三者，最主要差異乃在於批派學派不將犯罪現象的關注焦點擺放在犯罪人、犯罪行為或犯罪事件上，也不認為社會處理犯罪現象需要動用到國家層次的刑事司法，犯罪只不過是社會當中社會迴應不當的結果（標籤理論），或社會階級及利益團體之間的爭鬥結果（衝突理論），或社會層次的生活衝突現象（修復式正義）。因此，在理論架構(1)的分類上，批判學派似乎被編排在非時代主流理論觀點的位置。但在理論架構(2)的分類當中，之前已經說明，理論架構(2)是以理論的內涵元素在整個社會運作系統的角色來作為依據，因此在原始分類上即有社會衝突理論存在，並不需再增列批判學派一詞。

第一節　犯罪學理論架構簡述

一　傳統古典學派

　　傳統古典學派因深受十八世紀啟蒙運動理性哲學思維的影響，所以理性選擇理論成為其最為核心的理論根基，既然是深受理性哲學思維影響，因此所持之理性便是哲學理性，也就是完全的理性。此學派思想常常追溯到十八世紀的刑法改革者，如貝加利亞、邊沁和霍華德（John Howard）等人，他們質疑當時社會處理犯罪問題的法律結構，同時也關注人們的個人與社會權利保護，這些原則現在被認為是傳統古典學派很核心的支撐理念，同時也是構成許多當代刑事司法政策的基礎，包括以下概念：1.人類有自由意志，是理性的行為者；2.人類擁有一定的不可剝奪的權利；3.人民與國家之間存在社會契約。

　　除了理性概念之外，社會契約也是傳統古典學派很關鍵的特徵，其中包括違反社會契約的違法行為被社會視為「犯罪」（Williams and McShane, 2017），政府便有理由對個人實施懲罰以作為對犯罪行為的威懾並維護社會契約。換言之，人類行為是以理性為基礎，且在社會中必須遵從社會契約（同時也受到社會契約的法律保護）這兩個概念下，行為在

社會契約規範內時，須受到政府法律的保障，但若行為超越社會契約的規範時，則必須受到相對應程度的懲罰，以約制個體行為並維護社會契約的莊嚴性。

貳　實證學派

實證學派的興起主要與下列兩項因素有關：一是深受十九世紀工業革命當中的實證主義所影響；二是採理性選擇理論所推行的治安策略並無法有效控制犯罪率的提升。在這兩項重大因素環境下，給了實證學派興起與發展的理由。當然以科學實證的方式探討社會犯罪的管道眾多，為何會主要集中在生物學、心理學與社會學，原因很簡單，因為在進行研究當時，直接找犯罪人的基本特徵是最直接的，生物學與心理學就剛好是在研究人類個體特徵，況且犯罪學在當時也沒有任何基礎研究可供遵循，直接從犯罪人的生物或心理特徵來建構理論是最方便的，因此犯罪生物學派與犯罪心理學派也被稱之「犯罪特徵論」（Trait Theory）。

接下來就是犯罪社會學，許多社會學家開始研究社會當中的犯罪現象，發現犯罪者與非犯罪者在某些社會條件上似乎有所差異，例如在貧窮、失業、低社經地位、社會學習歷程、家庭互動等，因而創發許多描述個體從事犯罪的理論觀點，也形成許多犯罪社會學理論。之前已經說過，理論架構(1)與理論架構(2)在分類上最大的不同，就在於對犯罪社會學相關理論的分類觀點不同，持理論架構(1)的分類觀點者認為這些犯罪社會學的理論，從各理論的核心內涵當中可萃取出控制、副文化與緊張等三個因素概念，因此在犯罪社會學之下形成控制觀點、副文化觀點與緊張觀點等三個理論群；但持理論架構(2)的分類觀點者認為這些犯罪社會學的理論，從社會總體存在與運作的角度來看，則可分列出社會結構、社會過程與社會衝突等三個理論群。由此可知，不論是持理論架構(1)或理論架構(2)的分類方式，其實可以看出最底層的基本理論都是一樣的，只不過依照上一層分類方式的不同而有不同的歸屬而已。

實證學派與傳統古典學派一樣，都想要用他們的理論觀點去創發、甚至去影響政府當局的刑事政策或治安策略，但因為從犯罪生物學與犯罪心理學的角度來說，則勢必針對個體生理與心理進行介入矯正或預防，而這其中又涉及許多人權與人道議題。因此，這兩者理論發展與刑事政策上一

直發展不開，反倒是犯罪社會學的理論內容，大多強調個體之所以會犯罪乃受到外在社會因素的影響，因此在刑事政策或治安策略上就顯得較容易操作。畢竟，去調整社會制度或改善社會過程，總比針對個人去調整生理或心理狀態容易得多，也較無爭議。因此，我們可以看到許多社會學家相繼不斷地提出犯罪學理論觀點，更企圖想藉由影響政府政策，從社會層面的改善去緩和犯罪現象，因而形成犯罪社會學理論呈現蓬勃發展的狀況。

實證學派基本上發展到產出犯罪社會學理論之後就應該截止，可是卻沒有，這並不是有新的科學發現人類個體犯罪原因，而是因為前述這些理論為爭奪主流地位，彼此間有相互攻訐的現象；再來，這些單元化的理論內涵都只是執著在一個概念上，恐怕也沒辦法全盤解釋複雜的犯罪現象。所以，為了緩和理論之間的相互爭執，同時也為了提高理論對犯罪現象的解釋力，這時候就出現了所謂整合型理論，其中包括了「理論整合」與「科際整合」這兩種整合類型。

傳統古典學派與實證學派都是屬於犯罪原因論的範疇，也都在探求犯罪人從事犯罪的原因，就算到了實證學派強調科學方式研究人類個體犯罪原因，結果又如何？犯罪率依然居高不下，甚至對照其所採取矯治教化的方式，最終還是引起政府與民眾對採取矯治教化刑事政策的反思，同時也創造出另闢學派理論的機會。現代古典學派就是在這樣的環境背景之下被拱了出來，是醞釀很久也好，是誤打誤撞也好，現在不管在理論解釋或治安實務上，現代古典學派都深受犯罪學界與治安實務機關的歡迎，受學界歡迎的原因是理論內容簡單且貼近事實；受治安實務機關歡迎的原因是治安策略操作容易且犯罪率逐年降低，就在學界與實務都一致認同的環境氛圍下，現代古典學派正式登場。

三 現代古典學派

現代古典學派的出現，其實是犯罪學歷史上的一種必然，因為人類社會是呈現動態性的發展，所以也就沒有一項制度與事務是可以永遠恆定不變的，不管人性取向、政治制度、家庭制度、經濟制度、社會制度、社會風氣、社會道德等，都不會是一成不變的。如果讀者同意這樣的講法時，那就有適合讀犯罪學的體質，因為上述所講的那些人性、制度、風氣與道德都與犯罪現象息息相關，而且是緊密相連，就像是溫床一樣，當犯罪現

象的溫床不斷地在變異時，犯罪現象的體質當然也就會隨之不斷的變化，而解釋犯罪現象的理論也就當然要隨之不斷地變化。

　　犯罪學理論的發展從十八世紀的傳統古典學派開始，後來因為它的理論解釋已經不被十九世紀末的社會主流意識所接受，因此主流地位被實證學派取代了，當實證學派的理論解釋又不被二十世紀末的社會主流意識所接受時，主流地位當然也要讓出來，而登上主流地位寶座的就是現代古典學派。現代古典學派的理論概念其實很簡單，就兩句話：「拋棄犯罪原因論、鼓吹犯罪事件論」；換句話說，理解社會當中的犯罪現象時，不能僅是從犯罪人身上去找原因，而是要從整個犯罪事件來看，其中包括這個犯罪事件當中的犯罪人、被害人，以及兩者共處的情境，只有把一個犯罪事件內所包含的這三個元素都理解通透，自然能有效降低犯罪事件的發生。

　　現代古典學派的犯罪事件論同時打臉傳統古典學派與實證學派所持的犯罪原因論，而現代古典學派繼實證學派之後能受到社會主流意識的接受與歡迎，主要原因有二：一是基於實證學派所進行的犯罪預防措施及犯罪矯正計畫都無法有效遏止犯罪率的提升；二是把犯罪人視為社會性病人的矯治處遇計畫往往花費大量的人力與經費，過度注重犯罪人而相對忽略被害人的待遇，終於引起社會輿論的不平。

　　綜合上述，「實證學派所引導的矯治模式，無法有效控制社會犯罪率逐年的提升」、「傳統古典學派所持的威嚇理論再度復興」及「美國經濟學家貝克所持經濟性理性選擇理論受到廣大犯罪學者的青睞」等三個背景因素，使得現代古典學派自1960年代問世於犯罪學領域後，更進一步成為繼傳統古典學派、實證學派之後，主導犯罪學理論觀點走向的第三大犯罪學學派。

第二節　被害者學的理論體系

　　繼犯罪學之後，被害者學一詞於1947年由以色列律師門德爾遜（Benjamin Mendelsohn）所創，並從事有關犯罪加害者與被害者互動關係的研究，自此開啟人們對被害者學的注意與重視。被害者學在發展初始，跟犯罪學發展初始一樣，以被害者個體特質出發，將被害者容易呈現受害的缺陷以生物學、心理學及社會學的觀點加以闡釋，並對個體特質上

的缺陷提出預防對策以免於被害。直至研究後期,被害者學逐漸滲入空間、時間、環境設計等因素的研究變項後,逐漸將研究領域擴展至個體特質與周遭情境等領域。如1971年傑佛利(Clarence R. Jeffery)的「透過環境設計以預防犯罪」、1972年紐曼(Oscar Newman)的「防衛空間」、直至1983年克拉克(Ronald V. Clarke)提出「情境犯罪預防」等,都使犯罪學研究逐漸重視被害者的角色。

被害者學是否與犯罪學一樣可發展成為一個獨立學科,早期在學界呈現出兩派觀點,贊成者認為被害者學是研究犯罪者相對之一方,所以與犯罪學不同,若將被害者學納入犯罪學領域則無法貼近問題核心;反對者則認為被害者學若為獨立的學科,將妨害研究犯罪行為的統合性,且被害者的過失部分將被探討,無疑給予犯罪者卸責的依據,此將影響現有刑罰制度的基礎性。這兩派意見到後來並沒有太大的爭論,原因在於犯罪學的理論研究走到了現代古典學派之後,犯罪事件觀點抬頭,犯罪學與被害者學彼此的觀點就自然融合了,其中最具代表性的兩個理論就是理性選擇理論與日常活動理論。

我國近年來以被害者為中心的被害者學理論架構一直未被建構,導致被害者學的個別理論散落潛存在犯罪學理論當中,因此無法在描述整個犯罪事件時去確認被害者的角色。直至黃富源(2002)在一篇名為〈被害者學理論的再建構〉一文當中,將當前被害者學理論加以建構,使被害者學理論架構初見雛型。從圖5-3中可以知道,被害者學理論架構分成兩大面向:一是犯罪機會理論;二是被害者與犯罪者互動理論。犯罪機會理

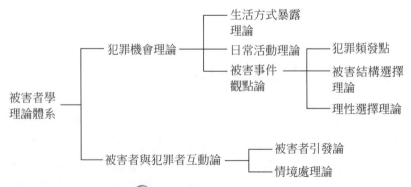

圖5-3 被害者學理論體系

資料來源:引自黃富源(2002:5)。

論當中的「機會」一詞指的是機率或風險的概念，而被害者與犯罪者互動理論，則強調犯罪者與被害者因互動所產生的負向因素導致犯罪事件的發生。茲將被害者學理論架構分述如下（黃富源，2002）。

一　犯罪機會理論

以「機會或機率」（opportunity）的角度出發，去觀察加害人從事某一犯罪事件的成功機率或機會，並從中理解犯罪者的犯罪意圖與考量等，主要在於瞭解某一特定犯罪事件在時間與空間上的分布特徵。簡單地說，就是犯罪事件中的被害者或潛在被害者到底提供什麼樣的機會給予犯罪人，或被害者本身暴露什麼樣態與程度的風險，導致該被害者被犯罪者選定因而被害，相關理論簡述如下：

（一）辛得朗（Michael Hindelang）、蓋佛森（Michael Gottfredson）和蓋洛法羅（James Garofalo）之「生活方式暴露理論」（1978）

生活方式暴露理論（A lifestyle / Exposure Model of Personal Victimization）又稱生活型態理論，該理論認為個體的生活型態與其犯罪被害的風險高低有關，而其生活型態又與個體的人口特性、角色期望、各種社會結構性約束等有關，該理論共建構了八個理論變項，本理論各變項的因果關係如圖5-4。從圖5-4當中可知：個體的人口特性影響個體對自我角色期望的形成，以及受社會結構的約束程度，兩者進而共同影響個體的生活適應（生活次文化的形成）後，再去影響個體的生活型態（尤其在職業活動與休閒活動上），進而直接決定該個體暴露在被害風險的高低程度（或經由與外在環境的互動下間接決定該個體暴露在被害風險的高低程度，最終導致該個體被害。本理論雖然相當淺顯易懂，但卻在被害者學理論當中占有相當重要的地位。

在此可以舉兩個例子來對比說明本理論的內涵：第一個例子為個體在人口特性上為18歲、女性、收入不定、未婚、國中肄業、職業為酒店陪酒坐檯，其角色期望會較傾向世俗性的，她受到經濟、家庭、教育與法律等結構性的束縛也比較低，進而產生較接近偏差次文化的生活方式且影響到她的生活型態，尤其在職業與休閒活動都比較接近偏差次文化領域，進

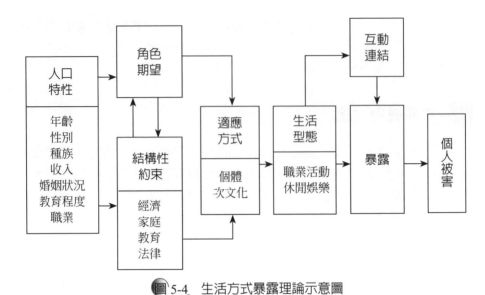

圖5-4 生活方式暴露理論示意圖

資料來源：翻譯自Hindelang等人（1978：243）。

而直接或與外在環境互動後間接使她暴露在被害風險很高的情境當中，最終導致被害事件發生；第二個例子為個體在人口特性上為71歲、女性、每月6萬元退休金、已婚、大學畢業、職業為公務員退休在家幫忙女兒帶孫子，其角色期望會較傾向保守性的，她受到經濟、家庭、教育與法律等結構性的束縛也比較高，進而產生傾向在家含飴弄孫的生活方式且影響到她的生活型態，尤其在職業與休閒活動都比較接近保守次文化領域，進而直接或與外在環境互動後間接使她暴露在被害風險很低的情境當中，最終導致其被害機率也比較低。

　　近年來犯罪學對犯罪事件中的被害個體研究，逐漸傾向該個體生活型態與犯罪事件之間的關係，其中Hindelang、Gottfredson和Garofalo（1978）提出的生活方式暴露理論最具代表性，該理論認為：具有某些人口統計特徵的人有較高被害的風險，主要原因來自於他們的生活方式暴露了危險的情況，且被害風險隨著生活方式的變化而有所變化，例如他們的工作或休閒型態停留在公共場所的時間較高時（特別是在夜間以及在陌生人群中度過的時間），會增加其暴露的機會進而增加被害的風險。換言之，人們會因為其生活方式的不同，而在遭遇犯罪被害風險的機率上也會

有所不同；該理論同時也連結了個體性（personal）的人口基本條件（年齡、性別等）對其生活型態（職業活動與休閒活動）的變化，進而與被害風險之間的關係描述，此深具理論性的啟發效果。

（二）柯恩（Lawrence Cohen）和費爾森（Marcus Felson）之「日常活動理論」（1979）

對於犯罪事件發生原因的探討，在犯罪學理論發展上分別經歷犯罪者原因論，後經被害者原因論，進而衍生犯罪學與被害者學的分立與整合之爭，終而至今走向犯罪學與被害者學整合之路。其中，Fattah（1993）認為在犯罪事件中，加害者與被害者之間有許多可以被連結之處，諸如：理性（rationality/rationalization）、選擇（choice）、風險評估（risk）、犯罪機會（opportunity）、暴露程度（association/exposure）、目標選定（target selection）等。他更進一步認為對犯罪者與被害者的研究上，可以呈現以下的結論：

1. 在時空上加害者與被害者並存。
2. 情境因素在犯罪歷程中，比起個體因素扮演較為重要的角色。
3. 動機在犯罪歷程中占有顯著性的角色地位。
4. 情境動態因素對於個體從事犯罪的影響力大於個體病態因素。
5. 兩者皆主張以情境犯罪預防措施、強化標的物、物理嚇阻、減少機會等，來代替傳統刑罰威嚇政策等。

基於上述的看法，當代從事犯罪研究時，就已確立犯罪學與被害者學整合的路徑前進，亦即以犯罪者、被害者及所處情境因素三者加以整合討論，使成為描述各種犯罪事件發生的內涵。因此，在理論層次的建構上極需有「機會」的理論元素來加以論述，而日常活動理論（Routine Activity Theory）的內涵就是因為充滿機會概念，因而日漸受到犯罪學研究者的青睞（Potchak et al., 2002; Rice and Smith, 2002）。

隨著犯罪學理性選擇理論的興起，以社會學解釋犯罪性的觀點逐漸顯其不足與缺失，而須賴所謂的日常活動理論來加以強化補充（Gilling, 1997）。日常活動理論在理論發展上，不強調造成個體具有犯罪性的傾向因素，反而著重於觀察時空因素與社會互動下對個體產生犯罪傾向的影響，使之成為犯罪者主觀認知的犯罪機會。此一理論同時也認為，當代社會犯罪率的增加，乃是因為人們日常活動方式的轉變，使得犯罪的發生出

現在下列三個時空因素的聚集，亦即有動機的犯罪者、合適的標的物、缺乏有能力的監控者等。

自日常活動理論發展開始，犯罪學者逐漸拋開巨觀的社會階層來分析犯罪率的變化，轉而朝向諸多社會變遷對犯罪事件發生的影響。這些轉變包括人們不再以家庭為生活重心，產生許多的職業婦女、單身家庭，以及住宅內增加許多適合的標的物，特別是汽車以及電子產品，尤其是後者，輕巧且亦於攜帶，其價值亦高。這種情況使得潛在的竊盜犯罪者認為住宅是一個良好的犯罪標的，因為住宅之內有缺乏監控的合適的標的物。基此，Gilling（1997）認為，當代世界各國犯罪率的增加，其實並不是因為社會變遷的結果，反而是社會繁榮與社會自由度擴大的因素。簡單來說，就是提供犯罪的機會遠超過刑事司法機構所能控制的能力。

日常活動理論在發展初期，較少論及有關犯罪人的動機環境，但在後來的觀點上，則逐漸將焦點也轉向犯罪人身上，但它仍然保持這樣的看法認為：犯罪率的增加不必然是因為犯罪人在動機上產生改變，但卻認同赫胥社會鍵理論的觀點，並將之納入到他的理論模式內，將「密切的管理者」監視「有能力的犯罪者」，轉化成「一個有能力的監控者」可以有效監控「一個適合的標的物」。以住宅竊盜事件來說，密切的管理者最有可能的便是該家庭成員，但當失去一個有能力的監督者時，則目標也顯得適合。因此，當失去一個有力的監控者時，則犯罪人便會開始去策動，並且使犯罪者有更大的自由空間去開發適合的住宅目標。

因此，日常活動理論與控制理論雖都強調「監控」的效果，惟兩者最大的不同在於控制理論強調人員或機構性的控制元素；而日常活動理論則較強調情境的控制因素，並且將這些情境的控制因素轉變成可操作的一群。換言之，基於日常活動理論所形成的預防觀點，會期待在某種程度上改變人們的日常活動與生活情境，進而強化人們生活情境的監控程度，以致於能與犯罪保持一定程度的距離。日常活動理論的觀點促成社會產生某種轉變，諸如：公司規模小型化、發展新技術使得人們可以在家工作與在家接受教育，建構地方性的組織與活動，以及在社區或住宅設置有能力的監控者（如聘請保全或裝設監視器）等（Gilling, 1997）。

日常活動理論認為：犯罪的發生，在空間與時間上必須有三個基本要素同時聚合在一起。這三個要素分別是：「有動機的犯罪者」（motivated offender）、「合適的標的物」（suitable target）和「有能

力的監控者不在場」（absence of capable guardianship）等（Cohen and Felson, 1979）。

1. 有動機的犯罪者：犯罪的發生，必有一個加害者，想犯罪而且有能力去犯罪。該理論認為：犯罪加害者只是犯罪事件中的一個要素，僅能解釋有動機犯罪者的存在，卻不能解釋犯罪事件的發生。

2. 適合的標的物：犯罪的發生，必有一個犯罪加害者意圖獲取並因而付諸行動的對象。費爾森和克拉克（1998）認為：合適的標的物具有價值性（Value）、可移動性（Inertia）、可見性（Visibility）和攜帶方便性（Accessibility）等特徵（簡稱為VIVA）。

3. 有能力的監控者不在場：監控者係指任何可以預防犯罪發生的人或事，因為監控者具有嚇阻犯罪加害人的功能，故可以保護個人生命與財產的安全。

　　因此，以日常活動理論描述犯罪事件的發生，其重點不在於犯罪三要素的單獨呈現，而是當該三要素一旦聚合在一起時，所產生不利於犯罪者從事犯罪的機會。換言之，社會上即使有潛在犯罪者的存在，不必然就會產生犯罪事件，其仍缺乏合適標的物與有能力監控者不在場的因素配合；且即使有合適標的物與有能力監控者不在場的因素配合，但有實施犯罪動機的犯罪者若在時空因素上未能同時聚合，則犯罪事件亦無由發生。簡言之，當代犯罪率若呈現上升的現象，主要因素會歸結到有利於從事犯罪機會的增加，而與犯罪人口數的增加較無關係（黃富源，2000）。因此，日常活動理論描述犯罪事件的發生，主要維繫在於有利於犯罪發生的「機會」是如何呈現。此一觀點的論述，乃對犯罪事件的發生有著相當清楚的解釋輪廓，其也補充理性選擇理論當中，對犯罪者如何選擇與決定有更加具體的說明。

　　日常活動理論的內涵相當簡單，但突破以往從犯罪人身上找解答的思維，轉向從整個犯罪事件去找預防犯罪發生的理論觀點，令人耳目一新。值得注意的是，從本理論三要素的內容來看，其實日常活動理論並沒有說明有動機且有能力的犯罪者是如何產生，這也保留了尊重傳統犯罪學採犯罪原因論的餘地；但在同時期另有一個理論發展出來，企圖占據解釋「有動機且有能力的犯罪者」的位置，那便是理性選擇理論（經濟性）。從此，日常活動理論與理性選擇理論便常常一起結合去解釋現今諸多犯罪事件發生的原因，更與之前所提及的生活方式暴露理論及社會解組理論共同

搭配去擴大解釋力，進而導致日常活動理論呈現巨觀層次以及人類生態學
的理論建構基礎。

　　另外，本理論關於合適標的物的描述上，主要指可以是被潛在犯罪者
輕易攻擊或特別具有吸引力的人或物體，因此所謂合適的標的物主要建立
在該標的物適合實施某種特定犯罪、具有一定吸引力以及整體情境是允許
的等三個要件上。費爾森指出合適的標的物具有價值性、可移動性、可見
性和攜帶方便性等特徵（VIVA），亦即當某一個被害人或被害物體同時
具備高價值、高可移動性、高可見性及高攜帶方便性時，該被害人或被害
物體就是本理論所稱的合適標的物，反之則不是合適的標的物。具有理性
選擇能力的有動機犯罪人會懂得去評估犯罪目標，而評估的標準也就是在
這四項特徵。

　　克拉克對於費爾森針對合適標的物的內涵提出「VIVA」觀點有三點
補充，一是「VIVA」主要針對竊盜犯罪案件的被害標的物，並未涵蓋所
有掠奪性犯罪目標；二是「VIVA」的內涵忽略犯罪動機；三是「VIVA」
忽略了犯罪者從事竊盜犯罪時對於贓物的隱藏及後續銷贓的思維。據此，
克拉克（1999）擴增「VIVA」的內涵成為「CRAVED」，亦即合適的標
的物所具有的關鍵性特徵包括它們的可隱藏性（concealable）、可移動性
（removable）、可獲取性（available）、具價值性（valuable）、可享受
性（enjoyable）及可輕易銷贓性（disposable）等，當被害標的同時具備
這六大特徵時，便是潛在犯罪者所認為的合適的標的物。

（三）被害事件觀點

　　近年來隨著對犯罪事件發生的特徵可以發現，社會當中的犯罪事件並
非是隨機分布的，其中帶有許多機會與風險的條件成分。換言之，犯罪事
件的發生乃建立在一些條件之上，這些條件具有被害機會或被害風險的概
念，其內容包括了時間、空間、物理環境特徵等，因此從被害事件當中的
時空與情境條件也可以找出犯罪被害的原因。

1.犯罪熱點

　　雪爾曼（Sherman, 1995）認為犯罪學理論對犯罪的解釋一直維持著
以個人和社區作為分析單位，但自1980年代以後開始萌生第三種分析單
位：地點（places）。諸如近年來關於犯罪人犯罪決意的研究（Cornish

and Clarke, 1986），有關情境條件的研究（Clarke, 1983, 1992），有關環境特徵的研究（Brantingham and Brantingham, 1981, 1993），甚至是與人們日常生活有關的日常活動理論（Cohen and Felson, 1979; Felson, 1994）等，其研究所得與理論內涵都與地點因素息息相關。

　　強調地點與犯罪關聯性的觀點認為：1.為何某些地點的犯罪發生率高於其他地點；2.為何犯罪會不斷地重複在某些特定的地點上。就是這兩個犯罪現象開啟了犯罪學第三個分析單位（地點）的萌生。然而，傳統犯罪學理論也有強調地點因素與犯罪的關聯性，諸如芝加哥學派的社會解組理論便強調，某一個地點的人文、物理及經濟條件等特徵與犯罪之間的高連結關係，只是受到那時期實證犯罪學強調個體犯罪原因論的影響，該理論在調查研究時還是落入以人類個體犯罪原因的探求，而忽略了犯罪事件中被害個體及所屬環境促發犯罪事件發生的影響，亦即還是籠罩在「犯罪人」與「非犯罪人」二元化的觀點上。直到1983年克拉克提出情境犯罪預防觀點後，地點因素才正式受到全面性的開展研究，尤其是「地點」的情境條件（特徵）與犯罪之間的關聯性逐漸受到重視，同時犯罪熱點的研究也就在這樣的背景下逐漸受到重視，且在犯罪預防實務上受到極大的重視。

　　Brantingham和Brantingham（1999）認為建立犯罪熱點有三個途徑：1.目測觀察（visual inspection），以現地觀察的方式決定該地是否為犯罪熱點；2.統計辨識（statistical identification），透過對犯罪資料數據的蒐集後，採取相關的統計分析技術加以整理建立；到目前為止有兩種技術：一是犯罪空間和時間分析法（Spatial and Temporal Analysis of Crime, STAC）；二是最鄰近搜尋法（Nearest Neighbor Search, NNS）或最近點搜尋法（Closest Point Search）；3.理論預測（theoretical prediction），則經由犯罪學相關理論觀點的分析論證後加以建立。

　　Brantingham和Brantingham針對理論預測途徑更進一步指出，近十年來無論是犯罪學家、犯罪分析師或從事犯罪預防的實務工作者，都逐漸將犯罪預防焦點投注在時間與空間兩者與犯罪關聯性的特徵上，亦即強調犯罪空間集中度（spatial concentrations）的犯罪熱點（hot spots）和強調犯罪時間集中度（temporal concentrations）的犯罪熱時（burning times）。因此，他以人類生態學（human ecology）、日常活動理論、生活方式暴露理論、理性選擇理論以及犯罪型態理論（Crime Pattern Theory）等為基

礎的犯罪熱點形成模型，並基此作為建議警察勤務派遣的依據。

從以上可知，犯罪熱點並非隨機分布，而是有一定的條件所促發而形成，通常要形成犯罪熱點有四項基本條件：一是該地點受到個體（包括人、事、物）所創造出來的環境所影響，例如臺北市夜店集中設立在東區；二是該地點受到社會立法或政策制定，以及土地利用開發、交通等社會經濟條件所影響，例如政府劃定商業區、工業區、住宅區等；三是個體本身的設置（例如住宅）及活動模式（個人）對潛在犯罪者的吸引程度；四是個體所處地點的生態特徵以及所呈現的情境特徵等。Brantingham和Brantingham因此提出呼籲，犯罪研究不僅要重視「人群的日常活動特性」，也須重視「地點的日常活動特性」。近年來，犯罪熱點的概念與操作逐漸受到警察機關的重視，並且與提升見警率相互搭配，以作為各項治安策略或勤務派遣的依據。

2. 被害結構選擇理論

在犯罪學機會理論的研究學者中，Miethe和Meier（1994）使用了「監護者」（guardianship）和「引人注意目標的特性」（target attractiveness）、「對犯罪的接近性」（proximity to high-crime areas）和「對犯罪的暴露性」（exposure to crime）等四個概念來發展他們的理論，即所謂的「被害結構選擇理論」（Structural-Choice Theory of Victimization）。他們對現行的犯罪被害理論有兩項命題假設。第一項假設為日常活動或是生活方式會藉著潛在犯罪者和潛在被害者的接觸，而創造出一個機會的結構。第二項假設是對潛在被害目標的評估，不論是個人或財物，其被守護的程度，會決定犯罪目標的被選定（Doerner and Lab, 1998; Kennedy and Sacco, 1998）。

若以住宅竊盜犯罪類型為例說明，從本理論所提出的命題假設中可發現，「暴露」、「接近」、「吸引」與「監控」是被害結構選擇理論的四個核心概念，其中「暴露」係指住宅個體特徵易為潛在加害者所觀察，即所謂的「可見性」（visibility）與「易接近性」（accessibility），如住宅處於高解組狀態的社區環境下，對潛在犯罪者的暴露性即較高；偏僻鄉間獨立的房屋或有複雜出入口的建築物，對於竊盜犯也有較高的暴露性。「接近」則指被害住宅與犯罪者的空間距離的接近，例如犯罪加害者就住在犯罪被害者附近，或可經由犯罪加害者近距離的考察住宅特徵時，即提

供了加害者「理性」思考犯罪與否的依據。至於「吸引」係指被害住宅本身有足以引起加害者犯罪動機之特徵，諸如外表看起來非常富有之豪門富邸，或門鎖易於開啟的住宅，便較易遭入侵被竊。而「監控」則指住宅個體透過自然與物理環境設計後，對住宅守護程度的結果，如監控能力高的住宅不易被標選為犯罪的對象；反之，毫無監控措施的住宅，則易遭犯罪者決定行竊。

因此，「暴露」和「接近」應被視為住宅竊盜犯罪的「結構元素」（structural components），因為該二項概念的結合使住宅或財物呈現出不同的被害風險程度。而「吸引」和「監控」則應被視為「選擇元素」（choice components），因為犯罪加害者會根據住宅目標個別而獨特的價值與監控風險程度，去選擇值得下手的對象。

3. 理性選擇理論

犯罪學理性選擇理論（Rational Choice Theory）係由美國犯罪學者康尼斯（Derek B. Cornish）和克拉克正式引入犯罪學研究領域，也開啟了犯罪行為經濟分析的時代。但康尼斯與克拉克卻認為，以純經濟分析觀點來分析犯罪行為，似乎在犯罪學的實證研究上也太過於簡化犯罪行為的複雜性。因此，他們樹立另一種犯罪學的理性選擇觀，假定犯罪者會從犯罪行為中尋求最大的利益，其中會涉及到選擇與決定的問題。而整個犯罪歷程也會因犯罪者受限於自身的能力與所接收到的資訊效用，理性程度並未能充分地發展出來（Cornish and Clarke, 1986）。因此，犯罪學上的理性選擇理論，站在個體具有不完整理性程度的前提下，端以實施犯罪行為的結果是否符合其最大利益為考量。

理性選擇理論到目前為止並不能稱之為理論，只能說是一種觀點（perspective），但無法反駁的是它所提出的概念模型（model），在描述犯罪行為或犯罪歷程中，確實具有啟發性而深受犯罪學者的喜愛。理性選擇理論在近幾年來快速地崛起，並逐漸發展成所謂的「理性選擇行動理論」（Rational Choice Action Theory），甚至成為各種社會行為的理性選擇或行動理論（Haan and Vos, 2003）。

但犯罪學理性選擇或行動的基礎在於情境式的推理能力（situational rationality），而非程序式的推理能力（procedural rationality）；而它所提供的也是屬於一般性（general）而非特殊性（special）的理論框架

（Goldthorpe, 1998），甚至理性選擇理論被認為僅適合運用在如住宅竊盜犯罪的工具性犯罪（instrument crimes）類型之中，而不適用在表達性犯罪（expressive crimes）類型（Trasler, 1993）；理性選擇觀點同時也被認為適合於解釋所有犯罪類型的一般解釋架構，而且也是聚焦在情境歷程觀點的理論架構（Goldthorpe, 1998）。基於上述，理性選擇理論提供了工具性犯罪一個良好的研究架構，藉以說明犯罪人如何觀察目標物周遭環境所呈現的有利機會，如何尋找合適的犯罪標的，進而建構其犯罪歷程。

在上述觀點下，犯罪事件的發生不能僅有賴對犯罪人的研究，更須將研究面向擴及到犯罪歷程層面，其中包括犯罪人如何選擇與決定犯罪標的，以深切瞭解犯罪事件發生的主因。Clarke和Felson（1993）即認為解釋犯罪歷程的面向有四：其一與社會學偏差行為的研究有關，因為經由許多人種誌（ethnographic）的研究中發現，大多數的犯罪都是有目的性（purposive）、具有理性（rational）且是世俗的（mundane）；其二與環境犯罪學有關，從許多的犯罪類型研究中發現犯罪者都具有目標選擇策略；其三與經濟學有關，其中涉及成本效益的分析；其四與認知心理學有關，其中有關資訊的處理與意思決定的模型，已經應用到犯罪選擇的分析當中。而上述這四個面向的犯罪學研究的綜合成果，乃共同構築了當代犯罪學理性選擇觀點的基礎。

綜合以上，理性選擇觀點說明犯罪行為是個體「策略性思考」（strategic thinking）下的產物，它排斥犯罪決定論（deterministic）以及病理學（pathological）上的解釋，並賦予犯罪行為具有目標導向、理性、與人類日常活動有關的中心地位（Goldthorpe, 1998）。因此，犯罪事件的發生，對犯罪者而言可說是一種策略性思考的過程，包括如何選擇適當的犯罪標的，決定運用哪些工具與方法，進而創造出以最小的成本獲致最大的利益。

根據上述理性選擇理論的內涵可知，對犯罪事件的研究可形成下列三種假設：（Clarke and Felson, 1993）：

(1) 犯罪（尤其是工具性犯罪）是具有目的性的行為，它根據犯罪人的一般需要（如金錢、地位、滿足其生活習性），並根據這些需要去做有關的選擇與決定。但這些選擇與決定有時會迫於犯罪人本身的時間、能力或資訊的有效性所限，並非十分成熟。

(2) 基於每一種犯罪類型皆有異於其他犯罪類型的犯罪歷程與目的，而且進行犯罪決定的情境背景考量也並不相同，因此，解釋任何一種犯罪事件的理性選擇過程，都必須針對該犯罪類型的發生特性予以量身訂製。

(3) 每一次犯罪事件都是頻繁且短暫的依據當時有限的情境資訊，所做出的選擇與決定。

　　綜合而言，理性選擇理論乃在描述犯罪者從事一項犯罪歷程的評估過程，而犯罪歷程係指一個具有部分理性的個體，於著手實施某一項犯罪事件之前，基於現有蒐集的資訊與其本身的分析能力，經參酌現有的情境與機會條件下，經過成本效益的分析後，選擇與決定實施犯罪的整個過程稱之。但如此簡單的鋪陳犯罪歷程與架構，並無法使犯罪歷程得以明確化，在研究上也缺乏操作的可能，這也是理性選擇觀點遭受批判之處（Goldthorpe, 1998；黃富源，2002）。因此，描述犯罪歷程除以理性選擇理論作為解釋的架構外，尚須依賴其他相關理論觀點加以潤飾補充，如：有動機的犯罪者如何形成？何種情境成分或機會可使該犯罪者決定著手？又犯罪者與外在情境與機會之間呈現何種關係等，都需要依賴其他理論來加以補充說明，其中機會理論（Opportunity Theory）便成為主要核心觀點。

　　所謂「機會」（oppotunity），對於其他犯罪學理論觀點而言可能是一個較為次要的觀點，但以理性選擇理論在解釋犯罪事件上卻是一個核心的角色，其主要功能在於衡量「目標物受監控與否」與「價值利益高低的程度」。然而，有學者認為「機會」可能會被視為是出現在一種偶然的客觀條件下有利於犯罪發生的因素（如未被關上的門窗、缺乏監控的錢包等）；另一種所謂的「機會」是個體本身主觀認為出現足供他從事犯罪的機會，而使得他變成為一個潛在的犯罪者（Gilling, 1997）。但是理性選擇理論認為「機會」才是解釋犯罪事件的核心，是個體選擇「為」與「不為」犯罪行為的關鍵。換句話說，選擇的重心乃在於一種認知的過程，透過犯罪者與外在情境互動下所產生的符號意義，讓個體主觀上產生一種足可令其成功於犯罪的機會選擇。但這種犯罪者主觀的認知，又深受其自身所擁有的資訊、能力、時間等因素影響，而無法達到完美的選擇與決定。

　　當今理性選擇理論（部分理性）的發展，已然脫離傳統古典理論所提理性選擇（完全理性）的範疇，並導引出情境犯罪預防（situational crime prevention）相關策略，並企求透過情境的改變，以降低犯罪發生的機會

（Clarke, 1980）。然而，情境犯罪預防策略在研究初始，曾遭受到犯罪的發生並不因情境受到控制後而得到犯罪預防的效果，反而只是呈現犯罪在時間與空間上轉移的質疑。但卻也有許多研究者指出，實施情境犯罪預防措施後，該區域的犯罪狀況確實獲得控制，且也僅產生微弱的轉移現象（Barr and Pease, 1990; Gabor, 1990; Clarke, 1997；許春金，2006）。

理性選擇觀點的運用，其效果上雖然產生正反意見之爭，但許多犯罪學研究者發現，犯罪人因情境受到控制之後，會更加地注意與重視犯罪風險，以及所付出犯罪成本的問題。此一發現乃導致犯罪學研究者開始注意犯罪者的犯罪決定（crime decision making），並認為犯罪不僅僅與機會因素有關，犯罪更可能與一種生活方式有關。

Kennedy和Sacco（1998）即認為：犯罪事件論者認為犯罪事件可以被區分成許多不同的面向（不是犯罪人的動機可以單獨完全解釋），但這些面向卻是彼此相關的，因此要瞭解犯罪事件真正發生的原因，與此一犯罪事件有關的其他社會歷程，應該要被考慮於其中。因此，研究犯罪事件是如何發生，除了理解犯罪人理性選擇「機會」外，更須對「機會」的內涵加以深入探討。

理性選擇理論為各類犯罪事件的發生，提供一個普遍性的解釋架構，甚至被認為特別適用在描述工具型犯罪事件上。但其理論內涵中對於犯罪事件發生的要素，及各要素之間的關聯性為何，所謂合適的情境與機會為何，又對犯罪者產生何種作用等，理性選擇理論並沒有很清楚的解釋。理性選擇理論遭致最多的批評，便來自於對該理論的輪廓以及方法上的說明都不令人滿意。誠如學者所言：對犯罪事件的說明上，理性選擇理論所提的「機會理論」，並不如日常活動理論在時間與空間的論述上，有非常明確清楚的定位（Bottoms, 1994）。因此，近年來研究各種犯罪類型時（尤其是工具型犯罪），都可以看到理性選擇理論與日常活動理論相結合後，以作為理論基礎的現象，其中以理性選擇理論作為論述架構，而以日常活動理論作為論述內涵。

三 被害者和犯罪者互動論

「被害者和犯罪者互動論」是從社會交換的觀點來探討犯罪行為，藉此瞭解雙方在何種互動關係下產生犯罪行為，此一觀點的理論主要有被害

者引發論（victim precipitation）及情境處理論（situated transaction）。

（一）被害者引發論

　　被害者引發論是一個備受爭議的理論，該理論認為犯罪事件中的被害者，有時會是該犯罪事件的引發者或挑釁者，因而最終導致其被害。渥夫岡（Marvin E. Wolfgang）於1957年所著〈被害者殺人〉（Victim Precipitated Criminal Homicide）一文當中提出：在許多犯罪事件當中，特別是殺人暴力犯罪，被害者有時會是該犯罪事件的主要推動者，該被害者的角色特點，便是該殺人事件當中第一個出手或使用致命武器的人。渥夫岡蒐集自1948年1月1日至1952年12月31日期間的588起殺人犯罪案件當中有關被害者的資料數據，在這一共有621名犯罪者殺害588名被害者的案件中，其中有150個或26%的案件為被害者所引發，這樣的比例讓渥夫岡認為被害者引發的現象應值得重視。

　　然而被害者引發論也面臨諸多論理上的挑戰，其中最主要的就是「責備被害者」的疑慮，尤其將本理論引用到性侵害犯罪事件上時，更會引起嚴重的反彈並否定本理論觀點的適存性。在這種狀況下，被害者引發論的發展一直被壓抑著，但也有許多學者認為應該保留本理論的解釋功能，畢竟很多犯罪事件（尤其是暴力犯罪）確實存有被害者引發的現象；再者，一旦能理解被害者在各種犯罪事件中所扮演的角色以及所引起的作用時，也有助於客製化各種被害預防措施，以減少被害或重複被害。

　　在大多數的殺人犯罪事件中，通常會有一方成為被害者，另一方則成為犯罪者，而傳統的刻板印象是該被害者在該事件中一定是弱勢、被動以及尋求閃避的角色；相對於犯罪者而言則是強勢、主動以及過度侵略的角色，然而當事實有所謂被害者引發的狀況時，對後續司法審判的責任分配上則會產生偏誤，因此在司法法庭實務上便掀起了對被害者引發論的重視，因為當一個殺人事件真有被害者引發的作用時，便會成為加害者量刑減輕的重要考慮因素。

　　若從犯罪事件形式面上來看，可能存在被害者—加害者二元性的角色存在，但犯罪事件的實質面上有時卻會存有模糊地帶，也就是形式面上的被害者不一定總是善良或無辜的，加害人也未必是可惡或掠奪的。當然有些犯罪事件，無論被害者的行為如何，都會發生犯罪案件，但也有許多案件不會發生犯罪，至少在發生當下，如果不是被害者的某些行為激發，該

犯罪案件並不會發生。所以,當忽視這一點就是忽視犯罪現實,從而失去瞭解該犯罪事實的企圖。

總結被害者引發論最好的一段話就是如渥夫岡所言:「謀殺案中,沒有絕對無辜的被害者,也沒有絕對有罪的加害者。」這個觀點告訴我們,有部分的殺人行為是包含了犯罪被害者和加害者在一種情境動力下的產物,而不是單方面有意圖去殺人的行為者所決定的產物,從而衍生「每個人應對自己的行為負責」的觀點;也就是說每個人都應該行事小心或自我評量言行的適合性,才不會成為被害者。「被害引發論」發展至今逐漸脫離責備被害者的思維,轉而去對犯罪事件做有意義的評估,亦即犯罪事件不是單純地評估加害者的動機或被害者反應的產物,而是估量兩者對促發該犯罪事件的責任分配,這不僅對司法法庭的量刑有關,也對犯罪預防的策略面向有關。

(二)情境處理論

美國犯罪學家洛肯比爾(David F. Luckenbill)於1977年發表一篇以情境處理(situated transaction)觀點解析謀殺犯罪的論文,其選取70個最終以謀殺罪判決確定的個案進行分析研究後,認為殺人暴力犯罪是加害者、被害者及當時空下的旁觀者等三者之間情緒互動的結果。加害者和被害者的行為模式深受彼此行動的刺激與影響,並且著重在保存或維持面子和聲譽以及展示其性格的強硬性,而使用暴力則是解決面子和性格問題最有用的方式。這樣的觀點與另一名犯罪學者高夫曼(Erving Goffman)所提出人格競賽(character contest)的觀點很類似,也就是雙方衝突時都在維持自己的面子和聲譽,並且在性格上不能顯現相對的軟弱,導致暴力使用在此一衝突當時就成了很自然的選擇。

根據洛肯比爾的觀察,殺人暴力犯罪過程中似乎有一定的順序形式,依序為:1.被害者會散發出讓加害者認為是侵犯行為的訊息內容;2.加害者通常以口頭或身體上的挑戰進行回應;3.當被害者針對加害者的回應又予以回應時,則被害者此時的回應正成了加害者使用暴力最佳的理由;4.隨之而來的暴力攻擊讓被害者死亡或受傷;5.加害者何時停止暴力攻擊或罷手離開現場,則需視他與被害者的關係以及當時圍觀群眾的反應來決定。

綜之,洛肯比爾所持的情境處理論認為,暴力殺人犯罪事件並非加害

人或被害人任一單方面的因素所促成，甚至連當時周遭的旁觀者的回應，也是促成該暴力事件結果的重要影響因素。因為，維持面子與聲勢是當時衝突程度的決定關鍵，所以該類事件之雙方，面對當時的情境及因應處理方式，決定產生什麼樣的結局。洛肯比爾的情境處理論與生活方式暴露理論的觀點有相同之處，認為加害人與被害人同屬在同一個社會以及人口統計學特徵的比例相當高；另也與高夫曼曾提出的情境處理觀點類似，認為人們之間互動常會根據一些既定的印象與場景，以處理自己的角色扮演，而這些既定的印象與場景通常來自於加、被害者與外界的互動中所決定，且犯罪事件發生與否就決定在於兩造處理情境的過程。

三　被害者學理論的評價

　　被害者學概念自1940年開始萌生之後，依然遵循傳統犯罪學的發展老路，從被害人的個體特質上尋求犯罪事件發生的解釋，例如關注犯罪加害者與被害者的互動關係，以及被害人在生物學、心理學及社會學上呈現容易被害的缺陷等，並根據這些缺陷提出預防被害之對策等。直至1970年代，被害者學逐漸加入空間、時間、環境設計等因素的研究變項後，其研究領域豁然擴展至個體特質與周遭情境等領域上，諸如1970年紐曼的「防衛空間」、1971年傑佛利的「透過環境設計以預防犯罪」、直至1997年克拉克提出「情境犯罪預防」等之後，確立了被害者學在總體犯罪學當中不可或缺的角色，也因此才有建構被害者學理論體系的機會。

　　被害者學發展至今，一直呈現著正面與反面評價，從正面上來說可歸納下列幾點：

（一）它的發展歷程恰巧搭上現代古典學派的發展期，兩者結合下共同扭轉傳統犯罪學理論對於犯罪原本採取「原因論」的解釋，轉向為「事件論」的觀點；並協助現代古典學派從實證學派的氛圍當中脫穎獨立成為主流學派地位，具有不可或缺的動力。

（二）強調人類個體的犯罪及犯罪被害都只是某一犯罪事件的現象之一，或是說都只是必要條件，其中還需要兩者所共處的情境狀況（充分條件）加以配合，才能完整解釋犯罪事件發生的原貌。

（三）開啟犯罪學採取動態行為研究，擺脫傳統採取靜態特質因素的概括解釋。

（四）研究焦點從傾向因素轉變至情境因素；從病理學觀點轉變成機會觀點；從原因探討轉移至事件分析；從加害者的行為觀察轉移至被害者與加害者之間的互動。

然而，對於被害者學的發展也有下列的質疑：

（一）從被害者學相關理論內涵可知，被害者在犯罪事件當中都具有相當程度的定位，其中包括被害者的個人特質以及其本身所營造出來的情境，這兩者促成犯罪事件發生的因素都有強調「責備被害者」的可能。

（二）過於強調被害者學對「犯罪事件」描述的貢獻，似有過度渲染之嫌，畢竟目前所發展出來的被害者學理論與傳統犯罪學理論一樣，仍然將焦點集中在被害者身上，反而不利對犯罪事件的公平看待。

第六章　傳統古典學派

　　傳統古典學派是開啟犯罪學的第一個學派，在介紹傳統古典學派內容之前，首先對傳統古典學派這個名詞做一個介紹。在犯罪學學派或理論名詞當中，有許多是形式概念名詞而並非實質具體名詞，形式概念名詞代表一個抽象概念，而非有實體性的理論內涵，像犯罪學理論架構(1)當中第二層的「犯罪社會學」一詞、第三層的「控制理論」一詞皆屬形式概念名詞；而實質具體名詞則代表一個具有實體系統內涵的理論，像犯罪學理論架構(1)第四層的社會鍵理論。大體上來說，犯罪學理論架構(1)及(2)的第一層至第三層皆屬形式概念名詞，第四層則屬實質具體名詞。因此，「傳統古典學派」、「控制理論」、「社會結構理論」等名詞就是屬於形式概念名詞的範疇。

　　大多數形式概念名詞都是後來的人所命名的，用以含括一個概念，例如「傳統古典學派」在早期稱做「古典學派」，因為自1970年代開始，「現代古典學派」逐漸興起並形成一個學派後，相對於「現代古典學派」來說，便在「古典學派」名稱之前加上傳統二字用以區別。再來，為何稱做「古典學派」，基本上有兩種解釋。第一種解釋認為，開啟某一門學科的第一個學派或理論，都被冠上「古典」兩字，例如1776年亞當斯密著有《國富論》一書，確立自由經濟的思想並成為開啟經濟學的第一個學派，從此以後經濟學領域皆稱亞當斯密所引領的觀點理論為古典學派。由此可知，不僅在犯罪學領域有古典學派，在經濟學領域同樣有古典學派；第二種解釋認為，在十八世紀中期至十九世紀初期的歐洲興起啟蒙運動，啟蒙運動的主要特徵乃是以理性主義作為建構普世原則與價值的基礎，在歷史上也稱此一時期為古典時期。例如現在我們所說的古典音樂，指的就是1750年至1820年期間的歐洲主流音樂，而犯罪學古典學派也是在此一時期萌生，因此被稱之為古典學派。

　　不只是傳統古典學派，包括後來的實證學派、現代古典學派及批判學派，他們的命名都是後來的人針對某一時期的犯罪學理論觀點加以歸結分類，沒有特別的意思，就只是回應那時代整體社會的發展背景而已。

第一節　傳統古典學派的社會背景

在本章之前即不斷地說明，傳統古典學派深受歐洲於十七至十八世紀期間所興起的啟蒙運動所影響，因此在介紹傳統古典學派之前，先對啟蒙運動有所瞭解後，會對傳統古典學派有更深入的認識。

啟蒙運動（Enlightenment），又稱理性時代（Age of Reason），所指期間乃在十七至十八世紀歐洲地區所發生一連串哲學及人類文化興起的社會運動，該運動認為人類的理性可以發展許多實用的知識以解決人類社會生存的問題。自此，人類歷史在思想與知識上獲得「啟蒙」般的開展，並延續影響後來現代化社會的發展脈絡，最主要的象徵便是擺脫神學權威，取而代之是以人類自身的理性承擔作為發展知識的基礎。

啟蒙時代哲學家的觀點其實不盡相同，但卻一致認為人類理性可以決定並對其言行負責，甚至對那時期的社會、經濟及政治改革具有催化的效果。引發十八世紀初期啟蒙運動的主要代表人物諸如伏爾泰與孟德斯鳩等人，他們所引領出來的啟蒙思想著重對當時社會與刑事司法制度的理性批判，其後繼之而起的哲學家則有狄德羅（Denis Diderot, 1713-1784）、盧梭、孔多塞（〔法語〕Marquis de Condorcet, 1743-1794）等人，他們在當時共同一致要求宗教寬容、言論自由和思想自由的思想知識，並與當時社會現狀形成尖銳對照，最終引發革命性的運動。

傳統古典學派的發展深受啟蒙運動的影響，因此，理論內涵當中便充滿濃重的哲學理性觀點，認定人有完全的自由意志，可以理性選擇，各種行為依據也都來自人性當中趨樂避苦的原則。因此，一個犯罪事件當中，有關「人」的因素便被固定了，因為論述上很簡單，就是那三句話：「人有完全的自由意志，可以透過理性選擇為或不為某一行為，而犯罪行為便是依循人性當中趨樂避苦原則所決定。」既然，犯罪是犯罪個體基於自由意志下，依據趨樂避苦原則所採取理性選擇的結果，那麼如何讓犯罪個體感受犯罪並不是一件樂事，此時期對抗犯罪的策略想法，便是用犯罪後的痛苦來應對犯罪所獲取的快樂，而這個痛苦的來源就是刑罰。

第二節　傳統古典學派的理論內涵

　　傳統古典學派最典型的代表人物首推義大利法學家貝加利亞與英國哲學兼法學家邊沁。其中，貝加利亞於1764年發表《犯罪與懲罰》而聞名，在此一論著中，他深切地批評當時刑事司法制度中充滿刑求與酷刑的作為，同時根據啟蒙運動精神，致力於對當時的經濟混亂、官僚暴政、宗教狹隘和知識分子的迂腐等進行嚴厲的批判。

　　貝加利亞對於犯罪或刑事司法的理論解釋主要基於三項原則：自由意志（free will）、理性選擇（rational choice）和可操作性（manipulability）。意即人們具有自由意志可以自主選擇，而選擇的基礎來自於個人的理性態度，並將其用於做出有助於他們實現個人滿足的選擇。至於可操作性的解釋，貝加利亞認為法律的存在是為了維護社會契約並使整個社會受益，但是因為人們的行為是出於自身利益，若追求自身利益與社會法律相衝突時，他們便會犯下罪行。至於可操作性原則，指的就是人們會去預先理性衡量自身利益與犯罪懲罰之間的衡平，如果懲罰的痛苦超過犯罪的利益快樂時，則犯罪會成為該個體理性認為不合邏輯（或划不來）的選擇，因而被放棄；而如果懲罰的痛苦不會超過犯罪的利益快樂時，則犯罪成為合乎邏輯（或划得來）的選擇，因而被實施。

　　貝加利亞基於上述自由意志、理性選擇和可操作性等三個觀點原則下，抨擊當時罪刑不對稱且殘忍不人道的刑事司法制度，同時也提出理想的刑事司法制度應該要建立一部明確具體的法律，並規範誰來制定與執行法律，且強調每一種犯罪類型都需要適當公正的審判與懲罰等，以上這些觀點，便是現代刑法學當中罪刑法定與罪刑均衡的濫觴。簡單來說，貝加利亞首先認為政府應該制定一部明確具體且符合人類理性運作原則的法律；再來，他強調逾越人道的酷刑和違反公正原則的祕密指控應該被廢除，因為它們不具人道理性原則，貝加利亞同時認為犯罪者應該要透過監禁加以懲罰而不是死刑；最後他強調監獄雖然是實施懲罰的處所，但仍應注意符合人道精神，並對所有受刑人採取一律平等的措施，從而在法律上便可消除社會精英和社會弱勢群體之間在司法上的差別待遇，這是主權在民以及法律之前人人平等的最佳寫照（Vold et al., 2002）。

　　綜整貝加利亞的學說，可歸納其觀點如下：

（一）社會契約是人類社會生活的基本共識，因此應該用法律來加以維護。而社會契約的內容當中會有犧牲個人自由的成分，以獲取社會的和平與安全。

（二）法律應由立法者制定，法官無權解釋法律的內容，僅能針對法律規定來判處罪刑與罰則，如此的法律才能展現社會契約的精神。

（三）懲罰應基於趨近快樂與避免痛苦的原則，因為快樂與痛苦是決定人類行為的主要依據，因此對於罪刑的懲罰痛苦也應該對照犯罪所獲得的快樂程度而定。（罪刑均衡）

（四）懲罰的類型與程度應依照其犯罪內容而定，並且明定在法律之中，不可以因行為人的不同而有所不同。（罪刑法定）

（五）懲罰的設計應該具即時性，若個體犯罪後可立即實施處罰，則刑罰的效用愈高。

（六）法律在所有人之前，一律平等，不應視犯罪個體的身分而有所變化。

（七）廢除死刑，因為沒有任何一個個體或政府有權決定一個人的生死；再者，死刑也不足以給犯罪者感受痛苦的存在，因而失去威嚇的效果。

（八）禁止使用刑求招供自白的做法，因為刑求所得的內容不是真理，且真理也不能受涉於痛苦的逼嚇。

（九）積極的事前犯罪預防比消極的事後刑罰懲處來得好，而從事犯罪預防最佳的途徑便是建立完善的教育體系。

傳統古典學派的另一代表人物為邊沁，他以提出道德哲學（moral philosophy）而聞名，特別是他的功利主義原則（principle of utilitarianism），認為人類個體的行為是依據該行為的後果來評估是否行動，而評估的根據就來自享樂主義原則。進一步來說，邊沁所持功利主義的基礎是一種人性的經驗主義與結果主義，行為動機和價值會依據享樂主義的內容進行評估。所以，人們為與不為某一行為最終是受到快樂與痛苦的影響，綜合考量快樂與痛苦的總合後，人們會去選擇把快樂極大化的行為。邊沁從功利主義出發探討社會行為時，認為人們都可以客觀中立的進行公共討論，並在各項社會合法利益的存在與衝突之中去做出決定，而在做決定的過程就是依據人類致力於平等原則下，衡量計算行為過程中所帶來快樂和痛苦的結果，這個計算過程與結果稱之為道德微積分（Moral Calculus）或享樂微積分（Hedonic Calculus）。

把個人功利主義的內涵擴及到整體社會來說，它認為道德上正確的

社會行為是能對社會產生最大利益效果的行為，當衡量他人的利益以及自己的利益後，可以最大化社會整體利益的行為，就是可被社會所接受的行為。若把社會性功利主義的觀點引用到犯罪行為時，便可解釋為：某個體的犯罪行為雖然成就了該個體的快樂，但卻造成社會眾人的不幸與痛苦，因此去壓制該個體因犯罪所獲得的快樂，以緩和社會眾人的不幸與痛苦，是符合道德上的正確行為；直白地說，當有人採取犯罪手段去獲得自身的快樂而造成社會的紛擾不安時，那麼社會就可以採取必要手段去對抗該人的犯罪，而這手段當然是具有痛苦性質的刑罰措施。

　　由貝加利亞及邊沁所代表引領出來的傳統古典學派，不僅對後世犯罪學的發展產生重大影響，更對刑事司法演進與刑法學的理論建置產生重大啟蒙作用。因此，綜整傳統古典學派對犯罪行為與抗制的觀點後，可綜合說明如下。

一　就基本思想角度而言

（一）人類任何行為都是遵循著趨樂避苦原則，犯罪行為只不過是人類眾多行為當中的一種類型。

（二）基於理性原則，人們都有自由意志及分辨是非的能力，所以若其行為違法，自然應受到刑罰的懲罰。

（三）破除神授之說，對於犯罪行為的認定與制裁，應透過立法方式來運作，此稱為罪刑法定原則。

（四）拋棄不符合人道精神及比例原則的刑罰措施，強調罪行與刑罰要相對應，此稱為罪刑均衡原則。

（五）打破階級特權，主張「法律之前，人人平等」，只要犯同一罪行，應受相同的刑罰。

二　就刑事司法的貢獻角度而言

（一）提出罪刑法定及罪刑均衡原則，為後代的刑事立法提供良好基礎。

（二）倡導興建圓形監獄，為日後矯正處遇提供良好的設計方向，以俾於教化與管理。

（三）主張建立嚴謹的證據制度，並反對殘酷不人道的私刑訊問及祕密審

判，開啟尊重基本人權的普世價值。

（四）重視「法律之前，人人平等」，成為日後法治平等精神的重要來源
依據。

三 評析

受到啟蒙運動思潮影響的傳統古典學派，把人類行為的解釋觀點，從
神鬼之說拉到人性之說，雖然達到人權的要求還有一大段的距離，但至少
也步上遵循人道精神之路，也奠定日後對人類行為的理解採取理性規範原
則。因此，其最大的貢獻在於質疑並改善抗制犯罪的法律構想，並且關注
社會權益和個人權力的法律保護，它不僅是犯罪學理論發展史上很重要的
階段，同時也是構成許多當代刑事司法政策的基礎。當然，傳統古典學派
也有其理論上的盲點，最典型的盲點便是該如何測量人類的理性選擇（自
由意志）程度？又每個人的理性程度真的會是一樣的嗎？這些在啟蒙時代
所提出的理性（完全自由意志）觀點，逐漸受到質疑。

首先，人類個體行為的過程是相當複雜的，傳統古典學派忽略此等複
雜性，即以自由意志作為個體選擇犯罪與否的開端，這在人類行為的推演
上確實是太快、太機械性了；再來，傳統古典學派認為，用懲罰的痛苦來
抑制人類個體選擇犯罪所獲取的快樂，只是痛苦跟快樂的評價是固定在社
會一個標準上，還是個體自身認知所感受，恐怕傳統古典學派也沒有交代
清楚；最後，傳統古典學派認為採取嚴厲、迅速與確實的司法措施可以有
效控制社會治安，假設治安系統可以快速增長並提供更好的調查和偵查服
務，只是要確保社會當中的犯罪事件都能獲得如此完美的司法措施，恐怕
必須投入大量的刑事司法資源，這也不是社會可以承擔的。

傳統古典學派在啟蒙運動時期開展並獲得當時社會的歡迎，其歷經將
近一百年的風光時期，其理論觀點不僅影響後來許多國家進行司法改革，
其中包括制定法典與創建刑事司法體系，也奠定其在犯罪學領域的理論開
端地位。隨著人類社會文明不斷進化以及諸多其他思想流派不斷產出的影
響，傳統古典學派逐漸式微，而被緊接著受到十九世紀工業革命所影響的
實證學派所取代，但它卻也在實證學派同樣歷經將近一百年的風光時期後
而得到復興，最具代表性的理論就是理性選擇理論（The Rational Choice
Theory）。

第三節　新古典學派

新古典學派（Neoclassical Criminology）之名來自於它與傳統古典學派一樣，信守有關犯罪原因與刑罰的基本原則，人類個體都是根據自己的理性做出決定。但兩者之間還是存有差異之處，主要差異來自傳統古典學派直接將懲罰措施視為抗制犯罪的一種方式，而新古典犯罪學則認為應該要透過科學證據以確定犯罪者的狀態後，再實施公正的懲罰。

源自十九世紀初期的新古典學派對犯罪的關注遠超過對個人的關注，它認為刑事司法的運作需要依靠科學證據來瞭解犯罪者的犯罪動機及目的，並且在刑事司法處理過程中必須保持一定程度的法律正當程序。因此，現代諸多有關犯罪人的權利都源於新古典學派的思想，像是搜索、扣押、量刑標準等，都成為當今刑事司法體系運作的一部分。例如，1789年的法國法典是根據傳統古典學派始祖貝加利亞的犯罪與刑罰原則所建立，該法典要求法官是適用法律的唯一機制，而法律負責為每一種犯罪定義出相當程度的刑罰，而法官僅能針對法律的規定加以適用。然而，這就會產生一個問題，因為每個人犯罪時的狀況都不一樣，像是初犯與累犯、兒童和成人、心理正常者與心理障礙者等都以同等的法律原則處理時，似乎不甚合理、公平與公正。因此，新古典學派認為賦予法官某種程度的自由裁量權（discretion）是有必要的，這對犯罪者而言才能給予公平與公正的審判和懲罰。這些考量條件與對相關法典的修正，成為後來新古典犯罪學派的主要核心主張（Vold et al., 2002）。

綜合整理新古典學派對傳統古典學派的修正主張，簡述如下：

（一）修正對自由意志原則的論述，諸如當個體患有疾病、能力不足、心智異常時，會導致其個人自由意志無法自然運作。

（二）對於部分責任能力者，懲罰可酌予減輕，包括心智異常、能力不足或年齡幼小者。

（三）允許專家在法院審判過程中參與作證，以決定犯罪者所應負的責任。

（四）賦予法官自由裁量權，以徹底釐清犯罪者的犯罪動機與目的後，實施公平與公正的審判和懲罰。

針對新古典學派的評析方面，有的說法認為它應該被劃歸在傳統古

典學派時期，畢竟它與傳統古典學派在論證犯罪的發生上，都強調決定在犯罪者的個人理性上，都缺乏對社會外在環境因素的考量；而兩者的差異也僅是前者採絕對自由意志，而新古典學派採取相對自由意志。另有一種觀點則認為新古典學派、傳統古典學派及實證學派都屬各自獨立發展的學說，傳統古典學派以哲學性自由意志為論述基礎；實證學派則以生物學、心理學和社會學決定論為基礎；而新古典學派則是這兩犯罪學派的混合體，暨存有傳統古典學派強調自由意志的論點，卻也有採取科學實證認定自由意志程度的觀點。這三種學派雖在論述犯罪的基礎上各有相異之處，但卻非極端具有排斥性，使得當今諸多犯罪學理論發展和研究上，仍然能看到這三種學派影響的痕跡。

到目前為止，依照我們所累積的犯罪學理論質量來說，新古典學派與傳統古典學派一樣，都將社會外在影響因素排除在犯罪原因解釋上，此不僅在解釋犯罪上陷於困窘，在犯罪控制策略上也會因此顯得不足。不過，新古典學派在犯罪控制觀點上最大的貢獻在於提出威嚇理論（Deterrence Theory），其又區分為一般威嚇（general deterrence）與特別威嚇（specific deterrence）兩種類型。威嚇理論的目標意在讓個體透過避免受到懲罰而阻止其犯罪，其中一般威嚇是讓一般潛在的犯罪者因為看到犯罪者受到刑事判決且接受懲罰後，達到嚇阻他們從事犯罪的目的；特別威嚇則是透過對犯罪者的刑事判決且實施懲罰後，以防止他們日後再犯。因此，一般威嚇的目標在於對犯罪者的判刑確定性，而特別威嚇則著重在量刑的嚴厲性（Schmalleger, 2014）。

綜整新古典學派的概念如下：

（一）透過有效可證的識別且被認為是情有可原的原因下，應該對犯罪個體加以區別並應減輕其懲罰（例如心理疾病患者、未成年者等）。

（二）新古典學派是最早將犯罪人區分為初犯與累犯者，並支持探討犯罪累犯的原因。雖然新古典學派仍然還是著重在個體犯罪行為上，但至少也撥了一些注意力在個體特質與犯罪行為的因果關係上。

（三）新古典學派對犯罪者融入一些主觀的態度，並將注意力集中在個人犯罪的條件上，因此可以看出新古典學派似乎對傳統古典學派的自由意志說做出了某些讓步。亦即，在審判一個犯罪人時，除了關注犯罪行為外，也應該將注意力放在犯罪人的個性、動機、生活經歷等影響其犯罪行為的因素。

第七章　實證學派

　　當犯罪學理論發展邁入到十九世紀，傳統古典學派的自由意志說逐漸受到挑戰，其挑戰來源主要有兩項：一是來自於以傳統古典學派為基礎的犯罪控制策略，並未能有效抑制社會犯罪率的提升；二是工業革命所引發的科學實證觀點，逐漸受到那個時期社會發展的歡迎，諸多採取實證觀點所形成的犯罪學理論開始批評傳統古典學派的形而上犯罪原因論，導致傳統古典學派逐漸退場，而實證學派（Positivist School）也自十九世紀中期開始熱烈登場。就如同在介紹傳統古典學派一般，若先就實證學派的社會時代背景加以說明，讀者便能很容易且快速地融入該學派所包攬的理論內涵，再加上實證學派時期的犯罪學理論分支眾多，先熟悉總體環境後，更能對各理論分支有基本的認識，也就能更進一步瞭解各理論的核心概念。

　　談到實證學派時就不能不談到孔德與「實證主義」，因為這兩者是影響實證學派發展相當關鍵的人物與理念。首先來談孔德，孔德出生於法國，他是一位哲學家，因為他極為強調採取科學實證觀點從事社會功能的研究，因此被稱為科學哲學家；又因為他積極探討社會進化的論述且首先提出社會學一詞，因此也被稱作是社會學之父。

第一節　孔德

　　孔德認為人類社會的發展是循序漸進的，其必然會經歷某些階段的發展過程，就像是人類個體從嬰兒期歷經少年期最終到成年期的發展過程一樣，要到達少年期必須先經歷過嬰兒期，要到達成年期則必須先經歷過嬰兒期及少年期。因此，孔德提出社會建構的過程乃是依循「三階段定律」（law of three stages），依序為神學階段、形而上學階段及科學階段，這三階段不僅獨立還依序存在，最重要的是，後一階段的發展還是必須先建立在前一階段的發展上。舉例來說，若把社會發展過程視為個體成長過程時，神學階段就如人類的嬰兒期，形而上學階段就是人類社會的少年期，科學階段就是人類社會的成年期。

　　第一階段，稱之為神學階段。此階段的社會人們全心全意相信一切事物都來自上帝的創造與旨意，而教會在此時以作為上帝在人間代理人自

居，其地位是神聖崇高的，人們都必須與教會連結且接受它的教義與支配。換句話說，此階段的人們不是透過自己的理性去探索生存上的基本問題，而是接受宗教組織所傳遞的教義與規範，並且從中去相信與接納社會當中的所有事實。

第二階段，稱之為形而上學階段。孔德提出啟蒙運動就是此階段的核心時期，人類開始擺脫迷信或不符合理性原則的操弄，此階段的社會意識認為人類獲得普遍權力是最重要的，也只有在保有一定的權力後才能得到尊重。但孔德認為形而上學的論述觀點較為抽象模糊，那時期社會運作的特徵朝向較為機械性的運作，以及缺乏足以說服人的具體證據，因此人類社會勢必會走向第三階段——科學（實證）階段。

第三階段，稱之為科學（實證）階段。孔德認為當社會發展邁入這個階段後，整個社會中心思想會強調人民個人權力比維護政府統治權更重要，且透過諸多科學實證產物的助力之下，人的自我管理能力品質會遠高於前兩階段，政府逐漸流失統治權力的範圍，任何一個社會公民的想法都可以基於該人的自由意志及科學實證能力來實現。孔德強調應以科學實證觀點來看待人類社會總體發展趨勢，並認為科學的任務是研究自然與社會的事實和規律，並將社會的事實和規律體現在法律上作為規範，如此社會運作才能真正貼近事實，法律也才能真正發揮達到社會控制的效果，只有放棄了神學和形而上學階段的偽解釋，堅持以科學的方法取而代之，人類也才能達到了思想成熟的地步。

綜合孔德的論點後可知，他認為社會思想的發展是分階段進行的，不管人們願不願意或相不相信，這是無可否認的事實。再者，社會歷史的發展分為三個不同的階段：神學、形而上學和實證科學。其中神學階段呈現人類那時期迷信的本質，這種迷信將屬於自然或超自然的現象歸因於世界的運轉；形而上學階段則是啟發人類理性的運作，重視人性存在與人道精神，此時期是人類開始擺脫迷信性質的過渡階段；當人類意識到諸多自然現象和社會事件是可以透過理性和科學來解釋時，就是邁入科學階段，也就達到了人類社會最終進化的階段。

後世認為孔德對社會架構運作的解釋，最大貢獻有以下數端：

（一）人類社會的運作具有統一性與功能性，人類的理性是推動社會發展的動力，而才智是推動社會發展的工具，因此理想的人類社會應該是人人都具備實證思想，以科學來指導人們生活，並透過科學實證

來創建理論，並據以架構社會形成有秩序的運作。

（二）人類社會發展的過程是有階段性的，早期人類社會的運作架構是不完美的，但卻也是必經的歷程，因此社會才需要進化，從神學進化到形而上學，再進化到科學。即使是現在的社會也是不完美的，所以社會才有持續進化的可能，進而使科學研究能持續向前。因此，科學實證是當前人類社會無法迴避的事實，也是社會不斷進化向前的重要工具。

（三）社會大於個人且沒有人能夠改變社會進化的歷史，其中語言、宗教、文化、政治與經濟等社會體制，都在傳承與支持著社會的運作，社會分工對社會運作有利有弊，各種社會現象之間彼此緊密聯繫，現存的各種社會機制也都有其一定的功能性，當人類社會如此不斷推演進化時，理想社會即將自動實現。

犯罪學實證學派就在受孔德學說及實證主義科學理念等兩條件影響下逐漸抬頭，並開啟將近一百年的實證主義犯罪學時代。

第二節　實證主義

一　實證主義的觀點與基本主張

實證主義（Positivism）的解釋可分成廣義與狹義兩類，就廣義而言，任何知識的形成只要使用可經驗性的材料，經過科學性的驗證過程且排拒形而上的思辨者，都可算是實證主義；就狹義來說，由法國哲學家孔德所引領的實證科學即可稱之為實證主義，而犯罪學所稱的實證學派乃是採狹義論。

實證主義的核心觀點是：知識的建立必須是透過人類的務實觀察或感覺經驗，經由蒐集每個人身處客觀環境和外在事物所生成。進一步來說，實證主義認為雖然每個人的學習過程不太一樣，但經過社會整體運作洗禮後，所經驗的感受並不會有太大的差異，因此透過對人類個體成長經驗值的測量後，可以建立一定規律的知識，再透過知識的建立與傳播下，一方面人類社會知識可以一代接著一代的傳遞下去，以維持社會文明的運作；另一方面也可以透過直接或間接的學習過程，經由推知或體認經驗後，再

進一步推論還沒有經驗過的知識。總結來說，實證主義認為：超越經驗或不是經驗可以觀察到的知識，就不是真知識。

此時期的實證主義有五項基本原則：1.所有科學分支在探究與建構知識的邏輯是相同的，都必須是透過可感覺經驗所產生；2.科學知識探究的目的，是在於可客觀完整描述、解釋、預測和控制社會現象；3.科學研究應該從人的經驗角度出發，以人的感覺來觀察；4.科學知識的形成過程與結果，和一般人所認知到的常識並不相同；5.知識應該由邏輯實證來判斷認定，不受到人們既存的印象或認定的價值所拘束。

實證主義的萌發確實對當時社會產生振聾發聵的影響，但畢竟其主張太過絕對性，導致在後來逐漸也受到不少挑戰，特別是實證主義未能承認觀察者與事實之間會因文化性、政治性和心理性的影響而有所差異。雖然如此，實證主義的發展在二十世紀初期也達到了頂峰，充分影響諸多社會科學領域的進展。犯罪學研究在那時期也深受其影響而蓬勃發展形成實證學派，試圖為測量和量化犯罪行為找到科學的客觀性，並分別從生物學、心理學和社會學等角度開啟對人類犯罪行為的研究。

貳 犯罪學實證學派代表人物與其學說內涵

孔德將實證主義研究方法導引至社會科學研究領域，認為改善社會秩序的途徑在於社會科學的發展，而不是政治動機或具有意識形態的暴力革命；社會科學的目的是在於發現可以有效指導社會改革的社會運作模式與行為規律，其手段便是透過所謂的實證科學對人類社會進行科學研究。因此，在實證科學領域概念中，任何社會事件不是隨機的，而是由可被檢驗證實的原因所決定的。同一時間，達爾文（Charles Darwin, 1809-1882）所代表的生物實證主義（Biological Positivism）也在生物科學領域提出進化論（Theory of Evolution）的觀點，該論點也充分地影響日後實證學派的發展。

實證學派主要論點為：人的行為與其他世間萬物都應該放在同一個標準層次上進行研究，更重要的是，它駁斥人是具有完全自由意志的個體，其行為乃是深受本身生理特質與外在社會文化因素所影響。因此，以科學的方法進行人類犯罪行為的研究者，統稱之為實證犯罪學派。開啟犯罪學實證學派的代表人物與學說分別為龍布羅梭（Cesare Lombroso,

1835-1909）的「生來犯罪人」（L'Umo Delequente〔義大利文〕）、
費利（Enrico Ferri, 1856-1929）的「犯罪飽和原則」（law of criminal
saturation）及蓋洛法羅（Raffaele Garofalo, 1851-1934）的「自然犯罪」
（natural crime）等，因為這三位都是義大利學者，因此又被稱為義大利
學派。

（一）龍布羅梭

　　被公認為是實證學派創始人的龍布羅梭，他對犯罪問題的觀點與傳統
古典學派所提出的自由意志論或是功利主義思想恰好相反，從學理的本質
來說，龍布羅梭不認同傳統古典學派對自由意志的強調，反而是支持決定
論的觀點。他主張對犯罪問題分析的目光，應該從犯罪行為轉向犯罪人，
因為對於龍布羅梭而言，犯罪人與非犯罪人在生理體質上就有截然不同的
特徵表現，因此他不贊成處理犯罪問題時只是考慮法律的適用性，而是應
該回到犯罪人本身。

　　龍布羅梭是一名醫生，也是精神病理學家，他曾在軍隊中工作過一段
時間，也曾擔任過精神病理醫院的院長，後來成為法醫學、衛生學與刑事
人類學教授。他的第一部有關於犯罪學作品於1876年產出，名稱為L'Umo
Delequente（義大利文，「犯罪人」的意思）。他透過相貌學、優生學、
精神病學和社會達爾文主義等理論，以科學客觀的方式研究犯罪人，並且
在深入研究犯罪者特徵之後，主要得出了兩個較為具體的結論：一是犯罪
人與非犯罪人有許多生理結構上的差異，他從進化論與優生學的角度，把
同時期的犯罪人與非犯罪人比較後，發現犯罪人的生理特徵與行為呈現退
化到原始行為（Atavistic behavior）的現象，近似於猿猴或早期人類的身
體狀況與言行，此稱之為「祖型重現」（the tendency to revert to ancestral
type）；二是犯罪者身上蘊含有一定程度的犯罪因子，該因子會使得他的
身體發育水準較差，導致發展出不少的偏差行為，此類的犯罪人對痛苦不
太敏感，因此他們也很少會考慮到他人的痛苦，而且很不幸的是，此種犯
罪因子會透過遺傳方式延續，使犯罪人又呈現祖型重現的特徵。

　　龍布羅梭早期從純生物科學的角度出發探討犯罪原因，到了後來，他
似乎也接受環境影響因素，認為犯罪原因是一連串事件連結起來的結果，
其中包括個人特質因素與社會環境因素，但依然認為人類行為不是單純可
透過自由意志決定，更否定其超自然力的影響。龍布羅梭是首位把科學實

證研究方法引入犯罪學領域，因此又被認為是現代犯罪學之父（the father of modern criminology）。

（二）費利

費利是龍布羅梭的學生，深受龍布羅梭所提倡的實證研究方法所吸引，雖然費利對犯罪生物學產生濃厚的興趣，但他卻是一位不折不扣的社會學家，曾公然反對龍布羅梭所持的生物決定論，認為犯罪原因不會僅是來自個體本身的人類學因素，更有來自自然與社會的因素所影響，日後便有學者稱之為「犯罪原因三元論」。費利拒絕生物學決定論的部分原因，也有可能是來自於他的政治信仰，因為費利被公認是社會主義者，在其著作當中經常可以發現許多關於社會主義的文章，包括1894年的〈社會主義與實證科學〉（Socialism and Positive Science）及後來的〈社會主義與現代科學〉（Socialism and Modern Science）；除此之外，費利不僅出版關於社會主義的論著，他還在當時加入了社會黨擔任義大利國會議員，並編輯了一份社會主義報紙，費利對於社會主義的鍾愛可見一斑。

費利的犯罪原因三元論，獨立於龍布羅梭所代表的刑事人類學派的犯罪原因一元論（個人因素），也不同於德國法學者李斯特（Franz von Liszt, 1851-1919）的犯罪原因二元論（個人與社會因素），他認為犯罪是由人類學因素、自然因素和社會因素等三者交互作用下所引起的。此一觀點是他接觸到龍布羅梭的研究後，認為僅侷限於習慣性犯罪人和精神病犯罪人的研究樣本，似乎只能說明社會當中一小部分的犯罪問題，因此他透過蒐集法國的大量刑事司法統計資料進行深入分析，並得出與龍布羅梭所持生來犯罪人理論不同的犯罪原因理論，認為人類個體犯罪除了受其個人本身的影響因素之外，更有來自其周遭自然環境與社會環境的影響因素。

費利的犯罪原因三元論擴大了對於犯罪的研究範圍，並將研究領域從人類學因素（生理、心理、個人狀況等）擴展到自然（氣候、土壤、地理環境、氣溫等）和社會（人口密度、風俗、宗教、教育、酗酒等）層面，把犯罪看成是個人因素與自然和社會因素交互作用下的產物，而這也是他對犯罪學研究最重要的貢獻之一。

另外，費利也受到化學飽和定律的啟發，並結合他的犯罪原因三元論觀點，以及根據犯罪統計資料的研究後，提出了著名的犯罪飽和原則。他認為，社會上的犯罪數量無論是自然犯罪還是法定犯罪，雖然在特定短期

間內的犯罪數會有微幅增減的現象，但就長期的角度觀之，總量上會是呈現持續穩定在一定程度內，此稱之為「犯罪的週期性波動」；而當這些短期的犯罪週期性波動累積到一定的動能之下，便會將總體犯罪率推升到下一個階段較高的犯罪率，此稱之為「犯罪的週期性增長」。費利對於社會犯罪率的看法與某些化學定律的法則一樣，定量的水在一定的溫度下會溶解一定量的化學物質，而在一定的個人和自然條件的特定社會環境下，也會發生一定數量的犯罪。換言之，人類社會在同等的自然環境與社會環境條件下，會產生同等的犯罪數量。因此，在自然與社會因素不產生劇烈的變動下，該社會的犯罪率不至於產生重大的升降。反之，因為人類社會的自然與社會條件是一種變動的狀態，因此犯罪率也是處於一種動態的規律性，並呈現「犯罪的週期性波動」與「犯罪的週期性增長」兩種現象。

　　綜合以上，費利認為犯罪行為是多元因素共同作用於個人的結果，在充滿動態發展的社會當中，無法避免的社會變遷會導致社會某種程度的變異、衝突和文化差異，如果社會運作在短期內無法調整適應，結果就是會導致社會的混亂，社會控制的機制也會因而瓦解。在此社會條件下，高度的社會異質性破壞原有緊密連結的社會關係，造成所謂「社會真空」（social vacuum）的現象，此時的社會環境便成了犯罪的沃土，犯罪率也必然大幅提高。基此，費利認為犯罪人是社會總體生活條件的產物，而從事犯罪預防的基本原則即在於消除這些造成犯罪的條件。

　　費利在當時的歐洲社會是一位備受推崇的犯罪學家，他的學說和思想對當時及後來的犯罪學研究面向具有重大的貢獻，特別是他在嚴謹論證下所提出的犯罪原因三元論，打破並影響他的老師龍布羅梭修正犯罪人一元論的觀點，從此奠定後來犯罪多因理論的研究途徑。另外，費利基於「犯罪多因論」而建立的社會控制體系觀點，也充分影響現代的刑事立法和刑事執法，例如刑期無刑、刑罰謙抑主義、刑罰個別化原則、刑事司法轉向處遇等，都可以在費利的學說主張中找到蛛絲馬跡。

　　總結費利的犯罪學說，他認為犯罪是一種自然現象，是經由人類所處的自然環境、社會環境以及其個體特質等三種因素共同作用下的結果，因此在解釋犯罪時便有其規律性可供遵循，犯罪飽和原則的提出即是一例。他認為在自然和社會環境的催化下，個體無論是受到遺傳還是後天的影響，這三者的內在品質都必然決定每個國家或地區的犯罪程度。就此而言，真實影響一個國家整體犯罪率的變化，便是來自於自然界影響個體心

理發展的因素，以及個體在社會領域中受到教育、政治、經濟等之影響，而不是法律規範。所以，費利在刑事政策觀點上認為，懲罰或許是矯正犯罪人的可能方法之一，但我們更應該積極思考讓犯罪人回到社區當中進行矯正調整的可能性，他贊成採行不定期刑制度，以鼓勵犯罪人自新向上，反對刑罰當中所蘊含報應和道德責任的懲罰。由此可知，費利反對自由意志論的立場相當鮮明。

（三）蓋洛法羅

　　蓋洛法羅曾在義大利法院擔任法官及類似司法部長的職務，同時也擔任過國會議員與刑法學教授，這樣的經歷使得他對犯罪的觀察與定義有截然不同於龍布羅梭與費利的觀點。蓋洛法羅與費利一樣都是龍布羅梭的學生，同時他也是持反對自由意志說，並支持以科學方法去理解犯罪的實證主義者。在他擔任法官與國會議員的過程中，他認為社會上對於犯罪的觀察並不準確，對於犯罪的定義也充滿爭議與衝突，因此只有在對犯罪人的生活條件與背景有深入確實的科學研究下，才能真正對犯罪有較為正確的定義。由此可知，他與同時代的犯罪學者有著完全不同的犯罪定義與處理方式。

　　蓋洛法羅於1885年出版《犯罪學》一書，書中提及犯罪應以科學的方法加以研究探討，並從中歸結出一種共通性，從這些共通性當中研擬適合的對策放在刑罰當中加以因應，而他所提出的犯罪共通性便是「自然犯罪」的概念。蓋洛法羅認為在定義犯罪時，必須站在社會學的角度去觀察，並認為犯罪是社會的自然現象，而犯罪行為是違犯了一般人所認同的憐憫（pity）和誠實（probity）信念，並傷害了整個社會。他進一步強調指出，缺乏憐憫的人會導致侵犯人身罪，而缺乏誠實的人則會導致財產犯罪。蓋洛法羅認為社會上根本就沒有所謂的偶發犯罪，因此在犯罪人的分類上，他不同意龍布羅梭與費利的分類，而是將犯罪人分為下列四個類別：1.謀殺犯罪者；2.受到社會外在環境因素影響（例如榮譽，政治和宗教等偏見）的暴力犯罪者；3.缺乏誠實正直的犯罪者；4.放蕩淫亂的犯罪者。

　　因為蓋洛法羅曾擔任過法官，所以他非常瞭解當時刑法和刑事司法體系的運作，並且目睹當時刑事政策對抗犯罪的結果是失敗的，因而導致他對犯罪人矯正的結果並不樂觀，所以在刑事政策上他提出三種刑罰措施以

為因應，分別是死刑（謀殺者被證明是預謀蓄意且無任何可歸責於被害人的條件下適用）、不定期刑的監禁（對於習慣性或常業竊盜者除了應受相對應的刑罰之外，也應該要實施保安處分進行生活習慣的改造；而對於非累犯的財產犯罪、暴力犯罪或放蕩淫亂型的犯罪者，則採一般自由刑）與賠償等。除此之外，蓋洛法羅也強烈呼籲當時社會應該用更激烈的手段，處理那些無法適應社會的長期犯罪者，以此作為社會防禦的手段。

上述這些思想，蓋洛法羅都蒐羅在1885年他所出版的《犯罪學》裡，並在開篇時就提出改革犯罪定義的必要。他認為實證科學介入犯罪的研究已經那麼多年，但是早期犯罪研究者卻一直沒有告訴我們對犯罪的理解應該是什麼，使得現在我們對犯罪的定義仍然存在著爭議與分歧。即使在早期對於犯罪有相當的法律概念可以理解，但蓋洛法羅強調的犯罪概念是「普遍社會思想便可以理解的概念」，而不是透過立法去認識。由此可見，這樣的想法是推使他提出自然犯罪這個犯罪定義的動力。

最後，要介紹蓋洛法羅的是關於他對法律制定與執行的看法。當費利提出增強立法與執法力道來控制社會的犯罪率時，蓋洛法羅對這樣的提議抱持存疑的看法，並認為不斷去強化法律的效能者，雖然在短期內可以降低某些犯罪的發生率，但卻也可能造就許多以前不存在的犯罪行為出來，這不僅無助於犯罪控制，反而容易滋生諸多社會運作時的麻煩。因此，他認為控制犯罪的方式不是在於立法絕對禁止，而是在於如何控制降低，他堅信絕對禁止的刑事政策只會衍生更多的犯罪問題。蓋洛法羅這樣的觀點或多或少呼應了他對自然犯罪的定義內涵，認為犯罪事件若不是符合於自然犯罪的內涵時，即使強力立法與執法去絕對禁止該罪行，恐怕是無助於該類犯罪事件的控制，反而容易衍生更多更大的社會問題。

蓋洛法羅上述的觀點，很快的在美國1919年的憲法第18修正案（Eighteenth Amendment; Amendment XVIII）和沃斯特德法案（Volstead Act; National Prohibition Act）當中獲得驗證（此修正案與法案又稱全國禁酒令）。在美國實施全國禁酒令之前，整體社會興起一股禁酒運動風潮，有為數不少的社會改革者認為酒精是導致人民貧困、意外事故、犯罪叢生、家庭破裂，甚至是政治腐敗的原因。因此，在整個社會蘊釀絕對禁酒的意念簇擁下，於1920年1月17日午夜開始正式實施全國禁酒令，以強勢立法與強力執法的方式開啟這段全國禁酒的歷史。

雖然全國禁酒令解決人們在公共場合飲酒的現象，卻也滋生私釀酒類

行業的興起，除了缺乏適當的法律控管，導致私釀酒的品質低劣進而影響飲酒者的身體健康外，更嚴重的是因為私釀酒利潤率高，促使許多人們挺而走險參與私釀酒的行列，更因此讓許多黑幫組織從私釀酒、走私與販賣私酒中獲得了大量資金來源以壯大，而後更進一步賄賂勾結警察和政府官員，造成社會政治腐敗現象更加嚴重。基於上述種種原因，禁酒運動開始受到人們的反對，最後終於1933年12月全國禁酒運動壽終正寢。一項原本為了讓社會發展更健康的政策，卻因強勢立法引起一系列社會問題，甚至催生了更嚴重的犯罪問題，法律效用最終不但沒有達到預期目的，反而是走向與目的相反的負向結果後遭到廢除。

第三節　結論

　　十九世紀末，傳統古典學派犯罪原因論開始受到實證主義學派的挑戰，其挑戰來源主要由三位義大利思想家龍布羅梭、費利與蓋洛法羅所組成，其中蓋洛法羅於1885年首創「犯罪學」一詞後，便奠定了犯罪學往實證科學研究穩定的道路。實證學派企圖透過以科學方法並使用經驗證據來找出人類犯罪的原因，因為其基本前提是建立在測量、客觀性和因果關係上，因此，「犯罪人」與「非犯罪人」之分就成了進行研究時很重要的假設。

　　實證學派研究犯罪原因時，都以假設個體從事犯罪具有其獨特的特徵為出發點，從而在實證主義範式下進行的犯罪學研究，都試圖找出「犯罪人」與「非犯罪人」之間的主要區別。實證學派所強調的是以科學方法研究犯罪問題，至於採取何種學科介入研究便沒有嚴謹的限制，例如龍布羅梭從生理角度進行研究，英國醫學家戈林（Charles Buckman Goring, 1870-1919）則從心理角度找尋犯罪原因，兩人主要都集中在個人內部找到犯罪來源，並提出個體病理犯罪學的觀點，這種方法被稱為個人實證主義（Individual Positivism）。

　　另有其他犯罪學家則認為，犯罪是社會性而非個人性的病理結果。他們認為透過研究個體外部的社會環境因素可以獲得關於個體從事犯罪原因的見解，這種方法被稱為社會學實證主義（Sociological Positivism），例如在二十世紀中期美國芝加哥學派（Chicago School）採取生態學方法研

究社會犯罪問題，他們發現圍繞在大都市周邊的社區具有某種程度的社會解組現象，稱之為過渡區（Transsitional Area），此區域具有高密度的貧民與移民住宅、租屋率高及部分工業等物理特徵，而居住在此區域內的居民通常是社會競爭失敗者（如失業者或被社會拒絕者），或是沒有機會參與社會競爭的黑人及少數族裔人員等。兩者之間的差異比較，如表7-1。

表7-1　個人實證主義與社會學實證主義的差異比較表

	個人實證主義	社會學實證主義
犯罪導因	犯罪是因個人生（心）理異常或病理引起的。	犯罪是由社會病理引起的。
犯罪認知	犯罪被視為具有生物學上的缺陷，或精神病、人格或學習不足等。	犯罪被認為是社會、政治、經濟、教育、文化等條件功能失調的產物。
行為取向	行為由個人體質、遺傳或人格因素決定。	行為取決於社會條件、結構或過程的品質所決定。
犯罪意象	犯罪是違反法律規範的道德共識。	犯罪是對社會集體良心的侵犯。
犯罪差異	犯罪因個人的性格和社交程度而異。	犯罪因地區而異，具體取決於所處之經濟和政治環境品質。
犯罪矯治	可以透過藥物治療和重新社會化來矯治犯罪人。	可以透過社會改革方案來處理犯罪，但永遠無法徹底根除。
犯罪觀點	犯罪是一種異常的個人狀況。	犯罪是正常的社會事實，但某些犯罪率是不正常的。

另社會實證主義在1970年代也發展出一支學派，稱之為批判犯罪學（critical criminology），其主要以馬克思主義犯罪學（Marxist criminology）為代表，將犯罪視為社會階級衝突的結果，以及資本主義制度下的必然產物。因為該學派將犯罪學研究聚焦於社會政經條件上，認為犯罪是由具有權勢地位者所界定，包括定義何謂犯罪或誰是犯罪人等。由此可知，此學派試圖從社會衝突的角度解釋犯罪，認為由於社會低下階層者受到社會剝削所造成的士氣低落與不滿，是造成社會犯罪增加的原因之一，因此有必要改變整個社會和經濟結構；又因為實證學派缺乏去理解有些犯罪人，其實是社會階層、社會權力和社會機會不平等的被害者。所以，以批判學派所持的觀點角度來說，社會上根本就沒有實證學派所稱的

犯罪人或犯罪類型。

　　再有批判學派者也認為：實證學派所採取的方法只是在強調其所信奉的科學價值，而不是真的可以追求出客觀的社會事實；它也只是在處理社會結構而不是科學事實，並且實證學派試著與行為主義人類觀（behaviourist view of humanity）結合去擴大它的立論基礎，進而忽視犯罪學研究所要追求的目的與價值；最後，實證學派假設「犯罪是人類行為的一種特殊類型」、「犯罪人與非犯罪人的二分法」、對「加害人與被害人的二分法」、「採取靜態的個體特性研究，忽略動態的互動影響」等，都被認為是方法上的嚴重謬誤。

　　綜合以上有關犯罪學實證學派的論點後，可知其基本主張有以下五項：

（一）實證學派的要義乃在於強調使用科學的方法研究犯罪人及其所屬的周遭環境，以便決定犯罪原因，至於採取何種學科為研究基礎則無一定的限制。

（二）反對人類行為是建立在自由意志之上的觀點，並強調是由個體本身某些特質，或（與）其外在社會環境所決定。

（三）實證學派強調發現犯罪原因，所以其前提假設是建立在犯罪人與非犯罪人是有所不同的，因此研究設計經常圍繞在犯罪人與非犯罪人的區別上。

（四）現今絕大多數的犯罪學研究都是屬於實證的，若實證結果支持某一理論，不代表此一理論是絕對存在且合適解釋的；反之，實證研究結果不支持某一理論，也不意味該理論不具存在性。因為實證理論的形成有其特殊性，渠等理論最大的貢獻在於啟發，而不在於論斷。

（五）處理犯罪問題不應該僅是依賴制定法律或執法技術層面，應轉向關注犯罪者本身所遭遇個體特質變異或社會適應不良的問題。

第八章 實證學派之犯罪生物學

犯罪學理論發展到十九世紀時，實證學派逐漸興起，首先將犯罪學理論架構在實證科學上的主要代表是龍布羅梭所帶領的犯罪生物學派（Biological Theories of Crime）。犯罪生物學理論的基本假設認為：犯罪是個體經由遺傳或其身體發展缺陷所造成的，而且即使施予治療也只能減少其侵略性，並無法完全根除其犯罪性與動機（Schmalleger, 2007）。因此，犯罪生物學理論認為犯罪人是「天生的罪犯」（born criminals），其生物學特徵不同於非犯罪人，其中的差異是因其生理條件較為低劣而導致犯罪。從此可知，該學派認為人類犯罪是屬於「生物決定論」（biological determinism）的範疇，此一觀點與傳統古典學派所持的自由意志說（free will）觀點形成鮮明對比。

第一節 犯罪生物學派

相對於傳統古典學派的自由意志說，龍布羅梭所領導的犯罪生物學派不僅將犯罪學理論帶進實證科學的範疇，更是開啟現代犯罪學多因理論的源頭，因此他贏得了「現代犯罪學之父」的名聲。龍布羅梭關於犯罪原因的論點於十九世紀末期引起了廣泛的注意，並對後世產生巨大影響，其理論觀點不僅影響他所身處的歐洲，幾乎是遍及全球。而且有趣的是，他的觀點不只是吸引許多崇拜者，更引動許多批評家，其中最受批判的焦點就是基於研究倫理上的辯論。

龍布羅梭在1859年至1863年擔任陸軍軍醫期間，他就對犯罪行為的生物學解釋產生了濃厚的興趣，他提出了疾病會助長精神和身體缺陷，並且導致暴力攻擊的可能（Wolfgang, 1973）；同時，他還系統性地測量約3,000名士兵，以記錄義大利各個地區居民之間的身體差異，他從這項研究當中也發現，當士兵身上有較為淫穢的紋身標幟時，通常也有較多的偏差行為。後來，龍布羅梭便將紋身作為罪犯的顯著特徵。龍布羅梭自1861年開始發表有關犯罪人在生物學原因的論著，直到了1876年才正式發表《犯罪人》（On Criminal Man）一書，而在該書當中不僅提出犯罪生物學觀點，也提出犯罪與人類進化的議題，顯見龍布羅梭不僅依據自己

的醫學背景，也深受達爾文進化論的影響而創立犯罪生物學一派。

　　龍布羅梭早期關於犯罪原因的論述，集中在認為犯罪人與非犯罪人有著截然不同的身體類型，更是顯現出一種墮落的型態，這種墮落或犯罪型態其實只是將演化不良的結果體現在身體特徵上而已。換言之，犯罪人是退化為原始類型的人類，其特徵類似於猿猴或早期人的身體特徵，此稱為「祖型重現」。例如，異常的大耳朵、額頭傾斜、手臂過長、下巴發紅和鼻子扭曲等都是犯罪人重要的身體特徵。據此，龍布羅梭將犯罪人分為四大類：1.天生犯罪人（born criminals）；2.瘋狂的罪犯（insane criminals）：包括愚蠢卑鄙的人、偏執狂、癲癇病患者及酗酒者；3.偶發犯罪人（occasional criminals）；4.激情犯罪人（criminals of passion）：基於憤怒、愛意或榮譽而犯罪者，其主要特徵是被「無法抗拒的力量」推向犯罪（Wolfgang, 1973）。

　　龍布羅梭的《犯罪人》一書先後共進行五個版本的修正，每一次修正都將他的犯罪生物學理論逐漸加入環境因素的解釋，包括氣候、降雨、性別、婚姻習俗、法律制度、政府結構及教會組織等，都可能對犯罪產生影響力。儘管如此，龍布羅梭還是沒有完全放棄天生犯罪人的想法，雖然以當今科學程度來看龍布羅梭的論點時，會顯得他的論點依據相當簡單而幼稚，但無法否認的是，龍布羅梭也確實對現代犯罪學的發展具有重大的貢獻。例舉其一，他對犯罪原因的多因素解釋，其中包括生物遺傳、社會環境、自然條件、文化和經濟等變項的加入，使該犯罪原因多因論的研究途徑一直影響至今；其二，他推動以科學態度及程序介入犯罪原因的研究，將犯罪學研究從抽象的形而上學轉向科學實證研究；其三，他提倡研究方法及社會臨床的觀察紀錄以檢驗犯罪原因的做法，確實具體化犯罪原因的研究途徑。

　　總結龍布羅梭的觀點，他透過生物決定論去概化「天生犯罪人」的論點，認為犯罪行為並不是自由意志所決定，而是生物學上的某些因素所決定，並且提出犯罪人在身體屬性上有截然不同於一般人的取向，他的論點深受醫學、優生學及社會達爾文主義等觀點的影響。大體來講，龍布羅梭提出「天生犯罪人」是有其當時所處的社會與時代背景，在當時的義大利經歷許多社會和經濟問題，社會貧窮和治安腐敗情形相當嚴重，而且還存在累犯和監獄人口素質低劣與擁擠的問題，因此造成社會治安和監禁犯罪人的成本日益升高。這些問題導致社會大眾關注於犯罪與監獄問題，人們

也愈來愈重視如何預測和識別犯罪人。龍布羅梭就是在如此的社會時代背景下提出天生犯罪人的觀點，這個觀點雖然提出辨別所謂犯罪人的方式，但卻也引發許多道德偏見和歧視的問題。

歸結龍布羅梭遭受批評的主要兩項爭點為：1.他把研究對象放在窮人、少數民族或是特定階層人群上，忽視了可能犯下白領犯罪的中產階級；也因為他把研究對象放在低下階層且低教育水準的人身上，便很有可能產出具有偏見與歧視的研究結論；2.龍布羅梭當時直接選擇軍隊裡的士兵（屬於自願役，其大多是低下階層者）以及精神療養醫院的精神病患者進行研究，因為缺乏適當的對照組以及告知這些被研究的士兵與病患正在進行研究的做法，恐怕會影響其結論的準確性（Wolfgang, 1973）。直接以身體外型或精神上的缺陷特徵作為導致個體犯罪的原因，而忽略社會結構因素（貧窮、失業、低教育水準等）及社會過程因素（社會學習、家庭與社會教育品質等）對個體犯罪的影響，此一結論確實可能帶來可怕的後果，輕者造成社會偏見，重者將導致非人道的種族歧視待遇。

犯罪生物學派自龍布羅梭開始陸續有許多關於個體生理特徵與犯罪行為關聯性的觀點，茲簡述如下。

一　犯罪體質

隨著試圖將犯罪人與其外部特徵加以連繫起來，人們對人體的構造或體格的評估分類也隨之流行。例如德國精神病理學家克雷奇默（Ernst Kretschmer, 1888-1964）於1925年發表《體格與性格》（*Physique and Character*）一書，書中描述與人類三種行為（躁狂抑鬱、精神分裂和非可塑性）有關的三類身體類型（虛弱型、運動型、矮胖型）。其中，躁狂抑鬱行為者的典型表現為皮膚柔軟與肌肉發達，傾向於犯下較輕微的犯行，且這些犯行本質蘊含有運用智慧的成分；具有精神分裂癥候者的行為特徵為反社會又冷漠，缺乏感受周邊人事物的能力，因此較易犯下較嚴重的暴力罪行，其體格特徵較傾向於虛弱型或運動型；具非可塑性行為者可以是任何體型，其主要特徵在於情緒狀態時常處於高度緊張，無法控制情緒，此一行為特徵者則容易與性犯罪產生連結。雖然克雷奇默試圖建立一種將行為、體格與犯罪三者加以連繫的類型學，可惜的是他並未真正考慮人類行為的複雜性，以及與社會環境互動的影響力。

　　另外，哈佛大學人類學家霍頓（Earnest Hooten, 1887-1954）花費十二年的時間針對人的犯罪體質（criminal physique）進行研究，從他的論點當中可以歸納出他是傾向於支持龍布羅梭的看法。例如他在1939年出版《犯罪與人》（*Crime and the Man*）一書，書中記錄了他針對美國10個州所進行的研究，其中以1萬4,000名受刑人為實驗組，3,000名非受刑人為控制組，其研究結論同意龍布羅梭「天生犯罪人」的看法，並認為大多數犯罪人確實存在生物學結構發展較為退縮，且導致無法適應在當代社會生活的現象，而且發現這些人也存在在精神上和身體上發展遲緩的現象，導致產生諸多墮落不堪的行為，進而與犯罪行為產生高度連結。霍頓認為處理這些犯罪人最好的方法，就是透過外來技術消除他們在道德、精神或身體的瑕疵，或將他們與社會隔離。

　　霍頓在美國針對個體體質與犯罪關聯性進行研究的同時，美國犯罪學界也正在如火如荼地對社會環境與犯罪關聯性進行研究，芝加哥學派便是那時期最主要的代表，其強調個體犯罪受到的影響應該是來自於其所處的社會環境所影響，而不是受到個人生物學因素所影響。自1930年代以後的美國犯罪學界便開啟了豐富多元的犯罪學研究歷程。

二　遺傳、優生學與犯罪

　　首先提出人類行為表現與遺傳（heredity）及優生學（eugenics）相關性的學者，應屬英國遺傳與優生學家高爾頓（Francis Galton, 1822-1911）。湊巧的是高爾頓正是提出進化論觀點的達爾文的堂兄，可見高爾頓提出遺傳與優生學觀點時，應該也深受進化論觀點影響。他對人類能力是否受到遺傳的影響感到興趣，並且也蒐集了當時眾多傑出人物的傳記，以繪製幾代人的家庭能力圖；同時他也開發了統計測量與分析技術，以幫助他理解自己所觀察的事物。

　　高爾頓於1869年發表其著作《遺傳天賦》（*Hereditary Genius*）一書，在該書中他提出人類行為與能力是受到遺傳影響的結論；另於1875年出版《雙胞胎的歷史——自然和養育相對力量的尺度》（*The History of Twins as a Criterion of the Relative Powers of Nature and Nurture*）一書，書中論及他對雙胞胎所進行的研究調查，以瞭解同卵雙胞胎在不同的環境中成長是否會表現出差異，以及異卵雙胞胎在相似的環境中成長是否會表

現出相似性等，用以理解先天遺傳與後天教養兩者對個體行為與能力的影響力。他的研究結論認為個體行為與能力程度較受到先天遺傳的影響，其後他又進行了收養研究，包括跨種族收養研究，以區分個體行為受到先天遺傳和後天環境的影響力。

高爾頓於1883年率先提出優生學一詞與概念，也是他這一生提出最有爭議性的哲學概念，其爭議在於他倡導透過激勵措施來鼓勵「有優質能力」的夫婦進行繁殖，其激勵措施當中還包含了操縱社會道德，以鼓勵「合適的人」進行繁殖，並阻止「不合適的人」進行繁殖。他認為在沒有積極激勵作為的情況下，人類社會就會回到平庸的自然狀態。高爾頓如此觀點成為當時盛行的思想，認為優生政策將可以減少貧困、疾病、遺傳畸形、疾病，甚至是犯罪的現象。只可惜的是，優生學在發展之初被認為是一種社會責任的概念，透過鼓勵個人選擇性地培養人類優質特性以改善人類生活，但卻也有許多遵循此道的人扭曲高爾頓哲學。

另其他有關遺傳、優生學與犯罪關聯性的研究，諸如：美國優生學及社會學家杜格戴爾（Richard Dugdale, 1841-1883）於1877年發表《朱克斯家族：犯罪、貧民主義、疾病和遺傳研究》（*The Jukes: A Study in Crime, Pauperism, Disease and Heredity*）的論著，他追蹤紐約朱克斯家族（the Ada Jukes family）的後代，發現大多數朱克斯家庭成員是犯罪人、性交易工作者，或是接受社會福利援助者，顯見遺傳對後代子女的行為影響；又美國心理學及優生學家郭達德（Henry H. Goddard, 1866-1957）於1912年出版《卡利卡克家族》（*The Kallikak Family*）一書，本書詳述他針對卡利卡克家族成員的追蹤研究，他發現卡利卡克與正妻生育的子女在身心發展上都是健康，並無智力殘疾的現象。但卡利卡克後來與他名女子外遇所生下的子女，卻延伸了好幾代的犯罪行為，顯見優生學的重要性。

三　身體型態（Body Physique）與犯罪

犯罪生物學發展到1940年代，美國體質心理學家（constitutional psychology）雪爾頓（William H. Sheldon, 1898-1977）試圖以生物學為基準建構個體體質與人格（特別是犯罪）之間的分類系統。雪爾頓對犯罪的看法並沒有遵循當時社會學採取社會環境影響說，而是選擇達爾文進化論、龍布羅梭的天生犯罪人及高爾頓的優生學觀點，他認為人類體質發展

會有一種理想類型，並影響該個體的氣質和性格，當個體偏離這一理想組合時，通常都會造成其人格和行為缺陷而導致犯罪。

雪爾頓在1954年出版《人類地圖集》（*Atlas of Men*）一書，書中將人類可能的身體體型分成三種類型，並根據其所被歸類的體型去預測心理特徵，進而與從事犯罪可能性的高低產生連結。雪爾頓認為犯罪人往往都是在同一類型之內。雪爾頓將人類體型及其相關的生、心理特徵描述如下：

（一）瘦長型（ectomorphic）：生理特徵為身體瘦長如紙片人，身高通常較為高大但虛弱；其心智特徵為聰明、溫柔和鎮定，但較為侷促不安、內向和焦慮。

（二）運動型（mesomorphic）：生理特徵是身體肌肉發達且堅硬，皮膚厚實，姿勢良好；心理特徵為喜愛競爭，性格外向和強硬。

（三）矮肥型（endomorphic）：生理特徵為身體脂肪豐厚，身形較為圓短；心理特徵為外向、友善與悠閒，但通常也較為懶惰和自私。

雪爾頓認為運動型者比其他體型者較容易犯罪，瘦長型者則較其他體型者更容易自殺，而矮肥型者則易患精神病，雪爾頓認為無論型態體質或人格行為特性，這些都是遺傳的結果。約在同時期，美國犯罪學家格魯克夫婦（Sheldon Glueck and Eleanor Glueck）於1950年也發表《解構青少年犯罪》（*Unraveling Juvenile Delinquency*）一書，他們蒐集分析500個違法者和500個非違法者的體型進行調查比較，並將前述雪爾頓的體型清單列入並增加第四種類型，稱之為平衡型（balanced）。他們的研究結論支持雪爾頓所提運動型體型者較易從事犯罪的主張。

當時局邁入到1960年代，以個體外在型態或特徵觀點來解釋犯罪的研究風氣逐漸降溫，原因主要有二：一是生物學觀點的應用本在於改善人類社會生活，但卻發現常常被濫用來當作種族或社會歧視的辯護證據；二是自1960年代以後，無論在自然科學或社會及行為科學領域上都有極大幅度的研究進展，促使犯罪生物學家逐漸放棄從人體外表體型來評估犯罪可能性，轉向評估人體的內部組成與運作過程，例如基因染色體、生化激素等，使犯罪生物學的研究跨入現代生物學領域。

第二節　現代犯罪生物學

　　雖然以遺傳觀點解釋個體犯罪原因的研究途徑，在1960年代以後遭受強烈的抵制，主要反對的理由在於此類研究都將被用來壓迫貧窮和少數民族的生活利益，甚至是生存權利，這不僅不符合人道人權，同時也會阻礙人類對真實知識的追求。然而，當人類社會自1950年代中期發現遺傳密碼後，我們不僅認識到基因與遺傳有關，而且對遺傳特徵從上一代傳給下一代的過程有更深入的瞭解，亦即人類遺傳物質當中相當重要的介質——基因染色體的結構和功能。

一　染色體與犯罪

　　人類細胞通常有22對（44條）染色體（chromosomes），再加上決定性別的一對染色體後則共有46條。性染色體稱為X和Y，雌性攜帶XX的組合，雄性攜帶XY的組合。人類懷孕期間的雄性精子將遺傳物質帶到雌性的卵中，如果使雌性卵受精的精子帶有Y染色體，則產生的胚胎將發育成雄性胎兒（XY）；如果精子帶有X染色體，則產生的胚胎將發育成雌性胎兒（XX）。只是當常態的雄性胎兒（XY）在受精過程中發生異常，額外多了一個Y染色體後成為XYY綜合特徵，帶有這種染色體模式的「超級男人」（supermale）通常具有正常的外表，並且他本人可能永遠不會知道他多了一個Y染色體。有許多文獻指出Y染色體與男性睪丸激素有關，因此多了一個Y染色體後會讓該男性個體更具攻擊性和暴力性，但此一說法並未獲得更進一步的證實。科學研究的進步使得人類對行為遺傳相關性的探究更加嚴謹，導致現代研究學者們不願驟然地將犯罪行為與任何特定基因產生關聯，而是持續更細緻的探索基因遺傳與人類行為的相關性，其中最值得提出的研究是雙胞胎和收養者的研究。

二　雙胞胎研究

　　雙胞胎研究基本上是去控制被研究的雙胞胎的社交環境，讓被研究的雙胞胎生長環境完全相似，進而去觀察同卵雙胞胎的行為表現同質性應

大於異卵雙胞胎的證據，以確認遺傳在人類後天社會行為的影響性。德國醫師朗格（Johannes Lange, 1891-1938）於1929年出版《犯罪與命運》（*Crime and Destiny*）一書，書中談到他所進行的一項簡單的雙胞胎研究。他研究30對同性雙胞胎，其中有17對是異卵雙胞胎，有13對是同卵雙胞胎，且每對雙胞胎當中至少有一個曾經有犯罪的紀錄。朗格發現在13對同卵雙胞胎當中，有10對雙胞胎都曾經犯下輕重不一的罪刑；但在17對異卵雙胞胎當中卻只有2對雙胞胎兩者都曾犯下罪行。由此可證明遺傳似乎是受到基因染色體的影響，進而影響個體在當代的社會行為表現。

隨後於1974年，丹麥犯罪學者克里斯蒂安森（Karl O. Christiansen）發表一篇有關於雙胞胎與犯罪率的研究報告，他蒐集自1881年至1910年間在丹麥出生的3,586對雙胞胎的犯罪行為進行評估分析，他發現在同卵雙胞胎中，當雙胞胎中的一個個體有犯罪行為而另一雙胞胎個體也有犯罪行為的機率是50%；但在異卵雙胞胎當中只有20%的機率。又當觀察雙胞胎犯罪的嚴重性與犯罪生涯的長短時，更能顯現生物學遺傳親密性與犯罪之間的相關性；另外，美國心理學家羅爾（David C. Rowe, 1949-2003）在1980年代所進行雙胞胎自我偏差行為報告的調查中發現，同卵雙胞胎比異卵雙胞胎更有可能兩人同時參與犯罪活動，而且同卵雙胞胎也比異卵雙胞胎有較多與偏差同儕交往的情況（Rowe, 1983），可見遺傳因素對犯罪確實有一定程度的相關性。

儘管雙胞胎研究為犯罪行為的遺傳因素提供了一定程度的支持，但是對現代生物學家來說，他們在下結論時還是顯得保守，因為他們知道再怎麼控制被研究的雙胞胎的外在社交環境，其實還是很難完全將外在的社會影響因素完全控制，因此對雙胞胎的研究來說，他們也只能認定遺傳對雙胞胎的行為表現只存在相關性而非因果關係。至於真正促成雙胞胎行為表現的是遺傳性還是社會性，或是兩者的結合，則還有另一種嘗試的研究途徑，便是收養研究（adoption studies）。

三 收養研究

進行遺傳與個體犯罪行為關聯性的研究當中，最擔心的就是在研究過程中受到社會環境因素的影響，為了能進一步控制社會環境影響因素，採取「收養研究」將被收養者的行為表現與其收養父母和親生父母的行為

表現結果進行比較，將會是一項把環境影響因素與遺傳影響因素加以區隔的適當研究方法。丹麥學者Mednick等人於1984年發表一份關於收養研究的調查報告，他們從丹麥司法部的刑事紀錄中取得自1924年至1947年之間有關於犯罪與收養方面的資料計14,427份，並比對被收養者與其收養父母和親生父母的犯罪紀錄進行比較，其結果發現親生父親和男性被收養人的定罪率大大高於收養父親的定罪率，男性被收養者和親生父親也較易犯下重大犯罪案件，且男性被收養者的定罪率與其親生父母親的累犯率有關。最後，即使分別收養在不同家庭中的兄弟姐妹，如果他們的共同親生父親有犯罪行為紀錄的話，那他們被定罪的比率也會比較高（Mednick, Gabrielli and Hutchins, 1984）。

　　「收養研究」的設計意圖在於把環境影響因素與遺傳影響因素加以區隔，但研究過程中是否真能達到此一研究設計的目的，其實也引起不少的質疑。Walters和White（1989）就曾針對收養研究進行後設分析（meta-analysis）研究，他們認為收養研究確實是一項區隔環境和遺傳因素對犯罪行為影響的研究思維，但同時也強調這一研究途徑也有其既定的盲點。他們提出主要的研究盲點有四個：1.不論收養父母是否有犯罪史也無法清晰瞭解該養父母的生活環境與經歷，也很難瞭解教養互動的內容；2.在諸多收養研究中，關於犯罪的定義也不盡相同，可能也會影響結論的一致性；3.這些研究並未考慮被研究者與各種環境互動的數量、類型與品質；4.僅僅根據研究當時已定罪資料來作為比較標準，忽略研究後的犯罪行為，恐怕也是有所瑕疵。

　　若從遺傳角度來看，雙胞胎研究與收養研究還算是目前評估人類行為差異最好的研究途徑，近年來有許多關於遺傳的研究都表明，遺傳基因的變異往往都對該個體行為的變異有極大的解釋貢獻度。雖然如此，大多數現代生物學者看待自己的研究結論都採取謹慎的態度，畢竟他們也不敢輕忽社會環境因素對個體行為表現的影響。

四　生化解釋：激素或荷爾蒙、神經傳遞質與犯罪

　　現代生物學對個體犯罪行為的另一種解釋涉及人體荷爾蒙（hormones）的影響，荷爾蒙是由人體某些細胞或器官所釋放，用以調節其他細胞或器官的活動。其中雄性激素（androgens）是與男性特徵

相關的激素，雌性激素（estrogens）則與女性特徵相關，孕（黃體）酮（progesterone）是另一種主要與女性生殖過程有關的激素，例如懷孕和月經。

（一）睪丸激素

睪丸激素被認為是男性性激素，雖然男女性都會分泌睪丸激素，但男性分泌影響個體程度較為明顯。曾有研究發現，男性睪丸激素分泌明顯的現象與該性別從事暴力及侵略性的行為有關；另在男性樣本當中，犯罪組的睪丸激素也與非犯罪組者有較多異常分泌程度。當然，用雄性激素的異常分泌與犯罪行為直接劃上等號，這樣的推論也會遭受一些質疑，畢竟睪丸激素分泌程度是因應各種環境刺激而產生的自然波動現象。最直接簡單的例子就像是運動員的激素分泌會在比賽之前增加，以提高其爆發競爭力，而這可能只能說明睪丸激素是為了提高個體因應環境的反應，若直接與犯罪行為產生連結恐怕又顯得牽強。

艾利斯（Lee Ellis）於2003年提出進化性神經雄性激素理論（Evolutionary Neuroandrogenic Theory），他認為當睪丸激素分泌程度升高時，便會降低大腦對環境刺激的敏感性，因而導致個體情緒控制能力也會隨之下降，諸多侵略性行為很容易在此一階段發生。他還大膽推論達爾文所持的物競天擇論，可能就與人類睪丸激素所影響的競爭力程度有關。艾利斯的學理觀點在犯罪矯治實務上獲得應用，例如透過男性和女性在暴力犯罪方面有極大差異的現況，激發犯罪矯治機關使用女性孕激素的化學衍生物去治療、抑制男性性犯罪人，以減少男性的性衝動與性犯罪（Ellis, 2003）。

（二）神經傳遞質與犯罪

人類激素除了可能直接或間接影響行為外，還可能影響調節大腦活動的化學物質，其中的神經傳遞質（neurotransmitter）便是在大腦細胞之間傳遞訊息的化學物質，又稱之為神經元（neuron），而神經元對大腦運作的功能與反應會有直接的影響，包括：動作、情緒、學習與行為等。截至目前，透過諸多研究已經發現在人體當中有五十多種此類化學物質，其中與人類偏差或犯罪行為有關的主要集中在去甲腎上腺素（norepinephrine）、多巴胺（dopamine）與血清素（serotonin）。

從諸多研究發現：去甲腎上腺素與人體的攻擊或逃避行為有關；多巴胺則與人體運作思考、學習與情緒變化有關；血清素則被認為會影響人體睡眠、食慾與性慾。當高度去甲腎上腺素、低度多巴胺與低度血清素三種條件聚合時，則容易與攻擊性行為產生連結，因此在研究犯罪行為時會被特別關注其因果關係。當然，現代生物學家在下定結論時通常還是趨向於保守，畢竟人體內的各種神經元在運作時並非絕對獨立，反而是某一種化學物質分泌的多寡會影響另一化學物質的分泌含量，這種既複雜又具緊密交互作用的運作模式，其實也很難找出真正影響的成分與程度。

（三）腦結構功能與犯罪

人類經歷長期研究後發現，大腦是一組極為複雜的有機體，它操縱著人體諸多特定功能的運作，舉凡肢體協調、語言、視覺、思考等。但是大腦所有單元的運作是都協同工作，若其中一個單元產生問題，將會直接或間接影響其他單元的正常運作。雖然近年來透過電腦儀器設備的協助分析，我們對腦部結構與功能（brain structure and function）的理解已大幅提高，但是腦部運作與行為之間的關係仍然知之甚少，尤其是外部環境如何影響大腦的結構和功能，以及如何對犯罪行為產生影響等，都掀起人們高度的研究興趣。

許多觀察腦部結構功能與犯罪行為關聯性的研究，都集中在額葉（frontal lobe）和顳葉（temporal lobe）兩個部位，其中額葉負責調節和抑制行為；顳葉負責情緒控管、主觀意識和對環境刺激的反應等。現代生物學者在研究者兩個腦部單元時，仍然採取實驗組（犯罪人）與控制組（非犯罪人組）的研究途徑，透過諸多電腦儀器（如核磁共振和正電子斷層掃描等）比較犯罪人組和非犯罪人組的腦部結構與功能的差異，除了有靜態觀察外，另也透過外在刺激的中介作用後，觀察身體或情緒於刺激前後的變化差異。

雖然有許多研究發現暴力犯人與非犯罪人的大腦在結構功能上有所差異，但是都因為樣本數量太少而不敢妄下結論；除此之外還有一項研究邏輯的問題需待克服，亦即大腦結構與功能異常是引起暴力的原因，還是暴力引發大腦發生變化。另外也有研究者從腦部發育的角度進行觀察，其發現早期和長期暴露於生活壓力（例如受虐、遭受暴力對待）可能會導致腦部的生理變化，從而影響個體對壓力事件的因應方式。例如處於壓力下

的腦部會產生皮質醇激素，以協助該個體在壓力事件後快速恢復正常；但是，反復接觸皮質醇可能會導致對其作用的敏感性降低，進而可能促使個體從事犯罪或對被害無感。

費雪賓（Diana Fishbein）於2003年進行一項關於腦部結構功能與問題行為關聯性的研究，其研究結果指出：問題行為可能與下丘腦—垂體—腎上腺軸（hypothalamic-pituitary-adrenal axis，HPA軸）的運作功能有關，下丘腦、垂體和腎上腺所組成的交互式神經內分泌系統是調節人體抗制壓力產生抑制激素的重要部門，費雪賓認為，因應壓力源所產生的皮質醇若失去平衡，將會導致此一內分泌系統的調節失控，嚴重者將會因為調節失控而耗盡皮質醇，因而導致無法調節個體情緒和行為，進而與該個體產生問題（犯罪）行為有關。費雪賓更進一步推測，功能失調的下丘腦—垂體—腎上腺交互式神經內分泌系統，可能是由於幼兒時期的壓力所造成，也有可能是因為生命後期的壓力所導致（Fishbein, 2003）。

（四）生物社會觀點

許多現代犯罪生物學家開始質疑從個體單一生物學觀點是否真能合理解釋個體的犯罪行為，其中最受他們所顧慮的變數就是社會環境影響因素，因此許多研究犯罪行為的學者開始將社會學觀點與生物學觀點進行整合，生物社會觀點（biosocial perspectives）的犯罪原因論便開啟了研究大門。美國生物學家威爾森（Edward O. Wilson）於1975年出版《社會生物學：新的整合觀點》（*Sociobiology: The New Synthesis*）一書，他之所以論著該書，除了要彰顯人類行為與其本身生理運作有關之外，有一個很大的原因來自於他對當時所盛行的社會學行為理論表示不解與失望。

生物社會理論試圖將個體行為的社會學理論（例如社會學習）與該個體的生物發展觀點相結合，他修正傳統犯罪生物學者的遺傳決定論，轉向遺傳行為可能對個體的犯罪行為具有誘發的效果，而這些誘發效果是透過與某些社會環境條件的配合下，導致個體從事犯罪行為的風險機率增加。

第三節　結論

　　早期犯罪生物學只側重身體外型特徵的觀察研究，雖然引起諸多爭議，但採取科學途徑去理解犯罪行為的研究方法卻也是一項劃時代之舉，當他們立定科學研究的門檻之後，也帶動後來的犯罪生物學家更細緻地去研究、觀察人體各項機能與犯罪行為的關係。這也引發後來的現代犯罪生物學者對於個體研究，從身體外型轉向到身體內部各種化學激素與結構功能的影響，更進而去觀察人體內部生化元素與外在社會環境之間的互動關係，讓我們能夠在個體生物學因素與外在社會學因素當中，逐漸釐清其中複雜的因果關係，這不僅對後來的犯罪學研究發展有相當大的助益，同時也豐富了犯罪學知識論的庫存。然而，犯罪生物學的持續發展仍有需要值得注意的是，如果日後犯罪生物學發展出一套成熟可信的理論而予以應用時，應避免過度將該個體與犯罪行為產生連結，並防止這些犯罪個體被施以不道德和不人道的矯治方式。

　　總結犯罪生物學派的發展過程，其研究主要特徵係採取自然進化的觀點，研究人類適應自然環境下所生成的外在特徵、或內在基因遺傳、或生化激素對犯罪行為可能產生的影響；在方法論上則採取實驗法，例如雙胞胎與收養研究等；在基本假設上則認為人類行為如自然科學般，是可以採用科學方法加以研究的。再者，人類為適應各種生活環境的要求，基因也歷經幾百萬年的遺傳，因此行為也應該有其適應性與進化目的性可供觀察。

　　犯罪生物學派在犯罪學研究上被認為有以下優點：1.生物學研究法提供了明確的科學研究方向，協助實證研究途徑在犯罪學研究領域上站穩腳步；2.強調研究所得是客觀測量的結果；3.研究結果是可以在現實生活中透過各種技術或介入方法加以改善（只是涉及人道與道德問題遭受反對[1]）；4.可高度應用於其他領域，例如醫學與科技等。

　　但是，犯罪生物學派同時也被認為有以下缺點：1.忽略中介變數對個

---

[1]　自1980年代開始，許多國家內部都曾興起建立每一個國民的去氧核糖核酸（deoxyribonucleic acid, DNA）資料庫的呼聲，以作為處理與預防犯罪的工具，但這個呼聲卻也引發非常激烈的道德和法律政策辯論，再次證明實施以個體生物學資料為基礎的犯罪控制策略的高度爭議性。

體行為的影響，例如個體生活上的所有外在環境；2.過於簡化人體各種機能系統運作的複雜性；3.研究結論往往太過於絕對，往往會忽略探討人類是否自由意志的成分；4.研究過程與結果缺乏人文，有時以動物實驗的結論類推到人類行為上，此舉是否合適，會令人有所疑慮。

第九章　實證學派之犯罪心理學

　　從個體心理學角度去連結與犯罪行為的研究相當眾多，大體上來說可分成兩大支系：一支是從普通心理學角度出發，觀察個體心理發展與犯罪的關聯性；另一支是從變態心理學角度出發，探討個體某些異常心理狀態與犯罪的關聯性。從普通心理學觀點探討與犯罪的關係時，主要有三個理論觀點，分別是心理動力理論（Psychodynamic Theory）、行為理論（Behavioral Theory）及認知理論（Cognitive Theory）等。而研究變態心理學與犯罪關係的種類也非常眾多，主要是指心理疾患（Mental Disorders）與犯罪之間的關聯性，其中最受矚目的應屬反社會人格心理疾患（Antisocial Personality Disorder, ASPD; Sociopathy）所造成的犯罪事件。

第一節　普通心理學與犯罪

一　心理動力論

　　心理動力理論的核心概念認為：個體的童年經歷會影響其未來犯罪的可能性。該理論的提倡者為佛洛伊德（Sigmund Freud, 1856-1939），他同時也是精神分析學派（the school of psychoanalysis）的創始人。佛洛伊德分別於1920年出版《超越快樂原則》（*Beyond the Pleasure Principle*）及1923年出版《自我與本我》（*The Ego and the Id*）等著作，其提出人類行為的驅動力原則，又稱之為心理動力論。在佛洛伊德的心理動力理論概念裡，人格（或心理）具有三個截然不同的組成部分：代表原始慾望和追求立即滿足感的本我（id）；代表承接道德和接受社會約束的超我（superego）；以及代表面對現實和具有延遲滿足能力的自我（ego）等。在這樣人格結構的框架內，自我的作用是在本我需求和超我約制之間取得平衡，主要是透過使用許多防禦機制來運作，以超我所認可的方式來滿足本我的願望，而大多數個體犯罪行為的發生，大多來自於這個運作機制失衡的結果。

　　本我在人格結構中是最原始、也是最首先啟動的部分，人類從一出

生開始，本我便開始運作，它是人類基本本能的驅動力，是身體需求、慾望與衝動的來源，尤其是性與攻擊的驅動力。因此，本我基本上是遵循快樂原則（pleasure principle）行事以尋求立即需要的滿足；超我則是個體遵循文化規範的內在體，其主要來源為父母傳遞的傳統價值，同時也來自諸多傳輸正向價值觀的個體，諸如老師、正向鄰里與同儕等。佛洛伊德認為超我依循道德原則（morality principle），它是人格結構中較有組織的部分，其內涵包括自我理想（ego ideal）、道德價值、內疚感、正向精神，並據以檢核禁制本我所發出的不適當行為；自我則是依循現實原則（reality principle），主要是在調節本我與外在現實社會的衝突或不合，所以它有點像是人格結構的決策部門，因此它所代表的是協調、禮節、融合、符合規則與現實、避免負面觀感等，使個體與外在社會互動時得以避免負面後果。從此可知，超我與本我是處於對立矛盾地位，而超我以一種適合社會觀感的方式來規範本我的需求滿足，從而幫助個體順利和諧的融入社會，因此當超我與本我的對立無法順利調節時，個體犯罪便可能就此發生。

佛洛伊德認為，當個體人格結構無法順利調節時，很有可能導致心理或行為異常的發展，進而使該個體的行為超出社會所能接受的範圍，又因人格結構是在個體生命的前五年當中就被確定，所以孩子在這一期間的人格發展若是沒有獲得適當的教育訓練時，導致其未來從事犯罪行為的風險也會隨著相對提高。因此，個體幼兒時期與父母之間的親子關係，以及父母教養的家庭動力品質，將決定孩子未來從事犯罪行為與否的重要根源。然而，什麼樣程度的超我發展比較容易與犯罪行為產生連結，按佛洛伊德的看法，過於微弱的超我（weak superego）及過於強大的超我（strong superego）都容易使該個體與犯罪（偏差）行為產生連結。

超我是個體行為的道德調節者，基本上，個體人格結構發展到性器期就算是結束（大約5歲），超我便以當時所發展出來的程度作為規範個體行為的依據，就以具備正常程度超我的個體來說，當面臨或犯下不道德行為時，它會用焦慮或內疚的心理狀況來譴責自我，以利於日後不再犯下相同行為。但若是個體所發展出來的超我程度過於微弱時，因對個體某些不符社會期待的行為缺乏抑制能力，此時他們會以滿足自己本我需求的方式行事，而不管外在社會對於行為準則的規範要求，進而使個體產生犯罪（偏差）行為。而這些微弱的超我通常都是因家庭內部不穩定的親子關係

或不足夠的家庭動力（管教態度）所造成。

另當個體所發展出來的超我程度過於強大時，則會使個體產生兩種與犯罪連結的現象，一是無論個體行為是否符合外在社會期待，他們過於強大的超我都會採取高道德標準來衡量，以致於幾乎每次事件後都會有自我譴責或懲罰的現象，導致他們會尋求犯罪後被逮捕和懲罰的途徑來減輕其超我的罪惡感。二是過於強大的超我可能會抑制個體表達任何程度的衝動與侵犯行為，隨著時間不斷積累，這些衝動的動能也不斷增強，當衝動與侵犯的強度積累到足以壓倒自我時，不預警或瞬間的犯罪暴力行為便會發生。

由於在實證研究過程中有諸多的瑕疵存在，心理動力理論不再被犯罪心理學家廣泛地接受，Howitt（2009）認為其原因主要有四：1.心理動力學理論嚴重依賴潛意識等概念，而在測試這些概念時有其難度；2.心理動力學理論雖然可以解釋任何行為，但也只能在行為發生後才能解釋，缺乏預測能力與科學性；3.心理動力學嚴重依賴定性的案例研究，並以研究者本身對於被研究者的行為進行解釋，此一高度主觀研究的過程，容易產生兩個不同的研究者針對同一研究對象時可能產出非常不同的結論，此一結果不僅缺乏研究信、效度，更不用說要考證其推論能力；4.嘗試運用心理動力論去進行犯罪矯治時，往往需要耗費大量時間外，矯治結果也未必能取得成功，就成本效益來說，也不太容易被選擇為矯治核心技術。

心理動力理論雖然有以上的瑕疵，但其對犯罪心理學的發展上卻有著不可抹滅的貢獻，最重要的貢獻就在於提倡重視家庭關係的營造，其中包括親子關係與親職教育的經營。從後來幾個關於心理動力論所延伸的研究結果都可說明，「童年經歷和親子關係」對青少年犯罪確實有著極為顯著的關聯性（Hollin, 1989; Blackburn, 1993）；除此之外，心理動力論也指引出一個研究方向供後來的研究者有所遵循，持續豐富犯罪心理學的內涵。

二 行為理論

行為理論是心理學學習理論領域論述人類行為的其中一支，其強調科學客觀的調查方法，該理論認為人類所有行為都是透過與環境互動刺激的作用下學習而來的。因此，該理論通常也只關注人類可觀察到的刺

激反應行為而已，類似於佛洛伊德所提出的潛意識激發人類行為的說法，並不會被行為理論者所接受。基本上，行為理論始於1913年，由美國心理學家沃森（John B. Watson, 1878-1958）提出〈行為主義者所觀察的心理學〉（Psychology as the Behaviorist Views It）一文開始，該文針對行為理論提出相關的方法論與行為分析的假設。其後，許多心理學家沿著沃森的觀點陸續產出許多關於行為理論的研究結果，企圖去證明人類行為乃是透過與環境互動刺激下的結果，其中最令人熟悉的應屬班杜拉（Albert Bandura）於1960年代提出社會學習理論（Social Learning Theory），後於1986年更改理論名為社會認知理論（Social Cognitive Theory），以及史金納（Burrhus F. Skinner, 1904-1990）所提出的操作制約理論（Operant Conditioning Theory）。

依照行為理論的說法，人類行為是透過古典制約或操作制約的途徑學習而來，因此人類一出生時就是帶著「一片空白」（tabula rasa）來世上報到。所以就犯罪行為來說，並沒有所謂「天生犯罪人」的現象，犯罪行為一定是個體與外在環境互動的刺激反應而來。從這樣的論點可知，犯罪行為是個體受到外部可觀察事件的刺激所產生，並不是諸如思想或情感之類的內部事件所引發。基本上，從行為理論來解釋犯罪有以下優點：1.行為理論提供一個非常明確的研究方法及論證，基於此一論證可以得出促使個體從事犯罪的具體原因；2.強調客觀的測量且有許多科學實驗結果的支持；3.基於行為理論所衍生的犯罪防治策略可以很容易的設定與操作。當然，行為理論在解釋犯罪行為上也有其盲點，諸如：1.完全忽略個體自由意志與生物學因素影響的觀點，有太過於武斷的質疑；2.將動物實驗的結果推論到人類行為上的做法，確實有所疑慮。

總結行為理論對於犯罪的解釋，它確實在定義犯罪行為上具有假設簡單、清晰可見的優勢（例如犯罪是經由學習而來），因此也極容易為人們所接受。但只重視個體外顯行為的客觀解釋，忽略考慮個體情感、思想或動機等因素時，勢必也會遭受在方法論及知識論上的嚴格挑戰。因此，行為理論在後來逐漸進行修正，誠如前述班杜拉於1960年代提出社會學習理論便是採純正行為理論的論點，他於1980年代也逐漸修正此一論點，加入人類具有認知變化的觀點後，將其原持有的社會學習理論修正為社會認知理論。

另外，在1960年代期間也有美國心理學者羅吉斯（Carl Rogers, 1902-

1987）提出人文主義心理學的論點，羅吉斯拒絕採取實驗測量與控制變數的方式來解釋人類個體行為，因為這樣的實驗方式太充滿人為的環境，而且這種實驗法幾乎把人類個體獨立出於總體社會生態運作之外，似乎也不符合人類於社會生活的實際現狀。總之，人文主義心理學認為人類個體有一定程度的自由意志可以做出適當的決定，並且行為也不會完全遵循科學的確定性定律；再者，人文主義心理學也認為人類是獨一無二的，並且不能與動物實驗結果相比擬。行為理論當中與犯罪有關的理論應屬班杜拉所提的社會學習理論、蘇哲蘭所提出的差別接觸理論（Differential Association Theory），以及後來艾克斯（Ronald Akers）與伯吉斯（Robert Burgess）修正蘇哲蘭差別接觸理論並融入史金納社會學習理論觀點下的差別強化理論（Differential Reinforcement Theory）。

　　就體系的角度來說，班杜拉所持的社會學習理論與犯罪學最具相關性。該理論認為人類行為是累積學習經驗而發展出來的，個體根據自己的行為在他人中引起的反應來建立或調整自己的行為，在正常的情況下，個體行為會因為獲得獎勵而被支持強化，同時也會因被懲罰或漠視而削減弱化，因此就社會學習理論來說，犯罪是個體因應生活狀況所學到的反應。班杜拉（1978）進一步認為，個體並非天生就有暴力行為的傾向，相反地，他認為個體暴力和侵犯行為是透過一套行為學習模式的學習而來；換句話說，個體行為是其自幼觀察他人的行為後，才學習到暴力與侵犯行為，其學習來源主要有三，包括：1.家庭互動；2.環境經歷；3.大眾傳播媒體等。

　　在家庭互動來源上，從Jacoby（2004）從事家庭互動的研究結果指出：具有攻擊性的孩子很有可能由具有攻擊性的父母或看護者撫養長大；在環境經驗來源上，Shelden（2006）研究指出，居住在高犯罪地區的人比居住在低犯罪地區的人更有可能表現出攻擊行為。此外，生活在不具有明確規範的社區，或該社區大多數成員失業率高、藥物或酒精濫用情況嚴重等現象時，個體通常也比較容易學習到犯罪行為；在大眾傳播媒體來源上，到目前為止我們尚難確認大眾傳播媒體影響個體從事犯罪的效果如何，但至少有觀點認為，未成年孩童透過大眾傳播媒體觀看某一個人遭受暴力攻擊、口頭侮辱、身分貶抑等影像後，通常會造成觀看的孩童心理一定程度的傷害（Siegel, 2009）。

　　另關於蘇哲蘭的差別接觸理論，及艾克斯與伯吉斯的差別強化理論內

涵，因該兩理論同時可歸屬於犯罪心理學與犯罪社會學的範疇，因此將於犯罪社會學理論體系當中再詳加說明。

三 認知理論

犯罪心理學的理論發展到行為理論的同時，有許多心理學家開始質疑人類行為的研究是否真能只憑外在客觀行為的觀察而論定。這個答案其實也不需要行為理論擁護者以外的人來質疑，誠如上述，行為理論學家班杜拉於1960年代提出社會學習理論便是採純正行為理論的論點，但他於後來慢慢地接受認知存在的觀點，於1980年代以後便將認知觀點加入其原來所持的社會學理論當中，並將其原有之社會學習理論改名為社會認知理論。

認知理論主要有兩個支脈：第一個支脈是認知與道德發展理論（Morality Development Theory），該理論探討個體認知發展過程與其行為的關係，其重點是理解人們的道德發展階段，及其如何應對與外在世界的互動；第二個支脈是訊息處理理論（Information Processing Theory），該理論探討人們如何獲取、保存與處理訊息後影響其行為發展。在犯罪學領域上討論與犯罪行為最有相關的應屬認知與道德發展和犯罪行為的學說。

認知與道德發展學說以瑞士心理學家皮亞傑（Jean Piaget, 1896-1980）所提出的認知發展理論為代表。皮亞傑認為人類思想和智力發展可以被認為是物種適應自然與社會環境的一種擴展過程，該過程還具有兩個持續不斷發展的特徵：同化（assimilation）和適應（accommodation）。其中當個體採取與現有社會運作架構一致的方式來處理他所面對的新事件時，這就是同化；而當個體會去調整或完全更新他自己原有的處事模式後，用來處理他所面對的新事件時，這就是適應（Harry, 1992）。

皮亞傑採取同化和適應這兩個概念來解釋人類個體認知發展的過程，並將此一發展過程分成四個階段（Santrock, 2015）：

(一) 感覺動作階段（sensorimotor stage）：此一階段係指個體從出生到2歲期間。他們透過運動和感覺來體驗外在世界，此一階段的孩童以自我為中心，無法體悟以他人的角度來看待世界。

（二）前運思期（preoperational stage）：此一階段係指個體2歲到7歲期間。又可分為符號功能次階段（symbolic function substage）和直觀思維次階段（intuitive thought substage），這意味著這階段的個體只能就眼前所見的符號形狀去產生意義，並透過語言、遊戲產生推理能力，但是這些推理能力還只是表層，尚無法達到一般成年的標準（符號功能）；另外，他們此時還是自我中心成分濃重，因此無法接納他人見解，僅憑自己有限的經驗觀點去判斷事情（直觀思維）。

（三）具體運思期（concrete operational stage）：此一階段係指個體7歲到11歲期間。此時期的個體能將邏輯思考的歷程，應用於解決具體的問題上，但也只限於解決具體可觀察的物體或事件，對於具有假設與抽象性的問題，則仍然還無力運作。基本上，此時的特徵包括可進行分類、從絕對到相對、由靜態到動態等思考能力。

（四）形式運思期（formal operational stage）：此一階段係指個體12歲到16歲以後。此期的青少年已經開始可以透過假設驗證去獲得知識，但往往只重視推理的過程而忽略實質內容，因此稱之為「形式」運思期。但隨著他們在形式運思的次數經驗逐漸增加後，就可以不斷累加邏輯思考能力，並學習到處理更多問題的技巧。

皮亞傑的認知發展理論雖然沒有直接談到與犯罪行為的直接關係，但他的學說觀點卻也影響後來的認知發展學家，例如美國心理學家柯伯格（Lawrence Kohlberg, 1927-1987）便將認知發展概念應用在犯罪理論上。柯伯格（1984）同意皮亞傑的看法，也認為個體會經歷認知與道德發展的各個階段，他延續並擴大皮亞傑的觀點，將個體的認知與道德發展分成三個層次六個階段，雖然在每個階段獲得理解後都會保留在其後的階段當中出現，但是在後面階段時所認知到的內容恐怕就會對細節缺乏充分的關注。

第一層次（常規前期）　這個層次內的個體透過行為直接的後果來判斷行為的道德界線，並且是以自我為中心的生活方式，尚未將社會規範予以內化，而只是關注那些行為可能帶來那些外部的後果。

第一階段　服從和懲罰取向：行為依據主要在於如何避免懲罰。

第二階段　個人利益取向：行為依據主要在於對其本身有何好處或福利待遇。

第二層次（常規期）　此一層次的認知與道德發展階段屬於一般青少年或成年人的標準層次階段，達到此一層次的個體通常都可以採取符合普遍社會觀點與期待的認知來呈現個體行為，所以個體通常會經由認同來服從與遵守社會規則。

第三階段　重視社交關係的和諧取向：行為依據主要在於符合社會觀點與期待。

第四階段　接受社會關於是非對錯的規則取向：行為依據主要在於認同並遵從社會權威與法律規範。

第三層次（常規後期）　本層次的特徵是個體認識到個人與社會具有獨立性關係，個人所持有的倫理原則有時會與社會運作的標準不同，甚至個人觀點可能會優於社會觀點。達到此一層次的個體通常會遵循自己的道德原則生活，這些原則通常包括諸如生命、自由和正義之類的基本人權。因此，法律在此一層次裡的角色雖然也是重要的，但卻不是絕對必要的，端視法律規定內容是否符合道德正義原則。

第五階段　社會契約取向：行為依據主要基於社會公益觀點，因此人權與人道價值觀將超越社會世俗價值，社會規範或法律被視為社會契約，而不是嚴格的法規命令，若法律內容有不符合時代需要或無法促進人民福利時，則必須修法以適應大多數人的需求。

第六階段　普遍的道德原則：行為依據主要在於符合人類倫理正義原則，不以法律規則為必要，法律只有在具有倫理正義原則下才是有效的。因此，「行動」不是達到某一種目的的手段，而是「行動」本身就是目的。個人行為行事的依據是因為他們認知到他們所要做的事是對的，而不是因為要避免懲罰，或認同法律規則等。

Veneziano和Veneziano（1988）觀察1960年代以後有關於道德發展與少年犯罪的相關研究，發現大多數的研究所得呈現犯罪者的道德認知發展程度比非犯罪者較低的現象。因此他們蒐集了411名年紀介於12歲至15歲之間的少年犯樣本，並施以Baker（1979）等人所研發的道德與非道德量表（Morality-Immorality Scale, MIS）測驗後發現，在MIS得分最高的組，其智力和人格指標上也呈現得分較高的情況，而得分最低的組在此類指標上的得分也最差；另外，家庭教養程度高低也與MIS得分有高度相

關。因此Veneziano和Veneziano推論少年的認知與道德發展程度較低者，與其從事犯罪行為的質量有高度相關。

另外Leeman等人（1993）針對認知與道德發展程度及犯罪之間的關係認為，個體從事犯罪與其「以自我為中心的偏見」（egocentric bias）有關，且幾乎是所有犯罪人共同的特徵。個體以自我為中心的現象，其實在認知與道德發展初始階段就已存在，但再往更上階段發展時，有部分個體為了緩和因犯錯所產生內疚感與自責感，他們會採取將過錯歸咎於他人的方式，因而產生認知扭曲與歸責他人的機制，當這些認知扭曲的機制持續強化時，將導致更嚴重認知失調（cognitive dissonance）的結果，並與該個體從事犯罪與反社會行為產生高度連結。此一結論在後來許多的相同研究當中也有相同的發現（Liau et al., 1998; Palmer and Hollin, 2000）。

另外，關於訊息處理理論與犯罪的關係研究發現上，Conklin（2007）認為人們使用訊息來瞭解周遭環境，當一個人做出決定時，他會進行一系列認知思維的過程，其中包括對外在訊息的獲取、編碼與儲存等動作，並作為日後反應外在刺激時，可以檢索與解釋應對的依據，因此個體從事任何行為必定是依循其內心儲存訊息質量的影響。個體能夠正確使用訊息者，從事犯罪的可能性就會降低（Shelden, 2006）；能夠在面對情感事件時做出合理選擇訊息的人，則從事反社會行為的可能性也會降低（Siegel, 2009）。Jacoby（2004）則對個體採取錯誤訊息的來源感到興趣，他認為錯誤訊息來源主要有三：1.兒童時期學到的固定式心理腳本（mental script）；2.早期長期暴露在暴力對待的環境下；3.父母不當的管教，包括過度縱溺或忽略教養。

總結認知理論與犯罪行為的關係時可知，個體從事犯罪行為與其吸收、編碼、儲存、檢索與解釋外界訊息有關，當個體愈能正確採用與解釋訊息時，其與犯罪的關係愈薄弱，此為訊息處理理論的觀點；另當個體在認知與道德發展各個階段順利發展完成時，則其行為愈能符合社會觀點與期待，則與犯罪之間的關係也會愈遠，此為認知與道德發展理論的觀點。基本上採取認知理論在解釋犯罪行為時有以下優點：1.採取相對嚴謹的研究方法產出知識理論，其信度與效度較高；2.為當今較受青睞的理論方法，並且被廣泛應用到犯罪行為的解釋上；3.可與其他理論觀點相結合後成為解釋力更高的理論模型，例如將行為理論與認知理論兩相結合後，形成解釋力更高的社會學習理論。然而，認知理論也有相對上的盲點，例

如：1.訊息處理理論似乎只重視訊息在心理認知過程上的運作，缺乏對個體在情感、創造力與社會情境影響等因素的作用；2.認知理論假設人類個體思維如機械式的運作，但人類大腦是否真如機械式運作一般，不無疑慮！

第二節　變態心理學與犯罪

　　變態心理學與犯罪關係的種類也非常眾多，主要是指心理疾患與犯罪之間的關聯性而言，最受矚目的應屬反社會人格所造成的犯罪事件。根據世界衛生組織對心理疾患的闡述，可歸納四個核心概念（世界衛生組織，2020）：1.心理疾患有許多不同的精神障礙型態，表現形式也不同，他們通常以異常的思想、觀念、情感、行為以及互動關係為主要特徵；2.心理疾患包括：抑鬱症、躁鬱症、精神分裂症和其他精神病、痴呆症以及包括自閉症在內的發育障礙等；3.目前已開發出有效治療心理疾患及預防心理疾患的策略；4.針對心理疾患者的生活而言，能夠獲得足夠治療的醫療保健和社會支持的社會服務是主要關鍵。

　　從上述可知，心理疾患者通常以異常的思想、觀念、情感、行為以及互動關係存在於社會之中，因此在行為上也通常會有異於常態的形式出現，嚴重者可能進而觸犯法律規範而被定義為犯罪者。但就如世界衛生組織對心理疾患成因的解釋，心理疾患的決定因素不僅包括個人特質，例如個體思想、情緒、行為和與他人互動的能力，還包括社會、文化、經濟、政治和環境因素，例如國家政策、社會保護、生活標準、工作條件和社區支持等；且個體承載壓力、遺傳、營養和暴露於危險環境等也是造成心理疾患很重要的因素，從而在探討心理疾患與犯罪行為之關聯性與處理策略時，通常引起諸多討論。

　　例如美國於2019年8月4日在俄亥俄州代頓市發生槍擊案，包括槍手在內共10人死亡，另有超過16人受傷，美國總統川普（Donald Trump）針對此案發表哀悼時指出：凶手患有「非常、非常嚴重的精神疾病」以及「是精神疾病和恨意扣下扳機，不是槍枝本身」。此等語意一出便掀起美國社會輿論多方的批評與辯論，更有精神醫學領域學者認為川普總統的觀點只會加深人們對心理疾患者的錯誤刻板印象。誠如Watson等

人（2001）指出，人們普遍認為精神疾病患者似乎很容易從事暴力和侵犯行為，此等印象通常根植於媒體對犯罪分子的描繪，若以實際數據來看時，精神疾病患者更有可能成為暴力犯罪的被害者；另Gottfried和Christopher（2017）也認為將心理疾患與暴力相連結的偏見似乎一直延伸到刑事司法系統之內，在該司法系統中，心理疾患者比起一般人更容易被當做犯罪人對待，因而也更容易被逮捕起訴和監禁更長的時間。

Lamberti等人（2001）也認為：依據監獄受刑人的調查分類結果顯示，受刑人患有精神疾患的比例很高，其主因是因為獄方對於精神疾病錯誤的認識下所做出錯誤的標記。因為，有許多個案並不是基於精神醫學的評估診斷，而是來自於社會因素，進而使社會普遍將犯罪行為視為心理疾患者的症狀之一，幾乎將犯罪與精神疾病劃上等號。其中最常被提出與犯罪行為產生連結的心理疾患應屬「反社會人格心理疾患」（Antisocial Personality Disorder, ASPD），「反社會人格」一詞幾乎是廣泛及任意地被貼在所謂犯罪人的身上，成為一種負面印象的標籤，結果「反社會人格」不是成為精神醫學上的核心議題，似乎反而成為社會道德討論的對象（Habersaat et al., 2018）。

但在諸多心理疾患者與犯罪行為關聯性的研究當中也表明，兩者之間確實存在高度相關性。例如，Boccaccini等人（2008）指出，具有行為規範障礙（Conduct Disorder, CD）的兒童，比起一般兒童更可能表現出對他人的攻擊行為，以及對動物的殘忍舉動，甚至會強迫他人實施不必要的性活動；具有心理疾患者若沒有得到適當的治療，則會增加該患者觸犯法律的風險（Volavka and Citrome, 2011）；在具有心理疾患特徵的犯罪人當中，尤以具有反社會人格傾向者占最大多數（Alwin et al., 2006）；另Kelly等人（2012）指出，心理疾患者從事暴力犯罪行為有一項重要的中介（或共同）作用的變項，便是長期藥物濫用或具吸毒經驗史，當具有心理疾患的個體同時合併長期藥物濫用時，其從事暴力犯罪的風險會增加4倍。

從上述可知，從變態心理學去解釋犯罪行為的原因一直存有爭議，但個體因心理疾患而觸犯法律卻也是客觀存在的事實，因而導致在面對心理疾患與犯罪行為之間，很難在社會當中找出一個具有共識的處理機制。還好的是，變態心理學所引伸出來的犯罪議題通常都存在於矯治階段，在原因論或治安策略上都還未提升到檯面上，主要原因有三：1.當前犯罪學

理論採取犯罪事件論的觀點，著重個體本身特質與犯罪行為關聯性的做法已經不再受到關注；2.理性選擇理論強調個體犯罪行為乃基於「理性」出發，當變態心理學所強調的個體「通常以異常的思想、觀念、情感、行為以及互動關係為主要特徵」時，兩者之間便很難產生連結；3.現今犯罪控制所採行的策略大多屬於社會性或社區性，基於個體本身異常特質所發展出來的犯罪控制策略，幾乎微乎其微，因其中涉及到對個體有程度不一的介入性處置方案，因涉及到人權與人道議題，通常比較不會受到政府犯罪控制機關的青睞。

第三節　結論

　　從心理學角度去連結與犯罪行為的研究種類相當眾多，基本上可分成普通心理學觀點及變態心學觀點兩個支脈，前者係指大多數人普遍性的心理歷程，主要論及與犯罪行為有關者計有心理動力理論、行為理論及認知理論；後者則指少數人所獨有經歷的心理歷程，主要是指心理疾患（mental disorders）與犯罪之間的關聯性而言，最受矚目的應屬反社會人格心理疾患。目前在學理上，這兩支脈的研究都同樣受到重視，但在犯罪控制操作上，則以普通心理學出發的觀點則較受到青睞，其原因主要還是受到倫理議題以及較具實務可操作性的影響。

　　就倫理議題上而言，就如犯罪生物學一樣，犯罪心理學同屬犯罪特徵論，因而在犯罪控制手段上容易以人為操作對象，普通心理學所演繹出來的犯罪控制策略，集中在以個體外在所施予的教養或訓練能量為主；而變態心理學則可能涉及到對個體施予各種介入性或排除性矯正措施，因而在生命倫理上會牽涉到人權與人道議題。另就犯罪控制策略的可操作性來說，普通心理學所演繹出來的操作策略大多數來自家庭、學校、鄰里、社區或社會的資本能量，操作上比較有具體的實施資源及對象；但就變態心理學來說，不僅在研究上因為都僅屬個案性的研究結論，缺乏大樣本的驗證數據，使得在犯罪策略擬定與投資上都會顯現出捉襟見肘的窘況。再者，當今犯罪控制策略在犯罪經濟學理論當道氛圍下，被排除在理性之外的變態心理學更是難以找到立足點。

第十章　實證學派之犯罪社會學

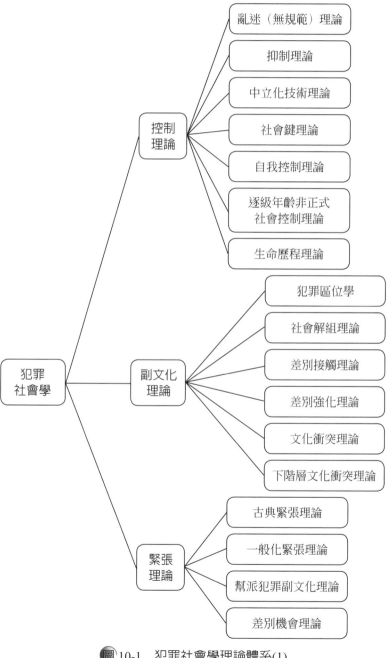

犯罪社會學
- 控制理論
  - 亂迷（無規範）理論
  - 抑制理論
  - 中立化技術理論
  - 社會鍵理論
  - 自我控制理論
  - 逐級年齡非正式社會控制理論
  - 生命歷程理論
- 副文化理論
  - 犯罪區位學
  - 社會解組理論
  - 差別接觸理論
  - 差別強化理論
  - 文化衝突理論
  - 下階層文化衝突理論
- 緊張理論
  - 古典緊張理論
  - 一般化緊張理論
  - 幫派犯罪副文化理論
  - 差別機會理論

圖10-1　犯罪社會學理論體系(1)

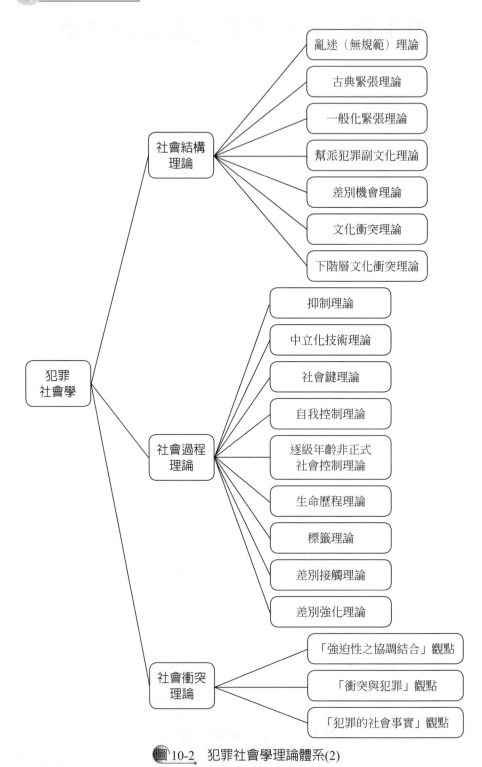

圖10-2 犯罪社會學理論體系(2)

　　從社會學觀點去連結與犯罪行為關係的研究作品，在實證犯罪學領域當中應屬最豐產的一支，理由很簡單，因為研究素材就在可見的社會之中，而且可供研究的樣本非常眾多。最核心的原因還是研究後所得出研究結論及策略建議的可操作性相當高，不外乎就是在家庭、學校與社會等三個層面。因此，在這麼眾多繁雜的犯罪社會學理論當中，不免會進行一定程度的歸類，就現行的歸類模型當中主要有兩種：第一種分類方式（圖10-1）稱為犯罪社會學理論體系(1)，其分類方式是以該理論本身的內涵元素屬性來作為依據。例如，社會鍵理論因其理論內涵具有濃重的「控制」意味，因此把它分類在控制理論；第二種分類方式（圖10-2）稱為犯罪社會學理論體系(2)，其分類方式是以該理論內涵元素在整個社會運作系統的角色來作為依據。例如，社會鍵理論因其理論內涵具有「控制」元素，此一「控制」元素在社會運作當中具有人與人之間相對互動的社會過程，因此把它分類歸屬在社會過程理論裡。

　　另外從圖10-1與圖10-2可以發現，最底層的理論都是相同的，只不過在上一層的概念分類的依據不同而已。大體上來說，會建議所有讀者先從犯罪社會學理論體系(1)開始去理解熟悉，等熟悉後再去轉換對犯罪社會學理論體系(2)的理解，體系(1)轉換理解體系(2)的過程相當簡單，只要10分鐘的時間便可轉換理解完畢。筆者在警大教授犯罪學將近二十年來，每次談到這一段時，講臺下的學生總是一副不相信也不能理解的表情，但當把體系(1)講授完畢再轉換對體系(2)的理解時，學生那副表情逐漸變成如獲至寶的神情，這就是學生可愛之處、也是犯罪學理論體系有趣之處。

　　誠如上述，體系(1)的分類方式是以該理論本身的內涵元素屬性來作為依據，所以該體系中「控制理論」所轄的七個子理論（亂迷理論、抑制理論、中立化技術理論等），每一個理論都含有「控制」的成分，也因此才會被歸類在「控制理論」之列，也由此可知在理解這七個子理論時，應該要朝向理論內有「控制」的概念來理解；同理類推於理解「副文化理論」及「緊張理論」時，也是抱持相同的理解態度。

　　當理解體系(1)內的所有理論的歸屬與內涵後，便可以進行轉換對體系(2)的理解。體系(2)的理論分類是依據該理論內涵元素在整個社會運作系統的角色來決定，其中包括「社會結構理論」、「社會過程理論」及「社會衝突理論」。「社會結構理論」既然談到結構這兩個字，那就可先對「結構」這兩個字先做理解。「結構」的詞意具有靜態固定、長期形

成、不容易變化的特徵,因此接下來我們就回到體系(1)當中去找跟「結構」詞意有緊密關係的理論,其中的「緊張理論」所轄下的四個子理論便與「結構」緊密相關,原因在於「緊張理論」所轄的四個子理論內涵當中都有一個概念核心——階級(或階層),而階級與階層都是長期形成,且具有靜態固定、不容易短期變化的特徵,因而被歸屬在社會結構之內。簡單地說,體系(1)的「緊張理論」與體系(2)「社會結構理論」的概念核心是相通的。

同理,要瞭解體系(2)的「社會過程理論」包含哪些子理論時,也要先對「過程」這兩個字先做理解。「過程」的詞意具有動態變化與互動作用的特徵,因此接下來我們就回到體系(1)當中去找跟「過程」詞意有緊密關係的理論,其中的「控制理論」所轄子理論便與「過程」有緊密相關。但值得注意的是,「控制理論」所轄的亂迷理論是以整個社會制度與結構的亂迷為犯罪的導因,因此應歸屬在「社會結構理論」之中,其餘六個子理論都歸屬在「社會過程理論」之列。

體系(1)最後就只剩下「副文化理論」如何連結到體系(2),首先我們先看體系(1)的副文化理論當中六個子理論的內涵性質,筆者把這六個子理論又區分成三類:1.區位副文化(包括犯罪區位學、社會解組理論);2.學習副文化(包括差別接觸理論、差別強化理論);3.階級副文化(包括文化衝突理論、下階層文化衝突理論)。接下來我們就開始檢視這三類理論的性質:區位副文化當中的「區位」兩字具有靜態固定、長期形成、不容易變化的特徵,因此歸類在「社會結構理論」之列;學習副文化當中的「學習」兩字具有動態變化與互動作用的特徵,因此歸類在「社會過程理論」之列;階級副文化當中的「階級」兩字具有靜態固定、長期形成、不容易變化的特徵,因此歸類在「社會結構理論」之列。自此,從體系(1)轉換理解成體系(2)的過程大致完成。

當然從體系(2)的圖示當中可以看到還有一個「社會衝突理論」,其實該理論也沒什麼特別,就是體系(1)所屬理論系統當中的批判學派的內涵,筆者挑列了批判學派當中的衝突理論,其中較為經典的理論觀點,包括「強迫性之協調結合」觀點、「衝突與犯罪」觀點及「犯罪的社會事實」等加以介紹。最後還要說明的是,犯罪社會學理論是否就只有本書所提列這些?答案當然不是,就如本書第一章所提,犯罪學係屬社會科學領域之內,而社會科學研究的不精準特性,創造了許多可以讓人們各說各

話的空間，你說你的、我說我的，就看日後人們要用誰的，被引用的多或被重視的理論就是「好的」或「重要的」理論，所以本書就依照這樣的原則，把現行在國家考試、科學研究或實務運用頻繁被採用的重要理論加以介紹；另在介紹各個理論的過程，為免讀者看到理論內容一大串時產生排拒感，本書會將理論的發展背景與內涵，揀擇重要的內容加以說明，讓讀者逐步進入到該理論的概念之中，最後於總體結論時，將該理論重點再說明一次，以讓讀者加深印象。這雖然還是無法包攬理論的全部，但至少有達完整的概念，讓初學者或對犯罪學有興趣的接觸者，對理論可以具備基礎的瞭解。

第十一章 犯罪社會學之控制理論

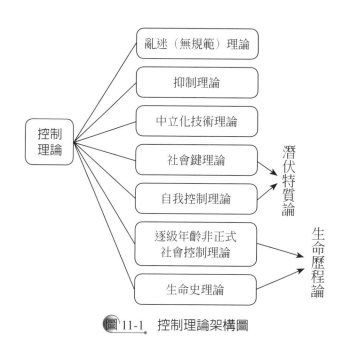

控制理論
- 亂迷（無規範）理論
- 抑制理論
- 中立化技術理論
- 社會鍵理論
- 自我控制理論
- 逐級年齡非正式社會控制理論
- 生命史理論

潛伏特質論

生命歷程論

圖 11-1　控制理論架構圖

　　在這裡所稱的控制理論（Control Theory）是屬於理論概念名詞，並不是理論實質名詞，是概括所有透過各種控制因素來約束個體避免犯罪的理論代名詞。從控制理論的發展史上來看，控制理論主要是指由赫胥（Travis Hirschi）和雷克利斯（Walter Reckless）等美國犯罪學者自1960年代開始所創發的理論概念，這些理論概念與其他犯罪學理論最大的差異，在於控制理論不是在探究個體從事犯罪的原因，反而是在探求個體不去從事犯罪的原因。

　　控制理論假設人們在沒有接受任何教育訓練，及不需要任何促發動機之下是有可能直接從事犯罪行為，因為犯罪對於人類來說是自然生成的。這樣的理解也造就日後著名的控制理論學家赫胥在評論緊張理論與副文化理論時提出：「這些理論在解釋『研究犯罪時根本就不需要解釋的東西——動機』，因為犯罪是人類依循其本性且透過犯罪去尋求固有簡單而直接的滿足，所以是不需要去為犯罪找尋任何動機。」換言之，犯罪人是不需要透過學習，也不需要強加一個所謂緊張或壓力的藉口當作所謂的犯

罪動機，若是把犯罪文化價值觀的學習和壓力迫使當作是個體從事犯罪的動機或藉口，其實是多餘的（Lillyet al., 2011）。

控制理論認為人類天生是自私的，如果任由個體自己發展，就會犯下許多非法和不道德的行為。因此，人們不會去犯罪，勢必是因為受到諸多控制的原因，而控制理論者就是在找出這些原因。例如，社會鍵理論發現：個體外部對他的教養約制可以產生有效的控制；抑制理論發現：個體受到外部社會規範或內部良好的素質約制下，可以有效控制犯罪行為的發生。由此可知，控制理論把「個體犯罪風險高低」與「正向社會化（或社會鍵）強弱」兩者連繫起來，並成為一種反比關係。亦即，當個體從事犯罪風險高時，則表示其正向社會化程度低或正向社會鍵的能量弱；反之，當個體從事犯罪風險低時，則表示其正向社會化程度高或正向社會鍵的能量強。

控制理論是當代三大社會學犯罪原因論之一，控制理論學家認為：人類遵循社會規則是透過社會化的過程所產生的，尤其是經由與重要他人（significant other）和重要傳統機構（例如家庭成員、同儕朋友、學校和職業）的連結而保持的。換句話說，當個人與上述重要他人或傳統機構的連結薄弱或破裂時，就會導致犯罪的可能；反之，受到上述社會連結的力量愈強時，個人從事犯罪的可能也隨之降低。雖說控制理論如此的犯罪觀是到1960年代以後才真正建立其明確的理論體系，但其思想淵源卻可追溯至十七世紀，尤其是以英國政治哲學家霍布斯（Thomas Hobbes）的思想為代表。

霍布斯在1651年出版《利維坦》（*Leviathan*）一書，其中闡明：人類在自然狀況下，是會不顧他人權益而只會尋求個人利益，當缺乏外部約制時，犯罪是一種自然的選擇，自然而然地會發生「所有人對所有人的戰爭」（war of all against all），此時每個人的生活都是貧窮、野蠻、即時享樂，但卻也是無時無刻處在恐慌不確定的狀態裡。霍布斯認為人類為了避免上述的情況發生，可以有第二種選擇，就是計算每一個行為的成本和收益後，設計出一套社會控制機制，除了可約制人民的行為之外，也可確保每個人的生活安全。當人類面臨這兩種選擇時，具有理性的人會選擇建立法律制度和政府組織，並將某些權力交付給政府，使政府有權懲罰那些為追求自己的私人利益而訴諸武力和詐欺的人，以換取人身和財產安全。霍布斯如此觀點不僅是影響控制理論在二十世紀中葉的興起，也被認為

是影響日後社會契約論（Social Contract Theory）最早且最具影響力的學說。

　　控制理論受到霍布斯人性觀的影響，對於人類犯罪的研究向度就顯得與其他理論學派截然不同，他們對「人們為什麼要犯罪？」這個命題沒多大興趣，反而是對社會有那麼多的犯罪機會與犯罪利益，「人們為什麼不犯罪？」這個命題充滿好奇與研究興致。然而，犯罪學的控制理論雖然受到霍布斯觀點的影響，但卻也只是接受霍布斯針對人類行為是自私自利的觀點，而沒接受採取國家刑法制裁犯罪者的觀點，因為現代控制理論學家較不看好法律制裁（正式社會控制）在犯罪控制上的效果，反而把研究的政策重心擺置在個體與重要他人與重要傳統機構所形成的連結強度上（非正式社會控制；赫胥稱之為社會連結鍵）。基此，以下所介紹的各種控制理論大致都是在找尋——人類為何不犯罪的原因！

　　自1940年代開始至今，控制理論一直是美國犯罪學界內很受重視與討論的理論之一，也從控制的概念發展出許多分支理論，例如早期赫胥的社會鍵理論（Social Bond Theory）、雷克利斯的抑制理論（Containment Theory）、西克斯（Gresham Sykes）和瑪札（David Matza）中立化技術理論（Techniques of Neutralization Theory）等，直到晚期由勞伯與桑普森所提出的的逐級年齡非正式社會控制理論及生命歷程理論等。雖然如此，現今犯罪社會學家卻認為若真要談到控制概念與犯罪之間的關聯性時，就應該溯及法國社會學家涂爾幹的亂迷（無規範）理論，因此本書在介紹控制理論下的相關子理論時，便以涂爾幹的亂迷（無規範）理論為開篇。

第一節　亂迷（無規範）理論

　　亂迷（無規範）理論（Anomie Theory）是由法國社會學家涂爾幹所提出，該理論認為當社會連帶關係（social solidarity）遭受到破壞，且社會規範不再發揮其功能時，則社會必然呈現失序與無規範的狀態，此時社會若沒有一項良好的控制措施，則犯罪便容易在該社會當中不斷發生。涂爾幹提出本理論時正處在十九世紀末第二次工業革命如火如荼進行的時代裡，他見到資本主義社會下的人類社會發生劇烈的變化，人與人之間的連

帶關係受到嚴重的衝擊與破壞,例如農業社會以傳統道德規範作為人與人互動的準則,受到迅速發展出來的工業化與都市化現象所衝擊;原本以宗族親戚所連繫的工作連結關係,也逐漸因工業化的勞動分工而產生撕裂變化。

涂爾幹於1893年出版《社會勞動分工》(*The Division of Labour in Society*) 一書,首次引用了「亂迷」(Anomie) 的概念在社會觀察上,並在1897年出版的《自殺原因論》(*Suicide*) 當中,廣泛地引用亂迷的概念。以下茲就涂爾幹所論及與亂迷有關的學說分述如下(Lilly et al., 2011)。

一 機械連結與有機連結

涂爾幹認為社會連帶關係的類型可分成機械連結(mechanical solidarity)和有機連結(organic solidarity)兩種。在屬於機械連結的社會關係中,社會凝聚力與融合來自每個人的高度同質性,人們透過從事相似的工作,接受相同的教育、信仰以及生活方式而得到強烈的連結。機械連結通常是在傳統部落或小規模社區當中運作,連結的基礎常常基於宗族網絡的親屬關係,因為這種社會連結關係主要是基於良心道德為基礎,因此在規範個體行為上顯得單一而薄弱,所以法律必須具有壓制性和懲罰性,以應對違反良心道德的罪行。因此,此時的法律規範主要是具有壓制性與嚴屬性的刑法規範。

而屬於有機連結的社會通常來自工作的專業分工關係上,並形成人與人之間的互補性或相互依賴關係。有機連結通常發生在現代工業社會當中,複雜的分工體系使得個體必須依據自己的才能進行工作分配並得到相對應的回報,此時便會產生社會不平等現象。涂爾幹認為此時總體社會規範需要包括道德規範及經濟規範,以符合勞動分工社會發展的需求與現狀,並使人們能夠在不平等和矛盾衝突中和平地解決分歧。因此在這種社會中,法律的功能將是強調修復調解而不是嚴屬刑罰,所以會形成諸多除刑法以外,以協調合作為基礎的法律規範(例如民法、商業法、行政法),並採取帶有修復調解為基礎的社會法律規範,以穩定工業先進社會秩序。

涂爾幹認為當人類社會從傳統社會(機械連結)跨越到工業社會

（有機連結）的過渡期當中，可能會陷入一種混亂、危機和無規範狀態，進而使社會因此產出許多犯罪行為，雖然涂爾幹將犯罪視為正常的社會事實（social fact），但卻是屬於社會病理現象之一而需要加以正視改善。再者，從上述涂爾幹所持的社會連帶與社會秩序之間的關係論述中可知，他從整體社會結構的宏觀角度來看待社會發展，亂迷的原因是來自整體社會發展的制度結構或法律規範程度，都不足以滿足社會急速發展的需要和滿足人類個體的欲望，因此是社會制度或法律規範的崩壞導致個體產生亂迷進而產生犯罪行為。

二　整合與規範

在涂爾幹的觀點中，社會連結關係（尤其是有機連結）是由「整合」（integration）與「規範」（regulation）這兩種截然不同的社會功能所維持。整合被描述為一種凝聚力狀態，相當於人們處在社會運作當中的一種共同信念，該信念是經由集體信仰和實踐所產生，從而導致強大的社會維繫鍵（social bonds），用以規範社會當中的每一個個體所遵從。對涂爾幹來說，集體活動是賦予人們生活目的與意義的要素，若整合功能不彰則會導致社會的集體力量減弱，相互的道德支持也會受到侵蝕，最後便使社會維繫鍵失去規範的功能，社會當中便會產生極端的個人主義，混亂、衝突、犯罪便由此滋生。

涂爾幹認為整合是可以有效連結人們的各種社會吸引力的總和；規範則被視為可以將個人約束於規範之內的各種社會約束力的總和。他認為在複雜分工的工業化與都市化社會中，具有約束性與調節功能的力量是相當重要的。就整合來說，社會上不同的個體若能被吸引到一個共同的目標，並且願意服從於社會制度的權威，則該社會便會呈現穩定的發展景象；就規範來說，穩定的社會來自人們要能願意信守規範的承諾，願意採取合乎法律規範的方式達其目標，否則即使在整合之下的每一個人都願意與他人一起實現共同的社會目標，但如果將規範準則視為不必要，或設定的過度繁瑣與不清時，則也會導致個體朝向偏差的方向發展。

涂爾幹在發展亂迷觀點時，深受他的人性觀影響，他認為每一個人都具有「雙重人格」（homo duplex）傾向，一方面受到其本能驅動，是充滿慾望的動物，若不加以制止，個人主義將導致終生尋求滿足自私的慾望

從而導致偏差；另一方面又受到社會道德的引導，接受社會規範的約制或社會集體意識的制衡，從而融入整合在社會之中。因此，個體行為是經由整合與規範兩者的調節而來，也是社會化過程當中很重要的元素，更是避免個體產生亂迷（無規範）很重要的關鍵。

另外，從涂爾幹的人性觀當中可以發現，其似乎與佛洛伊德所提出的人格結構觀點極為類似，因此曾有學者提出佛洛伊德與涂爾幹是連結犯罪心理學與犯罪社會學犯罪觀點一致的代表人物。

三 犯罪功能論（Functionalism）

涂爾幹一生採取宏觀與結構功能的角度來研究社會發展的議題，因此在犯罪議題上，他認為犯罪是社會事實的展現，犯罪的存在是正常且普遍的現象，雖然犯罪不免對社會穩定發展有不利的影響，但卻仍有其正面的功能（許春金，2010）：

（一）決定並劃分道德的界線：社會經由認定犯罪者並加以懲罰後，可以明示社會何種是違反道德或法律的行為，藉以劃分合法與非法的行為界線以作為遵循的依據，如此人們便能在明確可遵循的社會環境下穩定生活。

（二）強化社會團凝聚力：因犯罪對社會發展會造成破壞性，因此當犯罪行為界線被劃分之後，可強化大多數守法公民的凝聚力，以共同對抗犯罪。

（三）提供社會革新的原動力：犯罪有時可提供社會去檢視現有的法律制度是否合宜，因為當某一行為被認定為犯罪被懲罰，卻引起社會輿論的質疑或反抗時，就表示該檢討該行為是否應該除罪化，以因應社會革新的進程。

（四）降低社會內部的緊張：犯罪有時會是處理社會壓力的調節器，當社會面對一些社會問題而無法有效處理時，便可將此一社會問題投射到犯罪人（團體）身上，進而減緩社會壓力或緊張。

第二節　抑制理論

一　背景

　　抑制理論（Containment Theory）是美國社會學家雷克利斯（Walter Reckless, 1899-1988）於1950年代所提出控制理論的一種型式。該理論認為即使個體周遭生態環境有利於個體從事犯罪活動，但若有強大的外部社會因素及個體內部素質時，也能有效使個體免於犯罪之途。雷克利斯於1920年代前往美國芝加哥大學求學並獲得博士學位，他受到當時芝加哥學派理論觀點的影響頗深；再來，他也與當時犯罪區位學派的代表人物帕克（Robert Park）和柏格斯（Ernest Burgess）一起從事研究工作，因此也造就他日後提出抑制理論的基礎。

　　觀察雷克利斯的抑制理論發展過程，可歸結來自兩個背景因素：第一，他同意涂爾幹關於社會結構亂迷的講法，也接受犯罪區位學派關於社會解組理論的觀點，認為重大社會變遷的結果，使人類社會從相當簡單純化的農業社會生活，變化為生活與工作技術複雜的工業化都市生活，這種轉換過程勢必導致整體社會結構發生劇烈變化，尤其是社會制度規範失去其控制功能性時，便會對個體生活與社會發展產生不少壓力，個體犯罪和社會失序也就成了極大的隱憂。誠如雷克利斯（1967）以社會心理學的角度闡述這種景象為：在一個充滿社會流動、講求個人權利與自由的社會中，個人意識與行為就如同充滿氣體的氣球一樣飆升，若沒有社會規範關係的控制下，個體可以輕易地以犧牲他人為代價來強化自己利益，社會制度規範不再容易控制他，他也不再扮演符合社會預期的角色。因此，當時若沒有再度形成符合當代社會結構背景的社會規範時，他只能扮演自利的角色。由此可知，雷克利斯對當時社會的觀察，確實與涂爾幹及犯罪區位學派的觀點相當一致，但是他對個體從事犯罪的看法，卻有別於前兩者的觀點。

　　第二，他對個體從事犯罪的看法上認為，即使社會結構亂迷與社會解組理論的觀點強調，社會或社區的社會控制力薄弱會導致個體容易犯罪，但事實上卻可以發現，同處在一個結構亂迷的大總體社會民眾，絕大多數人是不會去犯罪的，即使具有社會解組特徵的社區場域內，也還是絕大多

數人不會去犯罪的。因此雷克利斯便認為，只用社會結構亂迷及社區解組的觀點似乎還不足以解釋個體為何會犯罪，這兩者只不過是個潛因（自變項），足以讓個體去從事犯罪的因素應該還有更重要的關鍵因素。以他自行觀察研究的結果認為，這個重要關鍵因素應該擺在「個體的自我概念」（individualization of the self）作用上。由此可知，雷克利斯同意社會結構亂迷與社會解組理論的觀點，但他把這兩者放在促使個體從事犯罪的潛因（自變項）位置上，並將他的觀察核心——「個體的自我概念」——放在促發（中介變項）位置上，從而形成他所提之抑制理論的雛形（如圖11-2）。

社會結構亂迷　　　　　　　　　　　　　　　劣　　　犯罪
或社區解組　　━━━▶　個體的自我概念

　　　　　　　　　　　　　　　　　　　　　　佳　　　不犯罪

圖 11-2　雷克利斯之抑制理論雛型示意圖

　　雷克利斯基於前述抑制理論的雛型概念認為，要處理社會上犯罪問題，不只應著重於理解外在社會環境的變化而已，也應該進一步處理個體面對同一個社會（社區）環境下，為何有人會去犯罪而大多數人卻不會去犯罪的差異反應（differential responses）。從這個思路下來，雷克利斯認為犯罪學的任務即在於尋求個體「自我因素」（self-factors）的變化與差異，以解釋為什麼有些人會犯罪，而大多數人卻是在相同情況下仍然遵守法律（Cullen, 1984）。雖然雷克利斯的抑制理論雛型在1940年代便開始萌生建構，但完整的論述是直到1961年才呈現，該理論並集中於自我概念的品質對犯罪的阻隔作用，而這種自我與社會條件的阻隔品質成為抑制理論的基礎（Reckless, 1967）。

二 內涵

（一）個人或社會控制力失能是造成個體犯罪主因

　　雷克利斯認為社會亂迷或解組不是造成社會壓力與個體從事犯罪的直接因素，個體犯罪的原因在於社會亂迷或解組當時，其個人與社會控制力

是否依然有效規範著社會運作與個體行為。

（二）「推力」與「拉力」的作用

　　雷克利斯認為傳統犯罪學理論都不斷強調個體犯罪會受到其個人或社會「推力」（pushing）與「拉力」（pulling）的影響。例如，蘇哲蘭的差別接觸理論（Differential Association Theory）就被認為是犯罪「拉力」理論（因為外在有利於個體犯罪的環境，會拉動個體去學習犯罪的動機、技巧與態度等）；柯恩（Albert Cohen）的副文化理論（Subcultural Theory）則被認為是同時具有「推力」與「拉力」的犯罪學理論。雖然如此，雷克利斯認為這些傳統犯罪學理論仍有不足之處，因為即使同意個人或社會的「推力」與「拉力」因素會促使人們去犯罪，但同樣是處在這種「推力」與「拉力」環境的絕大多數人還是不犯罪，因此犯罪學理論重點應該是去找出這些絕大多數人不去犯罪的原因。

　　雷克利斯的抑制理論發展走到這裡，算是走入第三層的思考，第一層他同意社會結構亂迷與社會解組，第二層他也不反對個人或社會的「推力」與「拉力」因素會促使人們去犯罪，但是，為何絕大多數同樣面臨第一、二層個人與社會條件者不會去犯罪，雷克利斯認為原因在於有某種控制力施加在這些絕大多數不去犯罪的人身上，這些控制力包括內在的自我控制（inner self-controls，又稱「內在抑制力」）與外在的社會控制（outer social controls，又稱「外在抑制力」），人們是否從事犯罪便是決定在這兩種控制力的互動與調節作用的品質上。

（三）內在抑制力與外在抑制力

　　雷克利斯認為這兩種抑制力以內在抑制力為最關鍵核心，因為屬於外在抑制的社會法律規範即使強大，但個體若缺乏內在抑制效果，法律規範對他來說也是空泛之說；再者，當社會處於社會亂迷或解組之時，外在抑制規範一旦失去功能，若個體有強韌的內在抑制力，則該個體也是不容易陷於犯罪。

1.內在抑制力

　　雷克利斯所稱的內在抑制力包括以下四個元素成分：

(1) 自我概念（self-concept）

這裡所稱的自我概念與美國社會學家顧里（Charles Horton Cooley, 1864-1929）提出的「鏡中自我」（looking-glass self）概念相通，認為個體會從他人的角度來認識自我後，再去與外在社會互動學習，尤其是重要他人的角色對個體自我概念的形成最為重要，諸如：父母、老師、正向的同儕朋友等。一旦個體形成強韌正向的自我概念時，即使外在環境存在犯罪推力或拉力作用，也不會輕易讓自己陷於犯罪。許多的研究表明，「父母」是個體形成強韌正向自我概念最有影響力的來源（Huff and Scarpitti, 2011）。

(2) 目標導向（goal orientation）

雷克利斯認為所謂目標導向包括「個體生活中有明確的方向感」、「有採取正確目標與手段的守法觀念」，以及「設定目標時能與自己的能力相權衡」等三種情況的結合。

(3) 挫折容忍力（frustration tolerance）

雷克利斯認為當代社會因個體所獲得成功機會的差異，而使部分人產生相當大的挫敗感，當政府或社會沒有實施機會均等的相關措施時，則這種挫敗感便會是犯罪的根源。因此，培養相當程度的挫折容忍力是抑制個體從事犯罪很重要的因素。

(4) 信守規範（norm retention）

這裡所稱的信守規範是指對正向價值、規範、法律、制度與習俗的堅持、承諾、接受、認同與捍衛等。雷克利斯認為個體即使具備「目標導向」的信念，仍需要「信守規範」來配合，才能使個體在朝向正向目標前進時，採取正向的手段來達成，而這採取正向手段的動力即是來自信守規範的內在抑制力。

2. 外在抑制力

雷克利斯認為一個社會、組織或團體要穩定發展，就必須透過適當的團體規範來將個體與組織綁定，尤其在高度現代化、工業化與都市化的社會裡，團體規範勢必要依照各種不同社會組織的特性而訂定，以形成符合現代社會的外在抑制力模型（the external containment model for modern）。外在抑制力的主要內涵有以下三點：(1)制定適合現代社會運作的法律與規範，讓所有社會組織成員遵守；(2)舉辦各種社會活動，讓社會組織成員扮演有意義的角色並鼓勵積極參與；(3)強化團隊精神並營造團體成員間的相互支持關係，以建立高度的認同感和歸屬感。

三　結論

　　綜觀雷克利斯的抑制理論內涵，它延續涂爾幹的社會亂迷以及犯罪區位學派的社會解組觀點，認為社會變遷的過程中勢必會對社會制度及法律規範產生衝擊，當原有的制度與規範不再有效控制人們的慾望時，則社會控制力便會逐漸被削弱，許多外在的推力與拉力會誘使個體以從事犯罪的方式去滿足其慾望需求，此時若個體的外在抑制力與內在抑制力可以適時發揮作用時，則仍可使該個體免於犯罪。

　　其中的內在抑制力包括正向強韌的自我概念、正確的目標導向、高度的挫折容忍性及堅定信守規範等四個面向；外在抑制力則包括制定適合現代社會的合理規範、讓社會組織成員扮演有意義的角色及鼓勵參與正向活動等，藉以強化社會組織團隊力並營造高度歸屬感與認同感。

第三節　中立化技術理論

一　背景

　　1950年代末期，美國犯罪學家西克斯和瑪札身處在美國犯罪學界理論創發相當活躍的環境下，他們觀察到絕大多數的犯罪者似乎不如緊張理論所言，犯罪是由居住在貧民區、生活在具有犯罪傳統區域，及生活上缺乏經濟機會等條件的個體所引起的，因為他們發現實際上絕大多數身處在上述不利環境的個體，並不會去從事犯罪或偏差行為；再者，西克斯和瑪札也同時觀察到犯罪者似乎也不如副文化理論所言，是生活在長期永固的犯罪副文化準則的社會環境裡，反而是與一般人一樣，生活在接受普遍道德與法律的準則之內，只是他們在從事偏差或犯罪行為之時，暫時脫離這些法律與道德準則的規範而已。

因此，西克斯和瑪札便認為人類的犯罪行為只能說是人類個體一種暫時性的行為現象，還稱不上是基本特徵。不過，要讓人們暫時脫離社會法律與道德規範去從事犯罪，是需要一種藉口或是說需要一些技術，使他們能安心地去從事犯罪。基於上述的觀點，西克斯和瑪札於1957年發表〈中立化技術〉（Techniques of Neutralization）一文，闡述個體從事犯罪時所使用的各種中立化技術，瑪札又於1964年出版《偏差與漂浮》（*Delinquency and Drift*）一書，用以介紹人們如何在合法與非法之間遊走漂浮，以合理化其犯罪行為。

二 內涵

中立化技術理論（Techniques of Neutralization Theory）基於人們仍然遵從社會法律與道德準則的立場出發，去論述犯罪行為的產生來自於運用中立化技術的結果，因此該理論存在下列四種基本假設：1.犯罪者會對於他們所犯下的罪行感到懊悔；2.犯罪者通常也是會尊敬那些守法的人；3.犯罪者可以很明確地區分誰可以受害和誰不能受害；4.犯罪者還是無法擺脫社會總體規範的約束與要求，但他們會盡可能與法律規範保持一定程度的距離，以便日後從事犯罪時可以暫時漂離法律規範的約束。

從上述中立化技術理論的四個假設可知，人們始終會意識到自己有遵守法律的道德義務，並且要避免從事違法行為，一旦犯下不法行為時，則必須採用某種機制來壓制遵守這些道德義務的衝動，而這個機制便是中立化或合理化技術。西克斯和瑪札綜整五種中立化技術如下：

（一）**責任的否定**（denial of responsibility）：有一種無法控制的力量促使我去犯罪。例如，我是被朋友施壓或是被我的父母長期家暴的結果。常用的中立化技術語言為──「我又不是故意的」。

（二）**傷害的否定**（denial of injury）：我的過失行為沒有要傷害任何人。例如，這只是個惡作劇，沒有惡意。常用的中立化技術語言為──「我真的沒有傷害任何人」。

（三）**被害者的否定**（denial of the victim）：被害者是應當受害的。例如，誰叫他上課吵鬧，我打他是剛好而已。常用的中立化技術語言為──「他（被害者）是該被打的」。

（四）**譴責責備者**（condemnation of the condemers）：人類社會的運行，

違反法律是可以被容許的，大人們只是虛偽地批評我的所作所為而已。例如，我這一點小錯算什麼，你們大人還不是用貪污腐敗賺大錢。常用的中立化技術語言為——「你們只會針對我，也不看看你們自己幹過多少壞事」。

（五）揭示更高位階的忠誠或權威（appeal to higher loyalties）：我有義務違反法律，否則我將喪失自己的正直和道德。例如，為朋友兩肋插刀才是講義氣。常用的中立化技術語言為——「講義氣才是人生最高指導原則」。

三　結論

西克斯和瑪札（1957）認為當時許多主要的犯罪學理論，過分強調犯罪者與非犯罪者之間的區別，其中副文化理論認為青少年學習了有別於主流社會文化的犯罪價值體系，使犯罪成為他們自然的選擇。西克斯與瑪札則不認同這樣的看法，他們認為偏差者仍然保留對主流社會法律規範及其行為標準的承諾，他們還是知道是非對錯，只是會在從事犯罪或偏差行為當時，暫時脫離社會法律與道德規範的約制而已。因此，他們學習藉口或合理化技術，藉以暫時中止社會規範的要求並消除其控制效果。所以，當個體培養出熟練的中立化技術時，便可以在特定情況下自由運用中立化技術來從事某些違法行為，而不必從根基上去完全拒絕社會規範。

中立化技術理論在開發當初是將解釋重心擺在少年犯罪與街頭犯罪，直到現今已經被應用到去解釋白領犯罪（white-collar crime）發生的原因，甚至也被融入到社會認知心理學的範疇之內，以理解人們在做出違法決定時，是如何合理化其行為與信仰（Maruna and Copes, 2005）。然而，中立化技術理論在提出之後也遭受許多犯罪學家的質疑。首先，當然是這些中立化技術的原生者是誰，乃至於可以受到後來的犯罪者所學習；再來是這些中立化技術是在個體犯罪行為後才萌生，還是在犯罪前就已潛藏在心裡，若是在犯罪行為後才萌生則中立化技術理論可被歸類在控制理論之列，畢竟還是遭受到社會控制力的約制；但若是在犯罪前即已具備這些技術，那麼該理論是會被歸類到社會學習理論之列。

第四節　社會鍵理論（又稱社會控制理論）

一　背景

在正式介紹赫胥的社會鍵理論（Social Bond Theory）之前，首先來談赫胥本人的影響力與其爭議。自1969年赫胥出版《犯罪原因》（*Causes of Delinquency*）一書並提出社會鍵理論開始，他的理論思想便主導了控制理論的發展至今，甚至在當今仍不見其影響力有絲毫減弱的趨勢。就其他犯罪學者的觀察得出，此一現象除了來自赫胥本身所具有的學術才華外，還有四個因素是形成赫胥所持的理論歷久不衰的重要關鍵（Kempf, 1993; Pratt and Cullen, 2000）。

第一，赫胥所提出的理論內涵都相當簡約，無論是1969年提出的社會鍵理論或是1990年所提出的自我控制理論（Self-Control Theory），其概念元素都相當簡單易懂，這意味著理論的核心命題很容易理解；例如缺乏社會鍵的強韌連結，便會增加個體從事犯罪的可能。第二，赫胥在學術研究的態度上相當堅持，因此使他在學術研領域裡一直存在著爭議性，例如他的理論立場認為，一個好的犯罪學理論應該具有一定的假設與內部一致性，不能因為要解釋犯罪就不顧方法學上的相容性。由此可知，赫胥極力主張反對整合理論，他認為用整合理論來作為提高解釋力的做法是錯誤的，因為每一個犯罪學理論有其不同的假設命題，若沒有先釐清不同假設命題的理論相容性，仍執意予以整合成為一種替代性的犯罪理論時，這將導致理論概念框架模糊，並抑制單元化理論的發展。

第三，因為赫胥的理論可以被很簡潔地陳述與應用，所以它們是後來的犯罪學者進行研究檢驗時的理想選擇對象，Cole（1975）更認為它們能夠為後來的學者們提供進行研究和獲取收益的機會。因此，赫胥的理論已成為後來許多犯罪學者競相研究出版的豐富資源，由此導致到目前為止，赫胥的理論研究思路依然呈現蓬勃發展的跡象（Sampson and Laub, 1993）。第四，赫胥勇於走出自己的理論道路並開創出一般性或共通性理論（general theories）的框架，並企圖用此來解釋所有的犯罪行為與犯罪類型，這種企圖心並不是大多數犯罪學者所敢於想望的（Geis, 2000）。

　　在赫胥的犯罪學理論研究道路上，他雖然相當堅持他的理論初衷，但卻也有相當開闊的發展，到目前為止他所創發的理論觀點有兩個，第一個便是在1969年所提出的社會鍵理論；第二個是在1990年與蓋佛森（Michael Gottfredson）共同提出的自我控制理論。就如前述，赫胥自1969年創發第一個理論開始至今將近五十年，他所提出的理論一直深受犯罪學界的重視，所以很值得學習犯罪學者的深入研讀，以下就社會鍵理論的背景與內涵加以說明。

二　內涵

　　社會鍵理論是赫胥所提出的第一個犯罪學理論，該理論認為犯罪是在社會鍵薄弱或缺乏時產生的。若就理論本身來說，其實這樣的主張似乎很平淡，也不太會引人特別注意，但是赫胥提出這個理論除了要闡述引起個體犯罪的原因外，他更想挑戰當時的兩個主要理論典範：蘇哲蘭的差別接觸理論，及墨頓（Robert K. Merton）的古典緊張理論（Strain Theory）（Kornhauser, 1978）。

　　赫胥針對差別接觸理論及古典緊張理論的主張進行相當嚴屬的批判，赫胥認為這兩個理論都在談犯罪「動機」（motivation）的問題，先以差別接觸理論來說，該理論認為年輕個體透過與他人互動學習到偏差文化，並從中積極學習犯罪的價值、態度與技術，進而促使他們從事犯罪；再以古典緊張理論來說，因個體對成功目標的追求失敗而造成了挫敗感，此一挫敗感便是驅使個體從事犯罪的主要動機。

　　赫胥在評論這兩個理論時認為，這些理論在解釋「研究犯罪時根本就不需要解釋的東西——動機」。因為犯罪是人類依循其本性且透過犯罪去尋求固有簡單而直接的滿足，所以是不需要去為犯罪找尋動機。換言之，犯罪人是不需要透過學習，也不需要強加一個所謂緊張或壓力的藉口當作所謂的犯罪動機，若是把犯罪文化價值觀的學習或壓力迫使當作是個體從事犯罪的動機或藉口時，其實是多餘的（Lilly et al., 2011）。從赫胥評論上述兩理論的內容可知，他的確是一個非常典型的控制論者，對他來說，研究犯罪問題不僅犯罪動機不需要解釋，反而要去研究人為什麼不犯罪，想必犯罪者與非犯罪之間應該有制約人們不去犯罪的差別因素。因此，犯罪學理論的任務便是要確認這些可以控制人們不去犯罪的因素，赫胥

（1969）將這些控制因素稱為「社會鍵」。

　　赫胥摒棄社會學習理論及緊張理論的觀點後，回到控制理論的觀點時，他發現許多控制論者喜歡區分外部控制與內部控制對個體行為的影響，提倡抑制理論的雷克利斯就是如此。但是以赫胥來說，這樣的論點還是無法滿足他內心關於控制的認知與期待，因此他回到英國哲學家霍布斯與法國社會學家涂爾幹的學說觀點，從更深層的理論根基當中去找尋控制的意涵。首先，他要解除的疑惑就是「人為何要遵守法律規範」，以及「所有人都有能力以簡單的方式尋求即時滿足，但大多數的人卻不這樣做，為什麼他們不這樣做呢？他們為什麼不以犯罪的途徑來獲得他們想要的東西呢」？

　　赫胥從前述霍布斯與涂爾幹兩人學說觀點當中找到這兩個疑問的答案，他認為人基本上不是道德的動物，若沒有經過一定程度良好的控制，犯罪或不道德行為便會在人們身上發生。因此，對於赫胥來說，對個體控制力量的差異就是人們犯罪活動程度差異的原因。簡言之，社會鍵愈牢固，愈能控制個體犯罪的誘因並確保他們的行為合乎規範；社會鍵愈弱，則個體愈有可能屈服於自己的慾望並觸犯法律。於是，對於人為何不去犯罪這個疑問便可以產生一個解答：人們不從事犯罪，是因為他們被阻止這樣做，而阻止的原因在於社會鍵控制著他們對犯罪誘惑的吸引力，並且確保其行為的合法性。

　　再來，赫胥認為控制個體不去犯罪的力量並不存在於某些心理特徵或根深蒂固的信念當中；相反地，他認為這些控制的力量來自於個體與外在社會的互動品質上，因此赫胥不僅強調控制，還特別強調社會控制，而社會控制權就在個體的周遭環境當中，例如與成年重要成員（父母、老師），與其生活重要機構（家庭、學校）及與其信仰（法律、規範標準）有關。換言之，社會控制權並不在於哪一個特定的人物上，而是該個體與這些具有社會控制影響力者連繫關係的品質強度上，赫胥稱這些各種不同類型的連繫為社會鍵，而他也確定社會鍵所具有的四個重要元素為：附著（attachment）、奉獻（commitment）、參與（involvement）和信仰（belief）。

　　最後，赫胥認為社會鍵的發展不是天生既定且穩定的，它必須透過個體持續與傳統他人或機構的的互動來生成，如此社會鍵才能持續保持強大，一旦個體脫離滋養社會鍵的傳統他人與機構的正向互動，那麼社會鍵

的強度也會逐漸變弱，進而失去對犯罪誘因的抵抗力進而產生偏差或犯罪。

（一）附著

以赫胥的觀點，附著是指未成年個體與成年人之間所建立的情感親密程度，其中父母的角色是最重要的。這種親密關係包括與父母的良好溝通、對父母情感的認同，以及父母永遠都知道自己在做什麼的信任感覺。這種附著關係主要呈現在孩子願意花時間與父母在一起的程度，以及父母與他們進行和諧緊密的互動關係上。

當未成人對父母有高度的附著力時，他們就會願意與父母親近，重視他們的意見並且不想讓他們失望。因此，父母不僅可以輕易對其孩子行使直接控制權，也可發揮極為強大的間接控制權，其結果就是當孩子面臨到犯罪誘惑時，就會受到約制，因為他們會顧慮到父母的感受以及不想讓父母失望。

（二）奉獻

所謂奉獻是指個體對任何規範的重視與關注。例如，個體在學校有很好的表現時，他們就不會想要去做錯事而壞了好不容易才擁有的好成績，所以他們會將所有的關注力集中在任何合於規範的事務上，並將心力與時間奉獻在這些正向的事物或活動。因為「奉獻」這個社會鍵具有個體透過理性進行成本效益評估的成分，所以它是社會鍵當中屬於理性組成的部分，代表著個體一旦有強韌的奉獻特質時，他們會認為從事違法或偏差行為是非常划不來的事情，而透過這種划不來的認知去控制他們的行為。

當然，奉獻不表示個體要放棄他自己所喜愛的活動，反而是將他所認為的自我利益投放到特定的活動範圍內，並藉由投入該等活動的時間與心力，去強化他自己認為的利益。例如，一個少年將他的心力與時間跟隨父母去參加正向的社交活動，聽從老師的建議參加學校社團活動等，他自己便會認為聽從父母與老師的話，就是他的自我利益。一旦個體具有奉獻這樣的社會鍵時，他便與整個社會有著強烈的連結而不易去從事偏差行為。

（三）參與

所謂參與是指個體從事正向活動的意願與時間。當個體願意多參與一些正向的活動，或者是他參與正向活動的時間能夠拉長時，基本上他便符

合具備「參與」這個社會鍵的特徵；同時也因其具有意願花費時間在各項
活動上，因而降低從事偏差或犯罪的可能性。就赫胥的理論觀點來說，他
並不接受機會理論或副文化理論的觀點，認為個體參與活動過程中，不會
有所謂接觸到犯罪副文化或犯罪機會的可能性，反而是因為積極參與各項
活動，而沒有時間或心思去想到犯罪或偏差的問題。

（四）信仰

所謂信仰是指個體在一定程度上認同某些社會價值與規範，尤其是社
會法律。就赫胥的觀點來說，能夠達到社會控制目的的信仰，並不需要深
刻地內化成為個人信條，而只需要在個體心中成為持續不斷且高度依賴的
印象或觀點即可。因為即使信仰程度低，至少個體還能夠同意並服從傳統
價值與社會規範的運作，如果信仰程度更高時，那麼個體便會全心全意遵
守社會法律規範的信念，進而擺脫犯罪的誘引。這樣的說法就又回到了控
制理論內涵的原點：犯罪不是由於需要犯罪的信念所引起，反而是由於缺
乏有效的規範或信仰所引起。

三 結論

赫胥反對「犯罪是需要透過積極學習」的說法，並認為人類天生就是
尋求自我滿足的動物，犯罪動機早已存在每個人之中；再者，犯罪相當容
易實施，因此也不需要去學習或具備什麼樣的特殊技能。反之，赫胥對於
犯罪的觀點則是：人們沒有培養出正確的社會常規與信念時，才是真正導
致犯罪的主因。

赫胥同時也認為，在人類生活領域當中並不存在孤立或自成體系的
犯罪副文化社會，個體從小便都是在主流社會當中長大，從小開始就從父
母、老師和重要他人身上得知，違反社會法律是錯誤的認知。因此當個體
犯罪時，他本身知道犯罪是錯誤的，重點是他們為何會去犯罪，而答案便
在於因為他們的社會化過程存在著缺陷，使得他們對法律或規範的信仰是
微弱的，進而使犯罪成為可能。這個社會化的過程當中，赫胥則提出四個
社會鍵的功能與強度來證實一個人與犯罪之間的距離，分別是：附著、奉
獻、參與及信仰。

自1969年赫胥發表社會鍵理論之後，該理論是最受其他犯罪學家從

事驗證研究的理論之一，但驗證的結果有時強烈、有時薄弱、有時不一致（Kempf, 1993），但Sampson和Laub（1993）給予最中肯的評估是：社會鍵的強弱確實與個體從事犯罪可能性的高低成反比；另根據Akers和Sellers（2004）針對現有研究結果的評論也認為：社會鍵與犯罪行為之間的相關性從中度到低度不等。從上述其他學者對社會鍵理論的評估內容來說，或許社會鍵與犯罪有關，但卻不是導致個體犯罪的唯一原因，這種觀察結果可以導引出一個結論——赫胥的社會鍵理論似乎缺少決定個體犯罪的關鍵因素。

最後，Lilly等人（2011）認為赫胥的社會鍵理論還存在著巨觀的侷限性，主要在於他未能探索社會鍵的形成過程，如何受到美國社會其他更大社會力量的潛在影響。例如，赫胥的社會鍵理論只將研究重點放在與家庭和學校上，並探討個體在其中的表現與犯罪的相關性，並未探究社會鍵的形成如何受到諸如性別角色變化、社會解組現象、長期以來的種族歧視，及工業化與都市化所造成的影響。

第五節　自我控制理論

一　背景

赫胥在1969年提出社會鍵理論之後，於1990年又與他的學生蓋佛森共同出版《一般化犯罪理論》（A General Theory of Crime）一書，並提出「自我控制理論」來解釋個體從事犯罪的原因。觀察該理論的內涵後可以發現，它與社會鍵理論內涵是既相關卻又存有極大差異之處。當赫胥與蓋佛森發表自我控制理論之後，引發許多的爭議，這些爭議主要集中在該理論的一個核心概念上：「自我控制是導致個體在社會運作過程中是否從事犯罪的主要因素」。因為自我控制理論企圖成為研究所有犯罪的一般化（共通性）犯罪理論（General Theory of Crime）。

當赫胥與蓋佛森提出自我控制理論當時，或許不會引發太大的爭議，但當他們在介紹自我控制理論時，再添加該理論是研究所有犯罪的一般化（共通性）犯罪理論的說法時，引發眾多爭議是可以想像的。試想：犯罪是具有多因複雜且交互影響的行為現象，只稱一個理論就可解釋含括

所有的犯罪時,能不引起爭論嗎?再者,觀察赫胥在日後所提出自我控制理論的內涵時可以發現,雖然該理論與他之前所提出社會鍵理論的內涵具有持續性,但卻也發現兩個理論在對犯罪行為的解釋上呈現不相容的現象,因此一場理論攻防戰便由此展開。

二 內涵

赫胥在1969年的社會鍵理論當中提出:社會控制是由個人與社會常規秩序的穩定連繫所維持,亦即他們與家庭、學校、工作、日常活動和信仰的連繫程度所決定。但赫胥在1990年與蓋佛森合作提出的自我控制理論時,卻將他早期的此一主張捨棄,並認為個體的自我控制程度在個體生活早期便已決定;換言之,社會鍵阻絕個體從事犯罪行為的作用僅在於個體幼兒時期,一旦個體在幼兒時期沒有透過社會鍵作用形成高度的自我控制能力時,該個體從事犯罪的風險程度便會提高且固定,社會鍵在個體成年之後的作用恐怕就沒有在其幼兒時期的程度那麼具影響性。

赫胥與蓋佛森進一步解釋,犯罪人並不需要為他們所從事的犯罪行為有太多的計畫,而且他們的罪行也不會有專門性或專業化的取向,犯罪,只不過是具有低自我控制者對眼前出現可以容易得手的犯罪機會的一種反應而已。最重要的是,個體的低自我控制程度一旦形成,犯罪活動似乎就是穩定持續的,在幼兒時期若常常表現出問題行為的兒童,其往往會在青春期成為少年犯,並最終成為成年累犯。

赫胥與蓋佛森基於對犯罪本質的認識與界定後,創發了自我控制理論,認為人們可以很容易地透過犯罪和問題行為得到滿足,但大多數人卻不會採取犯罪的途徑以獲得滿足,他們認為主要因素有二:第一,社會建立了許多社會規範與秩序,引導民眾透過合法的管道去獲取滿足,並且阻絕威嚇民眾受到犯罪的誘惑。第二,大多數的父母會在個體幼兒時期就重視道德與行為規範的教養,以培養出高度自我控制能力,此舉將可讓該個體在任何生命階段裡,安心地從事任何社會行動。

從上可知,阻止一個人犯罪有兩個途徑:一是重視個體幼兒時期的教養訓練的品質,因為若父母在教養子女的品質不佳時,通常會讓其子女生成衝動(impulsive)、不具同理心(insensitive)、喜愛用肢體力量處理問題(physical)、好冒險(risk-taking)及短視(short-sighted)等行為

特徵，而這些特徵正好會讓其傾向於從事犯罪（問題）行為；二是降低個體去接觸犯罪的機會或者是強化社會各種規範性措施，讓即使有低自我控制特徵的個體，也不至於與犯罪機會快速結合而產生犯罪行為。

　　針對上述低自我控制特徵，許春金（2017）加以闡述歸納為以下八項，認為低自我控制者是：1.立即滿足取向，並不會考慮到行為後來的結果；2.缺乏勤奮與堅毅的精神；3.較易選擇從事具有刺激與冒險的活動；4.較為短視近利，在缺乏長遠計畫的思維下，通常有較為不穩定的人際關係，例如不穩定的婚姻、友誼與職業；5.通常較缺乏技術與遠見的養成；6.較為自我取向、忽視他人感受，以及對他人的意見較具漠視性，簡言之，較不具同理心；7.挫折容忍性低，常以肢體力量而非溝通協調來處理眼前的問題；8.尋求立即的滿足，但滿足的方式不以犯罪為唯一選擇，還包括賭博、酗酒或偏差性行為等。

三　結論

　　赫胥與蓋佛森於1990年提出一般化犯罪理論，將犯罪定義為：為追求自身利益而使用力量或詐欺的行為（acts of force or fraud undertaken in pursuit of self-interest），並認為所有犯罪都可以解釋為犯罪機會和低自我控制的結合物；而他們也提出個體生命早期所受到的教養品質，將嚴重影響其自我控制的程度，且當自我控制程度一旦在幼兒時期養成後便會固定不變，並隨著年齡的增長而穩定發展。因此，他們認為幼兒時期的教養訓練品質是決定一個人是否從事犯罪的關鍵決定因素。儘管自我控制理論被批評在犯罪定義上存在著嚴重的缺陷（Tittle et al., 2004），但在美國犯罪學界卻也廣受到多數研究者的歡迎與重視。

第六節　逐級年齡非正式社會控制理論

一　背景

　　犯罪學理論研究來到二十世紀末，研究視野逐漸擴展到生命歷程與犯罪之間的關聯性，但個體的生命歷程久遠，如何找出與犯罪具有關鍵性

的連結概念便是個重要的議題。然而，從個體生命歷程去建構與犯罪之間關聯性的學說眾多，本書先就與前述理論（赫胥與蓋佛森的自我控制理論）有延續關係的逐級年齡非正式控制理論（Age-Graded Informal Social Control Theory of Criminal Behavior Theory）加以介紹。

關注生命歷程與犯罪關聯性的犯罪學家Sampson與Laub（1990）認為：個體生命歷程與犯罪之間關聯性可從軌跡（trajectories）和轉折（transitions）兩個生命視角加以觀察。軌跡就是生命歷程的一條路徑，涉及長期的事件模式，例如就業史或家族史；而轉折則是涉及構成特定生活變化的短期事件或轉折點，例如結婚、離婚、服兵役。其中，轉折在個體未來生命軌跡的方向上起著相當重要的作用，例如個體對特定轉折事件的適應結果，可能導致後續生命軌跡的修正或重新定位。所以就此來說，兒童時期的經歷可能會影響青春期和成年期的事件，而青春期或成年期的事件同時也會改變個體未來的生命軌跡。

桑普森（Robert J. Sampson）和勞伯（John H. Laub）是當代著名的生命歷程犯罪學家，他們將生命歷程觀點應用在個體犯罪行為上，並從中研究個體生命歷程當中的犯罪、偏差和社會控制之間的關係。他們於1993年共同推出《犯罪的形成：人生的路徑與轉折點》（*Crime in the Making: Pathways and Turning Points Through Life*）一書，並提出逐級年齡非正式社會控制理論，說明個體生命歷程當中有許多轉折點影響著其生命路徑的走向。他們以赫胥的社會鍵理論觀點為基礎，認為犯罪是由於個體與社會連繫鍵減弱而發生；或是未與特定社會機制建立重要連繫關係而發生，除非社會具有一定程度的規範約束力來抑制，否則個體從事犯罪行為的機會相當高。

前述所稱的特定機制包括學校、家庭、工作、宗教組織和同儕等，一旦個體與他們建立起強韌的連繫鍵時，他們就可以發揮非正式的社會控制能量，進而約制個體從事犯罪行為；但若與這些這些機制的連繫微弱時，就會有產生犯罪行為的可能（Cullen and Agnew, 2003）。儘管社會鍵理論一直是犯罪學理論當中相當受到歡迎的理論，但它將理論重心放在個體青春期期間的非正式社會控制機制，也沒有明確說明在生活過程中社會控制變化的可能性（Simons et al., 1998），這些疑慮正是桑普森與勞伯的逐級年齡非正式社會控制理論所嘗試要去解答的。

二 內涵

　　桑普森與勞伯認為個體在其生命歷程的各個年齡階段當中，會受到許多可約制個體犯罪的機制（社會鍵）所作用，進而產生行為傾向改變的可能。此一觀點雖然不同意自我控制理論對於犯罪性固定持續不變的觀點，但卻也擴展了社會鍵理論的解釋效能。桑普森與勞伯（1993）在其所從事的研究結果顯示：個體的結構變項（家庭社經地位、家庭結構完整性、父母犯罪紀錄等）與其外在所接觸的非正式社會控制機制（家庭教養、學校附著、同儕友伴品質等）產生相互作用後，會影響該個體的行為傾向。因此他們認為個體在不同的人生階段的行為傾向上是呈現動態變化，即便犯罪行為也是如此。但究竟是何種社會控制機制，促成個體從連續的犯罪行為當中中止犯罪，桑普森與勞伯便引用了赫胥的命題，即當個人與社會的連繫鍵薄弱或破裂時，便容易發生犯罪與偏差行為；他們更認為決定個體中止犯罪行為的正式或非正式社會控制機制，普遍存在整個生命週期當中。

　　然而，桑普森與勞伯的研究重點與赫胥不同，他們把重點放在個體成年後與社會機構或其他重要他人所建立的社會連繫程度上，這也是之前所說的：「桑普森與勞伯不同意自我控制理論對於犯罪性固定持續不變的觀點，但卻也擴展了社會鍵理論的解釋效能」的原因。他們深信在個體生命歷程中的各個階段與特定機構或他人的連繫程度，具有改變犯罪軌跡（中止犯罪）的能力，而其主要決定在兩個核心概念上——社會資本（social capital）與轉折點（turning point）。

（一）社會資本

　　桑普森與勞伯認為影響個體成年之後行為表現的非正式社會控制因素，不再只有是幼兒時期的社會鍵，還有在該年齡階段所獲得的社會資本能量以及優質的社會關係，當社會資本能量愈大，非正式社會控制的效果就會愈強，進而強化個體遵循非犯罪軌跡（中止犯罪）的潛力。而社會資本的來源則是從個體所接觸互動的諸多社會機構或事件，諸如：婚姻、職業、成立家庭、為人父母、信仰宗教、結交益友等。

（二）轉折點

　　所謂轉折點是指個體所經歷過可能對其生命歷程路徑產生改變的各種生活事件。個體對生活事件的反應會因人而異，從而產生不同的軌跡，因此要瞭解個體犯罪行為在其生命歷程當中的變化，必須瞭解其所經歷轉折點的質量。桑普森與勞伯（1993）認為個體當時當地的生活環境，包括婚姻、有意義的工作和在軍隊服役等都被認為是積極正向的轉折點；相反地，長期監禁、酗酒、失業或工作不穩定等都被認為是負面消極的轉折點。桑普森與勞伯雖然在意個體成年階段開始的生命歷程與犯罪之間的關係，但他們也提出關於個體青少年階段的轉折觀點，他們認為到目前為止，家庭、學校和同儕對青春期個體的犯罪行為影響最大，因此若能確定青少年時期有哪些具體轉折對他們的生活軌跡有密切相關，再與他們當時所擁有的社會資本強弱加以對照時，就可以充分瞭解他們如何在青春期改變其生活軌跡。

三　結論

　　桑普森與勞伯提出逐級年齡非正式社會控制理論來作為生命歷程論點下的犯罪觀，並重新審視及補充赫胥於1969年所提出社會鍵理論的解釋效能。換言之，赫胥強調社會鍵對青少年犯罪的影響性，而勞伯與桑普森除了同意赫胥如此觀點外，更擴展延伸社會鍵對成年後個體行為的影響性，只是桑普森與勞伯不是延續赫胥使用「社會鍵」這個詞，而是採用「社會資本」與「人際關係質量」（the quality of relationships between people）這兩個概念來取代，並衡量個體成年後，在這兩者的強度上與犯罪之間的關係與變化。其中社會資本代表著婚姻、職業、成立家庭、為人父母、信仰宗教等對個體正面的影響；人際關係質量則代表著社會支持、職業維繫、同儕相持等。

　　桑普森與勞伯（1993）認為個體於成年階段與社會互動的條件迥然不同於青少年階段，此時期的社會資本或人際關係質量所產生的資源能量，已經脫離赫胥所提社會鍵所能含括的範圍；當成年個體的社會資本增加，意味著他可用於解決問題的資源也隨之增多，同時他對這些資源的依賴也更加深重。因此，這種根植於不斷加深的社會關係的意識，也增強了

對個體的社會控制力，不僅普通的個體可以免於受到犯罪的誘惑，就算是具有犯罪傾向的個體，也會在這種資源條件下中止犯罪。

最後還是要提到的是，桑普森與勞伯雖然以赫胥的社會鍵理論為基礎，去發展他們的逐級年齡非正式控制理論，但他們卻反對赫胥與蓋佛森所提出自我控制理論對於犯罪具有固定持續性的說法。當然，桑普森與勞伯不是反對犯罪具有連續性的可能，而是反對犯罪具有連續性是唯一的可能。因為他們認為犯罪是具有連續性，可以隨著時間的變化而變化，幼兒時期的社會鍵或成年階段的社會資本都應該被視為是動態發展的狀態，因而使個體無論在哪個階段都極具有擺脫犯罪的可能；再者，桑普森與勞伯在逐級年齡非正式控制理論當中特別強調，非正式社會控制力（社會鍵及社會資本）是貫穿個體整個生命歷程當中，對其行為影響力極為重要的成分，他之所以要提出「逐級年齡」這個概念，是因為在不同年齡階段所維持的連結鍵並不相同（例如青少年時期對父母的連結鍵、成年時期對職業雇主的連結鍵），但只要當時所強調重要的連結鍵十分強烈，則個體就不容易陷入犯罪，即使是呈現連續犯罪的狀態，也有可能因此一連結鍵變得強烈時而中止犯罪。

第七節　生命歷程理論（又稱生命史理論）

一　背景

桑普森和勞伯於1993年發表逐級年齡非正式社會控制理論後，更加潛心於生命歷程觀點的理論研究，並於2003年再出版《共同的起點、不同的生活：偏差少年到70歲的生命歷程》（*Shared Beginnings, Divergent Lives: Delinquent Boys to Age 70*）一書，將生命歷程理論（Life-Course Theory）內涵闡釋得更加完整清晰。在該理論當中，勞伯和桑普森依然保留社會鍵理論的觀點，但他們也擴展對個體犯罪中止過程的分析，並提出個體中止犯罪是外在多元因素和「個人意志力」（human agency，又稱人類動因）共同作用的結果；同時也可以看到他們持續對赫胥及蓋佛森所提「犯罪具有持續性觀點（自我控制理論）」的批評。

　　勞伯和桑普森在擴展其生命歷程理論的研究過程中發現，許多個體與社會控制過程被更大的歷史因素，及具宏觀層次的情境力量所籠罩，因此在他們的理論內涵當中便融入諸多結構性的環境因素。例如，家庭結構變項，諸如貧窮、就業不穩定、家庭規模、就業狀況，甚至是移民身分等，都會影響生活在該家庭的個體的行為表現；除此之外，他們還關注到個體幼兒時期的生活環境對其氣質涵養的影響性，進而探討與犯罪行為的關係。因此，從個體的生活歷史觀點與情境脈絡觀點去探討與犯罪行為之間的關係，也是生命歷程理論內涵的一大特色（Sampson and Laub, 1993）。

　　勞伯和桑普森擴展其生命歷程理論的過程可說是相當偶然，誠如他們自己所說：「1987年，我們發現了格魯克夫婦的原始案卷……保存在哈佛法學院圖書館一個滿是灰塵的黑暗地下室中。」（Laub and Sampson, 2001）。他們取得這份文件資料後，立即加以整理並還原資料的原始性，再重新編碼輸入電腦進行分析，最終完成擴展生命歷程理論內涵的工作。由此可知，勞伯與桑普森擴展生命歷程理論是建立在格魯克夫婦於1950年所發表《解構青少年犯罪》論著的原始資料上，並延續追蹤這些資料樣本直至70歲的生命事件與犯罪史後所建立。

　　格魯克夫婦於1939年至1948年間從事關於建立犯罪預後因素（prognostic factors）的縱貫性研究（longitudinal studies），他們選取1,000名男性受試者進行一系列質性與量化的縱貫性研究，其中包括500名監禁中的少年犯（犯罪組）和500名年齡在11歲至17歲之間的非犯罪少年（對照組），並在兩組之間進行諸多社會因素的影響觀察，藉以建立犯罪預後因素。而勞伯和桑普森便是延續上述研究的犯罪組樣本，最後找到了52名樣本進行質性訪談並持續追蹤到70歲。這些質性訪談資料幫助了勞伯和桑普森能夠更深入地探究這些犯罪人的整個生命歷程，特別是針對他們持續或中止犯罪的變化過程，提供相當豐富可靠的理解方向（Laub and Sampson, 2003）。

二 內涵

　　勞伯和桑普森從研究樣本的生命過程資料中，歸結出兩個重要發現：首先，個體犯罪的中止（甚至在高度累犯者）似乎是普遍存在的，

除非是受到該個體死亡的干預，否則每個人最終都會停止犯罪行為；其次，很難預測個體何時會發生犯罪中止的現象，即使是個體早期的高風險因素，似乎也無法作為犯罪中止的區分因素點（Laub and Sampson, 2003）。因此，勞伯和桑普森的生命歷程理論的核心概念由此產生：中止犯罪似乎不是每個人都到了某一個年齡之後便會展開，而是個體在成年後受到現時階段生活中的諸多生活事件所影響，可以確認的是，並不是受到個體幼兒時期所經歷或遭遇的事件所影響。換言之，個體即使是持續犯罪者，也是因為受到成年期間的事件所影響，而不是受到幼兒時期的低自我控制所影響。

　　勞伯和桑普森在2003年所發表的生命歷程理論當中，進一步提出五個在成年期間可以影響其中止犯罪的主要因素（Lilly et al., 2011）：

（一）婚姻與就業

　　個體成年之後的婚姻和就業狀況等結構性轉折點，可為中止犯罪奠定基礎。但他們的論述面向與赫胥及蓋佛森並不相同，他們認為個體不是因為自我選擇進入婚姻或就業；相反地，婚姻或就業或許是偶然的，而是在婚姻與就業過程中碰到合適的伴侶及良好的同儕影響，進而中止犯罪。

（二）社會鍵與社會資本

　　這些結構性事件（婚姻與就業）對個體產生了社會鍵作用，或形成有效的社會資本能量，進而增加了對個體的非正式控制力。其中，包括婚姻對個體形成附著的社會鍵作用，而正向的工作同儕可成為正向社會支持的社會資本能量。

（三）情境脈絡的改變

　　隨著犯罪者進入婚姻和工作領域，他們的日常活動便會從無生活目的與無組織性、心力集中於出入不良場所等，轉變為有生活目的與組織性、充滿社會責任感等，進而遠離偏差同儕與其他不良影響。

（四）歷史脈絡的調整

　　當個體的社會責任感逐漸培養起來之後，也逐漸會在生活認知上產生調整，更會發現他的生活正在改變，不再像以前一樣沉浸在諸多犯罪與問題行為上，整個人在潛移默化當中擺脫過去不良的歷史，同時犯罪活動已

成為愈來愈遙遠的現實。

（五）個人意志力（human agency）的展現

個人意志力是勞伯與桑普森提出生命歷程理論最重要的核心概念，他們認為個體是具有主觀現實感的，他們有一定程度的個人意志力去決定他們要做什麼樣的人生選擇。其實個人意志力是一個模糊的概念，但至少它意味著犯罪者具有「意願」去積極抵抗犯罪的誘惑，或者是去積極參與中止犯罪活動的機會。勞伯和桑普森進一步解釋，個人意志力不是與生俱來的基本特徵（例如低自我控制力或高自我控制力），而是面對情境當時的一種臨時反應與決定。例如，面對犯罪的誘惑時，犯罪者並不是盲目的參與者，任由所謂的推力或拉力作用去觸犯法律，反而是能夠激勵自己去勇敢抵制，或拒絕眼前現成的犯罪機會。因此，個人意志力的建構為控制理論增添了許多理論動力。但是勞伯和桑普森再三強調，這種個人意志力並非植根於人的本性，也不是個體生命早期所教養出來的，相反地，它是情境的，是由犯罪者在其整個生命歷程中行使行為動因時所產生的。

三 結論

勞伯與桑普森研究生命歷程理論過程中，獲得格魯克夫婦早期進行縱貫性研究的原始資料挹注下，讓他們有機會更進一步理解成年犯罪者持久或中止犯罪的原因。他們發現婚姻、服兵役和就業對犯罪個體中止犯罪方面具有效力，尤其婚姻是三者之中影響力最強韌也是最關鍵的社會機制。他們更進一步闡釋，婚姻不僅會讓犯罪個體建立起社會鍵，也會促成他因受到該社會鍵的約制，而形成一定程度的非正式的社會控制力；再者，婚姻還會引入妻子的直接控制和監督，促成犯罪個體日常活動的改變，例如減少或降低與不良同儕的互動（Laub and Sampson, 2003）。

再者，勞伯和桑普森認為婚姻、就業與服兵役等社會機制也可以改變一個人的個人意志力，例如從犯罪者變成丈夫或有家室的人之後，會促成他對人生有重生的想法；由於穩定的就業和服兵役而激發他萌生脫離犯罪的想法。因為犯罪個體在這三種社會機制的運作下，在日常生活中與妻子、孩子、同儕或重要他人保持連繫，從他們的連繫關係中汲取社會資源和社會支持，並受到直接、間接或虛擬的控制。相反地，犯罪個體若呈現

婚姻與工作不穩定、缺乏服役或類似機制的作用，甚至是受到長期監禁時，可能就會因為失去與這些社會機制接觸互動的機會，降低其中止犯罪的期待。

　　總結勞伯與桑普森的生命歷程理論概念，該理論認為個體成年後的持續或中止犯罪現象，不能僅是以該個體早期的教養訓練品質為唯一依據；再者，犯罪個體於成年之後所接觸的許多社會機制與事件，有極大的可能成為他的人生轉折點，進而改變其生命路徑，最後中止犯罪。他們的理論結構主要由三個部分組成：

（一）從結構背景因素，個體幼兒階段的偏差或問題行為，是由該階段家庭和學校等非正式社會控制力所決定。

（二）個體不論從幼年到成年階段，其反社會行為可以是連續的，但不會只是由其早期的自我控制程度所決定。

（三）儘管個體早期有偏差或犯罪傾向，但成年後與婚姻、就業及服役（或類似社會機制）的非正式社會連繫程度，可以解釋犯罪在其整個生命歷程中的變化。

　　勞伯與桑普森所提出的生命歷程理論，對於現今刑事政策的運作有相當多的啟發。他們認為目前仍然側重於威懾與隔離作用的刑事政策是不合適的，因為從生命歷程觀點來說，決定個體人生各階段的行為表現在於轉折點的社會事件所決定，並認為隨著個體在各階段所面臨的各種生活變化而有發生變化的可能。因此，刑事政策應著重於強化個人與社會機制的社會鍵連繫，以及在各生命階段提供強大的社會資本能量，以提高非正式社會控制力。

　　因此，從個體幼兒時期需要加強家長親職教育與培訓計畫；在青春期需要更細緻的教養策略，其中包括父母正向的控制和監督技術，加強個體與學校、同儕和社區的社會鍵；在成年期要加強婚姻、就業及類似服兵役等社會機制的連結。勞伯與桑普森也認為目前強調監禁的刑事政策，會嚴重阻絕犯罪人與具有非正式社會控制能量的社會機制接觸，進而降低其中止犯罪的可能性。他們呼籲，現今我們需要更具有廣泛視野的刑事政策，超越現行刑事司法系統對社會的正式控制，並且大幅度地強調非政府機構介入的方式來進行犯罪控制，例如家庭、學校、職業場所與社區。勞伯與桑普森如此的呼籲，在現今極為重視情境犯罪預防的氛圍下，再開啟另一條充滿生機的犯罪控制道路。

第八節　控制理論之評析

　　當理解上述諸多控制理論的內涵後可以發現，控制理論的基本假設，在許多方面似乎與傳統古典犯罪學的假設基礎相當類似，都認為人類從事犯罪行為的現象是正常的，只有建立起適當的控制機制下，才能有效約制人類的犯罪行為。但兩者不同的是，傳統古典學派重視正式社會控制機制（制定法律及完備刑事司法體系），並發展出懲罰應報模式的犯罪控制策略；而控制理論則強調非正式社會控制機制（社會連結鍵或社會資本），並發展出強化社會資本模式的犯罪控制策略。

　　除此之外，控制理論對犯罪的假設也與其他兩大主流犯罪社會學理論（緊張理論與副文化理論）形成鮮明對比。如之前所提，控制理論認為人類犯罪是自然發生的，不需要為犯罪強加一個動機或理由；但緊張理論則認為犯罪是個體追求成功目標失敗，或自認遭受不公平對待所產生；而副文化理論則認為犯罪是受到生活文化價值，或與特定人接觸學習的結果。兩者都認為人類沒有犯罪的自然能力，反而都是社會影響力綜合作用的結果，如果個體所受到的社會影響力是指引該個體進行犯罪時，那麼該人將因此流入犯罪，如果這些社會影響力沒有發生指引作用時，則該個體就不會發生犯罪。

　　綜觀控制理論的發展，起源於法國社會學家涂爾幹所持社會結構與亂迷的觀點，認為人類個體外部確實需要一種控制機制以遏止個體從事犯罪的自然行為；赫胥深受涂爾幹的觀點影響並創建社會鍵理論及一般化犯罪理論，強調個體幼兒時期的教養品質不僅決定其在青少年時期的犯罪質量，更是奠定其日後是否持續犯罪的重要依據；最後，控制理論由桑普森及勞伯接手擴展解釋力的任務，他們以赫胥的社會鍵理論觀點為基礎，認為個體在其生命歷程的各個年齡階段當中，會受到許多可約制個體犯罪的機制（社會鍵或社會資本）作用，進而產生犯罪傾向具有改變的可能，此一觀點雖然不同意自我控制理論對於犯罪性固定持續不變的觀點，但卻也擴展了社會鍵理論的解釋效能。

　　除此之外，從控制理論觀點出發也衍生出兩個議題值得討論：一是個體從事犯罪有否中止的可能？又其犯罪中止的要素為何；二是當今在犯罪原因的探討上，呈現出犯罪具有「一般化或共通性」及犯罪原因解釋需要

透過整合過程來提高其解釋效度等兩種相對途徑。而這兩個議題為何會放置在控制理論這一章來談，原因還是在於之前所提：從理解犯罪學內涵的角度上，打破傳統犯罪學的編排，以閱讀者角度出發，將高相關性議題放在一起討論，將有助於讀者進行系統性的理解。而上述所提的這兩個議題都與控制理論具有高度相關，甚至都是由控制理論內涵所引發，因此在本章結論時予以提出，有利讀者對於這兩項議題的認識。

一　犯罪中止與持續的觀點

從本章所提的控制理論群當中可以發現，在解釋個體犯罪歷程上有兩種具有相對解釋面向的理論觀點，分別是強調犯罪歷程持續穩定的潛伏特質論（Latent Trait Theory），及犯罪歷程可能中止的生命歷程論（Life Course Theory）：

（一）潛伏特質論

本論點以赫胥與蓋佛森於1990年所提出的「一般化犯罪理論」為代表，認為所有犯罪都可以被解釋為犯罪機會和低自我控制的結合物；該論點也認為個體生命早期所受到的教養品質，將嚴重影響其自我控制的程度，且當自我控制程度一旦在幼兒時期養成後便會固定不變，並隨著年齡的增長而穩定發展。因此，個體一生都潛伏著從事犯罪的特質，該特質主要集中在個體已養成不可改變的低自我控制程度，並隨周遭所提供的犯罪機會而隨時有從事犯罪的可能。

（二）生命歷程論

本論點以桑普森與勞伯於1993年所提出的「逐級年齡非正式社會控制理論」為代表，他們反對赫胥與蓋佛森所提的一般化犯罪理論對於犯罪具有固定持續性的說法。但是，桑普森與勞伯不是反對犯罪具有連續性的可能，而是反對犯罪具有連續性是唯一的可能。因為，他們認為犯罪是具有連續性，可以隨著時間的變化而變化，幼兒時期的社會鍵或成年階段的社會資本都應該被視為是動態發展的狀態，因而使個體無論在哪個階段都極具有擺脫犯罪的可能。亦即，隨著個體生命歷程發展所遭遇到社會鍵或社會資本的質量程度，而有中止或持續犯罪的可能。

犯罪理論「一般化（共通性）」與犯罪理論「整合」的觀點

犯罪原因理論研究最大的困擾就在於理論解釋效度不足的問題，此根源於社會與行為科學研究不精準特性所造成的結果。到目前為止，犯罪學領域應對此一問題的方式，就是形成犯罪理論「一般化（共通性）」與犯罪理論採取「整合」等兩個途徑加以因應。

（一）一般化（共通性）之犯罪理論

本觀點以赫胥與蓋佛森於1990年所提出的「一般化犯罪理論」為代表，認為犯罪是人類依循其本性且透過犯罪去尋求固有簡單而直接的滿足，因此並不需要再費盡心力去尋找所謂的犯罪特質。從一般化犯罪理論當中可以看出，該理論認為所有的犯罪具有以下三大特徵：

1. 不需要去為犯罪找尋動機：犯罪人是不需要透過學習，也不需要強加一個所謂緊張或壓力的藉口當作所謂的犯罪動機，若是把犯罪文化價值觀的學習或壓力迫使當作是個體從事犯罪的動機或藉口時，其實是多餘的。

2. 犯罪無所謂專業化或專門化的現象：犯罪人從事犯罪行為時並不需要有太多或縝密的計畫，而且也不會有專門性或專業化的取向，因為犯罪只不過是低自我控制者對眼前出現可以容易得手的犯罪機會的一種反應而已。

3. 所有犯罪發生的原因都會回歸到兩個關鍵因素上，亦即：當個體的「低自我控制程度」形成後，犯罪活動似乎就是穩定持續，一旦該個體遇到適於犯罪的「機會」時，其從事犯罪的可能性就會升高；再者，在幼兒時期若常常表現出問題行為的兒童，其往往會在青春期成為少年犯，最終成為成年累犯。

（二）整合型之犯罪理論

相對於一般化（共通性）犯罪理論，另有一種理論觀點認為：犯罪是多元因素交互作用而形成的，並無法用單元化或一般化（共通性）觀點所能含括解釋，持此一觀點的理論統稱為整合型理論。整合型理論在犯罪學理論體系當中又被區分為兩類：一是科際整合；二是理論整合。

1.「科際整合」的犯罪理論

　　科際整合的犯罪理論，係指該理論脫離既有犯罪學理論的框架，直接從各相關科學領域當中，擷取可描述犯罪原因的概念後，再加以融合成為犯罪理論者。例如以美國犯罪學家傑佛利的生物社會學習理論（Biosocial Learning Theory）為代表，說明如下（Jeffery, 1977；蔡德輝、楊士隆，2018）：

(1) 理論源起

　　傑佛利於探討犯罪原因時，主張應先將人類的行為模式先加以建構，而後再探討犯罪行為的原因才符合建構犯罪理論的邏輯。他在犯罪理論的觀點上，批判犯罪社會學家蘇哲蘭對於學習觀點的論述不夠廣泛，對其忽略人類生物因素的觀點也不予認同；傑佛利同時批判犯罪心理學僅以「刺激—反應」來說明人類行為，忽略人類有機體內部的運作功能也是不適當的。他主張研究犯罪行為時，應同時重視遺傳（生物）及環境（心理、社會）因素的影響，尤其是中樞神經系統的作用及腦部受到外在環境刺激的影響。

(2) 理論內涵概述

　　本理論觀點是傑佛利於1977年在其所著《以環境設計預防犯罪》（*Crime Prevention Through Environmental Design*）一書當中所提出，他認為犯罪研究不能僅在於單一科學領域內去開發原因，而是應該從科際整合研究（interdisciplinary approach）的角度去建構犯罪行為的原因模式。傑佛利即認為：應從個體本身的生物因素、心理因素及該個體所處外在社會環境因素等三者的交互作用當中，去尋找人類犯罪的行為軌跡。因此，他對犯罪行為的解釋為：

①對行為而言，人類行為非如社會學所說的僅是一種社會學習的結果；也非如心理學所稱是一種「刺激—反應」的行為主義模式，而應該是透過人類有機體的生理機制（尤其是腦部及中樞神經系統）運作，並與外在環境交互作用的結果。亦即，行為是個體生理、心理與社會三種元素交互作用的結果。

②對犯罪行為而言，傑佛利贊成犯罪是經由學習而來，但犯罪行為的學習主要是經由人類有機體的遺傳、腦部及中樞神經系統運作、心理因素、

社會因素等交互作用下所引發的學習結果，從而奠定犯罪行為研究應採取科際整合途徑的立場。

(3) 理論主張與困境

傑佛利認為若只是以社會層次的觀點研究犯罪問題，則容易忽略個別差異對犯罪行為解釋的影響。再者，不重視人類具備有機體性質的研究角度，也將使犯罪行為的研究結論過於簡化。因此，其生物社會學習理論主張研究犯罪問題需兼顧個體生物與環境（社會、心理）因素的交互作用，從而運用環境因素來控制生物遺傳基因的變化，或運用環境設計以降低社會內的隔閡進而犯罪控制。然而此一科際整合的主張也面臨極大的困境：首先，便是當前社會與行為科學研究深受社會學家孔德的影響，認為研究社會問題應以社會層次探討社會事實的立場，而科際整合的研究觀點與該立場相悖，所以似乎不太能獲得社會學家的青睞；再者，生物學、心理學與社會學各自分立，使人類行為本質的研究受到限制，從事科際整合的研究途徑也更添困難。

2. 「理論整合」的犯罪理論

「理論整合」的犯罪理論，係指其建構來源是從既有兩組以上的犯罪學理論當中，將具有邏輯相關之命題予以組合，以形成較大組合命題的新創理論，俾於對犯罪行為提供較為廣泛且嚴謹的解釋力。理論整合的發展動力基本上有兩個來源：一是透過相關單元化理論的整合以取代彼此之間的競爭；二是期望透過各理論相關命題的結合後，可以增加對犯罪行為的詮釋力。基本上，進行理論整合的途徑有以下三種類型（蔡德輝、楊士隆，2018）：

(1) 上下整合（up and down）：以一個較具類推型的理論為主要概念層級，而將其他加入整合的理論概念予以吸收整合。

(2) 重點抽離整合（side by side）：將各理論共通的部分加以適當分類後再予以抽離，最後形成具有目的一致性的整合型新創理論。

(3) 前加後整合（end to end）：釐清各理論的關鍵變項，並適當安排其因果關係與先後次序，以作為整合後解釋犯罪行為的依據。

相較於科際整合犯罪理論來說，理論整合的犯罪理論就較為普遍，以下茲就澳洲犯罪學者布列懷德（John Braithwaite）於1989年所提出的明恥整合理論（Crime, Shame and Reintegration）加以說明。而觀察該理論架

構係屬於前加後型的整合類型。

　　明恥整合理論主要以「恥感作用」為其主要概念，並將標籤理論的內涵擴大發展為明恥整合理論，說明個體持續從事犯罪行為的原因，主要來自周遭環境缺乏互賴與共信的氛圍，進而以羞辱標籤的方式讓初次犯罪（錯）的人缺乏悔過改善的機會，進而持續其犯罪活動。該理論主要由兩個分支架構所組成：一是關於理論整合部分，它以社會鍵理論來說明初級偏差行為形成的原因、以標籤理論說明次級偏差行為形成的關鍵、以副文化理論說明偏差行為何以持續、最後再以學習理論及機會理論來潤飾說明犯罪生成的原因；二是布列懷德自行創發的部分，他提出下列三個理論元素，用以說明個體與犯罪之間的關聯性（黃富源，1992）：

(1) 互賴：指個體在社區領域當中，個體之間因相互依賴而達到共同目標的程度。

(2) 共信：指個體在社區領域當中，個體之間因互助互信而達到共同目標的程度。

(3) 恥感作用：該理論認為恥感作用為個體是否犯罪或再犯之關鍵考量，恥感作用又可分為黥印羞辱與明恥整合兩種效果。黥印羞辱係指對犯罪（錯）的人加以苛薄的責難，使其永遠留在被責難羞辱的情境裡，如此的恥感效果容易對個體形成負向的標籤作用，因而很難從犯罪（錯）當中反省悔過；另明恥整合係指對於犯罪（錯）的人給予理性的輕微非難，啟發犯罪（錯）的人承認錯誤之處後，再予以接納整合到原來的團體之中。

　　從上可知，明恥整合理論具有兩個理論層次：首先是從微觀層面的角度，說明個體如何從初級偏差到次級偏差，甚至完全投入到犯罪活動當中；次者是巨觀層次的角度，說明個體如何與外在環境互動後，啟動前述從初級偏差到次級偏差，甚至完全投入到犯罪活動當中的過程。依該理論的說法是：當社區成員之間，具有高度互賴與共信程度時，則對於處在該社區內的成員犯罪（錯）時，對其採取明恥整合程度的可能性較高，因而該個體中止犯罪的機率也相對提高；反之，當社區成員之間，具有低度互賴與共信程度時，則對於處在該社區內的成員犯罪（錯）時，對其採取黥印羞辱程度的可能性較高，因而該個體持續投入犯罪活動的機率也相對提高。

3. 犯罪學理論整合的發展困境

　　犯罪學理論整合途徑在理論開發之初，確實是存著想在各單元化理論之間，採取整合的方式來弭平相互的爭戰，並期待透過整合多元概念的方式來提高理論的解釋力。雖然該企圖具有相當合理性，但仍不免受到以下的質疑（蔡德輝、楊士隆，2018）：

(1) 被整合的各理論之間的前提假設並不相同，因此，如何克服整合後的理論命題，是一項重大的考驗。

(2) 理論整合後，若經多變量分析考驗，會使原有理論當中各種獨特變項的解釋力降低或消失。

(3) 理論整合成為一個新創理論後，該新創理論的代表性關鍵變項選擇不易，可能因而遺漏重要變項而使解釋面向上產生偏頗。

(4) 整合後的理論無法類推或概化全部的犯罪類型。因為每一個單元化理論本來就會針對特定的犯罪類型具有解釋優勢，一旦進行整合成一個新創理論且經過概念重組之後，會因其特定解釋面向的功能喪失，因而造成整合後的理論並無法類推或概化全部犯罪類型的現象。

第十二章　犯罪社會學之犯罪副文化理論

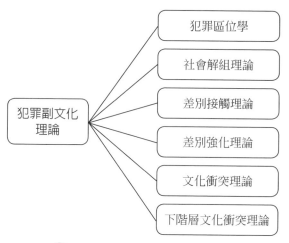

圖12-1　犯罪副文化理論架構圖

　　犯罪副文化理論乃是起源於芝加哥學派關於都市青少年犯罪的研究,最原始的犯罪副文化理論認為:處在低下階層區域的青少年,因為受到該區域物理及人文特徵所形成的生態環境影響,使其逐漸形成貼近犯罪的價值觀與生活態度,而這些價值觀與生活態度卻是迥然不同於社會主流文化,因此被稱為犯罪副文化,由此可知,所謂副文化乃是相對主文化所產生。日後隨著許多研究者投入到副文化與犯罪的關係研究時,對於犯罪副文化有了更精準的解釋:社會規範(尤其是刑事法)是社會主文化價值觀的體現,並深切影響社會行為與互動模式的建立,然而社會規範卻是以社會中產階級意識為主要依據,因此若社會當中的某一區位領域或團體內的價值體系,具有不符合社會主文化特徵者,都被稱為副文化,而當此一副文化有利於助長生活在其中的人們從事犯罪時,則稱為犯罪副文化。

　　自芝加哥學派以降,犯罪副文化開化成許多不同向度的理論,主因在於犯罪副文化的定義不易精確及統一化所致,基本上可分成三個獨立層面的犯罪副文化加以說明:

一、區位犯罪副文化:意指該區位所形成的文化價值觀與文化生態,有利於生活在該區位內的個體從事犯罪行為者。諸如:柏格斯的同心圓理論、蕭和瑪凱的社會解組理論。

二、學習犯罪副文化：意指個體透過與「有利於犯罪定義」，或有利於引導其從事犯罪者（尤其是犯罪導師）的接觸、學習與強化下，導致個體從事犯罪行為者。諸如：蘇哲蘭的差別接觸理論、艾克斯的差別強化理論。

三、階級犯罪副文化：意指在社會階級標準的劃分下，低下階層社會的青少年自然形成以中產階級為反動目標的副文化，而該副文化有利於低下階層從事犯罪行為者。諸如：雪林的文化衝突理論、米勒的下階層文化衝突理論。

第一節　犯罪區位學（芝加哥學派）──區位犯罪副文化

一　背景

　　在整個十九世紀時期，大多數的犯罪學理論將犯罪根源定位在個體內部之上，諸如生理、心理或其自由意志所決定。但自二十世紀後，因為受到人類社會急速變遷與諸多社會大環境因素的影響，例如工業化、都市化及美國歷經進步時期（Progressive Era）社會運動等主、客觀社會條件的作用下，強調社會病因對犯罪影響的理論觀點逐漸形成，並對著重個體病因的理論形成強大競爭壓力。芝加哥學派在其本身內部所具有的基礎上（芝加哥大學存在著美國最古老的社會學計畫，該計畫成立於1892年），以及芝加哥市的都市規模迅速增長（該市1890年人口為100萬，到1910年人口已超過200萬）等條件助長之下，開啟以芝加哥學派為開端的犯罪區位學研究。

　　芝加哥學派認為犯罪與其他行為一樣，是一種社會產物，他們明確拒絕個體病因的犯罪解釋，並轉向從社會發展過程中找到促成犯罪的諸多社會病因。1930年代末期的美國犯罪學界，從社會病因觀點發展出兩大支脈理論：一是犯罪區位學及其後所形成的文化偏差理論（其中以蕭和瑪凱的社會解組理論，及蘇哲蘭的差別接觸理論為代表）；二是由墨頓為代表的緊張理論，該理論認為社會病理之所在，不是發生在於一個生態位置

（例如都市或鄉郊的差別），而是美國整體社會結構更廣泛的文化與階級分布的問題（Matza, 1969）。雖然這兩大支脈認定犯罪根源的觀點有所不同，但卻一致認為揭開犯罪之謎的關鍵在於社會病理因素，並且強烈反對歸咎於個體病因的解釋。

　　芝加哥學派以社會病理觀點，尤其以區位環境特徵研究犯罪的背景主要有下列三個因素，並由此開啟長期且一系列的犯罪區位學相關研究：

　　第一，芝加哥本身成為美國大都市的發展過程極為快速，其結果不只是眼中所看到的經濟繁榮盛況，都市化的結果還蘊含著滋養犯罪的龐大動能。誠如Palen（1981）所說：芝加哥迅速擴張與繁榮的同時，卻也帶著黯淡的一面，許多定居在芝加哥的人是來自大量移民、流離失所的農場工人和逃離南方農村非裔美國人等。他們身無分文來到芝加哥，對於他們來說，寄望這座原本充滿希望的城市，減輕家庭經濟壓力的夢想似乎也很難實現；他們面臨著殘酷的工作現實、可憐的工資、危害他們健康和安全的工廠環境，及每天超時工作的職業環境等。芝加哥學派的相關學者在1920至1930年代期間見證也經歷這些變化，尤其是感受人口膨脹、貧民區聚集、社會經濟不平等的社會現象，這樣的經歷導致他們相信在都市中，特別是在貧民區域中的成長環境，無疑對人們的生活素質產生嚴重的負面影響，因此不能將犯罪簡單地視為一種個體病態，而應將其視為一種社會病態。

　　第二，美國社會於1900年初期出現的「進步主義社會運動」（Progressive Movement），無疑是催化芝加哥學派廣泛探討區位環境與犯罪關係的另一動能。進步主義社會運動在當時是一項具有普遍性的政治、經濟與社會改革運動，其主要目標是嘗試去解決因工業化、都市化、大量移民和政治經濟腐敗所引起的社會問題。尤其是中產階級普遍感受到都市貧困人口激增，導致他們幾乎沒有穩定生活的願景；再者，他們也同時擔心當時諸多的社會政策，並沒有均勻地擴展到社會所有階層，尤其是低下階層（Rothman, 1980）。由此可知，在當時美國社會的主流思想認為，窮人或犯罪人並非因生物學上處於劣等地位而形成，反而是由於社會條件儲備不足而陷入社會最底層。因此，進步主義者希望透過改變貧民區環境以扭轉生活在該區域個體的負面影響，並使這些人成為守法公民。

　　第三，自從1900年代起，都市生活逐漸成為美國社會的重心，無論是政治、經濟、文化或民眾的日常生活。雖說當時都市裡貧民區的社會

結構滋養了大量的犯罪，但為何關於犯罪區位學的研究會是在芝加哥？
Bulmer（1984）認為那是因為處在該都市的芝加哥大學存在著美國最古
老的社會學計畫（成立於1892年），不論在滋養人才或累積研究資源上
都擁有相當多的優勢。

◨ 內涵

　　基於上述三個背景因素下，芝加哥學派者開始著手有系統的研究各
種都市區位環境與犯罪之間的關係，其主要代表人物為芝加哥大學的帕克
（Robert Park, 1864-1944）及柏格斯（Ernest Burgess, 1886-1966）等人，
從此芝加哥學派也成為二十世紀前半葉犯罪社會學的主流。該學派的犯罪
學者觀察到二十世紀初期，美國正快速進入現代化時代，在土地區位的
分布特徵上，從散布著小型穩定的農業社區轉變為以擁擠城市為中心的都
市，這些都市以蓬勃發展的工商業為中心，因而湧進許多謀生的下階層居
民。此時，該地區的人口異質性增加，同時人口流動性也變大，原有穩定
該區位社會秩序的社會結構瓦解，不僅削弱了家庭與學校等社會組織控制
個體行為的力量，也因為此等非正式規範逐漸崩壞下，最終形成社會解組
（social disorganization）現象而創造出有利於犯罪的環境誘因。

　　其中，帕克在開創這一領域的研究方向上，尤具有影響力。他走
遍並觀察芝加哥各地後，得出兩個結論（Park, Burgess and McKenzie,
1967）：其一，都市的發展和組織就如任何生態系統一樣，有其規律性
而非是隨機的。因此諸如移民進入、衝突解決與社會同化等之類的社會過
程是必然發生的；其二，只有透過有系統與計畫性的科學研究，才能確定
這些社會過程的性質及其對諸如犯罪等人類行為的影響。

　　在帕克如此的呼籲下，許多芝加哥學派的學者紛紛投入研究都市區位
與犯罪之間的關聯性，其中最著名的便是日後提出社會解組理論的蕭和瑪
凱。

　　另外，柏格斯（1967）對於都市社會發展模式的觀點與帕克一樣，
認為都市發展就如自然生態系統一樣，有其規律性而非是隨機的，因此他
提出：「都市會在一系列同圓心的區域上呈現放射狀增長」的現象，競爭
決定了人們在這些區域之間的空間分布。因此，大商業企業占據了中心商
業區，因為該地區提供便利的運輸資源；相對之下，大多數高級住宅區也

都會位於都市的外圍區域，就此遠離市區的喧囂、遠離工廠的污染和遠離貧民的住所。

　　柏格斯於1920年代以位於密西根湖畔的芝加哥市作為研究對象，並提出都市成長的同心圓模型（Concentric Zone Model；又稱柏格斯模型，Burgess Model），該模型同時也是第一個用於解釋社會階層於都市內分布的模型。同心圓模式旨在說明都市的成長過程中會呈現五個界線分明的同心圓地區：

（一）**中心商業區**（central business district）：位於同心圓模型的最內區，該區位內商業活動盛行，土地價值最高也是獲得最大的經濟效益的區域；該區域的另一特點是交通運輸的可及性高，其交通運輸網絡綿密並匯聚於此地；再者，該區域通常以最大的土地利用程度來提高土地使用效益，因此具有高密度的高聳建築；最後，該區域的商業活動熱絡頻繁導致該區域有極少的住宅活動。

（二）**過渡地區**（zone of transition）：位於中心商業區的周圍，且住宅、工業與商業混合使用是該區的特徵。不僅如此，過渡區還有一個重要特徵為它並不是固定存在，極有可能因中心商業區的不斷發展膨脹，進而壓迫過渡區的範圍。因此，本區的環境特色為社會活動範圍廣泛及土地使用混雜，例如停車場、小攤商、飲酒店、咖啡廳或是一些老舊建築物等，由於該區位內存有大量舊結構，因此過渡區被認為是衰退的。在人口特徵上，該區域的居住人口密度很高，且居住在該地區的人口組成是最貧窮的人群，居住條件最低，通常是依附在中心都市謀生的外來移民人口居多。

（三）**工人住宅區**（working-class residential zone）：位在過渡區的外圍，又稱為內城區（inner city）或內郊區（inner suburbs）。此區域用於以居住為目的，大多數是工人階層住宅，居住條件比過渡區好一些；在該區域內可見到有序性的重建開發，在該地區的人們通常是第二代移民，只要有經濟能力，許多人就會從過渡區移居到此區。該區域最接近生活條件適中的工作區域，從而降低了通勤成本。

（四）**中產階級住宅區**（middle-class residential zone）：位在工人住宅區的外圍，該區多屬新開發區，因為擁有良好的土地區分設計，例如公園、開放公共空間、優質商店、文化建設等，因此吸引許多中產階級到此居住。

（五）通勤區（commuter zone）：位於同心圓模型的最外圍區域，距離中心商業區最遠，與其他區域相比，通勤成本最高，因而被命名為「通勤區」。居住在此區的人們大多是高收入群體，他們負擔得起大房子，可以支付通勤費用，可以使用不同的交通方式以及享受大型購物中心等現代化設施。低度土地開發、大型公園設施、較少人口密度等是該區域的重要特徵。

同心圓模型觀點認為都市發展過程中，社會和物理環境惡化的現象會集中在過渡區。雖然該模型並沒有直接針對犯罪提出更進一步的看法，但其針對都市發展過程當中各種不同區位的特性加以研究，並提出社會經濟地位與距市中心的距離之間的關係，以及各種不同區位內的物理環境與人口組成特徵等，讓我們可以察覺社會偏差或犯罪者的萌生熱點與其所處環境的關係；這一觀點在現代看來並沒有什麼值得注意的，但在1920年代犯罪決定論盛行的時期，確實具有挑戰犯罪決定論的企圖，並且為日後環境犯罪學奠定基礎。其中，著名的社會解組理論便是深受柏格斯的同心圓模型觀點所影響。

三 結論

芝加哥學派興起於1920年代的美國社會學界，他們認為有些社會學家以個人特質或社會病因來論述犯罪原因，並將維護社會安全的方式決定在使這些個人特質或社會病因消失的做法，其實是較為短視的，因為他們忽略了社會整體發展的變化影響因素，他們建議應該去理解犯罪個體所處的鄰里區位特徵是否有助於偏差（犯罪）者的產生，諸如該區位是否於貧窮區域、是否具有高度外來移民或黑人聚集特徵（高居民異質性）、該鄰里區位內的居民遷入與遷出是否相當頻繁（高居民流動性）等，導致我們該去思考的犯罪處理方案應該在於改變個體所處的區位環境，而不是個體本身的生、心理特質或其外在社會學因素對個體犯罪行為的影響。

芝加哥學派在犯罪學研究領域上，開創了兩項重要的基礎：1.其透過對都市區位環境特性的瞭解下，去分析與犯罪之間的關聯性，並從中找出諸多弱化社會控制力進而影響犯罪產生的因素，最後嘗試去強化這些非正式社會控制力以降低犯罪發生的觀點。而此一觀點也被認為是影響後來控制理論或社會鍵理論的重要起源；2.芝加哥學派認為犯罪行為是由於文化

傳播或差異連繫接觸而產生的，這樣的觀點引發後來文化偏差理論（例如蘇哲蘭的差別接觸理論）的產出，該觀點認為人們是在社會互動過程中學習犯罪動機與價值而成為犯罪分子（Empey, 1982）。

儘管芝加哥學派在犯罪學理論擴展領域具有重大貢獻，但在學理基礎及理論推廣過程中，仍然遭受不少質疑，其中主要集中在下列三個面向上：

（一）芝加哥學派強調「犯罪文化」接觸傳播因果論，但卻沒有提供這種犯罪文化的起源為何？只看到結果而沒有看到起因就論斷是區位文化特質促成犯罪滋生的說法，太過於武斷。

（二）芝加哥學派的區位副文化理論認為，犯罪雖然對都市發展帶來許多負面的影響，但是這種犯罪副文化在都市空間的分布卻是「自然的」社會過程，就如同自然生態系統一般。此種觀點被批評是在為社會權力失衡和階級統治所造成的社會不平等轉移注意力。

（三）芝加哥學派只能解釋參與穩定的犯罪角色（如街頭性犯罪），和基於群體的犯罪行為（如組織犯罪），但是對於在很少與偏差價值觀接觸者的犯罪（偶發犯、激情犯）或衝動性犯罪（殺人暴力）的解釋上，就缺乏說服力。

第二節　社會解組理論──區位犯罪副文化

一　背景

社會解組理論（Social Disorganization Theory）由美國學者蕭（Clifford R. Shaw）和瑪凱（Henry D. McKay）所提出，他們將研究注意力集中在鄰里結構、社會控制與犯罪事件的關係上。其不同於傳統犯罪學將犯罪事件的研究集中在「哪些人」上，而是探究犯罪事件容易發生在「哪些地方」上；也強調不同的鄰里類型會創造有利或不利於犯罪事件發生的不同情境。亦即，當社會或某一社區產生解組現象（貧窮、人口流動性高、居民異質性高、微弱的社會連繫網絡、低社會資本能量造成非正式社會控制程度低下）時，便可能使該區域的犯罪事件增加（Kubrin and Weitzer, 2003）。

因此，對於犯罪被害事件而言，非正式社會控制（social control）的強弱、社會鍵（social ties）的連繫、社會資本（social capital）的多寡，以及社區的集體效能（collective efficacy）等，都是影響該區域個體或物體（例如住宅、車輛）是否容易被挑選為犯罪對象的重要影響因素。這些因素包括：居民的共信與互賴程度、居民投入於社區事務的意願、居民干預社區可疑與不良活動的意願等屬之。

蕭和瑪凱在犯罪學理論的創建研究深受芝加哥學派柏格斯與帕克的影響，並以都市區位模型作為理解犯罪的基本框架。尤其是柏格斯的同心圓理論，更是促使他們創建社會解組理論最大的參考來源。柏格斯以製圖方式呈現都市發展的狀況，其雖然可以顯示都市犯罪或偏差的空間分布，但卻無法解釋為何某些特定區位犯罪率較高的現象，因而學者質疑此一缺失有將都市犯罪或偏差的肇因推給特定的人口群體或種族之嫌。因此，蕭和瑪凱依隨著柏格斯的同心圓模型概念，添加諸多犯罪學元素在研究當中，嘗試去找出為何某些特定區域會有較高的犯罪率。其研究結果認為，該區域呈現「社會解組」現象是造成高犯罪率的主因；換言之，高犯罪率是因為該社區具有許多社會解組特徵，進而使該區域內的居民無法遵循共同價值觀，以適時解決社區諸多偏差問題的結果。此為蕭和瑪凱於1972年發表社會解組理論的主要論點（Shaw and McKay, 1972）。

二　內涵

社會解組理論認為犯罪應該不是由個人因素所引起的，而應該是一般人對社會異常條件的正常反應。因此，如果一個社區沒有自我秩序控管機制，也沒有受到外部機制嚴格監控，那麼該社區內的某一部分人將表現出不受約束的自由來表達自己的情緒和慾望，這通常會導致犯罪行為的發生。因為蕭和瑪凱乃是從整個都市生態空間進行犯罪學研究，因此被稱為犯罪學社會生態學派（The Social Ecology School）。

蕭和瑪凱所從事著名的芝加哥市少年犯罪率同心圓研究，係從當時的少年法庭蒐集1900年至1933年期間的10歲至16歲男性為樣本，計有56,000個少年法庭紀錄，並分成1900年至1906年、1917年至1923年和1927年至1933年等三個時期，分別製作了犯罪率、犯罪區域和犯罪斑點圖等。該研究並以每平方英里劃分下的經濟條件、種族異質性和人口流動率為自變

項，以被逮捕率、起訴率及判決有罪率為依變項進行研究分析。因為他們
選擇研究的期間剛好有很劇烈的移民遷移現象，因此蕭和瑪凱便認為他們
可以從此一研究證明：犯罪是由特定的移民群體所造成？還是由移民所居
住的環境因素所造成？

　　明確地說，如果特定移民群體在整個都市不同的區位環境中遷移，高
犯罪率都是隨著他們的遷移而遷移時，那麼犯罪就可能與他們獨特的文化
規範特徵有關；反之，如果高犯罪率是固定在某一特定區位環境裡，並不
隨特定移民群體的遷移而有所變化，那麼犯罪就不是與特定移民的文化體
質有關，而是與該區域的生活環境有關。因此，蕭和瑪凱以四個與社會解
組有關的因素假設來解釋犯罪行為（Shaw and McKay, 1972）：

（一）個體偏差或犯罪行為是社會系統性或機制性（institutional）的問題，
　　　主要是基於社區各種控制手段崩潰失靈的結果，生活在這種情況下
　　　的人們並沒有迷失生活的方向；相反地，個體偏差或犯罪行為是自
　　　然應對社區解組環境的正常反應。

（二）社區解組的潛因主要來自社會快速的工業化與都市化的結果，並發
　　　生在都市地區外來移民的遷移過程所造成的。

（三）該區域的社會制度有效性，以及該區域居民對住宅的需求，並與他
　　　們謀生地點等綜合自然結合下，充分受到都市生存競爭和支配法則
　　　所影響（此一假設也充分突顯蕭和瑪凱運用生態學方法解析社會解
　　　組與犯罪之間的關係）。

（四）社會解組區域內產生某種犯罪價值和傳統延續的發展現象，這些犯
　　　罪（偏差）價值和傳統取代了傳統主流價值觀念並具有永續性（這
　　　也是為何社會解組理論被歸類在副文化理論體系內的原因）。

　　蕭和瑪凱的芝加哥少年犯罪率同心圓研究，得出下列四個發現
（Shaw and McKay, 1972）：

（一）少年犯罪率與同心圓的空間格局一致，發生率最高的地區位於市中
　　　心區及其週邊，並且隨著距市中心的距離而降低。

（二）各種社會問題指標揭示了某一特定區域空間的格局特徵。

（三）各種區域空間內的犯罪率呈現長期且顯著的穩定性，即使幾十年來
　　　「過渡區」內的人口種族與移民結構發生了很大變化，該區域還是
　　　維持著高程度的犯罪率。

（四）都市犯罪（偏差）行為是經由家庭、鄰里、同儕、幫派等人際關係

網絡交互作用下所發生。

　　蕭和瑪凱透過此一研究得出一個結論：無論移民群體居住在哪一個區位，高犯罪率始終圍繞在都市同心圓的第二圈（過渡區）之內，由此可知，犯罪不是個體特質或所屬規範文化所造成，而是與犯罪發生的特定生態環境相關的，因為種族多樣性會干擾成年人之間的交流，因此而降低社區經營的有效性；又因為彼此習俗差異和缺乏共同生活經驗下，可能滋生相互恐懼和不信任感，因此社區意識形成不易，社區自我控制社會秩序的可能性降低，犯罪或偏差行為產生的可能性便會升高。

　　檢視社會解組理論的觀點可知，蕭和瑪凱引用柏格斯的都市成長同心圓模式，研究少年犯罪率的分布情形，發現少年犯罪率從市中心區逐漸往郊外降低，並發現高犯罪區域集中在過渡區，而該區則有以下特徵：1.不管居住在過渡區裡的居民種族特性，該區域的犯罪率總是最高的；2.當過渡區居民遷往其他地區後，他們的犯罪率也相對下降；3.在空間土地使用上，該區呈現工商業與住宅混合的現象；4.在經濟上具有貧窮家庭、低房租家庭等不利條件；5.在人口組成上，則與大批移民集中有關。

　　依據前述特徵的交互影響下，大多低下階層者因都市的發展而集中並往都市求生存，進而暫時居住在都市週邊區域以降低生活支出；又因該地區的房租便宜，使得大量移民移入，造成該地區人口組成異質性高、人口流動率高、原有社區的共生結構遭受破壞等，社區因而解組。許多青少年即在此一社區自我控制機制薄弱的環境下，滋長犯罪與偏差行為。因此，區位（社區）特性決定了犯罪活動的興衰。

　　最後，社會解組理論強調，社區組織及非正式社會控制力在預防少年犯罪的重要性。在中上階級社區中，家庭滿足了年輕人的需求，而父母也比較會謹慎地監督他們的孩子；但是在過渡區裡，家庭和其他傳統機構（例如學校，教堂，鄰里）由於迅速發展的都市化過程（居民遷出遷入頻繁所造成的高人口流動性，及不同種族或多方移民所建構的高人口異質性）而無法產生穩定社會控制力的作用，其結果就是少年在成長過程中未能得到有益身心發展的支持或監督。過渡區的年輕人放任自流，擺脫了在較富裕地區普遍存在的非正式社會控制力的約制，在沒有強而有力的約制力去阻止他們尋求刺激和偏差友伴下，犯罪很容易與其產生高度連結。

三　結論

社會解組理論自發表後已歷經四十餘年，至今仍然受到許多犯罪學者的重視，並嘗試去測試該理論的可實證性與可運用性，其中最具代表性的應屬桑普森和格羅夫斯在英國的研究（Sampson and Groves, 1989）。桑普森和格羅夫斯使用1982年英國犯罪調查統計的數據，進行社會解組理論的實證檢驗，該數據涵蓋英格蘭和威爾斯共238個地區，包括1萬多名受訪者。他們的實證模型包括低社會經濟地位、人口異質性、人口流動性、破碎家庭結構和都市發展現況等與社會結構因素有關的測度；另還包括三個衡量指標：社區鄰里網絡連結度、居民對社區組織的參與度以及該社區有未受監督青少年的比率等。桑普森和格羅夫斯的研究結果與蕭和瑪凱的理論相當一致，其發現社會結構因素加劇了社會解組的程度，因此也導致解組區域的犯罪率高於未解組的區域。這些研究結論為蕭和瑪凱的社會解組理論提供了強烈的支持。

蕭和瑪凱認為，只有透過觀察少年生活所處的區位環境後，才能真正理解少年犯罪的原因；換言之，少年犯罪本身就是快速都市化、工業化與大規模人口移動所造成重大社會變革的產物，少年生活在此一具社會解組特徵的轉型區域內，傳統機構（家庭、學校、鄰里等）功能瓦解，他們幾乎沒有受到穩定的監督與控制，很可能會成為該區位犯罪副文化的下一代載體。總言之，正是這種結合「既沒有社會控制力又暴露於犯罪副文化」的雙重影響下，誘使生活在該區域的少年極易陷入犯罪，從而造成高犯罪率。

四　社會解組理論另一章──集體效能理論

集體效能理論（Collective Efficacy Theory）是由桑普森等人所提出的理論概念，該理論的觀點與蕭和瑪凱所提出的社會解組理論相當一致，亦即社區（區位）存在非正式社會控制力的程度，將影響社區犯罪問題的程度（Sampson and Groves, 1989）。桑普森在犯罪學觀點上雖然曾經被赫胥所影響，但他最終卻選擇比赫胥社會鍵理論更為宏觀的社會解組理論作為他開創理論的基礎。誠如Lilly等人（2011）所說：他（桑普森）對「為什麼是這個人而不是那個人」從事犯罪的議題不感興趣，而這卻正是

赫胥所關注的核心;相反地,桑普森更著迷於蕭和瑪凱所關注在宏觀層面的議題上:「為什麼是這個區域而不是另一個區域」有較高的犯罪率。

因此,當桑普森關注蕭和瑪凱所採取較為宏觀層面的犯罪原因觀點後,他便於1997年與Stephen Raudenbush和Felton Earls共同提出具有社會組織框架的集體效能理論,該理論不僅是有附和蕭和瑪凱社會解組理論的內涵,更在理論概念化上有令人耳目一新的感覺。桑普森等人(1997)觀察到各個社區鄰里在激化非正式社會控制力的程度是有所不同的,非正式社會控制力強的社區鄰里居民,當看到社區內有偏差的人、事、物時,會採取較多主動制止的行動,而不是被動等待該偏差人、事、物受到抑制,例如他們會主動打電話通知警察有關社區內的偏差滋擾事件、他們會出手相救遭受偏差少年欺負的人並斥責這些偏差少年們等。

桑普森等人同時也發現在具有高度非正式社會控制力的社區裡,決定居民會採取主動介入處理偏差事件的主因,在於社區鄰里之間存有高度的互信、互賴和團結的氛圍。因此,在具有這種高度凝聚力的社區當中,居民們可以相互依賴以執行他們所默認的社區規則,進而形成對社區偏差事件有高度意願介入者,此便是集體效能理論的核心概念。桑普森等人(1997)也認為,集體效能並不是普遍存在於每個社區當中,例如在以移民集中生活為特徵的社區,因其高人口流動與人口異質,且其生活經濟狀況也不是很穩定的情況下,這種集所有劣勢條件於一身的社區環境,其集體效能便顯得薄弱,因為這些社區缺乏強烈的社會資本(social capital)來強化非正式社會控制力,以保持社區的安全。

集體效能理論是近年新興的犯罪學理論,除了有複習蕭和瑪凱社會解組理論的味道外,似乎也是一個充滿開創性的理論觀點,因為該理論鼓勵了社區鄰里居民參與社區組織、營造社區意識、主動介入社區事務等,以達到抑制該社區滋生犯罪人與犯罪事件的雙重效果。

第三節　差別接觸理論——學習犯罪副文化

一　背景

　　差別接觸理論是由美國犯罪學者蘇哲蘭於1947年所提出，縱觀蘇哲蘭創建該理論觀點的歷史來說，他於1930年受聘於芝加哥大學任教，因此在犯罪學理論思想上深受芝加哥學派的影響，從他日後所提出的許多犯罪學觀點也都可以看出，他的論點不斷地在擴大化芝加哥學派的社會環境論，尤其是蕭和瑪凱社會解組理論的內涵。由此可知，蘇哲蘭也是反對個人病因式的犯罪解釋，反而堅信個人所處的環境會導引個體從事犯罪行為。

　　蘇哲蘭反對個人病因式的解釋，可體現在他對盛行於1930年代新龍布羅梭理論（Neo-Lombrosian Theory）的評論上，他說：新龍布羅梭理論認為「犯罪只不過是精神病理學的一種解釋。」如此說法，簡直是比龍布羅梭認為「犯罪是由具有特定身體結構者所造成」的說法更沒有道理（Sutherland, 1939）。此一評論，便可看透蘇哲蘭極為反對將犯罪採取個人病因式的解釋。

　　雖然蘇哲蘭反對個人病因式的犯罪解釋，甚至是受到芝加哥學派，尤其是蕭和瑪凱的影響甚深，但他卻只是站在芝加哥學派的大概念下去發展他自己的犯罪觀，而不是全盤接受芝加哥學派的犯罪論。因此，當解析差別接觸理論時即可發現，該理論是建立在「差異性社會組織」（differential social organization）與「差別接觸」（differential association）兩大概念，以及九個命題上所發展出來（Sutherland and Cressey, 1970）。

二　內涵

（一）差異性社會組織

　　蘇哲蘭雖然深受蕭和瑪凱社會解組理論觀點的影響，但他卻拋棄蕭和瑪凱所使用的「社會解組」概念來解釋犯罪行為，反而認為社會自然而然會形成各種不同的社會組織內涵，例如有些人會因為要支持犯罪活動而被

組織起來；而有些人則是會因為要對抗犯罪活動而被組織起來。此時，生活在支持犯罪的社會組織當中的個體，或頻繁與之接觸的個體，會因為長期接觸該組織文化環境，除了不斷加深他的犯罪信念外，同時也讓該社會組織更加扎根，犯罪因而不斷被加深與擴散。

（二）差別接觸

蘇哲蘭將犯罪的滋生源建立在社會組織（social organization）層面上，這與蕭和瑪凱的社會解組理論所論述犯罪滋生源的層次架構是相同的。但他與蕭和瑪凱不同的是，蕭和瑪凱認為具有社會解組特徵的社會組織涵養了一批犯罪人；但蘇哲蘭卻認為個體犯罪是受到犯罪副文化傳播的影響，是個體在日常生活透過社會互動過程學習而來。因此，決定個體犯罪與否的主因就不是來自他所成長的社會組織內涵，而是決定在他所接觸的社會組織文化是否是有利於犯罪的定義多於不利於犯罪的定義。

若以同心圓理論為例說明蘇哲蘭的觀點，中心商業區本身就存有文化衝突的現象，可概略分成「傳統文化」與「犯罪文化」兩種，而這兩種文化之間存有吸引居民信奉的競爭性，就看居民與哪一種文化形成最緊密的接觸連結。蘇哲蘭進一步認為，任何人處在各種社會互動過程中，都不可避免地會與「有利於犯罪的定義」（definitions favorable to violation of law）和「不利於犯罪的定義」（definitions unfavorable to violation of law）有所接觸，而個體在與這些定義或犯罪觀點接觸後，所存在於信念的比例，將決定該個體是否將犯罪視為一種可以接受的生活方式。

蘇哲蘭認為上述「差異性社會組織」與「差別接觸」這兩個概念其實是可以兼容並存，且可以對個體犯罪行為進行完整的解釋。例如差異性社會組織是屬於社會結構面的議題，強調社會本來就會存在多元社會組織與文化，其中便包括了「傳統文化」與「犯罪文化」；而差別接觸則緊接著去說明犯罪是因為個體在社會互動過程中，接觸犯罪文化多於傳統文化所形成。

（三）差別接觸理論的九項命題

蘇哲蘭的差別接觸理論在歷經前述兩個理論概念的發展後，最後提出下列九個命題，並在當時形成一股深具影響力的理論概念之一。

1. 犯罪是經由學習而來。

2. 犯罪行為是與他人互動溝通的過程中學習而來。
3. 犯罪行為的學習核心，發生在親密的團體當中。
4. 犯罪行為的學習內涵包括：犯罪技術（複雜或簡單都有）、犯罪動機、驅力、合理化與態度等。
5. 個體所學到的行為動機與驅力，來自於他所接觸到有利於或不利於法律定義的程度。
6. 個體會從事犯罪，就是因為他接觸有利於犯罪的定義超過了不利於犯罪的定義。而這也是差別接觸最主要的核心概念。
7. 差異連繫（接觸）的程度，會因其頻率、持續性、優先順序和強度而有所不同。
8. 個體學習到犯罪或不犯罪的機制，與其學習其他事物的機制是相同的。
9. 犯罪行為是個體依其一般需要和價值觀的一種表達，但卻不能用同樣的一般需要和價值觀來解釋犯罪行為，因為非犯罪行為也是同樣基於一般需要和價值觀的一種表達方式。

三　結論

　　綜合蘇哲蘭差別接觸理論的觀點，他認為犯罪人與非犯罪人之間的區別，不在於他們的個人特質或能力的差異，而是在於他們所接觸到的學習內容差異上。例如，生活在具有濃烈傳統價值社區的個體，將會接觸學習到一些傳統活動，諸如參加教堂禮拜、跟朋友一起去露營、打球等；而生活在具有犯罪副文化環境的個體，則會因為有較大的機會去接觸學習到犯罪副文化，或從長期從事犯罪的個體處，學習到諸多犯罪的動機、價值觀、技巧、合理化態度等，因而有較大的可能從事犯罪行為。此外，蘇哲蘭提出本理論時便企圖讓該理論形成具有一般化或共通性解釋犯罪的性質，因為從他的研究過程或對差別接觸理論的期待來看，其可解釋於各種不同類型的犯罪活動，尤其不限於低下階層或類似芝加哥學派所稱之「過渡區」青少年的犯罪，可能還可包括白領犯罪。

　　延續上述的觀點可知，蘇哲蘭不僅要擴展其差別接觸理論的解釋面，更有打破犯罪學理論僅存在於解釋類似「過渡（貧民）區」犯罪的企圖。因此他在犯罪學史上還有兩部相當著名的作品，第一部作品是於1937年出版《職業竊盜犯》（*Professional Thief*），第二部作品是於1949

年出版《白領犯罪》（*White-Collar Crimes*）。從這兩部作品的內涵當中可以得知，蘇哲蘭相當執著於他的差別接觸理論。

（一）職業竊盜犯

蘇哲蘭將他的差別接觸理論概念應用在對職業竊盜犯的觀察研究上，他認為要成為一位職業竊盜犯有其一定的身分標準及專業技巧，而這些標準與技巧是透過大量的差別接觸學習而來，其中不僅學習竊盜的專業，還會學習如何規避警察對他們的逮捕及法律對他們的懲罰。

蘇哲蘭認為要成為一個職業竊盜犯應該有其基本的結構背景，例如由於家庭破裂或頓時失業的危機等，可能就讓個體有機會去接觸竊盜犯罪的機會，並在竊盜圈內逐漸去接觸更高階的職業竊盜犯，進而學習行使竊盜的動機、技術、合理化或躲避法律追訴的各項技巧。但是，個體不會在短期內就成為職業竊盜者，因為他必須經歷兩個條件：一是他要有機會接觸職業竊盜的導師；二是他要經過這位職業竊盜導師一段時間的觀察檢驗，只有在他熟練取得所必需的技能、態度與行規守則後，他才會被這位職業竊盜老師與其他同儕接納為該團體的正式成員。

職業竊盜犯具有與其他社會上專業行業非常相似的特徵，諸如專業化與專門化。社會上各種專業人士會將時間投入在整個工作的專業上，職業竊盜犯也是如此。他們會去研發周密的行竊計畫、規劃詳細的行竊步驟，以及行竊後如何順利且安全的銷贓，即便是不慎行竊失風被捕，他們也會有一定的專業管道去降低被法律懲罰的風險；再者，職業竊盜犯與其他專業行業一樣，有著一定的職業倫理標準，他們彼此之間具有相當親密關係，他們具備嚴謹的誠實和正直特質，從不四處吹噓，也從不四處亂花錢，以避免引起他人（尤其是警察）的注意；甚至當他們行竊失風被捕之後，他們也會一肩扛起，不會透露任何與職業竊盜有關的任何訊息。換句話說，職業竊盜犯就如同社會上的律師或醫生一樣，是一種具備專業技能與倫理的社會活動。

蘇哲蘭基於差別接觸理論的概念研究職業竊盜犯，並認為個體形成職業竊盜犯的過程並不是一蹴可及的，他必須歷經有接觸聯繫職業竊盜老師的機會，並把握此一機會下，向這位老師學習成為一位職業竊盜犯應有的條件，並深化這些條件程度後才可能成為真正的職業竊盜犯。因此，蘇哲蘭對於職業竊盜犯的刑事處遇建議是：若只是透過一次性地懲罰性措施或

改革性政策來對付竊盜犯，就不可能實現對職業竊盜犯罪的充分控制，因此針對具有職業慣性的犯罪者而言，應該重新思考另一種司法或社會改革措施。這也是現今法學當中有關保安處分的濫觴。

（二）白領犯罪

　　蘇哲蘭創發差別接觸理論不僅是要去解釋某些特定的犯罪行為，更想去解釋所有的犯罪行為，並突破只適用在低下階層的理論層次感。因此，他將犯罪研究對象從傳統的低下階層者轉移到社會中上階層者身上，因為他認為差別接觸理論也適合應用在「受人尊敬和較高社會地位者在其職業過程中所犯下的罪行」，他稱之為白領犯罪（white-collar crimes）。在他進行一段研究之後發現，許多美國公司企業經常性的違反法律規定，幾乎已經達到慣犯（habitual criminals）的程度（Sutherland, 1949）。

　　因為蘇哲蘭觀察到在當時大多數的犯罪學理論都將觀察重點集中在低下階層者的生活環境當中，因此對於白領犯罪領域一直都缺乏適合解釋的理論，畢竟從事白領犯罪者大多數都是白人，他們生活富裕且擁有很好的生活條件，因此蘇哲蘭認為應該不是低經濟生活條件促使他們犯罪。蘇哲蘭在其白領犯罪的研究中發現，在許多職業當中，非法行為已被廣泛認為是做生意的一種方式，這些白領犯罪者從小會是在一個好的家庭與社區當中成長，然後懷抱著理想主義態度從大學畢業，投入工作職場並擁有好的職位。然而，就在那時，他們進入了特殊的商業環境，非法牟利在這種商業環境中似乎已成為同行的潛規則，因此犯罪實際上已成為該職業體系裡的習俗一般。他們就如同淪為盜賊的貧民區青年或犯罪人類似，他們與有利於犯罪定義者的高度接觸，最終塑造了他們的犯罪取向，並將其從白領工作者轉變為白領犯罪者。

　　蘇哲蘭的差別接觸理論在創發提出之後，在當時引起許多犯罪學者的關注與討論，且也不免俗地遭受許多的質疑與批評，其被質疑之處包括操作該理論有其困難度，且在現實生活中常可發現與其理論並不一致的現象。最重要的是，蘇哲蘭的差別接觸理論並無法明確說明第一個被學習或被接觸的犯罪人是如何產生，以及對於學習機制也缺乏具體的說明下，導致該理論存有先天上的瑕疵。雖然如此，蘇哲蘭的差別接觸理論提供犯罪學理論建構上的一個方向，擺脫個體病因論之外，也擺脫將犯罪學研究注意力一直放在貧民區等低下階層身上，同時也吸引後來的學者注意，並將

其理論元素加以補強擴展後，又再度復出於受矚目的犯罪學理論行列。此便是艾克斯所提出的差別強化理論。

第四節　差別強化理論 —— 學習犯罪副文化

 背景

　　差別強化理論（Differential Reinforcement Theory）是美國犯罪學者艾克斯（Ronald L. Akers）所提出，該理論乃是在蘇哲蘭的差別接觸理論基礎下加以擴展而產出，也因此同被歸列為社會學習理論的一支。在前一節介紹蘇哲蘭的差別接觸理論時曾經提到，該理論認為犯罪是個體經由學習而來，而且是經由他所接觸到有利於或不利於法律的定義程度所決定。即便如此，包括蘇哲蘭在內的芝加哥學派學者似乎忽略促成個體選擇犯罪的重要徵點，即是：就算個體接觸到不利於法律定義的人或事時，他又是如何學得犯罪動機、價值與相關技巧等。因此，艾克斯便將他的觀察重心放在犯罪學習的機制與過程上，形成他日後相當著名的差別強化理論。

　　觀察艾克斯的犯罪學研究史，他先是接觸到衝突學派的奎尼（Richard Quinney），並在他的指導下從事法律社會學的研究，但後來又遇到了芝加哥學派的伯吉斯（Robert Burgess），並對芝加哥學派的社會連繫犯罪觀感到興趣，再加上艾克斯原本就想將行為心理學的原理應用在社會學主題上，在這種種背景下，蘇哲蘭的差別接觸理論便成為他試驗社會學習觀點的首選。「學習是個體犯罪行為的基礎」也成為日後艾克斯提出差別強化理論的重要核心概念。

　　其實在艾克斯提出差別強化理論之前，他幾乎沒有對犯罪價值和個體學習結構的起源進行系統分析，只是觀察到個體會因其所處的低劣社會環境（social location），而將自己暴露在有利於非法行為的學習環境中（Sampson, 1999）。誠如艾克斯自己所說：「伯吉斯和我都同意，蘇哲蘭的差別接觸理論是探索行為心理學對社會學產生影響最適當的理論，……蘇哲蘭的理論是自覺的一種『學習』理論；行為心理學的操作者制約是一種自覺的『學習』理論，兩者都是行為學習、持續、表現和改變的理論。其中，蘇哲蘭提供了學習的社會互動環境，而史金納則提供了學

習的機制」（Akers, 2011）。由此可知，艾克斯的差別強化理論即是融合蘇哲蘭的差別接觸理論與史金納的學習理論而成。

　　相較於蘇哲蘭，艾克斯的理論對於犯罪行為的解釋更具有全面性，他不僅著重於犯罪行為是如何學習取得，也特別強調犯罪行為是如何持續與停止，因此，當有人支持差別接觸理論時，同樣的也支持了差別強化理論；而當有人支持差別強化理論時，也不會去否定差別接觸理論的功能。因為這兩個理論在「差別接觸」這個理論源頭上是相同的，而兩者最大的差異是在於學習機制的說明上。艾克斯比蘇哲蘭更加清晰完整。例如，艾克斯先是參酌了史金納的操作制約學習理論，後又加入班杜拉的認知學習理論觀點，使得蘇哲蘭備受爭議的「缺乏學習機制說明」的批評得到完整的補充。他認為學習犯罪行為過程中發生的具體機制，主要是透過操作制約條件或連結強化程度的影響，明確地說，個人的犯罪行為或其他自願性行為，乃是受到社會獎懲制度的影響（Akers, 1998）。

❷ 內涵

　　雖然艾克斯與蘇哲蘭一樣，都強調對犯罪「定義」的重要性，但艾克斯對「定義」的解說上，則是超越了蘇哲蘭。艾克斯認為個體內心的「定義」效果，有些是基於「一般性的」，例如基於宗教、道德和其他社會常規價值觀所下的定義；而有些則是基於「特定性」的，而特定信念則是屬於個人定義的，指引個人傾向於犯下或遠離犯罪行為。例如，某個體認為基於朋友道義下，去暴力毆打朋友的仇人是合理而非犯罪，但卻認為吸毒與詐騙行為是犯罪的；另外，艾克斯也認為「差別接觸」確實是影響個體是否從事犯罪很重要的關鍵，但差別接觸後的效果不會是如蘇哲蘭所說的只有單向效果（學習犯罪行為），因為在社會互動接觸過程中，經某些學習機制的運作下（例如增強作用），其對犯罪行為的學習有的會產生「消極的」效果，有些則是產生「積極的」效果；最後，還有一些人會透過中立化技術所產生有利於犯罪的證明或辯解，進而鼓勵犯罪（Akers, 2000），而這中立化技術的學習，恐怕不是簡單的接觸即能習得，勢必要經歷一定程度的學習機制的運作。

　　統合來說，艾克斯對於蘇哲蘭的理論修正內容主要有以下三點：

（一）蘇哲蘭認為個體一旦接觸有利於犯罪的定義並將之內化之後，便會

持續規範個體的行為決策;然而,艾克斯認為除此之外,人類個體還會透過模仿(imitation)機制對所觀察到的社會犯罪行為進行模建(modeling)來參與犯罪。

(二)艾克斯認為「定義」和「模仿」可以說是個體從事第一次犯罪時最好的理論解釋;而「差別接觸」與「操作制約效果」是個體持續犯罪或停止犯罪最好的理論解釋。

(三)艾克斯運用行為心理學當中的操作制約觀點,提出社會強化(獎勵和懲罰)的面向與強度,以決定個體是否持續於犯罪活動當中。換言之,個體是否持續參與犯罪,取決於是否持續獲得獎勵,以激勵其持續在犯罪活動領域中。這些增強作用愈強且愈持久,則犯罪行為持續性的可能性就愈大。艾克斯稱之為「差別社會強化」(differential social reinforcement)。

當艾克斯對蘇哲蘭的理論修正有了上述概念的輪廓之後,接下來就是針對個體的犯罪學習機制進行說明。他與伯吉斯提出了下列七項學習機制與過程的說明,來修正蘇哲蘭關於學習犯罪行為的說法(Burgess and Akers, 1966):

(一)犯罪行為是根據行為心理學當中的操作制約原則而學習的。

(二)犯罪行為既可以在非社會性情況下得到強化或減弱,也可以透過社交互動接觸來學習,但在社會互動接觸過程中,其他人的行為對另一人從事犯罪行為的效果可以是強化或弱化的。

(三)學習犯罪行為的主要部分,會發生在那些足以強化個人學習的親密團體當中。

(四)學習犯罪行為,包括學習特定的技術、態度和避免被逮捕等,而這些學習對於強化個體持續留在犯罪活動領域內的功能是有效的。

(五)個體所學習到的行為類別(犯罪行為或非犯罪行為)及其發生的頻率,取決於強化材料的有效性與可用性,以及應用這些強化材料時的相關規則的嚴謹度。

(六)犯罪行為的學習就像是對犯罪行為進行一項區分的函數法則,當犯罪行為比非犯罪行為得到更大程度的強化時,就會學習到犯罪行為。因此,每個人類個體在社會生活都會面臨犯罪行為與非犯罪行為的競爭,端看這兩者所投入的生活變項較為強烈且有效影響該個體的行為選擇。

（七）犯罪行為的強度直接取決於造成個體從事犯罪行為的數量、頻率和
　　個體接受持續增強的可能性。

　　最後，艾克斯將個體行為的「定義」、「差別接觸」及「學習機
制」三者加以融合後提出：當個體處在規範、價值與態度的偏差狀況
時，容易促使其從事犯罪行為，而造成個體犯罪的可能性則取決於他接
受到「差別強化」的程度；除此之外，當個體在當時學習到犯罪行為，
不表示他就此被預期一直沉浸在犯罪活動領域當中，這還要視其被持續
強化的程度。因此，就艾克斯的角度來說，個體犯罪行為的習得、持續
與停止乃決定在其受到差別強化的程度，而差別強化的過程則有下列四
個關鍵模式在運作，而其中的正面增強與反面增強又被合稱為增強作用
（reinforcement）：

（一）**正面增強**（positive reinforcement）：若以犯罪行為的方式可以獲取正
　　面的報酬，則該犯罪行為會受到學習與強化。例如，透過偷竊或搶
　　奪以獲取錢財花用；透過暴力傷害毆打同儕團體的仇人以獲取同儕
　　團體高度的認同與信任等，當犯罪行為可增加其社會地位、金錢、
　　愉悅感或其他獎賞效果時，即為犯罪行為提供了正面增強的效果。

（二）**反面增強**（negative reinforcement）：若以犯罪行為的方式可以降低
　　或舒緩個體諸多負面的刺激與感受時，則該犯罪行為會受到學習與
　　強化。例如，長期遭受到丈夫身心家暴的婦女，最後在忍無可忍的
　　情形下，趁其丈夫熟睡時拿刀殺害；某甲在其女友面前遭受某乙當
　　眾羞辱，在不堪羞辱的情緒下，拿出水果刀刺死某乙等，當犯罪行
　　為可降低或解除其內心之痛苦、焦慮、挫折、極端厭惡等負面刺激
　　時，犯罪行為提供了反面增強的效果。

（三）**正面懲罰**（positive punishment）：與上述增強作用不同的是，利用
　　正面與反面的懲罰也可達到增加或減少犯罪行為的可能。此處的正
　　面懲罰是指：當個體從事犯罪（偏差）行為後，便積極施加某些懲
　　罰措施在該個體身上，讓其感受痛苦或增加不便而令其不敢再犯。
　　例如，某甲開車前往赴宴，宴中飲酒並於宴畢後欲回家時，眾友人
　　勸其尋找代駕公司或搭計程車返家，但某甲卻堅持自行開車返家，
　　最後因被警察攔檢酒測濃度達公共危險程度而被開罰並移送法辦。
　　此等某甲的行為決定，因正面積極的懲罰方式，導致其痛苦或不愉
　　快的經驗，稱之為正面懲罰。

（四）反面懲罰（negative punishment）：當個體從事犯罪（偏差）行為後，便消極的剝奪其既有利益，讓其感受痛苦或增加不便而令其不敢再犯。例如，某小學生乙的父母買一台平板電腦給其，並且要求每天僅能在晚間8時至9時期間上網1小時，但乙生卻沒有遵守父母的要求，常在半夜等父母熟睡後起床上網流連於網路，當其父母發現後便沒收該台平板電腦。此等某乙的行為決定，因反面消極的懲罰方式，導致其痛苦或不愉快的經驗，稱之為反面懲罰。

　　艾克斯認為上述這四種強化模式，在操作上並不一定只能單獨操作，也可同時並用，且當個體從事犯罪行為所受到的增強程度愈高或懲罰程度愈低時，則該個體愈有可能沉浸在犯罪活動領域之中。

三 結論

　　艾克斯的差別強化理論係以蘇哲蘭的差別接觸理論為藍本，再加諸行為心理學當中的學習理論後融合而成，他補充了差別接觸理論沒有清楚說明學習機制的部分，以增強作用和懲罰機制來加以解釋個體如何習得、持續或停止犯罪，因為這樣的學習機制是充斥在社會互動過程中所完成，因此艾克斯又稱其理論為社會學習理論（Social Learning Theory）。除此之外，差別強化理論同時也擴展了理論的解釋層次，不再以低下階層環境作為其解釋犯罪的主軸，反而是擴展到社會各階層，進而去強調他所主張差別強化的犯罪解釋。

　　差別強化理論除了以個人微觀或社會過程的角度，去解釋個體犯罪行為有相當多的變化之外，艾克斯（1998）近年來也在其社會學習理論的基礎上，添加社會結構變數，又再度擴展其理論規模為宏觀層面的「社會結構和社會學習理論」（Social Structure and Social Learning (SSSL) Theory），將影響個體從事犯罪行為的諸多社會結構變項（社會亂迷、階級壓迫、社會解組，群體衝突，性別歧視等）視為自變項，並透過原有社會學習變項（差別接觸、犯罪認知／定義、差別強化、模仿）的中介作用下，對個體的犯罪行為產生影響。從艾克斯的SSSL理論假設可以看出，他不僅是要創造犯罪學理論，更是想要創造全面有效的犯罪學理論。

第五節　文化衝突理論——階級犯罪副文化

一　背景

　　1930年代是美國犯罪學理論產出大爆發的起點，諸多犯罪學理論在芝加哥學派概念的引領下，產出許多與低下階層者有緊密相關的作品，例如蕭和瑪凱的社會解組理論、蘇哲蘭的差別接觸理論、艾克斯的差別強化理論，再如墨頓提出的緊張理論等，都可算是受到芝加哥學派的影響而產出。這種以關注低下階層者的生活模式或文化規範所導引出的犯罪學理論相當多元，但大多都集中在以社會病理觀點來論述該階層環境與犯罪之間的關聯性。但有一位犯罪學者卻將研究觀點拉高到階層文化之間的對比與犯罪的關係，此即是美國犯罪學家雪林。

　　前述所稱關注於低下階層者的生活模式或文化規範所導引出的犯罪學理論，似乎認為低下階層社區組織容易形成有利於犯罪發生的副文化，進而影響生活在該領域的個體陷於犯罪，這種以主流文化（以中產階級意識為主）為標準來檢視低下階層副文化的方式，即代表著一種衝突的觀點。因此，若從社會組成的角度來說，社會體不是建立在完全共識之上來運作的，而是由多種階層文化模式所組成，那麼為何有這麼多的犯罪學家會集中在低下階層的副文化環境當中，找尋促使個體犯罪的證據及理論。基本上，他們似乎有了一個具有文化偏見的前提假設：當某個人長期沉浸在犯罪副文化裡，或與那些守法程度較低的低下階層者交往接觸時，那麼他們將傾向於學習到犯罪動機、技巧與態度，並發展出犯罪傾向與行為。

　　首先有上述所稱「文化衝突」的覺醒者並非本節的主角雪林，而是蘇哲蘭，因為他從1920年代中期即開始關注社會上階層者的犯罪，並於1930年代開創白領犯罪研究的先河，且在1940年代發表關於白領犯罪的研究作品（Sutherland, 1949）。在這些作品當中，他曾論述：強大的經濟利益使得社會財富集中在社會上階層者，其透過社會經濟力與政治力去保護自己，並且影響社會政策使他們成為「慣犯」。蘇哲蘭如此的描述，在某種程度上說明了社會階層的不平等，也顯見各種階層文化衝突的現象。

　　在同一期間，雪林也主張對犯罪應該進行更廣泛的定義，且應該要突破傳統的研究方法。他強調「文化衝突」才是犯罪的根源，因為社會既然

是由各種不同階層文化所組成，所以生活在各種不同階級次文化者會去學習他所處階級的文化與規範，但若一個階層群體的文化規範與另外一個階層群體的文化規範不一致時，則勢必產生衝突，而較具弱勢文化者的行為規範，則很容易就被列為刑法規範之內，犯罪於是產生。

二 內涵

　　雪林對於文化衝突與犯罪的論述較為直接，他認為犯罪的根源就是起於文化衝突的結果，依據他的說法：國家認定為犯罪的行為當然是對社會有害的；也或者可以說是傷害那些在社會中握有政治權力並控制立法、司法和執法者權威的表現（Sellin, 1938）。雪林如此的觀點使他的理論在日後分類上產生分歧，有者將它歸類在副文化理論之內，有者將它歸類在衝突理論之列，由此可知該理論同時蘊含有階級衝突與副文化傳播等兩個概念；再者，若將它歸類在副文化理論的概念時，它則屬於社會過程論（Social Process Theory）的範圍之內，強調階級內的生活態度與價值觀等副文化對個體犯罪的影響，但若歸屬在階級衝突的概念時，則屬於社會結構論（Social Structure Theory）的範疇，強調社會階級之間的文化差異性與衝突感。因此，日後的犯罪學者才會認為雪林在開發犯罪學理論向度上，具有重大的貢獻。

　　雪林的文化衝突理論（Culture Conflict Theory）是建立在「行為準則」（conduct norms）的概念上，他認為無論是哪一種階級社會都會建立起適於（及屬於）該階級的行為準則與價值觀，以供生活在該階級範圍內的個體有所遵循。以副文化理論的觀點來說，中產階級文化強調認真投入工作、延緩滿足感、接受正規教育和養成謹慎的處事態度等生活價值；而生活在社會孤立與經濟貧困的低下階層者，由於他們的生活方式是令人無力與沮喪的，因而創建專屬於低下階層的副文化，裡面的成員是具有容易激動（excitement）、充滿韌性（toughness）、勇於冒險（taking risks）、無所畏懼（fearlessness）、強調即時滿足（immediate gratification）與充滿街頭智慧（street smarts）的生活價值。

　　然而，因為社會運作的法律規範是以中產階級的生活價值與行為準則為主流，因此上述這些低下階層者所形成的副文化行為準則，勢必與以中產階級文化為主流的法律規範相衝突，此時他們只有兩個選擇，一是捨去

自己長期所遵循的生活價值與行為準則（副文化），而去遵守主流社會的生活價值與行為準則（主文化）；二是繼續遵循自己所習慣的生活價值與行為準則（副文化），而不顧主流社會的生活價值與行為準則。只可惜的是，就人類行為慣性來說，大多數低下階層者採取了遵循自己所習慣的生活價值與行為準則（副文化），因而被迫違反法律規範。以上即是雪林論述文化衝突與犯罪的核心內涵。

雪林的「文化衝突與犯罪」觀點，便是嘗試將行為準則與犯罪連繫起來，並將主流文化所生成的刑法規範作為檢視標準，並認為法律的內容會在傳統主流的中產階級規則與其他非主流群體階級之間產生衝突，其中最顯著的例子便是被排除在社會主流之外的少數民族與移民，因為這些少數民族與移民會維護著自己文化上的一套行為準則，因而與主流文化社會的行為準則（刑法）衝突，進而被定義為犯罪。雪林更進一步擴展文化衝突與犯罪的解釋：在日漸複雜多元的社會裡，我們大多數人都會隸屬在多個社會群體當中，隸屬於家庭、同儕、職業、宗教、社區鄰里等，當各種不同群體形成各自獨立的行為準則時，則也存在著規範衝突的現象。雪林就舉出一個例子說明：美國紐澤西州一位來自義大利西西里的移民父親，殺死一位誘騙女兒的16歲男孩被捕法辦後，他對於被捕法辦這件事感到驚訝，因為他認為自己「僅是依據傳統行為準則捍衛家庭榮譽而已」。此便是：當刑法所規範禁止的行為與某一群體行為準則的要求發生衝突時，就會發生文化衝突與犯罪的現象（Sellin, 1938）。

三　結論

雪林在其《文化衝突與犯罪》的專著當中，闡述了犯罪生成的因果關係，並強調犯罪是群體間行為規範衝突的結果，而這種行為規範是該群體文化成長過程的副產品，但卻也是該群體（或該群體的個體）若遷移到另一個群體文化時，促使其所屬成員容易陷於犯罪的依據。但Shoham（1962）認為值得注意的是，雪林所闡述的文化衝突概念與蕭和瑪凱、蘇哲蘭所使用「文化衝突」的概念有所不同，蕭和瑪凱所稱的文化衝突係指某一群體內的制度崩壞所導引出局部的社會解組（social disorganization）現象；而蘇哲蘭所提的文化衝突更只是指由某幾個犯罪人所形成的小型犯罪群體，所引發小規模的文化衝突現象。但是，雪林的

文化衝突概念，不僅描述社會跨階層的文化衝突，也同時適合描述大社會群體內部團體之間（如家庭行為準則與同儕行為準則），以及個人與他所屬群體之間（外籍移工在臺灣社會）的衝突現象，因此在解釋應用上顯得寬闊許多。

第六節　下階層文化衝突理論——階級犯罪副文化

一　背景

美國犯罪學家米勒（Walter Miller）於1958年發表〈下階層文化滋養幫派犯罪的產生〉（Lower-Class Culture as a Generating Milieu of Gang Delinquency）一文，認為下階層文化的獨特價值體系（米勒稱之為焦點關注）主導下階層社會成員們的生活。但米勒也強調，焦點關注並不一定代表對中產階級主流價值觀的反抗，相反地，這些價值只是因應下階層社會生活的現實狀況所發展的。

Lilly等人（2011）認為犯罪副文化理論體系的建構發展到米勒之後，可歸結出三大觀點途徑：

（一）整個下階層文化而非下階層裡的副文化造成大量的犯罪：持此一觀點者以米勒為代表（Miller, 1958），他認為整個下階層文化而不是下階層社會的副文化造成都市大量犯罪的原因，都市幫派犯罪本身也不是經濟貧困的產物，而是獨特的下階層文化的產物。米勒進一步提出「焦點關注」來說明下階層文化的內涵，並將這些內涵來代表下階層的價值體系，指引並成為他們的生活態度與方式。

（二）下階層社會自然生成犯罪副文化而造成大量犯罪：持此一觀點者以柯恩為代表（Cohen, 1955），他認為下階層社會自然生成的犯罪副文化，具有連貫性反社會規範、反主流價值觀的內涵，因此在經過傳播或學習後會激發出犯罪行為。

（三）下階層社會裡的副文化不斷透過差別學習並使個體獲得有利於使用暴力的定義下，養成「使用暴力行為不一定是犯罪行為」的認識：持此一觀點者以渥夫岡和費拉庫提（Wolfgang and Ferracuti, 1982）為代表，他們認為下階層社會會發展出容許行使暴力的副文化，在這

種副文化盛行的下階層社會的個體，會透過互動學習的過程，逐漸養成「使用暴力不一定被視為非法行為，使用暴力者也不必對自己的侵犯舉止有罪惡感」的認知。

二　內涵

由上述可知，米勒的下階層文化衝突理論概念有別於前幾節所介紹的副文化理論，其中最主要的差異有二：一是「整個下階層文化而非下階層裡的副文化造成大量的犯罪」；二是「下階層文化的焦點關注（focal concerns）不一定代表對中產階級主流價值觀的反抗，相反地，這些價值只是因應下階層社會生活的現實狀況所發展的」。在這兩個理論基礎下，米勒提出絕對結構地位（absolute structural position）的副文化模型。根據米勒的觀點，下階層文化體系在其生活文化或所謂的焦點關注點上，具有異於主流文化的獨特性，並且吸引著生活在該階層個體抱持著深厚的情感參與，因為這些焦點關注似乎已成為其文化組成的一部分，或成為文化價值體系標準，成為指引著該階層人們的生活準則。

這些焦點關注的內涵包括麻煩（trouble）、韌性（toughness）、機敏（smartness）、興奮（excitement）、命運（fate）和自主性（autonomy）。因為米勒在建構該理論時是以男性青少年為對象，並稱在這些在焦點關注下的青少年為「街頭角落的青少年群體」（adolescent street corner group）。這個單一化性別的社會群體提供了一定程度的情感和物質資源，也因為參與這個群體者被大量的社會化為男性角色的規範舉止，再加上他們本來就缺乏社會發展的機會，因此對他們來說，這些關注焦點會集中在兩個社會特徵上：「歸屬」（belonging）和「地位」（status）。歸屬感意味著對團體內成員的相互關注；地位感則指青少年渴望在團體成員中樹立良好信譽的地位。以下茲就焦點關注的內涵加以說明（Miller, 1958）：

（一）麻煩（trouble）：下階層青少年會直接或間接製造許多麻煩事端，諸如暴力鬥毆、狂歡飲酒、不當性行為、飆車噪音等，並藉以評估自己處理這些麻煩的能耐以建立相當的聲望。例如，青少年若可以在一件嚴重暴力鬥毆中事件中全身而退時，就可以提高他在街頭社會中的聲望地位。

（二）**韌性**（toughness）：下階層青少年都會期待在街頭社會當中，可以獲得其在身體和精神上是充滿韌性的認同感，因為他們拒絕軟弱，而是重視強硬與戰鬥，若無法在街頭社會獲得如此認同時，可能會因此被認為是軟弱無能，而失去一定的聲望地位。

（三）**機敏**（smartness）：下階層青少年希望擁有並保持自己的街頭智慧，並具有超越對手的企圖與能力，雖然他們不喜歡正規教育，但卻也必須去瞭解與學習生存技巧。例如賭博、哄騙和躲避法律制裁等。

（四）**興奮感**（excitement）：下階層青少年會去尋找樂趣與刺激，讓原本單調乏味的生活充滿活力，而尋求刺激的過程可能會導致賭博、鬥毆、酗酒等；即使在他們沒有特別想去尋找什麼刺激時，他們仍然會四處遊蕩並讓自己覺得很酷。

（五）**宿命論**（fate）：低下階層的青少年認為自己的生活與未來是掌握在強大精神力量的手中（例如神明或上帝），因此想要獲得大量財富或幸運之事，那都是夢想。

（六）**自主性**（autonomy）：低下階層的青少年認為自己應該獨立於權威人物的控制，例如警察、老師和父母等，所以常常用強硬的態度與這些人應對並表現出輕視的態度。因為他們會認為受制這些人物的控制時，便是一種軟弱無能的象徵，也與他們所強調的「韌性」相衝突。

三 結論

　　米勒的下階層文化衝突理論強調下階層社會青少年會發展出一套專屬的價值體系，稱之為焦點關注，但這下階層價值體系卻不是以反中產階級價值體系為出發，反而是他們生活在下階層社會賴以生存的手段。因此，這些價值體系並非意味著犯罪成為他們的必然，但確實是會提高他們從事犯罪的風險。例如，麻煩、機敏與韌性會導致青少年在街頭上有較多參與暴力鬥毆的可能性；尋求興奮感可能會升高他們從事非功利性犯罪的可能；宿命論可能會讓他們失去積極向上的毅力與決心；而自主性會使他們遇到任何困難與問題時，不是去尋求協助而是採取不計行動後果的方式處理，使問題更加擴大。

對於米勒下階層文化衝突理論的的評論上，主要出現兩種聲音：第一是米勒在工人階級社區所進行的研究結果，是否就真能代表所謂下階層的文化價值體系，以及是否真存有與社會其他階層截然不同的規範與價值。第二是米勒的研究對象只針對男性青少年，並未具有性別平衡的研究結果，所以也只能說是男性價值觀的副文化，不能稱之為是下階層價值的副文化。

第七節　犯罪副文化理論之評析

截至目前為止，在犯罪學相關文獻當中對於犯罪副文化理論尚未有一致且精確的定義，理由即在於副文化的形成過程相當多元。就以本節所提出的六種犯罪副文化理論來說，就可分別歸屬在三個決定層面上，分別是區位（個體生活所處的區位環境，存在有利於犯罪滋生的副文化）、學習（個體所處的生活副文化，具備有利於犯罪定義及與犯罪導師接觸學習的條件）與階級（因為社會結構階級的劃分，使下階層社會文化展現與主文化反動衝突，且有助長犯罪發生的副文化價值觀）。從上述的犯罪副文化理論當中可以確定的是，副文化一定是被壟罩在主文化下的產物，儘管它們在本質上是具有獨特性，但他們的形成過程勢必還是要依循建構文化的要素與過程，諸如：具一致與穩定的思想認知、具共同接受的社會行動準則、形成一定規模的價值體系等，以作為生活在該副文化領域內人們的生活行動準則，其中也包括了犯罪行為。

就以區位犯罪副文化角度來說，該副文化的成員不僅在行為模式上具有共同性，還包括他們相處的對象與互動模式都有共同認知，使成為副文化的一部分，且人與人之間也必須保持明顯而強烈的認同感，透過廣泛的社會關係運作下，不斷刺激群體認同，使成為副文化組織運作的重要力量，最終並促進副文化的形成與持續。1920年代興起的芝加哥學派學者大多數都採取這樣的觀點，認為諸多移民往都市區域聚集謀生，因諸多社會結構因素（多為移民人口、低經濟條件、低職業取向）促成他們聚集在都市周邊的過渡區，並因生活型態因素（高人口流動、高人口異質）導致該區域形成有利於犯罪滋生的人文生態環境（非正式社會控制力低落、社會資本能量薄弱），區位犯罪副文化於焉形成。

以學習犯罪副文化的角度來說,雖說該理論的生成深受芝加哥學派的影響,但它卻更強調文化傳播對犯罪副文化形成的意義,其理論根基認為:犯罪動機與行動是個體經由與他人互動接觸學習而來的。1940年代興起的社會學習理論(或稱文化傳播理論)大多採取此一觀點,諸如蘇哲蘭的差別接觸理論與艾克斯的差別強化理論皆屬之。這類型的犯罪副文化認為:當個體接觸更多持有利於犯罪定義與價值觀的人時,便會增加該個體從事犯罪的機率。該等理論的命題既涉及所學內容(犯罪技巧及合理化技術),又涉及所學過程(犯罪態度與持續性)。

以階級犯罪副文化的角度來說,它們認為上述區位或學習犯罪副文化的觀點似乎有一個盲點,它們都將論述犯罪發生的重點集中在低下階層的人們身上,似乎認為大多數犯罪發生在低下階層領域是理所當然的事,這種具有階級歧視的刻板印象造成他們理論上的盲點,因為他們都只看到在該階級下人們的犯罪行為,卻沒有看到因為「階級」這個社會結構元素所造就出來的副文化,才是促成犯罪的主因。1960年代所興起的下階層幫派副文化理論即可代表此說,例如米勒於1958年發表〈下階層文化滋養幫派犯罪的產生〉一文,認為下階層文化的獨特價值體系,它主導下階層社會成員們的生活。但米勒也強調,焦點關注不一定是對中產階級主流價值觀的反抗,相反地,這些價值只是因應下階層社會生活的現實狀況所發展的;又如1999年美國犯罪學家安德森(Elijah Anderson)提出「街頭法則」(code of the street)概念,認為都市內的青少年似乎被迫從事各種具侵犯性或犯罪行為,其原因本質乃在於青少年為了能夠在都市環境裡生存,必須去遵循一套解決各種生活問題的街頭法則,而這法則充滿暴力、非理性、強硬、不容被挑釁、不容不受尊敬等內涵,並與主流社會文化有截然不同的特徵(Anderson, 1999)。安德森的「街頭法則」可以說把階級犯罪副文化理論精華發揮得淋漓盡致。

第十三章　犯罪社會學之緊張理論

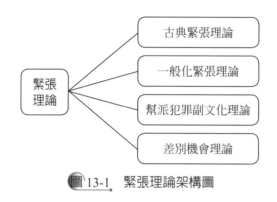

圖 13-1　緊張理論架構圖

　　緊張理論認為：犯罪是人們追求成功目標與達成該目標所行使手段之間衝突的函數。此一理論發源於1930年代的美國，並於1960年代發達於美國犯罪學界。該理論主要核心概念為：社會上不管是屬於哪個階層的人們，對達成社會和經濟成功目標的願望，都是共同一致的，只是獲得這些成功目標的能力取決於階級條件。本理論裡所稱的目標係指當時美國社會大多數人都渴望的財富、物質享受、權力、威望和其他可以提高生活舒適感的名利。但因為下階層社會的人們無法透過常規合法的手段獲得這些成功，其結果便是令其感到憤怒、沮喪和不滿，此種狀態稱之為緊張（strain）。當然，緊張理論者認為低下階層的人們也可以接受自己的不利條件，並在其能力條件下生活，只是有較大的可能會因緊張的作用而選擇以犯罪手段達到其成功。

　　緊張理論的開發以美國犯罪學家墨頓為代表，他雖然深受芝加哥學派觀點的影響，但卻不全盤接受芝加哥學派所論述的犯罪內涵。墨頓接受美國社會有所謂「貧民區」或「低下階層」的現象，但這是美國社會的基本條件，而不是有何特殊之處。因此，犯罪的關鍵因素不應該是社區解組所造成，反而是「美國夢」（American Dream）這個目標所促成的。當美國這個國家或社會向所有人民發送追求財富、物質享受與傲人名利這個夢想時，即是向人民發出每個人都應該為經濟發展付出努力。只是當許多美國人民並無力實現這一目標時，必定產出許多的挫敗者，而這些挫敗者卻為美國社會帶來犯罪增長的後果。

　　相對於中產階級者而言，即使低下階層者具有與其相似的追求目標，但基於社會現實，他們具體實現成功目標的能力卻因社會經濟條件不佳而屢遭挫敗，因而產生緊張壓力。挫敗者為了緩解緊張壓力，他們會使用最隨手可得的方式來實現其目標（例如竊盜、販毒、以暴力方式營利等），或者以拒絕社會認可的目標（例如吸毒、酗酒等）來作為生活上的適應。

　　墨頓成為緊張理論領域的代表人物還有一個背景，他本身即是在一個都市貧民區裡長大，但他長大之後卻沒有受到社會解組理論的吸引，原因即在於他的生命經驗告訴他，貧民社區是多樣與複雜化的社會區域，儘管在該區域內存在貧困、幫派與偏差，但大多數人卻也是屬於好人和上進的。因此他在後來的論著當中曾經提出：社會學家應該對社會做更多的探索，尤其要擺脫「貧民區的環境完全是有利於犯罪」這樣一個普遍的觀念（Cullen and Messner, 2007）。可能是他在這樣的背景之下成長，即使深受芝加哥學派觀點的影響，但卻不依循該學派的理論脈絡，反而在承認社會具有低下階層或貧民區的前提下提出緊張理論。

　　在本章當中，首先介紹墨頓的古典緊張理論（相對於後來安格紐提出一般化緊張理論），再介紹安格紐（Robert Agnew）的一般化緊張理論，以理解他如何擴展墨頓的古典緊張理論，最後介紹同屬在緊張理論領域內的柯恩（Albert Cohen）的幫派副文化理論，及克拉渥（Richard Cloward）和奧林（Lloyd Ohlin）的差別機會理論。

第一節　墨頓之古典緊張理論

一　背景

　　美國犯罪學家墨頓於1938年發表〈社會結構與亂迷〉（Social Structure and Anomie）一文，在該文當中初次提出緊張壓力促成個體犯罪的說法，其後又陸續補充其緊張理論的內涵，最終形成現今古典緊張理論的概念體系。從該理論當中可以看出，墨頓發展緊張理論（Theory of Anomie）深受兩個早期犯罪學理論觀點的影響，一是芝加哥學派關於「過渡（貧民）區」與低下階層生活的理解；二是涂爾幹有關社會亂迷的

觀點。

　　雖然墨頓深受這兩個犯罪原因觀點的影響，但卻不是全盤接受他們的理論，而是各擷取部分的理論內涵後，再加上自己的研究觀察而成。其中最經典的是，他駁斥芝加哥學派關於低下階層生活與犯罪關聯性的描述：「美國社會有所謂貧民區或低下階層的社會現象，但這是美國社會的基本條件，而不是有何特別之處，所以犯罪的關鍵因素不是社區解組所造成，反而是『美國夢』這個目標所促成」；另外，他對於涂爾幹所稱的社會亂迷觀點也不是全然接受，首先他同意社會結構化的規範一旦崩壞，將導致社會亂迷的現象，但社會亂迷不是直接導引人們去犯罪的主因，反而是因為社會亂迷導致人們在追求成功目標時，不再受到手段行為是非標準的規範，一旦社會上瀰漫著手段方法上的亂迷時，人們會為了達到成功目標（財富、物質享受、獲得名利等）而不擇手段（Merton, 1968）。

　　再來，墨頓發展緊張理論與他生長在美國社會緊密相關，因為當時美國的社會文化非常重視經濟上的成功，而且這一目標是所有階層人們都想擁有與實現的普遍目標。但畢竟美國社會也是有階層條件存在的，當美國社會文化放一個高高在上的「美國夢」目標給每一個美國人去夢想，但可達成「美國夢」目標的人數又是有限時，這將會是社會發展上的災難。因為有條件且可透過合法途徑達到成功的人終將獲得成功，但沒有能力條件可達成功目標的人，便會因此產生緊張（壓力）而促使其尋求其他方式去達到成功，犯罪便由此開始滋生蔓延。這是因為社會結構限制了低社經地位的下階層人們透過合法手段達到成功目標的途徑，所以墨頓才會以「社會結構與亂迷」來作為其犯罪原因理論的標題。

二　內涵

　　墨頓以涂爾幹的亂迷概念為範本，並搭配當時美國社會的經濟與文化條件發展出古典緊張理論。他認為社會文化當中的兩個要素共同建構一個社會文化的運作，亦即文化目標與達到該文化目標的手段。例如，文化目標就是財富、成功和權力；而社會允許的手段是勤奮、教育和節儉等。但是，墨頓觀察當時美國社會在獲取財富的合法手段上，並不是每個人都有能力達到，而是建立在階級和地位的基礎上，而那些沒有受過正規教育和經濟資源的人，可能就會被剝奪合法獲得財富的能力；再加上當社會不

斷強調以獲取經濟地位為一致共同的文化目標時，緊張壓力便會附著在那些沒有能力以合法手段獲取成功的人身上，進而衍生個人（手段）亂迷現象。

　　因此，墨頓認為每個人都有自己的文化目標，以及實現該目標的手段，其差異就決定在他們的能力條件上。他提出文化目標、實現文化目標的手段及個人角色之間的假設關係有以下五種型態（Merton, 1968），如表13-1：

（一）順從型（Conformity）：當個體接受社會常規的文化目標且也有實現該目標的手段時，個人與社會就會產生整合。這是一個穩定社會最常見的社會適應與整合模式。

（二）革新型（Innovation）：當個人接受社會一致認同的文化目標，但卻因為以合法手段獲取該目標的管道受阻時，就會採取革新型（犯罪）的手段。例如，許多人渴望財富和物質享受，但缺乏獲取這些財富的能力條件，此時產生的緊張壓力迫使他們採取革新的方式來解決他們的困境，諸如竊盜、販毒、搶奪或勒索財物等。墨頓認為在這五種適應類型當中，革新型與犯罪行為最密切相關；墨頓又認為如果採取革新型手段獲取成功的人沒有受到相對程度的制裁時，這將使社會的犯罪問題更加嚴重。因為，他們會認為在達到成功目標的方法上，革新手段比傳統手段更好更快，因此擴大人們的亂迷程度；若再產生文化傳播的作用時，勢必產生系統性的連鎖效應，許多沒有條件能力透過合法途徑獲得成功的人，就會相繼採取革新手段，而這也解釋了為什麼犯罪會多數產出於地下階層的原因。

（三）儀式型（Ritualism）：個體會透過遵循他所信仰的活動或儀式來獲得生活上的滿足與樂趣，不管該項活動或儀式是否具有社會意義，他們都會安於該活動或儀式的教條，例如參加宗教團體或社會社團等。一般來說，採取儀式型者具有最低的犯罪傾向，因為他們會保持與社會規範的一致性，並縮小自己的願望以簡單地達到所謂成功的目標，並滿足在日常生活的範圍之內。

（四）退縮型（Retreatism）：退縮型者通常是拒絕社會目標和手段的人，墨頓曾說以這種方式進行生活調整的人，基本上是「人在社會中卻沒在社會生活的人」。此一類型者包括流浪漢、長期酗酒和物質濫用者等。由於這些人既無法透過合法手段，也無力採取非法手段達

到成功目標，所以他們就會試圖透過精神上或身體上的退縮來擺脫自身條件不足的緊張。

（五）革命型（Rebellion）：革命型係指個體創造一種完全不同於現有常規的社會目標與手段來加以取代，希望在現有的社會結構中進行根本性的變革，並引發另類的生活方式。基本上，採取革命型的人可能是對當前政府腐敗或不滿的反應；也有可能是想在現有社會系統內創造另一種生活方式。因此，他們不僅拒絕而且還希望改變現有主流生活的規範與標準，並建立一組新的社會目標和行為準則。

表13-1　墨頓提出個人適應壓力的類型

適應類型	文化目標	文化手段
順從型（Conformity）	+	+
革新型（Innovation）	+	-
儀式型（Ritualism）	-	+
退縮型（Retreatism）	-	-
革命型（Rebellion）	+(-)	+(-)

資料來源：Merton (1968: 140).
表格符號說明：+表示接受、-表示拒絕、+(-)表示拒絕接受現有社會價值並創造新的社會價值取代。

三　結論

　　墨頓的古典緊張理論基本上是芝加哥學派與涂爾幹社會亂迷理論的綜合體，但墨頓並沒有全盤認同這兩個理論觀點的內涵，而是擷取芝加哥學派關於低下階層（過渡／貧民區），及涂爾幹關於社會結構崩潰下產生亂迷等兩個概念，並在這兩個理論概念的啟發下，發展出：「社會亂迷不是直接導引人們去犯罪的主因，反而是因為社會亂迷導致人們在追求成功目標時，不再受到手段是非標準的規範，一旦社會上瀰漫著手段方法上的亂迷時，人們會為了達到成功目標而不擇手段，進而與犯罪產生連結。」然而，墨頓的主張仍然免不了遭受到以下的批評（Agnew, 1995; Lilly, 2011）：

（一）墨頓雖然解釋人們會因為社會結構條件的不同，而有選擇犯罪與否的差異，但墨頓卻沒有解釋為何大多數青少年犯罪者到了成年之後，便離開犯罪領域而回復正常生活。

（二）對於青少年來說，所謂成功的社會目標未必是金錢名利，有可能是良好的同儕關係或運動領域上的成就等，因此促使其犯罪的主因可能就不是完全來自社會階層因素，應該還有其他促發因素，例如家庭教養或個體性格等。

（三）古典緊張理論假設所有人都有相同的目標和價值觀，這個前提假設未必是正確且符合實際的。

（四）墨頓只是談到社會亂迷促成犯罪，但卻沒有明確說明為何個體面臨緊張壓力時，便會促使他們做出包括犯罪在內的不正常適應。

歸結墨頓的觀點認為：美國社會的本質有適於滋生犯罪和偏差的特性，尤其是不斷強調「美國夢」且著重經濟成功的社會氛圍下，文化目標和社會結構之間的差距，使得許多民眾，尤其是位處在社會經濟地位不利的民眾，會因為渴望實現無力實現的文化目標而產生巨大的緊張壓力，因而促使許多人去尋求非法途徑以緩解這種緊張的方式，墨頓稱之為革新型適應。此外，當這種革新型成功的模式沒有受到社會一定程度的壓制時，則透過文化傳播的途徑下，會逐漸削弱傳統制度規範的能力，進而形成社會亂迷現象；且隨著這種社會亂迷現象的盛行，人們似乎可以自由地採取合法或非法途徑以達到成功目標。在這種社會情況下，犯罪與偏差便會大量出現在低下階層社會裡。

墨頓的理論影響了1950年代以後的犯罪學理論發展，其中包括下一節所要介紹的柯恩（1955）及克拉渥和奧林（1960）關於青少年幫派的介紹，他們都深受墨頓古典緊張理論的啟發。他們在論述美國社會的背景環境時與墨頓有相同的看法，認為美國是一個所有人都有機會在經濟上獲取成功的社會，只是社會結構（低下階層）剝奪了某一些人實現這一夢想目標的平等機會。因此就緊張理論者來說，犯罪和不法行為是社會結構與制度運作的結果，因為該結構制度不公平地對待這些低下階層者。透過承認社會不公平地對待低下階層者的立場下，緊張理論有助於解釋高犯罪率地區的存在，以及低下階層具有大量犯罪人和犯罪行為的現象。此一觀點極大地影響自1960年代以後的犯罪原因研究和犯罪控制的方向。

第二節　安格紐之一般化緊張理論

一　背景

一般化緊張理論（General Strain Theory, GST）係由美國犯罪學家安格紐所提出，他針對墨頓的古典緊張理論感到興趣並深入研究後發現，墨頓的理論架構其實並沒有太大的問題，只是有其侷限性。安格紐認為從緊張壓力的角度來說，墨頓只確立了一種緊張來源，但從社會運作的立場來說，墨頓的理論說法可能太過狹隘，因為社會上應該還有很多壓力來源促使人們犯罪（Agnew, 1992）。因此，安格紐超越了墨頓的理論格局，將墨頓的理論稱之為古典緊張理論，再加諸他自己的研究元素後，稱之為「一般化緊張理論」。

安格紐與墨頓的理論差異主要有四：一是墨頓的理論從宏觀的社會結構出發，安格紐則除了同意社會結構因素外，更添加許多微觀的個人因素，因此，安格紐破除墨頓集中對低下階層者的論述，將理論觀察範圍擴展到對中上階層者犯罪的解釋；二是墨頓只提出「個體追求成功目標失敗後」這個壓力源，而安格紐除了保留這個宏觀視野的壓力源之外，還另提出兩種具微觀視野的壓力源，其分別是「正向刺激的移除」及「負向刺激的出現」等；三是墨頓將緊張壓力作為個體犯罪的直接作用變項，但安格紐提出在緊張壓力及犯罪之間應該有一個中介作用的變項，他稱之為負面情緒（negative emotions）；最後是墨頓並沒有說明個體承受緊張壓力後是如何因應壓力，又是如何與犯罪產生連結等，而安格紐則是嘗試加以說明。

其實，安格紐早在1985年即提出「修正版緊張理論」（Revised Strain Theory）的觀點，因為在當時他認為墨頓的古典緊張理論太側重於「未達經濟成功」的緊張壓力。安格紐認為單以這種緊張來解釋個體犯罪行為，尤其是在解釋青少年的犯罪行為上顯得太過於遙遠，他覺得在緊張壓力類型及來源上應該可以發展出更直接的理論元素，例如與同儕失和、失去親密關係的連繫等。當安格紐從1985年陸續提出一般化緊張的概念後，獲得許多犯罪學者及其他社會科學領域的重視，尤其是在社會心理學領域對其主張的支持著力最深（Agnew, 2011），因而促發他在1992年提出一般化緊張理論，並對其後的犯罪學理論發展產生重大的影響。

三 內涵

從前述有關一般化緊張理論的背景闡述可知，該理論是針對墨頓緊張理論所進行的一項修正，因此於介紹該理論內涵時，將依照其修正古典緊張理論的四大面向加以說明：

（一）加入微觀的個人緊張壓力

安格紐認為墨頓的緊張理論僅以宏觀的社會結構作為其理論論述的基礎似乎略顯不足，因為個體的緊張壓力來源還有一大部分來自一般的日常生活當中，他尤其著重在青少年犯罪領域的觀察，他認為以墨頓所說追求經濟成功的失敗作為唯一的緊張壓力源，這種說法對青少年的感受似乎太遙遠了，因為遭受父母的責難、失戀、與好友有嚴重衝突等所造成的緊張壓力，恐怕會是更直接。因此，安格紐在發展一般化緊張理論時，首先便是破除墨頓在宏觀社會階級上的論述，並加入微觀的個人緊張壓力來源。

（二）拓展緊張來源及種類

安格紐的一般化緊張理論除了保留墨頓對於「成功目標追求的失敗」所產生的壓力源之外，又拓展另外兩種緊張壓力源（Agnew, 1992）：

1. 「實際或預期從個體中去除正向刺激」而產生的壓力源：例如父母剝奪某種使用權（父母沒收青少年孩子的手機或平板電腦）、失戀、被老闆解僱等，從原本所擁有或享有的物質或關係予以移除之後所產生的緊張壓力，都屬此類壓力源。當個體面臨這種壓力之下，通常會採取濫用物質（例如吸毒、酗酒），或以非法手段來取代被移除的東西（例如偷錢去買手機），或對造成壓力的人進行報復（例如殺害情敵或前男／女友）。

2. 「實際或預期負面刺激的出現」所誘發的緊張壓力源：例如長期遭受家庭暴力、生活在充滿衝突矛盾的家庭關係當中、在職場或學校裡受到不公平的待遇等。安格紐認為當個體處在這些生活情境之下時，通常會尋求許多外援來逃避現實壓力（例如離家出走），或對壓力源進行報復（例如殺害家暴者），或透過物質濫用（例如吸毒、酗酒）等行為來減輕精神上的痛苦。

　　因此，綜合安格紐的緊張壓力源分別有「成功目標追求的失敗」、「實際或預期將正向刺激的移除」、「實際或預期有負面刺激的出現」等三種。

（三）提出「負面情緒」對犯罪產生的中介作用

　　安格紐除了描述可造成個體緊張壓力的來源之外，也將緊張壓力所產生的情緒元素融入在他的理論當中，他稱之為「負面情緒」。安格紐認為個體形成緊張壓力之後，直接與犯罪行為產生連結似乎是過於直接，在這兩者之間應該還存有負面情緒的元素在發揮作用。亦即，當個體感受緊張壓力時會引起相當程度的負面情緒，並經由這負面情緒的操作下，引發諸如憤怒、憤恨不平等有助於從事犯罪行為的心理環境。

（四）個體產生緊張壓力與犯罪的關係

　　安格紐一般化緊張理論在諸多緊張理論領域裡，最令人讚賞的觀點是，他明確提出最有可能導致個體從事犯罪的壓力內涵，並列出緊張壓力會導致犯罪的四個主要因素（Agnew, 2001）：

1. 當個體感覺到他們的壓力是由於受到不公平待遇時，他們極有可能升高其負面情緒進而與犯罪連結。
2. 當個體承受著極為嚴重的壓力時，他們很難去忽略壓力的存在，或去控制自己的情緒採取合法方式緩解該壓力源，採取非法的手段便會是瞬間解除壓力最好的選擇。
3. 當個體是因為受到低度社會控制力而引起的壓力時，將會使他們走向偏差或犯罪的途徑。例如，青少年在學校裡因為學業表現不佳遭受到老師的忽略或歧視時，會因此造成該青少年的緊張壓力，同時也降低了學校這個傳統機構對該青少年的社會控制力，因而升高他們走向偏差或犯罪的風險程度。
4. 長期累積壓力會促使個體採取犯罪的手段加以因應。例如，某一青少年在學校裡長期遭受到同學們的霸凌，當長期忍受霸凌的壓力跨越了其所可以忍受的臨界點之後，該被長期霸凌的青少年會採取更激烈反擊或報復的手段來緩解其內心壓力，暴力攻擊將會是其唯一考慮的選擇。

三 結論

　　自安格紐的一般化緊張理論發表後，隨即引起諸多犯罪學者的重視，並紛紛從事該理論的驗證研究。截至目前為止，綜合分析相關驗證研究所得後，可得以下三個結論（Lilly et al., 2011）：

（一）雖然對安格紐所提出的三種緊張類型的驗證研究結果並不一致，但個體暴露於緊張狀態確實會增加犯罪的可能性。

（二）本理論並無法探析個體面對緊張壓力時，對此一緊張壓力的調節，是否可能會受到其他因素的影響而升高或降低其負面情緒，進而去接近或遠離犯罪；又或個體本身特質因素直接引起犯罪時，是否緊張壓力就失去了解釋個體犯罪的效果。

（三）雖然大多數的驗證研究證實緊張和憤怒相結合後會增加犯罪行為的風險，但因為這兩者的心理狀態極為相近，究竟是緊張引起憤怒進而導致犯罪；或者是憤怒引起緊張導致犯罪，這一部分都還需要再進行細緻的探究。

　　除了上述關於理論內涵本身的探討外，安格紐與後來許多的研究者擴展一般化緊張理論的探討到許多層面上，例如個體面對緊張的因應（coping）方式、壓力與個體犯罪歷程的相關性，以及壓力因應模式在性別層面的差異等：

（一）個體面對緊張的因應方式

　　關於緊張壓力是否促成犯罪行為的發生，在犯罪學者的觀點上並非是一致的，Siegel（2000）認為並非所有經歷過緊張壓力的人，最終都會採取犯罪的方式加以因應，有些人能夠調節自己的情緒、心理狀態和行為資源以因應緊張而產生的憤怒和沮喪。因為他們會透過認知上的調整，讓他們面對緊張壓力時緩解負面情緒的產生，或者是合理化這些令人憤怒與沮喪的事情是可以接受的。例如，他們沒有得到想要的東西時，他們就會覺得「反正這個東西也沒那麼重要」；當他們可能很窮時，他們可能會用「反正還有人比我們窮」的說法來降低自己的壓力。因此，個體面對緊張壓力時，並非都會與犯罪直接產生關係。

　　Brezina（1997）則認為：個體面臨緊張壓力時所展現出來的偏差暴力未必不是好事，因為個體透過偏差或犯罪確實可以在充滿緊張壓力的瞬

間獲得緩解，也可以讓自覺能力不足的人提升自我價值感，更可以透過暴力事件來檢視個體所遭受負向刺激的來源後加以改善（例如臺灣於1993年的鄧如雯殺夫案，鄧如雯因長期遭受家庭暴力而最後殺夫，最後被判刑三年並於1998年促成「家庭暴力防治法」立法通過，使臺灣成為亞洲第一個有家庭暴力防治法與民事保護令的國家）。當然暴力犯罪不是社會所能接受，但若能妥善引導個體一旦遭受緊張壓力後生成暴力傾向時，朝向非犯罪的途徑加以抒發時，將也是因應緊張壓力很好的思路。

（二）壓力與個體犯罪歷程的相關性

　　一般化緊張理論也論及慢性犯罪與犯罪穩定性的議題，該理論認為某些人的特質可能會使他們對緊張壓力特別敏感，其中包括個性暴躁、低挫折容忍性、低度的問題解決能力、對外在刺激過於敏感或情緒化等。這些個人特質都與其發展出攻擊性或反社會行為有關，且這些特徵在其生命歷程當中似乎是穩定的（Agnew, 1997）。安格紐進一步說明這些對緊張壓力特別敏感的人，通常有較差的人際交往能力，並較常受到他人負面的對待；他們的好鬥性格會使他人感到恐懼和避免與他往來，此舉將更添加他們失去傳統正常社交的機會，因而促使他加入不良幫派之內，從此一生都沉浸在緊張壓力與犯罪偏差的循環當中。從上述安格紐對於個體犯罪歷程的觀點後可知，他對於犯罪歷程的看法似乎較傾向於特質決定論。

　　另外，Wu（1996）的研究指出：個體犯罪歷程在青春期後期達到高峰，原因在於此時的父母監督能力減弱，以及青少年與同儕關係發展程度所引發的社會壓力較高等，若青少年個體此時又經歷家庭破裂或家庭結構頻繁變化，則又更添加他的緊張壓力程度，他們以從事犯罪來減緩內心緊張壓力的可能性便會大增；但隨著青少年逐漸成熟長大，到了成年時期的犯罪率便會逐漸下降，原因可能在於獲得社會性自尊（穩定職業、美滿家庭）的來源不斷湧現，此時個體似乎更有可能使自己的目標與現實保持一致，緊張壓力便不再影響其行為表現。從上述Wu對於個體犯罪歷程的觀點後可知，他對於犯罪歷程的看法似乎較傾向於生命週期論。

（三）壓力因應模式在性別層面的差異

　　在性別議題上，Agnew和Brezina（1997）曾以一般化緊張理論為基礎去論述男女性在犯罪率上的差異。他們認為緊張壓力同樣都會引起男性

和女性的負面情緒,但男性的犯罪行為數量卻遠比女性多,原因可能在於男性和女性受到相同類型的緊張壓力時,他們會產生不同的負面情緒。Broidy和Agnew(1997)進一步解釋認為:即使男、女性在面對相同類型的緊張壓力時,因為女性比較重視社交及親密關係的維持,因此大多取向於將緊張壓力予以內化,並將造成緊張壓力的責任歸咎於自己;但男性卻是習慣以透過打擊他人或以侵略性的舉止來轉移並緩解此一壓力,但當面對具有壓倒性壓力來襲時,女性可能就會以犯罪的方式作為因應。

對於此點,Ogle等人也曾提出:當婦女承受巨大的壓力時,她們的傳統因應機制可能會不堪重負,此時憤怒等負面情緒只剩暴力這個因應方式,才有辦法去緩解他們內心的壓力。因此,在面對極度壓力時,反而是女性可能比男性更容易爆發極端不受控的暴力事件(Ogle et al., 1995)。由此可知,緊張壓力導致犯罪在性別差異的解釋上,便可得到:當緊張壓力未達到極度壓力程度時,通常基於性別因應方式的不同(女性重視親密關係維持、男性重視實質的立即滿足)而傾向於男性有較多的犯罪事件。

表13-2　安格紐之一般化緊張理論內涵示意表

緊張類型	個體所面臨的狀況	可能導致犯罪的因素
1. 正向目標追求的失敗（古典緊張）。	1. 個人無法達到經濟成就或名利。	1. 認為受到不公平的對待。 2. 承受著極為嚴重的壓力。 3. 受到低度社會控制力而引起的壓力。 4. 長期累積壓力促使個體採取犯罪的手段加以因應。
2. 正向刺激從個體中移除。	2. 個人失去了他們所珍視的事物。	
3. 負面刺激的出現。	3. 個人受到他人負面的對待。	

第三節　幫派犯罪副文化理論

一　背景

柯恩於1955年發表其經典著作《偏差男孩:幫派文化》(*Delinquent*

Boys: The Culture of the Gang）一書，並在該書當中提出了幫派犯罪副文化理論（Theory of Delinquent Subculture）。該理論認為：下階層青少年的犯罪行為，實際上就是對美國中產階級文化規範和價值觀的反動，由於其自身的社會經濟條件阻止他們透過合法途徑獲取成功，所以下階層的年輕人便會經歷一種文化衝突，這種衝突導致青少年形成「身分挫折感」（status frustration），並促使許多年輕人加入街頭幫派及從事諸多犯罪行為（Cohen, 1955）。

　　從上述柯恩關於幫派犯罪副文化的簡述當中可以發現，他的理論內涵既有緊張理論的身軀，又有副文化理論的影子。的確，柯恩在發展該理論之前同時受教過緊張理論學者墨頓及副文化理論學者蘇哲蘭，導致柯恩在日後發展他的幫派犯罪副文化理論時，同時蘊含有緊張理論與副文化理論的味道。但可以肯定的是，因為該理論強調「下階層青少年的犯罪行為，實際上就是對社會中產階級文化規範和價值觀的反動」，所以此一理論的核心概念將犯罪原因建立在社會結構之上，因而被歸類在緊張理論之列。

　　除了柯恩之外，下一節要介紹的克拉渥和奧林也是屬於緊張理論學家，他們兩人都是建立在墨頓的緊張觀點之下去擴展其理論領域，雖然兩者在論述緊張壓力對促發青少年犯罪的向度不盡相同，但可以確認的是，他們在研究都市青少年犯罪、關注犯罪副文化是如何發起與影響，以及同時注重社會結構（墨頓的主張）與文化傳播（芝加哥學派的主張）的作用等立場上是相當一致的。柯恩也就是在這種因緣際會下，重新思考如何調和文化傳播和結構性緊張的觀點在其理論上，最後他所提出的幫派犯罪副文化理論便是調和這兩種理論觀點後的產物。

二　內涵

　　柯恩於1955年所出版的《偏差男孩：幫派文化》一書當中提出：犯罪幫派及其副文化價值體系似乎都集中在都市貧民區域內，這些副文化價值內容不僅支持青少年犯罪，而且是具有「非功利」（nonutilitarian）、「惡意」（malicious）、「消極」（negativistic）等特徵。由於生活在都市貧民區的年輕人都是根據這些價值觀進行學習和行動，因此他們從事的犯罪行為就充滿對權威的輕視感，且不屑於遵守傳統規範，他們行為的唯一指南，就好像是在為魔鬼服務一樣（Cohen, 1955）。

　　柯恩認為犯罪副文化與其他社會副文化的生成過程是一樣的，都是對社會當中所存在特殊問題的回應，甚至柯恩將下階層的幫派副文化視為獨立的副文化，它擁有與主流社會直接相對的價值體系。正如柯恩所說：幫派副文化是從社會主流文化當中吸收規範標準之後，再將它顛倒過來的一種，犯罪者的行為在其副文化的標準下是正確的，正因為它與社會主流文化標準相反。他延續了墨頓的理論視野，認為低下階層的年輕人在獲取成功目標的條件是不足的，在社會傳統機構當中也不易取得受尊敬的地位。他舉一個低下階層青少年在學校的處境為：可憐的孩子在生長早期即嚴重缺乏社交和資源，以致無法與中產階級家庭的同儕競爭，因此，他們由於不能達到受人尊敬的地位標準，導致在社會之中被剝奪發展的機會。柯恩認為犯罪副文化就是在這種社會發展背景當中產出，許多低下階層青少年在此一犯罪副文化當中獲取他們所渴望的滿足與自尊，並對中產階級文化價值採取敵視的態度。

　　因此，犯罪副文化在反應形成過程中，低下階層的青少年拒絕了中產階級的目標和準則，雖然這些目標和準則是他們被教導應該養成具備的，但卻被這些青少年拒絕並另外形成一套專屬於低下階層的目標與準則，這些目標與準則不僅取代中產階級的標準，更形成一系列與中產階層價值相對立的價值觀。例如中產階級的價值觀重視志向抱負（ambition）、責任感（responsibility）、理性（rationality）、禮儀（courtesy），以及尊重權威（respect for authority）等。如果有人刻意違反上述中產階級價值觀標準時，則低下階層青少年便會給予該人最高評價。因此，若有人經常逃學、逃家、藐視權威、暴力攻擊財物或對手等行為時，將會在該犯罪副文化領域內獲得高度尊重。

　　歸納柯恩的幫派犯罪副文化理論之後，可尋出以下三個主要的理論脈絡（Cohen, 1955）：

（一）以中產階級的成就程度作為成功與否的衡量標準

　　柯恩認為在美國社會當中掌握重要傳統機構（例如學校、中小企業等）運作的人，大多數都是由中產階級者擔任，整個美國社會就會形成以中產階級意識為主的主流文化，因此低下階層青少年與這些掌握傳統機構運作的人互動時，通常因為無法達到他們所設定的標準而失去這些人的青睞或肯定，而這些無法達到標準所帶來的衝突和挫折感就是造成犯罪的主

要原因。

（二）犯罪副文化的構成

　　當低下階層青少年歷經充滿衝突與挫折感的過程之後，他們會有下列三種因應方式：

1. 街角男孩（the corner boy）：街角男孩是該副文化體系裡最常見的因應角色，他們不會是長期留在街頭的犯罪者，但可能就是會有「大罪不犯、小罪難免」的表現。他們對同儕團體忠誠，畢竟他們也需要同儕團體的支持。再者，街角男孩者其實很清楚自己並沒有能力達到所謂「美國夢」的目標，因此他們會「認輸」並退居到低下階層且可感到舒適的環境當中生活，從事著相對低階工作，結婚並留在社區，最終成為穩定社會的一員。

2. 積極男孩（the college boy）：積極男孩通常是擁護中產階級文化和社會價值觀，所以他們會透過積極與努力往社會成功目標邁進。但柯恩卻認為這種類型的年輕人正走在一條幾乎沒有希望的道路上，因為他在教育、社會與經濟上都沒有足夠的資源能力來達成中產階級生活的標準。

3. 偏差男孩（the delinquent boy）：偏差男孩者會因為遭受挫折而歷經柯恩所稱「反應形成」（reaction formation）行為現象，該現象的症狀包括對外來刺激會有不成比例的過度強烈反應，並表現出向敵對的人採取非理性（irrational）、惡意（malicious）和莫名其妙（unaccountable）的敵對形式。另外，他們會嘲笑積極男孩想去被同化於中產階級，也會嘲笑街角男孩被動退縮不夠勇敢，而偏差男孩就是會一直從事冒險、違法並輕視中產階級價值。

（三）青少年幫派犯罪副文化的特徵

　　柯恩認為青少年幫派副文化裡會有幾項有別於主流社會的行為特徵（Cohen, 1955）：

1. 非功利性（nonutilitarian）：在該副文化體系裡，犯罪並非有何特定的目的，就只是覺得好玩或者就是想要去展現反抗社會權威所帶來的榮耀與心理滿足而已，幾乎沒有任何犯罪動機可言。

2. 惡意（malicious）：承上而言，青少年犯罪只是在享受犯罪後看到被害者的痛苦與畏懼，或者是中產階級者對他們的失望而已，他們的犯罪行為本質對中產階級的價值規範充滿敵意。

3. 消極（negativistic）：因為沉浸在幫派副文化裡的青少年並沒有如中產階級青少年般有具體努力的目標，因此他們從事所有行為（包括犯罪行為）的想法，也都是漫無目標而呈現出消極的態度。

4. 即時享樂主義（short-run hedonism）：幫派副文化下的青少年從事任何事都是沒有經過思考與計畫的，通常是想到什麼就做什麼，因此只看重眼前所想要的，充滿即時享樂主義。因此柯恩形容他們是「為今天而活，讓明天自理」（living for today and letting tomorrow take care of itself）。

5. 團體自主性（group autonomy）：青少年犯罪者會極力爭取與強調團體自主權，他們抵制家庭、學校或其他權威機構的控制，並自己獨立形成一個幫派團體去強調展現他們是自治獨立的，並且這個幫派團體是具有忠誠和團結象徵的。

三　結論

　　柯恩的幫派犯罪副文化理論認為：低下階層的青少年堆積無力追求成功目標的緊張壓力，轉而群聚並醞釀形成專屬的犯罪副文化，並建立起獨特的價值體系。他們從這個副文化價值體系當中，除了可以緩解自己在主流社會發展不利的緊張壓力之外，更可以在其中找到自己的歸屬與自尊感。當美國社會仍然還是不斷的去向年輕人強調社會經濟地位的重要性時，便會使下階層犯罪副文化的價值體系根基更加強韌，而當犯罪副文化體系又透過傳播影響擴大時，便會不斷吸引在社會上發展失敗的青少年加入，因為在這個副文化體系裡提供給他們友誼、快樂與保護。當犯罪副文化的影響範圍不斷逐漸擴大時，便同時也升高社會發生犯罪的風險。

　　柯恩的理論有助於理解促發及維持青少年犯罪副文化的原因，主要就是來自於社會運作過程中，處處都是以中產階級成就作為衡量尺度的標準，使得低下階層青少年因達不到該尺度標準而引起身分挫折感（status frustration），進而使這些身分挫折青少年群聚並逐漸生成犯罪副文化。因此，從柯恩的理論可以明確知道是社會力量而非個人特徵促使並維持青少年犯罪副文化的存在。他也透過描述街角男孩、積極男孩與偏差男孩的構成，說明為何大多數低下階層者還是遵守社會規範的。柯恩在本理論當中很巧妙的將緊張理論與副文化理論加以融合，也使得他的理論能夠一直持續影響後來犯罪學理論的發展。

第四節 差別機會理論

一 背景

克拉渥及奧林發展差別機會理論（Theory of Differential Opportunity）的過程與柯恩相似，同樣都是建立在墨頓古典緊張理論的架構下，並嘗試融合芝加哥學派的區位副文化觀點，以建立起適合解釋都市青少年犯罪的原因。因為克拉渥及奧林發現在都市的某個區域裡，確實存在獨立的犯罪副文化現象，而他們認為就是這些犯罪副文化支持該區域內青少年從事犯罪的主要力量（Cloward and Ohlin, 1960）。因此，克拉渥及奧林在發展犯罪理論的思路便與前述柯恩一樣，既有緊張理論的身軀又有副文化理論的影子，且因該理論強調「貧民區的青少年面臨缺乏獲得成功的合法手段（機會），因此在緊張壓力下選擇以非法途徑去實踐」的說法，因而被歸類在緊張理論之列。

克拉渥及奧林接受墨頓古典緊張理論的觀點認為：都市青少年之所以會犯罪，與其在都市生活中所形成的「身分挫折感」（status discontentment）有密切關係，就是來自青少年預期想要得到的東西，與他們實際可以得到的東西之間的差距所造成，此時若缺乏適當的壓力因應調節方式，可能就會導致青少年採取犯罪方式去達成；另該理論也從芝加哥學派當中擷取了重要概念來加以補充，主要是受蘇哲蘭所提文化傳播（社會學習）觀點的影響，他們認為青少年一旦形成身分挫折之後，可能就朝向犯罪副文化領域邁進。

但克拉渥及奧林修正蘇哲蘭的觀點後認為：就算青少年進入到犯罪副文化領域之後，他們想從事哪一種犯罪類型也不是他們可以自由選擇的，就如同在合法社會當中，不是每一個人想當律師、醫生就可以當的，勢必要具備某種程度的學習（大學教育以上）與條件（考取執業證照）。克拉渥及奧林認為這種邏輯也可以擴展到犯罪世界裡，因此，當青少年因身分挫折進入到犯罪副文化領域之後，還要再看他們自身的條件與機會，才能決定他們可能參與的犯罪類型。由此便可看出克拉渥及奧林所提「差別機會」概念的一些端倪了。

三 內涵

克拉渥及奧林是將緊張理論與副文化理論融合得最淋漓盡致的犯罪學者，解析他們在建構差別機會理論時可以發現，該理論基本上是經歷三層次的思維：

（一）**首先是採取墨頓古典緊張理論**：認為緊張壓力生成來自身分挫折，並採取順從（conformity）、革新（innovation）、儀式（ritualism）、退縮（retreatism）及革命（rebellion）等五種不同因應途徑來適應壓力。

（二）**再者以芝加哥學派當中的文化傳播（社會學習）理論為論述主軸**：克拉渥及奧林認為墨頓只說壓力因應方式，卻沒有明確提到選擇這些因應方式的理由，他們認為，芝加哥學派的社會學習理論便是很好的解釋，因為每個人適應壓力的方式，會決定個體本身在社會結構中的地位及可使用到的資源，並透過社會學習的作用下選擇因應的途徑。

（三）**最後自行創發「差別機會」的概念**：克拉渥及奧林認為，個體進入犯罪副文化領域之後，只能說明他可能會被激勵去從事犯罪行為，但無法解釋他會選擇從事哪一種的犯罪類型。因此他們便創發了差別機會的概念來補充說明。

由上述可知，差別機會是克拉渥及奧林所提理論的核心概念，根據這個概念，具有身分挫折感的青少年會嘗試尋求革新的方式來獲得成功，他們因志同道合而形成同儕幫派，成員間相互提供情感支持，以因應他們在從事犯罪行為時可能產生的羞恥與恐懼，更透過犯罪副文化的價值體系去強化他們留在犯罪副文化裡的意願。但是，克拉渥及奧林運用差別機會的概念認為，無論是合法職業和犯罪職業，想要去獲取成功的機會都是有限的，也不是每個人都有相同的機會進入到他所想要的犯罪領域。所以，他們又將進入到犯罪副文化領域的青少年的際遇，分成下列三種類別（Cloward and Ohlin, 1960）：

（一）在社會穩定發展區域內，青少年可能會被專業犯罪分子、販毒集團或有組織的犯罪集團所招募，並在該團體內接受「犯罪導師」的教導，且發展出具專門性與專業性的犯罪技巧與態度。

（二）在具有社會解組特徵區域內，因該區域缺乏穩定的社會秩序去支撐

蓬勃發展的犯罪機會，同時也在缺乏成年人的榜樣和犯罪導師時，青少年幾乎沒有機會加入幫派或學習專業犯罪的祕訣。因此面臨此一條件的青少年大多只能單打獨鬥和聚集少部分人共同生活。

（三）最後，克拉渥及奧林認為處境最不利的青少年，應該是屬於所有合法機會與非法機會都缺乏者，因此這些人在社會當中的生活都呈現退縮的現象。

　　克拉渥及奧林基於前述差別機會的概念下，認為青少年於他所面臨的機會特徵而加入下列這三種不同類型的幫派（gangs）：

（一）犯罪幫派（criminal gangs）：犯罪幫派存在於穩定的貧民區域內，青少年有機會緊密跟隨著當地成年犯罪人，並成為其創造犯罪事業最佳的條件，一旦青少年被吸收到既定的犯罪幫派裡，便可以從中學習到專業化與專門化的技術與態度。其中，也包括年長有經驗的幫派成員，會約制這些年輕新加入青少年的言行舉止，並限制他們去從事可能危害該幫派利益的活動（例如從事非理性的暴力活動），以及學習如何在面臨警察追捕與刑事追訴時脫身。

（二）衝突幫派（conflict gangs）：衝突幫派大多發生在高度社會解組的區域內，處在此一區域的青少年因為缺乏「成功的成年犯罪人」為榜樣，因此該地區的犯罪現象具有濃厚的個人主義（individualistic）、無組織性（unorganized）、瑣碎性（petty）、低報償（poorly paid）和缺乏組織保護（unprotected）等特徵。衝突幫派成員給人一種極度張揚與堅強的印象，他們通常為了贏得對手的尊重以及自我保護而使用武器，衝突幫派成員也必須隨時準備參與鬥毆，以保護自己和幫派的名聲與榮譽，從而贏得在黑道江湖上的讚賞，並幫助他們發展一定的自我形象，以順遂他們日後的犯罪路途。

（三）退縮幫派（retreatist gangs）：退縮幫派是雙重失敗者（double failures）的結合，他們不僅在一般社會上無法透過合法手段獲得成功，落入到犯罪副文化領域時也沒有機會透過非法手段獲得成功。當然，有一些退縮者曾嘗試過犯罪，但他們軟弱或害怕的態度不被犯罪或暴力幫派所接受，而後他們便退縮到社會邊緣。退縮副文化成員一直尋求酒精、毒品、異常性經歷或音樂的滿足，他們始終認為自己是「酷」（cool）的，且與傳統社會的關係幾乎絕緣。退縮幫派成員為了養活自己，通常從事拉皮條（仲介性交易）、詐騙、偶

爾販毒或犯下輕罪等，而他們的個人地位則來自退縮幫派成員的相互認可。

三 結論

克拉渥及奧林將墨頓的緊張理論、芝加哥學派的文化傳播理論（例如蘇哲蘭差別接觸理論）和他們所創發的差別機會概念三者加以融合，提供了研究犯罪行為的總體框架（Cloward and Piven, 1979）。他們認為墨頓確立了個體因為緊張壓力而被迫轉向以非法手段獲取成功的論點，但這種緊張理論卻是不完整的，因為墨頓沒有解釋人們為什麼會以這一種適應方式（例如革新型）而不是另一種適應方式（例如退縮型）來處理他們的問題。他們認為青少年選擇哪一種壓力適應方式，決定在每個人所面對的差別機會上。換言之，讓青少年選擇走入犯罪副文化是緊張壓力所造成，但促使青少年選擇參與哪一種犯罪類型卻不是壓力所決定的，而是由獲得非法機會的差異所決定的。

克拉渥及奧林認為犯罪副文化可以是具支持性、富有理性成分與有利可圖的觀點，似乎比柯恩所提出犯罪副文化當中充斥著消極、破壞與非理性的觀點，更能反映出社會真實的情況。另外，相對於其他緊張理論學家都將犯罪青少年描述為具有與中產階級文化相反價值觀的看法，克拉渥及奧林卻認為，許多犯罪者其實與一般人一樣，都擁有整個社會的目標和價值觀，他們只是缺乏成功的手段而已。因此，從這個角度出發，犯罪預防策略的方向，就是要去思考如何提供和引導青少年去獲得他們渴望成功的手段，而不是去改變他們的基本態度和信念的方式。

第五節 緊張理論之評析

緊張理論的基本概念認為：當人們無法達到成功目標或自認受到不公平的對待時，可能因此促發緊張壓力，進而與犯罪行為產生連結。從本節所介紹的諸多緊張理論內涵可知，緊張理論在結構上有三大主軸：一是強調社會結構（階級）對犯罪具有促發作用（以墨頓的理論為主）；二是低下階層社會所形成的文化特徵對個體持續犯罪具有關鍵作用（以柯恩、

克拉渥及奧林的理論為主）；三是擴大緊張壓力來源，（除宏觀的社會階級論述外，也納入微觀的個人生活層次所造成的緊張壓力），並創發「負面情緒」作為緊張壓力與犯罪行為之間的中介要素（以安格紐的理論為主）。

　　緊張理論興起於1960年代初期，並受到當時期諸多犯罪學者的重視，認為該理論在解釋犯罪上似乎具有一定的效度，只不過該理論建立在社會結構元素上，集中觀察低下階層者的生活文化與犯罪之間的關聯性，此舉也引起不少質疑，經歸納有以下五點（Lilly et al., 2011）：

（一）在多元社會當中，未必所有民眾都是把達到經濟成功的目標當作是生活的首位。

（二）把低下階層青少年在生活中所產生的壓力與犯罪做連結，基本上就是一種階級偏見，因為這樣的研究思考與設計，在根本上是無視於社會白領犯罪的猖獗。

（三）墨頓雖然找出美國社會的矛盾（階級之間在政治、經濟、教育、文化的差異），但卻沒有解釋這種矛盾的起源及持續存在的原因。

（四）柯恩認為青少年犯罪者具有非功利性、惡意和消極等價值觀，但實際上，有些青少年的犯罪行為是消費導向，表面上更是功利主義。

（五）克拉渥和奧林提出三種截然不同的犯罪副文化的類型（犯罪、衝突和退縮），但實際上有些青少年犯罪者似乎是這三者的融合，很少會有人只將自己侷限在某一特定類型之內。

　　雖然緊張理論遭受到以上的質疑，但它卻仍然是犯罪學理論當中相當重要的一支，畢竟從社會結構角度來說，社會上確實存在因壓力而促發犯罪的事實，或許只是在找尋緊張壓力與犯罪之間的關係向度及因果關係有所不足而已。就如安格紐於1992年就以墨頓的古典緊張理論為基礎，拓展了緊張理論對犯罪行為的解釋範疇，更因此而獲得犯罪學界再度對緊張理論研究產生濃厚的興趣。由此可知，犯罪學的理論研究其實是具有動態性的，它必須基於對那個時代社會背景的敏銳觀察，才能發揮該理論解釋犯罪的事實。

第十四章　現代古典學派

　　犯罪學傳統古典學派及新古典學派的理論框架，在啟蒙運動的推波助瀾下，於1760年代之後廣受世界各地學者的好評，並影響現今諸多國家的刑事立法精神與架構。然而於1860年代以後，因為受到實證科學主義與達爾文進化論等觀點的影響，古典學派的意識形態逐漸被學術界所摒棄。雖然如此，古典學派的法律觀卻未因而從此消失，反而是根深蒂固地潛藏在各國的刑事司法模式裡。

　　傳統古典學派和新古典學派在失寵將近一百年後的1960年代，古典學派所強調的威嚇模式再度重生，又開始受到學術界或理論創造者的青睞，但經歷重生的古典學派並不是保留原型復出，而是經過部分修正調整後，以現代古典學派之名重出犯罪學理論界，並且深受諸多犯罪學者的認肯及治安實務界的支持。若直接講現代古典學派是怎麼出現的，歸結其原因有三：

（一）實證學派所主導的矯治模式刑事政策並未對社會犯罪率獲得有效的控制；再者其所引導出來的各項矯治處遇計畫，耗費龐大的經費投注也並未獲得一定的成效。例如，由美國犯罪學家馬丁森（Robert Martinson）、利普頓（Douglas Lipton）和威爾克斯（Judith Wilkes）等人，於1966年接受紐約州政府所進行有關矯治成效的研究結果，並於1974年提出他們的研究結論認為：除了少數受刑人外，至今已實施的矯治措施對累犯的教化並沒有顯著的成效。此一結論被後來的人稱之為「矯治無效論」（nothing works）。雖然此一論點發表後，有許多犯罪學者持不同意的觀點，也從研究方法上批評馬丁森的抽樣或假設上的問題，但此一觀點的提出對現代古典學派的出線產生助攻的效果。

（二）再者，1960年代以後，有部分犯罪學研究者開始探究傳統古典理論關於威嚇效果的研究，他們把古典學派所持的威嚇模型（刑罰的迅速性、確定性與嚴屬性）再拿出來進行研究，但研究的重心擺放在刑事司法的確定性與嚴屬性兩者之上。綜合當時期的研究結果顯示，當警方的犯罪破獲率高及司法定罪率高的情況下，犯罪率相對的就會降低；然而在刑罰的嚴屬上，對犯罪率的降低卻未有顯著效果，其最著名的研究結果是關於死刑的使用，即使有死刑制度的州

的嚴重暴力犯罪率，並未比沒有死刑制度的州的比例來得低。因此，關於威嚇理論的研究上，已呈現出增加風險或刑罰確定執行等兩者與減少犯罪有關。

(三) 最後，影響現代古典學派問世最主要的學說，應屬美國經濟學家貝克（Gary S. Becker）於1968年所發表〈犯罪與懲罰：經濟觀點〉一文。貝克以經濟學的觀點提出理性選擇理論（Rational Choice Theory, RCT），認為犯罪行為與非犯罪行為並沒有什麼不同，因為它們都是人們有意選擇進行的行為，這當中沒有所謂被強迫或無法決定的因素，而且他們選擇犯罪的原因是他們認為與不去犯罪行為相比，犯罪只需花費很低的成本便可獲得更大的收益，從經濟學上的成本效益比考量，就是個體決定是否犯罪的主要依據。

綜合上述，「實證學派所引導的矯治模式，無法有效控制社會犯罪率逐年的提升」、「傳統古典學派所持的威嚇理論再度復興」及「美國經濟學家貝克所持經濟性理性選擇理論受到廣大犯罪學者的注目」等三個背景因素，使得現代古典學派自1960年代問世於犯罪學領域後，更進一步成為繼傳統古典學派、實證學派之後，主導犯罪學理論觀點走向的第三大犯罪學學派；另觀察現代古典學派的理論組成，主要是以理性選擇理論為解釋架構，以日常活動理論為解釋內涵、並以被害者學理論體系當中之機會理論為核心的理論群所建構而成（如圖14-1），茲分述如下幾節當中。

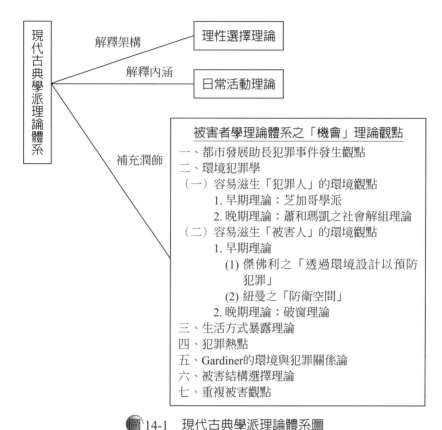

現代古典學派理論體系

解釋架構 ── 理性選擇理論

解釋內涵 ── 日常活動理論

補充潤飾 ──

被害者學理論體系之「機會」理論觀點
一、都市發展助長犯罪事件發生觀點
二、環境犯罪學
　（一）容易滋生「犯罪人」的環境觀點
　　　　1. 早期理論：芝加哥學派
　　　　2. 晚期理論：蕭和瑪凱之社會解組理論
　（二）容易滋生「被害人」的環境觀點
　　　　1. 早期理論
　　　　　(1) 傑佛利之「透過環境設計以預防
　　　　　　　犯罪」
　　　　　(2) 紐曼之「防衛空間」
　　　　2. 晚期理論：破窗理論
三、生活方式暴露理論
四、犯罪熱點
五、Gardiner的環境與犯罪關係論
六、被害結構選擇理論
七、重複被害觀點

圖 14-1　現代古典學派理論體系圖

第一節　理性選擇理論

　　犯罪學理性選擇理論是由美國犯罪學者克拉克（Ronald V. Clarke）和康尼斯（Derek B. Cornish）正式引入犯罪學研究領域，也開啟犯罪行為經濟分析觀點的時代。但克拉克與康尼斯卻認為，以純經濟分析觀點來分析犯罪行為，似乎在犯罪學的實證研究上也太過於簡化犯罪行為的複雜性。因此，他們樹立另一種犯罪學的理性選擇觀，假定犯罪者會從犯罪行為中尋求最大的利益，其中會涉及到選擇與決定的問題。而整個犯罪歷程也會因犯罪者受限於自身的能力與所接收到的資訊效用，使其理性程度並

未能充分的發展出來（Cornish and Clarke, 1986）。因此，犯罪學上的理性選擇觀點，站在個體具有不完整理性程度的前提下，端以實施犯罪行為的結果是否符合其最大利益為考量。

理性選擇理論到目前為止並不能稱之為理論，但無法反駁的，它所提出的概念模型（model），在描述犯罪行為或犯罪歷程中確實具有啟發性而深受犯罪學者的喜愛。理性選擇理論在近幾年來快速地崛起，並逐漸發展成所謂的「理性選擇行動理論」（Rational Choice Action Theory），甚至成為各種社會行為的理性選擇或行動理論（Haan and Vos, 2003）。

理性選擇理論的基礎在於情境式的推理能力（situational rationality），而非程序式的推理能力（procedural rationality）；而它所提供的也是屬於一般性（general）而非特殊性（special）的理論框架（Goldthorpe, 1998），甚至，理性選擇理論被認為僅適合運用在如住宅竊盜犯罪的工具性犯罪（instrument crimes）類型，而不適用在表達性犯罪（expressive crimes）類型（Trasler, 1993）；理性選擇觀點同時也被認為適合於解釋所有犯罪類型的一般解釋架構，且也是聚焦在情境歷程觀點的理論架構（Goldthorpe, 1998）。基於上述，理性選擇理論提供了對犯罪事件一個良好的研究架構，藉以說明犯罪人如何觀察其周遭環境所呈現的有利機會，如何尋找合適的犯罪標的，進而建構出其犯罪歷程。

在上述觀點下，犯罪事件的發生不能僅有賴對犯罪人的研究，更須將研究面向擴及到犯罪歷程層面，其中包括犯罪人如何選擇犯罪標的，又如何決定其犯罪歷程，才能深切瞭解犯罪事件發生的主因。克拉克和費爾森（1993）即認為影響犯罪事件的解釋面向有四：其一乃涉及與社會學中的偏差行為的研究有關，因為經由許多人種誌（ethnographic）的研究發現，大多數的犯罪都是有目的性（purposive）、具有理性（rational）且是世俗的（mundane）；其二乃與環境犯罪學有關，從許多的犯罪類型研究中發現，犯罪者都具有目標選擇策略；其三乃與經濟學有關，其中涉及成本效益的分析；其四乃與認知心理學有關，其中有關資訊的處理與意思決定的模型，已經應用到犯罪選擇的分析當中。而上述這四個面向的犯罪學研究的綜合成果，乃共同構築了當代犯罪學理性選擇觀點的基礎。

綜合以上，理性選擇觀點說明犯罪行為是個體「策略性思考」（strategic thinking）下的產物，它排斥犯罪決定論（deterministic）以及病理學（pathological）上的解釋，並賦予犯罪行為具有目標導向、理

性、與人類日常活動有關的中心地位（Goldthorpe, 1998）。因此，犯罪事件的發生，對犯罪者而言可說是一種策略性思考的過程，包括如何選擇適當的住宅標的，決定運用哪些工具與方法，進而創造出以最小的成本獲致最大的利益。

根據理性選擇觀點的內涵引用到犯罪事件的研究時，可形成下列三種假設：（Clarke and Felson, 1993）：

（一）犯罪是具有目的性的行為，它乃根據犯罪人的一般需要（如：金錢、地位、滿足其生活習性），並根據這些需要去做有關的選擇與決定。但這些選擇與決定有時會迫於犯罪人本身的時間、能力或資訊的有效性所限，並非十分成熟。

（二）基於每一種犯罪事件類型都有其特殊或特定的犯罪歷程與目的，而且進行犯罪決定的情境背景考量也並不相同。因此，解釋犯罪的理性選擇過程，必須針對每一種犯罪事件的發生特性予以量身訂製。

（三）犯罪事件是頻繁、短暫的依據當時有限的情境資訊所做出的選擇與決定。

在實證學派觀點籠罩之下的犯罪學理論，有者認為犯罪是由於人格特質所導致，例如Wilson和Herrnstein（1985）認為人性與犯罪具有高度關聯性；有者從社會結構面或社會過程面去建構犯罪學理論。但理性選擇理論都不認為上述這些因素是促發一個人犯罪的原因，主要原因還是來自於威嚇（包括刑罰制裁與情境控制）的效果；另對犯罪行為的解釋也不該從犯罪人或行為角度去思考，而該從犯罪事件的角度去衡量評估，因而形成現代古典學派的兩大主張：1.傳統古典學派的威嚇理論再度復興，修正形成「現代威嚇理論」；2.犯罪經濟學（Criminal Economics）的學說抬頭，以犯罪事件觀點取代實證主義的犯罪原因論。

由此可知，現代古典學派的發展建立在兩個核心概念上：一是針對傳統古典學派的威嚇理論再加以擴大詮釋後形成「現代威嚇理論」，其內涵除了保有原來威嚇理論的「刑罰威嚇」外，更添加非正式的「社會與自我譴責威嚇」；二是對於犯罪行為的解釋，除了排除實證決定論之外，針對犯罪行為也採取了經濟學當中有關於成本效益的觀點，也就是否定傳統古典理論的完全理性（自由意志）說，進而修正為部分理性說。現代古典學派的這兩個核心概念，充分地回應在當今犯罪預防策略上的非正式社會控制策略（Developmental Crime Prevention，以人為主的發展性犯罪預

防），以及情境控制策略（Situational Crime Prevention，以情境為主的情境犯罪預防）。

一 現代威嚇理論

　　早期威嚇理論是傳統古典學派的產物，是由貝加利亞與邊沁於十八世紀所提出，他們認為犯罪行為可以透過刑罰懲治而收到一般威嚇與特別威嚇的效果。但在貝克所持的理性選擇理論概念裡，它擴展了威嚇理論的範圍，除了包括法律類型的制裁威嚇外，同時也包括了非法律類型的制裁威嚇。所謂非法律類型的制裁威嚇，舉例來說：如果有人犯罪，就會受到他人（尤其是重要他人）的譴責因而害怕尷尬；或者因而促成此人內在羞愧感的自我懲罰效果而達到嚇阻其犯罪的結果（Grasmick, Bursik and Arneklev, 1993）。換言之，個體會因為與其親近的重要他人不贊成他去犯罪，而使該個體對犯罪產生恐懼或排斥而避免犯罪；或者是該個體因為幼兒早期良好的教養訓練，蘊育出高度自我控制或恥感，也可使該個體對犯罪行為受到嚇阻，此時所受到的嚇阻效果就不是屬於法律類型的制裁威嚇，而是非法律類型的制裁威嚇。因此，現代威嚇理論已將正式威嚇（法律懲罰）和非正式威嚇（社會譴責或自我規範）皆視為該理論的一部分。

（一）正式威嚇

　　正式威嚇理論觀點孕育現代諸多警政與刑事政策觀點，在警政策略上的破窗理論（broken windows）即是一例。破窗理論強調警察的治安策略要從「抓重犯、破大案」的思維，轉向到對次要犯罪事件的重視上，透過對社會當中行為不檢、擾亂公共秩序及可能衍生一般民眾犯罪被害恐懼等問題加以因應，以快速確實的方式加以嚇阻處理，進而達到遏止重大犯罪發生的可能。在警政實務上實踐破窗理論最有名的例子，應屬美國前紐約市長朱利安尼（Rudy Giuliani），他於1994年至2001年擔任八年紐約市市長期間，接受了犯罪學家的建議，採取破窗理論觀點處理當時犯罪率頗高的紐約市治安，有效地降低犯罪率並改善都市生活的品質。

　　在刑事政策觀點的影響上，「三振出局策略」（Three Strikes and You're Out policy）是正式威嚇類型相當典型的代表。該策略假定犯罪人於初次犯罪後，將在理性選擇下不會再選擇以犯罪作為滿足其需求的手

段，因為他們知道如果犯下三項重罪，他們將受到終身監禁的處罰，犯罪的負面影響肯定大於第三次犯罪的預期收益，因而達到威嚇犯罪的效果。然而，三振出局策略真能起到威嚇的效用嗎？當然，將重大犯罪人透過隔離封鎖在監獄內，在特別威嚇上相信可以收到一定程度的效果，但在一般威嚇上卻未必可以，畢竟要達到三次重罪程度罪行的情形並不多見。

（二）非正式威嚇

　　非正式威嚇類型首推梅根法案（Megan's Law），該法案於1994年於美國興起，並於1996年經美國總統柯林頓簽署為聯邦法案，法案內容主要是針對性犯罪或對未成年實施犯罪的犯罪人，應列冊登錄在國家的犯罪資料庫之內，以供各級執法機關查詢之用；甚至在美國有些州還規定該資料庫可供一般民眾搜尋、要求政府針對高危險性犯罪者實施強制社區通報等，期望透過公開犯罪人個資的方式，一方面達到讓民眾自我保護的效果，另一方面也希望透過恥感的操作，達成預防犯罪與再犯的目的。

三　犯罪經濟學

　　理性選擇理論解釋犯罪事件的內涵，除了將傳統威嚇理論擴大為正式和非正式的嚇阻外，它還提出個體從事犯罪行為是會歷經「理性選擇」的論點。首先，理性選擇理論假設人類是理性的、自私的、並且會受到行為後果的影響等，這部分與傳統古典學派的觀點相似，但不同之處在於傳統古典學派所持的理性屬哲學性、完全的理性，但現代古典學派的理性選擇理論所持的理性是屬經濟學性、部分的理性；至於「受到行為後果的影響」這個部分，傳統古典學派以「刑罰懲罰的痛苦」作為其考量，但現代古典學派則以「成本效益評估」為其行為後果的考量。

　　前已述及，理性選擇理論與其他實證犯罪學理論最大的不同，在於論述犯罪人從事犯罪的原因時，實證犯罪學理論強調決定論，強勢區分犯罪人與非犯罪人的不同，但理性選擇理論卻認為決定論的看法太單調僵化，因為犯罪行為只不過是人類所有社會行為當中的一種而已，不需要再去區分犯罪行為與一般社會行為有何不同。誠如理性選擇理論的提倡者美國經濟學家貝克所認為，犯罪行為與非犯罪行為並沒有什麼不同，它只是人們有意選擇進行的行為而已，從事犯罪的人並沒有被強迫或迫於無奈犯罪的

情況，而他們選擇從事犯罪的原因是他們認為與非犯罪行為相比，從事犯罪行為對他們而言只需要付出很低的成本，但卻可以獲得更大的收益。這種經由經濟學上成本效益評估後所形成的選擇決定，才是建構犯罪事件發生的核心觀點。

康尼斯和克拉克（1986）進一步闡釋理性選擇理論時認為，犯罪人的犯罪動機不是被決定的，同時也不會被迫於犯罪；再者，犯罪人的性格與非犯罪人也沒有不同；最重要的是，犯罪人也沒有被社會化具有犯罪信念，或形成犯罪副文化體系而受其副文化的規範要求而犯罪。因此，犯罪人實際上與非犯罪人沒有什麼不同。雙方都願意選擇自己的行為，並且都在合理考慮成本效益的基礎上選擇這些行為。因此，透過理性選擇的犯罪人是理性且自私的，選擇犯罪是基於他的理性評估成本效益的結果；亦即與非犯罪行為相比，犯罪是有益或可滿足某些需求的。

（一）「理性」選擇

理性選擇理論並不認為人們的任何行為決定是完全理性的；也就是說他們只能針對他們目前所蒐集到的訊息，作為評估每一項行動方案成本效益的依據，所以他們有可能會誤判各種成本和收益，也有可能無法適當地評估權衡每個因素，但是他們卻能自認有足夠的理由去進行某些工作。換句話說，他們確實會在決定採取任何行動之前考慮並權衡其行動的後果，但他們可能會是誤判情勢與結果的決策者。

因此可以得出一個結論，個體在做決策時所評估權衡的成本與效益，是決策者主觀感知或理解的成本與效益，是他本身主觀認為的，而不是客觀真實存在的。所以，理性選擇理論認為在現實層面上，人們只有可能把理性或成本效益評估的能力極大化，根本不可能有完全的理性。換言之，人類無法很周全地蒐集、儲存與處理資訊；在推理與判斷上也有能力上的限制與錯誤，所以人類所能做的僅限於滿足當下的需求，而非最大的可能利益。據此，克拉克與康尼斯（1985）因而認為理性選擇理論也可被稱為犯罪行為的主觀預期效益理論（Subjective Expected Utility Theory of Offending）。

（二）理性「選擇」

成本效益是每個人從事任何行為時很重要的參考依據，也是理性選擇理論很重要的概念，其中關於成本效益的內涵在上一段當中有稍做解釋，

現在將更細緻地來加以說明。就犯罪行為來說，它是個體理性選擇下的產物，意味著人們可以決定是否從事犯罪，問題是個體選擇犯罪的依據是什麼？答案是個體在決定是否犯罪的當時，人們會對從事犯罪行為的成本收益及非犯罪行為的成本收益，經過一定程度的綜合評估後做出「選擇」。

　　舉例來說，如果個體現在有金錢需求，那麼他可以「選擇」兩種方式之一來滿足金錢需求：一是選擇汽車竊盜的犯罪行為來滿足金錢需求，但在決定從事汽車竊盜之前，他會考慮偷車的成本和效益；二是透過考取職業駕駛執照去開計程車（非犯罪行為）獲取金錢，而他在決定開計程車維生之前，他依然也會考慮到當計程車司機的成本和效益。就理性選擇理論的觀點來說，個體在決定是否犯罪之前，同時受到犯罪預期成本效益以及非犯罪成本收益的影響。

　　就「選擇」汽車竊盜的成本效益來說，汽車竊盜的收益可能是一項花費時間短而獲取利潤高的工作，它可以讓自己生活自由而不需要每天定時上下班；它只需要培養一些技術而不需要花費太多勞力；它可以讓自己自主行動而不需要聽命於人等。但個體同時又不得不考慮它可能付出的成本風險，包括行竊時或銷贓時被逮捕和定罪的風險、銷贓管道及收贓的人是否可靠、被定罪後可能判決的刑期長短或罰金多寡（以上為正式的法律威嚇）、入監服刑後可能對自己的人身名譽有所傷害、出獄後與親人鄰里之間的互動可能疏離、具有犯罪前科之後若要找合法工作的困難度、與自己親近的人發現自己有竊盜前科時會不會就此傷心難過，或感到羞恥和尷尬而遠離、社會聲望與地位是否因是偷車前科而跌落於谷底、偷車是否是一項長遠賴以維生工作等（以上為非正式的社會譴責威嚇）。在理性選擇理論的犯罪行為模型中，上述的收益與成本風險都被納入個體是否選擇從事犯罪行為以獲取金錢的評估項目當中，並且會因每個人所保有的理性程度高低而有所差異。這也說明每個人的理性程度並不相同，進而成本效益評估的內涵與過程也自然不同，當然對最後「選擇」犯罪與否的決定也會不同。

　　就「選擇」非犯罪獲取金錢的開計程車來說，其收益可能來自載送乘客的收入，偶爾還會遇到大方客人給的小費，若加入工會日後還有退休金以及相關保險，而且開計程車至少是正當的行業，若不過度追求金錢需求時這份工作並不繁重等。但個體同時又不得不考慮它可能付出的成本風險，包括現在計程車業競爭相當激烈可能賺不了什麼錢、也有可能載到不

付錢的乘客或者成為搶劫的被害對象、雖然開計程車是正當行業但在大多數社交圈中並沒有太高的社會聲望等。上述這些也都是個體即使選擇非犯罪活動獲取金錢所需要權衡的成本效益分析。

因此，個體考慮從事犯罪行為時，他需要權衡成本和收益的條件，就算他考慮從事非犯罪行為，也是需要權衡成本和收益的條件，而最終是否從事犯罪的決定，乃是他基於對成本與效益的合理權衡後，最後做出「選擇」的結果。

三 理性選擇理論的特性

理性選擇理論假定人類並不需要有強烈的動機進行犯罪行為，取而代之的是個體理性的認為，犯罪行為比非犯罪行為具有更多的利益和更低的成本時，就會發生犯罪。因此，當一個人最後決定實施犯罪時，通常自認為有足夠的理性來計算犯罪行為和非犯罪行為的成本效益，而他們通常是選擇效益最高的行為，其中也許是選擇犯罪行為，也許是選擇非犯罪以滿足眼前的需求。但這並不意味著人們在做出決定之前，就可以蒐集所有必要的訊息，也不意味著他們可以完美地權衡犯罪和不犯罪的各種成本和收益，其只是假設人們有一定程度的理性，並以此程度的理性來決定他們的行動。

理性選擇理論已經是目前最普遍被用來解釋犯罪事件的理論之一，尤其是工具性犯罪（諸如各種類型竊盜、街頭搶奪、詐騙案件等）最常被引用。其他如白領犯罪、毒品犯罪及性犯罪等，在描述這些犯罪事件的發生模型上，理性選擇理論也都是不可或缺的理論之一。若以理性選擇理論的內涵架構來說，理性選擇理論似乎可看到下列四種學科的影子（Clarke and Felson, 1993）：1.從社會學觀點認為社會上多數犯罪是理性、具目的性且是世俗的；2.從環境犯罪學對於犯罪目標的選擇及犯罪類型的選擇分析；3.從經濟學對於人類行為的成本效益決意歷程；4.從認知心理學對於外在訊息的蒐集處理與意思決定的決意模型。

理性選擇理論經康尼斯和克拉克於1986年出版《論證犯罪人：理性選擇犯罪觀》（*The Reasoning Criminal: Rational Choice Perspectives on Offending*），及Katz於1988年發表了他的著作《犯罪誘因》（*Seductions of Crime*）後，理性選擇理論的犯罪學研究隨即大量的產出。總結理性選

擇理論的內涵後，可歸結該理論在解釋犯罪上有以下特性（Cornish and Clarke, 1986; Clarke and Felson, 1993）：

（一）人類不可能有完全絕對的理性，而僅有「有限度的理性」。亦即，人類無法很周全地蒐集、儲存與處理資訊，並在推理與判斷上也有能力上的限制與錯誤。所以人類所能做的僅限於滿足眼前的需求，而非最大的可能利益。

（二）犯罪是世俗的、投機的與理性的，而非受到非理性與無目的性等動機的影響，其與一般行為並無兩樣；且理性選擇理論不去強調犯罪人與非犯罪人之間的不同，反而強調兩者的相似性。

（三）把研究焦點從犯罪人特質上，轉向關注犯罪事件本身及影響犯罪的情境因素，並且強調情境與犯罪事件具有高度相關性。

（四）犯罪並非是社會上單一現象而可用一般性的理論架構加以解釋，也就是說各種特定的犯罪類型，都有其理性選擇的歷程架構，尤其適用於工具性犯罪類型（財產犯罪）；這也說明各種犯罪類型應該發展出各自具特定的，或量身訂製的犯罪預防策略。

　　理性選擇理論雖然有以上特性，但在解釋犯罪事件上仍有以下盲點有待突破：

（一）理性選擇理論通常被認為對犯罪事件發生的描述，的確具有啟發性作用，但比較缺乏完整具體的解釋模型。若以人類個體來比喻，該理論比較像是個體的靈魂，而缺乏具體軀體的架構。

（二）理性選擇理論雖然特別適用於工具性犯罪類型（財產犯罪），但對於情緒性犯罪類型（暴力犯罪）及具有精神異常性犯罪類型者（例如反社會人格型犯罪）則較不適用。

（三）當人們面對犯罪機會時，個人的偏好會影響其選擇的內容與結果，就像在百貨公司週年慶打折時，有的人只是去逛一逛有沒有什麼東西可以買，當有看到喜歡的東西時才會出手購買；但有些人去百貨公司之前已經決定要買某一樣東西了，因為他已有一定的偏好。因此，當某些犯罪人對某些特定犯罪已有偏好時，則理性選擇理論似乎也無法加以解釋，例如具有賭癮的賭徒、具有毒癮的毒犯等，皆屬此類。

第二節　日常活動理論

　　現代古典學派的另一代表理論為日常活動理論（Routine Activity Theory），該理論提出者柯恩（Lawrence Cohen）和費爾森（Marcus Felson）認為：自第二次世界大戰結束以後，人類社會發展便不斷地呈現高度的社會變遷，其結果是提供了犯罪者更多的犯罪機會，其中最顯著的變化就是更多的人們離開家庭走入勞動市場，使得人們的住宅失去原有的監控強度；再者，社會逐漸跨入現代化與科技化的結果，各種輕巧易於攜帶且價值高的產品問世後，也提供大量的犯罪機會給了潛在的犯罪者（Cohen and Felson, 1979）。其中最值得重視的是，柯恩和費爾森認為要實施犯罪，必須在時空上融合三件事：有積極動機的犯罪者、合適的目標物及缺乏有能力的監控者。使得日常活動理論所關注的是犯罪事件（criminal event），而不再是犯罪人（criminal offender），進而促成犯罪事件觀點論的形成。

　　理性選擇理論為各類犯罪事件的發生提供一個普遍性的解釋架構，甚至被認為特別適用在描述住宅竊盜等工具型犯罪事件上。但其理論內涵中對於犯罪事件發生的要素，及各要素之間的關聯性為何？所謂合適的情境與機會為何？又對犯罪者產生何種作用等，理性選擇理論並沒有很清楚的解釋。理性選擇理論遭致最多的批評，便是來自於對該理論的輪廓以及方法上的說明都不令人滿意。如學者所言：對犯罪事件的說明上，理性選擇理論所提的「機會理論」，並不如日常活動理論在時間與空間的論述上有非常明確清楚的定位（Bottoms, 1994）。因此，研究犯罪事件時，除了以理性選擇理論作為解釋架構外，還需要以其他理論觀點來補充說明其架構內涵。其中，日常活動理論最適合解釋犯罪事件發生的架構。

　　當代研究犯罪事件，須將加害者、被害者及二者所處的情境因素連結討論，如Fattah（1993）在一篇名為〈以理性選擇和機會觀點作為整合犯罪學與被害者學平臺〉文章中認為：在犯罪事件中，加害者與被害者之間有許多可以被連結之處，諸如：理性化（rationality／rationalization）、選擇的可能性（choice）、風險（risk）、機會（opportunity）、暴露（association／exposure）、挑選目標物（target selection）等。他更進一步認為對犯罪者與被害者的研究上，可以呈現以下的結論：1.動機在犯罪

歷程中占有顯著性的角色地位；2.在時空上加害者與被害者並存；3.情境因素在犯罪歷程中比起個體因素扮演更為重要的角色；4.情境動態因素對於個體從事犯罪的影響力大於個體的靜態因素；5.兩者皆主張以情境犯罪預防措施、強化標的物、物理嚇阻、減少機會等，來代替傳統刑罰威嚇政策等。

　　基於上述的看法，當代從事犯罪行為的研究，也都針對犯罪者、被害者及所處情境因素加以整合討論，使成為完整描述此等犯罪類型發生的內涵。因此，在理論層次的建構上，咸以理性選擇理論及日常活動理論作為論述的核心觀點，對於機會因素的描述，便以日常活動理論為論述主軸（Potchak, Mcgloin and Zgoba, 2002; Rice and Smith, 2002）。

　　隨著犯罪學理性選擇觀點的興起，以社會學或心理學解釋犯罪性的觀點逐漸顯其不足與缺失，此時日常活動理論便擔當起強化補充的角色（Gilling, 1997）。日常活動理論不強調造成個體具有犯罪性的傾向因素，而是著重在時空因素與社會互動下對個體產生犯罪傾向的影響，進而成為犯罪者主觀認知的犯罪機會。此一理論同時也認為，當代社會犯罪率的增加，乃是因為社會上人們日常活動方式的轉變，使得犯罪的發生出現在下列三個時空因素的聚集：亦即，有動機的犯罪者、合適的標的物、缺乏有能力的監控者等。

　　自日常活動理論發展開始，犯罪學者逐漸拋開巨觀的社會階層來分析犯罪率的變化，轉而朝向諸多的社會變遷對犯罪事件發生的影響。這些轉變包括人們不再以家庭為生活重心、產生許多的職業婦女、單身家庭，以及住宅內增加許多適合的標的物，特別是汽車以及電子產品，尤其是後者，輕巧且易於攜帶，其價值亦高。因此，Gilling（1997）認為，當代世界各國犯罪率的增加其實並不是因為社會變遷的結果，反而是社會繁榮與社會自由度擴大的因素。簡單來說，就是提供犯罪的機會遠超過刑事司法機構所能控制的能力。

　　日常活動理論在發展初期，較少論及有關犯罪人的動機環境，但在後來的觀點上，則逐漸將焦點也轉向犯罪人身上，但它仍然保持這樣的看法認為：犯罪率的增加不必然是因為犯罪人在動機上產生改變，但卻認同赫胥控制理論的觀點，並將之納入到他的理論模式內，將「密切的管理者」監視「有能力的犯罪者」，轉化成「一個有能力的監控者」可以有效監控「一個適合的標的物」。

再者，日常活動理論與控制理論雖然都強調「監控」的效果，惟兩者最大的不同則在控制理論強調人員或機構性的控制元素；而日常活動理論則較強調情境的控制因素，並且將這些情境的控制因素轉變成可操作的一群。換言之，基於日常活動理論所形成的預防觀點，會期待在某種程度上改變人們的日常活動與生活情境，進而強化人們生活情境的監控程度，以致於能與犯罪保持一定程度的距離。這種做法將會使社會產生某種轉變，諸如：公司規模小型化、發展新技術使得人們可以在家工作與在家接受教育，建構地方性的組織與活動，以及在社區或住宅設置有能力的監控者（如聘請警衛保全）等（Gilling, 1997）。

日常活動理論也認為犯罪的發生，在空間與時間上必須有三個基本要素同時聚合在一起。這三個要素分別是：「有動機的犯罪者」、「合適的標的物」和「有能力的監控者不在場」等（Cohen and Felson, 1979）。

（一）有動機的犯罪者：犯罪的發生必有一個加害者，想犯罪而且有能力去犯罪。柯恩和費爾森認為：犯罪加害者只是犯罪事件中的一個要素，僅能解釋有動機犯罪者的存在，卻不能解釋犯罪事件的發生。

（二）合適的標的物：犯罪的發生，必有一個犯罪加害者意圖獲取並因而付諸行動的對象。費爾森和克拉克（1998）以標的物的價值（Valve）、可移動性（Inertia）、可見性（Visibility）及可接近性（Access）（簡稱VIVA）說明何謂合適的標的物；另克拉克也以可隱藏性（Concealable）、可移動性（Removable）、可利用性（Available）、價值性（Valuable）、愉悅性（Enjoyable）及可支配性（Disposable）來說明財產犯罪者所渴望的標的（Felson, 2002）。

（三）有能力的監控者不在場：監控者係指任何可以預防犯罪發生的人或事，因為監控者具有嚇阻犯罪加害人的功能，故可以保護個人生命與財產的安全。

因此，以日常活動理論描述犯罪事件的發生，其重點不在於犯罪三要素的單獨呈現，而是當該三要素一旦聚合在一起時，所產生有利於犯罪加害者從事犯罪的機會。換言之，社會上即使有犯罪者的存在，不必然就產生犯罪事件，其仍缺乏合適標的物與有能力監控者不在場的因素配合；反之，即使有合適標的物與有能力監控者不在場的因素配合，有實施犯罪動機的犯罪者若在時空因素上未能同時聚合，則犯罪事件亦無由發生。簡言之，當代犯罪率若呈現上升的現象，主要因素會歸結到有利於從事犯罪機

會的增加，而與犯罪人口數的增加較無關係（黃富源，2000）。

　　日常活動理論描述犯罪事件的發生，主要維繫在於有利於犯罪發生的「機會」是如何呈現，而此一機會結構則在時空上呈現「有犯罪動機者在場」、「合適犯罪的目標物」、「有能力監控的個體在場」等三者同時聚合的觀點。此一觀點論述，乃對犯罪事件的發生有相當清楚的解釋輪廓，其也補充理性選擇理論當中，對犯罪者如何選擇與決定有更加具體的說明。

第三節　被害者學理論體系之機會理論觀點

　　到目前為止，我們可以理解的是，現代古典學派在犯罪控制上採取「犯罪事件觀點」的描述。簡單地說，它不強調個體或群體犯罪性的傾向因素，也拋開巨觀的社會階層來分析犯罪率的變化，進而轉向對某一或特定犯罪事件所呈現出被害機會的研究。因此，「機會」（opportunity）是引起犯罪最主要的原因（Felson and Clarke, 1998），而個體所處的生活環境及每一天所呈現的生活狀況，同時也會激起或削弱潛在犯罪者犯罪的決定（Felson, 2002）。因此，從空間環境特質與個體生活型態等兩個面向，是當今探討犯罪事件發生的主流觀點。基於每一種犯罪類型有其特定的犯罪歷程與目的，而且進行犯罪決定的情境背景考量也並不相同（Clarke and Felson, 1993）。因此，解釋犯罪事件發生的內涵，則必須針對每一種犯罪事件的發生特性予以量身訂製，其中包括該犯罪事件所處的空間環境特性，及其所有人的生活型態等，都深切地影響某一或特定犯罪事件的發生。

■ 一　都市現代化的發展，助長犯罪發生觀點

　　日本學者伊藤滋於1982年（日本昭和57年）出版《都市と犯罪》一書，說明現代化的社會因科技的發達、人際關係的改變，與空間型態的管理大異於前而削弱了社會控制的力量，同時也增加了犯罪控制的困難。伊藤滋觀察日本諸多伴隨著都市化而改變的社會環境後，綜合出空間面與

社會心理層面等兩個因素，以說明犯罪者、被害者及有利於犯罪發生的情境（監視性低下、領域性低下）如何在具有高度匿名性的都市中發生。都市環境造成犯罪發生的基本圖示，如圖14-2，茲簡述如下（黃富源，2004）：

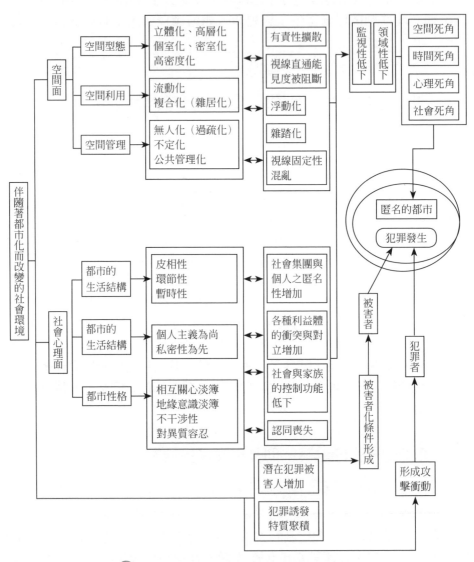

圖14-2 都市環境造成犯罪發生的基本圖示

資料來源：引自黃富源（2004：81）。原著伊藤滋（1982：20）。

　　在空間面的描述上，都市的生活空間型態呈現立體高層化、個人或住宅的生活呈現個性隱密化、而整個都市的生活利用空間也呈現高密度化，因而造成都市生活是擁擠而具私密性；而生活空間的利用特徵則呈現居民高度的流動性與異質性，因而造成個體之間的緊密關係不易產生；另在生活空間的管理上，因許多公共空間缺乏有效的監督與管理，致使產生諸多管理上的死角。綜合空間型態、利用與管理上的不利特徵，使得都市生活的空間面上呈現有責性擴散、監督視線不良、居民生活品質浮動雜亂等現象。

　　在社會心理層面上，都市的社會關係呈現表面化、片段化與暫時化，使得個體間的關係不易形成連結；且都市的社會結構講究個人主義，並強調個人隱私權益，更弱化了個體連結彼此關係的程度；再加上都市性格同時呈現地緣意識薄弱、居民彼此間互不關心，對於他人異質的活動與行為容忍性高等特徵情況，乃造成了都市中的社會集團或個人的匿名性增加，社會中各種利益體的衝突與對立增加，社會或家族的控制功能減弱，對於生活在同一社區的認同感也逐漸喪失。

　　一個都市若具有上述空間面與社會心理面的不利發展因素，終於造成社會生活空間在監視性與領域性同時低下的情況，致使都市形成諸多空間、時間、心理及社會等死角，因而形成不具社會控制力的匿名都市。而在這個具有高隱匿性的都市中，因社會變遷的結果，許多原本留在家庭的婦女或孩子，因就業或就學的關係，離開家庭而在外工作或求學，除了使家庭住宅的監控性降低外，更使得與外界互動增加或活動範圍擴大，使得住宅或個體的被害機會增加；又現代社會拜科技發達所賜，許多輕巧昂貴的高科技產品擴大問世，也誘發犯罪的可能性增加。

　　綜合伊藤滋的觀點，在匿名性的都市中，因潛在被害者的增加及誘發犯罪物質的擴張，使得犯罪的狀況會因此而同時增加。此一觀點同於費爾森所稱的日常活動理論觀點，認為社會變遷的結果，造成犯罪機會的增加，而當有動機的犯罪者存在於有合適標的物，且缺乏有效監控的情境之下，犯罪自然會應運而生。

　　前述都市環境與犯罪的關係，並非僅存在於都市型態的空間環境之中，其著重在於一個空間區域的經營與發展，並具體的從空間面與社會心理層面出發以探討與犯罪的關係。若以住宅竊盜犯罪事件為例，因現代化

社會的發展，使得從社會空間面向所形成住宅環境具有低領域感與低監控性的不利特徵，以及從社會心理面向所形成劣質的社會關係與生活結構，是住宅是否遭竊的重要指標因素。

二 環境犯罪學

　　環境犯罪學（Environmental Criminology）的發展有別於傳統以人為中心的犯罪學研究，其強調犯罪在何時何地發生？是什麼樣的原因使犯罪者與犯罪被害者在同一個時空下聚集？它也著重犯罪者對外在環境感知下選擇犯罪目標的過程，環境犯罪學者同時也重視犯罪者與被害目標在空間上的分布關係等。環境犯罪學在發展歷史上有兩股研究浪潮，第一股浪潮發生在十九世紀的歐洲，尤以法國與英國為代表。

　　Guerry（1833）與Quetelet（1842）各自研究法國的犯罪統計資料後，發現：1.犯罪事件在空間上並非是均勻的發生；2.暴力性犯罪與財產性犯罪在空間上的分布有截然的不同，在工業化與都市化較高的法國北部有較高的財產犯罪事件，而法國南部鄉村地區則有較高的暴力犯罪事件；3.比較法國與其他歐洲國家的犯罪率時，不同的法律規定並非是主要的原因，空間因素才是各國呈現不同犯罪率真正主要的原因。其後，英國也在Plint（1851）與Mayhew（1862）的研究中發現：高犯罪率都發生在工業化與都市化的區域；而低犯罪率都集中在鄉村、礦區以及未都市化的區域（Brantingham and Brantingham, 1981）。環境犯罪學第一股研究浪潮啟動了犯罪學研究上對空間因素的重視，並強調犯罪在空間上的分布並不均勻。然而，十九世紀的環境犯罪學雖然發現犯罪在空間上呈現不同的差異，惟其僅強調空間因素的重要性，但卻未說明為何這些工業化或都市化區域會有較高的犯罪率，同時也未發展出較具系統性的理論觀點，因此在犯罪學研究上也未受到重視。

　　直至二十世紀初始，在美國興起了第二股環境犯罪學的研究，並逐漸建構較為明確的理論觀點，也深切的影響了後來的犯罪學研究。此時期的環境犯罪學研究，不僅僅重視單一地理特性，而是以社會生態學（Social Ecology）的觀點研究犯罪問題的發生。其中，又分列成兩個研究層面：其一是以都市成長理論為基礎，借用生態學的觀點，將社會上的生活空間分布，以經濟競逐（economic competition）的能力劃分許多社會區塊，

並從中去瞭解各社會區塊發生犯罪率的高低與原因；其二是以社會心理學為基礎，認為社會系統（家庭、社區、教育等）的本質與品質會因地區的不同而有不同的樣態，同時，生長在其中的個體也會因暴露在該社會系統下，而深受影響（Brantingham and Brantingham, 1981）。

環境犯罪學自1970年代開始，成為諸多犯罪學研究的一支，它乃強調一種廣泛性的犯罪環境決定論。根據Brantingham和Brantingham（1981）的觀察，犯罪有四個根本上的決定論，稱為法律、犯罪者、目標物與空間。而古典學派強調法律概念，實證學派則強調犯罪人，相對的有關於目標物與空間的概念則較少受到重視。環境犯罪學乃企圖修正這種平衡，以再教育的姿態出現，並以空間以及目標物為主要研究對象，呈現一種相對的重要性與地位，而環境的概念也集中在對物理環境或社會實體的瞭解，以助於對諸多犯罪預防模式能有所區別與瞭解。

再者，環境犯罪學的觀點認為，犯罪的發生並非直接決定於個體的動機（motivation）因素上，而是取決於立即可觀察的「機會」因素上，而且個體從事犯罪行為並非隨機，而是根據某一區域的環境結構以及在此一環境結構內互動的結果。此一觀點逐漸成為機會理論發展的基礎，並與其他犯罪學和被害者學的理論觀點相趨近，用以描述犯罪事件發生的真正原因。

綜合上述，環境犯罪學在後來的研究逐漸分化成兩個研究途徑：其一影響後來犯罪學的研究，強調次文化環境或社區環境對於個體成長的影響，以及如何促成該環境下的個體從事犯罪（簡單地說，就是「什麼樣的環境容易滋生犯罪人」）；其二逐漸與被害者學研究靠攏，強調從環境特性中所呈現的被害機會觀點，以及如何促成該環境下的個體遭遇犯罪被害（簡單地說，就是「什麼樣的環境容易滋生被害人」）。前者仍舊籠罩在以人為中心的犯罪學研究當中；而後者則強調「機會」在犯罪事件中所居於的核心地位。

（一）容易滋生「犯罪人」的環境犯罪學理論觀點

1. 早期理論觀點：芝加哥學派

芝加哥學派的犯罪學理論觀點興起於1920年代的美國社會學界，該學派認為以個人特質或社會病因來論述犯罪原因，並將維護社會安全的方式，決定在使這些個人特質或社會病因消失的做法，其實是較為短視的，

因為他們忽略了社會整體發展的變化影響因素。因此,該學派建議是不是該去理解犯罪個體所處的鄰里區位特徵是否有助於犯罪者的產生,諸如該區位是否於貧窮區域、是否具有高度外來移民或黑人聚集特徵(高居民異質性)、該鄰里區位內的居民遷入與遷出是否相當頻繁(高居民流動性)等,導致我們該去思考的犯罪處理方案,應該在於改變個體所處的區位環境,而不是個體本身的生、心理特質或其外在社會學因素對個體犯罪行為的影響。

　　基此,美國自1920年開始,興起從人類生態學或區位學的觀點去觀察犯罪特性並尋求找出處理犯罪的方法,其主要代表人物為芝加哥大學的帕克及柏格斯等人,從此芝加哥社會學派也成為二十世紀前半葉犯罪社會學的主流。該學派的犯罪學者觀察到二十世紀初期,美國正快速進入現代化時代,在土地區位的分布特徵上,從散布著小型穩定的農業社區轉變為以擁擠城市為中心的都市,這些都市以蓬勃發展的工商業為中心,因而湧進許多謀生的下階層居民。此時,該地區的人口異質性增加,同時人口流動性也變大,原有穩定該區位社會秩序的社會結構瓦解,不僅削弱了家庭與學校等社會組織控制個體行為的力量,也因為此等非正式規範逐漸崩壞下,最終形成社會解組(social disorganization)現象而創造出犯罪與偏差行為的環境誘因。

　　基於人類生態學的觀點,柏格斯於1920年代以位於密西根湖畔的芝加哥市作為研究對象,並提出都市成長的同心圓模型。同心圓模型觀點認為都市發展過程中,社會和物理環境惡化的現象會集中在過渡(貧民)區,雖然該模型並沒有直接針對犯罪提出更進一步的看法,但他針對都市發展過程當中各種不同區位的特性加以研究,並提出社會經濟地位與距市中心的距離之間的關係,以及各種不同區位內的物理環境與人口組成特徵等,讓我們可以察覺社會偏差或犯罪者的萌生熱點與其所處環境的關係;這一觀點在現代看來並沒有什麼值得注意的,但在1920年代犯罪決定論盛行的時期,確實具有挑戰犯罪決定論的企圖,並且為日後環境犯罪學奠定基礎。其中,著名的社會解組理論便是深受柏格斯的同心圓模型觀點所影響。

2.晚期理論觀點:蕭和瑪凱之社會解組理論

　　社會解組理論(Social Disorganization Theory)的概念乃由美國學者

蕭和瑪凱所提出，其集中在鄰里結構、社會控制與犯罪事件的關係上。其不同於傳統犯罪學將犯罪事件的研究集中在「哪些人」上，而是探究犯罪事件容易發生在「哪些地方」上，也強調不同的鄰里類型會創造有利或不利於犯罪事件發生的不同情境，亦即當社會或某一社區產生解組現象（貧窮、人口流動性高、居民異質性高、微弱的社會連繫網絡、低社會資本能量造成非正式社會控制程度低下）時，便可能使該區域的犯罪事件增加（Kubrin and Weitzer, 2003）。

蕭和瑪凱依隨著柏格斯的同心圓模型的概念，添加諸多犯罪學元素在研究當中，嘗試去找出為何某些特定區域會有較高的犯罪率，其研究結果認為該區域呈現「社會解組」現象是造成高犯罪率的主因。換言之，高犯罪率是因為該社區具有許多社會解組特徵，進而使該區域內的居民無法遵循共同價值觀，並藉以適時解決社區諸多偏差問題的結果，此為蕭和瑪凱於1972年發表社會解組理論的主要論點。

蕭和瑪凱透過此一研究得出一個總結：無論移民群體居住在哪一個區位，高犯罪率始終圍繞在都市同心圓的第二圈（過渡區）之內，由此可知，犯罪不是個體特質或所屬規範文化所造成，而是與犯罪發生的特定生態環境相關的，因為種族多樣性會干擾成年人之間的交流，因此而降低社區經營的有效性；又因為彼此習俗差異和缺乏共同生活經驗下，可能滋生相互恐懼和不信任感，因此社區意識形成不易下，社區自我控制社會秩序的可能性降低，犯罪或偏差行為產生的可能性便會升高。

總結社會解組理論的觀點，蕭和瑪凱引用柏格斯的都市成長同心圓模式，研究少年犯罪率的分布情形，發現少年犯罪率從市中心區逐漸往郊外降低，並發現高犯罪區域：在空間土地使用上具有工商業與住宅混合的特徵；在經濟條件上與貧窮家庭、低房租家庭等低經濟條件有關；在人口組成上具有大批移民集中的特徵。並依據前述三項條件交互影響下，得出：大多低下階層者因都市的發展而集中往都市求生存，進而暫時居住在都市週邊區域以降低生活支出；又因該地區的房租便宜，使得大量移民移入，造成該地區人口組成異質高、人口流動率高、原有社區的共生結構遭受破壞，社區因而解組。許多青少年即在此一社區自我控制機制薄弱的環境下，滋長犯罪與偏差行為。

（二）容易滋生「被害人」的環境犯罪學理論觀點

1.早期理論觀點

(1) 傑佛利之「以環境設計預防犯罪」

在環境犯罪學的研究領域上，傑佛利（1971）是以環境概念瞭解犯罪問題的早期提倡者，他摒除單純以社會學或心理學為研究犯罪的基礎，因為這些觀點乃基於一種心理動力的因素存在，但在相關實證上卻無法真實明確的證明它是存在的。而且也僅能在每一個犯罪事件發生後來加以分析，在犯罪預防上當然也無明確的效果。因此，他選擇行為主義的行為模式，強調個體行為乃來自於外界環境的刺激，因此，移除使個體會想要去犯罪的環境刺激，以及增強令個體對犯罪產生反感的環境設計，便可以有效地預防犯罪（蔡德輝、楊士隆，2006）。但他卻也沒有很明確地說明有哪些預防技術（Gilling, 1997）。

傑佛利在1970年代初率先出版《以環境設計預防犯罪》一書，書中對於環境設計在犯罪預防上的功用做了重要宣示。根據傑佛利的見解，犯罪預防應考慮犯罪發生時環境及犯罪人之互動特性。如：妥善的都市環境設計與規劃，可消弭人際隔閡、隱匿，並增加人際互動，進而減少偏差與犯罪行為之發生。而有效減少偏差與犯罪行為的環境規劃與設計包括：1.改善都會之物理環境，如髒亂、擁擠、破舊、頹廢之建築物等；2.以環境設計強化人與人之溝通及關係維繫，減少疏離感等。

傑佛利在後來的研究中進一步說明他對於人類行為的概念，並另以實證生物環境模式來說明犯罪行為的發生模式，強調人類的大腦會受到外在環境的刺激影響。但對於犯罪的影響，不僅在於環境設計，還包括心靈環境以及營養學上的缺陷。如此的觀點，雖然使傑佛利遠離環境決定論的領域，但提出以環境設計預防犯罪的觀點，卻成為當今從事犯罪預防的主流依據。

從環境設計觀點以預防犯罪的具體做法上，日本學者清永賢二和高野公男（1982）也曾指出：環境設計預防犯罪涉及以工程學之方式，改變都市、街道及建築物的物理條件，藉以改善犯罪者之行為及其社會關係，而達到防止犯罪之目的。渠等認為環境設計（包括空間與機器）之技術，倘能與其他資源，如人、社會、警察、法律等併用，將可發揮更大之功效。而就環境設計之技術而言，清永賢二及高野公男認為應包括下列七種

技法（黃富源譯，1985）：

①隔絕（遮斷）：假定犯罪者可能前往犯罪之路徑，以工程學的方法設定障礙物（包括人、社會、警察、法律、機器、空間等，為預防犯罪基本要素）。

②威嚇：設定具威嚇性效果的障礙物，以阻止犯罪者接近。

③強化：屬隔絕的亞型。於自身周圍建構障礙物以增強保全，惟必須付出不方便與不經濟的代價。

④迴避：設定可能遭遇犯罪者侵犯之標的物，迂迴規避犯罪者潛伏的地區。

⑤誘導：屬迴避的亞型。設定犯罪者可能前往之路徑，以設計引導犯罪者朝特定方向前往或侵入，以掌握其犯罪行為過程。

⑥矯正：將犯罪者加以矯治處遇，使犯罪者從內在即被同化為不會犯罪的人，以去除犯罪者可能產生的危害。

⑦隔離：遮斷之另一亞型。以人、社會、警察、法律、機器、空間等預防犯罪六要素在犯罪者周遭建立起有型或無形的隔離壁，使犯罪者無法接近被害者。

　　從環境設計以預防犯罪的觀點而言，對於犯罪事件的解釋便從社會學觀點轉移到地理學觀點，而從此一轉變可以看出，解釋犯罪的面向也強調實務上可控制犯罪的做法，甚於去解釋犯罪行為的本質。因此要瞭解犯罪事件如何發生，應該視當時的時間與空間的特徵，如何將犯罪人與被害人帶到一個相聚的地點，以及當時環境所帶給潛在犯罪者刺激反應的結果。而這些有利於犯罪事件發生的環境特徵，便是當該地社區的物理環境顯然呈現出雜亂、頹廢等負面印象，使潛在犯罪人認知到該社區的公共管理能量低落，而有利於犯罪的實施；或觀察該社區的人文環境，存在微弱的溝通關係，或有強烈的疏離感，而使得這樣的環境缺乏監控且有利於犯罪。

(2) 紐曼之「防衛空間」

　　紐曼以其研究紐約市都會建築與犯罪心得，提出建築設計概念——「防衛空間」（Defensible Space），以期減少犯罪之發生。藉著製造可防護本身之建築環境，可促使居民充分掌握控制居住區域，衍生社區責任感，進而確保居住安全，減少犯罪之侵害。紐曼觀察紐約市住宅竊盜犯罪情形後指出：在缺乏安全防護的高樓中，因為具有許多可以隨意進出的安

全門，建築物內部亦缺乏適當的窗戶或空間，足以觀察或監控陌生人之出入情形，加上住戶人口複雜不易管理，因此犯罪率較高；相反地，較低層的建築物，因較少的家庭共用出入口，較容易辨識、監控陌生人之進出，及有戶外相關活動之設計，因此犯罪率較低（Newman, 1973）。

紐曼從事空間環境與犯罪之間的研究，主張當代的物理設計會使社區在實施監控與發揮非正式社會控制上受到限制，因而造成犯罪的可能。因此，在物理環境的設計上，他明確指出包括：高樓建築、建築設計較趨向於中心的設計、開放的空間廣場、建築物有許多的走廊與出口及有大量的人口等，這些都是較不利於監控的環境特徵。因此，紐曼（1973）認為，街頭與建築物的特性與犯罪的發生有關，如其所說：防衛空間是一種以居民環境導向的模式，透過物理上的設計產生一種對犯罪的嚇阻作用，用以防衛所屬領域本身的領域感與社區意識，使得居民對所居住的環境安全性上產生一種責任，進而保持一種具有成效且可以維持良好的生活空間。

紐曼基於對環境設計的重視，提出「防衛空間」的概念，並以四個面向來加以說明具有防衛性的空間概念為：一是對空間領域感（territoriality）的認知，從而提高居民對於公共空間動態的掌握；二是透過自然監控（natural surveillance）的方式，使得居民便能在自然狀態下監控所屬的生活空間；三是良善的建築設計形象（image），以避免住宅或社區被貼上疏於管理的形象，進而成為犯罪者標選的對象；四是建築物所座落環境（milieu）的安全程度，也是影響個體（尤其是建築物）是否容易受到犯罪侵害的重要因素，如良善的都市分區計畫或當地的住宅計畫等，都能有效控制犯罪的發生。

紐曼認為若能增強這四方面的計畫與設計，利用自然性或物理性的方法達到目標物強化，及矯正對於所屬領域的監控後，將可產生具有極佳效能的犯罪預防效果。雖然，紐曼提出「防衛空間」的觀點，受到方法論與結果論上負面的評價（Mayhew, 1979; Hope, 1986; LeBeau, 1987），但不表示他的觀點受到摒棄，反而掀起犯罪學上對於環境空間的重視，也引起諸多學者與犯罪研究機構相繼投入研究，更促成美國成立「以環境設計達到犯罪預防」（CPTED）的聯邦基金，成為研究環境設計與犯罪關係的重要經費來源。

防衛空間的概念，對於後來犯罪研究計畫提供了相當新穎與具實務性

的觀點，尤其在有關於情境因素（situational factors）上是一個相當傑出的概念（Hough, 1980; Coleman, 1990）。進而在1970年間對犯罪學的發展產生震盪的影響，其對於啟發犯罪學研究思潮的作用似乎大於理論本身的實質內涵價值。如Coleman（1989）延續紐曼的觀點在英國從事有關防衛空間的研究，除了以預防住宅竊盜犯罪為主外，更將其研究焦點擺置在如公物破壞、地區髒亂等偏差行為上，她將之稱為「社會不安現象」在設計上的特徵，她找出五個設計特徵為：住處的每一個出入口、住處的每個空地、樓層數、空中走廊及空間上的結構功能等。

　　Coleman乃延伸紐曼的概念而把注意力集中到犯罪者的身上，期待透過環境上的設計以改變環境的病態情況，她也提出諸多預防住宅竊盜的實際做法，如：改變人行通道、以牆區隔公開與隱私的空間區域、各角落設置監控系統，減少出入口等，從不利於營造安全環境的觀點進行設計改善。此一研究結論使得其他的犯罪學者覺得似乎又重回建築學決定論的觀點，但Coleman（1990）則回應說：防衛空間的觀點被理解為是預防或提升社會解組的唯一因素；但相反的是，環境設計所影響的是可以透過補充、增強、移轉與調整其他因素等，以提升在犯罪預防上的效能。

2. 晚期理論觀點——破窗理論

　　破窗理論（Broken Window Theory）乃源自於美國社會心理學家Philip Zimbardo於1969年的實驗，他將二部未掛牌照的汽車放置於街旁，一輛置於加州的Bronx區（此區為實驗組，治安狀況較差），一輛放在加州的Palo Alto區（此區為對照組，治安情形較實驗組良好），結果放在Bronx區的車子於10分鐘內就由於「棄置」而遭路過者破壞。而放在對照組Palo Alto的車子卻經一個星期後仍完好如初，於是Zimbardo就用錘子敲壞其中一個窗子，結果不到幾小時，這部車子也變得體無完膚，而這些破壞者也多是受人尊重的白人（Wilson and Kelling, 1982）。

　　這個例子顯示出為何車子放在Bronx區會比較快受到破壞，那是由於Bronx區原本的治安狀況就不是很好，該區的無規範狀態使得路人以為這種破壞私人財產的行為根本沒有人會在意，因此連一些平時行為良好的人，都會做出違反法律的事。而Palo Alto區社會秩序雖然良好，民眾尊重他人的私有財產，但一旦相互尊重的感覺消失，民眾仍然會表現出破壞社會秩序的行為。

後來至美國政治學家威爾森（James Q. Wilson）與警政學者凱林（George L. Kelling）於1982年發表〈破窗：警察與社區安全〉（Broken Windows: Police Neighborhood Safety）一文中，首先使用「破窗」等字眼，強調社區中行為不檢、擾亂公共秩序行為與犯罪被害恐懼等問題與犯罪息息相關。而觀察「破窗理論」的內涵，其實與稍早的「防禦空間」和近年來的「以環境設計預防犯罪」等理論有異曲同功之妙，均主張必須強化對居住環境與周遭的領域感（territoriality）。且破窗理論經由實證研究發現：民眾對社區事務的積極關心與介入，可以預防社區淪為犯罪者或幫派的地盤（葉毓蘭，1998）。

（三）Gardiner的環境與犯罪關係論

Gardiner（1981）認為，人們所生活的物理環境與犯罪行為之間產生連結，主要在於領域感（territoriality）的作用，而領域感的概念則包括下列三個條件（蔡中志，1988），以下例舉住宅竊盜犯罪加以說明：

1. 所有居民對於自己住宅門外的地區都有所關心，並認為自己對這個區域應負有某種程度的責任。
2. 居住者感受到這個領域遭受到侵犯時，必定願意採取行動。
3. 結合上述兩者，並強化其關注領域安全程度，方可使潛在的犯罪者察覺其侵入行為受到注意，因而不敢在此一領域內犯罪。

Gardiner除了將領域感的概念加以釐清之外，更將環境與犯罪之間的關係加以說明表示，如圖14-3。

從Gardiner所持環境與犯罪的關係可知，當一個社區支持體系尚未建立，社區集體安全意識薄弱時，使得在此一社區內的各種人員或物體動態受到忽略或不受到控制，進而各種不利於社區安全的環境滋生，並與其他常態的社區活動產生環境利用上的競爭。其競爭的結果將使某些正當的社區活動逐漸產生潰敗，而使某些社區區域形成具有安全疑慮的區塊，並使該一區塊內的住宅形成合適的被害標的，又當此一高被害風險地區的情境逐漸失去監控能力時，被害的機會即已成型，進而形成各種住宅竊盜犯罪。

環境犯罪學的出現，對於晚近的犯罪學研究與實務操作都產生鉅大貢獻。不可諱言的，近代從事犯罪學研究都莫敢忽視環境與空間因素的影響。諸如Poyner（1983）之「抗制犯罪設計」（design against crime）乃

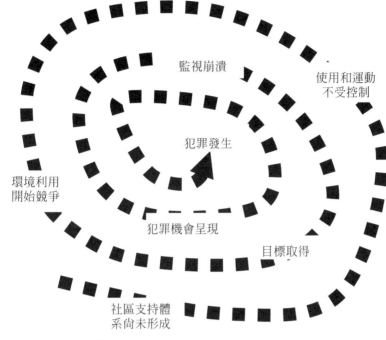

監視崩潰

使用和運動
不受控制

犯罪發生

環境利用
開始競爭

犯罪機會呈現

目標取得

社區支持體
系尚未形成

圖14-3　犯罪與社區環境關係示意圖

資料來源：引自蔡中志（1988：17）。

根據犯罪預防原理、實驗及研究發現，詳列社區、住宅之規劃原則；克拉克（1997）提出「情境犯罪預防」則倡議對每一種犯罪類型，都要以一種較有系統、常設的方法對犯罪環境加以管理、設計或操作，以增加犯罪之困難與風險。這些發展皆是重視環境設計以預防犯罪的重要成果。

（四）生活方式暴露理論

生活方式暴露理論（A lifestyle ╱ Exposure Model of Personal Victimization）又稱生活型態理論，是由辛得朗（Michael Hindelang）、蓋佛森（Michael Gottfredson）和蓋洛法羅（James Garofalo）等人所提出。該理論認為個體的生活型態與其犯罪被害的風險高低有關，而其生活型態又與個體的人口特性、角色期望、各種社會結構性約束等有關，該理論共建構了八個理論變項，本理論各變項的因果關係為：個體的人口特性會影響該個體對自我角色期望的形成以及受社會結構的約束程度，兩者進

而共同影響個體生活次文化的形成後，再去影響個體的生活方式（尤其在職業活動與休閒活動上），進而直接決定該個體暴露在被害風險的高低程度（或經由與外在環境的互動下間接決定該個體暴露在被害風險的高低程度），最終導致該個體被害。本理論雖然相當淺顯易懂，但卻在被害者學理論當中占有相當重要的地位。

近年來犯罪學對犯罪事件中的被害個體研究逐漸傾向該個體生活型態與犯罪事件之間的關係，其中辛得朗、蓋佛森和蓋洛法羅（1978）提出的生活方式暴露理論最具代表性。該理論認為：具有某些人口統計特徵的人有較高被害的風險，主要原因來自於他們的生活方式暴露了危險的情況，且被害風險隨著生活方式的變化而有所變化，例如他們的工作或休閒型態停留在公共場所的時間較高（特別是在夜間以及在陌生人群中度過的時間），因為這樣的生活型態增加暴露的機會進而增加被害的風險。換言之，人們會因為其生活方式的不同，而在遭遇犯罪被害風險的機率上也會有所不同；該理論同時也連結了個體性（personal）的人口基本條件（年齡、性別等）對其生活型態（職業活動與休閒活動）的變化，進而與被害風險之間的關係描述，深具理論性的啟發效果。

（五）犯罪熱點

Sherman（1995）認為犯罪學理論對犯罪的解釋一直維持著以個人和社區作為分析單位，但自1980年代以後開始萌生第三種分析單位：地點（places）。諸如近年來關於犯罪人犯罪決意的研究（Cornish and Clarke, 1986），有關情境條件的研究（Clarke, 1992），有關環境特徵的研究（Brantingham and Brantingham, 1993），甚至是與人們生活息息相關的日常活動理論（Cohen and Felson, 1979; Felson, 1994）等，其研究所得與理論內涵都與地點因素息息相關。

強調地點與犯罪關聯性的觀點認為：1.為何某些地點的犯罪發生率高於其他地點；2.為何犯罪會不斷地重複在某些特定的地點上。就是這兩個犯罪現象開啟了犯罪學第三個分析單位（地點）的萌生。然而，傳統犯罪學理論也有強調地點因素與犯罪的關聯性，諸如芝加哥學派的社會解組理論便強調某一個地點的人文、物理及經濟條件等特徵與犯罪之間的高連結關係，只是受到那時期實證犯罪學強調個體犯罪原因論的影響，該理論在調查研究時還是落入以人類個體犯罪原因的探求，而忽略了犯罪事件中被

害個體及所屬環境促發犯罪事件發生所產生的影響，亦即還是籠罩在「犯罪人」與「非犯罪人」二元化的觀點上，直到1983年克拉克提出情境犯罪預防觀點後，地點因素才正式受到全面性的開展研究，尤其是「地點」的情境條件（特徵）與犯罪之間的關聯性逐漸受到重視，同時犯罪熱點的研究也就在這樣的背景下逐漸受到重視，且在犯罪預防實務上受到極大的重視。

Brantingham和Brantingham（1999）認為建立犯罪熱點有三個途徑：1.目測觀察，以現地觀察的方式決定該地是否為犯罪熱點；2.統計辨識，透過對犯罪資料數據的蒐集後，採取相關的統計分析技術加以整理建立，到目前為止有兩種技術：一是犯罪空間和時間分析法，二是最鄰近搜尋法或最近點搜尋法；3.理論預測，則經由犯罪學相關理論觀點的分析論證後加以建立。

Brantingham和Brantingham針對理論預測途徑更進一步指出，近十年來無論是犯罪學家、犯罪分析師或從事犯罪預防的實務工作者都逐漸將犯罪預防焦點投注在時間與空間兩者與犯罪關聯性的特徵上，亦即強調犯罪空間集中度的犯罪熱點和強調犯罪時間集中度的犯罪熱時。因此，他以人類生態學、日常活動理論、生活方式暴露理論、理性選擇理論以及犯罪型態理論等為基礎的犯罪熱點形成模型，並基此作為建議警察勤務派遣的依據。

從以上可知，犯罪熱點並非隨機分布，而是有一定的條件所促發而形成，通常要形成犯罪熱點有三項基本條件，一是該地點受到個體（包括人、事、物）所創造出來的環境所影響，例如臺北市夜店集中設立在東區；二是該地點受到社會立法或政策制定以及基本土地利用開發、交通等社會和經濟條件所影響，例如政府劃定商業區、工業區、住宅區等；三是個體本身的設置（住宅）及活動模式（個人）對潛在犯罪者的吸引程度；四是個體所處地點的生態特徵以及所呈現的情境特徵。Brantingham和Brantingham因此提出呼籲，犯罪研究不僅要重視「人群的日常活動特性」，也須重視「地點的日常活動特性」。近年來，犯罪熱點的概念與操作逐漸受到警察機關的重視，並且與提升見警率相互搭配，以作為各項治安策略或勤務派遣的依據。

（六）被害結構選擇理論

在犯罪學機會理論的研究學者中，Miethe和Meier（1994）運用「監護者」（guardianship）和「引人注意目標的特性」（target attractiveness）、「對犯罪的接近性」（proximity to high-crime areas）和「對犯罪的暴露性」（exposure to crime）等四個概念來發展他們的理論，即所謂的「被害結構選擇理論」（Structural-Choice Theory of Victimization）。他們對現行的犯罪被害理論有兩項命題假設。第一項假設為日常活動或是生活方式會藉著潛在犯罪者和潛在被害者的接觸，而創造出一個機會的結構。第二項假設是對潛在被害目標的評估，不論是個人或財物，其被守護的程度，會決定犯罪目標的被選定（Doerner and Lab, 1998; Kennedy and Sacco, 1998）。

若以住宅竊盜犯罪類型為例說明，從本理論所提出的命題假設中可發現，「暴露」、「接近」、「吸引」與「監控」是被害結構選擇理論的四個核心概念，其中「暴露」係指住宅個體特徵易為潛在加害者所觀察，即所謂的「可見性」（visibility）與「易接近性」（accessibility），例如住宅處於高解組狀態的社區環境下，對潛在犯罪者的暴露性即較高；偏僻鄉間獨立的房屋或有複雜出入口的建築物，對於竊盜犯就有較高的暴露性。「接近」則指被害住宅與犯罪者的空間物理距離的接近，例如犯罪加害者就住在犯罪被害者附近，或可經由犯罪加害者近距離地考察住宅特徵時，即提供了加害者「理性」思考犯罪與否的依據。至於「吸引」係指被害住宅本身有足以導致加害者犯罪動機之特徵，諸如外表看起來非常富有之豪門富邸，或門鎖易於開啟的住宅，便較易遭入侵被竊。而「監控」則指住宅個體透過自然與物理環境設計後，對住宅守護程度的結果，如監控能力高的住宅不易被標選為犯罪的對象；反之，毫無監控措施的住宅，則易遭犯罪者決定行竊。

因此，「暴露」和「接近」應被視為住宅竊盜犯罪的「結構元素」（structural components），因為該二項概念的結合使住宅或財物呈現出不同的被害風險程度。而「吸引」和「監控」則應被視為「選擇的元素」（choice components），因為犯罪加害者會根據住宅目標個別而獨特的價值與監控風險程度，去選擇決定值得下手的對象。

（七）重複被害觀點

　　延續柯恩和費爾森的主張，Sparks（1982）持續將犯罪事件的研究集中在個體的日常活動上，但是卻將重點集中在犯罪被害者日常活動的被害傾向上。Sparks曾對某些人何以會重複被害（multiple victim）因素加以研究，他認為個人或團體之所以會重複遭受被害，與犯罪被害者有諸多被害傾向（victim prone）有關，亦即有許多導致被害之相關因素，這些因素出現的頻率愈高，犯罪被害者淪於被害的機率也就愈高。這些因素包括了：個人特性、社會情境、居住環境及被害者與加害者關係等因素（Miethe and Meier, 1994）。

　　Sparks將這些因素予以概念化，而歸納成八個元素（黃富源，2000），以住宅竊盜犯罪為例說明如下：

1. 鼓動因素（precipitation）：係指因被害者的挑惹，而造成犯罪加害者受到刺激因而引發的犯罪行為。諸如，犯罪被害者以冷嘲熱諷的態度、具侮辱的手勢或挑釁的言詞，激發、挑惹加害者終致遭到被害。

2. 煽動因素（instigation）：即事件之初，是犯罪被害者積極主動地對另一方實施暴力行為，讓對方感受到身體或財物會被侵害的威脅，而導致犯罪加害者以暴力回應當事人而實行加害行為。此一元素較諸鼓動因素更為強烈，前者僅係一些挑釁之行為，後者則為發動暴力之激烈行為。

3. 促進因素（facilitation）：即被害者因自己的無知、愚蠢、魯莽、態度曖昧或疏忽行為，而陷入被害之危險情境。諸如，外出時忽略將門窗鎖閉而造成住宅竊盜發生、或臨時停車購物卻未將汽車熄火上鎖而遭人臨時起意將車開走等。因個體一時的疏忽或無知的態度，而促成犯罪者將犯罪動機實現。

4. 弱點因素（vulnerability）：即被害者因其屬性或身體上、行為態度上、或是社會環境（如社會地位），有某些弱點而極易陷入被害的危險情境。諸如，住宅為處於高犯罪地帶、住宅內成員於日間全部外出工作或就學以致缺乏看守、單身女子獨自租屋在外等。此種弱點因素雖未有任何主動的行為去刺激潛在犯罪加害人，但其本身即具有被害弱點傾向，而讓犯罪加害者認為選擇其為加害之對象，所冒的風險最小。

5. 合作因素（cooperation）：即被害人係與犯罪加害人，共同從事一種兩相情願的合意犯罪（consensual crime）而成為共犯。但該種行為以社會價值

之觀點而言,係屬違反社會規範之偏差或犯罪行為,因之,參與此項合意犯罪之當事者亦成為此一犯罪之被害者。諸如,賭博、吸毒等所謂無被害者犯罪之被害者。

6. 機會因素(opportunity):即被害者,不幸陷於某種有利於犯罪之情境,諸如犯罪被害者本身為單身女子,更租屋於高犯罪地帶,或社區解組程度高的社區之中,且租屋處的監控設備缺乏等,這些不利犯罪預防的因素總和在一起,而讓歹徒有可乘之機實施犯罪。

7. 吸引因素(attractiveness):即被害者本身,有足以導致加害者犯罪動機之特徵,諸如外表看起來非常富有之豪門富邸,或門鎖易於開啟的住宅,便較易遭入侵被竊。此一因素乃強調被害者具有被害的積極條件而引起犯罪者之覬覦進而被害。

8. 免罰因素(impunity):即被害者因為某些難言之隱的因素而不願報案,致使歹徒認為被害者不會報案,縱使對其下手犯罪,根本沒有刑事追訴處分之風險,便肆無忌憚地對被害者施以犯罪行為。就住宅竊盜犯罪而言,許多住宅竊盜被害者或因損失不大,或因對警察偵查能力不具信心,或因遭受警方有意吃案匿報等情事,而不願報案,致使住宅竊盜犯罪的免罰因素增加。同時也使得住宅竊盜犯罪者食髓知味而再次犯罪。

從重複被害觀點檢視住宅竊盜犯罪的發生,乃強調加害者與被害者兩者互動下所呈現有利於住宅竊盜犯罪的情境或機會因素。而該理論所呈現的也是一種或然率的檢定,而非決定論的解釋。誠如Miethe和Meier(1990)所說:當代從事犯罪被害者的研究,乃集中在兩個核心概念:一是當代社會的日常活動與生活方式,促使被害者與潛在加害者接觸的機會結構(opportunity structure);另一是潛在被害主體的價值及其所被守護的程度,決定其是否被選為被害者的可能。

另根據Robinson(1998)的研究結果指出:若一個住家是在充滿被害機會的情境下,則他們可期待並準備竊盜犯罪的來臨,因為根據犯罪紀錄指出,此情境下的住家,在第一次住宅竊盜案件發生後,住宅竊盜案件會再次發生。其中,有25%的住家會在第一次竊盜案件發生一週內再次遭竊,而有51%的住家會在第一次竊盜案件發生一個月內再次遭竊。由此可回應上述理論與研究文獻中,多次強調「被害機會」在住宅竊盜案件中所居重要的角色。

第四節　現代古典學派之評析──兼論「新機會理論」

　　現代古典學派以理性選擇理論為核心觀點，正式邁入犯罪學領域並成為第三個主流學派，其強調個體理性在犯罪事件與歷程當中的呈現：係指一個具有部分理性的個體，於著手實施犯罪之前，會參酌現有的情境與機會條件，並經過成本效益的分析後，選擇犯罪標的與實施方法管道的整個過程稱之。但如此簡單的鋪陳犯罪歷程與架構，並無法使住宅竊盜犯罪歷程得以明確化，在研究上也缺乏操作的可能，這也是理性選擇觀點遭受批判之處（Goldthorpe, 1998；黃富源，2002）。

　　因此，描述某一特定犯罪歷程時，除以理性選擇觀點作為解釋的架構外，尚須依賴其他相關理論觀點加以潤飾補充，如：有動機的犯罪者如何形成？何種情境成分或機會可使該犯罪者決定著手？又犯罪者與外在情境與機會之間呈現何種關係？都需要依賴其他理論來加以補充說明，其中以機會理論（Opportunity Theory）為主要核心觀點。

　　對於犯罪事件而言，所謂「機會」（oppotunity）對於其他犯罪學理論觀點而言可能是一個較為次要的觀點，但以理性選擇理論觀點在解釋犯罪事件上卻是一個相當重要的輔助角色，主要的解釋功能乃在於衡量目標物受監控與否與價值利益高低的程度上。然而有學者認為：「機會」可能會被認為是出現在一種偶然的客觀條件下有利於犯罪發生的因素（如未被關上的門窗、缺乏監控的錢包等）；另一種所謂的「機會」是個體本身主觀認為出現足供他犯罪的機會，而使得他變成為一個潛在的犯罪者（Gilling, 1997）。

　　理性選擇理論認為「機會」是解釋犯罪事件的核心，個體選擇「為」與「不為」犯罪行為乃與潛在犯罪者所認為的機會因素緊密相關。換句話說，選擇的重心乃在於一種認知的過程，透過犯罪者與外在情境互動下所產生的符號意義，讓個體主觀上產生是否為一種足可令其成功於犯罪的機會選擇。但這種犯罪者主觀的認知，又深受其自身所擁有的資訊、能力、時間等因素影響，而無法達到完美的選擇與決定。為使讀者能對現代古典學派的理論體系更加清晰，圖示如圖14-4。

　　犯罪學理性選擇觀點的發展，已然脫離古典觀點的範疇，並導引出情境犯罪預防相關策略，並企求透過環境的改變，以降低犯罪發生的機會（Clarke, 1980）。然而，情境犯罪預防策略在研究初始，曾遭受到犯罪

的發生並不因情境受到控制後而得到犯罪預防的效果，反而只是呈現犯罪
在時間與空間上轉移的質疑。但卻也有許多研究者指出，實施情境犯罪預
防措施後，該區域的犯罪狀況確實獲得控制，且也僅產生微弱的轉移現象
（Barr and Pease, 1990; Gabor, 1990; Clarke, 1997；許春金，2006）。

　　理性選擇觀點的運用，其效果上雖然產生正反意見之爭，但許多犯罪
學研究者發現，許多犯罪人因情境上的控制之後，會更加地注意與重視犯
罪風險，以及所付出犯罪成本的問題。此一發現乃導致犯罪學研究者開始
注意犯罪者的犯罪決定（crime decision making），並認為犯罪不僅僅與
機會因素有關，犯罪更可能與一種生活方式有關。個體的生活方式不會僅
決定在於生命歷程中關於機會的有無或多寡所決定，其中應該還涉及許多
社會事件的經驗與學習。

　　Kennedy和Sacco（1998）即認為：犯罪事件觀點在於說明犯罪事件
可以被區分成許多不同的面向（不僅僅是犯罪人的動機可以完全解釋），
但這些面向卻是彼此相關的，因此要瞭解犯罪事件真正發生的原因，與此
一犯罪事件有關的其他社會歷程，應該要被考慮於其中。因此，研究犯罪
事件，除了理解犯罪人理性選擇「機會」外，更須對「機會」的內涵再加
以深入探討。

　　從本章前三節的介紹可以知道，現代古典學派的發展建立在兩個核
心概念上：一是關於理論體系的建構，其以理性選擇理論、日常活動理

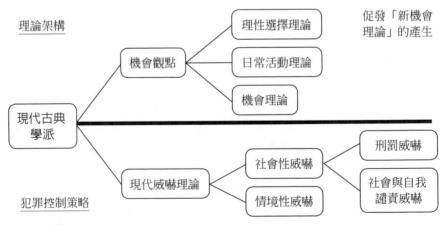

圖14-4　現代古典學派之理論基本架構與犯罪控制策略示意圖

論及機會理論為主要核心內涵，若要再加以濃縮萃取理論概念的話，則可集中在「機會」觀點上，因而於後促發新機會理論（New Opportunity Theory）的產生；二是在犯罪控制策略上，將傳統古典學派的威嚇理論再加以擴大詮釋，形成所謂的「現代威嚇理論」，其內涵包括「社會性威嚇」與「情境性威嚇」兩種，於社會性威嚇當中又包括了「刑罰威嚇」與「社會與自我譴責威嚇」兩個面向，而情境性威嚇則成為現代社會當中廣泛實施情境犯罪預防措施的依據。茲將現代古典學派的理論基本架構與犯罪控制策略，圖示如圖14-4。

　　現代古典學派對犯罪學領域最大的貢獻，便是提出犯罪事件觀點，並從中建立以犯罪機會為核心的理論基本架構，且經過多年的理論試煉後，生成「新機會理論」為其主要代表理論，進而成為諸多情境犯罪預防措施的理論基礎（如圖14-5）。

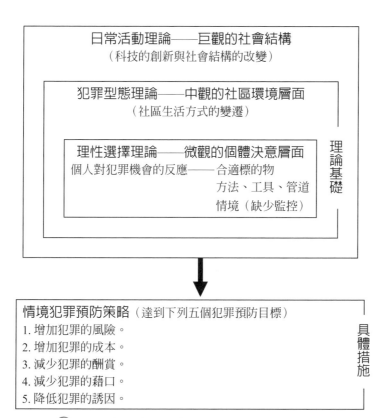

圖14-5　新機會理論與情境犯罪預防策略相關圖

一　新機會理論的背景

　　「新機會理論」一詞是由費爾森和克拉克於1998年提出，該理論內涵與其他機會理論一樣，強調「機會」在一個犯罪事件中所處的核心地位。費爾森和克拉克（1998）認為：犯罪在時間和空間上都是下列兩個因素的交集，一是犯罪者的犯罪動機；二是在特定情況下進行犯罪所需的機會。傳統犯罪學側重於第一個因素，即犯罪動機的研究，此時期的犯罪理論傾向於動機理論，它假定透過對個體動機的變化與控制，可以妥善的解釋解釋犯罪行為的變化，無論是經由犯罪人與非犯罪人的差異檢定，或是經由對整個社會生態環境對個體影響的差異檢定等，都強調犯罪動機的重要性。

（一）早期發展

　　犯罪學研究於強調動機論時期，情境機會因素對犯罪的發生被認為是不必要的，因此而被邊緣化（Clarke and Felson, 2011），甚至被認為是另一種特定類型的犯罪學，從而強化機會理論在犯罪學主流之外的原始地位，例如被稱為環境犯罪學，因為它關注的是物理和社會環境的結構如何影響犯罪機會的獲得（Bottoms, 1994）；或又被稱為犯罪事件犯罪學（Crime-event Criminology），因為它關注犯罪事件，而不是專注如傳統犯罪學對犯罪行為原因的觀察研究（Sacco and Kennedy, 2002; Wilcox and Gialopsos, 2015）。

　　雖然犯罪機會理論在萌發早期處於被邊緣化的地位，但卻不失其在解釋犯罪發生與犯罪預防上的關鍵地位，且當理性選擇理論及日常活動理論問世之後，犯罪機會理論便逐漸躍居解釋犯罪發生的核心地位，認為犯罪人會進行一定程度的理性分析，從而選擇需要付出很少努力（風險）的高效益目標為犯罪對象，在此一解釋模型下，犯罪發生便取決於兩個要件：一是要有一個具備動機與能力的犯罪者在場；二是具備適合犯罪者完成該犯罪的機會。因此，從犯罪機會的角度出發認為，所有犯罪都需要機會，但並非每一個機會都會伴隨著犯罪（所以有犯罪者因而被逮捕）；同樣的，有動機的犯罪人對於犯罪是必要的，但也並非只要有犯罪人的動機便可如願順利完成犯罪，這還需要犯罪機會的配合。

　　由此可知，犯罪機會論者不排除犯罪動機因素在每一個犯罪事件中

的解釋地位，但也強調不能排除犯罪機會在犯罪事件中的關鍵地位，尤其是現代社會人們的生活方式或日常活動的變化，充分影響犯罪機會的呈現機率，也充分影響犯罪率的變化（Hindelang, Gottfredson and Garofalo, 1978; Cohen and Felson, 1979; Cohen, Felson and Land, 1980）。因此，機會成為決定犯罪事件發生與否的限制因素，因為犯罪者通常對環境條件幾乎沒有控制權，因此從情境機會條件上予以操作強化，便成了犯罪預防策略上很重要的策略依據，也獲得犯罪預防實務上極大的正面響應。

（二）晚期發展

經回溯犯罪機會理論的發展史後，可發現該理論分成四個階段在發演進展：一是開創期，先從被害者角度出發，以瞭解被害者在一個犯罪事件中的解釋位置（Cohen et al., 1981）；二是融入期，將情境機會因素與犯罪實況嘗試加以連結的理論和研究（Eck and Weisburd, 1995; Sherman et al., 1989; Weisburd et al., 2016）；三是蓬勃期，逐漸開創多元的犯罪機會理論觀點於犯罪解釋上（Wilcox et al., 2003）；最後進入穩定期，正式將犯罪機會理論融入犯罪學理論體系當中，成為現今解釋犯罪發生的主流觀點（Osgood et al., 1996; Felson and Clarke, 1998; Wikström et al., 2012）。

犯罪機會理論發展到穩定期時，已累積許多犯罪機會理論競相解釋犯罪事件的現象。此時，費爾森和克拉克便選擇其中具有關鍵解釋層次的理論，加以整合成為「新機會理論」一說，期待將犯罪機會理論以具有系統性、組織性與邏輯性的解釋架構，來提升解釋犯罪的效度。

二　新機會理論的內涵

新機會理論一詞正式出現在費爾森和克拉克於1998年所合著《機會創造盜賊：預防犯罪實用理論》（*Opportoity Makes the Thief: Praetical Theory for Crime Prevention*）一書中。該書是英國內政部（Home Office）發行一系列警察政策研究論文其中的一冊，因此也可以說是專門提供給英國警察部門從事犯罪預防的教科書，其重要性可見一斑。

費爾森和克拉克在該書前言提到：犯罪學理論長期以來似乎都在研究與犯罪預防無關的因素，原因是若將犯罪歸因於遙遠的因素，例如育兒習慣、遺傳構成以及心理或社會過程等，這些大多超出了日常可實踐的範

圍，對於想瞭解犯罪的人來說，這些因素的組合將變得極為複雜，且可做的事也少之又少；另我們可以看到許多無家可歸或走投無路的人從未犯罪，而許多生活在舒適環境中的人卻成為犯罪分子。因此，我們不能再盲從於個人身上去找尋任何唯一的犯罪決定因素，也許個人特質與外在環境因素是一項構成犯罪的充分條件，但絕不是必要條件。然而，機會是最重要的，也是犯罪發生的根本原因（Felson and Clarke, 1998）。

雖然當前犯罪機會理論的融合正在顯著發展當中，但費爾森和克拉克卻認為將現存所有的犯罪機會理論稱之為「理論」，似乎也有點太過了，因為這些理論還有許多結構鬆散的問題有待解決。所以，嚴格來說，將它們稱為「取向」會較為貼切，因為現存的犯罪機會理論都僅是具備形式化的概念，還稱不上是完整嚴謹的理論。所以，費爾森和克拉克便從現存的犯罪機會理論當中，選取日常活動理論、犯罪型態理論（Crime Pattern Theory）及理性選擇理論融合而成為「新機會理論」，並嘗試以該理論提高理論結構嚴謹度與提升對犯罪的解釋效度。雖然這三個理論分別從不同的角度面向檢視犯罪的發生，但它們最終卻是在解釋同一個目標——犯罪機會。

（一）日常活動理論

日常活動理論在發展當初是對掠奪性犯罪（predatory crimes）的一種解釋，它認為此類犯罪的發生，必須在時間和空間上將下列三個要素融合在一起：有動機的犯罪者、適合的目標物及缺乏有能力嚇阻犯罪的監控者。此處有動機的犯罪者是一個社會常數，因應當時當地的社會總體狀況而產出；監控者則不需要非常強大，只要能在犯罪者評估犯罪成本效益時，足以打消其念頭即可；適合的目標物則指被害者而言，犯罪目標可以是一個人或物體，他們在空間或時間上的位置或多或少會使其遭受犯罪攻擊的風險，而影響風險程度的因素則包括：價值性、可移動性、可見性和攜帶方便性等（簡稱為VIVA）。

從上述可知，日常活動理論認為：潛在犯罪者從事掠奪性犯罪時，他們最想要在缺乏有能力的監控者在場下實施犯罪，這也意味著社會犯罪率的多寡升降與合適目標物受監控的程度有關，而與犯罪動機程度較無關係；再者，犯罪率即使上升並不是社會上有動機犯罪者的人數增加，而是因應現代社會下，人們日常活動產生變化因而導致犯罪機會增加的結果。

因此，費爾森和克拉克推論：現代社會的三大社會變遷結果導致犯罪機會的增加，一是物質輕盈易於攜帶但價值性高的電子科技或高貴物質產品大量增加；二是愈來愈多的婦女進入職場，且小家庭形式的住宅日漸增多下，無疑又提供了大量的犯罪機會；三是因為現代交通便利發達下，人們有較多遠離家庭的活動規劃，諸如休閒、訪友聚會、選擇遠程工作地等。這三個現代社會日常活動的特徵，無疑增加犯罪機會的可能。

　　統整日常活動理論在新機會理論當中所居於的解釋層面，似乎是位在以社會巨觀的角度，來分析犯罪機會的存在性。

（二）犯罪型態理論

　　犯罪型態理論的內涵，主要集中在探討犯罪發生當時的情況性質，該理論認為犯罪事件最有可能發生在犯罪者與潛在被害者（目標）活動空間的重疊區域內（Brantingham and Brantingham, 1990; Felson and Clarke, 1998），例如住宅生活、職業工作、通勤和休閒娛樂三者所建構而成的活動範圍，如圖14-6所示。

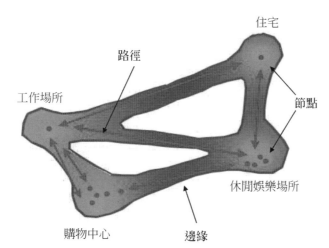

圖14-6　犯罪型態理論之節點、路徑與邊緣等概念示意圖

資料來源：引自加拿大西門菲莎大學（Simon Fraser University）加拿大城市研究所（Institute for Canadian Urban Research Studies），簡報第11頁，網址：http://ceamos.cl/wp/wp-content/uploads/2014/05/Paul-Brantingham-Crime-Pattern-Theory.pdf，搜尋日期：2020年6月8日。

Brantingham和Brantingham（1999）認為犯罪型態理論是：提供機會
觀點的日常活動理論與提供犯罪決策的理性選擇理論兩者結合的理論，
用以說明潛在的犯罪者如何在其日常活動過程中尋找犯罪的可能。該理
論假設犯罪者會經由理性決策的過程選擇犯罪目標，這種選擇過程不會是
隨機的，而是會在特定的地理區域之內選擇特定目標。因此，Bernasco和
Block（2009）便以犯罪型態理論來形容潛在的犯罪者就如覓食者一樣，
必須在追捕獵物之前找到良好的狩獵場。因此，犯罪型態理論提出節點
（nodes）、路徑（paths）、邊緣（edges）等三個與空間分布及日常活動
有關的概念元素，來作為其理論支撐：

1. 節點：是個體日常活動的中心位置（例如家庭、學校、工作場所、購物
   中心、休閒娛樂場所）。
2. 路徑：是連接各個節點的日常行動路線。通常來說，節點和路徑共同構
   成個體的日常活動空間。
3. 邊緣：是人們生活、工作、購物或娛樂區域的邊界。有一些犯罪事件更
   有可能發生在邊緣地區，例如街頭搶劫、侵入住宅或商店行竊等，因為
   犯罪者愈遠離其節點，也就愈不容易被人認識出來；而且即使在各節點
   的邊緣，但因為是日常活動路徑的行經路線，還不至於對該地區有陌生
   感。

犯罪型態理論以這三個概念元素來描述犯罪事件，認為犯罪者不會在
廣泛和隨機的範圍內漫無目標地尋找犯罪對象，而是會傾向於在熟悉的空
間內尋找犯罪目標，這些熟悉的空間通常是個體日常活動過程中常出現的
空間環境。首先是節點位置，它是日常活動的核心位置；再來是路徑，它
是連接各個節點的行動路線。而節點和路徑兩者便是共同構成個體活動空
間的主要範圍，也是犯罪者最有可能搜尋犯罪目標的區域。

除此之外，犯罪型態理論還提出邊緣的概念，該理論認為個人的意
識空間是其活動空間的主要範圍區域，犯罪者通常不會到他感受陌生的
空間區域內從事犯罪，其最有可能在其意識空間範圍內去尋找適當的目
標，且同時該空間區域若能對他也產生缺乏適當監控時，將會是該犯罪者
最佳的犯罪空間，因此在各個節點周邊且還在其日常活動路徑上的邊緣，
將會是犯罪者最佳選擇犯罪的空間條件（Brantingham and Brantingham,
1999）。

統整犯罪型態理論在新機會理論當中所居於的解釋層面，似乎是位在

以區域中觀的空間環境角度，來分析犯罪機會的存在性。

（三）理性選擇理論

　　理性選擇理論的觀點乃在描述個體的犯罪決策，其主要假設為：犯罪是個體有目的的行為，旨在尋求其自認為可以順利完成整個犯罪歷程的決定，但因為個體受到資訊蒐集未能完整、決策模式也未達嚴謹及個人思維能力有限等因素影響下，潛在犯罪者僅能做到部分理性程度的成本效益評估，因而顯得這些決定是短視的；再者，潛在犯罪者的犯罪歷程也會因其所選擇犯罪類型的不同而有所不同，畢竟其所選擇從事的犯罪類型，會有其特定的情境背景及理性分析等需求。

　　理性選擇理論試圖從犯罪者的角度來看世界，它也試圖瞭解犯罪者如何利用特定環境當中所呈現的犯罪機會來滿足其犯罪動機，即使只是一個小動作，犯罪者也會在行動之前完成每一個思考步驟。另外，理性選擇理論也認為犯罪者的思考是透過經濟性成本效益的分析，演算的依據主要是基於犯罪可得最明顯且直接的利益，常常會忽略更長遠的成本效益分析。而這也是費爾森和克拉克為何把日常活動理論與犯罪型態理論拿來與理性選擇理論共同結合為新機會理論的原因，道理就在於日常活動理論與犯罪型態理論所呈現出的就是具體可觀察到的犯罪機會，可以讓潛在犯罪者能立即接收並據以進行成本效益評估的即時條件。

　　統整理性選擇理論在新機會理論當中所居於的解釋層面，似乎是位在以犯罪者微觀的犯罪決策角度，來分析犯罪機會的存在性。

　　當瞭解新機會理論所包納的三個理論的內涵後可知，這三個理論在解釋犯罪事件時，具有交互與連動的作用。換言之，犯罪機會存在於社會與區域層次當中，並依個體對這些機會的解讀結果而做出犯罪與否的決定。因此，當社會與區域層次發展出改變犯罪機會的作為時，將可影響潛在犯罪者也會根據這些變化而做出不同的決定。另者，從犯罪機會的角度出發也可發現，這三個理論分別有其關注的解釋層次，並且依據其理論內涵而扮演適當的解釋角色。其中，1.以日常活動理論來描述社會巨觀層次所呈現的機會，例如體小價值高的產品增多、大量的婦女進入職場、較頻繁遠離家庭的工作或休閒模式規劃；2.以犯罪型態理論來描述區域中觀層次所呈現的機會，例如犯罪者會傾向在熟悉的區域環境內尋找犯罪目標，這些熟悉的區域環境通常是個體日常活動過程中常出現的空間；3.以理性選擇

理論來描述犯罪者微觀層次的機會，例如個體的犯罪決策是針對眼前立即環境所呈現的機會，再透過經濟性成本效益的考量之後所生成。

　　新機會理論在日後成為情境犯罪預防措施的主要理論基礎，原因在於它點出犯罪事件（尤其是工具性犯罪）當中所存在的機會因素，是解釋犯罪發生與否的主要關鍵；而且機會因素所提供的犯罪預防操作策略不但是具體可操作的，更重要的是，情境犯罪預防策略確實也能發揮降低社會犯罪率的實際效果。費爾森和克拉克（1988）於提供英國警政部門有關犯罪預防策略時，即提出「機會與犯罪的十項原則」，作為該部門從事犯罪預防實務工作時的參考：1.機會因素對於促成犯罪事件來說具有關鍵作用；2.犯罪機會具有高度特定性（每一種犯罪類型有其專屬的犯罪機會）；3.犯罪機會集中在時間和空間兩個焦點上；4.犯罪機會取決於個體的日常活動狀況；5.某一種犯罪發生後，可能會引發另一種犯罪（如：侵入住宅竊盜引發性侵案）；6.某些新興產品會產出更多吸引人的犯罪機會；7.社會和技術的變革會產生新的犯罪機會；8.透過情境操作是可以減少犯罪的機會；9.即使減少機會通常也無法避免犯罪的發生；10.著重減少機會是可以有效降低犯罪率。至於細節說明，將於本書第四篇犯罪預防論當中介紹情境犯罪預防時，再加以詳細介紹。

　　以目前警察實務操作而言，新機會理論可以有效直接應用在情境犯罪預防上；除此之外，問題導向警政、防衛空間架構、以環境設計預防犯罪措施等，也都可以產生降低特定犯罪類型犯罪率的效果。然而，新機會理論在發展過程中也遭受以下諸多質疑（Cohen and Felson, 1998）：

1. 對特定目標或情境提高監控保護時，有可能將犯罪轉移到其他時間或地點。
2. 若完全信奉新機會理論強調外在環境機會對犯罪的影響，而不從根本上解決個體及社會心理的根源時，社會犯罪的問題將無法徹底改善。
3. 如果某種犯罪機會被阻止，那麼犯罪人將會訴諸更多暴力，或將注意力轉移到完全不同且可能更棘手的犯罪類型上。

第十五章　批判學派（批判犯罪學）

　　1960年代中期開始，隨著社會學思潮演進及社會劇烈變遷的影響，新一代犯罪學家對實證主義犯罪學開啟了一系列的激進質疑與挑戰，主要的質疑在於：實證主義犯罪學所提出的犯罪假設，只關注於犯罪個體本身，卻忽略整體社會運作與國家制度對犯罪者不公平對待或歧視的現象。因此，他們將對於犯罪的關注焦點，從以往去探討個體犯罪與社會現象之間的因果關係，轉向對所謂「社會秩序」、「犯罪」和「違法行為」等概念被建構的質疑，他們開始譴責所謂「主流犯罪學意識形態」（mainstream criminological ideology）在建構犯罪時，對社會發展諸多背景因素的忽略與漠視（Taylor et al., 1973），使得社會對犯罪的理解產生了不公平與不正義的結論。犯罪學批判學派（Critical School of Criminology）自此產生，或有學者稱之為批判犯罪學（Critical Criminology）。

第一節　批判犯罪學的發展內涵

　　就批判犯罪學的論點來說，無論是傳統古典學派或是實證學派在論證犯罪的觀點上，都缺乏挑戰權力（power）和權威（authority）的元素，甚至是企圖透過哲學論理，或是科學手段來協助國家確定犯罪定義的一種手段（Rafter, 2009）。因此，法律被制定與執行用來處理社會問題，或者以精神病理學或其他社會病理學因素，來作為掩飾政府施政失衡或社會制度瑕疵的藉口。因此，傳統古典學派或是實證學派的研究發展到最後，都只是涉及到建構或改革國家刑事司法系統，脫離不了漠視權力和權威失衡的做法；相反地，批判犯罪學則是提出了挑戰國家定義犯罪的概念，也反對官方犯罪統計數據，並質疑實證主義犯罪分析的權威性和普遍性的觀點。

一　馬克思主義的階級衝突思想

　　雖然批判犯罪學興起於1960年代以後，但觀察其論述內容似乎受到

早期諸多政治經濟先驅者的思想所影響，最典型的應屬十九世紀後期的馬克思主義（Marxism）思想。馬克思主義的創發者為德國哲學家馬克思（Karl Marx, 1818-1883）與恩格斯（Friedrich Engels, 1820-1895），他們運用歷史唯物主義（Historical Materialism）、異化理論（Theory of Alienation）和剝削理論（Theory of Exploitation）來解釋資本主義的生產模式，並且透過階級鬥爭分析人類生活的歷史，其結論就誠如馬克思所言：「人類自古以來的歷史就是一部階級鬥爭史。」

馬克思主義是一種社會經濟學分析方法（method of socioeconomic analysis），它採用唯物主義觀點解釋社會上的階級關係和社會衝突，並對社會轉型採取辯證觀點。它認為在資本主義社會中，階級衝突的產生是由於被壓迫和被剝削的無產階級（生產商品或服務的受僱勞動者），與資產階級（擁有資產權勢的統治管理者）之間的矛盾，這種階級鬥爭通常表現在社會生產力與其生產關係的反抗，最終被壓迫者的抵抗可能會導致無產階級革命，進而由無產階級革命者建立社會主義制度的社會運作模式。

而社會主義制度是一種基於生產物質所有權應歸屬於集體社會的社會經濟體系，它按照個人勞力付出的多寡來分配生產所得（按勞分配）；或按照個人需求來分配生產所得（按需分配）的社會經濟制度。馬克思認為社會主義制度是資本主義社會跨入共產主義社會的中介階段，社會主義革命要能夠成功，是因為資本主義社會為該革命提供了必要且豐厚的物質，社會主義需要有發達的資本主義為基礎才能成功實現。

因此馬克思和恩格斯認為，無產階級和資產階級不僅是對立關係，還有繼承關係，因為無產階級必須要把資本主義社會所創造的所有生產關係和生產力繼承下來，進而消滅貧富差距兩極化的私有制。馬克思認為當社會主義制度下的生產力不斷提高，最終將轉變為共產主義社會，該社會將是建立在生產物質為社會共有，人與人之間呈現無地位階級區分且具人道的社會，其中物質分配從依照每個人的能力，轉變到到每個人的需要而定。

馬克思主義思想內涵當中雖然沒有提及社會犯罪的議題，但因為它對於階級的論述，以及諸多法律與在現實社會執行過程中顯現許多階級衝突的現象，因此常被諸多學者引用並對當時刑事司法的運作進行批判。例如，克羅波特金（Peter Kropotkin, 1842-1921）於1898年出版的《法律與權威》（*Law and Authority*）一書當中，他抨擊當時刑法以及擁有刑法權

力的人，因為他發現當時的刑事判決程序嚴重偏向立法者和高財富者。他進一步認為當時的法律服務只有三個目標：保護政府、保護有財富的人、保護有權勢的人。因此他提出了相當著名的結論，認為這種法律目標只不過是襯托出「法律的無用性和有害性」（the uselessness and harmfulness of the law）而已（McLaughlin et al., 2003）。

又荷蘭犯罪學家邦格（Willem A. Bonger, 1876-1940）於1916年出版《犯罪和經濟狀況》（*Criminality and Economic Conditions*）一書，其對資本主義交換（capitalist exchange）和經濟劣勢（economic disadvantage）進行了馬克思主義的理論分析，並確定勞力市場的剝削是如何造成財富分配不均的現象，而這種經濟不公平的現象為犯罪的可能性創造了有力的背景（Bemmelen, 1955）。

二　現代社會的多元批判現象

上述政治經濟因素所造成社會不平等並與犯罪產生連結的論述，激發了後來的社會科學家對國家位階的批判；除此之外，更引發其他諸如社會結構、社會制度和社會邊緣化等對犯罪影響的討論。此等對犯罪原因論的領域擴充具有開創性的思想作用，也對後來諸如階級與犯罪、政治經濟與犯罪及白領犯罪等批判性思維產生深遠的影響（Rusche and Kirchheimer, 1939; Sutherland, 1949）。

批判學派除了有上述因政治經濟階級鬥爭所產生的犯罪觀外，另因反抗現有政治社會運作模式，或受到社會權益爭取運動的促發，及對現行刑事司法運作模式的質疑等批判意識逐漸興起，使批判學判的內涵更加多元豐富。例如，1910年起婦女社會與政治聯盟（Women's Social and Political Union, WSPU）及其參政運動，引發後來一連串的女權運動與性別主流化運動等，皆屬批判學派所關注的領域。

截至現今，批判犯罪學的研究關注對象已擴及到資本主義（capitalism）、社會分層與不平等（stratification and inequality）、父權制（patriarchy）、現代化（modernity）和對抗式司法（adversarial justice）等議題上，關注類別則包括種族（racial）、民族（ethnic）、性別（gender）、階級（class）和性取向的不平等（sexual orientation inequalities）等如何影響犯罪。由於批判犯罪學的關注焦點如此多元

豐富，因而形成諸多流派，主要有馬克思主義、左派現實主義（left realism）、女權主義（feminism）、後現代主義（postmodernism）、文化犯罪學（cultural criminology）和建構和平犯罪學（peacemaking criminology）等，更逐漸擴展關注到人口販運（human trafficking）、恐怖主義（terrorism）、環境剝削（environmental exploitation）等全球問題，並強調國家不正義（national injustices）現象和侵犯人權（human rights abuses）行為等，進而引發對政府與大型跨國公司非法行為的批判。

第二節　批判犯罪學的發展型態與內涵

　　批判犯罪學者反對主流社會意識與統治意識形態當中充滿不公平、不正義和充滿歧視性的現象，並將這些批判性觀點嵌在各種社會運動當中。他們因而被認為是位在社會主流意識之外，批判聲量也因此相對地被邊緣化。簡單地說，他們挑戰從以前到現在的犯罪和刑事司法系統運作的公認假設，並開始對此進行批判性思考。因此，批判學派的論點同時也代表著在經濟和社會被邊緣化群體的聲音（Becker, 1963）。批判犯罪學重視社會權力和財富分配不均的議題，也積極的從階級、種族和性別歧視當中找到犯罪活動的解釋。例如，犯罪的官方定義也被批判犯罪學家認為是經由種族主義、性別歧視、階級主義和所謂「異性戀霸權」（heterosexual hegemony）所構建。

　　批判犯罪學者要做的不只是對現有的犯罪控制政策進行表面上的改變，他們更想具體找出不平等與不正義的現象，從而去質疑法律制定與實施過程的謬誤，並提供行政或司法上的修正意見，包括對犯罪的定義、執行、處理和預防的思想基礎等。因此，他們經營出動態的發展模式並與多種學科相互連繫而呈現出多樣性理論，並且不斷地突破犯罪學的界限和範圍，分別在主題、方法和理論方面創造了新的重點領域，尤其是經常被排除在政府和主流犯罪學議程以外的領域。例如，批判為延續政權而侵害基本人權的政府犯罪、為追求經濟利益而侵害員工身心健康或造成環境污染的公司犯罪、具有歧視及性別偏見的法律制定內容等。

　　英國犯罪學家Tombs和Whyte曾於2010年採用批判犯罪學的角度研究社會上關於「暴力」的存在與定義，他發現英國每年平均有1,500人在工作場所喪生，該喪生人數是當年度平均被謀殺死亡人數的1倍以上，而且每年平均也多達5萬人在工作地點受傷。若回到傳統主流犯罪學對於「暴力」的定義觀點時，相信沒有人會去想到上述在工作職場上的傷亡與「暴力」有關，但是若工作職場上的傷亡與雇主故意為了謀取利益而忽略員工的安全與健康有關時，則傷亡者便是暴力犯罪的被害者（Tombs and Whyte, 2010）。由此可知，批判犯罪學顛覆了我們對於犯罪定義的認識，他們強調社會應該打破僵化的犯罪定義思維，並擴及思考社會上具有權勢者對犯罪定義上的偏見，且將這些偏見建立在社會弱勢地位者身上。

　　另一個採用批判犯罪學觀點評論社會犯罪現象的學者為美國法學教授西蒙（Jonathan Simon），他在2007年出版《治理犯罪：犯罪戰爭如何改變美國民主並創造恐懼文化》（*Governing through Crime: How the War on Crime Transformed American Democracy and Created a Culture of Fear*）一書，他在書中認為美國對犯罪的打擊戰爭，不應被理解為對社會犯罪問題做出直接而實際的政策反應，而應被理解為是政府另一種更為廣泛的治理策略。

　　西蒙認為「打擊犯罪」是美國歷屆政府都強調的施政措施，但西蒙並沒有把關注焦點放在政府如何處理美國社會的犯罪問題，反而是質疑這些歷年來的治安策略到底解決了什麼犯罪問題。西蒙發現政府的治安策略焦點都放在如何懲罰犯罪，而不是解決社會上諸如經濟地位不平等、社會公平不彰顯等具有複雜性的根本原因，政府似乎只想用簡單的刑罰措施來處理複雜的社會犯罪問題，因為此舉所花費的成本低且成效更直接。因此，西蒙呼籲社會應該重新將對社會犯罪的注意力，從個人的不當行為轉移到對犯罪問題本質的思考，他甚至鼓勵人們應該勇於去辯論現今對犯罪的定義假設，並且更要勇於去質疑這些定義標準是如何為權勢者的利益服務。

　　因此，批判犯罪學不像傳統犯罪學流派一般，具有特定面向與形式的理論型態，而是一個針對現行犯罪定義和刑事司法運作具有不同觀點的集合群組，它具有持續發展與不拘一格的型態特徵，基本上它的型態特徵蘊含以下四種內涵：

（一）傳統或主流犯罪學所衍生的犯罪控制策略，無力處理政府或具有權勢者的犯罪。

（二）現行諸多法律制度就存有諸多歧視、不公平與不正義的前提假設。

（三）現行的犯罪學知識只不過是國家為了便於治理而被產生出來的。

（四）應將犯罪學的研究議題加以擴大至被主流犯罪學所忽視的社會危
　　　害，例如性別暴力、種族暴力、社會結構性貧困、環境犯罪、政府
　　　暴力及戰爭危害人類罪等。

　　批判犯罪學自1960年中期發展至今，也算是在犯罪學領域取得了實
質性的地位，它不僅是對主流犯罪學的核心假設提出挑戰，也為犯罪學和
刑事司法提供了另一種的理解框架。批判犯罪學的根源可以說是從馬克思
主義理論出發，到邦格的著作加以發揚光大，直至近代受到社會學當中符
號互動（標籤）論與衝突理論的激發後才正式開展出來。

　　若以簡潔的方式闡釋批判犯罪學的核心論點，便是：「政府統治權
對諸多社會不平等和不公正漠視的批評。」批判犯罪學家從「犯罪」本身
的定義開始，揭露主流犯罪學的偏見和政治意涵，並提出有異於主流犯罪
學所傳遞理解犯罪定義和刑事司法的替代方法，而這種理解方法是不受拘
束、領域是不受限制的，只要是能突破政府箝制與權勢壓迫下的研究方
法，都是具有批判功能的；又因為近年來與諸多社會運動不滿情緒相結合
下，在批判議題上更顯現多元。因此，批判犯罪學因為涵蓋範圍廣泛、關
注核心不同且觀點各異的特性，而總被認為是較為籠統的犯罪學學派。

　　儘管批判學派在某些議題上的專業化程度不斷提高，關注焦點也不斷
放大，但可觀察出批判犯罪學領域將重點放在解決權力差異、階級制度和
社會不平等的問題上，因為它們會影響犯罪在某些特定族群、時間和空間
上的定義與分布，並與犯罪及司法的制定執行有關；此外，許多批判性的
犯罪學觀點也試圖促進經濟、社會和政治平等，以減少犯罪產生及在刑事
司法運作過程中所受到的差別待遇；最後，有些批判學派者試圖以透過強
化被害者和被邊緣化群體的權益，對主流犯罪學在這兩個領域無能或漠視
的批判與修正。

第三節　批判犯罪學相關理論觀點

一　標籤理論

　　標籤理論（Labeling Theory）的根源可以追溯到美國社會心理學家米德（George Herbert Mead, 1863-1931）關於自我概念和符號互動主義的觀點（Matsueda, 2014）。他強調個體的自我概念是起於社會經驗，是在社會與他人互動過程中所產生，從「成為他人角色」（taking the role of the other）的過程，讓自己內化真實與想像成為他人的態度；米德同時也關注美國社會學家顧里有關鏡中自我的概念，認為個體的自我概念是透過主體我（I）與客體我（me）不斷交互作用的結果；主體我是個體自發和創造的部分，客體我則是依據他人的回應態度認識自己。因此，個體心理當中的客體我代表社會群體的意識態度，又稱為「概化他人」（generalized other），是個體透過各種社會互動下所吸取外界對他的評價所生成，並且如此不斷地從他人角度來看自己。上述米德關於社會互動論的觀點不僅影響社會學符號互動論的發展，也同時影響標籤理論的觀點走向。

　　美國社會學家田那邦（Frank Tannenbaum, 1893-1969）在研究街頭幫派少年的過程中發現，因為處理少年偏差者的諸多謬誤，因而導致這些少年被他人、甚至是被自己牢牢地標識為偏差者後，進而衍生更嚴重的少年犯罪問題（Tannenbaum, 1938）。田那邦進一步提出「邪惡的戲劇化」（dramatization of evil）的概念，他指出社會對於少年偏差行為的非難過程若有不慎，則會產生原本對「行為的非難」轉向為對「人（少年）的指責」，進而使該少年的心理認知產生變化，促使他更進一步去從事符合其偏差形象的行為。田那邦認為「邪惡的戲劇化」對少年的影響可分為三個階段：第一階段，少年初級偏差行為是由於對社會適應不良而產生的，因此對其原有的自我概念影響甚小；但到了第二階段，由於外界社會對於少年初級偏差行為過度責難，導致少年也懷疑自己的所有行為是否真如外界所責難一般，罪無可恕；最後進入到第三階段時，少年的自我概念發生了變化，他承認並接受自己就是偏差者或犯罪者，進而開始修正自己的形象，調整自我概念，並著手去做符合一位偏差者或犯罪者該有的言行，自此身陷在次級偏差的生命歷程中。

除了田那邦之外,貝克爾(Howard S. Becker)也認為偏差者是社會創造出來的產物,他認為「偏差者是成功被應用偏差標籤在其身上的人,對於被視為偏差者的任何行為而言,人們就是用偏差行為的標籤如此定義」(Becker, 1966)。因此,就貝克爾的說法,少年犯罪與偏差並不是少年本身素質或行為的問題,而是被社會群體意識所創造。因此,個人偏差或犯罪行為的研究並不重要,因為偏差或犯罪是違反社會規則的行為,是被一群擁有制定社會規範權力的人標識為犯罪行為的結果。貝克爾就此推論,那些可能從事違反社會規範的人與制定社會規範的人,在本質上是有所不同的。貝克爾更使用「局外人」(outsider)一詞來描述一個被貼標籤的偏差者,因為他們會接受貼在他們身上的標籤並承認的確與主流社會不同(Becker, 1966)。

另一個標籤理論的代表人物是李瑪特(Edwin Lemert),他在描述標籤理論時將偏差行為分類為初級偏差(primary deviance)與次級偏差(secondary deviance),其中初級偏差是違反社會規範的行為,但這種初級偏差行為程度並不會改變個體的心理結構與其自我概念;但相對之下,針對初級偏差所進行不良社會非難而後所產生的次級偏差,才是使少年個體偏差或犯罪行為加劇的主因。因此,李瑪特反對社會對少年偏差或犯罪行為過度的介入處理,因為過度處理的結果並不會有效地阻止少年的偏差或犯罪行為,反而會導致標籤理論的核心預測結果:少年與刑事司法系統的接觸,將增加其隨後犯罪行為的發生(Lemert, 1972)。亦即,愈早進入刑事司法體系的少年,其停留在刑事司法體系的時間將會更長。

(一)標籤理論的內涵

綜合上述三位標籤理論的代表人物的觀點而言,標籤理論認為少年犯罪的原因,並不是來自其本身素質或受到外在社會環境影響的結果,而是受到社會當中有權制定社會規範者的價值論斷後所反應的結果。因此,少年犯罪本身並無「行為本質為罪」的問題,少年行為是否為罪,端視社會有權制定規範者的價值意識;再者,因為社會規範主要體現在法律之中,並透過刑事司法體系的運作加以實踐,因此當犯罪少年進入到刑事司法體系之中,往往容易在該體系的處理過程遭受到負面標籤,進而影響其認知結構與自我概念,犯罪者的形象就此標籤在少年身上時,不僅不利於少年改善,更可能使其身陷犯罪之途;最後,社會結構當中的階級差距往往促

使制定社會規範時，會偏向於某些具有優勢條件者的價值意識（諸如中上階級），因此當以中上階級價值意識為主軸所生成的社會規範標準，自然不利於低下階層者，而容易有差別立法與執法的現象。

由此可知，標籤理論是基於社會學符號互動論的基礎所創建，其重視犯罪對犯罪人的意義與影響、界定個體為犯罪人的過程，及權力在界定個體為犯罪人的角色等。尤其著重個體在與社會規範或他人（特別是重要他人，例如父母、老師、警察等）的互動當中，被定義為犯罪人過程，有關「自我形象」的形成與影響，其主要內涵可歸結如下：

1. 差別立法：犯罪是一種社會建構，是中上階級保護其利益的信念體現，事實上並無所謂「本質為罪」的行為存在。
2. 差別執法：社會規範被差別引用與執行到不同團體身上，有利於中上階級，而不利於低下階級。
3. 標籤後產生「烙記」與「自我形象修正」的影響：其中烙記是代表著其個人「身分貶低儀式」的結果，且該儀式後的烙記將成為此一個體的主要身分，日後即使有其他身分的獲得，也很難超越此一烙記的影響。此一烙記也同時使一個人逐漸修正其自我形象，對一個被標籤為犯罪的少年而言，他會逐漸修正其自我概念與形象，進而影響其行為轉向符合犯罪者應有的行為（即如田那邦所說的「邪惡的戲劇化」）。
4. 初級與次級偏差行為：初級偏差行為係指初次犯罪或輕微的犯罪，其對一個人自我形象幾乎不會產生影響，但當個體在初級偏差行為發生後，接收到外在（尤其重要他人）不斷負面的反應後，則會逐漸修正其角色與形象以緩和緊張，並經過再社會化後，即會毫無保留且不斷地投入犯罪活動當中，此即次級偏差行為。

（二）標籤效應的來源與影響

1. 標籤效應的來源

早期標籤理論所稱的標籤效應主要來源集中在「正式標籤」的影響，亦即少年接觸刑事司法體系結構後所引發的負面影響，其中主要包括警察與司法。近代的標籤理論則將標籤效應的影響來源擴及到「非正式標籤」，其指個體在與沒有官方或專業背景的人員互動過程中，對個體行為區分偏差和非偏差的整個過程（Liu, 2000; Kavish et al., 2014）。

(1) 正式標籤

　　Chiricos等人（2007）認為對個體擁有教育或教養的官方組織人員，在與個體（尤其是青少年）互動過程中所施與標籤者，稱之為正式標籤，其主要來自刑事司法體系的人員。Chiricos等人的研究發現，透過與刑事司法體系的互動後，個人身分的轉變可能導致犯罪行為或次級偏差行為的增加，他們提出了「結構性障礙」（structural impediments）的概念，認為當個體經歷過刑事司法體系的處置之後，前科犯的標籤就成為眾所皆知的訊息，更因為有前科這樣的標籤導致其在社會當中被剝奪了許多機會，進而使其在走投無路之下再度重返犯罪之途。甚至，即使個體在經歷刑事司法體系處理之後並未被定罪，但若經歷被逮捕和起訴的過程，仍可能導致標籤效應的負面發展。另Brownfield和Thompson（2008）的研究也發現，在其研究樣本的自我報告當中發現，個體經歷警察或刑事司法機構的處置，與其犯罪的自我概念有顯著的正相關。再者，Lopes等人（2012）的研究發現，正值青春期的青少年接受到警察干預之後，會對其日後的生活產生諸多負面的影響，例如教育與就業狀況的不穩定等。

(2) 非正式標籤

　　非正式標籤是指沒有官方或專業背景的人在個體身上使用標籤，用以區分偏差行為和非偏差行為的過程。Ray和Downs（1986）認為父母是非正式標籤的主要來源，其效果通常會直接影響少年自我概念與自尊。另Chassin等人（1981）就曾研究非正式標籤對青少年的影響，並將研究重點擺放在對少年自我概念的影響程度。他們發現即使偏差少年所接收到影響其自我概念的標籤甚多，但大多數少年卻未如正式標籤論者所說，出現個體產生次級偏差的效果，根據他們的推論主要有兩個原因：一是他們採取偏離身分的方式，認為他人所講的並不是真正的自己，因此當少年所採取偏離的身分時，對於他們的自我概念的影響可能就不重要了；二是少年除了有負面標籤的作用之外，可能同時也有其他正面標籤作用在進行中和，使得該少年並不會產生次級偏差的現象。

　　Matsueda（1992）研究也發現，少年偏差行為本身對其自我評價的影響很小，但透過父母的負面評價後卻起了相當大的間接作用，這意味著對少年行為的反映評估便是一種非正式標籤，是少年對其行為與自我概念感知或理解的重要依據。另有其他的研究也關注父母和同儕的反映

評價對少年犯罪的影響，他們的研究結果指出：父母、老師、同儕和兄弟姐妹對少年行為的反應方式，會對其偏差或負向的自我概念產生影響（Brownfield and Thompson, 2005; Lee et al., 2014）。再者，Asencio和Burke（2011）研究非正式標籤對犯罪人或吸毒犯的影響時也發現，同儕和重要他人（父母、鄰里）的評價與其犯罪和吸毒者身分最有相關。

2. 標籤效應的影響

　　標籤效應除了會造成被標籤者的自我形象修正，進而產出更嚴重的偏差或犯罪行為外，標籤效應對被標籤者來說，可能也會造成以下兩種負面效果（Paternoster and Iovanni, 1989）：一是傳統機會的減少，被標識為犯罪者的少年將面臨學業成就不佳與就業選擇困難的困境，導致被邊緣化為犯罪幫派或陷入貧窮等；Sampson和Laub（1997）的研究也發現，監禁時間的長短是少年日後就業不穩定的有效預測指標；另Bernburg和Krohn（2003）的研究發現，個體進入刑事司法系統的時間早晚與其日後從事犯罪之間的關係，是該個體受到學校排斥和傳統就業機會降低所決定；二是正式標籤會導致被標籤者被推入到犯罪幫派或同儕團體當中，從而增加其日後從事犯罪的可能性。

　　標籤效應的影響主軸在於說明次級偏差對少年犯罪的影響，換言之，標籤效應在於當少年產生初級偏差時，若對其本人及其行為加以不當苛責時，則少年個人在自己和他人眼中的自我概念便會朝向更加偏差的路徑進行修正（Paternoster and Iovanni, 1989）。因此，犯罪學者布列懷德（1989）進一步解析標籤效應的產出過程，他認為公開糾正少年偏差行為有兩個做法並各自產生不同的效果：一是羞辱污名（stigmatization），此一做法是對少年的偏差行為及其個人都加以譴責，此舉將導致少年往次級偏差的方向前進，並衍生更嚴重的偏差或犯罪行為；二是明恥整合（reintegration），此一做法是僅對少年的偏差行為加以糾正，但不對其個人予以譴責，此舉將可以使犯錯的少年仍然停留在初級偏差的程度，有利於透過其他方式導正其偏差行為。

　　最後，Jackson和Hay（2012）總結標籤效應的影響有三方面：首先，標籤透過象徵性互動的過程，將偏差少年污名化後產生偏差的自我概念，而偏差最終成為主宰該少年生活的核心地位，並且促使進一步的偏差；其次，受到負面標籤的少年經由社會排斥的模式，削弱他們與傳統社會或活

動的連結，進而降低他們充分獲得教育和職業的機會；最後，標籤會鼓勵少年將生活重心轉移到偏差副文化團體當中，這些團體提供社會支持，並鼓勵和促進偏差或犯罪行為的態度和機會。

（三）標籤理論的評價

標籤理論建立在社會學符號互動論的基礎上，並且特別強調初級偏差到次級偏差的因果關係，該理論認為個體無論是經由正式或非正式標籤之後，將會增加該個體日後再度投入犯罪的風險，但這樣的觀點卻也引起諸多的爭論。例如Lee等人以標籤理論與其他理論觀點（例如控制理論或緊張理論）相比時認為，標籤理論可進行實證探索的程度相對較低，因為按照標籤理論的觀點來說，標籤效應的來源具有相當的多樣性，在聚斂標籤效應的真正來源時會產生諸多的困難。舉例來說，大多數關於標籤理論的研究結果指出，司法干預將不可避免地導致標籤效應，但是近年來諸多相關的研究文獻也強調非正式標籤和感知標籤的重要性，特別是對於青少年族群，與其透過刑事司法系統進行正式標籤化相比，家庭和同儕的非正式標籤化，反而對少年累犯的影響更大（Lee et al., 2014）。因此，促使少年陷入更嚴重的犯罪程度者，究竟是司法干預的正式標籤或是家庭同儕的非正式標籤似乎無法真正釐清；再者，Adams等人（1998）也認為，不是外界任何標籤來源針對個體施予標籤就會產生標籤效應，只有受標籤的當事人認為該來源帶有污名性時，其標籤效應才會產生效果。

再就以往的實證研究結果來看，許多以刑事司法標籤對少年犯罪產生直接影響的研究命題上，其研究發現並不一致，有些研究支持標籤理論，有些則還是支持司法威嚇理論（Ventura and Davis, 2005; Barrick, 2007）。Barrick（2007）認為研究結果產生分歧的原因主要在於方法論的問題，因為標籤效應是一項長期的作用，但是諸多研究標籤效應的學者卻採取橫斷性的研究設計，因此真正標籤效應的結論當然呈現不出來；再者，許多研究者將研究重心擺在「接受不同嚴重程度標籤（例如緩刑、監禁）的個體進行比較」，而不是擺在「接受和不接受正式標籤的個體進行比較」，導致產生研究者直接幫被研究者決定是否接受標籤的窘境；最後，對於個體除了司法機制以外的干預機制或足以影響個體的突發事件（例如失去親人、失戀或失業）是否控制得當，也會是造成研究失焦的重要因素。

　　當標籤理論走到上述的研究發展困境時，似乎找到掙脫該困境的路徑，其主要發展面向有二：一是著手研究解釋標籤效應的中介變項，例如Bernburg和Krohn（2003）研究發現，偏差少年經官方少年司法機制干預後，將使其高中順利畢業的機率降低了70%以上，這種因為傳統機會被剝奪而導致了青少年從事犯罪風險的增加；又如Bernburg等人（2006）認為，偏差少年受到與犯罪副文化團體連結的中介作用下，那些被標籤者經歷與偏差同儕互動後，才又增加其犯罪風險。二是進行標籤理論精緻化工程，其中最著名的應屬澳洲學者布列懷德於1989年所提出的「犯罪、羞恥、再整合」的理論觀點。布列懷德認為，如果對犯罪個體的制裁採取不帶有污名羞辱的方式時，該制裁產生標籤效應的程度就會很低，該個體重返社會正常生活的機率就會提高，他進一步認為，當對犯罪個體的制裁是在愛、信任、尊重與認同的環境中發生時，就可以實現激發犯罪者的恥感後再將之整合到社會之中，而布列懷德認為家庭是激發犯罪個體恥感並協助重返社會的自然社會機構，也是個體犯罪後獲得和解與支持最普遍、也最理所當然的地方（Braithwaite, 1989）。

　　總體而言，標籤理論在犯罪學理論上具有批判啟發的角色地位，它所具有的理論優勢在於：1.提醒應注重犯罪定義的變遷，並注意避免對初次犯罪者予以不良的標籤；2.它極度適用在心性未定的少年偏差行為的研究與輔導上。但標籤理論在劣勢上也呈現：1.它不能解釋初級犯罪行為的來源；2.無法解釋犯罪率的變化；3.無「行為本質為罪」的觀點仍然深受質疑；4.「自我形象的修正過程」並無法具體的觀察與測量；5.在實證研究上一直無法獲得理論性的共識。

二　馬克思主義犯罪學

　　批判犯罪學運動起於1970年代的美國社會，該運動的主軸思想因為是受到馬克思主義影響，所以其主要的犯罪研究議題都集中在政治經濟學和階級分析上，並表現出強烈的馬克思主義取向。因為馬克思犯罪學的內涵，與長期以來我們所熟悉的傳統犯罪學有極大的論述差異，因此它又以其理論內涵與存在型態而衍生諸如：左派犯罪學（left criminology）、社會主義（socialist）、激進式（radical）、馬克思主義（Marxist）、新犯罪學（the new criminology）等代名詞出現在犯罪學領域當中。直到1980

年代因為諸多跨越馬克思主義思想的犯罪學觀點興起後（諸如批判種族主義、女權主義、性別平權主義、後現代主義、環境正義主義等），才以改以批判犯罪學一詞來作為統稱至今（Michalowski, 1996）。

　　馬克思主義犯罪學（Marxist criminology）並不是馬克思所提出的犯罪學理論觀點，甚至馬克思在論述某些社會問題時，並沒有針對犯罪議題有所評論，而現今會有所謂馬克思主義犯罪學，乃是因為後來許多犯罪學家引用馬克思的辯證唯物主義和歷史唯物主義觀點，解釋存在於資本主義社會內部因結構失衡與階級差異所導致的犯罪現象，並認為要解決資本主義社會的犯罪問題，其實重點不在於犯罪人或犯罪行為本身，而是社會結構所存在的弊病所造成，尤其是存在於政治經濟制度及階級不平等等面向。因此，當犯罪學理論觀點集中在以政治經濟制度及階級不平等為論述出發者，都可被歸類在馬克思主義犯罪學。

　　馬克思主義犯罪學最主要的特徵，在於反對資本主義犯罪學理論對於社會犯罪的注意力都只集中在犯罪人身上，只是想從這些犯罪人的生理、心理與某些社會原因去論證犯罪的生成，卻不敢觸及被國家、政府或有權勢地位者所掌握操控的政經結構問題上。因此，馬克思主義犯罪學者認為傳統犯罪學者這樣的做法，只不過是在替資本主義的社會弊端辯護而已。該派學者進一步指出：只要資本主義制度存在，犯罪問題就是會隨著資本主義社會而存在，唯一能妥善處理社會犯罪問題的解答，只能從積極改造社會制度，去除階級統治與壓迫，改善不良的社會政經結構著手。因此，馬克思主義犯罪學對於犯罪原因與處理犯罪策略有以下觀點（Pearce, 1976; Currie, 1985; Maguire, 1988; Greenberg, 1993）：

（一）對犯罪的理解，要從社會上的權力分配失衡與階級地位不平等的現況著手：這是最典型馬克思主義犯罪學的說法，其認為資本主義雖然創造許多資本，但卻在社會階層之間產生極大的貧富差距現象，且社會上握有權勢地位者會運用權勢利益去確保政府政策不會威脅他們的優勢地位，因而影響國家所制定的法律體系，或執法機構會以保護資本主義受益者的面向思考，相對低下階層者的言行就因而被忽略，甚至被犯罪化。

（二）犯罪是社會上政治性的產物，並非真的來自於犯罪人本身或其所處社會的問題：馬克思主義犯罪學不認為犯罪只是違反法律的行為，而是在社會上的政經地位處於弱勢者被定義的結果，這在官方犯罪

統計上呈現犯罪者絕大多數都是屬於低下階層者，即可見一斑。

（三）**資本主義是犯罪行為的根本原因**：因為在資本主義社會下，擁有權勢與利益者的需求才會被重視，低社經地位者的需求通常會被漠視與忽略。資本主義者會營造低下階層者破壞繁榮發展的景象，並將去除這些低下階層的犯罪者視為人類理性下應然的選擇，因而法律的設計與執行就是專為保障資本主義者之利益。更有嚴重者，資本主義社會也為私人財閥公司創造了優越的謀利環境，例如以金錢誘惑政府官員或國會議員，以換取制定寬鬆的國家政策法規，使這些私人財閥可以透過標準較低的勞工或環保條件去創造更高暴利的利潤，進而對社會產生結構性的傷害。

（四）**解決犯罪的辦法是建立一個具有公平正義感的社會**：馬克思主義犯罪學者認為以資本主義為基礎的社會運作模式，也成為創造犯罪人與被害人的模式，因此社會上其實不需要所謂的犯罪學家，需要的是能夠創造與保持社會公平正義的維持者，這些維持者必須對所有社會公民的需求都保持敏感度，進而公平地分配財富和權力。

　　上述馬克思的社會衝突觀影響後來的馬克思主義犯罪學發展成兩個走向：一是工具性馬克思主義犯罪學者（instrumental Marxists）認為，資本主義社會就是一個權勢失衡的運作體，且完全由強大的政治經濟利益所支配，具有權力與財富的資方及提供勞動力的勞方兩者之間呈現不平等的狀況，具有權勢者利用國家的強制力將危及其政治經濟地位者定義為犯罪人（Quinney, 1974; Chambliss, 1975）；二為結構性馬克思主義犯罪學者（structuralist Marxists）認為，資本主義社會下握有權勢地位者，為維護整個資本主義財富分配制度，就將威脅整個制度運作的人定為犯罪者，如此一來，國家便可以將那些反對制度系統不公平的抗議者定義為犯罪（Spitzer, 1975; Greenberg, 1993）。

　　綜觀馬克思主義犯罪學的內涵，它對於犯罪定義的觀察角度，確實與主流犯罪學有極大的差異，主要的差異來源來自於該派學者從「社會現實生活現況」與「人類社會歷史發展」等兩個角度來觀察論證。從社會現實生活現況來說，從官方犯罪統計當中可以發現，絕大多數的犯罪人皆來自於低下階層，這種現象不僅弔詭，更顯現社會階級之間似乎呈現出欺凌現象；再從人類社會歷史發展的角度來說，資本主義社會走到極致時，貧富差距必然拉大，具權勢地位者為保有其既得利益所衍生結構性濫權歧視的

立法與執法，才是真正造成犯罪的主因。

因此，就馬克思主義犯罪學者的觀點而言，傳統犯罪學理論都侷限在官方對犯罪所下的定義內研究犯罪原因，一旦跳脫不出官方的框架或順從官方的定義時，那麼犯罪就是違反國家法律的問題。這種建立在國家政府一定是對的，所制定出來的法律或執法一定是對的前提之下，便會造成盲目遵守現存社會規範的狀況。這種缺乏探討立法與執法源頭的犯罪學研究似乎顯得過於簡單，因為在社會的現實生活上並非如此。因此，此派學者認為國家的法律制度在本質上是社會統治階級所創造出來的統治工具，大多數被判定有罪的犯罪人並非在行為本質上是有罪的。馬克思主義犯罪學對犯罪定義如此的闡述不僅在當時引發諸多爭論，也帶動了美國1960年代以後衝突理論的發展。

三 衝突理論

目前犯罪學領域上所稱的衝突理論（Conflict Theory），主要是指1960年代以後的理論觀點，雖然在此之前已經有相當多的社會學或犯罪學者針對犯罪問題提出衝突觀點，但真正開展建構理論是在1960年代以後的美國社會。衝突理論的發展背景就如同前述，是受到馬克思主義犯罪學的思想所引導，強調社會因資本主義盛行下產生階級分化的結果所導致，並質疑社會具權勢者或政府當權者的立法動機與策略皆不利於低下階層者而言；再者，當時標籤理論觀點盛行，其認為犯罪是一種道德企業家（moral entrepreneurs）與具權勢者所標示的一種社會過程，因為他們有能力影響政治與國家對犯罪的定義。雖然，標籤理論在論述犯罪形成過程中有提到階級偏見的問題，但衝突理論卻是很明確地說明刑事司法系統當中的刑事立法與刑事執法對低下階層者的歧視待遇，甚至衝突理論將犯罪的結果歸責於國家政府本身。

美國犯罪學家西克斯指出，1960年代美國犯罪學領域興起衝突理論的原因主要有三：一是1955年開始的越南戰爭（簡稱越戰）對美國社會產生了影響，因為當時美國政府決定參與越戰的決定，無法說服美國民眾，甚至讓美國民眾質疑政府參戰的根本動機過於牽強，導致民眾對政府的信任度不斷下降；二是受到美國社會在那個時期瀰漫著「反文化」（counterculture）現象所影響，反文化代表著對中產階級標準的否定，連

帶的使以中產階級意識為主的法律價值也受到質疑，這種反文化現象使得美國社會價值觀從根本上發生了嚴重的認同衝突，尤其提出對社會並無實際危害的無被害者犯罪應予以除罪化的呼聲愈來愈高漲；三是對長久以來的種族歧視議題逐漸浮現檯面，促成諸多種族歧視的政治抗議活動日益高漲，而美國政府當時卻運用警察力量鎮壓政治異議者，因而醞釀社會衝突意識愈加嚴重（Sykes, 1974）。若再加上當時官方犯罪統計所呈現大量低下階層者被定罪的現象時，不僅沒有反映出社會真實存在的犯罪行為質量，反而映襯出權勢當局的標籤行為。1960年代開始，美國社會意識在前述背景觸發下，諸多犯罪衝突理論的觀點逐漸萌起。

（一）達倫多夫的階級衝突理論與強制協調組合

　　德國社會學家達倫多夫（Ralf Dahrendorf）提出階級衝突理論（Class Conflict Theory）的觀點而被歸類在犯罪衝突學家之列，但達倫多夫在社會階級不平等的論述上，卻截然不同於馬克思的觀點。達倫多夫認為，社會經濟不平等並不是由充滿不平等的資本主義社會制度所造成；相反地，社會經濟不平等是不可迴避的事實。因為社會的各種基本單位當中，必然會涉及「支配－服從關係」（dominance-subjection relationships），才能支撐社會正常的運作，且社會規範始終存在並必須依靠制裁來執行，因而社會上某些人必須擁有比其他人更大的權力來執行制裁措施。因此，若是有人想要消除社會不平等的想法，其實也只是一種烏托邦式的夢想而已。由此可見，達倫多夫的階級衝突理論並沒有將社會不平等現象歸因到不公正的經濟體系，而是將焦點放在權力分配的差異上，甚至將權力或權力差異視為是正常合法的。

　　達倫多夫於1959年出版《工業社會階級與階級衝突》（Class and Class Conflict in Industrial Society）一書，從結構功能主義以及馬克思主義的角度出發觀察社會的運作，他認為沒有哪一個社會學理論能夠完整說明整個社會實況，例如馬克思主義無視現代社會結構中的共識與融合，而結構功能主義則對社會衝突的現象關注不足等（Grabb, 1997）。達倫多夫雖然不認為這兩者有能力完整說明社會的運作實況，但卻也嘗試在這兩種觀點之間建立了平衡。例如，達倫多夫認為結構功能主義可以幫助人們去理解社會共識與凝聚力的形成過程；而馬克思衝突理論則提醒人們在社會上的確存在衝突與強迫的問題。

　　達倫多夫指出，自從馬克思發展他的階級衝突理論以後，其實資本主義發生了許多重大的變化，進而形成新的資本主義制度（post-capitalism，又稱為後資本主義）。這種新的資本主義制度具有階級結構多樣與權力關係流動性高等兩大特徵，後資本主義所涉及到的不平等體系要比馬克思當初所創階級衝突理論時的情況更為複雜，後資本主義社會已將階級衝突制度化，並成為國家和經濟領域的一部分，例如民主制度國家中有所謂職業工會的組成，透過勞方與資方的集體談判以處理勞資衝突；法院系統處理刑事、民事與行政上的衝突；社會上各種不同利益團體透過對民意代表的遊說，促使立法院或議會經由政策辯論與立法行為，來處理各種社會衝突。

　　從上述可知，達倫多夫雖然同時接受結構功能主義與社會衝突主義的觀點，但顯然的對於社會衝突主義的接受度似乎多於結構功能主義。舉例來說，達倫多夫認為結構功能主義者認為社會運作過程中的波動性很小，但他卻認為社會的每一個運作環節，其實都在經歷變化的過程，而且社會系統中的每個運作單元，也都存在實際具體的分歧與衝突，處理這些分歧與衝突的關鍵即在於維護社會秩序所必須的規範，於是社會就必須產出有權力調和或壓制衝突的高層權威者。因此，在人類社會上呈現階級與階級衝突是必然且必須的，畢竟權力是維持社會秩序的重要因素（Ritzer, 2008）。

　　綜合達倫多夫的階級衝突理論，他認為馬克思所持社會兩層階級（資產階級與無產階級）的論點過於簡單，過分關注財產所有權的說法其實已不太符合當時社會的現況（例如現代社會有所謂股份公司的興起，財產所有權已經不一定完全屬於公司經營者，其也反映現代社會對經濟生產的控制方式也不似馬克思當初所觀察的一樣）。達倫多夫則認為社會階級的建立不再是以財產所有的多寡來衡量，反而是以可以行使多少權力或是被限制行使多少權力來作為社會階級高低的標準。

　　從上述可知，達倫多夫的階級衝突理論內涵當中有一個重要的核心概念便是「權力」，並透過權力的運使而創造出「權威者」與「服從者」的階級角色，權威與服從就是社會必然的產物，如果有人不遵守這些角色便會受到制裁。達倫多夫以這樣的概念建構他的階級衝突理論，並認為社會上每個人因處於不同的社會角色與要求，因此就可能會與權威角色者的意志產生衝突；再者，人們的角色與需求可能也會因處在不同定義的社

會區域當中而有所不同，因此社會就是一種強制協調組合（imperatively coordinated associations）的結果，其中各種不同組合的社會團體，會因他們具有共同的利益而聚集在一起；最後，達倫多夫認為社會是由多個單元組成的，而這些單元是被強制協調組合而成，其中的社會衝突也是強制協調組合中的權威群體和服從群體之間的運動，處於權威地位者透過制裁或處罰來控制服從者以形成社會的穩定，因此，權力才是社會運作過程中產生階級與階級衝突的真正關鍵（Ritzer, 2008）。

（二）特克：犯罪與法律秩序——刑事定罪過程

美國社會學家特克（Austin T. Turk）在其從事學術研究的早期，因深受雪林所提出文化衝突與犯罪觀點的影響，且對當時新興的標籤理論也甚感興趣，再加上受其早期生活經歷的影響下，導致他在社會學理論觀點上，明顯傾向於衝突批判的觀點。但在選擇衝突理論觀點時，特克選擇遵循達倫多夫的路線而放棄馬克思的道路，他將社會當中的衝突不視為某種反常現象，而是作為一種基本的社會形式來看待，亦即社會衝突是人類社會生活的基本事實，也代表是一種簡單的現實主義，而不是特定人憤世嫉俗的特定傾向。因此，特克又被稱為是「一直堅持不懈地致力於發展非馬克思主義框架，來分析社會衝突過程的犯罪理論學家」（Orcutt, 1983）。

特克的犯罪學觀點傾向於社會衝突學派，有一部分原因來自於其早期的生活經歷體驗，他曾經在美國《犯罪學人》（*The Criminologist*）期刊中的一篇文章中道出：「我生活在美國偏僻小鎮上一個工人階級的家庭裡，我很早就體會到生活對大多數人而言是不容易的，非理性（irrationality）和矛盾（contradiction）是社會現實的重要組成部分，人們獲得資源與發展的機會其實與他個人本身能力或品格沒有必要的關聯；再者，社會正義的涵義其實也是有爭議的，因為在社會真正實踐中，社會正義的涵義是可被操縱的。」（Turk, 1987）。

特克於1969年出版《犯罪與法律秩序》（*Criminality and Legal Order*）一書，他提出犯罪化和規範性法律衝突理論（Theory of Criminalization and Normative-Legal Conflict），認為執法當局與民眾主體之間的分歧才是導致社會衝突的關鍵，其中執法當局是指法律規範的決策者，例如警察、法官、檢察官等，而民眾主體則是受這些決策影響的個

人。民眾主體由於無法操縱法律程序而與執法當局有所區隔,而且兩者之間始終存在衝突的可能性。特克透過他的研究觀察認為,並非所有執法當局都會公正執法,尤其第一線執法者(例如警察)對民眾主體被定罪的影響性最大,因為尊重執法程序正義雖然是保持執法當局與民眾主體平衡關係的主要依據,但在某些情況下,警察必須依靠脅迫來獲得績效,因而衝突即在兩者之間產生,特克將此稱為「警棍法」(nightstick law)(Turk, 1969)。

　　特克的衝突理論觀點除了受到達倫多夫的影響之外,他也受到雪林所提「文化衝突與犯罪」的影響,認為犯罪是文化差異下的產物,某些人民可能不知道或不接受特定的社會主流法律規範,因而觸法犯罪。他進一步舉出,當執法者與民眾之間的文化差異愈大,執法者願意發揮同理心去理解民眾觸法原因的意願與行動就愈低,因而採取強制執行手段的可能性就愈高,衝突產生的可能性也跟著提高。根據特克的概念,社會文化(最直接的體現就是法律、程序和政策)和社會規範(最直接的體現就是執法與社會習慣)兩者之間的互動作用也決定衝突發生的機率。亦即,當主流文化規範與社會法律規範之間保持一致時,衝突的機率最大(因為社會主流文化所體現的法律會不顧次文化民眾的感受而強制執法);反之,如果主流文化規範和社會法律規範差距甚大,則衝突的可能性就會變小,因為執法者與民眾之間所堅持的文化信仰並不會太鮮明,因而產生可協調的空間。誠如特克所講的:「任何一方都不太容易爭奪一套毫無意義的符號。」(neither party is very prone to fight over an essentially meaningless set of symbols)(Turk, 1969)。

　　最後,特克認為社會衝突程度也會受到政府與民眾之間的組織性(organization)及複雜性(complexity)程度所影響;亦即當政府(尤其是執法機構)組織性愈緊密,且其處理社會違序事件的思維愈簡單時,那麼可預見的政府當局勢必會採取強制執法的手段來維持其所認定的社會秩序。特克將此處的複雜性描述為可用於應對衝突相對方的處理策略或知識,如果政府與民眾雙方對於處理具有爭議性的社會事件缺乏智慧、策略與熟練的調解技術時,衝突就成了無法避免的結果。因此特克提出一個論點:民眾與政府發生衝突的可能性,會隨著從事非法活動的人的組織程度而增加。在這樣的假設下,經驗豐富的社會規範違反者,會更擅長透過機智的策略操作以避免公開衝突;相反地,政府當局面對不太成熟的規範違

反者時，衝突的可能性也會增加。特克透過投入組織性及複雜性兩個變項來強化說明衝突的可能性，更細緻地說明社會衝突理論的微妙。

（三）奎尼：社會現實和犯罪

　　奎尼不僅是犯罪衝突理論學家當中學術著作最豐產的，而且還是最具有爭議的學者，具爭議的原因來自於他不斷地修正他的理論觀點。他在1969年提出與特克及達倫多夫相同的觀點，認為法律是基於社會運作下的強制性模式，而不是一體化的模式。奎尼（Quinney, 1969）將法律定義為：在政治組織社會中特別被創造出來與解釋應用的社會規則。他進一步解釋在政治上有組織的社會是建立在利益結構的基礎上，這種結構的特徵是權力分配不均、社會充滿衝突，且法律是在利益結構之內被制定與執行的。奎尼談到法律的政治性時也指出，每當一部法律被制定運用時，就代表著社會當中的某些價值利益獲得保障，同時就會有另一些價值利益被忽略或否定。在這種觀點下，法律被視為是社會利益結構的一部分，法律的變化反映了社會利益結構的變化，並且隨著該利益結構的變化而變化。

　　到了1970年以後，奎尼又分別出版了《犯罪問題》（*The Problem of Crime*）和《犯罪的社會現實》（*The Social Reality of Crime*）兩本著作，其中他針對犯罪衝突理論提出不同的觀點。他認為犯罪與法律是建立在政治目的上所建構的，他改採以新馬克思主義觀點對法律社會秩序進行批判，並強調法律是由當權者為了保護和服務於他們自己的利益，而非為廣大公眾的利益而制定，並且刑事司法系統的運作也只是為了確保權勢者的永久利益。奎尼進一步認為，社會分化與社會變革的趨勢促使社會整體發展複雜化，在各種不同的社會領域當中差異性逐漸擴大，因而導致對行為規範的看法也經常產生衝突，此時對犯罪的定義與法律的制定標準也會產生極大的歧異。所以，奎尼認為個體會從事犯罪行為的導因，與其說是個體社會化不足或人格缺陷的問題，還不如說是該個體對某些事物採取出於本意的行為，也是表達某些思想和感受的唯一手段，更是實現社會變革的唯一可能性。

　　奎尼在1970年提出「犯罪的社會現實」觀點，該觀點係由六個命題所組成，從這六個命題當中可以看出，奎尼對犯罪的看法走向新馬克思主義方法。該理論觀點的六個命題敘述如下：

1. 犯罪是在政治組織社會中，由權勢者或其所授權的機構所創造出來的人

類行為。

2. 所謂犯罪行為就是與有權建構公共政策的社會權勢階層利益相衝突的行為。因此人類社會隨著社會各階層之間利益衝突的增加，社會各階層參與創建犯罪定義的可能性也就愈來愈大。所以奎尼認為法律的歷史也反映出社會利益結構的變化過程。

3. 在執法過程中，犯罪人的定義是由有權決定如何執法，或可以影響執法的社會階層者所決定。

4. 在被標籤為犯罪人的過程中，可以看出其在社會階層具有優勢地位時，他被定義為犯罪人的機率就會小於具劣勢地位的社會階層者。

5. 某些社會階層對犯罪的定義必須在整個社會內成功的傳播，然後才能形成公認的社會現實。因此，社會對犯罪的認識是透過各種手段在社會各階層當中建構與傳播形成的。

6. 犯罪的社會現實是透過法律的制定與執行而形成的，其中涉及構成犯罪的社會現實因素，包括刑法的適用、被定罪者的行為模式以及犯罪意識形態的建構等。

　　奎尼在犯罪學領域的批判觀點到了1980年代以後又產生了改變，儘管他仍然秉持社會主義觀點解決犯罪問題，但他卻排斥馬克思主義的唯物論，轉向選擇神學宗教的觀點看待犯罪問題，並於1991年出版《和平建構犯罪學》（*Criminology as Peacemaking*）一書，認為處理犯罪問題應該拋棄現有刑事司法的審判控制模式，而是需要採取一種非暴力、和解與談判原則的社會控制哲學。

四　和平建構犯罪學

　　和平建構犯罪學（Peacemaking Criminology）是犯罪學領域當中相當獨特的理論觀點，因為它反對傳統主流犯罪學對犯罪的定義，也反對現行刑事司法體系處理犯罪的方式，因此被劃歸到批判學派一群當中。和平建構犯罪學並不是新興或新創的犯罪學觀，它是延續人類古老社會處理犯罪的方式，以及從宗教教義當中獲得啟發而來。該學派以美國司法模式為觀察對象，發現抗制犯罪採取「戰爭模式」（war on crime）的結果並不如預期，該模式除了運用刑事司法程序的運作外，政府或社會所做的努力似乎很少，而且在累犯率和監禁率也並沒有顯著下降的跡象下，有些犯罪學

家便認為，如果我們希望看到犯罪率顯著降低，那是否可以換個方式來實施建構和平（peacemaking model）的模式。持此一觀點者，以美國犯罪學家奎尼為代表。

奎尼認為現行刑事司法處理犯罪乃是一種戰爭模式，試圖透過威嚇、脅迫甚至是暴力的方式來實現社會控制，但使用戰爭模式處理犯罪最大的問題是，刑事司法運作模式會自然導引我們去識別出所謂的「敵人（犯罪人）」，等確認為犯罪人之後，我們社會就會將他投放到我們所制定好的懲罰策略當中，讓犯罪人為他所做的犯罪行為付出代價。

（一）和平建構犯罪學與傳統主流犯罪學的差異

傳統採取刑事司法處理犯罪的模式，其實會讓犯罪控制陷入一個困境，便是在刑事司法操作過程中，會在相關當事人之間製造憤怒和恐懼氛圍，所以用戰爭模式打擊犯罪，不僅未必能圓滿解決眼前的犯罪問題，將有可能會在社會上再引發另一場情緒戰爭，進而導致社會上產出更多的犯罪。因此，奎尼認為處理犯罪問題應該拋棄現有的戰爭模式，而是需要採取一種非暴力、和解與談判原則的社會控制哲學。不僅如此，有部分的犯罪學家也認為，和平建構犯罪學模式不僅適合處理犯罪行為，而且也適合處理其他社會問題，例如貧窮、遊民、性別歧視和種族歧視等。因此，和平建構犯罪學家可以說是完全排斥現行刑事司法制度，他們更將其視為社會上不公平、不正義、充滿暴力與具有社會破壞性等特徵，更嚴重的是將其視為導致社會犯罪問題的一部分。

若要在和平建構犯罪學和傳統主流犯罪學之間找出差異，主要區別有三：

1. 兩者對犯罪與社會結構之間關係的看法是不同的：和平建構犯罪學認為傳統主流犯罪學理論經常忽略促使人們犯罪的重要因素，也就是社會上諸多不公平、不正義與充滿壓迫性的現象。因此，犯罪定義與刑事司法成為握有社會權勢地位者所決定，犯罪與法律並不是對社會秩序的自然體現。

2. 兩者對犯罪原因論的看法不同：傳統主流犯罪學普遍接受現行對犯罪原因的分類（諸如生物學、心理學、社會學、經濟學等），且運用科學方法來定義後從事相關研究，並提出相關犯罪控制策略；但和平建構犯罪學者並不強調犯罪是什麼，而是在意社會危害是什麼，以及造成這種危

害的政治、經濟和社會等方面有何弊端且如何因應解決。

3. 兩者在犯罪處理方案上有所不同：具體而言，傳統主流犯罪學家不管是屬於哪一個學派，都將犯罪控制策略與手段放在刑事司法體系的框架內處理，並積極的使該體系更加有效；和平建構犯罪學家則認為，犯罪的源生因素有很多，但並不需要動用到國家層次的刑事司法系統來處理，因為絕大多數的犯罪危害是來自於社區層次，如何讓犯罪人以及被害人處在社區層次當中進行協調和解才是真正處理犯罪的方法。因此，和平建構犯罪學強調以修復性模式（restorative models）為操作核心的解決方案，以幫助被害者及加害者，甚至是犯罪發生所在的社區都能透過有效的修復過程得到改善與修復。

（二）和平建構犯罪學的理念根基

探尋和平建構犯罪學的理念根基，其實並非來自於奎尼等人的新創，而是和平建構犯罪學者依據人類古老的宗教精神和傳統智慧所提出，其中例如基督教、猶太教、伊斯蘭教、佛教等宗教教義，以及參酌美洲原住民生活態度等，這些宗教傳統與原住民生活態度當中皆以和平為中心，雖然在歷史上有部分宗教都曾掀起聖戰（holy wars），但是若仔細觀察他們的信仰體系的宗旨，仍然是企圖建構一個以和諧關懷、互助合作與和平共處為特徵的人類世界。此外，大多數現存的宗教教義也都認定人類生命是超越現實生活層次而具有神聖化的目標，而且具有超越人類可見的生存目的與意義的面向。

和平建構犯罪學提出處理犯罪問題應採取和諧、協調、修復與非暴力的型態，其主要蘊含三個核心概念：連繫（connectedness）、關懷（caring）和正念（mindfulness）。透過這三個核心概念的運用，一方面讓犯罪人從和諧調解中認錯並獲得救贖，被害人也能從中進行包容而修復，社區也能從此一協調修復過程中獲得社會秩序的更新。

1. 連繫

連繫係指人類不是孤立的個體，每個人都是構成社會不可分割的連通體，並與其他人和環境緊密連繫在一起，其中的環境概念不僅是包括物理空間，還包括我們內部的心理和精神環境。和平建構犯罪學家認為，我們無法看到自己與他人之間的連繫是建構社會和平運作的首要障礙；換句話

說，邁向內心和平的第一步是擺脫人們彼此間以及與環境之間的孤立感，當人們愈來愈意識到如何與自己所屬環境內的所有事物連繫起來之後，我們便可以意識到應該以負責任的方式來面對自己的言行。

除此之外，連繫這個核心概念還解釋了人與人之間的互動具有連通性（connectedness），這個連通性，簡單地說就是人處在社會之中不會是個完全絕緣體，必會受到周遭人們一定程度的影響，無論是情感、信念、想像等。無法否認的，人們的行動是在複雜的社會網絡之中進行，這意味著我們的行為會對周圍的人產生影響和被影響。和平建構犯罪學者建構這個連通體的概念即是要告訴我們，如果人類社會持續選擇以不公平、不正義和壓迫暴力的方法行事，那麼整個人類社會就會瀰漫在一個充滿暴力、殘酷和不正義統治的世界中；反之，如果我們選擇富有同情心、具有人道與公正的行事，我們將生活在一個更富有同情心、具有人道與公正的世界中。所以和平建構犯罪學者強調協調、修復與非暴力的方式處理犯罪問題，才是真正抑制犯罪與暴力最好的手段。

2. 關懷

關懷係指人與人之間處在自然關係下的關懷，例如親子關係般的自然關懷、朋友之間堅定互信的關懷等，這種自然關懷下的人群關係顯得和諧、具同情心、平等與具厚實情感的互動與諒解等。和平建構犯罪學者認為，當我們從幼兒學習期開始，就可以捨去諸多人為區別的教導時，就可以實現自然關懷。可惜的是，我們常常會將社會上的人、事、物區分為「好」或「壞」，以及「優」或「劣」的類別，並且將之成為教養（育）的價值標準時，就已經成為阻礙人與人之間形成深厚情感交流及付出關懷同情的可能。另有學者把這種關懷觀點運用在女權主義犯罪學的理論上，認為女性長期以來被壓抑在強大父權的社會意識下，就是缺乏對女性關懷同情與權益保障的表徵。

3. 正念

正念乃居於和平建構犯罪學的核心地位，因為正念的作用會協助我們去體驗超越現實的意識，引導我們能夠更宏觀地充分理解他人的處境與需求，並在遇到問題時激發我們探索更廣泛處理的可能性。就以處理犯罪問題來說，正念的作用讓我們不會將處理方式只是直接反射在狹隘的刑事

司法領域,而是會充分考慮犯罪人更生的需求,而這就是正念的終極精神——鼓勵我們從自身的利益轉向關照他人及其需求。

所謂正念係起源於佛教禪修（Buddhist meditation）的概念,但近幾年來,正念修習已進入到美國成為主流,並廣泛地應用到醫院醫療、學校輔導與監獄教化等領域。正念意味著透過溫和的思維型態,隨時保持對自己的思想、感覺與周圍環境的意識,進而在不具有價值判斷的前提下,去關注我們的思想和感覺。例如,不去執著事務的對錯、不去回想過往的經歷、也不去建構想像的未來等,而是將自己調適到當下我們正在感知的內容。

運用正念在調理人類行為最著名的例子應屬美國醫學教授卡巴金博士（Jon Kabat-Zinn）,他於1979年將正念模式引入麻州大學醫學院並成立「正念減壓門診」,應用期間受到很多正面的回響並且被廣泛地宣揚,因此於1995年轉型為麻州大學醫學院的「正念中心」（Center for Mindfulness in Medicine, Health Care, and Society, CFM）,成為正念科學發展的發源地。

（三）評論

和平建構犯罪學者認為在刑事司法體系內,仍有以同情和憐憫處理犯罪的可能,也認為犯罪人跟一般人一樣,具有純正的內在道德價值,基於這種觀點下,人即使犯錯或犯罪時都應該給予更生的機會,而處理的途徑便是採取溫和調解與非暴力的方式,並將「罪」與「犯罪人」,或「罪行」與「罪犯」予以區分。換句話說,犯罪人即使曾經犯過罪,但卻不是一直是犯罪人;罪犯即使曾經犯下罪行,但卻不是一直是罪犯。誠如和平建構犯罪學者所言:這並不意味著我們可以同意犯罪人當初從事犯罪的選擇,但是我們願意接受曾經犯過罪行而願意改善的人。從而可知,和平建構犯罪學對於人性抱持較為樂觀的態度。

對於和平建構犯罪學的人性正向觀雖然充滿樂觀前景,但仍有不少批評,批評內容與回應綜整如下:

1. 以和平建構模式處理犯罪問題只不過是一種理想性的想像,實際的犯罪現象並不如他們所建構的一樣。因此,持刑事司法戰爭模式（the warmaking model of criminal justice）者認為,以和平建構模式的觀點對抗犯罪顯得幼稚而軟弱。和平建構模式對於此一批評有所回應:和平建構

模式並不主張拋棄現行刑事司法制度，而是希望對法律制定、司法制度運作方式及政府的犯罪控制策略進行改革。畢竟和平建構模式與戰爭模式之間最大的不同，在於如何確定犯罪責任的源頭（即戰爭模式側重在犯罪人身上，但和平建構模式則側重於社會結構因素）。因此，在犯罪定義與司法制度理論角度不同的基礎上，當然會有不同的思維方式。

2. 當前犯罪問題多元複雜且犯罪類型層出不窮，面對眼前即時充滿危險、暴力與反社會的犯罪人，採取如此不具任何威嚇性的措施，如何能有效且即時地制止犯罪蔓延。因此和平建構模式不是一個具體可行的理論，也很難應用到緊迫的犯罪問題上。更確切地說，社會沒有時間等待犯罪人透過教育和理解而轉變，和平建構模式強調將個人的轉變作為改變社會的一種方式，而不是將社會的轉變作為改變個人的一種方式的做法，不僅耗時漫長且不切實際。和平建構模式對此的回應為：到目前為止沒有一個犯罪學理論或犯罪處理體系是完美無缺的，包括和平建構模式處理犯罪問題當然會有其侷限性。但是，和平建構模式希望不管是個人或社會的變革，都能建立在和平、協調與非暴力的認知基礎上，以建立和諧優質的社會發展氛圍。

3. 和平建構模式的目標雖然值得讚許，但在處理犯罪問題上並無法建立具體操作模式，及以實證方式證明其成效，當它不能建立明確的犯罪原因論，並明確告訴我們刑事司法系統如何具體運作時，也就不可能充分地去理解它的內涵與宗旨，在如此讓人模糊認知下，以和平建構模式去處理犯罪問題恐怕有所疑慮。和平建構模式面對這種批評的回應為：儘管和平建構模式有以上的缺失，但畢竟是新興理論觀點，在建構理論內涵與司法運作上確實需要時間。但和平建構模式主要的目標是要強調實現和平與社會正義的一種模式，力求透過非暴力、和解、友善和關懷以實現社會正義，堅決反對處理犯罪問題是建立在強迫、暴力和報應之上的戰爭模式。

　　自從和平建構犯罪學被提出後，許多的驗證研究紛紛開始進行，例如Frye等人觀察美國司法制度處理家庭暴力的現況時發現：1994年美國國會通過了暴力犯罪控制與執行法（Violent Crime Control and Law Enforcement Act），其中要求對家庭暴力案件的攻擊者進行強制逮捕，這項法令政策經過犯罪學者在美國紐約市進行研究後，所得出的結論是確實可減少家暴攻擊案件，但有趣的是卻使暴力犯罪的女性罪犯案件有所增

加，因為在該家暴案件當中，如果婦女為了爭取自己的權益或實施自我
防衛而衍生雙方的爭鬥時，那麼就很難確定最初的攻擊者是誰了（Frye,
Haviland and Rajah, 2007）；在另一項類似的研究當中也發現，因為該法
要求警察人員前往處理家暴事件時，必須強制逮捕具有攻擊性的兩造雙方
當事人，因而造成因家庭暴力案件而被逮捕的男性人數也僅比女性少一點
而已（Henning and Feder, 2004）。因此有學者懷疑，近年來美國家庭暴
力案件當中有愈來愈多的女性犯罪人，可能就是在法律結構上的問題所導
致。

　　和平建構犯罪學強調處理犯罪問題時，應該將犯罪人的自我發現與其
內在本質予以連繫結合，儘管這樣的觀點在沉悶的刑事司法體系運作環境
下很引人注目與期待，但總有人認為它是不夠真實（unreal）且是很激進
的想法；再者它還結合了宗教教義（特別是佛教），而這是大多數美國人
所不熟悉的生活理念，因此要在美國犯罪學界推廣這樣的理論觀點，似乎
是極為困難的（Mobley, Pepinsky and Terry, 2002）。

第四節　批判學派之評析

　　觀察批判學派的發展可知，該學派在發展上可概分為三個時期：早
期以馬克思主義犯罪學觀點為主流，該派從「社會現實生活現況」與「人
類社會歷史發展」等兩個角度來論證犯罪發生的原因，並完全否定與批判
主流犯罪學的理論根基。例如，從社會現實生活現況來說，官方犯罪統計
當中絕大多數的犯罪人皆來自於低下階層，這種現象不僅弔詭，更顯現社
會階級之間似乎呈現欺凌的現象；再從人類社會發展的角度來說，資本主
義社會走到極致時，貧富差距必然拉大，具權勢地位者為保有其既得利益
所衍生結構性濫權歧視的立法與執法，才是真正造成犯罪的主因。由此可
知，馬克思主義犯罪學將犯罪原因研究，從個人特質與社會病理轉向到對
社會階級間不公平與不正義的社會衝突導向，並認定社會階級之間的不平
等是資本主義社會所造就出來的，也是社會犯罪的主要根源。此時期所強
調的衝突是社會階級當中，上（級階層）與下（級階層）的衝突型態。

　　批判學派發展到了中期，以1960至1980年代期間的衝突理論為代表，諸如特克與奎尼等美國犯罪學家即屬之。該時期的批判觀點，雖然還是以社會衝突角度去論述犯罪的定義與原因，但與馬克思主義犯罪學不同的是，該時期不再強調社會階級差異的異常性，而是把它看成是一種基本的社會形式與社會現實。此時期的衝突內涵，除了依然保有社會當中「上（級階層）與下（級階層）」的衝突型態外；還提出「左（社會組織）與右（社會組織）」衝突型態的觀點。其認為社會法律是建立在利益結構之上的，每當一部法律被制定操作時，就代表著社會當中的某些價值利益獲得保障，但同時就會有另一些價值利益被忽略。在這種觀點下，法律被視為是社會利益結構的一部分，法律的變化反映了社會利益結構的變化。因此，犯罪的定義不再僅是上階層對下階層的標籤強壓，還包括各平行社會組織之間的利益衝突的結果。

　　批判犯罪學發展到晚期（1980年代以後至今），除了少部分觀點是延續傳統衝突理論的路線之外，因受到諸多社會學觀點（如標籤理論）的催化，或受到社會思潮（如美國社會於1960年代興起「反文化」運動）氛圍的影響下，使批判能量逐漸升溫並擴散到各領域。諸如，關注議題計有資本主義、社會分層與不平等、父權制、現代化和對抗式司法等；關注類別包括種族、民族、性別、階級和性取向的不平等等；形成流派主要有馬克思主義、左派現實主義、女權主義、後現代主義、文化犯罪學和建構和平犯罪學等。除此之外，隨著批判程度不斷深化下，更逐漸擴展議題到人口販運、恐怖主義、環境剝削等全球問題上。

　　批判犯罪學歷經前述三個時期的發展，不僅駁斥主流犯罪學關於犯罪定義的謬誤，更是超越主流犯罪學的研究框架，將研究議題拉高到國際或跨境層次（諸如人口販運、國際洗錢、禁獵與動物保育等），並尋求全球化力量的犯罪控制策略。此等呈現多元議題、多方層面與多種角度的切入研究，不僅讓犯罪學添加豐富元素，更促使主流犯罪學承受諸多傳統壓力。

　　然而，也因為批判學派諸多觀點在一定程度上顯得激進與前衛，導致一直未能獲得社會廣泛的關注，因此讓主流犯罪學抓住了反動的機會，成功地使批判犯罪學觀點日益邊緣化。雖然如此，批判犯罪學至少已站穩了制衡主流犯罪學理論和分析的位置，讓現代主流犯罪學的研究，可以往最符合社會現況與需求下持續發展。

第三篇

類型論

犯罪學類型論到目前為止並沒有具體一致的分類法，但觀察現行的分類結果可歸結出下列四個途徑：一是以犯罪者身分質性為分類基準，諸如少年犯罪、老人犯罪、女性犯罪等，從犯罪者的身分質性去探討他們從事犯罪的原因，並企圖找出他們從事犯罪的原因之獨特性；二是以犯罪行為質性為分類基準，諸如殺人犯罪、毒品犯罪、竊盜犯罪等，從而理解這些個別犯罪類型發生的原因特徵；三是以犯罪案件的人員結構為分類基準，諸如普通犯罪、無被害者犯罪等，從犯罪案件當中有無存在被害者角度去定義類型，此將有助於犯罪定義、犯罪預防與刑事政策的擬定；四是以解釋犯罪的理論角度作為分類基準，此可分成學理分類與實務分類，這種分類法主要是為了便於犯罪統計以及精準解釋犯罪所發展出來的。例如在犯罪統計上，我國（民國）108年警政統計年報將故意殺人、擄人勒贖、強盜、搶奪、重傷害、重大恐嚇取財及強制性交等七類列為暴力犯罪的類型範疇，而這是屬於實務分類；但在學理分類上就與此不同，犯罪學學理研究的分類依據，主要著重在能精準的描述、解釋、預測及控制該等犯罪，因此，進行研究解釋時就會不受實務分類的限制，而是回到適於建構理論的分類上。

學理分類之所以會脫離實務分類的範圍，主要來自準確解釋犯罪原因的需求，例如前述實務分類將故意殺人、擄人勒贖、強盜、搶奪、重傷害、重大恐嚇取財及強制性交等七類列為暴力犯罪的類型範疇；但是在學理分類上僅會將故意殺人、重傷害及強制性交等三類列為暴力犯罪類型，而擄人勒贖、強盜、搶奪、重大恐嚇取財等四類會被列為具有暴力性的財產犯罪類型。因為，在解釋這些暴力性財產犯罪的理論，是以財產性（工具性）的理論群作為解釋該類犯罪發生的主軸，現行諸多解釋純正暴力性（表達性）犯罪的理論並無法妥適解釋。這也引導出解釋犯罪時很重要的概念──當某一犯罪事件最後的犯罪標的是在傷害他人的人身主體時，即適合以暴力性犯罪理論（被害者學理論體系中的互動論）來加以解釋論述；若當某一犯罪事件最後的犯罪標的是在謀取財物時，即適合以財產型犯罪理論（被害者學理論體系中的機會論）來加以論述解釋。此一概念在本書第一章第二節關於「類型論」的簡述當中也有例舉說明，若想進一步理解者可供參閱。

從上述可知，類型論與理論之間的關係相當緊密，因為在介紹類型論時的重點不在於如何定義某一種犯罪是歸屬在何種犯罪類型之內而已，更

強調要如何有效解釋該犯罪類型是因何發生？並從這個理由去擬定相抗衡的預防策略或刑罰措施。而其中的理由便是理論、相抗衡的預防策略便是治安政策，相抗衡的刑罰措施便是刑事政策。因此，在介紹各種犯罪類型時，不僅會論及每一種犯罪類型的特徵，也會述及解釋該犯罪類型的相關理論觀點，從而完整對某一犯罪類型的認識。

再者，本書總論當中提及，當前對於犯罪的解釋呈現許多不同的觀點，從解釋犯罪的角度出發時，可分列出「犯罪原因論」與「犯罪事件論」；若從理論質性的角度出發時，則可分列出「單元性理論」、「一般化（共通性）理論」與「整合性理論」等，就看以往的研究者對各種犯罪類型的研究觀點與成果如何了。

最後，本書參酌現行犯罪類型論的發展趨勢，將以「犯罪事件論」為論述主軸，並輔以「犯罪原因論」的解說，就總體犯罪類型的介紹上，以「暴力犯罪」及「財產犯罪」為介紹標的；在無被害者犯罪上，則以毒品犯罪為介紹標的；在以犯罪者身分質性為分類基準上，將介紹少年犯罪；在以犯罪結構特徵的分類基準上，介紹白領犯罪與組織犯罪。當然，上述這六個犯罪類型的內涵或可以再細分，或沒有包攬全部的犯罪類型，但本書所挑列的這六大犯罪類型（含無被害者犯罪）就現行犯罪學類型論而言，算是在核心範圍之內，也是當前臺灣社會最常發生與討論的犯罪議題。建議初學者可先將這六大犯罪類型先予以熟悉之後，再逐步擴大或深化其他犯罪類型論的知識。

第十六章　暴力犯罪

如本篇論裡所說，暴力犯罪（violent crime）在實務分類與學理分類上是有所不同的，主因在於實務分類所看重的是該犯罪類型所使用的（暴力）手段；而學理分類所看重的是該犯罪類型最終的犯罪標的（是傷害人身主體或是謀取財物，若是傷害主體者才屬暴力犯罪，若是謀取財物者還是被歸類在財產型犯罪理論的解釋之內），從而將許多在官方統計裡歸列在暴力犯罪的類型，移出本章所論述的暴力犯罪的範疇。因此，本章所述及的暴力犯罪將介紹學理暴力犯罪為主，諸如殺人與傷害犯罪等。

第一節　我國暴力犯罪的現況與趨勢

表16-1　臺灣近十年暴力犯罪統計表（2010-2019）

年度	官方暴力犯罪數	學理暴力犯罪數
2010	6,764	857
2011	5,312	771
2012	4,190	721
2013	3,461	652
2014	2,525	494
2015	2,289	496
2016	1,956	465
2017	1,627	432
2018	1,260	358
2019	993	322

資料來源：中華民國108年警政統計年報，內政部警政署（2020），網址：https://www.npa.gov.tw/NPAGip/wSite/statistics/Y108/files/downloads/108%E5%B9%B4%E8%AD%A6%E6%94%BF%E7%B5%B1%E8%A8%88%E5%B9%B4%E5%A0%B1.pdf。

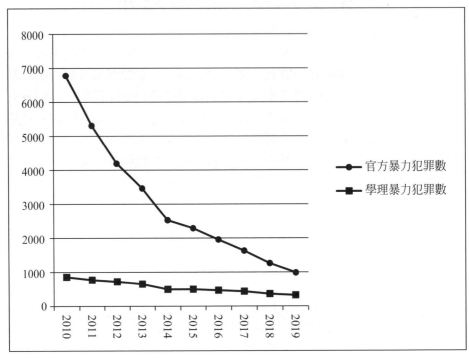

圖16-1 臺灣近十年暴力犯罪趨勢圖（2010-2019）

　　從表16-1可知，我國近十年來（2010-2019）的暴力犯罪數，無論從官方統計或學理觀點來看，都呈現下降的趨勢，再從圖16-1的暴力犯罪趨勢可以看出，近十年來官方定義與統計下的暴力犯罪數幾乎呈現陡坡式的下降幅度，但若將財產型的暴力犯罪類型抽出後，所構成的學理暴力犯罪數雖也呈現下降趨勢，其幅度卻是緩慢下降的現象。而這兩者所呈現巨大的差異，其實也提供了一個重要的議題值得再深入研究討論：我國近年來大肆提倡與實施的情境犯罪預防，似乎獲得一定程度的正面成效，而當各界都認為情境犯罪預防適用於財產型犯罪的預防時，正可以說明官方統計當中所定義的某些暴力犯罪（諸如強盜、搶奪等），其實應該採取財產型犯罪理論加以解釋，並據以擬定相關預防措施後（例如情境犯罪預防），可以獲得相當的成效。而這同時也說明當進行學理研究時，理論解釋的適用性其實不只看犯罪手段，還需看犯罪的最後標的，才能有完整全貌的解釋。

再者，我國暴力犯罪逐年下降的趨勢，與我國逐步進入到已開發國家的社會發展現況有關，同時也與以往的研究發現：「工業化與都市化程度較高的社會，會有較高的財產犯罪與較低的暴力犯罪；反之，工業化與都市化程度較低的社會，會有相對較高的暴力犯罪與較低的財產犯罪」，有異曲同工之妙。此乃十九世紀中葉，法國社會學家André-Michel Guerry與Adolphe Quetelet各自研究法國的犯罪統計資料後所得出的相同結論：暴力犯罪與財產犯罪在社會空間上的分布有截然的不同，在工業化的都市社會有較高的財產犯罪事件；在農業鄉村社會則有較高的暴力犯罪事件。他們也同時認為不同的法律規定並非造成這種差異的主因，社會條件的不同才是造成不同犯罪率的真正原因（Brantingham and Brantingham, 1981）。

第二節　解釋暴力犯罪發生的理論觀點

在犯罪學研究領域內，暴力犯罪所受到的關注性似乎遠低於財產犯罪與無被害者犯罪，因此也造成其研究文獻相當少，主要原因還是在於暴力犯罪的定義與範圍一直無法有一致的共識，因而造成解釋暴力犯罪的理論觀點也一直無法聚焦。而綜觀犯罪學對暴力犯罪的理論解釋，大致可分成原因論與事件論兩大類，前者著重對暴力犯罪者個人或社會特質與其從事暴力犯罪關聯性的解釋，這些理論屬於早期理論；後者則著重在暴力事件發生當時，加害者、被害者與其兩者共處情境特徵的連結解釋，這些理論屬於當代晚期理論。

一　暴力犯罪「個體原因論」解釋觀點

犯罪學早期在發展暴力犯罪理論時，皆強調個人與社會特質層面的影響，而且研究重點非常的簡化，都僅以單一因素來說明。隨著日後諸多學科介入研究暴力犯罪後，逐漸認識到造成個體從事暴力犯罪乃是呈現多重因素的型態，因此暴力犯罪單一論遂逐漸被放棄。但在嘗試理解暴力犯罪採取多重原因的觀點下，也出現了許多的困擾，主要是因為解釋暴力犯罪

的原因太多元化的結果，卻是難以確定到底哪一個才是導致個體從事暴力犯罪的主因，進而可以依照這個主因擬定良好的控制策略。因此，Louw等人（2005）認為：當前解釋暴力犯罪多因論的現象，是阻礙暴力犯罪理論發展與實施有效預測的主因。

綜整解釋個體從事暴力犯罪的原因後發現，其似乎與個人特質、生活早期曾遭受暴力對待，或透過社會學習等有關；或認為暴力侵略本來就是人類天生的一種本質，或認為社會當中可能存在容許暴力的副文化，使其成員不斷採取暴力的途徑來處理他所面臨的各種問題等。以下茲就與暴力犯罪有關的原因分述如下：

（一）個人特質因素（Personal Traits）

1.精神疾患

曾有精神病理學家們研究精神疾患（psychiatric disorders）與暴力犯罪之間的關聯性，他們所獲得的研究結論呈現出分歧的結果，例如Douglas等人（2009）認為：患有嚴重精神疾患的人，其從事暴力行為的風險會顯著增加；但Steadman等人（1998）卻發現：嚴重的精神疾患本身並不會增加從事暴力犯罪的風險，但當嚴重的精神疾患和藥物濫用相結合時，則有可能提高暴力犯罪的風險；另外，Marzuk（1996）指出：精神疾患者只占總體人口的很小部分，而且大多數精神疾患者沒有暴力或犯罪行為；Monahan等人（2001）則認為：精神疾患者的暴力發生率低於人格或適應障礙的暴力發生率；Marzuk（1996）則認為：除了反社會人格障礙（antisocial personality disorder）外，大多數的精神疾患與暴力犯罪通常都具有較低的關聯性；最後，Bonta等人（1998）在對精神疾患累犯者的研究當中發現：對於這些人所得出的暴力犯罪預測指標，通常也是一般人從事暴力犯罪的預測指標。

由上可知，具有精神疾患的個人特質與暴力犯罪的關聯性上，並未具有決定的相關性，但近年來因為有多起殘忍殺人事件犯罪者具有此一精神障礙徵候，進而引起社會大眾廣泛的重視；另在以往的研究當中也發現，反社會人格障礙確實是預測暴力犯罪很重要的因素之一（Hemphill et al., 1998; Blackburn, 2000）。除此之外，雖然個體不具有人格障礙特徵，但在某些人格特質上也與暴力行為息息相關，例如具有易怒性格、敵對性格

與衝動性格者，其從事暴力犯罪的可能性比起沒有這三項特質的人高出3倍（Webster and Jackson, 1997）。

2. 人類本能

(1) 心理學觀點

關於人類暴力的行使，有心理學者認為這是人類自然本能（human instinct）的驅動，其中最具代表性的學者便是精神分析學派的佛洛伊德。佛洛伊德提出一種人類所具有的結構化心智模型，稱之本我、超我與自我。其中，他在論述本我內涵時認為，本我是人類自然源生的心理驅動作用，而且是同時具有兩個相互矛盾的驅動力：生命驅動力（the life drive）或性慾（libido）及死亡驅動力（the death drive），而這兩個驅動力都不是透過大腦的物理運作所造成，而是人類本能具有的重要心理功能。佛洛伊德進一步認為，生命驅動力或性慾可以幫助個體求生存，它指導個體去從事任何可以維持生命的活動，例如呼吸、進食和性行為等；相反地，死亡驅動力被視為是存在於全人類身上的一組破壞力，當這種能量向外傳播到他人身上時，就會表現出侵略和暴力的型態，因此，「暴力攻擊」也成了人類自然源生的本能之一（Freud, 1961）。

(2) 生物學觀點

除了上述心理學的理論觀點外，許多生物學觀點也提出人類天生具有促使暴力發生的特徵，而且在人類群體當中是相當常見的，此一觀點認為：侵略和暴力是包括人類在內所有動物天生本能的結果。例如Lorenz（1966）認為攻擊是動物界的本能，而與其所處的環境力量因素較無關係。Lorenz進一步例舉動物的生存模式，來說明攻擊有時還可以發揮社會生產的作用，他舉出諸如斑馬和羚羊等放牧物種，會因為團體內的攻擊本能而使較弱勢者離開該團體核心，進而向外尋找可提供生存的地區，以確保充足的食物供應與生存。Lorenz認為人類與該等動物一般，也都具有相同的攻擊本性，以調節其生存模式。另外值得注意的是，在低等物種中，彼此之間的攻擊很少致命，當發生衝突時，通常只不過是透過技能或耐力來確定獲勝者，這種避免採取致命性攻擊的抑制作用，可以保護該物種免於因攻擊本能而產生自我滅絕的結果，但缺乏對致命暴力行為抑制作用的人類，卻能夠在戰爭或人際衝突過程中殺死自己的同類。由此可知，暴力

犯罪者若採取殘忍殺害手段時，其實也還應驗在Lorenz的攻擊本能論內。

(3) 進化論觀點

　　最後，Daly和Wilson（1994）從人類物種進化論的觀點認為，暴力行為絕大多數都是由男性所犯下的原因，是因為在人類生存的過程中，具有性攻擊的男性最有可能生育孩子與繁衍後代，進而導致他們的後代也攜帶有支持暴力攻擊的基因。不僅是人類，在所有物種裡，雄性之間的競爭成功者，通常也都是具有一定程度的危險性和攻擊性，用以威嚇競爭對手以取得在該物種群體裡的優勢地位。這種現象在人類社會當中似乎也很常見，許多男性透過各種暴力行為的行使，以展現本身強韌的活力與毅力，藉以建立自己具有危險性與攻擊性的名聲之後，通常可以增強他們在社會競爭的能量，因此決定了人類的暴力本能傾向。

（二）家庭失能所促發（Ineffective Families）

　　諸多暴力犯罪的研究發現，個體從事暴力攻擊可歸因於家庭動力不足或不良的結果，諸如父母管教採取拒絕或施予虐待，因而使生長其中的個體產生偏差扭曲的人格特質，或從中產生社會學習的效果，進而使該等個體習於以暴力攻擊的方式與外在互動；再者，父母本身具有偏差言行，或疏於管教監督，或管教態度不一致，或沒有穩定的管教標準等，也與個體從事暴力犯罪有高度相關（Capaldi and Patterson, 1996; Marcus and Gray, 1998）。

　　前述關於家庭失能的因素樣態當中，尤以孩童遭受虐待家暴與其日後從事暴力犯罪最具有相關性。諸多研究發現，臨床上被診斷為受虐兒童的個體，其日後從事暴力犯罪的發生率遠高於未受虐兒童；另有以暴力犯罪者為樣本的研究顯示，他們在孩童階段遭受嚴重家庭暴力的比例也相當高，許多父母被子女殺害的案件中，也都可以發現「受虐—暴力」的強烈連結（Scudder et al., 1993; Lewis et al., 1988）。研究兒童受虐與其長大後實施暴力犯罪相關性最為熱衷的學者，應屬美國社會學家史特勞斯（Murray Straus），他的研究顯示：長期遭受父母管教虐待的孩童，除了很有可能會虐待其兄弟姐妹外，日後也有極大的可能去實施虐待配偶及其他形式的暴力犯罪（Straus, 1991）。

　　另外，美國社會學家亞森士（Lonnie Athens）從事暴力犯罪的個案研究當中發現，他們所具有的暴力攻擊通常具有一系列的形成階段，這些階

段大多從孩童時期的許多事件開始（Athens,1992）：

第一階段：暴力化的起源。在此過程中，這些受暴的孩童開始發展出脾氣暴躁與逞凶好鬥的言行舉止，此主因於父母或當時重要養育者的暴力虐待下，受到暴力控制和形成個人恐慌的反動，輔因於受到當時同儕（或重要他人）的暴力指導而導致。這些受暴孩童所發展出來的暴力化程度就此形成，而且暴力化的程度可能比起原加暴者更加的廣泛。

第二階段：暴力化的穩定。當這些已具暴力化特質的孩童逐漸長大之後，在青年時期可能會變得易怒、充滿敵意與好戰的態度，無論在家庭、學校或在街頭上，通常都會表現出憤怒與敵視的暴力行為。甚至，當他們透過暴力對抗所獲得的成功，為他們的生活提供了一種力量和成就感，因而更加深對暴力使用的肯定與持續。

第三階段：暴力化的深化。當暴力犯罪者發展出暴力者身分之後，他們知道這樣的身分將會使他人感到恐懼，因此常常藉此一身分去威脅強暴他人，以達成自己想要的目的，就此暴力化性格終於完成。他們從一個受暴者歷經這三個階段後轉變成加暴者，該暴力犯罪者的生活將是以暴力作為生活準則，他們成為當初受暴時所討厭鄙視的那個人，並且準備帶著自己的孩子開始延續這一過程。

然而亞森士也認為，不是每一個在幼年早期遭受家暴者都會成為暴力犯罪者，而是必須經歷過這三階段的暴力化過程者，才有較大的機會成為暴力犯罪者。他發現大多數未成為暴力犯罪者的受暴者，在青年時期就中斷了暴力化的循環，因為在此時期，他們心裡會去拒絕他們曾遭受到家暴的事實，並且重新定義他們早期所接受到的遭遇只是一種規範。

（三）暴露於暴力環境的影響（Exposure to Violence）

有研究指出：當個體在家庭、學校或社會環境中長期遭受暴力或目睹暴力者，日後很有可能也會採取暴力手段來處理任何問題。例如美國社會學家厄爾斯（Felton Earls）於1998年發表關於年輕個體暴露於暴力環境與其從事暴力犯罪相關性的研究，該研究在芝加哥地區自343個社區當中，按種族和社會階層劃分選取80個社區，從各社區抽取100個青年個體，合計8,000人為樣本進行調查。研究人員發現，暴力暴露與暴力行為自我報告之間存在很強的相關性，在遭受暴力侵害的青年個體當中，有30%至40%的人自己也表現出重大的暴力行為；該研究還進一步指出，儘管暴力

的性質不同，但女性與男性的暴力傾向並沒有太大差異。由此可見，個體長期暴露於暴力之下與其日後從事暴力犯罪有高度相關；而該研究也發現這些具有暴力傾向的青年個體，因為長期暴露在具有暴力氛圍的生活情境當中，因而使得他們變得煩躁不穩定，不善於表達自己的感情，通常採取拒絕敵意的態度，他們會暴力攻擊他人但也容易遭受比他們更強大的個體暴力攻擊。就此，他們形成絕望感，因為他們發現父母和老師等重要他人都只專注於他們的失敗和偏差問題，而不是成就肯定的事件。因此，他們也很容易受到犯罪幫派的吸引誘惑而進入犯罪副文化之內（Earls, 1998）。

（四）暴力副文化的涵化（Subculture of Violence）

隨著對於暴力犯罪的研究成果逐漸累積，對於暴力犯罪的原因研究也逐漸從個人特質轉向到副文化情境的影響。茲簡扼描述相關研究結果如下：

1. Wolfgang和Ferracuti的暴力副文化研究

Wolfgang和Ferracuti（1982）於研究暴力犯罪時發現：暴力犯罪似乎較常發生在男性、下層階級與特定種族的群體之中，因此推論這些群體所形成的生活次文化裡，能夠容忍暴力的價值觀和規範，進而成為他們的生活準則；而此一暴力副文化通常也是反抗以中產階級規範的社會主流價值觀而產生。Wolfgang和Ferracuti進一步解釋暴力副文化時指出，暴力是順從暴力副文化且與社會主流文化直接衝突的產物，諸如在人際關係或群體互動中公開使用武力或暴力通常是被允許的，只要是採取不同於主流文化、核心文化或父母文化的基本價值觀就是值得讚賞的。

因此，他們得出一個結論：暴力副文化的生成通常具有下階層化、特定種族化與男性化的特徵，具有這些條件特徵下的群體對於名譽或名譽遭受威脅時，通常都是採取暴力回應的方式，而這種暴力回應不是自身決定的結果，而是達到受文化規範所拘束的程度。因為，在此一副文化下生活時，若未能採取暴力防禦性反應時，就可能會導致危及生命的後果。因此，從這個意義上來說，暴力價值觀是社會控制的一種機制，因為它要求副文化的成員為了保護自身安全與生存而從事暴力，進而形成合理化其行使暴力的價值觀。

2. Luckenbill和Doyle的文化結構暴力副文化研究

Luckenbill和Doyle（1989）認為暴力副文化規範與社會主流文化的價值體系是分開的，而且暴力副文化影響所及跨越了個體的生活方式、社會化過程與人際關係等，儘管副文化的成員仍然具有某些主流文化的價值觀，但他們卻習於以暴力作為解決社會衝突和困境的手段，因此，在某些文化群體中，暴力已被認為是習俗或成為一種文化規範。依照Luckenbill和Doyle的說法，暴力副文化的觀點已然脫離Wolfgang和Ferracuti所說，是存在於男性、下層階級與特定種族等群體之中，而是在社會各層面，只要是以暴力衝突作為手段是可被接受的文化群體內皆屬之；另外，Cao等人（1997）在美國社會的研究也指出，白人似乎也比非裔美國人更贊成使用暴力作為防禦或報復手段。因此，Wolfgang和Ferracuti認為暴力副文化存在於下層階級與特定種族等群體之中的說法，又再次受到質疑。

3. Anderson的「街頭法則」觀點

Anderson（1999）對於暴力副文化的研究對象似乎又重回Wolfgang和Ferracuti的路徑，其針對非裔美國人為主要研究樣本，以人種志和敘事方式檢驗美國費城暴力副文化的現象，但Anderson的觀察重點與Wolfgang和Ferracuti不同的是，他並沒有以貧窮種族社區的高暴力發生率來推論暴力副文化的存在；相反地，他直接訪談那些被認為身陷在暴力副文化的個體，詳細探討他們從事暴力犯罪的含義和動機。Anderson的研究命題主要集中在：為什麼這麼多市區的年輕人傾向於以相互侵略或暴力攻擊的方式來處理問題？這其中是否存有在市區環境所引發的暴力文化和社會動態等因素。

根據Anderson的研究結果，費城市區的高暴力發生率可歸因於一套「街頭法則」，該法則是一套規範人際公共行為的非正式準則，旨在支持生活在該市區的個體可以使用暴力來維護個人的榮譽與名聲，進而能夠在都市環境裡生存。因此，這套法則的內容充滿暴力、非理性、強硬、不容被挑釁、不容不受尊敬等內涵，進而與暴力犯罪事件產生高度連結。

大多數以暴力副文化角度切入研究暴力犯罪的原因時，研究者通常都會有一項共同的疑問：為什麼某些個體的暴力行為會從一開始就出現並在其一生當中持續存在，而大多數個體則經歷青春期短暫的暴力犯罪之後便

中止犯罪。Earls（1998）認為社區的「集體效能」（collective efficacy）在遏止暴力副文化的生成上具有良好的功效，他將集體效能定義為：「社區內成員彼此間相互信任和介入干預兒童監督和維持公共秩序的意願。」當某一社區領域內的集體效能程度高時，生活在該領域的個體行為便會受到一定程度的監控，進而也呈現較低的暴力犯罪率，此一觀點同時也獲得Sampson等人（1997）的研究支持。

（五）物質濫用的結果（Substance Abuse）

　　研究暴力犯罪的相關文獻當中，還有一個與個體從事暴力犯罪相當重要的連結因素，其便是物質濫用。所謂物質濫用係指濫用（依賴）酒精或其他具成癮性物質者稱之，個體物質濫用的結果通常會相對增加其從事暴力犯罪的可能性，尤其是藥物濫用（或稱施用毒品）。例如Swanson（1994）從事藥物濫用流行病學研究時發現，個體在具有藥物濫用的情況下，其犯下暴力犯罪的機率比沒有濫用藥物期間時高出10倍；此外，Steadman等人（1998）的研究也發現，在物質濫用的情況下，隨之而來的暴力犯罪也不侷限於男性，女性在此一情況下的暴力犯罪率也會隨之提高。由此可見，藥物濫用對個體行為具有很大的影響性。

　　Goldstein等人（1992）研究1984年至1988年期間，紐約市的物質濫用者與其從事殺人案件關聯性時指出：個體物質濫用對其從事暴力犯罪的影響性有以下三種途徑：

1. 藥物濫用的結果往往會使個體心理情緒產生劇烈變化，對其言行無法產生控制效果，進而使該個體產生高度侵略與暴力舉止而與暴力犯罪產生連結。
2. 個體酗酒與其衍生的各種形式暴力有高度相關，因人體累積過量的酒精時，會使其降低認知能力，並使其人際交流界線模糊，同時又虛化其理性對話和妥協的能力，進而容易與他人產生暴力衝突。
3. 藥物濫用（施用毒品）者，因為對於毒品的成癮與依賴，因此造成金錢經濟的需求性非常強烈，常常會為了獲取金錢而不擇手段，凡事訴諸暴力已成為一種習慣。

　　另外，除了施用毒品與暴力犯罪有高度連結外，販毒活動通常也與暴力犯罪具有高度連結關係，因而形成販毒、吸毒與暴力犯罪的系統鏈接（systemic link）。Goldstein等人（1991）在美國的研究指出，因販毒與

吸毒活動所引發的暴力犯罪占據了所有都市兇殺案的絕大比例，其中大多數與毒品有關的死亡案件類別通常是由販毒和吸毒所引起的人際衝突所致，吸毒者是為了獲取毒品而喪命的案件則相對較少。

（六）槍枝武器取得的促發（Firearm Availability）

Gendrau（1995）於研究美國社會的暴力犯罪時發現，當個體擁有槍枝武器時，其從事暴力犯罪的可能性便會隨之升高；此外，如果個體經常與不良同儕交往互動，且該不良同儕擁有槍枝武器時，通常也容易促發該個體透過借用同儕槍枝武器的便利下從事暴力行為，因此當個體擁有或可隨意取得類似槍枝等具有強烈攻擊性武器時，通常也容易升高其使用暴力處理問題。雖然美國現今是屬於民眾可透過申請而合法持有槍械的國家，但依據調查顯示，有80%的暴力犯罪案件中所使用的槍枝是屬於非法持有，因此當個體擁有這種立即性致命武器時，通常也容易促發暴力犯罪的發生，也許不是決定因素，但絕對是個相當重要的促進因素（Reiss and Roth, 1993）

上述所提之個人特質、家庭失能、暴露於暴力環境、暴力副文化的涵化、物質濫用及槍枝武器取得的促發等因素，都是在解釋個體從事暴力犯罪的原因。換言之，都是從個體的角度出發探討該個體從事暴力犯罪的原因，因此把這些因素都歸納在「原因論」之中。這是犯罪學研究早期的特色，從個體為何從事暴力犯罪的角度去探討，因而研究歸納出諸多的影響因素。然而，隨著犯罪研究取向的變化，從個體原因論的角度出發所得出的結論，似乎無法真實探索暴力犯罪事件何如發生的內涵，因而也開啟了從「事件論」觀點的研究。

二　暴力犯罪「犯罪事件論」解釋觀點

前述早期研究暴力犯罪時，大多集中在探討其個人或社會因素對其暴力行為的影響性，然而隨著「犯罪事件論」觀點的興起，從暴力犯罪事件本身可以觀察到促使個體從事暴力的因素擴及到事件本身，就目前為止共可歸結出以下三個觀點：

（一）加害人與被害人身分質性重疊（Victim-Offender Overlap）

從暴力犯罪事件的角度來看，便有研究者發現在暴力事件當中，加害者與被害者具有高度的同質性（homophily）。例如芬蘭犯罪學家 Aaltonen（2016）認為：以往研究犯罪事件時，通常把該犯罪事件的加害人與被害人分開獨立研究的做法並不妥適，因為將一個犯罪事件的兩個當事人區隔研究時，並無法清楚知道兩造在該事件當中所扮演的角色是什麼？更無法清楚知道各自對該犯罪事件的發生貢獻了什麼動力？

因此，Aaltonen便以生活方式暴露理論及日常活動理論為基礎，並參酌諸多以事件論觀點進行犯罪事件研究的文獻後，使用芬蘭犯罪風險因素（RFCF）資料庫，選取於2004年底時，年齡在20歲至49歲之間的人口樣本計69,635人進行暴力犯罪的調查研究。他的研究發現主要有三：

1. 大多數暴力犯罪事件的加害人與被害人同質性相當高，無論是在其人口統計學變項或是生活型態上，都呈現出高度的同質性。
2. 暴力犯罪事件的發生很少是隨機的，其促發要件在於該事件兩造當事人在發生暴力衝突之前即有所糾葛，或之前兩者都涉及在同一個犯罪活動圈內。因此，一般普通民眾不會是暴力犯罪者的對象。
3. 暴力犯罪事件當事人兩者都有犯罪前科紀錄的現象非常明顯，顯見暴力犯罪前科紀錄是個體從事暴力犯罪很重要的風險因素。

上述Aaltonen的研究發現與Daday等人（2005）、DeLisi和Piquero（2011）的研究都有極為類似的結論，他們認為暴力犯罪事件的發生有以下特徵：

1. 它不會是在社會當中隨機發生的，大多數都發生在該事件加、被害人所同處的生活情境裡，甚至兩者的生活方式具有高度的同質性。
2. 傳統上對於「犯罪」的理解是不具有專門化（specialize）的取向，但從 Aaltonen的研究發現，暴力犯罪者若先前已經常態從事暴力犯罪時，他繼續從事暴力犯罪的風險就相當高。
3. 常態從事暴力犯罪者的暴力攻擊對象，大多數都是與他同處在一個生活型態或犯罪活動圈內的個體，他並不隨意對一般民眾施予暴力攻擊。

Aaltoneny針對其研究提出呼籲：「如果政府當局不瞭解暴力犯罪事件當中的加、被害者之間的同質身分與連繫關係時，要去遏止暴力犯罪事件、尤其是重大的暴力犯罪事件時，就不可能成功。」臺灣社會自

2019年以來，聚眾鬥毆事件屢上媒體版面後深受社會輿論與政府高度的重視，雖然在暴力事件發生後的破獲率相當高，只可惜政府當局想要的是低發生率。因此於2020年間，兩直轄市的聚眾鬥毆事件發生率相對較高的情況下，該兩直轄市的警察局長遭到撤換而引起不少議論。若臺灣對於類似聚眾鬥毆暴力事件的處理，要「超前部署」到低發生率的要求時，Aaltoneny上述的呼籲就值得相關治安單位的重視。

（二）被害者引發論

　　被害者引發論是一個備受爭議的理論，該理論認為暴力犯罪事件中的被害者，有時會是該犯罪事件的引發者或挑釁者，因而最終導致其被害。渥夫岡於1957年所著〈被害者殺人〉一文當中提出：在許多暴力犯罪事件當中，特別是殺人犯罪，被害者有時會是該犯罪事件的主要推動者，該被害者的角色特點，便是該殺人事件當中第一個出手或使用致命武器的人。渥夫岡蒐集自1948年1月1日至1952年12月31日期間的588起殺人犯罪案件當中有關被害者的資料數據，其中共有621名犯罪者殺害588名被害者，而之中有150個或26%的案件為被害者所引發，這樣的比例讓渥夫岡認為被害者引發的現象應值得重視。

　　然而被害者引發論也面臨諸多論理上的挑戰，其中最主要的就是「責備被害者」的疑慮，尤其將本理論引用到性侵害犯罪事件上時，更會引起嚴重的反彈並否定本理論觀點的適存性。在這種狀況下，被害者引發論的發展一直被壓抑著，但也有許多學者認為應該保留本理論的解釋功能，畢竟很多犯罪事件（尤其是暴力犯罪）確實存有被害者引發的現象；再者，一旦能理解被害者在各種犯罪事件中所扮演的角色以及所引起的作用時，也有助於客製化各種被害預防措施，以減少被害或重複被害。

　　在大多數的殺人犯罪事件中，通常會有一方成為被害者，另一方則成為犯罪者，而傳統的刻板印象是該被害者在該事件中一定是弱勢、被動以及尋求閃避的角色；相對於犯罪者而言則是強勢、主動以及過度侵略的角色；然而當事實有所謂被害者引發的狀況時，對後續司法審判的責任分配上則會產生偏誤，因此在司法法庭實務上便掀起了對被害者引發論的重視，因為當一個殺人事件真有被害者引發的作用時，便會成為加害者量刑減輕的重要考慮因素。

　　若從犯罪事件形式面上來看，可能存在被害者－加害者二元性的角色

存在，但犯罪事件的實質面上有時卻會存有模糊地帶，也就是形式面上的被害者不一定總是善良或無辜的，加害人也未必是可惡或掠奪的。當然有些犯罪事件，無論被害者的行為如何，都會發生犯罪案件，但也有許多案件不會發生犯罪，至少在發生當下，如果不是被害者的某些行為激發，該犯罪案件並不會發生。所以，當忽視這一點就是忽視犯罪現實，從而失去瞭解該犯罪事實的企圖。

　　總結被害者引發論最好的一段話就是如渥夫岡所言：「謀殺案中，沒有絕對無辜的被害者，也沒有絕對有罪的加害者。」這個觀點告訴我們，有部分的殺人行為是包含了犯罪被害者和加害者在一種情境動力下的產物，而不是單方面有意圖去殺人的行為者所決定的產物，從而衍生「每個人應對自己的行為負責」的觀點；也就是說每個人都應該行事小心或自我評量言行的適合性，才不會成為被害者。「被害引發論」發展至今逐漸脫離責備被害者的思維，轉而去對犯罪事件做有意義的評估，亦即犯罪事件不是單純地評估加害者的動機或被害者反應的產物，而是估量兩者對促發該犯罪事件的責任分配，這不僅對司法法庭的量刑有關，也對犯罪預防的策略面向有關。

（三）情境處理論

　　美國犯罪學家洛肯比爾於1977年發表一篇以情境處理觀點解析謀殺犯罪的論文，其選取70個最終以謀殺罪判決確定的個案進行分析研究後，認為殺人暴力犯罪是加害者、被害者及當時空下的旁觀者等三者之間情緒互動的結果。加害者和被害者的行為模式深受彼此行動的刺激與影響，並且著重在保存或維持面子和聲譽以及展示其性格的強硬性，而使用暴力則是解決面子和性格問題最有用的方式。這樣的觀點與另一名犯罪學者高夫曼所提出人格競賽的觀點很類似，也就是雙方衝突時都在維持自己的面子和聲譽，並且在性格上不能顯現相對的軟弱，導致暴力使用在此一衝突當時就成了很自然的選擇。

　　根據洛肯比爾的觀察，殺人暴力犯罪過程中似乎有一定的順序形式，依序為：1.被害者會散發出讓加害者認為是侵犯行為的訊息內容；2.加害者通常以口頭或身體上的挑戰進行回應；3.當被害者針對加害者的回應又予以回應時，則被害者此時的回應正成了加害者使用暴力最佳的理由；4.隨之而來的暴力攻擊讓被害者死亡或受傷；5.加害者何時停止暴力

攻擊或罷手離開現場，則需視他與被害者的關係以及當時圍觀群眾的反應來決定。

綜之，洛肯比爾所持的情境處理論認為，暴力殺人犯罪事件並非加害人或被害人任一單方面的因素所促成，甚至連當時周遭的旁觀者的回應，也是促成該暴力事件結果的重要影響因素。因為，維持面子與聲勢是當時衝突程度的決定關鍵，所以該類事件之雙方，面對當時的情境及因應處理方式，決定產生什麼樣的結局。洛肯比爾的情境處理論與生活方式暴露理論的觀點有相同之處，認為加害人與被害人同屬在同一個社會以及人口統計學特徵的比例相當高；另也與高夫曼曾提出的情境處理觀點類似，認為人們之間互動常會根據一些既定的印象與場景，以處理自己的角色扮演，而這些既定的印象與場景通常來自於加、被害者與外界的互動中所決定，且犯罪事件發生與否就決定在於兩造處理情境的過程。

三　暴力犯罪「社會環境論」解釋觀點

暴力犯罪除了上述個體原因論及犯罪事件論之外，還有另一支從社會（區）角度論述暴力事件發生的原因，稱之為社會環境論。

（一）社區結構性弱勢滋長暴力犯罪

Johnson和Kane（2016）研究社區結構特性與暴力犯罪關聯性研究時認為，具有弱勢結構特性的社區（諸如貧民區）特別容易與暴力犯罪產生高度連結。他指出：社區結構條件不利的社區，其實很難建立預防或應對暴力所必需的非正式社會控制能量；再者，也可能無法獲得政府正式社會控制措施的支持，因而導致該社區的人們（尤其是男性）面對生活壓力時，容易形成使用暴力的超男性化表現（hypermasculine presentations）。此外，弱勢社區的特定地下經濟體系通常也為暴力創造了有利條件，因為參與者若不是無法獲得刑事司法系統資源來解決爭端，不然就是解決爭端的資源手段被視為非法行為，因此，暴力犯罪在弱勢結構社區當中就相當盛行。

另外，Sampson（2012）認為某一社區裡的暴力犯罪率通常也會受到附近具有弱勢結構社區的影響。他發現到一個事實，一個極端貧窮的社區其周邊社區的結構條件其實也不會太好，因此該一極端貧窮的社區不但不

會接收到周遭社區所外溢的利益，反而有可能也接收了該社區內暴力犯罪的擴染，最後的結果就像是接受了雙重懲罰一樣，更加重社區暴力犯罪發生的壓力，因為他們除了要抗衡自己社區內的暴力犯罪發生源之外，還要同時防止周遭社區的暴力犯罪入侵。

Johnson（2016）也認為當某一社區集所有弱勢條件於一身時，將會促使該社區的社會資源和經濟資源相當缺乏，這除了會限制社區居民的生活機會與發展外，也有可能促發該社區的某些居民從事非法工作，尤其是販毒。這是一項高風險高報酬的工作，而且常與暴力犯罪事件產生高度連結，其中因毒品交易糾紛或爭奪販毒市場而衍生的暴力犯罪事件最為常見。

從上可知，在結構上處於不利地位的社區比起處於經濟穩定的社區，更容易遭受社會和經濟的隔離，這意味著他們既無法從大社會資源當中獲得支持，似乎也無法與周邊社區交流而受益。反過來，可能因其本身的弱勢條件而被許多犯罪事件所滲入，其中包括因經濟需求而衍生的毒品交易，以及為毒品利益所引發的暴力犯罪事件；除此之外，結構弱勢的社區也因得不到政府正式社會控制策略的支持，自身發展非正式社會控制的能力明顯不足的狀況下，當地居民發展出以暴力作為處理任何事情的依據，也是引發高度暴力犯罪率的強烈因素。

（二）仕紳化（或稱中產階級化）與暴力犯罪

近年來，犯罪學領域基於上述社區結構性弱勢滋長暴力犯罪的認識下，對於暴力犯罪控制的研究，逐漸朝向研究如何調整弱勢社區或地理空間環境的不利條件，進而形成一股社區空間的文化改造後，以有效抑制或打散暴力犯罪事件的發生，此一文化改造過程稱之為仕紳化（gentrification）或中產階級化。仕紳化是一項社區或地理空間的文化改造過程，其透過對某一特定具有高犯罪特徵的社區或地理空間，施予諸多中產階級化的變數介入後（諸如鼓勵建商在該弱勢社區推出中高檔住宅建案、知名咖啡館或購物中心的進駐設置等），期望透過引進中產階級者或與其日常生活相關的文化進入到該地理空間內，進而打散原有地理空間或社區內的弱勢條件過於集中化的現象，促使暴力犯罪事件也能隨之下降。

Barton（2016）以美國紐約市的55個次行政區為對象，研究觀察這些次行政區自1980年至2009年之間的仕紳化過程與暴力犯罪之間的關聯

性，他發現仕紳化程度較高的社區，暴力犯罪發生率確實呈現穩定下降的趨勢，顯見改造社區文化以避免某一社區的弱勢條件過於集中的做法，對抑制暴力犯罪有相當正面的成效。

　　早期在進行弱勢社區仕紳化的過程當中曾引發開發路線的爭論，主要形成「生產解釋」（production explanation）與「消費解釋」（consumption explanation）兩者。持生產解釋論者認為：仕紳化的發生主要是因為這些弱勢社區的條件被社會低估了，而仕紳化的過程只不過是要開發該社區的諸多財產價值（尤其是地價跟房價）增加到最大時，自然會吸引人們進入到該社區之內，尤其是中產階級者（Smith, 1987）；另持消費解釋論者則認為：仕紳化是因為該弱勢社區內增加了許多以服務為導向的工作，及增設許多令居民生活便利設施的結果，這才是吸引年輕人及中產階級的專業人士入住到該社區的主要吸引力（Ley, 1996）。而當代的學者則認為：仕紳化是生產和消費因素的結合，是該社區同時具有地產價值與便利生活的條件下，才對中產階級者具有足夠的吸引力。

　　然而，是哪些變數主導弱勢社區進行仕紳化之後可以有效降低暴力犯罪率，許多研究者紛紛提出研究觀點，諸如中產階級者的居住人口比例增加、居民教育水準提高、自有住宅率提升、地產與房產價值提高、貧窮條件逐漸稀釋化、高檔服務業的進駐、居民整體社經地位平均值升高等條件，促成了居民異質性與流動性隨之下降，這樣的條件有利於正式社會控制力的進入，也有助於該社區非正式社會控制力的形成與強大（Jargowsky and Sawhill, 2006; Jargowsky and Yang, 2006; Sampson, 2012），進而可以有效抑制暴力犯罪事件的發生。

　　總結多年來諸多研究者的研究發現，當原具有弱勢結構特徵的社區或地理空間環境進行仕紳化後，對當地的暴力犯罪率確實能夠產生一定的抑制效果，而此一研究發現也支持了社區仕紳化與暴力犯罪率的下降有關，同時也支持政府廣泛進行都市土地重劃、都市更新及公有土地活化利用的政策，以減少諸如貧窮過度集中化所衍生的犯罪問題。但社區仕紳化的結果仍然有三個待解的問題：

1. 土地徵收過程所造成土地正義的問題，將迫使居民放棄原有居住權或引發抗爭。
2. 弱勢居民是否從即將被仕紳化的社區轉移到另一個尚未被仕紳化的社區而已。

3. 仕紳化後的社區若未形成一定程度的非正式社會控制力,其抑制暴力犯
   罪率的成效依然有限。

第三節 結論

　　本章所稱之暴力犯罪係指純正的暴力犯罪,諸如傷害與殺人等在整
個犯罪事件當中未涉及財務標的者;而在整個犯罪事件當中雖充斥著暴力
手段,但其最後犯罪標的是為財物者,諸如搶奪、強盜,甚至是擄人勒贖
者,在犯罪學研究上都應歸屬在財產犯罪之類,或許可稱為具暴力性的財
產犯罪類型。這樣的分類法在本章開頭時即已說明,主要是因為在理論解
釋時,純正暴力事件與非純正暴力事件的理論解釋有明顯的區隔所導致,
而這也是犯罪學對於犯罪類型的分類中,對純正暴力犯罪為表達性犯罪,
而涉及到財務標的的統稱為工具性犯罪的原因。

　　舉例來說,強盜犯罪事件的被害標的看似是被害人,但從犯罪學理
論來說,該被害人只不過是財務擁有者,在強盜犯罪事件當中他也只不過
是個被害平臺,最終的犯罪被害標的是財務;再以擄人勒贖來說,加害者
不是要以傷害被害者為主要考量,而是以擄人作為被害者交付財物的手
段。因此,從以上這兩例當中可知,被害者的財務才是犯罪者主要覬覦的
對象,施加暴力或傷害只不過是獲取不法財務的方法或手段。因此,當要
解釋類似強盜與擄人勒贖等犯罪事件時,通常會以財產型犯罪理論加以應
用,因為被害人與其財物已被視為同體,且須從「降低被害機會」與「提
高監控程度」等兩個與解釋財產犯罪發生的理論概念理解。

　　從本章的介紹可知,暴力犯罪歷經多年來的研究過程後,產出「個
體原因論」、「犯罪事件論」及「社區環境論」等三個解釋面向。從這
三個面向當中似乎也可以看出整個犯罪學研究方向的轉變歷程,乃是分
成兩大階段在進行:早期研究強調「犯罪者為何會去從事暴力犯罪」的角
度出發,企圖從加害者身上去找尋其從事暴力犯罪的原因,歸結此一階段
的研究焦點可分成個人特質、家庭失能、暴露於暴力環境、暴力副文化的
涵化、物質濫用及槍枝武器取得的促發等因素,並視這些因素是為促發個
體從事暴力犯罪的原因;晚期研究則強調「暴力犯罪事件是如何發生」,
因此著重於研究促發暴力事件發生的要素,在此一階段當中又分成兩個面

向：一是以觀察暴力犯罪事件本身的質性內涵為主，諸如加害人與被害人身分質性重疊、被害者引發論、情境處理論等，都是在解釋一個暴力犯罪事件之所以會發生的內部要素；二是以觀察適於暴力犯罪事件生成的外部環境特徵為主，諸如社區結構性弱勢及社區（都市）仕紳化對暴力犯罪事件發生的影響性，皆是在探討外部都市（社區）的總體條件對促發或抑制暴力事件有何影響。

　　最後，暴力犯罪發生的質量程度，一直是影響民眾對治安觀感很重要的來源。例如Hipp（2010）曾在美國22個都市進行一項「過去二十五年（1976-1999）居民的犯罪感知與官方犯罪發生率之間的關係」研究時發現：暴力犯罪是影響民眾對治安觀感最具有影響力的犯罪類型，而且無論與其他何種犯罪類型相比，對暴力犯罪的恐懼感總是最高的。由此可知，暴力犯罪的數量或許在全般犯罪總數當中比例不高，但因其對人身產生傷亡的結果，不僅讓自身產生恐懼，也會對被害的他人產生憐憫，因此如何透過學理研究以發現良好的控制策略，一直是政府從事治安控制很重要的方向。

第十七章　財產犯罪

　　延續前述有關於學理上暴力犯罪與財產犯罪上的分類，本章所要描述解釋的不僅止於諸如竊盜與詐欺等典型財產犯罪，同時還包括搶奪與強盜等，其最後犯罪標的為財務者的非典型財產型犯罪皆稱之。誠如描述財產犯罪事件發生最為有力的日常活動理論，其在發展之初主要也是在描述解釋社會上的掠奪性犯罪（Cohen and Felson, 1979），其中就包括了搶奪與強盜，這種最後犯罪標的是以財務為對象的非典型財產型犯罪。理由在本篇開論及前章時已經說明，在此不再贅述。

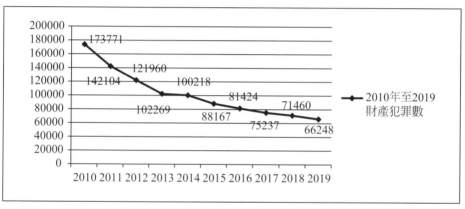

圖 17-1　臺灣2010年至2019年財產犯罪數（單位：件）
資料來源：內政部警政署（2020）108年警政統計年報，網址：https://www.npa.gov.tw/
NPAGip/wSite/statistics/Y108/mobile/index.html，搜尋日期：2020年8月13日。

　　在介紹財產犯罪類型之前，首先來看我國財產犯罪的發展趨勢，依據我國內政部警政署所出版的108年警政統計年報顯示，自99（2010）年至108（2019）年期間，我國財產犯罪（以前述竊盜、詐欺、搶奪與強盜犯罪合計總數為例）的發展趨勢呈現逐年下降的趨勢。從圖17-1當中可知，於2010年計有17萬3,771件，但到了2019年僅剩6萬6,248件，足足降低了將近3倍之多。若同步觀察美國的情況，依據美國2018年國家犯罪被害調查（NCVS）報告（如圖17-2）資料顯示，其自1993年至2018年期間，若排除犯罪黑數的可能影響，其核心財產犯罪被害率也將近降低了3倍之多。顯見財產犯罪在近代諸多治安策略的控制下，似乎可以得到顯著的成

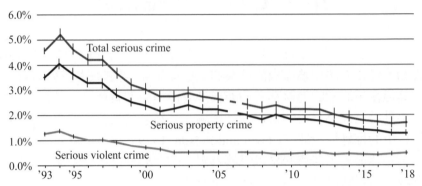

圖17-2 美國全般犯罪被害率（total serious crime）、核心財產犯罪被害率（serious property crime）與核心暴力犯罪被害率（serious violent crime）趨勢圖（1993-2018）

資料來源：本圖截取自美國司法部司法統計局（BJS）網站，2018年國家犯罪被害調查（NCVS）報告第2頁，網址：https://www.bjs.gov/content/pub/pdf/cv18.pdf，搜尋日期：2020年7月27日。

效，而這些治安策略主要還是以依賴近代所興起情境犯罪預防的策略作為。

以我國為例，在108年警政統計年報當中即有提出：「近十年竊盜犯罪呈現發生數逐年下降情形，主要係落實執行『提升住宅竊盜偵防效能執行計畫』、『警察機關強化掃蕩汽機車及自行車竊盜犯罪評核計畫』、『警察機關受理一般刑事案件手機序號登錄執行計畫』，辦理『查緝易銷贓場所行動工作計畫』、『稽查套裝機車專案』、『老舊機車烙碼專案』，推行『新領牌汽機車加設防竊辨識碼』、『自行車全面加設防竊辨識碼工作』等措施，從打擊竊盜犯罪集團、掃蕩銷贓管道等各項方案全力執行」的結果，而這些計畫或專案的規劃與執行都充滿情境犯罪預防策略的色彩。若再從表17-1及圖17-3、17-4、17-5、17-6等資料，檢視我國竊盜、詐欺、強盜與搶奪等犯罪發生數各自在近十年來的表現，可以看出這四種財產犯罪類型的犯罪發生數，除了詐欺犯罪數呈現震盪並逐漸穩定在每年平均2萬2,000件外，其餘三種財產犯罪類型都呈現逐年穩定下滑的趨勢。由此可知，我國在這四項財產犯罪控制策略成效上，詐欺犯罪似乎呈現策略效益已達飽和程度，應再創建更細膩的控制策略加以因應外，其餘三項財產犯罪類型的策略效益似乎仍在發酵中，仍需待觀察其後續的發展。

表17-1　臺灣近十年相關財產犯罪數統計表（2010-2019）

年度	竊盜犯罪	詐欺犯罪	強盜犯罪	搶奪犯罪	相關財產犯罪總數
2010	142,774	28,494	817	1,686	173,771
2011	116,831	23,612	651	1,010	142,104
2012	100,264	20,421	564	711	121,960
2013	82,496	18,772	465	536	102,269
2014	76,330	23,053	388	447	100,218
2015	66,255	21,172	381	359	88,167
2016	57,606	23,175	320	323	81,424
2017	52,025	22,689	289	234	75,237
2018	47,591	23,470	207	192	71,460
2019	42,272	23,647	192	137	66,248

資料來源：內政部警政署（2020）108年警政統計年報，網址：https://www.npa.gov.tw/
NPAGip/wSite/statistics/Y108/mobile/index.html，搜尋日期：2020年8月13日。

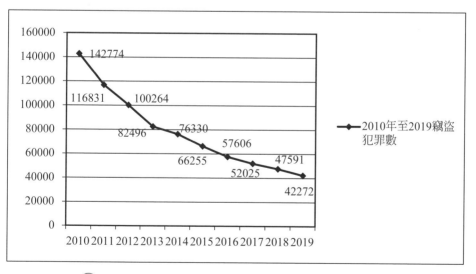

圖17-3　臺灣2010年至2019年竊盜犯罪數（單位：件）

資料來源：內政部警政署（2020）108年警政統計年報，網址：https://www.npa.gov.tw/
NPAGip/wSite/statistics/Y108/mobile/index.html，搜尋日期：2020年8月13日。

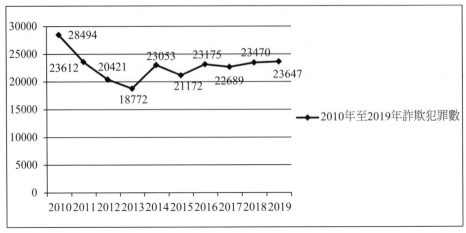

圖17-4　臺灣2010年至2019年詐欺犯罪數（單位：件）

資料來源：內政部警政署（2020）108年警政統計年報，網址：https://www.npa.gov.tw/
　　　　　NPAGip/wSite/statistics/Y108/mobile/index.html，搜尋日期：2020年8月13日。

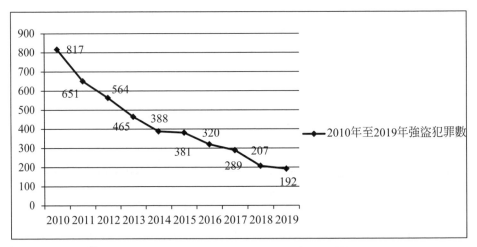

圖17-5　臺灣2010年至2019年強盜犯罪數（單位：件）

資料來源：內政部警政署（2020）108年警政統計年報，網址：https://www.npa.gov.tw/
　　　　　NPAGip/wSite/statistics/Y108/mobile/index.html，搜尋日期：2020年8月13日。

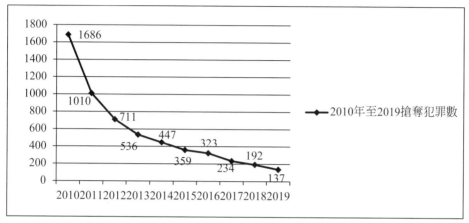

圖17-6　臺灣2010年至2019年搶奪犯罪數（單位：件）
資料來源：內政部警政署（2020）108年警政統計年報，網址：https://www.npa.gov.tw/
NPAGip/wSite/statistics/Y108/mobile/index.html，搜尋日期：2020年8月13日。

第一節　財產犯罪的理論觀點

　　總結前述我國近十年來關於財產型犯罪的控制策略與效益，並觀察近十年來國際犯罪學領域有關財產型犯罪研究觀點與結論後，可以獲知當前財產犯罪類型的研究面向及防控策略都已拋棄犯罪者原因論的觀點，進而轉向犯罪事件論的立場進行。亦即，從現代古典學派及被害者學理論體系當中的機會理論，進行財產犯罪事件的研究與防制。其中的現代古典學派理論以理性選擇理論為核心，強調犯罪者在財產犯罪事件當中的整個犯罪決策過程是如何啟動、運作與決定；而機會理論則著重在犯罪被害目標所呈現的被害特徵與被害風險程度的評量。

一　現代古典學派理論與財產犯罪

　　理性選擇理論是現代古典學派犯罪事件的核心觀點，它試圖從犯罪者的角度來理解其犯罪思維的過程，包括：犯罪者如何評估犯罪機會、為什麼是決定做這件事情而不是另一件事情、為什麼是選擇犯罪手段而非合

法手段來達到目的等。這種觀點有助於解釋犯罪並不是隨機發生的，它一定具備相當程度有利於犯罪事件發生的機會與條件，因此當犯罪學家研究出這些不利的機會條件時，便能有助於開發降低被害機會的預防方法。Monroe（2001）認為在現今犯罪學理論當中，沒有哪一個理論比理性選擇理論更能解構犯罪者的決策過程，且在過去的數十年間，許多的犯罪者也幾乎對所有的犯罪類型進行理性選擇理論的測試，其結果都顯示理性選擇理論在解釋犯罪者的犯罪決策歷程上具有相當的貢獻，例如Cornish和Clarke（1986）；Nagin和Paternoster（1993）；Matsueda等人（2006）；Loughran等人（2016）。

　　理性選擇理論之所以受到現代犯罪學學者的青睞，主要原因還是在於該理論的內涵架構簡單：潛在犯罪者會權衡犯罪的風險和效益，當效益大於風險時，犯罪事件便容易發生。這種將犯罪者視為一般人的描述，不僅讓研究者及社會大眾易於接近與認識，同時也讓所研究出來的結論與建議易於被人們所接受。最重要的是，基於理性選擇理論所研發出來的情境犯罪預防策略，更是可以在政府與社會大眾所認可下，紛紛展開各項具體的操作。

　　再者，理性選擇理論的基礎在於情境式的推理能力，而非程序式的推理能力；而它所提供的解釋也是針對一般性犯罪事件而非特殊性犯罪事件的理論框架（Goldthorpe, 1998）；且因為理性選擇理論是聚焦在情境歷程觀點的理論架構（Goldthorpe, 1998），因此被認為僅適合運用在如工具（財產）性犯罪，而不適用在表達（暴力）性犯罪（Trasler, 1993）。基於上述，理性選擇理論提供了對財產犯罪事件一個良好的解釋架構，藉以說明犯罪人如何觀察被害目標周遭環境所呈現的有利機會，如何尋找合適的犯罪標的，進而建構出其犯罪歷程。

　　最值得一提的是，當今在探討財產型犯罪時，幾乎都會看到理性選擇理論潛身在這些研究文案的理論基礎當中，用以描述犯罪者如何在財產犯罪事件當中進行犯罪決策，因為其理論內涵當中的四個基本假設概念，與財產犯罪事件的發生息息相關（Cornish and Clarke, 1986; Clarke and Felson, 1993）：

（一）人類不可能有完全絕對的理性，而僅有「有限度的理性」。亦即，人類無法很周全地蒐集、儲存與處理資訊，並在推理與判斷上也有能力上的限制與錯誤。所以人類所能做的僅限於滿足眼前的需求，

而非最大的可能利益。

（二）犯罪是世俗的、投機的與理性的，而非受到非理性與無目的性等動機的影響，其與一般行為並無兩樣，且理性選擇理論不去強調犯罪人與非犯罪人之間的不同，反而強調兩者的相似性。

（三）把研究焦點從犯罪人特質上，轉向關注犯罪事件本身及影響犯罪的情境因素，並且強調情境與犯罪事件具有高度相關性。

（四）犯罪並非是社會上單一現象而可用一般性的理論架構加以解釋，也就是說各種特定的犯罪類型，都有其理性選擇的歷程架構，尤其適用於工具性犯罪類型（財產犯罪）；這也說明各種犯罪類型應該發展出各自具特定的，或量身訂製的犯罪預防策略。

　　除此之外，Monroe（2001）認為理性選擇理論雖然在基本概念上較為離散模糊，但大致還是可以歸結該理論具有犯罪者自我偏好思考、效用最大化、目的性行為及目標導向等概念，並形成以下七個假設以描述與財產犯罪的關係：

（一）犯罪者會尋找特定的犯罪目標。

（二）這些目標反映了犯罪者自我偏好的思考。

（三）犯罪歷程是犯罪者一連串有意識的選擇過程。

（四）犯罪者本身就是社會的一般人，與非犯罪者並無兩樣。

（五）犯罪者對於犯罪類型、犯罪手法及犯罪工具等的選擇偏好是一致且穩定的。

（六）犯罪者如果可以選擇，他會選擇預期效益最高的犯罪實施方案。

（七）犯罪者在實施犯罪之前，會先進行一定程度的犯罪訊息蒐集與分析，只是其資料蒐集與分析的能力視人而定。

　　最後，Coyne和Eck（2014）直接表明現今犯罪學以「理性選擇」一詞來解釋犯罪人的犯罪決策或犯罪歷程其實不太真實，他們在論及犯罪者選擇犯罪目標與其理性程度的關係時提出：「理性」一詞在傳統經濟學上強調的是一種完全與完美的理性模型，因而可以透過理性的運作去達到最大的經濟效益；但被引用到犯罪學時，卻被犯罪學家認為人類理性是有限的或是不足的，因此可以透過諸多的情境設計予以阻斷犯罪事件的發生。Coyne和Eck認為這種現象不僅矛盾而且也容易令人產生疑惑，因此他們提出在犯罪學領域內，應該以「情境選擇」（situational choice）一詞取代「理性選擇」（rational choice）一詞，才能真正反映犯罪者在進行犯

罪決策的真實面貌，因為犯罪者的犯罪決策其實就是一連串不斷進行情境選擇的過程。

　　Coyne和Eck（2014）進一步認為：理性選擇理論被Clarke等人引進到犯罪學領域後，便徹底扭轉了犯罪學思潮，其中最主要的貢獻有兩項：一是將犯罪原因論的研究思維轉向為犯罪事件論的途徑；二是他們發現透過對犯罪者個人特質的調整或社會制度的改變等，並無法解決實際的犯罪問題，因為犯罪者從事犯罪時是根據自己周遭的環境條件做出選擇，因此我們需要考慮的是如何透過改變環境來改變這些選擇，進而阻斷犯罪者的犯罪念頭（Clarke and Martin, 1975; Clarke, 1980; Clarke and Cornish, 1985）。因此，Coyne和Eck認為Clarke等人雖然沒有創造有關犯罪者犯罪決策的相關理論，但他們提出以下六個面向的研究觀點，徹底擺脫犯罪原因論的糾纏，並促發環境犯罪學研究及情犯罪預防措施的興起：
（一）理性選擇理論是被用來支持各項犯罪預防設計的支援工具，並非用來作為學術解釋。
（二）理性選擇理論只是作為操作犯罪預防上的視角或取向，它並不是理論。
（三）從理性選擇理論的角度出發，它要求犯罪預防計畫應該是每一個特定犯罪類型都要去特定的量身訂製其預防程序，而不是對所有犯罪類型提供一般性的解釋。
（四）理性選擇理論的內涵並不會受到社會制度的影響而有所改變。
（五）犯罪者與非犯罪者之間並沒有什麼不同，他們都是社會正常運作下的一般人。

　　總結上述有關理性選擇理論的內涵後可知，該理論強調潛在犯罪者與其身旁周遭環境的互動，並基於其既有的犯罪動機下，運用有限理性進行犯罪類型的選擇、犯罪目標的搜尋、經過成本效益評估下進行最大效益的決定，進而再估量所需的工具與方法後，付諸實施犯罪。觀察此一理性選擇的推演過程，該理論確實適用於解釋財產犯罪事件的發生。當然，在本章開頭時即已說明，當犯罪學研究，尤其是財產犯罪類型的研究轉向犯罪事件論的立場進行後，其研究的理論基礎便圍繞在現代古典學派的理性選擇理論，及被害者學理論體系當中的機會理論，而理性選擇理論僅在於描述解釋犯罪者在財產犯罪事件當中的整個犯罪決策過程是如何啟動、運作與決定，至於犯罪者是如何參照周遭環境進而成為犯罪決策的依據，仍需

要依賴機會理論來補充。

⊇ 機會理論與財產犯罪

　　美國犯罪學家Jeffery曾認為：犯罪是由物理環境帶來的機會所造成的，因此透過物理環境上的改變是可以有效降低犯罪的可能性。他進一步認為，許多社會學家誇大了犯罪的社會原因，進而忽視個體生物學與其周遭環境互動的決定因素（Jeffery, 1977）。因此，Jeffery於1971年所提出的「以環境設計預防犯罪」的內涵便是以環境概念瞭解犯罪問題，他摒除單純以社會學或心理學為研究犯罪的基礎，轉而選擇行為主義的行為模式，強調個體行為乃來自於外界環境的刺激，因此，移除令個體會想要去犯罪的環境刺激，以及增強令個體對犯罪產生反感的環境設計，便可以有效的預防犯罪（蔡德輝、楊士隆，2009）。但可惜的是，Jeffery在當時及後來卻沒有進一步開發預防技術（Gilling, 1997），也沒有創建後來環境犯罪學的基礎理論，但可以肯定的是，Jeffery所提出的「以環境設計預防犯罪」觀點已成為現今探討機會理論的開端。

　　當前犯罪學研究在解釋財產犯罪時，皆以理性選擇理論作為理論依據的開端，認為：「潛在犯罪者是一個具有部分理性的個體，於著手實施犯罪之前，會參酌現有的情境與機會條件，並經過成本效益的分析後，選擇犯罪標的與實施方法管道」。但如此簡單的鋪陳犯罪歷程與架構，並無法使財產犯罪歷程得以明確化，在研究上也缺乏操作的可能，這也是理性選擇觀點遭受批判之處（Goldthorpe, 1998；黃富源，2002）。因此，在解釋財產犯罪時，除了會以理性選擇理論作為解釋的架構外，通常還須依賴機會理論觀點加以潤飾補充，如有動機的犯罪者如何形成？何種情境特徵或機會條件可使該犯罪者決定著手？又犯罪者與外在情境與機會之間呈現何種關係等，都必須依賴機會理論來補充解釋。

　　對於犯罪事件而言，所謂「機會」對於其他犯罪學理論觀點而言可能是一個較為次要的觀點，但以理性選擇理論觀點在解釋財產犯罪事件上，卻是一個相當重要的輔助角色，主要的解釋功能乃在於衡量目標物受監控與否與價值利益高低的程度上。然而有學者認為：「機會」可能會被認為是出現在一種偶然的客觀條件下有利於犯罪發生的因素（如未被關上的門窗、缺乏監控的錢包等）；另一種所謂的「機會」是個體本身主觀認

為出現足供他犯罪的機會，而使得他變成為一個潛在的犯罪者（Gilling, 1997）。

Gialopsos和Carter（2014）進一步闡述機會理論解釋財產犯罪事件發生的內涵，他們認為：財產型犯罪者的決策是理性的，當他觀察到具有吸引他的犯罪類型與目標時，理性評估的運作便開始進行。一般而言，犯罪者更喜歡去尋找容易接近、易於得手且可滿足其現有需求的目標，此稱為隨機性機會（alert opportunism），大多數的隨機型財產犯罪者屬之；也有犯罪者會去設定特定的犯罪類型與目標，並根據該目標的特性去搜尋適合實施的地區、建築物、人員或物品等，此稱為積極性機會（motivated opportunism），大多數的專業型財產犯罪者屬之。例如專業的金融機構搶劫犯，便會花費大量的時間去探勘與評估選擇哪一家金融機構？使用哪些工具？如何進入、又該如何逃逸等。

（一）機會理論的類別

1.隨機性機會

Wiles和Costello（2000）認為：即使再怎麼累犯或惡劣的犯罪者，在他的一天當中，絕大部分的時間也是在從事守法活動，正因為他在非犯罪活動的時間裡，便會有許多犯罪機會出現在他眼前。這便是隨機性機會的概念。最典型的例子便是潛在犯罪者偶然發現一台還插著鑰匙且發動中的汽車或摩托車時，就會順手開走；又如毒品販賣者，他會在夜店或娛樂場所周邊遊蕩，等待有吸毒需求者主動上前詢價販售，或者是被動等待熟客打電話來購買毒品等，這些都是隨機性機會的呈現。

對於隨機性機會來說，潛在犯罪者連騎車在街道上的時間都可以去記錄某些特定的犯罪機會，也可以對容易得手的目標物進行心理記錄，以備將來有需要時使用。因此，對於隨機性財產犯罪者而言，無論他們用何種方式記錄，他們都可以在日常活動當中獲得合適目標物的寶貴資訊。例如，從事水電工作者，在偶然可以進入到豪宅裝修水電工程的機會去觸發其行竊的念頭時，他便會利用該次機會檢視該豪宅的監控設施（諸如門鎖型式、監視器的裝設地點與監視角度、警報器或其他安全設備的類型等），同時也可以觀察值得竊取物品的吸引力和便攜性等，以便於日後決定是否行竊及如何行竊的資訊。

如上所述，潛在犯罪者在其日常活動的過程當中，因工作、休閒或其他事項而隨機接觸與蒐集犯罪目標物的相關訊息者，都可稱為隨機性機會。

2. 積極性機會

除了上述在日常活動中偶然隨機發現犯罪機會者之外，另有一些潛在犯罪者會依其本身需要而主動去尋找合適的目標，其中最常見者為侵入住宅行竊、街頭搶奪和汽、機車竊盜者，大多數從事這些財產性犯罪者通常必須在犯罪前先去搜尋與觀察犯罪區域（例如社區、鄰里或街道）以及特定目標的特徵（例如建築物型式、監視器、門鎖樣式；車輛的品牌型號），以利於他們去進行後續的犯罪計畫（諸如犯罪時間的選擇；犯罪工具的準備），而這就是積極性機會主義者。

在美國的相關研究指出，對於偷車賊來說，合適的目標通常是普通或低調的汽車（Jacobs and Cherbonneau, 2014），偷車賊不會特意選擇引起過多注意的汽車，例如新車或名車，因為新車和名車的車主一旦發現車子失竊後，就會立即向警方報案，這會提高行竊與銷贓的風險性；又如街頭搶劫，犯罪者通常會傾向於尋找酒醉或暫時失能者，因為在行搶當時，被害者不太會抵抗、也不容易辨識他的身分特徵，更不可能立即向警察報案，從而可以輕鬆安全地逃離現場（Jacobs, 2000; St. Jean, 2007）。

如上所述，潛在犯罪者會依其需求而選擇特定的犯罪類型，採取積極主動的方式去針對特定犯罪區域或目標物進行搜尋，並進行小規模的方案計畫者，都可稱為積極性機會。

（二）機會理論的內涵

就理論層次觀點來說，機會理論是一個抽象概念的名詞，「機會」一詞帶有機率與風險的意思，認為犯罪事件的發生決定在目標物本身與其周遭環境的特徵上，進而讓潛在犯罪者不管是經由隨機性機會或是積極性機會而獲取訊息後，決定是否將該目標視為犯罪標的的風險程度而言。

機會理論的內涵在本書第五章第二節當中已經詳細予以介紹；機會理論的進階版本——「新機會理論」也於本書第十四章第五節予以介紹，無論是原始的機會理論或是進階後的新機會理論都是解釋財產犯罪最佳的理論。在本章當中將再針對主要的個別性機會理論與財產犯罪之間的關聯性

予以簡要說明。

1. 日常活動理論

當犯罪學研究走向犯罪事件觀點時,犯罪者、被害者以及兩者共處的情境特徵等三者就成了解釋犯罪事件的三大核心元素。Fattah(1993)就曾認為,在每一犯罪事件當中,加害者與被害者之間有許多可以被連結之處,諸如:理性、選擇、風險評估、犯罪機會、暴露程度、目標選定等,並認為情境因素在犯罪歷程中,比起個體因素扮演較為重要的角色。由此可知,將犯罪者、被害者及兩者所共處情境因素等加以整合討論,成為當今解釋各種犯罪事件發生的內涵,尤其是解釋財產犯罪事件時,情境機會因素更是居於最核心地位。而日常活動理論內涵就是因為充滿描述機會的概念,因而成為現今最受到犯罪學研究者青睞的機會理論之一(Potchak, Mcgloin and Zgoba, 2002; Rice and Smith, 2002; Gialopsos and Carter, 2014; Gialopsos and Carter, 2014)。

日常活動理論在理論發展上,不強調造成個體具有犯罪性的傾向因素,反而著重於觀察時空因素與社會互動下對個體產生犯罪傾向的影響,使之成為犯罪者主觀認知的犯罪機會理論。此一理論同時也認為,當代社會犯罪率的增加,乃是因為人們日常活動方式的轉變,使得犯罪的發生出現在下列三個時空因素的聚集,稱為有動機的犯罪者、合適的標的物、缺乏有能力的監控者等。

因此,以日常活動理論來解釋財產犯罪時可以發現,該理論拋開巨觀的社會階層,轉而朝向諸多社會變遷對犯罪事件發生的影響。以住宅竊盜犯罪為例,這些轉變包括人們不再以家庭為生活重心,產生許多的職業婦女、單身家庭,以及住宅內增加許多適合的標的物,特別是汽車以及電子產品,尤其是後者,輕巧且亦於攜帶,其價值亦高。這種情況使得潛在的財產犯罪者認為住宅是一個良好的犯罪標的,因為住宅之內有缺乏監控的合適的標的物。基此,Gilling(1997)認為,當代世界各國犯罪率的增加,其實並不是因為社會變遷的結果,反而是社會繁榮與社會自由度擴大的因素。簡單來說,就是提供犯罪的機會遠超過刑事司法機構所能控制的能力。

日常活動理論認為:財產犯罪的發生,在空間與時間上必須有三個基本要素同時聚合在一起。這三個要素分別是:「有動機的犯罪者」、

「合適的標的物」和「有能力的監控者不在場」等（Cohen and Felson, 1979）。

(1) 有動機的犯罪者：財產犯罪的發生，必有一個加害者，想犯罪而且有能力去犯罪。該理論認為：犯罪加害者只是犯罪事件中的一個要素，僅能解釋有動機犯罪者的存在，卻不能解釋財產犯罪事件的發生。

(2) 適合的標的物：犯罪的發生，必有一個犯罪加害者意圖獲取並因而付諸行動的對象。費爾森和克拉克（1998）認為合適的標的物具有價值性（Value）、可移動性（Inertia）、可見性（Visibility）和攜帶方便性（Accessibility）等特徵（簡稱為VIVA）。

(3) 有能力的監控者不在場：監控者係指任何可以預防財產犯罪發生的人或事，因為監控者具有嚇阻犯罪加害人的功能，故可以保護個人生命與財產的安全。

　　因此，以日常活動理論描述財產犯罪事件的發生，其重點不在於犯罪三要素的單獨呈現，而是當該三要素一旦聚合在一起時，所產生不利於犯罪者從事犯罪的機會。換言之，社會上即使有潛在犯罪者的存在，不必然就會產生財產犯罪事件，其仍缺乏合適標的物與有能力監控者不在場的因素配合；且即使有合適標的物與有能力監控者不在場的因素配合，但有實施犯罪動機的犯罪者若在時空因素上未能同時聚合，則財產犯罪事件亦無由發生。因此，日常活動理論描述財產犯罪事件的發生，主要維繫在於有利於犯罪發生的「機會」是如何呈現。

　　另外，本理論關於合適標的物的描述上，主要指可以是被潛在犯罪者輕易攻擊或特別具有吸引力的人或物體，因此所謂合適的標的物主要建立在該標的物適合實施財產犯罪、具有一定吸引力以及整體情境是允許的等三個要件上。費爾森和克拉克指出合適的標的物具有價值性、可移動性、可見性和攜帶方便性等特徵（VIVA），亦即當某一個被害人或被害物體同時具備高價值、高可移動性、高可見性及高攜帶方便性時，該被害人或被害物體就是本理論所稱的合適標的物，反之則不是合適的標的物。具有理性選擇能力的有動機犯罪人會懂得去評估犯罪目標，而評估的標準也就是在這四項特徵。

　　克拉克對於費爾森針對合適標的物的內涵提出「VIVA」觀點有三點補充，一是「VIVA」主要針對財產犯罪案件的被害標的物，並未涵蓋所有掠奪財產性的犯罪目標；二是「VIVA」的內涵忽略犯罪動機；

三是「VIVA」忽略了犯罪者從事諸如竊盜犯罪時對於贓物的隱藏及後續銷贓的思維。據此，克拉克（1999）擴增「VIVA」的內涵成為「CRAVED」，亦即合適的標的物所具有的關鍵性特徵包括它們的可隱藏性（concealable）、可移動性（removable）、可獲取性（available）、具價值性（valuable）、可享受性（enjoyable）及可輕易銷贓性（disposable）等，當被害目標同時具備這六大特徵時，便是潛在犯罪者所認為的合適的標的物。

2.犯罪熱點

　　早期犯罪學研究皆著重在個人和社區層次與犯罪之間的關聯性，當遇到諸多犯罪控制的瓶頸之後，犯罪學家開始將注意力轉向到犯罪事件與地理微觀單位的關聯性之後，便開啟了「地點」為單位的犯罪研究（Brantingham and Brantingham, 1999; Curman et al., 2015; Gill et al., 2017; Haberman et al., 2017）。關於犯罪熱點（熱門地點）的定義，到目前為止並沒有一定的共識範圍，有者被定義在一棟建築物或地址；有者被定義在某一街道的某一區段等，都必須視犯罪事件發生的集中度與該地點特徵而定（Smith et al., 2000; Weisburd et al., 2012）。Weisburd（2015）也認為犯罪事件在發生地點上確實會呈現這種集中度相當高的現象，因此他提出「犯罪地點集中法則」（law of crime concentration at places）的概念，尤其在都會區裡，他的研究發現大約有50%的犯罪事件會集中在5%的街道上；25%的犯罪事件會集中在僅有1%的街道上。犯罪事件集中於微觀地理的犯罪熱點特性，已然成為當今犯罪學研究的主流。

　　犯罪熱點所關注的是地點特徵與犯罪事件的關聯性，亦即：1.為何某些地點的犯罪發生率高於其他地點？2.為何犯罪會不斷的重複在某些特定的地點上？由此可知，若將犯罪熱點的概念引用解釋到財產犯罪事件時，可以得出以下五點解釋：

(1) 財產犯罪並非隨機分布，其發生地點必然有一定的條件所吸引或促發。

(2) 該地點受到個體（包括人、事、物）所創造出來的環境所影響，例如利於隱藏或逃逸。

(3) 該地點受到社會政策制定、土地利用開發、交通狀況等社會經濟條件所影響，例如政府劃定商業區、工業區、住宅區等。

(4) 被害個體本身的設置（例如住宅）及活動模式（住宅主人）是呈現高度

的暴露性並缺乏一定的監控程度。

(5) 被害個體所處地點的生態特徵以及所呈現的情境特徵等，具有高度的可接近性與吸引性。

針對上述，Brantingham和Brantingham（1999）因此提出呼籲，犯罪研究不僅要重視「人群的日常活動特性」，也須重視「地點的日常活動特性」。近年來，犯罪熱點因為在犯罪學學理研究受到高度的重視下，也逐漸影響警察實務機關將犯罪熱點的概念與操作應用在警察勤務策略上，並且與提升見警率相互搭配，以作為各項治安策略或勤務派遣的依據。

3. 被害結構選擇理論

在犯罪學機會理論的研究學者中，Miethe和Meier（1994）使用了「監護者」和「引人注意的目標」、「對犯罪的接近性」和「對犯罪的暴露性」等四個概念來發展他們的理論，即所謂的「被害結構選擇理論」。他們對犯罪事件的觀察有兩項命題假設：1.日常活動或是生活方式會藉著潛在犯罪者和潛在被害者的接觸，而創造出一個機會的結構；2.對潛在被害目標的評估，不論是個人或財物，其被守護的程度，會決定犯罪目標的是否被選定（Doerner and Lab, 1998; Kennedy and Sacco, 1998）。

因此，就以本理論在解釋財產犯罪時，若以住宅竊盜犯罪事件為例時可以發現：「暴露」、「接近」、「吸引」與「監控」是被害結構選擇理論的四個核心概念，其中「暴露」係指住宅個體特徵易為潛在加害者所觀察，即所謂的「可見性」與「易接近性」，如住宅處於高解組狀態的社區環境下，對潛在犯罪者的暴露性即較高；偏僻鄉間獨立的房屋或有複雜出入口的建築物，對於竊盜犯也有較高的暴露性。「接近」則指被害住宅與犯罪者的空間距離的接近，例如犯罪加害者就住在犯罪被害者附近，或可經由犯罪加害者近距離的考察住宅特徵時，即提供了加害者「理性」思考犯罪與否的依據。至於「吸引」係指被害住宅本身有足以引起加害者犯罪動機之特徵，諸如外表看起來非常富有之豪門富邸，或門鎖易於開啟的住宅，便較易遭入侵被竊。而「監控」則指住宅個體透過自然與物理環境設計後，對住宅守護程度的結果，如監控能力高的住宅不易被標選為犯罪的對象；反之，毫無監控措施的住宅，則易遭犯罪者決定行竊。

因此，「暴露」和「接近」應被視為住宅竊盜犯罪的「結構元素」，因為該二項概念的結合使住宅或財物呈現出不同的被害風險程度。

而「吸引」和「監控」則應被視為「選擇元素」，因為犯罪加害者會根據住宅目標個別而獨特的價值與監控風險程度，去選擇決定是否值得下手的對象。

4.犯罪型態理論

犯罪型態理論的內涵，主要集中在探討犯罪發生當時的情況性質，該理論認為犯罪事件最有可能發生在犯罪者與潛在被害者（目標）活動空間的重疊區域內（Brantingham and Brantingham, 1990; Felson and Clarke, 1998），例如住宅生活、職業工作、通勤和休閒娛樂三者所建構而成的活動範圍。Brantingham和Brantingham（1999）認為犯罪型態理論是提供犯罪機會觀點的日常活動理論，與提供犯罪決策的理性選擇理論兩者結合的理論，用以說明潛在的犯罪者如何在其日常活動過程中尋找犯罪的可能。該理論假設犯罪者會經由理性決策的過程選擇犯罪目標，這種選擇過程不會是隨機的，而是會在特定的地理區域之內選擇特定目標。因此，Bernasco和Block（2009）便以犯罪型態理論來形容潛在的犯罪者就如覓食者一樣，必須在追捕獵物之前找到良好的狩獵場。因此，犯罪型態理論提出節點、路徑、邊緣等三個與空間分布及日常活動有關的概念元素，來作為其理論支撐，此三個概念元素可詳見本書第十四章第四節之介紹。

犯罪型態理論以這三個概念元素來描述財產犯罪事件時，認為犯罪者不會在廣泛和隨機的範圍內漫無目標地尋找犯罪對象，而是會傾向於在熟悉的空間內尋找犯罪目標，這些熟悉的空間通常是潛在犯罪者日常活動過程中常出現的空間環境。首先是節點位置，它是日常活動的核心位置；再來是路徑，它是連接各個節點的行動路線。而節點和路徑兩者便是共同構成個體活動空間的主要範圍，也是犯罪者最有可能搜尋財產犯罪目標的區域。

除此之外，犯罪型態理論還提出邊緣的概念，該理論認為個人的意識空間是其活動空間的主要範圍區域，犯罪者通常不會到他感受陌生的空間區域內從事財產犯罪，其最有可能在其意識空間範圍內去尋找適當的目標，且同時該空間區域若能對他也產生缺乏適當監控時，將會是該犯罪者最佳的犯罪空間，因此在各個節點周邊且還在其日常活動路徑上的邊緣，將會是犯罪者最佳選擇犯罪的空間條件（Brantingham and Brantingham, 1999）。

5. 新機會理論

回溯犯罪機會理論的發展史後，可發現該理論分成四個階段在發演進展：一是開創期，先從被害者角度出發，以瞭解被害者在一個犯罪事件中的解釋位置（Cohen et al., 1981）；二是融入期，將情境機會因素與犯罪實況嘗試加以連結的理論和研究（Eck and Weisburd, 1995; Sherman et al., 1989）；三是蓬勃期，逐漸開創多元的犯罪機會理論觀點於犯罪解釋上（Wilcox et al., 2003）；最後進入穩定期，正式將犯罪機會理論融入犯罪學理論體系當中，成為現今解釋犯罪發生的主流觀點（Felson and Clarke, 1998; Wikström et al., 2012）。

犯罪機會理論發展到穩定期時，已累積許多犯罪機會理論競相解釋犯罪事件的現象。此時，費爾森和克拉克（1998）便選擇其中具有關鍵解釋層次的理論，加以整合成為「新機會理論」一說，期待將犯罪機會理論以具有系統性、組織性與邏輯性的解釋架構，來提升解釋犯罪的效度，而他們所選擇的理論分別是巨觀層次的日常活動理論、中觀層次的犯罪型態理論、微觀層次的理性選擇理論等。若將本理論引用解釋到財產犯罪時，可得如下：

(1) 巨觀的日常活動理論

以日常活動理論說明在現代社會下，人們日常活動產生變化因而導致犯罪機會增加的結果，誠如費爾森和克拉克（1998）所推論：現代社會的三大社會變遷結果導致犯罪機會的增加，一是物質輕盈易於攜帶但價值性高的電子科技或高貴物質產品大量增加；二是愈來愈多的婦女進入職場，且小家庭型式的住宅日漸增多下，無疑又提供了大量的犯罪機會；三是因為現代交通便利發達下，人們有較多遠離家庭的活動規劃，諸如休閒、訪友聚會、選擇遠程工作地等。這三個現代社會日常活動的特徵，無疑增加財產犯罪機會的可能。

(2) 中觀的犯罪型態理論

犯罪型態理論的內涵，主要集中在探討財產犯罪發生當時的情況性質，該理論認為財產犯罪事件最有可能發生在犯罪者與潛在被害者（目標）活動空間的重疊區域內，例如住宅生活、職業工作、通勤和休閒娛樂三者所建構而成的活動範圍。因此，潛在的犯罪者會在其其日常活動過

程中尋找實施財產犯罪的可能（其中或許是隨機性機會、或許是積極性機會）並認為潛在犯罪者會經由理性決策的過程選擇犯罪目標，這種選擇過程不會是隨意的，而是會在特定的地理區域之內選擇特定目標。

(3) 微觀的理性選擇理論

理性選擇理論試圖從犯罪者的角度來看世界，亦即犯罪者如何利用特定環境當中所呈現的犯罪機會來滿足其從事財產犯罪動機，即使只是一個小動作，犯罪者也會在行動之前完成每一個思考步驟。另外，理性選擇理論也認為犯罪者的思考是透過經濟性成本效益的分析，演算的依據主要是基於該項財產犯罪可得最明顯且直接的利益，常常會忽略更長遠的成本效益分析。而這也是費爾森和克拉克為何把日常活動理論與犯罪型態理論拿來與理性選擇理論共同結合為新機會理論的原因，道理就在於日常活動理論與犯罪型態理論所呈現出的就是具體可觀察到的犯罪機會，可以讓潛在犯罪者能立即接收並據以進行成本效益評估的即時條件。

當瞭解新機會理論所包納上述三個理論內涵後可知，這三個理論在解釋財產犯罪事件時，具有交互與連動的作用。換言之，犯罪機會存在於社會與區域層次當中，並依個體對這些機會的解讀結果而做出犯罪與否的決定。因此，當社會與區域層次發展出改變犯罪機會的作為時，將可影響潛在犯罪者也會根據這些變化而做出不同的決定。另者，從犯罪機會的角度出發也可發現，這三個理論分別有其關注的解釋層次，並且依據其理論內涵而扮演適當的解釋角色。其中，1.以日常活動理論來描述社會巨觀層次所呈現的機會，例如體積小價值高的產品增多、大量的婦女進入職場、較頻繁遠離家庭的工作或休閒模式規劃；2.以犯罪型態理論來描述區域中觀層次所呈現的機會，例如犯罪者會傾向在熟悉的區域環境內尋找犯罪目標，這些熟悉的區域環境通常是個體日常活動過程中常出現的空間；3.以理性選擇理論來描述犯罪者微觀層次的機會，例如個體的犯罪決策是針對眼前立即環境所呈現的機會，再透過經濟性成本效益的考量之後所生成。

新機會理論在日後成為情境犯罪預防措施的主要理論基礎，原因就在於它點出犯罪事件（尤其是財產性犯罪）當中所存在的機會因素，是解釋財產犯罪發生與否的主要關鍵；而且機會因素所提供的犯罪預防操作策略不但是具體可操作的，更重要的是，情境犯罪預防策略也確實能發揮降低社會犯罪率的實際效果。

三　綜合評析——兼論「一般化多元機會理論」

理性選擇理論解釋了財產犯罪者的犯罪決策過程，其中包括犯罪或不犯罪的決定、犯罪類型的選擇、目標的搜尋、犯罪工具與方法的評估等，而這些選擇與決定同時受到潛在犯罪者本身的能力條件及他所接觸的情境機會程度所影響；機會理論則針對其身旁立即環境所呈現有利或不利於其實施犯罪的特徵，進而提供給其作為犯罪決策之用。因此理性選擇理論與機會理論兩者是解釋財產犯罪事件發生的兩大理論支柱，其中的機會理論更被後來的犯罪學者費爾森和克拉克（1998）重整精煉為新機會理論，以此作為解釋與防控財產犯罪最為核心的理論觀點，更依據此一理論形成當今最熱門的情境犯罪預防策略，並對現今財產犯罪控制產生相當顯著的效果。

隨著機會理論研究的蓬勃發展，當機會理論進展到新機會理論之後，又更加嚴謹細緻地發展出「一般化多元機會理論」（General Multilevel Opportunity Theory），嘗試以宏觀和微觀的機會觀點及其相互作用下，作為研究財產犯罪事件和情境犯罪預防的理論基礎。一般化多元機會理論是由美國犯罪學家Wilcox等人於2013年所提出，該理論認為：當今犯罪事件犯罪學通常都將研究焦點關注在較小的分析單位（例如在地點特徵上以犯罪熱點為代表；在個體活動特徵上則以生活方式暴露理論及日常活動理論為代表），以及促使在這些單位發生犯罪事件其實是呈現非隨機分布的微觀犯罪機會所造成。Wilcox等人更進一步指出現行情境犯罪預防策略其實就是從這些微觀機會理論的觀點出發設計，也確實是可以有效降低犯罪機會的干預措施；然而，若能再搭配宏觀的機會理論（例如社會解組理論與破窗理論）來理解社會解組現象和其他社區鄰里特徵是如何影響潛在犯罪者的決策時，將能更完整地瞭解犯罪事件發生的全貌（Wilcox et al., 2013）。

另外，Tillyer（2014）於解釋一般化多元機會理論時指出：機會理論的發展已逐漸朝向微觀與巨觀層次的整合發展邁進，甚至是早已經在進行整合。他舉例日常活動理論在開發當時，即建立在巨觀的層面上，說明總體社會結構的轉變促使人們的日常活動也隨之產生變化，進而造成社會上掠奪性的財產犯罪發生率也隨之增加。只是後來的犯罪學家在引用日常活動理論時，將該理論的內涵（有動機的犯罪者、合適的標的物、缺乏監控

的情境）運用在微觀的層面上，進而忽略了日常活動論具有宏觀機會理論
的本質。

Tillyer（2014）進一步指出：從早期犯罪學機會理論的研究當中可以
發現，各種層次的機會理論被廣泛的研究，但卻都是各自獨立在進行。例
如，屬於巨觀機會理論層次的社會解組理論強調社區或都市的解組現象是
造成各種掠奪性財產犯罪發生的主因；而屬於微觀機會理論層次的生活方
式暴露理論則認為，個體的人口統計學特徵影響其生活方式進而產生對潛
在犯罪者的暴露程度，導致提升其被害的可能。雖然早期的機會理論似乎
都是各自強調其理論層次觀點的重要性，但其實在論述各自獨立層次的觀
點時，都已經跨越巨觀與微觀層次的觀點，因此無論在建構分析犯罪或被
害模式時，都可以看到這兩層次的痕跡。

Sampson和Wooldredge（1987）在論述生活方式—日常活動理論
的微、巨觀面向與機會的關聯性（linking the micro- and macro-level
dimensions of lifestyle-routine activity and opportunity models of predatory
victimization）時即指出：探究犯罪事件時，無論是潛在犯罪者或被害者
的生活方式—日常活動模式與其所處的社區結構模式都必須同時進行檢
視，因為個體的生活方式或日常活動可能透過增加對潛在犯罪者的暴露程
度並升高其被害風險（生活方式暴露理論與日常活動理論的觀點）；但社
區大環境的劣質條件也很有可能吸引潛在犯罪者前來而提高在該社區居民
的被害風險（社區解組理論與破窗理論的觀點），因此，如何將現有的機
會理論適當的加以整合，是未來研究犯罪事件與開發預防策略的重要方
向。

總結一般化多元機會理論的內涵來說，該理論認為犯罪機會有多種
層次來源，並且存在於社會生活的各個層面當中，進而成為潛在犯罪者建
構其犯罪思維模式的重要依據，其中包括微觀層次的生活方式暴露理論、
日常活動理論、犯罪熱點等；巨觀層次的社會解組理論、破窗理論、以環
境設計預防犯罪、防衛空間等。從上述理論當中可以發現影響犯罪事件發
生的元素跨及個人、住宅、街道、社區鄰里、都市環境等特徵上，讓犯罪
事件產生獨立或共同的機會效應。若以上述一般化多元機會理論的觀點而
言，新機會理論其實就是一般化多元機會理論的典型代表，該理論在描述
犯罪事件時即以日常活動理論作為宏觀層次的論述基礎，以犯罪型態理論
作為中觀層次的依據，以理性選擇理論作為微觀層次的說明等。諸如新機

會理論採取多元性機會理論的結合以解釋犯罪事件發生的模式，將會是未來研究財產犯罪事件的理論主流。

第二節　財產犯罪的相關研究觀點與發現

綜觀近年來有關財產犯罪的研究取向，很明顯可以看出來犯罪者特質論逐漸退場，犯罪事件觀點逐漸抬頭。犯罪事件觀點的研究取向又被稱為「犯罪事件犯罪學」或「環境犯罪學」（Wilcox and Gialopsos, 2014），它並不關注犯罪行為的個體差異，反而想試圖瞭解犯罪事件的時空分布，且認為犯罪者只是任何犯罪事件的一部分（Sacco and Kennedy, 2002）。換言之，在一個犯罪事件當中，有動機犯罪者只不過是該犯罪事件發生的必要條件，其發生必然還存有「犯罪機會」這樣的充分條件。例如，以住宅竊盜犯罪事件來說，一個有動機的犯罪者存在，不必然會造成住宅竊盜犯罪事件的發生，而是還需要有時空環境上的配合，這個時空環境所指的便是犯罪機會，其中又可細分為合適行竊的住宅目標，及這棟住宅建物是缺乏有效監控的，當這三者條件同時具備之後，住宅竊盜犯罪事件才有可能發生。由此可知。犯罪事件犯罪學假設在不同時空環境條件下的情境，會呈現不同程度的犯罪機會，造成不一樣的住宅竊盜犯罪被害風險，也由此可知，犯罪事件的發生，確實是非隨機分布的。

犯罪事件犯罪學的觀點在犯罪預防上提供一條具有積極主動的思路，人們不必再被動地等待所有潛在犯罪者去根除他的犯罪意圖，轉而可以主動透過對犯罪機會的控制，來消除犯罪事件的發生，其中最為典型的預防策略即為情境犯罪預防，其著眼於有哪些時空環境條件可以為潛在犯罪者提供比其他條件更多的犯罪機會，從而解釋犯罪事件是如何呈現非隨機時空分布的發生。經搜尋近年來諸多財產犯罪的學術研究後可以發現，當前研究財產犯罪時，大都一致引用具體描述犯罪事件何由發生的理論觀點，其中包括：理性選擇理論、日常活動理論、生活方式暴露理論，犯罪型態理論、環境設計理論、社會解組理論、新機會理論及一般化多元機會理論等，為解釋財產犯罪事件提供相當豐富的描述。以下茲就近年來有關竊盜犯罪、詐欺犯罪、強奪與強盜等相關研究觀點與發現，簡要介紹如下。

一 竊盜犯罪

（一）Ward等人（2010）社區鄰里可接近性的作用測試——檢視社會結構背景下的侵入性竊盜犯罪

　　美國犯罪學家Ward等人（2010）在美國佛羅里達州傑克遜維爾市的401個社區鄰里（neighborhoods），進行一項侵入性竊盜與社區鄰里可接近性的相關研究。該研究係以理性選擇理論、日常活動理論、犯罪型態理論、防衛空間及社會解組理論等理論觀點為基礎，並萃取出鄰里連通性、社區鄰里社會結構程度及社區空間互動狀況等三個面向，來觀察社區鄰里的可接近性程度與侵入性竊盜犯罪的關係。該研究在進行前並針對以下幾個重要命題，進行討論：

1. 社區鄰里的空間分布和社會結構等特徵，都是影響該社區鄰里犯罪率的重要獨立因素，但是以往研究社會結構因素與犯罪相關性時，往往都著重在宏觀層面的影響性而經常忽略微觀層面的空間因素；或若以微觀層面的空間因素進行對犯罪率的影響時，卻也未能將宏觀層面的社會結構因素併入考量。因此，Ward等人認為：若能進一步發展結合空間特徵與社會結構的理論模型後，共同去解釋犯罪事件發生的原因，勢將可以提高理論對犯罪事件的解釋力，進而去修正或創建新型態的理論。

2. 社區鄰里可及性的概念，基本上有兩個層面的解析：一是社區鄰里滲透性，係指潛在犯罪者滲透到社區鄰里之中的難易程度；二是社區鄰里之內的連通性，係指潛在犯罪者一旦進入鄰里之後，可在該社區的移動程度。Ward等人檢視近三十年來有關社區鄰里可及性的研究結論後，發現社區鄰里可及性與侵入性竊盜之間存有高度的相關性，而且是早期研究（1970-1990）與晚期研究（2000年以後）結果完全相反的現象。例如，早期研究呈現：「街道較小、或單向街道較多、或入口街道較少、或轉彎較少的社區，其侵入性財產犯罪率較低」的結論；但到了晚期研究採取空間型構分析法（space syntax analysis）之後，卻呈現「侵入性竊盜高度聚集在交通不便的社區或街道上」的結論。

3. Ward等人（2010）針對上述的矛盾衝突進一步蒐集以往的研究文獻後闡明：

   (1) 大多數早期研究發現，社區連通性是預測侵入性竊盜犯罪率的重要因

素，位於街道連通性佳的房屋，潛在犯罪者可以輕易進入並且可以迅速逃脫，因此往往有較高的被害比率；即使控制某些社會結構鄰里因素後，也是發現社區街道連通性佳的房屋，都有較高的住宅竊盜被害率；甚至，Bevis和Nutter（1977）還提出：死胡同（cul-de-sacs; dead end street）是最安全的街道設計類型，因為死胡同會減少非在地居民的出入，從而讓潛在犯罪者在這類街道的日常活動中消失。

(2) 然而，晚期研究因為運用了空間型構分析法之後，卻發現社區可及性較弱的房屋，實際上被竊的風險更高。例如，傳統的街道布局（例如方格型）比現代的街道布局（例如環狀）更安全，無論是在社會低下階級或中上階級社區都是如此情況；另有現今大量的文獻支持，侵入性竊盜確實在低連通性的社區裡大量發生，因為這樣的社區環境較為缺乏可監控的人數，以及缺乏自然監控的效果。

　　Ward等人（2010）即針對上述命題，在美國佛羅里達州傑克遜維爾市的401個社區鄰里，進行了侵入性竊盜與社區鄰里可接近性的相關研究。其研究資料來源主要有兩項：一是從2006年1月到2007年9月等二十一個月期間官方記錄的犯罪事件，其中還包括犯罪事件的發生街道分布；二是2000年美國TIGER人口普查資料庫所提供的社會結構變項，及其中所定義的社區地理邊界。當Ward等人蒐集到該地區的官方犯罪事件、犯罪事件發生街道分布、社會結構特徵及社區地理邊界的定義後，運用「空間性局部指標（LISA）聚類圖」（Local Indicators of Spatial Association (LISA) cluster map）來說明侵入性竊盜犯罪率在空間分布的集中度，透過比較每個特定位置的值、相鄰位置的值，與空間隨機性的假設相比後，LISA的應用可以確定侵入性竊盜在空間集中分布的統計顯著區域。

　　Ward等人關於侵入性竊盜的研究，不僅是著重社區鄰里的連通性（或稱可接近性），且還關注社會結構的影響性。據此，其研究發現如下：

1. 大多數社區空間特徵和社會結構變量都與社區侵入性竊盜發生率有顯著相關，但當控制社會結構變量時，鄰里連通性和侵入性竊盜率之間的關聯性，便不再具有統計顯著性。由此可知，若僅從微觀層面的社區空間分布，並無法真實瞭解侵入性竊盜罪事件的真實存在現象，因為還需要以宏觀角度出發的社會結構因素來輔助說明。

2. 該研究顯示社區連通性和侵入性竊盜之間的關係,還需要依靠社會結構因素來支撐,諸如該研究發現:在社會結構程度較好(中上階級)的社區,社區連通性與侵入性竊盜率呈現正相關,在這些社區當中,更好的社區街道網絡連通性會導致該社區有更高的侵入性竊盜率;相反,在社會結構程度較低劣(低下階級)的社區,社區連通性與侵入性竊盜率呈現負相關。因此,在低下階級社區,社區鄰里之間的連繫程度愈高,則其侵入性竊盜的發生率較會愈低。

3. Ward等人對於這樣的研究結果,認為有以下兩種可能的解釋:

   (1) 第一種解釋是基於理性選擇理論:從潛在犯罪者的理性選擇觀點出發下,竊賊在選擇目標時會考慮風險和收益的實際現象,中上階級社區的住宅內雖然有高價值單位的行竊目標,但其外在形象會呈現較高度的防盜設備,及警察機關高度干預的措施,因此若真要在中上階級社區行竊時,行竊時間勢必要縮短,逃離路徑要能快速便利,因此社區連通性便要發達;反之,考慮在低下階級社區行竊時,該社區的防盜設備與警察高度干預措施就不是竊賊所注意,反而是該社區居民願意干預的程度(亦即集體效能的強弱),因此當竊賊走訪該社區時,若發現該社區的集體效能低落、居民干預社區事務的意願低落時,低度的社區連通性反而有助於降低監控程度。

   (2) 第二種解釋是基於犯罪型態理論:該理論認為竊賊會沿著熟悉的路線選擇行竊目標,因此竊賊本身在日常活動上所使用的交通工具與方式,就會是他在確定路線及事後計畫入室行竊的重要依據。竊賊的日常生活路徑通常與其本身的社會結構特質相同,因此就地理環境的熟悉度來說,他會有高度機會處在低下階級社區的範圍內,進而搜尋合適目標;對於中上階級社區的接觸性來說,相對的也比較陌生,因此若選擇以中上階級地區的住宅為目標時,可以快速進入行竊且快速逃離,便會是竊賊的第一考量,社區街道的連通性也會是最首要的考量。

4. Ward等人針對該研究提出結論建議時指出,進行類似侵入性竊盜的財產犯罪研究時,日後的犯罪學家可能無法再經由簡單且千篇一律的觀點進行犯罪事件的研究設計,因為單一性觀點介入犯罪事件研究時,可能就如該研究所得一樣,會因社會結構的問題產生在空間特徵上呈現不同的被害率。最後,Ward等人以該研究結果回應以往的觀點時提出:在低下

階級社區當中，增加社區的可及性（連通性），以及強化該社區的人文（集體效能）與物理（街道監視器）監控性時，對於維護該社區治安是有助益的，這與Jacobs（1961）提出的觀點是一致的；另在中上階級社區當中，減少社區可及性（連通性）及增加該地區人員活動的拘束性，對於維護該社區治安是有助益的，這與Newman（1972）提出的觀點是一致的。

（二）Kuo（2014）臺灣住宅竊盜犯罪被害事件的「機會」與「選擇」因素

臺灣學者Kuo（郭詩雅）（2014）運用2000年臺灣犯罪被害調查資料為依據，以被害構選擇理論為主，並搭配理性選擇理論、日常活動理論、生活方式暴露理論的概念為輔，建構臺灣住宅竊盜被害的機會（結構選擇）模型，並以多元迴歸分析方法加以檢測後發現：該機會模型對臺灣的住宅竊盜受害者有中等程度的解釋力。該研究在進行前並針對以下幾個重要命題，進行討論：

1. Kuo認為當前被害者學理論當中強調機會觀點者，有三個互為相關的基本假設：
   (1) 犯罪事件會發生在有動機的犯罪者、合適的目標物及缺乏有能力監控者在場等三種條件在同一時空聚合時所發生。
   (2) 當前人類社會變遷快速，諸如經濟快速增長之下，已經改變了人們的日常生活，人們開始傾向於在離家較遠的地方求學、工作，此不但讓住宅監控能力降低，同時也增加一般個體接觸潛在犯罪者的風險。
   (3) 假定犯罪者具有一定程度的理性，對於合適犯罪目標物的選擇，會透過一定程度的成本效益分析，可以最大化收益和最小化風險的目標。
2. Kuo於上述所持的三個基本假設，其內涵即是日常活動理論與理性選擇理論的觀點，Kuo再進一步引用Miethe和Meier（1990）所提出的被害結構選擇理論的內涵，形成該研究的被害結構選擇模型。該模型包括四個概念：「受監控性」和「目標吸引力」、「對犯罪的接近性」和「對犯罪的暴露性」等。
3. 該結構選擇模型也包含兩個基本假設：第一項假設為個體的日常活動或生活方式會藉著潛在犯罪者和潛在被害者的接觸，而創造出一個機會的結構；第二項假設是對潛在被害目標的評估，不論是個人或財物，其被

監控的程度會決定犯罪目標的被選定。

　　Kuo（2014）建構上述的「被害結構選擇模型」之後，以2000年臺灣犯罪被害調查資料為對象，進行多元迴歸分析後，所得研究發現如下：

1. 「對犯罪的接近性」的分析上，得到該研究結果的支持，亦即潛在犯罪者與潛在被害者的日常活動是同處在一個時空裡，因而提高潛在犯罪者對犯罪目標的可接近性。

2. 「目標吸引力」的分析上，該研究係以家庭收入及家庭成員擁有的汽、機車的數量為內涵，並假設當家庭收入及家庭成員擁有的汽、機車數量高時，對潛在犯罪者具有較高的吸引力。此一假設在分析結果上並未獲得支持。

3. 「受監控性」的分析上，該研究將受監控性分成社會監控與物理監控兩類分別進行分析，在社會監控上係以房屋所有權為內涵（自有或租屋），其假設當居民的房屋是自有時，會因其家庭成員的自有意識強烈而願意投資防盜設備；反之若是租屋者則其投資於防盜設備上的意願相對較低，該假設進行資料分析後獲得支持，租屋者的住宅盜竊率顯著高於自有房屋者；另在物理監控方面，僱用警衛才能達到真正監控的效果，其他如裝設警報器或監視器者，似乎並無顯著的成效。

4. 「對犯罪的暴露性」的研究發現上，因該研究所使用的數據資料（2000年臺灣犯罪被害調查資料）並未有與暴露性有關的數據，因此在該研究當中也並未有研究發現上的討論。誠如Kuo在該研究的結論時所說：「儘管本研究分析所使用的數據資料已相當完整，但仍缺少一些可以更完整地表示暴露程度的變項，例如家庭的出入口和逃生口等。未來的受害調查顯然應包括這些變項」。

（三）DeLisi等人（2016）侵入性竊盜犯罪的流行病學研究：以2002-2013年美國侵入性竊盜犯罪者的自我報告調查為例

　　美國犯罪學者DeLisi等人（2016）使用美國「全國藥物使用和健康調查」（National Survey on Drug Use and Health, NSDUH）於2002年至2013年期間的數據資料，並選取該數據資料內18歲以上成人計44萬3,081名進行分析，嘗試以流行病學研究法瞭解美國侵入性竊盜犯罪事件的特徵，及以邏輯迴歸統計分析侵入性竊盜與犯罪者的前科紀錄、藥物濫用，及人口流動率和社會人口統計學的關聯性，並比較於調查前十二個月以內期間的

行竊自我報告狀況。此一調查堪稱是侵入性竊盜有史以來首次以流行病學觀點進行的學術研究，DeLisi等人於調查前並針對本研究主題進行相關文獻評析，相關討論內容如下：

1. 該研究在蒐集分析相關文獻資料時發現，吸毒與侵入性竊盜兩者之間具有高度的相互關係，竊賊會從竊盜收入當中去購買毒品、或為了購買毒品去從事竊盜犯行、有者甚至會在行竊前吸食毒品等。

2. 竊賊決定實施侵入性竊盜的動機，通常會受到同儕、非正式社交活動（社會學習）及對金錢迫切需求性的影響；相對的，侵入性竊盜被證明相對容易威嚇制止，這與侵入性竊盜著重在機會因素的特徵有關。該研究列舉許多的研究發現：當住宅或公司工廠採取某些預防措施，例如監視器、警報器、吠叫的狗或會外出觀察異狀的鄰居等時，大多數的竊賊會直接放棄行竊。

3. 儘管非正式社交（社會學習）往往是許多侵入性竊盜的直接原因，但也有諸多研究支持竊盜是一種具有高度理性風險評估的犯罪類型，他們通常會往被捕風險最小化、潛在報酬最大化的方向思考。例如，竊賊會選擇他所熟悉之社區內的房屋或建物為目標、事先多次勘查地點與行竊住宅以確定受害者何時不在家等。

4. 從更長期與廣泛的相關研究結果可以發現，除了極少部分的竊賊之外，大多數竊賊通常會與其他財產犯罪、暴力、毒品及其他違反社會秩序等犯罪有高度的關聯性，而且竊賊本身並沒有認為自己是竊賊，而是他所選擇的一種生活方式而已。

　　DeLisi等人經由流行病學研究法及邏輯迴歸統計分析侵入性竊盜與犯罪者的前科紀錄、藥物濫用，及人口流動率和社會人口統計學的關聯性，並比較於調查前十二個月以內期間的行竊自我報告狀況後，得出以下調查結論：

1. 在過去的十二個月中，自我報告的侵入性竊盜犯罪盛行率隨樣本的前科紀錄而有很大的變化。前科樣本在本研究調查前十二個月內，因竊盜被捕的發生率為4.7%，而初犯樣本在過去十二個月內因竊盜被捕的發生率為0.02%，兩者達235倍的差異。

2. 其次，侵入性竊盜犯罪者在社會人口統計學上，具有年紀輕並隨著年紀增長而犯竊盜罪的比率降低、教育程度低、居住狀況不穩定、接受政府援助的比例高、就業狀況也不穩定等現象。

3. 最後，在行為風險因素上，他們具有廣泛從事反社會行為的傾向，尤其是前科樣本，他們的前科紀錄更是五花八門，包括吸毒、販毒、街頭鬥毆、危險駕駛、詐欺、酒後鬧事、性犯罪和縱火犯罪等；當然，汽機車竊盜、扒竊、街頭搶奪等，與其更是呈現高度相關。DeLisi等人據此認為絕大多數的犯罪並沒有專門化與專業化的取向。

4. 總結該調查所得，侵入性竊盜是一種較為普遍的財產犯罪類型，因此在盛行率上相對較高，並且也被證明與其他犯罪類型有高度的連繫。本次調查結果發現，具有犯罪前科的樣本（4.7%）與初犯樣本（0.02%）相比，兩者的侵入性竊盜犯罪率差異達235倍；具有前科的樣本也比初犯樣本有較低的學歷、較低的收入、經常搬家，及使用菸酒、非法藥物、酗酒等經驗；另在前科樣本的犯罪經歷上也可以發現，絕大多數的犯罪並沒有專門化與專業化的取向。

（四）其他相關研究簡述

Chamberlain和Boggess（2016）以社會解組理論及被害結構選擇理論為基礎，進行一項以犯罪者居住地的社區生態環境為依據，論證侵入性竊盜發生地點的差異性時發現：

1. 社區的社會結構因素可以預測該社區裡的住宅是否會被標選為行竊的目標，亦即表現出更多社會解組跡象的社區其住宅被害率更高，其中包括居民的異質性、家庭經濟條件劣勢及高租屋率等。

2. 竊賊即使不在他自己所居住的社區內行竊，他也會去搜尋與他所生活的社區具有高度相似條件的社區行竊。換言之，竊賊的行竊目標，選擇現有居住或以前居住的社區的可能性，遠高於他從未居住過的社區，這也表示出竊賊更願意去熟悉的地區而不是冒險去未知的地方行竊。

3. 在傳統的認知當中，富裕社區似乎對竊賊具有高度的吸引力，但該研究卻發現富裕並不是竊賊決定目標的主要考量，熟悉的社區生態環境才是選定目標最主要的考量。

4. 竊賊對於被捕風險的考量遠大於對目標物價值的考量，亦即他會選擇在一個居民彼此都漠不關心的社區環境裡行竊，畢竟這樣的環境對他來說的行竊風險最低；再者，現代社會許多體積輕巧、易於攜帶且高價值的目標物（例如筆記本電腦、智慧手機、平板電腦等）的家庭使用率不斷提高下，也可以減輕竊賊針對特定富裕社區實施行竊的需求，在這種情

況下，居民冷漠的社區才會是竊賊最喜愛的首選。

Hoppe和Gerell（2018）在瑞典第三大都市馬爾默市（Malmö）進行一項住宅竊盜近乎重複被害特性的研究，他們以2009年至2014年的官方犯罪統計為依據，以環境犯罪學為該研究的主要理論基礎進行研究。Hoppe和Gerell論及住宅或其周邊區域內的住宅若有重複被害的現象發生時，以環境犯罪學的角度來說，有兩種可能假設：第一種是促發假設（boost hypothesis）：當竊賊在該住宅順利完成一次侵入住宅竊盜時，該竊賊很有可能再返回該處所行竊，或將該處所位置與訊息分享給同行。此一假設與犯罪機會理論較有相關，因為某一住宅竊盜犯罪事件是否重複發生，取決於該住宅或所處社區所呈現出的弱點特徵（例如可接近性高、監控性不足等），促發了潛在竊賊選擇該處作為行竊目標；第二種是標識假設（flag hypothesis）：這種觀點是從竊賊的理性意識出發，主要與理性選擇理論的觀點有關，因為該住宅或該社區所呈現的弱點因素（例如居民冷漠、環境呈現破窗現象等），吸引潛在竊賊選定該處為行竊的目標，因而無論是再度造訪行竊者或是初次到該社區或住宅的行竊者而言，都是一個理想行竊的目標。

Hoppe和Gerell從事該項研究的主要企圖，是想瞭解造成某一住宅或鄰近該住宅區域內的其他住宅重複被害的特徵，其研究發現：

1. 具有高度被竊風險指數的住宅，於發生初次住宅竊盜事件之後，該住宅或其周遭鄰近住宅發生重複被害的風險，存在八週的時間；若在空間距離上再加以分類時，發生初次住宅竊盜犯罪事件之後，該住宅周邊距離1-100公尺之間，於42天之內會再有住宅竊盜事件發生；距離101-200公尺之間，於28天之內會再有住宅竊盜事件發生；距離201-400公尺之間，於21天之內會再有住宅竊盜事件發生。

2. 上述住宅重複被害的模式並不是每年都是如此的穩定，例如在該研究當中，距離301-400公尺之間，於7天之內會再有住宅竊盜事件發生的預測力，於2009年與2014年是以.01的統計顯著性水準呈現；於2012年是以.05的統計顯著性水準呈現；但於2010年、2011年及2013年卻都未達統計顯著性，顯見住宅竊盜被害的模式，會因該住宅遭週環境特徵的變化而有所變化。

3. 綜上，侵入性竊盜不能被看作是一個獨立事件，其必須綜結鄰近社區周遭環境特徵後，併同進行分析，因為有時該地區的物理環境的變化、人

流的增減及日常活動的變化等，都可能會對侵入性竊盜的發生產生影響。

　　Chen和Rafail（2019）以社會解組理論、破窗理論及日常活動理論等為基礎，在美國路易斯安納州的紐奧爾良市進行一項關於房屋閒置是否會引發更多犯罪的研究。他們的研究主要有兩個重要的發現：

1. 房屋閒置與財產犯罪關聯性的研究發現上，該研究與之前的研究發現一致，兩者之間確實具有高度正相關，當社區內閒置房屋愈多時，該社區內的財產犯罪率愈高。Chen和Rafail的解釋是閒置房屋為潛在的犯罪者提供較為隱私和低度的監控性，從而加劇社區內的財產犯罪率，用日常活動理論的語言來說，房屋閒置一方面缺乏直接監控或管理能力的存在，同時也會降低該社區進行干預的意願。這個研究結果呼應許多同時期的研究發現，認為社區意識的穩定性、非正式社會控制力和社會結構程度等，在預測財產犯罪上具有相當重要的作用。

2. 當鄰近社區的房屋閒置率高時，也會影響本社區的財產犯罪率。此一發現與近年來諸多的研究結果一致，當緊鄰的社區普遍存在閒置房屋時，這種無人在乎的不安全感會擴散傳染到本社區當中，從而加劇本社區居民對犯罪的恐懼，降低其干預社區偏差事件的意願，最終導致犯罪率的增加。此外，當有動機的竊賊被吸引到這些具有房屋高度閒置率的社區時，他們可能有意或無意地越過這些社區的自然界限並尋求隨機的犯罪機會，從而增加了緊鄰社區中財產犯罪事件發生的風險。

3. 綜結以上，該研究結論為破窗理論提供實證上的支持，並認為預防財產犯罪被害的策略應以社區為基礎，著重於社區非正式社會控制力和發揮集體效能的計畫，似乎是較為可行的途徑。

（四）小結

　　因為竊盜犯罪是世界各國相當普遍且占全般犯罪比例相當高的犯罪類型，其中的侵入性竊盜不僅對財務損失有重大影響，且因竊賊係採取侵入住宅的方式，對於生活在住宅之內的居民也會產生重大的被害恐懼感，甚至衍生各種人身傷害事件的發生，因此本節在介紹竊盜犯罪類型相關的研究發現時，乃集中在侵入性竊盜的研究上。

　　綜整上述諸多竊盜犯罪的研究歷程與結果時，可歸結出當前研究竊盜犯罪事件時有以下特徵：

1. 確認機會理論居於解釋竊盜犯罪的核心地位，其中包括理性選擇理論、日常活動理論、生活方式暴露理論、被害結構選擇理論、犯罪型態理論、犯罪熱點等常見的被害者學理論。然而，這些單一理論似乎不足以完整解釋竊盜犯罪事件的發生輪廓，因而進階發展出新機會理論（內含日常活動理論、犯罪型態理論、理性選擇理論），企圖去完整解釋竊盜犯罪事件的發生，最後再經過多年學術研究的經驗累積之下，又更加嚴謹細緻地發展出「一般化多元機會理論」，嘗試以宏觀和微觀的機會觀點及其相互作用下，作為研究類似竊盜等財產犯罪事件及其情境犯罪預防策略的理論基礎。

2. 因此，從上述所介紹的諸多研究文獻當中可以發現，每個研究在理論基礎層面上，接拋棄以往單列宏觀層次的社會結構理論觀點（例如社會解組理論、破窗理論），或單列微觀的空間環境觀點（例如在地點特徵上以犯罪熱點為代表；在個體活動特徵上則以生活方式暴露理論及日常活動理論為代表）來探討竊盜犯罪事件的做法，轉而將宏觀層次的社會結構理論觀點結合微觀的空間環境觀點來共同建構竊盜犯罪事件發生的模型，並藉由此一模型的實證檢驗後，開發更加嚴謹細緻的被害預防措施。

3. 再者，突破傳統學術研究上的認知，富裕社區似乎不再對竊賊具有高度的吸引力，熟悉所欲行竊的住宅所處社區生態環境才是選定目標最主要的考量，因為竊賊對於被捕風險的考量還是遠大於對目標物價值的考量。亦即，他會選擇在一個居民彼此都漠不關心的社區環境裡行竊，畢竟這樣的環境對他來說行竊的風險最低；再者，現代社會許多體積輕巧、易於攜帶且高價值的目標物（例如筆記本電腦、智慧手機、平板電腦等）的家庭使用率不斷提高下，也可以減輕竊賊針對特定富裕社區實施行竊的需求，在這種情況下，居民冷漠的社區才會是竊賊最喜愛的首選。

4. 當結合宏觀與微觀的機會理論觀點之後，侵入性竊盜不能被看作是一個獨立事件，而是必須綜結其所處與鄰近社區周遭環境特徵，再併同進行分析後才能估算其重複被害的風險值，因為有時住宅所處社區或鄰近社區的物理環境若發生變化（例如都市重劃、閒置房屋重整）、人流的發生增減及日常活動產生變化（中產階級家庭進駐）等，都可能會對侵入性竊盜的發生率產生影響。

5. 侵入性竊盜是一種較為普遍的財產犯罪類型，因此在盛行率上相對較高，並且也被證明與其他犯罪類型有高度的連繫。基本上侵入性竊盜犯罪者在社會人口統計學上，具有年紀輕並隨著年紀增長而犯竊盜罪的比率降低、教育程度低、居住狀況不穩定、接受政府援助的比例高、就業狀況也不穩定等現象；在行為風險因素上，他們具有廣泛從事反社會行為的傾向，尤其是具有前科的犯罪者，他們的前科紀錄更是五花八門，包括吸毒、販毒、街頭鬥毆、危險駕駛、詐欺、酒後鬧事、性犯罪和縱火犯罪等；當然，汽機車竊盜、扒竊、街頭搶奪等，更是與其呈現高度相關，也因此可間接證明大多數的犯罪並沒有專門化與專業化的取向。

三 詐欺犯罪

　　以我國內政部警政署刑事警察局（2020）針對詐欺案件類型的歸納計有五大類，其分別是「金融機構ATM解除分期付款」、「假網拍真詐財」、「猜猜我是誰」、「盜用網路帳號」、「假冒機構（公務員）詐財」等五大類型。若要再細分詐欺手法，恐怕其方式與途徑可達上百種以上；再根據刑事警察局自2019年9月26日至2020年9月2日期間所發布的最新詐欺犯罪手法警示資料筆數，在短短不到一年期間，臺灣就有高達61筆的最新詐欺犯罪手法的警示，顯見我國詐欺犯罪的盛行率仍高。除此之外，我國的詐欺犯罪集團更複製臺灣的詐欺經驗行銷全球，並將詐欺基地移出到東南亞、歐洲及非洲等地，掀起一股跨國詐欺的風潮。至於國外的詐欺犯罪現象，則較少有類似臺灣係由一群犯罪者所組成詐欺集團的詐欺模式，而大多數集中在白領犯罪領域，其中包括食品詐欺、政治選舉詐欺、公司治理詐欺、醫療詐欺等。但有一項是我國與國際詐欺犯罪具有的共通類型，那便是網路詐欺。

　　鑑於當今網際網路的發展與運用已經達到全球化、高便利性、高滿足消費者立即需求與服務多樣性的階段，導致我們的日常生活無時無刻都必須仰賴網路的服務，包括購買產品和服務、開展業務、銀行業務、預訂消費、商業或觀光旅行，甚至是休閒度假等，導致電子商務逐漸發達盛行。遺憾的是，電子商務雖然促使人們生活更加便利，但卻也讓有動機的犯罪者找到可以濫用該技術進行財務詐欺的平臺。同時，更棘手的是，電子商務或網路財物交易讓犯罪者可能在千里之外的另一個司法管轄權的國家或

地區實施犯罪活動，便於讓其隱藏身分，因而導致以司法手段處理詐欺犯罪時，更顯其困難度。

依據美國知名防毒軟體公司McAfee於2018年所發表的報告指出：網絡詐欺案件造成全球消費者、企業和政府約6,080億美元的損失；全球各公、私部門或個人為防制網絡犯罪所投入的相關成本，已從2014年的4,450億美元增加到2017年的6,080億美元，並且該國家的國內生產總值（gross domestic product, GDP）愈高者，其受網絡犯罪侵害的損失就愈大；美國另家知名防毒軟體公司Symantec於2018年也發表一份報告指出：於2017年調查全球20個國家之後，估計有9.78億人受到網路犯罪的影響，並造成消費者總計約1,720億美元的損失（每位受害者平均損失142美元）；同時，該報告還顯示，消費者平均要花費將近24小時來處理後果。此外，因為網絡詐欺的盛行，使英國每年經濟損失約270億英鎊，且光是2017年這一年，網路犯罪投訴中心就收到約11,000份的投訴等（Ali et al., 2019）。由此可見，當前詐欺犯罪不僅與網路連結而增加犯罪偵查上的困難度，造成財物損失的金額也比起傳統一般詐欺案件更為龐大。

經檢視國內外有關詐欺犯罪的相關研究內容後，茲將詐欺犯罪的理論基礎與類型簡介如下：

（一）理論基礎

陳玉書和曾百川（2006）在一項網路詐欺犯罪理性選擇歷程之質性分析研究當中發現：一般性犯罪理論中的低自我控制力、理性選擇理論中的犯罪決定歷程、日常活動理論中的目標物選擇與監控性，及情境犯罪預防策略當中增加犯罪成本風險與降低犯罪報酬等因素，於解釋網路詐欺犯罪原因及歷程上具有相當解釋力。

盧俊光（2007）研究臺灣的詐欺犯罪型態與模式時認為，詐欺犯罪是犯罪者歷經理性選擇的過程，他以理性選擇理論描述詐欺犯罪者從事該犯罪是：經過理性的評估，認為通訊金融詐欺行為屬於高報酬、低成本、低風險、低懲罰的犯罪；同時在於評估完成詐欺犯行所「付出的成本」及「得手難易程度」等兩種不同變項時，應當也會理性地選擇使用成本低且易得手的作案手法。

楊士隆等人（2008）在研究臺灣詐欺犯罪防制策略時，以一般化犯罪理論來描述詐欺犯罪者特徵為：一群低度自我控制者，在遇到有詐欺犯

罪機會發生時，便會以詐欺方式詐取他人錢財來滿足個人自我利益，詐欺犯罪者只會追求個人利益享樂，毫無考慮對方感受及受害心境，只要有機會便會不斷犯案；另以理性選擇理論來解釋詐欺事件發生的原因，其認為詐欺行為發生之原因在於「低成本、獲利高、風險低、刑度輕」，詐欺集團往往只需花費很少的成本，就可獲得極大的效益，因此，詐欺犯罪者會考量犯案的時間、地點、目標物等，以達遂詐欺的目的。

孟維德（2016）年以情境犯罪預防觀點探討「Call客戀愛跨境詐欺」[1]犯罪時認為：情境犯罪預防的焦點在於犯罪的情境；目的在於事先阻止犯罪的發生；策略的實施在於降低犯罪活動對潛在犯罪人的吸引力等，進而減少犯罪機會及增加犯罪者所感知的風險。因此，該研究從情境犯罪預防的觀點出發進而去探討「Call客戀愛跨境詐欺」所呈現的機會結構，以便透過諸多策略加以阻斷防制。由此可知，「Call客戀愛跨境詐欺」是以犯罪機會理論觀點出發，從諸多的機會結構當中建構成功詐取金錢的條件與模式。孟維德在該研究發現有許多促進因子提供「Call客戀愛跨境詐欺」成功的機會，諸如：1.現代社會人際關係疏離，情感空虛；2.各式交友網站及APP日增，網路交友盛行；3.第二類電信機房設置容易；4.個人資料外洩問題嚴重；5.跨境網路電話追查不易；6.兩岸語言、文化相近；7.感情金錢糾紛難以界定；8.詐欺犯罪其及相關犯罪行為（如販賣人頭電話、帳戶）刑責不重；9.跨境地下匯兌方便金錢流通。

林標油（2017）以其從事犯罪偵查實務角度，研究銀行業參與模式的電信詐欺策略時指出：銀行業參與詐欺犯罪防制策略，應採取理性選擇理論與日常活動論所建構出的情境罪預防策略為基礎，以達到降低犯罪機會及防衛被詐欺者的目的，使詐欺犯罪歷程在銀行端獲得即時監控下，以增加詐欺犯罪的困難度。

另外，國外有關詐欺犯罪的研究上，Mears等人（2014）在研究如何降低老年人遭受詐欺犯罪的影響時指出：防制詐欺犯罪的核心理論基礎在

---

1 「Call客戀愛詐欺」係利用現代人情感空虛、孤單渴求戀愛的心理，於大陸地區設立電話機房向臺灣不特定男子攀談，建立情感，再以各式理由博取同情，並與臺灣酒店或相關業者合作，以詐取金錢。根據警政署刑事警察局官方網站顯示，此種犯罪的被害者常羞於報案，認為自己的遭遇屬酒店消費糾紛或感情金錢糾紛，而非詐欺犯罪。相較於一般假冒官署、購物詐欺等手法，當事人不易辨識或清楚證明自己為詐欺被害者，結果造成高犯罪黑數及嚴重財務損失的現象，潛在被害者數量龐大（孟維德，2016）。

於犯罪機會理論，諸如日常活動理論等。Mears等人更進一步說明，個體的日常環境與活動會影響其受害的可能性，以詐欺犯罪為例，若能對個體實施監控措施，則其受到詐欺犯罪被害的可能性相對較低；同樣的若能降低暴露或接近詐欺犯罪者時，則可減少其受害風險。因此，從犯罪機會理論的角度來說，若能對詐欺犯罪被害的高風險群（例如老年人）提供教育宣導，或提供相關防止受到詐欺的服務程序，將可有效降低詐欺犯罪被害的可能性。Holtfreter等人（2008）也從日常活動理論的觀點認為，降低詐欺被害目標的吸引力也是防制詐欺被害很重要的關鍵，例如從網路購物商處購買產品、配合電話推銷員的購物推薦等，都會對詐欺犯罪者形成高度的吸引力；Pratt等人（2010）則認為：花費大量時間在網路上瀏覽或從網站上購買商品，會增加與潛在詐欺犯罪者的接觸頻率，因此，正確適當的使用網路服務也是防制詐欺犯罪相當重要的一環。

Li等人（2015）在香港進行一項針對老年人詐欺犯罪被害調查研究時，採取日常活動理論的觀點進行研究，他們認為：人們日常生活的變化會影響日常活動理論所持三個要素的融合（有詐欺動機的犯罪者、合適被詐欺對象、缺乏有能力的監控者）以及詐欺犯罪事件的發生，而現代社會的老化人口逐年增加，整體社會運作的結構也不斷產生改變，導致合適被詐欺的目標也相對增加，再加上當前有能力監控的人數相對減少或效能減弱，從而導致詐欺犯罪率逐年上升或是處在高端階段。

另外，Whitty（2013）運用理性選擇理論的觀點研究美國網路約會（online dating）詐欺犯罪[2]時指出：網路約會詐欺犯罪者創造一種「詐欺說服技術模式」（scammers persuasive techniques model），詐欺者在索求金錢之前，會先將被害者帶入以下三個階段的犯罪歷程：1.關係建立階段：詐欺者與被害者取得聯繫之後，會很快速的對被害者展現愛意，並要求被害者從約會網站上的通訊轉移到其他具有私人性的聯繫空間當中（例如Instant Messenger、Line等），並明確表明希望與被害者建立彼此獨有關係；2.關係修飾階段：當犯罪者取得與被害者單獨通訊的關係之後，開始與被害者建立濃烈的親密關係，可能在數週或數月的時間內，兩人的交

2　網路約會詐欺犯罪通常是具有組織性的犯罪操作，其透過網路約會或社交網站進行，犯罪者會先假裝且快速地與被害者建立友善關係，並逐步與被害者建立親密關係後，以詐欺手段使被害者付出大量金錢。

流是頻繁而激烈的，並在此一階段讓被害者順利愛上詐欺者；3.實質控制
（感情與金錢）階段：一旦詐欺者知悉被害者真實付出感情時，便開始要
求禮物先作為測試，當被害者照做時，便開啟一系列以金錢為目標的詐欺
行為，例如親人在醫院進行手術，緊急需要金錢；希望被害者付出金錢贖
身，幫助她脫離酒店的坐檯陪酒的生活；甚至有些人被害者被要求裸身，
並在網絡攝影機前進行性行為，經被側錄後再被勒贖金錢。

　　從以上國內外有關詐欺犯罪的研究可知，解釋詐欺犯罪事件發生的
理論，主要還是以犯罪機會理論當中的理性選擇理論與日常活動理論為主
軸，強調詐欺犯罪事件具有一定程度的階段性與歷程性，並在該發生歷程
中可以發現諸多機會結構的存在，進而導引出「降低犯罪機會」與「增加
監控能量」等兩大防制面向，進而使情境犯罪預防策略成為防制詐欺犯罪
最佳的策略。

（二）類型

　　舉凡目前國內外有關詐欺犯罪現象，大致可劃分為白領犯罪領域內
的詐欺，及一般犯罪人或犯罪集團所為的詐欺，且因為可供行使詐欺的管
道、平臺、技術與方法相當眾多，因此在類型呈現上就相當複雜。例如，
若排除白領犯罪的詐欺犯行來說，林標油（2017）檢視我國反詐欺165專
線有關電信詐欺犯罪就有39種，因此如何建立起有系統的詐欺犯罪類型也
實屬不易。以下茲就國內外各一篇具有代表的詐欺犯罪分類研究予以簡述
之：

1.國內關於詐欺犯罪類型的研究

　　盧俊光（2007）從「犯罪人」及「被害人」互動的觀點劃分詐欺手
法之類型（見圖17-7）。其中，若以犯罪人角色區分時，可分為「主動
式」及「被動式」兩種，「主動式」係指詐欺者主動出擊搜尋被害者實施
詐欺，例如主動打電話給被害者誘騙民眾；「被動式」則是先行設下詐欺
陷阱，等待被害者步入陷阱後予以詐欺，例如廣發簡訊後，等待民眾上鉤
回電；以被害人角色區分時，則可分為「隨機式」及「挑選式」兩種，此
項分類視被害人身分是否事先已被詐欺集團挑選並掌握，或是全憑運氣以
亂槍打鳥方式行騙等變項來判別。

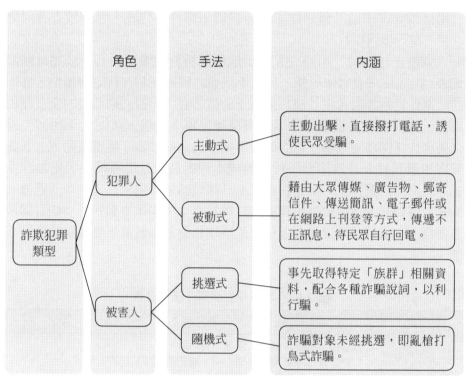

角色　　　手法　　　　　　內涵

詐欺犯罪類型

犯罪人

主動式　　主動出擊，直接撥打電話，誘使民眾受騙。

被動式　　藉由大眾傳媒、廣告物、郵寄信件、傳送簡訊、電子郵件或在網路上刊登等方式，傳遞不正訊息，待民眾自行回電。

被害人

挑選式　　事先取得特定「族群」相關資料，配合各種詐騙說詞，以利行騙。

隨機式　　詐騙對象未經挑選，即亂槍打鳥式詐騙。

圖17-7　詐欺手法類型圖

資料來源：引自盧俊光（2007：26）。

　　盧俊光（2007）劃分「犯罪人」及「被害人」各自的詐欺類型後，再依兩者互動作用情形，交叉推衍成「挑選主動式」、「挑選被動式」、「隨機主動式」及「隨機被動式」等四種詐欺類型：

1. 挑選主動式：詐欺者事先取得適合詐欺者之相關資料後，主動撥打電話誘騙對方。

2. 挑選被動式：詐欺者事先取得適合詐欺者之相關資料後，以郵寄信函、傳送簡訊或發送電子郵件等方式，等待被害者回應後，進一步誘騙對方。

3. 隨機主動式：詐欺者事先取得不特定民眾之相關資料後，隨機撥打電話誘騙對方。

4. 隨機被動式：詐欺者利用大眾傳播媒體或網際網路，刊登不實訊息吸引被害者回應並取得其相關資料，或事先取得不特定民眾之相關資料後，

隨機以郵寄信函、傳送簡訊或發送電子郵件等方式，等待被害者回應後，進一步誘騙對方。

盧俊光（2007）再將交叉推衍成的四種詐欺類型及其手法加以歸類如表17-2，從該表當中可知，詐欺手法並非歸屬在某一特定的類型，亦即詐欺案件是為詐欺者主（被）動施予及被害者主（被）動承接的交互作用情形，進而呈現其型態相當眾多與複雜現象。最後，盧俊光（2007）再依據理性選擇理論觀點，以詐欺成本與效益角度推論「挑選被動式」（如郵寄中獎訊息）詐欺類型所付出的成本相對最低且最易得手，是為詐欺犯罪者最佳的選擇；「挑選主動式」（如電話通知退稅）次之；「隨機被動式」（如刊登信用貸款不實廣告）再次之；「隨機主動式」（如冒稱親友借錢——猜猜我是誰）則為付出的成本相對最高且最不易得手的詐欺型態。

表 17-2　詐欺類型與其手法一覽表

詐欺類型	詐欺手法
挑選主動式	1. 假退稅、退費、發老人年金，真詐財。 2. 假冒公務機關或金融機構人員，通知盜刷或資料遭盜用。 3. 假冒法院、地檢署電話語音詐騙。 4. 假借報六合彩明牌詐騙。 5. 佯稱進行市場調查，繼而舉行慈善晚會、通知中獎。 6. 假借催繳欠費，電話語音詐騙。 7. 電話恐嚇詐欺。 8. 假擄人、竊車，真詐財。 9. 冒稱親友借錢——「猜猜我是誰」。 10.營造邂逅通知心朋友之情境再借錢詐騙。
挑選被動式	1. 刮刮樂、六合彩金詐欺。 2. 信用貸款詐欺。 3. 廉價購物詐欺。 4. 求職詐欺。 5. 廣告交友或色情援交詐欺。 6. 假冒名義募款詐欺。 7. 假退稅、退費、發老人年金，真詐財。 8. 假冒公務機關或金融機構人員，通知盜刷或資料遭盜用。 9. 假冒法院、地檢署電話語音詐騙。 10.假借報六合彩明牌詐騙。 11.佯稱進行市場調查，繼而舉行慈善晚會、通知中獎。

（接下頁）

詐欺類型	詐欺手法
隨機主動式	1. 假退稅、退費、發老人年金，真詐財。 2. 假冒公務機關或金融機構人員，通知盜刷或資料遭盜用。 3. 假冒法院、地檢署電話語音詐騙。 4. 假借報六合彩明牌詐騙。 5. 佯稱進行市場調查，繼而舉行慈善晚會、通知中獎。 6. 假借催繳欠費，電話語音詐騙。 7. 電話恐嚇詐欺。 8. 假擄人、竊車，真詐財。 9. 冒稱親友借錢——「猜猜我是誰」。 10.營造邂逅知心朋友之情境再借錢詐騙。
隨機被動式	1. 刮刮樂、六合彩金詐欺。 2. 信用貸款詐欺。 3. 廉價購物詐欺。 4. 求職詐欺。 5. 廣告交友或色情援交詐欺。 6. 假冒名義募款詐欺。 7. 假退稅、退費、發老人年金，真詐財。 8. 假冒公務機關或金融機構人員，通知盜刷或資料遭盜用。 9. 假冒法院、地檢署電話語音詐騙。 10.假借報六合彩明牌詐騙。 11.佯稱進行市場調查，繼而舉行慈善晚會、通知中獎。

2. 國外關於詐欺犯罪類型的研究

英國學者Onwubiko（2020）運用型態分析法（morphological analysis），將所蒐集到的詐欺案件依其特徵予以列表並進行矩陣分析，進而提出一種綜合性的詐欺分類法。Onwubikon於本研究所進行的詐欺犯罪分類原則，係依照聯合國「基於統計目的之國際犯罪分類」（international classification of crimes for statistical purposes, ICCS）的原則與框架下進行，先律定詐欺行為的三個屬性，而後分析詐欺的管道及特質，最後再經由辨識詐欺手法後予以劃分類型，茲分述下：

(1) 詐欺犯罪的分類原則

依照聯合國「基於統計目的之國際犯罪分類」的原則下，對於詐欺犯罪分類時應遵循下列四個原則：

①窮舉性（Exhaustivity）：進行犯罪行為的分類時，應包括與詐欺行為有

關的所有可能表現。

②結構性（Structure）：要將具有相同結構內涵的詐欺行為歸納在同一類型之內。

③互斥性（Mutual exclusivity）：每一項詐欺行為在分類時都只能歸屬在某一特定類別之內，且要與其他類別內的詐欺行為，互為獨立排斥。

④可描述性（Description）：分類後的詐欺犯罪類型，都必須能客觀且明確的被清楚描述，以利日後可以將詐欺行為明確地歸屬在某一個類型上。

(2) 詐欺的行為屬性

Onwubiko在進行詐欺犯罪的分類之前，提出詐欺犯罪必須要符合三個行為屬性，其分別是意圖（intent）、動機（motive）、客觀（objective）：

①意圖：詐欺行為是故意且具計畫性的，其內容通常涉及不正確的事實與欺騙，其目的是蓄意透過詐欺行為來獲取被害者（個人或機構）的財務。

②動機：詐欺者（個人或集團）是有動機、資源，甚至是有組織的，而他們行使詐欺行為的主要動機，便在於獲得經濟上的收益。

③客觀：每一次詐欺事件的內容都有相當客觀的依據，因此容易使被害者誤信該詐欺內容為真實而受害。

(3) 詐欺的管道

人類社會中的詐欺犯罪由來已久，只不過在現代社會因應網際網路、智慧手機、平板電腦及諸多通訊平臺的崛起後，詐欺犯罪不但數量大增，其發生的範圍也更加擴大，可供行使詐欺的管道更是五花八門。Onwubiko認為現今社會主要可歸結出下列四個詐欺管道：

①電腦網際網路：電腦網際網絡是當代社會人們進行商業交易、通訊和社交互動的重要機制，無論是基於合法和非法目的，任何人都可以透過網際網絡來達成。例如，網路購物詐欺。

②行動裝置：行動裝置諸如智慧手機與平板電腦皆屬之，人們透過行動裝置可以在連接網路服務後，隨時隨地進行社交通訊或商業交易，而現今發展出來的行動支付卻也成為詐欺犯罪的重要管道。

③室內電話：室內電話是詐欺犯罪相當傳統的管道，尤其許多賦閒在家的老人，通常都在此一管道內接受到詐欺電話，進而誤信下而受害。

④實體商店：實體商店內的詐欺應該算是最為傳統的詐欺管道，詐欺者在實體商店內以諸多不實訊息迷惑或誘騙被害者付出財務，又因現今社會的信用卡使用率相當頻繁，因而使被詐騙者的傷害更即時，被害財務更加龐大。

(4) 詐欺行為的特質

　　Onwubiko觀察其所蒐集詐欺犯罪案件的內涵後，綜整出當今詐欺犯罪具有七項可供分類的特徵，簡述如下：

①管道（Channel）：係指可供實施與實現詐欺目的的管道，例如在本研究當中，Onwubiko提出電腦網際網路、行動裝置、室內電話及實體商店等四個可供實施詐欺的管道。

②領域（Boundary）：係指該詐欺犯罪是從被詐騙者（尤其是公司機構）的內部發起（公司員工詐欺），還是受到組織外部的侵犯。

③主體（Entity）：係指操作詐欺的主體是自然人或是機器人（robot，又稱Bot）。當前電子科技的軟體設計相當發達，許多網站開始採取網路機器人來行使對外界的溝通，其中包括發送詐欺訊息。

④意圖（Intent）：係指某一行為已形成詐欺的結果，但該詐欺行為的行為者意向，可區分為三項：一是故意且具有惡意，例如為獲取財物而行騙的網路購物詐欺；二是故意但不具惡意，諸如出於公共利益目的下，舉報政府貪污舞弊案件者，透過詐騙政府相關資訊後予以公開舉發政府惡行者，此一類型者又被稱之為「羅賓漢詐欺」（Robin Hood fraud）；三是意外詐欺，這是屬於偶然無意的詐欺行為，通常是因操作者的失誤或對流程不熟練所造成。

⑤動機（Motivation）：係指透過詐欺行為可獲得的利益，基本上可分成財務動機與非財務動機。財務動機主要就是在獲取經濟利益，非財務動機則是為了能夠得到優惠待遇、博取聲譽、學術成就或其他自我滿足感者，皆可屬之。

⑥能力（Capability）：係指詐欺者操作詐欺獲得利益多寡的能力級別，Onwubiko在該研究當中分成重大詐欺、中等詐欺與輕微詐欺等三類。

⑦持續性（Persistence）：係指某一詐欺犯罪案件是連續同性質案件當中的一件，或是只是偶發的事件。Onwubiko在該研究當中依詐欺案件的時間性質，區分為兩類：一是暫時性詐欺，此種詐欺屬一次性詐欺，其存在

有時間上的限制；二是持續性詐欺，此種詐欺在時間上是連續行使的詐欺行為，例如接管被害者帳戶的詐欺。

(5) 詐欺的類型

Onwubiko根據以上關於詐欺犯罪的分類原則下，進行當前詐欺犯罪類型的劃分計有以下六種：

①帳戶接管詐欺（Account takeover frauds）：詐欺者掌握了被詐欺者的網路個人或金融帳戶後，進而接管被害者的運用權。此一詐欺類型屬永久性詐欺，其可包括故意惡意與故意非惡意之詐欺內涵，其產生的實害可以是具有經濟利益性，也可以是非經濟利益性，例如網路洗錢、詐騙個資。

②付款詐欺（Payment fraud）：詐欺者透過詐欺行為要求被詐欺者交付金錢的一種類型，其範圍從公司員工的財務詐欺（做假帳挪用公款）到與外部財務相關的詐欺（洗錢或預付款詐欺）等。

③申請詐欺（Application fraud）：詐欺者誘引被詐欺者透過實體或線上申請的方式所進行的詐欺類型，其詐欺目的可能是具經濟利益，也可能是非經濟利益，例如電子商務詐欺、智慧財產權詐欺。

④非金融詐欺（Non-Financial fraud）：非金融詐騙類型係指以個人獎勵，或為滿足個人動機與信念，或是詐欺目的屬於無償者皆屬之。例如，股票上市公司誇大其年度報告，企圖影響公司的企業聲譽或股票市場。

⑤意外詐欺（Accidental fraud）：意外詐欺是經由非故意或無意的錯誤下所實施完成的詐欺類型，其中可能由於操作者的錯誤操作或不熟悉操作流程所致；又可能是自動化設備軟體運作錯誤所致等，例如自動提款機吐鈔金額短缺不符。

⑥故意但非惡意詐欺（Deliberate non-malicious fraud）：此一詐欺類型係指詐欺者是出於故意的詐欺行為，但其詐欺目的對總體社會而言是具有公共利益性質。例如，公司企業的員工透過詐欺行為獲得公司污染環境資料後予以舉報，此種詐欺類型也被稱為「羅賓漢」詐欺，因為它可能為社會帶來更大的公共利益。

（三）小結

總結上述有關詐欺犯罪的介紹，可知描述詐欺犯罪事件的發生，主要以犯罪機會理論為解釋核心，對於詐欺犯罪者的理論解釋則以一般化犯

罪理論為基礎；另有關於詐欺犯罪的類型劃分上，舉凡目前國內外有關詐欺犯罪現象，因為可供行使詐欺的管道、平臺、技術與方法相當眾多，導致在類型呈現上就相當複雜，想要建立起有系統的詐欺犯罪類型也實屬不易。以下茲就詐欺犯罪的理論面及類型面加以綜整小結。

1.理論面

(1) 在描述詐欺犯罪者方面，咸認是一群低度自我控制者，在遇到有詐欺犯罪機會發生時，便會以詐欺方式詐取他人錢財來滿足個人自我利益，詐欺犯罪者只會追求個人利益享樂，毫無考慮對方感受及受害心境，只要有機會便會不斷犯案。

(2) 在描述詐欺犯罪事件發生方面，首先是以理性選擇理論來解釋犯罪者選擇以詐欺行為作為非法牟利的犯罪類型，此乃因為詐欺犯罪「低成本、獲利高、風險低、刑度輕」，因此詐欺集團往往只需花費很少的成本，就可獲得極大的效益，因此，詐欺犯罪者會考量犯案的時間、地點、目標物等，以達遂詐欺的目的。

(3) 防制詐欺犯罪的核心理論基礎在於犯罪機會理論，諸如日常活動理論等。因為個體的日常生活環境與活動型態會影響其受害的可能性。因此，若能對個體實施監控措施，則其受到詐欺犯罪被害的可能性相對較低；同樣的若能降低暴露或接近詐欺犯罪者時，也可減少其受害風險。因此，詐欺犯罪防制策略，應採取理性選擇理論與日常活動論所建構出的情境罪預防策略為基礎，以達到降低犯罪機會及防衛被詐欺者的目的，使詐欺犯罪歷程的每一個階段都能獲得即時有效的監控，以增加詐欺犯罪的困難度。

2.類型面

(1) 若以加害者與被害者的互動作用來說，詐欺犯罪的類型可分為「挑選主動式」、「挑選被動式」、「隨機主動式」及「隨機被動式」等四種詐欺類型。

(2) 若以詐欺行為的管道與行為屬性來說，詐欺犯罪的類型可分為「帳戶接管詐欺」、「付款詐欺」、「申請詐欺」、「非金融詐欺」、「意外詐欺」、「故意但非惡意詐欺」等六類。

三 強盜與搶奪犯罪

　　強盜與搶奪犯罪雖然在官方統計上被歸類在暴力犯罪，但在犯罪學的學理上，卻應該擺置在財產型犯罪理論當中進行討論，才能得出解釋強盜與搶奪犯罪事件的全貌與深度內涵。這是因為具有掠奪財產目的的暴力犯罪，其行為內涵具有工具性（理性選擇）的成分大於表達性（情緒釋放）的成分，因而與一般財產犯罪具有相同的理論底蘊（Bartol, 1995; Goode, 1997；謝文彥，2006）。在接下來關於強盜與搶奪犯罪的理論解釋上便可知道其中原委，再從諸多國內、外相關的研究報告當中更可以獲得驗證。

（一）理論基礎與研究發現

　　楊士隆與程敬潤（2002）以理性選擇理論的觀點研究我國嘉義地區強盜集團之生活史與犯罪歷程，該研究發現：強盜犯罪事件具有一定程度的犯罪決意歷程，其在犯罪動機上包括金錢需求的經濟因素、同儕壓力與僥倖心理等三項；在目標選擇上放棄傳統上以銀樓、銀行及便利商店等有大量現金的行業商店，轉而以遊藝場、撞球店及電玩店為目標，此乃風險與利益考量的結果，另也有「對犯罪行為合理化」的效果，咸認前述遊藝場、撞球店及電玩店等行業所賺取的也是不義之財，藉以減緩內心的罪惡感；另在強盜集團質性分類上，發現其所研究的對象無論在行搶前的目標選擇、結夥過程、行搶路線、工作分配、行動過程，甚至是風險評估上，都具有一定程度的理性考量與計畫，因此應屬專業強盜犯。

　　謝文彥（2006）以理性選擇理論作為其研究街頭搶奪犯罪事件之理論基礎，另以社會學習理論作為描述街頭搶奪犯罪者的理論依據。其研究發現：

1. 街頭搶奪犯罪具有以下特性：(1)較常發生在高移動性、高被害者易見性及高可及性的街道上；(2)選擇較脆弱、較方便行搶及穿戴較有價值財務的騎機車被害者，並自其背後行搶其手提包；(3)搶奪犯與被害者兩者之間大多不熟識，且不需有密切互動；(4)搶奪犯大多騎乘機車已增加其機動性、快速性及立即逃脫性；(5)搶奪犯大多穿戴全罩式安全帽、或遮擋車牌、或騎乘贓車，以避免警察追查；(6)搶奪犯認為搶奪是可以獲得錢財最快速的方式，且會經由一定程度的理性考量，諸如行搶時間、地

點、區域特徵等。

2. 回應理論基礎的意涵上，搶奪犯在行搶過程中充滿理性考量，其中包括挑選熟悉的地點、落單婦人、穿戴全罩式安全帽、遮擋車牌、騎乘贓車等，顯見於事前必經一番理性選擇的歷程。

　　王朝煌和林建隆（2011）從犯罪模式（methods of operation）的觀點出發，認為具有常業或職業特徵的犯罪者，通常會經歷一定程度的理性選擇過程，例如安全考量、容易得手與否、實質利益多寡等，因此往往會反覆運用自己最熟悉的手段與方法從事犯罪行為，因此可從其做案手段、方法與形式上予以分析，並建立其犯罪模式。經其研究結果發現：

1. 搶奪犯罪模式當中，搶奪犯罪者從事搶奪時首重事前的準備工作，再者依序為行搶方法、行搶習慣、行搶工具與獲利多少等。可見搶奪犯罪者確實具有一定的理性選擇程度。

2. 搶奪犯罪事件發生的時間大多發生在12時35分至20時50分之間，因此警察防搶勤務應擺置在該期間內。

3. 搶奪犯罪事件與犯罪者的地緣關係具有高度相關性，且有距離遞減效應，若再以住宅竊盜犯罪相比，搶奪犯罪事件發生的區域更為縮小，此一研究發現與犯罪型態理論的觀點一致。

　　蔡憲卿（2012）進行建構金融機構強盜被害風險指標研究時，其蒐羅以往相關實證研究所持的理論基礎計有：理性選擇理論、被害傾向因素理論、新機會理論、被害結構選擇理論與日常活動理論等。從上述五個屬於財產型犯罪理論可以再次驗證，強盜犯罪雖然在官方統計當中被列為暴力犯罪，但在犯罪學學理研究上，大多被歸屬在財產型理論的解釋範疇。蔡憲卿該項研究建構五項金融機構強盜被害風險指標，並分屬在該機構內、外兩大面向之列：

1. 內部管理與自體防護構面：其中包括人員防衛能力因素（警衛配置與執勤狀況等）、營業管理監控因素（室內監視器數量與監視範圍等）、櫃檯物理阻絕因素（櫃檯型式與高度）。

2. 外部監控與警察保衛構面：其中包括金融機構外部機械監視因素（外部監視器數量與監視範圍）、警察安全維護因素（警察單位座落的距離及巡邏密度）。

　　另在國外研究上，Bernasco和Kooistra（2010）在荷蘭進行一項有關於強盜犯的居住歷史對其從事商業強盜犯罪地點選擇的影響，他們以犯罪

型態理論為基礎，嘗試去驗證強盜犯的居住歷史與其從事商業強盜犯罪的地點選擇具有相關性，其研究發現：

1. 首先，強盜犯罪者在犯罪地點的選擇上，會與其所熟悉的區域距離呈現衰減的現象（愈陌生愈不會選擇該處）。其中又有兩種現象值得注意：一是犯罪者是否傾向於在其住家附近犯罪，是根據他們在當地的生活經驗而定；二是住在同一區域的強盜犯們，住在當地時間較長者會比較短者選擇在當地區域內犯罪的機率更高。

2. 其次，若強盜犯罪者在現行居住區域所居住的時間比前一居住的區域時間較短者，則該強盜犯會選擇在前一次居住的區域內犯罪。由此可知，強盜犯罪者相當依賴其居住經驗，換言之，比起現在較為短期的居住地，以前長期居住的區域似乎更有可能被犯罪者選擇為犯罪地點。此等發現支持了犯罪型態理論的命題，即犯罪者的空間意識，在其目標選擇當中發揮至關重要的作用。

3. 總結來說，強盜犯罪者會在其所熟悉的區域內找尋合適的犯罪目標，如此才能對犯罪機會和風險會有更多的瞭解與掌控，藉以獲得更大的利益和更低的被捕風險。但是，選擇在熟悉區域內犯罪時，通常也會使犯罪者更容易為受害者或旁觀者所辨識。因此，綜合理性選擇理論與犯罪型態理論的觀點下，強盜犯罪者所認為理想的地點，應該是處在所謂的緩衝區域（buffer zone）內，這個區域的人文特徵是：既對強盜犯罪者熟悉卻又不易為受害者與旁觀者所識別的意識空間。此與犯罪型態理論所說的「邊緣」具有相同概念。

　　Wellford等人（1997）蒐集美國5個州148名被監禁中的便利超商強盜犯進行訪談，其中有33%的受訪樣本表明會在實施犯罪前6個小時加以計畫，有40%的人表示他們花了一天以上的時間來計畫；Petrosino和Brensilber（2003）則在美國麻薩諸塞州針對28名被監禁中的便利超商強盜犯進行訪談時發現，其研究樣本在犯罪計畫性的努力上則顯得較低，其中有13名樣本是沒有計畫，12名樣本則用了5分鐘到4小時的時間進行計畫，只有3名樣本花了一週或以上的時間進行犯罪計畫；另van Koppen和Jansen（1999）依據其研究所得認為，隨著公司企業與銀行進行交易大多是在上班時間，因此具有專業性或職業性的強盜犯較有可能利用白天的時間來最大化可得的報酬；相反地，具有機會主義的超商強盜犯則較傾向於利用天色黑暗來進行較不需計畫性的衝動攻擊。由此可知，強盜犯罪者並

非絕對是個理性主義者或機會主義者，端視其所選擇的犯罪目標的日常活動特徵來決定。

從被害目標的日常活動討論強盜犯罪事件時，Bernasco等人（2016）以日常活動理論、理性選擇理論、時間地理學（time geography）及犯罪型態理論等為理論基礎進行街頭搶奪犯罪事件的研究，並經由理解人們的日常活動下，來瞭解街頭搶奪事件在時空地理的分布與犯罪機會呈現的情形。Bernasco等人的研究結果主要有下列兩項：

1. 街頭搶奪犯罪者對於犯罪地點的選擇，偏好在現金密集型的企業、商店，甚至是特種行業（或非法市場）聚集地帶，而且該地帶是具有帶來高收益與低風險的空間特徵。

2. 街頭搶奪犯在犯罪時間分布上，並未有集中在哪些特定時段，而是呈現隨機分布的現象，顯見街頭搶奪犯罪者在決意犯罪時，受到當時立即犯罪機會所觸發的影響，比起參酌被害目標的日常活動狀況來得大。

（二）強盜搶奪犯罪的非理性觀點──逆轉理論

綜觀一般性財產犯罪事件（例如住宅竊盜）與暴力性財產犯罪（例如強盜搶奪）事件，在運用理論的解釋時，似乎都具有相同的理論底蘊，亦即強調犯罪者對犯罪機會與成本效益的衡量作用。但是近年來隨著犯罪學理論研究逐漸朝向精緻化的走向，對於解釋犯罪事件發生的理論觀點也逐漸加以細緻分類，其中強盜搶奪犯罪事件研究便是一例。Piotrowski（2011）就以理性選擇理論與逆轉理論（Reversal Theory）為基礎，從事街頭搶奪犯罪事件的研究，並得出類似強盜搶奪犯罪者可分成具有理性、有限理性與非理性等三類。

Piotrowski（2011）訪談107名搶奪犯罪者的結果發現，有25%的人表示在犯罪前曾事先計畫，但卻有40%的犯罪者表示只是單純為了快速獲取金錢，並沒有經過特別的計畫。如此的研究發現，挑戰了具有財產目的的暴力性財產犯罪類型的解釋，亦即「具有掠奪財產目的的暴力犯罪，其行為內涵具有工具性（理性選擇）與表達性（情緒釋放）的成分，因而與一般財產犯罪具有相同的理論底蘊」的觀點（Bartol, 1995; Goode, 1997；謝文彥，2006）；Piotrowski進一步引用許多以往強盜搶奪犯罪研究的發現，認為強盜搶奪犯罪者最多只能說具有部分理性，因為影響搶奪犯罪者決意犯罪的因素當中，還包括其性格衝動、推理錯誤、運用中立化技術

等,使其透過搶奪犯罪事件去表達強烈的情感、強硬的性格並符合街頭文化的需求。

其中,de Haan和Vos(2003)分析荷蘭阿姆斯特丹市警察局將近5,000份街頭搶奪犯罪資料後發現:犯罪者的犯罪手段和目的之間似乎沒有任何關聯性,可見其街頭搶奪動機似乎是隨機與廣泛的,犯罪者的決策背景遠比理性選擇理論支持者所想像的複雜許多。犯罪者可能是社會邊緣人(酗酒或吸毒者),可能只是為了展現其具有街頭文化的強硬形象,或只是為了尋求刺激冒險等。因此,衝動性格、不穩定的道德感、展現街頭文化等,皆成為其從事街頭搶奪犯罪的決策基礎。另外,Katz(1988)早期的研究也認為,街頭搶劫不僅應在理性框架內,而且應更廣泛地考慮到次文化的元素,並應重視犯罪者的社會身分。因為當個體一旦融入到街頭文化之中時,便會受到該街頭文化的約束,並且影響其對犯罪風險和報酬的主觀評估。一般來說,大多數街頭犯罪所獲得的財務利益並不龐大,也引起不了一般正常理性的人去選擇此道。所以,當犯罪學家在研究類似強盜搶奪犯罪事件時,應該更深入與廣泛的去理解這些犯罪者之所以會去從事成本與效益根本不符的事件時,可能是因為透過從事這些事件所獲得的獎勵,是可以對其產生巨大的內在獎勵,例如展現江湖地位、不受任何人控制(擁有自主權)、擁有高度的行動力等,進而足以使許多人轉向街頭犯罪。

當對強盜搶奪犯罪的解釋轉向所謂街頭次文化的考慮時,似乎又將該犯罪類型的理論解釋面向從「事件論」又拉回「原因論」。關於強盜搶奪犯罪的街頭次文化解釋,Shover(1996)在研究街頭搶奪犯罪時即提出,搶奪犯罪者本身所體現出來的價值觀包括:傲慢、勇氣、隨時準備戰鬥等特徵,並經由街頭搶奪行為當中表現出這些特徵,並藉此增加他們的街頭聲響。他們同時對社會的法律秩序及社會規範採取消極敵視的態度,使得他們很容易陷入於職業犯罪的路途;另外,Gibbs和Shelley(1982)的研究也發現,強盜搶奪犯罪者缺乏生活遠見,重視立即滿足與享受,並具有特定的宿命論下,進一步強化了街頭文化的影響,這種態度讓他們認為現在的街頭犯罪生活是命運注定、命中注定的,這種對未來充滿悲觀與不滿的想法,將促使他們持續沉浸在街頭次文化的犯罪生活當中。

除了上述從犯罪學理論觀點描述強盜搶奪犯罪者之外,Piotrowski(2011)也依據英國心理學家Michael J. Apter於1970年代所提出的逆轉理

論來解釋強盜搶奪犯罪發生的原因。逆轉理論著重於動機對一個人在特定情況下的意義與回應的可變性，該理論認為一個人從事一項行為或反應的動機和情感會取決於對特定情況所賦予含義的解讀而變化。例如，某個體看到雲霄飛車，有時讓他覺得很興奮，但有時候可能會引起他的焦慮；有時看到嬰兒在哭時會產生憐憫同情，有時則會引起煩躁（Apter, 2003）。因此，Piotrowski認為為何強盜搶奪犯罪者不似一般典型的財產犯罪者般著重在情境機會的理性評估選擇，主要還是有受到該犯罪者來自其本身心理內部動機、情感與性格的影響，進而認為強盜搶奪犯罪者的理性程度是會受到極大限制，畢竟個體接收到外部環境的諸多刺激後，對其動機、情感、性格與思考會產生何種變化並不明確；再者從以往許多有關於強盜搶奪的研究當中也發現，雖然也有少部分具有理性程度的犯罪者，但絕大部分的犯罪者卻是分布在僅具有部分理性或非理性的解釋區塊，而逆轉理論正是當前解釋非理性行為最佳的行為解釋理論（Apter, 2001）。

　　總結Piotrowski（2011）依據理性選擇理論與逆轉理論研究搶奪犯罪事件的研究結論後，得出類似強盜搶奪犯罪者可分成具有理性、有限理性與非理性等三類：

1. 具有理性程度者，他們會有系統地進行思考，並進行成本效益分析後，策劃強盜搶奪犯罪行動。通常這種具備理性程度的犯罪者多是具有常業或專業的取向，他們從事犯罪的動機大多是金錢財物取向，且具有難以改變的犯罪經歷。

2. 具有部分理性者，大多在需款孔急的情況下匆促決定、或受到街頭文化的社會學習影響、或受到不良同儕友伴的牽引等，他們已經習慣性地將其犯罪行為合理化。

3. 具有非理性特徵者，基於Apter的逆轉理論的分析下，他們認為強盜搶奪犯罪是「突然的衝動」與「愚蠢」的行為。

第三節　結論

　　本章經探討解釋財產犯罪事件的相關理論依據，並參酌現今國內外相關研究後可以發現，財產犯罪事件的發生極度仰賴犯罪機會的呈現；至於

在犯罪人的理性程度上卻是顯現出理性、部分理性與非理性等三種類型，其理論解釋如圖17-8。

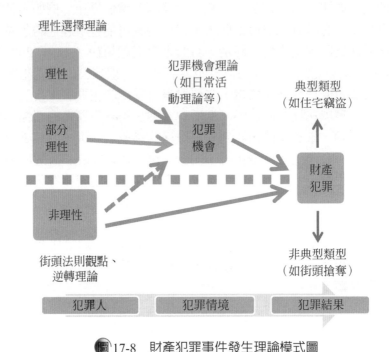

圖17-8 財產犯罪事件發生理論模式圖

從圖17-8當中可知，解釋財產犯罪事件的理論觀點可從犯罪人與犯罪機會（情境）兩個層面加以解釋。

一 犯罪人

（一）理性選擇理論——犯罪者具有理性與部分理性的觀點

當檢視當前國內外有關總結前述我國近十年來關於財產型犯罪的控制策略與效益，並觀察近十年來國際犯罪學領域有關財產型犯罪研究觀點與結論後，可以獲知當前財產犯罪類型的研究面向及防控策略都已拋棄犯罪者原因論的觀點，進而轉向犯罪事件論的立場進行。亦即，從現代古典學派的理性選擇理論及被害者學理論體系當中的機會理論，共同架構財產犯罪事件的研究與防制。其中的理性選擇理論強調犯罪者在財產犯罪事件當

中的犯罪決策過程是如何啟動、運作與決定；而機會理論則著重在犯罪被害目標所呈現的被害特徵與被害風險程度是如何呈現與被犯罪者所衡量。

　　由此可知，理性選擇理論試圖從犯罪者的角度來理解其犯罪思維的過程，包括：犯罪者如何評估犯罪機會、為什麼是決定做這件事情而不是另一件事情、為什麼是選擇犯罪手段而非合法手段來達到目的等。這種觀點有助於解釋犯罪並不是隨機發生的，它一定具備相當程度有利於犯罪事件發生的機會與條件，因此當犯罪學家研究出這些不利的機會條件時，便能有助於開發降低被害機會的預防方法。在過去的數十年間，許多的犯罪者也幾乎對所有的犯罪類型進行理性選擇理論的測試，其結果都顯示理性選擇理論在解釋犯罪者的犯罪決策歷程上具有相當的貢獻。

　　理性選擇理論之所以受到現代犯罪學學者的歡迎，主要原因還是在於該理論的內涵架構簡單：亦即潛在犯罪者會權衡犯罪的風險和效益，當效益大於風險時，犯罪事件便容易發生。這種將犯罪者視為一般人的描述，不僅讓研究者及社會大眾易於接近與認識，同時也讓所研究出來的結論與建議易於被人們所接受，最重要的是，基於理性選擇理論所研發出來的情境犯罪預防策略，更是可以在政府與社會大眾所認可下，紛紛展開各項具體的操作。

　　雖然理性選擇理論深受現代大多數的犯罪學者所青睞，但其還是受到諸多理論觀點或經實證研究結果的挑戰，例如Block（2001）認為每個人類行為都包含兩個方面：工具性（instrumental）和表達性（expressive）。工具性與行為的目標有關；表達性則與達到這個行為的目的結果有關，或傳達他想做這件事的企圖有關。而現今在研究犯罪事件時，通常都過度強調工具性意義而忽略表達性意義對犯罪者從事某項犯罪事件的影響；又如前述許多依據財產犯罪研究所得後所提出的街頭法則（code of the street）觀點與逆轉理論，也皆認為人類個體從事財產犯罪時並非一概是具有理性或部分理性的。因此，綜整當前對財產犯罪事件的研究觀點而言，理性選擇理論並非是全部可包攬解釋的觀點，僅能解釋具有理性或部分理性的部分，尤其是在典型財產犯罪事件當中，例如住宅竊盜、汽機車竊盜、詐欺犯罪等，似乎並不適用解釋全部具有暴力性的財產犯罪，例如強盜、街頭搶奪、超商搶奪、銀行強盜搶奪等。

（二）街頭法則與逆轉理論——犯罪者具有非理性的觀點

當代研究財產犯罪時，幾乎都採取犯罪事件論的觀點，傳統犯罪原因論的解釋幾乎是消失匿跡，然而近年來有許多犯罪學者似乎又將研究面向逐漸投注在犯罪人的諸多特質上，會產生這種現況不僅是來自於對當前理性選擇理論過度擴張的反動，更是在研究許多犯罪事件當中，發現有不少部分的犯罪者並不如理性選擇理論所描述的這麼具有理性，甚至連具部分理性都不足。因此，如何解釋這些不具理性或部分理性者的犯罪原因，就必須重新開拓理論面向，而其中最具代表性的理論觀點為街頭法則（詳可參照本書第十二章）與逆轉理論。

1.街頭法則與財產犯罪

從街頭法則的角度來說，上述諸多有關於強盜搶奪犯罪的研究發現中可知，強盜搶奪犯罪者最多只能說具有部分理性。因為，影響搶奪犯罪者決意犯罪的因素當中，還包括其性格衝動、推理錯誤、運用中立化技術等，使其透過搶奪犯罪事件去表達強烈的情感、強硬的性格並符合街頭文化的需求；另也有研究發現犯罪者的犯罪手段和目的之間似乎沒有任何關聯性，因為大多數的街頭搶奪動機似乎是隨機與廣泛的，犯罪者的決策背景遠比理性選擇理論支持者所想像得複雜許多。例如，犯罪者可能是社會邊緣人（酗酒或吸毒者），可能只是為了展現其具有街頭文化的強硬形象，或只是為了尋求刺激冒險等，因此，衝動性格、不穩定的道德感、展現街頭文化等，皆成為其從事街頭搶奪犯罪的決策基礎；「街頭法則」的概念由美國犯罪學家安德森所確立，他認為都市內的青少年似乎被迫從事各種具侵犯性或犯罪行為，其原因本質乃在於青少年為了能夠在都市環境裡生存，必須去遵循一套解決各種生活問題的街頭法則，而這法則充滿暴力、非理性、強硬、不容被挑釁、不容不受尊敬等內涵，並與主流社會文化有截然不同的特徵（Anderson, 1999）。

2.逆轉理論與財產犯罪

逆轉理論著重於動機對一個人在特定情況下的意義與回應的可變性，該理論認為一個人從事一項行為或反應的動機和情感會取決於對特定情況所賦予含義的解讀而有所變化。因此，類似強盜搶奪犯罪等具有暴力性質的財產犯罪，就不似一般典型的財產犯罪者般著重在情境機會的理性

評估選擇，其中還需要考量犯罪者來自其本身心理內部動機、情感與性格的影響。所以，強盜搶奪犯罪者的理性程度是會受到極大限制，畢竟個體接收到外部環境的諸多刺激後，對其動機、情感、性格與思考會產生何種變化並不明確；再者從以往許多有關於強盜搶奪的研究當中也發現，雖然也有少部分具有理性程度的犯罪者，但絕大部分的犯罪者卻是分布在僅具有部分理性或非理性的解釋區塊，進而支持逆轉理論解釋犯罪事件當中有關犯罪者呈現非理性的現象。

　　綜合上述，可將犯罪者從事財產犯罪的理性程度、類型與其理論依據，簡示如圖17-9：

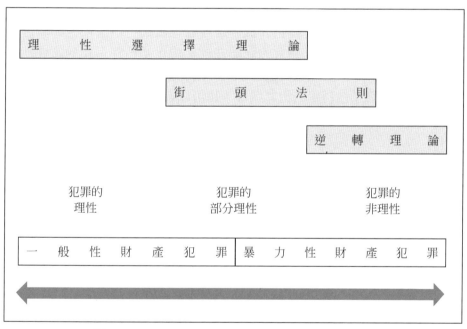

圖17-9　犯罪理性程度、類型與其理論依據示意圖

二　犯罪機會（情境）

　　從圖17-8當中可知，犯罪者會透過犯罪機會的呈現而達成財產犯罪的目的，由此可知犯罪機會在財產犯罪事件當中乃居於核心地位。以下茲就

機會所呈現的類型，以及當前有關財產犯罪研究所得出的犯罪機會內涵加
以簡述：

（一）犯罪機會的類別

在一個財產犯罪事件當中，犯罪機會的呈現對犯罪者來說，有時是在
不經意或被動的情況下隨機發現，有時則是在其精心觀察或積極尋找下預
期的出現。這兩種機會現象通常都對財產犯罪事件的發生具有一定的影響
力。

1.隨機性機會

對潛在犯罪者而言，其日常生活的絕大部分時間也是在從事守法活
動，而在此期間便會有許多犯罪機會出現在他眼前，無論他是即時著手
實施犯罪或是烙印該犯罪機會的跡象在他心中，這些都是屬於隨機性機
會的概念。因此，對於隨機性機會來說，潛在犯罪者連騎車在街道上的時
間都可以去記錄某些特定的犯罪機會，也可以對容易得手的目標物進行心
理記錄，以備將來有需要時使用。綜此，潛在犯罪者在其日常活動的過程
當中，因工作、休閒或其他事項而隨機接觸與蒐集犯罪目標物的相關訊息
者，都可稱為隨機性機會。

2.積極性機會

除了上述隨機性犯罪機會之外，另有一些潛在犯罪者會依其本身需要
而主動去尋找合適的目標，例如大多數從事財產性犯罪者通常必須在犯罪
前先去搜尋與觀察某些特定犯罪區域（例如社區、鄰里或街道）以及特定
目標的特徵（例如建築物型式、監視器、門鎖樣式；車輛的品牌型號），
以利於他們去進行後續的犯罪計畫（諸如犯罪時間的選擇；犯罪工具的準
備）。而這就是積極性機會主義者。因此，若潛在犯罪者會依其需求而選
擇特定的犯罪類型，採取積極主動的方式去針對特定犯罪區域或目標物進
行搜尋，並進行一定程度的方案計畫者，都可稱為積極性機會。

（二）犯罪機會的內涵

在犯罪機會的內涵方面，從相關理論觀點與實證研究上可知，當前關
於犯罪機會的論述上，呈現出單元性與多元性兩個機會面向：

1.單元性機會理論

　　所謂單元性機會觀點係指某一個具有機會內涵的理論，它只停留在某一個特定情境條件下來解釋財產犯罪發生的原因。以日常活動理論為例，該理論強調有動機的犯罪者、合適的被害標的以及缺乏有效監控的情境等三要件的聚合，便會容易產生財產犯罪事件。至於有動機的犯罪者是否受到其生活情境的影響？合適的標的物處在何種社區條件上？又缺乏有效監控的情境特徵為何等，在該理論當中卻無法加以搭配說明，而亟需要其他層面或面向的理論來加以補充說明。因此，單元性機會理論的內涵乃呈現較為微觀的機會條件，集中在財產犯罪事件發生的即時情境條件上。

2.多元性機會理論

　　相對於單元性機會理論較為微觀且集中在財產犯罪發生的立即情境條件上；多元性機會理論則強調整合各種層次的機會理論形成具有微觀與巨觀條件兼備的機會理論觀點。例如Felson和Clarke（1998）便選擇其中具有關鍵解釋層次的理論，加以整合成為「新機會理論」一說，期待將犯罪機會理論以具有系統性、組織性與邏輯性的解釋架構，來提升解釋犯罪的效度，而他們所選擇的理論分別是巨觀層次的日常活動理論、中觀層次的犯罪型態理論、微觀層次的理性選擇理論等；後又隨著機會理論研究的蓬勃發展，繼新機會理論之後，美國犯罪學家Wilcox等人於2013年又提出更加嚴謹細緻的「一般化多元機會理論」，嘗試以宏觀和微觀的機會觀點及其相互作用下，作為研究財產犯罪事件和情境犯罪預防的理論基礎。該理論認為犯罪機會有多種層次來源，並且存在於社會生活的各個層面當中，進而成為潛在犯罪者建構其犯罪思維模式的重要依據，其中包括微觀層次的生活方式暴露理論、日常活動理論、犯罪熱點等；巨觀層次的社會解組理論、破窗理論、以環境設計預防犯罪、防衛空間等。因此，從上述理論當中可以發現影響犯罪事件發生的元素跨及個人、住宅、街道、社區鄰里、都市環境等特徵上，讓犯罪事件產生獨立或共同的機會效應，而採取多元性機會理論解釋犯罪事件發生的模式，將會是未來研究財產犯罪事件的理論主流。

第十八章　白領犯罪

　　白領犯罪（white-collar crime）已存在於人類社會相當久的時間，只是在犯罪學研究領域長期以來一直將焦點放在街頭犯罪之上，而忽略社會中上階層的犯罪行為，而這種現象也是激發犯罪學批判學派興起的原因之一。白領犯罪在近年來逐漸受到犯罪學界的重視，主要原因可能來自於：

1. 白領犯罪的傷害範圍過於廣泛，諸如妨害經濟秩序的穩定（內線交易、掏空公司財產）、妨害公司利益（公司內侵占與竊盜）、傷害員工人身安全（不安全的工作環境）、環境污染（製造空氣、土地與水資源的污染物）、傷害大眾身體健康（添加不安全原料等食安問題）、貪污賄賂（傷害他人公正利益）等。

2. 白領犯罪的傷害程度超乎想像，例如發生於2008年美國金融界的金融投資詐騙案，主謀在當時之前還被認為是金融鉅子的馬多夫（Bernard L. Madoff），他設計了一連串的龐氏騙局（Ponzi scheme）吸收投資者的金錢，光是這個投資詐騙案就讓投資者損失達500億美元以上，其中受害的投資者當中還有為數眾多的全球知名銀行企業。

3. 白領犯罪者潛身在公司企業當中，防不勝防且造成公司損失甚大，例如我國在2014年某知名汽車輪胎公司爆發重大弊案，擔任該公司協理職務之員工，涉嫌收取廠商回扣長達十七年，接受賄款金額預估超過新臺幣17億元；另依據全球知名的舞弊稽核師協會（Association of Certified Fraud Examiners, ACFE）於2014年的報告指出：公司企業由於公司內部員工所實施的詐欺而損失的金額，約佔該公司年收入的5%；經受害的公司企業當中，也只有14%能夠彌補其損失（ACFE, 2014）；若要檢測一個公司內部是否有員工舞弊詐欺公司款項，則需要花費七年以上的時間並且要付出相當龐大的金額（Deloitte, 2008; Bower and Gilson, 2003）。

4. 現代社會諸多合法職業運作過程中的弱點，導致社會大眾受到詐騙或詐取國家財務事件頻傳，例如消費者詐欺、保險詐欺、醫療詐欺（詐騙健保費）。

5. 民主法治社會強調權利義務，違反信任與信託事件影響大眾生活權益不斷發生，引發社會高度重視，例如公務員接受賄賂影響公共工程品質、選舉意圖當選而買票等。

　　當然，白領犯罪的範圍與類型不僅止於上述，尚還包括許多具有社會

中上階層或受人信任者，在其合法職業活動範圍中，因違反信任或信託責任獲取利益者皆可稱之。白領犯罪雖然在當代犯罪學領域深受到重視，但卻因為在其定義上一直無法產生共識，因而導致研究資源一直無法聚焦，導致在理解白領犯罪發生的原因以及相關防治策略上也一直無法開展。

第一節　白領犯罪的定義、特性與類型

　　「白領犯罪」一詞自美國犯罪學家蘇哲蘭於1949年正式提出後至今，無論在學理或實務上都尚無具有共識性的定義，就蘇哲蘭最原始的定義來看——「受人尊敬和較高社會地位者在其合法職業過程中所犯下的罪行」，主要將白領犯罪的定義擺置在「社會中上階級者」在其「合法職業活動」中的犯罪行為。就蘇哲蘭在當時的觀察，許多美國公司企業經常性的違反法律規定，幾乎已經達到慣犯（habitual criminals）的程度（Sutherland, 1949）。Desai（2020）針對蘇哲蘭的說法進一步闡釋為：公司企業的管理階層負有管理公司資產與營業運作的權力，但他們卻運用這些權力與管理機會以詐欺方式違反這種信任關係，或利用公司運作過程中許多的弱點機會使自己或特定人獲取利益，進而傷害公司或相關人之利益者。

　　蘇哲蘭對白領犯罪的定義擺放在「社會中上階級者在其合法職業活動」中的犯罪行為，若考量他當時所處的社會環境與犯罪學研究氛圍，其實也不難理解他提出呼籲犯罪學界應該重視此一議題的用心。因為他觀察到當時大多數的犯罪學理論都將研究重點集中在低下階層者的生活環境當中，因此對於白領犯罪領域一直都缺乏研究興趣，更不用說去建構適合解釋的理論。然而會促使蘇哲蘭公開正式提出呼籲的原因，竟然是他發現從事白領犯罪者的身分與生活條件都相當優渥，並非當時犯罪學理論所主導來自低經濟條件所導致；再者，蘇哲蘭也發現在許多合法職業活動當中，非法行為卻被廣泛認為是做生意的一種方式，非法牟利在各種商業環境似乎已成為同行之間的潛規則，導致犯罪實際上已成為社會中上階級職業體系裡的習俗一般。

一　白領犯罪的定義

繼蘇哲蘭之後至今，許多從事白領犯罪的犯罪學家也紛紛給予白領犯罪定義，但因為白領犯罪的範圍過於廣泛，因此也都只能說是該犯罪學家對其所關注領域的操作性定義；或者若要對全般白領犯罪進行定義時，則其定義又顯得抽象。以下茲就各項白領犯罪定義說明如下：

Edelhertz（1970）在定義白領犯罪時，認為白領犯罪至少具備三種理論要素：1.該行為本身一定是非法的；2.實施白領犯罪時不需要借助任何的物理工具，諸如肢體攻擊或攻擊武器；3.其犯罪目的是為獲取財物或某種政治動機，以獲得實質收益與優勢，而其犯罪主體可以是企業或個人。此一定義雖然有想要全盤解釋所有白領犯罪的意圖，但日後許多學者針對這項定義的內容添加了一個非常重要的元素，亦即——白領犯罪必須在合法的職業背景下進行（Friedrichs, 2007）。

Wheeler等人（1982）則提出白領犯罪的定義為：「透過使用詐欺、隱瞞或與他人共謀組合所實施的經濟犯罪。」此一定義更進一步被Wheeler等人具體限縮在下列八種類型之一：銀行貪污、稅收詐欺、郵政詐欺、信用詐欺、虛假索賠和陳述、賄賂、證券詐欺或違反反托拉斯法等。從此一定義的內涵可以看出是以白領犯罪行為的質性作為定義的標準，並不強調實施該白領犯罪的個體本身是否具備社會中上階層地位或其職位是否受人尊敬；或者Wheeler等人直接認為從事該八項行為者，本就具備社會中上階層地位或其職位是受人尊敬的條件。

Helmkamp等人（1996）將白領犯罪定義為：「個人或組織通常在合法的職業活動過程中，由具有較高社會地位或受人尊敬的個人或組織從事違背信託責任或公眾信任的違法或不道德行為。」此一定義已將白領犯罪的定義範圍做出較為清晰的輪廓，其中幾個重要元素分別為「個人或組織」、「合法職業活動範圍內」、「具有較高社會地位或受人尊敬的地位」、「從事違背信託責任或公眾信任的違法或不道德行為」等，這四個重要的概念元素共同建構了一個較為清晰的白領犯罪定義。再者，從此一定義當中其實可以再加以細分成兩個面向：個人主義白領犯罪和公司白領犯罪（Piquero et al., 2008），前者係由個人所犯下的罪行使該個人受益，而公司犯罪則是透過公司總體的違法運作而受益。

美國「白領犯罪國家研究中心」（National White Collar Crime

Center）於1996年召集各方專家研討後擬定的定義為：由個人或機構、所從事有計畫之詐騙或非倫理行為、通常是社會上層或受尊敬之人、為個人或機構利益、在合法職業活動過程中、違反信託責任或公眾信託的行為（孟維德，2001）；另美國司法部司法統計局（Bureau of Justice Statistics, BJS）則對白領犯罪的定義說法為：「關於如何定義白領犯罪尚無共識，本局將白領犯罪定義為：任何透過非暴力手段違反法律的行為，包括個人或組織為了其利益而出於謊言（lies）、隱匿（omissions）、欺騙（deceit）、虛假陳述（misrepresentation）或違反信任立場（violation of a position of trust）的行為。」（BJS, 2020），該局同時也匡列了十一項與其所定義有關的白領犯罪類型如下：1.銀行詐欺；2.消費者詐欺；3.保險詐欺；4.醫療詐欺；5.證券詐欺；6.稅收詐欺；7.環境違法；8.虛假主張和陳述；9.向政府官員賄賂；10.不公平的貿易慣例；11.與工作場所有關的違法行為（例如不安全的工作條件）。

　　總結上述，關於白領犯罪的定義可綜合為：由個人或組織所從事有計畫之詐欺或非倫理行為，這些個人或組織通常是社會上層或受尊敬之人，其為個人或組織的利益，在合法職業活動過程中所從事違反信託責任或公眾信託的行為，而這些行為則未涉及到運用各種物理性攻擊手段或工具時，稱之為白領犯罪。由此可知，白領犯罪的定義內涵基本上包括下列五個重要概念元素：1.在行為主體上可為個人（個人性白領犯罪）或組織（機構性白領犯罪）；2.在合法的職業活動過程中；3.為其個人或組織利益而實施詐欺、非倫理或違法行為；4.行為結果是違反信託責任或公眾信託；5.行為未涉及到運用各種物理性攻擊手段或工具。

白領犯罪的特性

　　白領犯罪基於上述的定義下，可以看出它與一般犯罪有迥然不同的犯罪內涵，其在定義上呈現兩個面向的特性：一是基於犯罪者特性，當犯罪者的社會和職業地位是社會上階層或受尊敬之人時採之；二是基於犯罪行為特性，當犯罪行為結果係違反信託責任或公眾信託的行為則採之。因此，以下即從犯罪者與犯罪行為兩個層面，比較白領犯罪與一般犯罪之間的差異，進而理解白領犯罪的特性。

（一）白領犯罪者與一般犯罪者的差異特性

　　經蒐集白領犯罪者與一般犯罪者之差異比較的相關研究文獻後，可得白領犯罪者所具有之特性為：

1. 就人口統計學來說，白領犯罪者具有高教育程度、低失業率、中高社會階級地位；在其職業上擔任管理工作；鮮少有前科或使用毒品紀錄等（Ragatz, 2012）。
2. 白領犯罪者從比較高的年齡開始犯罪，並隨著他們的職業生涯發展投入到犯罪的時間相對較長，且不易被外界發現（van Onna et al., 2014）。
3. 依據Piquero和Weisburd（2009）的實證研究結果顯示，白領犯罪者可明顯區分成下列三大類：
   (1) 機會性犯罪者：即遇到有犯罪的機會時才偶爾從事犯罪以獲利，是屬於低頻率犯罪者卻也是最大的群體，約占總體白領犯罪者的71%。
   (2) 間歇性犯罪者，即平時會去注意與蒐集犯罪的機會，抓準適宜的時機時就會從事犯罪以獲利。這類犯罪者的生活穩定，長期不犯法，並且遵循一定的犯罪行為模式，因此也不太容易被發現。此類犯罪者係屬中頻率犯罪傾向，約占總體白領犯罪者的25%。
   (3) 持續性犯罪者，即活躍於白領犯罪的活動當中，常態生活在白領犯罪的生涯，通常具有不穩定的生活模式和較低的自我控制力。此類犯罪者具有高頻率犯罪傾向，約占總體白領犯罪者的5%。
4. 白領犯罪者與一般犯罪者更可能具有精神疾患人格（psychopathic personality）取向，尤其是具有強烈的自戀（narcissistic）性格；但卻與一般犯罪者具有相同的享樂主義與低自我控制特徵（Ragatz, 2012）。

（二）白領犯罪與一般犯罪的差異特性

1. 白領犯罪一定是發生在個人或組織的合法職業活動過程內。
2. 實施白領犯罪過程中，基本上並不會運用到任何物理性或肢體性的手段或工具。
3. 白領犯罪的歷程時間較長且不易被發現。
4. 受害者與白領犯罪者未必會直接接觸，因此受害者的身分質性與範圍通常也較為模糊（例如食安犯罪與環境污染犯罪）。
5. 白領犯罪的犯行質性評估會集中在違反信託責任或公眾信託的行為上。

三 白領犯罪的類型

因應白領犯罪的定義尚未有一致的共識,因而也導致不易劃分其犯罪類型。除了前述美國司法部司法統計局對白領犯罪匡列的十一項與其所定義有關的白領犯罪類型之外,另我國犯罪學家許春金長期關注白領犯罪議題,並在其《犯罪學》著作當中逐年增修白領犯罪相關類型,直至2017年修訂八版的《犯罪學》一書當中,蒐集羅列白領犯罪之類型計有四大類,茲簡述如下(許春金,2017):

(一)公司犯罪

由公司的管理階層或職員,以公司利益為目的所為之非法或有損害於公眾之行為。其形式包括:

1.公司暴力

(1) 環境污染(對抗公眾利益的公司暴力)。
(2) 設計不安全產品(對抗消費者利益的公司暴力)。
(3) 不安全工作環境(對抗職工的公司暴力)。

2.公司權力的濫用、詐欺與經濟剝削

(1) 賄賂(商業賄賂與政治賄賂)。
(2) 逃漏稅及對政府的詐欺(對抗公眾利益的公司犯罪)。
(3) 價格操縱與不實廣告(對抗消費者利益的公司犯罪)。
(4) 不公平競爭、聯合壟斷、合併與竊取商業機密(對抗競爭者的公司犯罪)。
(5) 對職員的經濟剝削、詐欺員工薪資與不公平的勞工措施(對抗職工利益的公司犯罪)。
(6) 內線交易與惡性倒閉(對抗公司擁有人與債權人的公司犯罪)。

(二)職務犯罪

經由合法職業運作過程中所生之機會而犯下法律可懲罰之行為。
1. 小型企業之犯罪與詐欺:廉價品高價售出、對弱勢族群的詐欺(老人院以劣質品來降低經營成本)、服務業的詐欺(修車費用低價高報)。
2. 專業人士之犯罪:違反其專業倫理所形成的犯罪與詐欺(如醫師浮報醫

療紀錄溢領健保費用）。

3. 職員犯罪：員工偷竊、盜用公款、商業間諜等。

（三）政府與政治性犯罪

1. 政府犯罪：又可區分為：(1)犯罪政府：政府成了實施違反人性罪行的工具，如二次大戰期間，納粹德國屠殺猶太人；(2)壓迫性政府：剝削基本人權的政府，如極權國家；(3)腐化的政府：政府成為領導人斂財的工具；(4)怠忽的政府：政府犯了「不為之罪」，如在災害期間因政府的不作為或忽視所導致民眾的傷亡。

2. 政治性白領犯罪：政府官員或政治人物或其個人利益所為之非法或不適當行為，如賄選與不當的政治獻金。

（四）政治—企業犯罪、金融犯罪與科技犯罪

1. 政府—企業犯罪：政府與企業相互依賴，進而形成的利益輸送。例如，各種政府採購弊案，尤其像鉅額的軍事武器採購。

2. 金融犯罪：最典型者為政治人物與金融業者間的內線交易與利益輸送問題。

3. 科技犯罪：利用網際網路形成公司與個人專門職業間的犯罪，如進入他公司電腦系統竊取商業機密、對他人電腦程式之破壞與勒贖、架設網站販賣違禁品（如色情網站、販毒網站）。

4. 數位時代的犯罪：現代社會通訊數位化之後，遠距通訊雖然是更加便利，但卻也衍生諸多數位化犯罪的問題。例如，網購詐欺犯罪、網路駭客等。

第二節　白領犯罪的解釋理論與觀點

檢視現有解釋白領犯罪的相關文獻後，呈現出對白領犯罪者及白領犯罪事件兩個面向的解釋，亦即從白領犯罪者特質與思維出發的原因論，及從促發白領犯罪事件發生的相關因素出發。

一 白領犯罪之犯罪原因論

（一）白領犯罪者的特質

1.心理特徵

　　Ragatz等人（2012）研究白領犯罪者的心理特徵時，從其所蒐集到的文獻資料與其研究發現，白領犯罪者同時具備一般心理學與心理病理學上的特徵。在一般心理學屬性上，白領犯罪者在焦慮與社會外向性格等特徵相當明顯，同時對組織工作有較低的責任心與認同感；在心理病理學特徵上，Ragatz等人也發現白領犯罪者具有顯著的憂鬱與焦慮症狀。另Alalehto（2003）的研究也發現，白領犯罪者通常被同事描述為外向、充滿控制慾、很會算計、不太友好與神經質，尤其在憂鬱和焦慮症狀上更是明顯。因此，Babiak等人（2010）曾提出：精神疾病與不負責任的公司領導和白領犯罪的發生有關。他們更引用加拿大著名的犯罪心理學家Robert Hare所說：並非所有的精神病態者都在監獄當中，有些人在公司企業的董事會裡頭。因為他們自戀、具有控制慾、剝削他人、無情甚至是殘酷等。

　　探討白領犯罪者的心理特徵時，可以看到「自戀」（narcissistic）性格已成為白領犯罪者重要的心理特徵，誠如Perri（2013）所說：自戀和心理疾病之間存在某種心理連繫，當它們與犯罪思維模式結合時會產生負面協同作用，並增加白領犯罪行為的風險。Perri進一步認為：自戀是一種心理建構，定義了個人對自我和生活環境的看法。自戀者通常普遍表現出宏觀、掌握權力、有目標感與受到欽佩的需要，從而展現具備異於常人的信念，諸如優越感、獨見性、對自己的成就或觀點過於誇大等狀況。

2.自戀性格與白領犯罪

　　Maccoby（2000）曾認為，具有自戀性格者可以有效強化公司的領導能力，因為他們願意承擔相同管理階層者所不願意承擔的風險與困難，尤其是在公司面臨危機時期；不過Perri卻認為，在公司面臨困難危機的情況下，或許讓具有自戀性格者一時承擔高階管理工作確實有產生正面效益的可能，但是若讓這種人格特質者長期掌握高階管理工作，若其執行管理職能的關注焦點不是組織目標，而是滿足其自我成就與優越感時，就很有可能經由犯下不道德或犯罪行為，享受其權力與自我中心感。

　　Perri（2013）針對白領犯罪者撰文一篇名為〈究竟是有遠見的人？還是假先知？〉（Visionaries or False Prophets？）當中，整理出三種有關於白領犯罪者的自戀特徵：

(1) 自戀性格與低度的個人道德誠信有關：白領犯罪者基本上都圍繞在享受權力與剝削他人的生活當中，當他們想實施相關的白領犯罪時，並沒有什麼因素可以阻止他們，因為他們並不會害怕被發現或受到任何懲罰，因為過度自戀下的過度權力感讓他們的道德誠信感降低。

(2) 自戀性格領導者容易被工作圈裡的人蒙蔽：自戀性格白領犯罪者的另一個特徵，是他們極易被工作上部屬或同儕的謊言或好言所蒙蔽，而這些工作上的部屬或同儕通常也是白領犯罪事件的幫兇。會導致白領犯罪者身旁都是一些說盡好話或不管是非對錯順從到底的人，其實與白領犯罪者的自戀性格有關，因為他們缺乏現實感，及對自己能力有不切實際的想法，因此在他們身邊是容不下踏實進取的人，反而是與自己具有相似價值觀的人包圍，例如貪婪、不擇手段、逃避現實等。

(3) 自戀性格領導者具有強烈的關係破壞傾向：白領犯罪領導者期望從部屬或同儕他人當中獲得絕對的忠誠，當部屬或同儕無法滿足他們所想要的結果時，他們將會變得不可理喻、火爆，並對不滿意的現況採取憤怒性的批評。因此，自戀與極易與他人破壞關係特徵有關，而其現象例如操縱下屬、設定不切實際的公司績效目標、公司績效目標未能實現時採取壓制負面消息做法，或非理性的恐嚇下屬等。

（四）理性選擇理論

　　白領犯罪者從事犯罪時是否具有理性選擇的歷程，一直存有實證研究上的爭議，例如Croall（2001）和Benson與Simpson（2015）認為，某些類型的白領犯罪具有情境特徵，而有一些類型者則是需要廣泛長期的計畫與目標導向的，因而可得白領犯罪者確實需要經歷一定程度的理性選擇過程；但Vaughan（2007）卻認為若將白領犯罪者的犯罪解釋，放在理性選擇的考量上時是很危險的，因為某些白領犯罪（尤其是食品犯罪）是出自於整個商業組織文化結構的影響。例如在食品製造業的供應鏈中，該行業運作久了之後會創建一種組織文化，而在這種文化當中，某些非法（異常）行為是可以被接受，甚至已被規範化以實現該組織文化和目標。同樣地，生活在此一組織文化的管理者或員工由於擔心失去工作，或可能在遭

受組織壓力下也就習慣以非法的手段進行生產，由此也給理性選擇理論的適用性帶來了問題。

雖然理性選擇理論在白領犯罪者的適用上仍有疑義，但卻也有不少研究者著手進行兩者之間關聯性的研究，諸如Kagan和Scholz（1980）認為只有當這些人相信自己行為的經濟利益將超過預期的成本時，他們才會願意採取非法的行動；Kadish（1977）則認為白領犯罪者從事犯罪前，會針對其經濟利益經過成本效益的分析，所犯罪行是經過深思熟慮的；Chambliss（1967）則認為白領犯罪者所犯的罪行只是工具性的，而不是表達性的；Braithwaite和Geis（1982）也有相同的看法認為，白領犯罪幾乎不是激情犯罪，它們也不是自發的或情緒化的，而是理性行為者承擔著有計畫的風險；Paternoster和Simpson（1993）也強烈認為白領犯罪的潛在犯罪者所做出犯罪的決定是一個理性的決定，受該行為的成本和效益的影響甚大。

由上可知，白領犯罪事件的發生似乎與該犯罪者的理性選擇過程息息相關，但不可否認的，犯罪者的理性勢必深受許多犯罪者本身內在與外在條件的影響，進而產生許多決策和選擇上的「偏見」。當代理性選擇理論對於理性的看法係採取「有限理性」觀點，但以此理論解釋白領犯罪時，卻需要將此一犯罪類型犯罪者的特性加諸統整考量，誠如Kahneman（2011）所說：白領犯罪者在做出判斷時還可能會遇到許多潛在的錯誤來源，而這些錯誤的來源，主要都來自於犯罪者本身思維認知上的偏見所造成，例如受到犯罪者本身的可能性效應（possibility effect）[1]影響，產生過度樂觀與自信的決定；或犯罪者本身不具有穩定的性格，導致在決定時都只是依照眼前一時的條件為之；又或犯罪者受到稟賦效應（endowment effect）[2]的影響，往往設定過高的效益目標，因而與犯罪產生連結。

除了上述的偏見因素之外，影響白領犯罪者理性選擇的因素還包括過度的「自我中心主義」（Egocentrism）。諸多研究發現，白領犯罪者常

---

1 人類因認知偏差所生成的心理效應，通常對於確定或可能的結果會給與不同面向評價的傾向，例如對於不可能與低可能性的結果，通常會做出過度高估的反應時，則稱可能性效應。

2 稟賦效應常常用於行為經濟學的分析當中，該效應認為人們在決策過程中，往往會產生偏見，導致對於付出成本的認定遠遠大於對於獲得利益的認定，因此人們在出賣或與他人交換物品時，往往索價要比其本身更高的價值。亦即，人們傾向於珍愛自己擁有的東西，當我們珍惜擁有一件東西後，該東西的價值也會在我們心中相對地提升。

具有過度以自我為中心的特質，使得他們無法真實真心地面對外部壓力，並堅守著一個不切實際的信念體系且無法接受他人建言，因而導致管理者可能會傾向於無視外在環境變化的證據，依然固守其所堅持的態度信念來面對處理壓力事件。Langevoort（2000）即認為，白領犯罪者似乎是有系統地高估自己的能力，這種過度以自我為中心的個人特質，很容易表現在過度樂觀和自信的決策上，再加上對公司危機事件和風險的控制權力過高等，往往在這些不利的內在與外在條件聚合下，白領犯罪事件就很容易發生。換言之，白領犯罪者一開始或許還存有部分理性，但卻抵擋不了其自身後來的狂妄自大、自我欺騙、情緒與稟賦效應的影響。

（五）一般化緊張理論

白領犯罪者的犯罪動機，有時來自一般化緊張理論所持的壓力問題，依據該理論的觀點，白領犯罪者因為追求利益目標的失敗、或追求經濟或權勢的正向刺激遭受移除、或追求經濟與權勢的過程當中出現負向刺激時，往往會促發白領犯罪者的負面情緒。當然，負面情緒一旦出現在白領犯罪者的身上時，若他們能尋求合法合理的管道解決，便還可以停留在合法正當的運作當中，只是如前段所述，大多數的白領犯罪者往往具有強烈的自戀性格或夾雜某種類別與程度的心理病理狀況時，則往往不會尋求合法合理的管道，白領犯罪事件於焉產生。

Dorminey等人（2012）論及公司型白領犯罪時曾提出：白領犯罪者的犯罪動機，有時來自於其面臨且無法與他人分享的財務問題壓力，而此一財務問題的壓力通常會涉及公司或其個人的社會污名，因而導致其以非法手段去處理該問題以緩解其壓力；或者是來自白領犯罪者本身的自戀性格，因其本身的過度自信或自豪感阻卻了他與他人分享與尋求幫助的可能；另有學者也從一般化緊張理論的觀點，論及影響白領犯罪事件發生的可能狀況：當需要以盡可能低的成本滿足商業利益的需求時；當公司陷入財務困境且需要遵守相關債務契約時，則容易以做假帳的方式來矇騙投資人或銀行；當公司管理者需要達到一定的收益目標才能獲得獎金或自戀期望時；當公司需要以減低稅額來獲取公司營收時；為了獲取個人利益，透過內線交易或以不實手法增加股票價值時等（Broidy, 2001; Langton and Piquero, 2007）；Langton和Piquero（2007）更進一步引用一般化緊張理論的觀點指出：個人所處的社會環境或工作環境若是呈現高度的社會地位

時，則容易誘發該個體為持續保有該高度社會地位而形成一定的壓力，進而影響該個體以實施白領犯罪的方式來維持其高度金錢開銷的可能。因此，白領犯罪者為維護既有的社會成就或形象，他們似乎面臨更多失業和擔負經濟責任的壓力，採取非法手段就會是追求正面成就或減緩負向刺激的必要手段。

（六）中立化技術理論

中立化技術理論創發者Sykes和Matza（1957）曾指出：個體在運用中立化技術時會在技術與程度上有所不同，但在社會上階層犯罪者身上，卻可以發現他們運用得相當普遍。由此可知，白領犯罪者的心理構成有一相當顯著的特徵，即是他們具有中立化法律道德約束，和使其犯罪行為合理化的能力（Stadler and Benson, 2012）。

雖然中立化技術理論的完整創發是到了1957年由Sykes和Matza所建立，但運用在白領犯罪的解釋時，則早在蘇哲蘭及其後繼者克雷西（Donald R. Cressey）的論點當中即有中立化或合理化的描述。蘇哲蘭透過差別接觸理論來解釋白領犯罪，經由社會差別接觸的社會學習效果，從而學習犯罪技巧、態度、價值觀與合理化的技巧等（Sutherland, 1949）；克雷西則認為，白領犯罪者透過各種「詞語話術」（vocabularies of adjustment）的使用，來合理化他們想去從事的犯罪行為（Cressey, 1953）。換言之，白領犯罪者被認為是有意識地規劃討論如何進行犯罪，並在討論規劃過程中完全意識到行為是錯誤的，但是他們還是會透過許多中立化技術去說服自己犯下犯罪行為；再者，中立化是一個說服自己的過程，當中立化過程結束後，白領犯罪者便會相信眼前所要做出的這些不被接受、不道德、不正當的犯罪行為，在當時是可以做的，進而暫時擺脫社會規範的拘束。

Sykes和Matza（1957）論及中立化技術時曾明確指出：通常成年人從事一般的偏差或犯罪行為時，勢必要運用到中立化技術來讓他們暫時脫離傳統規範的拘束，因此可推論中立化技術與白領犯罪確有高度相關，因為通常來說白領犯罪者相較其他一般犯罪者而言，具有較為濃烈的傳統價值觀念，因此當他們要暫時背離傳統價值規範進而犯罪時，就必須採取某種類型與程度的中立化技術。

（七）一般化犯罪理論

雖然一般化犯罪理論在解釋街頭犯罪上具有一定程度的效果，但引用在白領犯罪的解釋上卻顯得分歧。例如Blickle等人（2006）研究發現白領犯罪者確實具有低自我控制能力的傾向；但Simpson和Piquero（2002）研究發現，低自我控制能力卻不能解釋白領犯罪的意圖；其後的研究結果也都呈現混雜的現象（Piquero and Schoepfer, 2010; Simpson, 2013），亦即一般化犯罪理論似乎還無法很明確紮實地解釋白領犯罪的發生，而此一現象可能導因如前述所說：某些類型的白領犯罪具有情境特徵，或需要廣泛的計畫和目標導向。

雖然一般化犯罪理論在解釋白領犯罪的結論顯得混雜，但仍有許多犯罪學者對於白領犯罪者的自我控制程度好奇，因而投入相關的研究。諸如van Onna等人（2018）在荷蘭進行有關白領犯罪者在一般違規行為的研究，藉以瞭解白領犯罪者的自我控制程度。他們將在2008年至2012年期間被荷蘭公共檢察署起訴為白領犯罪的犯罪者計637人作為觀察組，另以徵求1,809個一般民眾為對照組，觀察兩者在違反交通法規與稅法的表現；該研究發現白領犯罪者在違反上述兩法規的表現上，呈現較高的違規行為傾向，就算只是白領犯罪初犯者也同樣呈現較高的違規行為傾向。因此，van Onna等人的建議是：傳統上對於白領犯罪者的認識是他們在一般社會規範上會是較為守法的社會成員，此一刻板印象可能需要調整了。

Van Onna等人（2018）針對研究結果進一步認為：該研究所觀察的雖然是白領犯罪者在一般社會違規行為的表現，但卻可以呈現出白領犯罪者的基本素質，當他們具有強烈的低自我控制程度時，通常他們也比較願意去利用職務上所觀察到的機會結構去犯罪、或更容易接受不道德的商業文化、或樂於去接受與實現公司所交付不道德或具犯罪性質的工作目標；相同地，若公司高階管理人員具備此種低自我控制特徵時，其不僅可能直接影響公司行政和管理決策過程，而且還會導致組織中不道德的商業文化擴張，因而導致白領犯罪事件不斷地發生（Davidson et al., 2015）。

另外，Craig和Piquero（2016）發現近年來對白領犯罪的許多研究都聚焦在犯罪者個人差異的層面，預測白領與街頭犯罪者兩者的不同之處，因此採用了Gottfredson和Hirschi（1990）所提出的自我控制理論（一般化犯罪理論）來作為檢測兩者差異的理論基礎，因此大量使用了低自我控

制的概念，並認為自我控制能力低的人，如果有機會，將有可能犯下犯罪和其他類似行為。此外，依據Gottfredson和Hirschi（1990）的說法，低自我控制能力可以解釋所有類型的犯罪，包括白領犯罪。然而，Craig和Piquero（2016）卻認為低自我控制能力的特徵似乎並不適合解釋所有的白領犯罪者，因為有許多白領犯罪者為謀更大的經濟利益，他會有長遠的眼光，他會抑制對眼前利益的衝動。

當Craig和Piquero進一步大量閱覽低自我控制與白領犯罪者之間關聯性的研究文獻後，他們發現以往的研究結果確實在低自我控制與白領犯罪之間的連結，呈現支持與不支持參半的現象，但卻發現低自我控制能力確實可以有效預測個人主義性的白領犯罪，例如貪污、侵占公款、公司內部詐欺等。他們進一步發現，白領和街頭犯罪之間既有相似之處，也有不同之處，相似之處在於個人性白領犯罪與街頭犯罪具有相同的預測因素，但對於公司組織性的白領犯罪則卻無法有效解釋。

三 白領犯罪之犯罪事件論

（一）詐欺三角的解釋模型

此一觀點是解釋公司從事詐欺性白領犯罪的模型，該模型由蘇哲蘭的後繼者克雷西所開發，並成為現今各項公司犯罪檢核標準中最為流行的模型之一。克雷西於1950年在其《違反金融信任的罪行》（*The Criminal Violation of Financial Trust*）一書當中提出「詐欺三角」（Fraud Triangle）的概念，他認為公司企業實施詐欺性白領犯罪主要來自三個驅動因素（Cressey, 1950）：

1.個人壓力或公司激勵措施所引發

當公司內部人員遇到重大的財務問題，或受到公司所訂下的績效或激勵措施所影響時，該名員工或管理階層者可能就在其所職掌的業務上進行詐欺以獲取財物。例如，某員工投資股票失利，急需金錢填補資金缺口；公司員工被賦予不切實際的績效目標或被激勵時，為求達成該績效或激勵目標而實施詐欺。

2.公司內部控制弱點產生犯罪機會

　　從事公司內部白領犯罪行為者通常都是在其業務職掌範圍內發現了內部控制的弱點，並且相信沒有人會注意到他是否竊取公司款項。因此，公司企業若缺乏內部控管監督措施，都將提供某種程度的犯罪機會給予員工，進而提高了公司內部白領犯罪發生的風險。

3.白領犯罪者的理性化與合理化

　　從事白領犯罪者基本上都會對其所實施的犯行進行一定程度的理性化與合理化過程：在理性化上，白領犯罪者會先進行理性選擇的過程，認為此一犯罪活動所獲得的利益要比被發現治罪的風險更高且更為重要；在合理化上，則會生成「公司在薪水待遇上是虧待我的」或「我只是先應急借用，日後會償還這筆錢的」等，從而使該犯行予以合理化。

（二）詐欺鑽石的解釋模型

　　Wolfe和Hermanson（2004）擴大克雷西的詐欺三角模型概念，添加「有足夠能力」此一向度概念後，形成所謂「詐欺鑽石」（Fraud Diamond）模型。他們認為公司內部的白領犯罪者即使有克雷西所提出的三個要素外，若缺乏適當的能力，潛在犯罪者也無法順利的進行。其後，Dorminey等人（2012）也進一步補充認為：對於公司內部白領犯罪而言（尤其是長時間的大筆公司款項詐欺或侵占），犯罪者必要的基本特質包括智力、職位、良好的自我概念和因應壓力的能力。

（三）「老鼠」的解釋模型

　　Kranacher等人於2011年提出「老鼠」（MICE）模型以解釋公司白領犯罪事件發生的原因，其中「MICE」一詞是由金錢（money）、意識形態（ideology）、強迫（coercion）和自我（ego）等四個次概念的縮寫組合而成（Kranacher et al., 2011）。Kranacher等人認為並非所有公司內部的白領犯罪都是由犯罪者的財務壓力或犯罪機會所驅動，有時犯罪者本身所在意的社會條件可能超越財務壓力，並提供更多充足的動機。例如有許多研究指出：社會地位的比較、同業之間的經濟競爭文化等，也都是白領犯罪事件發生的重要動機來源。因此，白領犯罪事件的發生，有時是來自公司高層管理人員本身性格所具有的貪婪，或受公司經營所具有的競爭意

識形態所影響，或受其自我概念當中喜愛比較所驅動等，當綜合這些條件情況下時，在社會比較和過度競爭的企業文化氛圍簇擁下，往往會做出超出公司經營能力外的過度決策，進而影響公司的實質利益。

（四）A-B-C模型

A-B-C模型（A-B-C Model）是由Ramamoorti等人於2009年所提出，他們將公司內部的詐欺行為舉例歸類為：不良蘋果（a bad Apple）、不良包裝容器（a bad Bushel）和不良作物（a bad Crop）。其中的不良蘋果是指實施公司內部詐欺犯罪的個人；不良容器包裝是指一群共謀詐欺犯罪的人員，尤其是指管理階層之間的共謀；不良作物是指影響公司詐欺傾向的組織文化和組織機制。當公司內部有企圖實施詐欺或侵占公司款項的員工時，若該公司的管理階層又相互共謀，且公司的組織監控機制與文化又適於實施時，則公司內部的白領犯罪事件便很容易發生。

第三節　白領犯罪的評析

自從1949年蘇哲蘭正式出版《白領犯罪》一書開始，白領犯罪的研究便在犯罪學領域裡占有一席之地，直到今日為止，仍有許多犯罪學家或企業組織積極研究白領犯罪的問題。可惜的是，直到目前為止關於白領犯罪的定義雖有輪廓但卻無法有一致性的共識。造成此一現象的原因很簡單，白領犯罪的範圍太廣闊了，它的存在幾乎遍及各行業且跨及一般職員到企業組織的經營者，因此即使有許多積極的犯罪學者想要匯集一定程度的共識定義，幾乎都還是無法涵蓋所有白領犯罪的樣態。因此，就目前來說，關於白領犯罪的定義概略可分從基於犯罪者特徵與基於犯罪行為特徵等兩方面來解釋：

一、**基於犯罪者特徵的定義**：本項定義乃是回到蘇哲蘭對白領犯罪的的原始概念出發，是因應犯罪者本身在社會或職業地位的質性所下的定義，認為居於高社會地位或受人信任與尊敬的社會上層者（包含個人與組織），其基於經濟或權勢的利益需求下所為之犯罪行為稱之。

二、**基於犯罪行為特徵的定義**：本項定義是依照犯罪學對犯罪的研究慣例進行定義，其借鑒法律對白領犯罪的規範定義後，再針對該犯罪者或

該犯罪事件進行研究。本項定義基本上必須具備下列四個條件，值得注意的是，這四個條件與前述基於犯罪者特徵的定義有兩個要件特別被突顯出來，即是「不會使用到任何肢體或物理性工具」與「必須在合法的職業背景下進行」等，其主要用意乃在與組織犯罪或幫派犯罪相區隔：1.行為本身必須是法律所禁止；2.不會使用到任何肢體或物理性工具；3.必須是基於經濟或政治上的利益動機；4.必須在合法的職業背景下進行。

經綜合上述有關白領犯罪的定義後，可形成較為聚焦的定義範圍為：由個人或組織所從事有計畫之詐騙或不道德行為，犯罪者通常是具有高社會地位或受尊敬信任之人，其為個人或組織的經濟或政治利益，在合法職業活動過程中，行使違反信託責任或公眾信託行為者。

白領犯罪的議題，除了上述關於定義的議題之外，尚還包括類型、犯罪面向、犯罪原因以及犯罪事件特徵等議題，值得探討。

一　個人型與組織型

白領犯罪基於其定義共識不易聚焦，因此在類型劃分上也顯得困頓，基本上可概分為個人型（包括一般職員與高階管理人）與組織型（包括公司與政府）。個人型白領犯罪主要集中在該個人在其職業活動過程中具備職掌條件或獨特專業，因而有機會透過職業活動過程中藉由組織制度或社會規範的弱點機會從事犯罪以獲利，諸如職員盜用公司公款、從事商業間諜；或專業人士當中的醫師浮報健保費；網路駭客勒贖等。

組織型白領犯罪則跨及民間企業與政府機構，此等犯罪係透過公司管理經營或政府具有決策權力下所進行，諸如公司犯罪的公司暴力（出產不安全產品傷害消費者，或不安全的工作環境傷害員工身心健康）、公司權力濫用（操縱商品價格、不實廣告、公司惡性倒閉）；政府（或政治）犯罪當中的政府犯罪（政府成為該國家領導人及其親信的斂財工具）、各種政府採購弊案（尤其鉅額的軍事武器採購收取回扣），或在今日數位資訊時代，政府蒐集建立人民基本個人資料後的濫用與監控等。

二 組織（公司）內部犯罪與組織（公司）外部犯罪

　　白領犯罪發生的場域即使是在企業公司本身，但依其犯罪標的又可分為公司內部犯罪與公司外部犯罪。公司內部犯罪係指個人或群體透過其在工作職務之便，相中公司運作的各項弱點機會，其個人或聯合同事藉此牟利的行為，諸如盜（挪）用公司公款、侵占公司財務、從事商業間諜、販售公司業務機密等，其被害對象是為公司本身；另外，公司外部犯罪係指公司的營運決策所傷害的對象是政府或一般民眾（投資者或消費者），諸如逃漏稅、內線交易、操作商品價格或聯合壟斷、環境污染、食安問題等。

三 犯罪者的個人特質與社會學習

　　從白領犯罪的相關研究文獻當中可以發現，白領犯罪發生的原因可以從犯罪者本身的個人特質（尤其是心理特質）及社會學習效果當中予以分列說明：

（一）個人特質

　　從個人心理特質角度研究白領犯罪是近年來才逐漸萌起的研究面向，誠如Perri（2013）所說：蘇哲蘭研究白領犯罪的的方法很少強調白領犯罪者的心理構成，而現代研究白領犯罪的方法則將犯罪者的心理特徵，作為重要的危險因素以觀察其犯罪決策的歷程；另Ramamoorti（2008）也指出：白領犯罪是人類在職業工作上的犯罪行為，瞭解犯罪者的心理因素對整體白領犯罪行為的研究是相當重要的；最後，同時也是最重要的是，近年來許多重大的公司型白領犯罪事件當中，其公司領導人或執行長等高階管理人相繼被定罪，然而諷刺的是他們在被定罪之前，是名列在知名商業雜誌或媒體報紙當中，被高舉為「具有遠見卓識」、「全國排名第一的首席執行長」、「年度最優質的執行長」等殊榮。就以2008年發生在美國著名的馬多夫龐式騙局案，該項案件堪稱金融經濟史上最大的詐騙案，初估讓投資者損失金額合計達數十億美金，被害者還不乏有國際知名銀行機構。該案件的白領犯罪者馬多夫在案發之前還被譽為是「真正的全球投資夢想家」（Perri, 2013）。

　　鑑於上述的背景下，白領犯罪的研究面向遂逐漸擴展到對犯罪者的人格與心理特質的研究上，尤其是針對公司高階管理人。經由近年來關於白領犯罪者個人特質的研究發現，其具有下列三個特質取向：

1. 具有強烈的自戀特質：通常普遍表現出宏觀、掌握權力、有目標感與受到欽佩的需要，從而展現具備異於常人的信念，諸如優越感、獨見性、對自己的成就或觀點過於誇大等狀況。

2. 具有某些心理疾患的特徵：充滿控制慾、很會算計、不太友好與神經質，尤其在憂鬱和焦慮症狀上更是明顯。因此，Babiak等人（2010）曾提出精神疾病與不負責任的公司領導和白領犯罪的發生有關；他們更引用加拿大著名的犯罪心理學家Robert Hare所說：並非所有的精神病態者都在監獄當中，有些人在公司企業的董事會裡頭。因為他們自戀、具有控制慾、剝削他人、無情甚至是殘酷等

3. 具有低自我控制特徵：雖然到目前為止關於白領犯罪的研究顯示，認為低自我控制的特徵似乎並不適合解釋所有的白領犯罪者，因為有許多白領犯罪者為謀更大的經濟利益，他會有長遠的眼光，他會抑制對眼前利益的衝動，但卻發現低自我控制特質確實可以有效預測個人主義性的白領犯罪，例如貪污、侵占公款、公司內部詐欺、網路駭客等；另有研究者也進一步發現，白領犯罪和街頭犯罪之間既有相似之處，也有不同之處，其中的相似之處在於個人性白領犯罪與街頭犯罪具有相同的預測因素。

（二）社會學習

　　白領犯罪研究先驅者蘇哲蘭對於該犯罪的研究即是從社會學習的角度出發，從而學習白領犯罪的技巧、態度、價值觀與合理化的技巧等；而蘇哲蘭在白領犯罪觀點領域的後繼者克雷西，除了延續蘇哲蘭的社會學習觀點外，更抽取其中的中立化技術加以研究，其認為白領犯罪者透過各種「詞語話術」（vocabularies of adjustment）的使用，來合理化他們想去從事的犯罪行為。換言之，白領犯罪者被認為是有意識地規劃討論如何進行犯罪，並在討論規劃過程中完全意識到行為是錯誤的，但是他們還是會透過許多中立化技術去說服自己犯下犯罪行為；再者，中立化是一個說服自己的過程，當中立化過程結束後，白領犯罪者便會相信眼前所要做出的這些不被接受、不道德、不正當的犯罪行為，在當時是可以做的，進而暫

時擺脫社會規範的拘束，由此可見白領犯罪事件當中充斥著社會學習的效果。

四 日常活動與犯罪機會

經由上述白領犯罪事件論的解釋模型可知，白領犯罪者針對其所從事的犯罪目標，必定熟悉其日常活動狀況與可供其犯罪獲利的機會結構。誠如Powell等人（2018）所言：當分析公司內部白領犯罪事件後可知，犯罪者是相當熟悉公司企業的日常活動，也發現公司存在長期的安全漏洞，他並且會與其他職員建立融洽的關係，以避免被發現犯行。另外，Lord等人（2017）研究食品詐欺犯罪（使用過期原料、非法添加物、內容物標示不清等）時也認為，食品詐欺性的白領犯罪並不是外部介入該公司決策的現象，反而是其公司內部產出的犯行，通常是經營者看到犯罪機會出現的前提下所為，有時會被他們認為是合法日常活動的一部分；換句話說，食品詐欺的概念會涉及到經營者的動機與他們的日常活動及社會同行或犯罪網絡之間的相互作用，以充分利用出現的詐欺機會。通常這種不符合食品法規的做法，在他們同業之間流傳並且是被認為可接受的。

Lord等人（2017）在其最後的研究結論當中指出，在食品製造業的系統環境中，當一個或多個經營者進行食品詐欺犯罪（使用過期原料、非法添加物等）時，其主要目的是為謀取更高額的利潤，或是造成同業競爭者的利益傷害。因此，此一類型的白領犯罪者會充分利用可降低成本的機會，而此一動機深受市場和其公司條件所影響，尤其當市場領域缺乏監管機構和監督，再加上缺乏經營者的自我監管機制時，此便是從事食品詐欺的最佳機會結構。由此可見白領犯罪與其所屬行業的日常活動及外在所提供的犯罪機會息息相關。

第十九章　幫派犯罪

被稱為幫派研究之父（the father of gang research）的美國社會學家弗雷德里克・司雷瑟（Frederic Thrasher），於1927年出版《幫派》（*The Gang*）一書，在該書當中提到關於幫派研究的名言——「沒有兩個幫派會是剛好相同的」（no two gangs are just alike），這樣的觀點直至將近一百年後的今天似乎仍然有效。因為，到目前為止關於幫派的研究發現，似乎不同的幫派組合都有其各自獨特的發展型態與存在基礎，導致在定義幫派時一直無法形成具有決定性的共識。換言之，由於幫派的生成、運作與解散等過程質性一直相當不穩定，相關研究上也呈現出研究結果不一致的現象，諸如在同一國家內關於影響加入幫派的成因不一致，或影響個體加入幫派的風險因素在不同國家的研究結果不一致等現象。因此，本章將先介紹諸多有關幫派的定義後，再論述幫派生成的相關理論模型，進而探討個體加入與離開幫派的原因，最後再從相關研究文獻當中介紹幫派的諸多特徵。

第一節　幫派的定義

犯罪學領域開啟對幫派議題進行廣泛性研究乃始於美國，因此有學者認為在2000年以前的幫派研究並非是全球各地區的在地幫派研究，而是在共同研究美國幫派的運作與發展（Pyrooz and Mitchell, 2015）。由此可知，犯罪學領域在幫派研究上大多是建立在美國幫派研究的觀點上，當然關於幫派的定義也被包攬其中。

早期美國學術領域關於幫派的定義，可發現經常出現四個核心元素：1.個體可自我認知到他加入一個可被識別的團體；2.被當地社區感知或標籤為一個幫派；3.該幫派充斥著偏差、犯罪和諸多問題行為；4.該幫派為達目的而使用暴力或恐嚇威脅的手段（Miller, 1975）。而後，隨著幫派研究的擴展與精緻化下，再逐漸補充幫派定義內涵為「任何具有持續性存在，且經常性在街頭上以實施各項犯罪活動為主軸的青年團體」（Klein, 2007）；「如同其他社會組織一樣都有確定的階級型態，並有確定的領導者和追隨者」（Sheldon et al., 2001; Weisberg, 2003）；以及「幫

派雖然具有長期存在的型態,但其成員卻是不斷的加入與脫離」(Klein and Maxson, 2006)。

美國治安或法律實務上關於幫派的定義,為了便於執法操作的原因,關於幫派的定義則會較為具體。諸如:一群保持常態聯繫的個人(通常為三人以上),藉由建立幫派名號、形象、穿著等結構樣式或手勢,來將自己識別歸屬為特定幫派的成員,且會公開聲明特定的活動地盤區域,並透過幫派成員針對敵對幫派和一般民眾共同反覆實施犯罪活動的模式(Knox et al., 2019);另外,美國全國幫派調查者協會聯盟(The National Alliance of Gang Investigator Associations, NAGIA)於2005年則為了便於警察執法而提出一項標準定義:幫派是三人或三人以上具有共同識別標誌、符號或名稱的個人的正式或非正式團體,這些人可以單獨或集體從事犯罪活動,或營造恐懼和恐嚇的氣氛。

雖然幫派的定義在學術界與實務界都尚未形成共識,但仍可找出幾項共同的特徵。例如,Howell(1998)認為大多數的幫派定義包括四項特徵:1.由共同利益團結起來的自然團體;2.控制特定的區域地盤、設施或企業;3.幫派成員之間在溝通時會使用特定的符號;4.共同集體參與犯罪行為。Wong等人(2013)則認為幫派的定義含括了下列三個要件:1.幫派涉及某種形式的組織和結構的想法,例如等級制度和角色的明確劃分(即領導者、核心成員等);2.幫派擁有與其身分相關的符號或足以識別的標誌;3.幫派的主要活動是在實施各種非法活動。

近幾年來,歐洲地區關於幫派的研究逐漸脫離美國觀點,在定義上形成:幫派是具持續性的組合,並以街頭為導向的青年群體為主,而參與各項非法活動是他們的群體標籤(Weerman et al., 2009)。而Mallion和Wood(2018)則蒐集分析歐洲地區對幫派定義後,認為要符合下列六個標準:1.成員需有三人或三人以上的團體;2.該團體經營持續達三個月以上;3.在沒有成人監督的情況下在街頭上活動;4.大多數成員的年齡為12歲至25歲;5.接受指派並實際從事非法活動;6.自我認知是為幫派成員。最後,Wegerhoff等人(2019)鑒於當前無論是學術界或實務界對於幫派定義並無聚焦的現象提出評論,他們檢視了幫派構成的有效性和實用性,結果發現許多幫派定義的建構效度不佳,在解釋幫派組成與活動上效果有限,因此他們認為現有對於幫派的定義似乎都不適合用於理論目的。換言之,Wegerhoff等人認為目前現有的幫派定義只不過是學術研究者或治安

操作者基於其研究或操作需要目的所提出，尚無法作為建構幫派理論的依據。

因此，Wegerhoff等人（2019）嘗試以社會科學領域的三層分析法（three-tier analysis），以紐西蘭最為著名的幫派「混血幫」（Mongrel Mob）為觀察對象來概念化幫派的定義，據此提出幫派定義應有下列七大特徵：

一、幫派成員至少二人或二人以上。

二、幫派的規模和複雜性會隨著時間產生變化：從最初小規模、組織鬆散到發展成較大規模、具一定組織性、且在社會上具有一定的地位性。

三、幫派成員往往具有相同的心理素質以及人口統計學特徵：一般來說，幫派成員都具有叛逆偏差的質性，且較普通民眾來說，教育程度也較低。

四、幫派會控制或盤踞在特定的區域、設施或企業以作為其地盤或根據地，並且幫派成員之間每天會花費大量時間一起度過。

五、幫派會創建專屬於該幫派的識別特徵，諸如徽記、顏色、紋身符號、一致性的服裝、文字等。

六、建立並共同遵守幫派規範、價值觀與信仰，諸如幫內成員皆以兄弟互稱、講求相互忠誠、共同排斥主流社會的價值規範與期望。

七、幫派成員之間乃至與整個幫派的互動都能保持密切聯繫。例如，即使幫派規模龐大，原本互不熟識的幫派成員透過幫派的識別符號後，便能展示友誼與連結。

綜合以上關於幫派定義可知，建構幫派的定義範圍確實是有其困難度，因為學術或實務領域對於幫派定義特徵幾乎還是沒有共識，因此可能會導致難以衡量幫派問題的範圍和性質，也無法成功預測個體加入幫派的原因，進而擬定防止個體（尤其是青少年）加入幫派的策略方向，因為無論高估或低估幫派問題都可能會影響治安資源分配的有效性，進而忽略對幫派問題嚴重性的警惕。雖然如此，本書經檢視學術與實務界以往到目前為止對幫派所下定義的內涵後，嘗試描述幫派的定義應有以下五項要件元素：

一、幫派需有三人或三人以上的組合規模。

二、幫派對內具有所屬成員共同一致認同與遵守的價值規範與信念；對外具有可識別的專屬符號，以供外界辨識及內部互動聯繫之用。

三、幫派的規模與質性會隨時間產生變化，但存在時間應達三個月以上，且成員加入與脫離是具有包容性的（即加入與脫離幫派沒有太大的拘

束性）。

四、幫派成員具有相同的素質特徵，尤其在街頭生活上，處處展現個性強硬、暴力好鬥，並且排斥主流社會的價值規範的行為態度。

五、幫派充斥著大量的暴力、偏差、犯罪與反社會的問題行為特徵。

第二節　幫派生成的理論與模型

　　基於幫派定義尚未有聚焦性的共識，因此對於幫派生成的理論與模型也呈現多元觀點的取向，觀察建構幫派生成理論的歷史可以發現其內涵要件的跨幅相當的大，有從幫派成員個體特質出發、有從社會互動角度出發、亦有從幫派組織的內涵出發等，顯見幫派理論模型的多元性；另從諸多有關幫派議題的研究文獻來看，關於幫派生成理論又可分成以犯罪學理論觀點及社會建構等兩種觀點，茲分述如下：

一　犯罪學理論觀點

　　此一觀點係指從犯罪學相關理論出發，用以描述幫派生成的原因，主要以Thornberry等人所提出的互動理論（Interactional Theory）為代表（Thornberry et al., 2003）。互動理論認為幫派形成是經由個體特質、同儕群體、社會結構（例如貧民區、學校和家庭的負面環境）三者之間的相互作用而來，若此一相互作用的結果導致非正式社會控制力的薄弱，並營造出可促進和強化個體對犯罪的學習環境時，則身處在此一環境的個體便會集結凝聚，最終可能形成幫派團體，進而滋生諸多偏差、犯罪與問題行為。Alleyne和Wood（2011）認為互動理論是控制理論和社會學習理論的結合體，該理論以控制理論解釋個體與社會鍵的連繫減弱時，他們就容易從事偏差行為；另以社會學習理論觀點解釋，當從偏差行為當中所獲得是更多正向的回應而不是負向的代價時，則會更沉浸在偏差行為當中。因此，幫派的生成過程當中同時蘊含其中個體有關社會控制與社會學習的觀點。另在幫派生成的環境觀點上，互動理論認為幫派傾向於在具有社會解組特徵的社區中生成茁壯，且當該社區原本就存在幫派時，則更容易吸引身處在該社區當中的青少年加入。

社會建構觀點

　　幫派生成的社會建構觀點，是將觀察焦點集中在社會環境條件如何有利於幫派的生成，在幫派研究的歷史上主要有Lupsha（1987）的「理性選擇組織犯罪理論」以及Gambetta（1993）的「私人保護理論」（許春金，2017）。上述所謂的社會環境條件，就幫派生成的需求來說，包括當地區或社會具有適於幫派生成的地理、交通、經濟制度、政治制度、文化價值觀等條件。

（一）Lupsha（1987）的「理性選擇組織犯罪理論」

　　本理論是Lupsha從巨觀的角度去觀察幫派或組織犯罪的生成，他認為幫派的生成是一項理性選擇的結果，並非特定種族或集團的行為。本理論的結構主要分成兩大部分（如圖19-1）：一是闡述了適於幫派生成與延續的社會環境條件；二是當幫派生成並穩定發展後的運作與發展模式。茲分述如下（許春金，2017）。

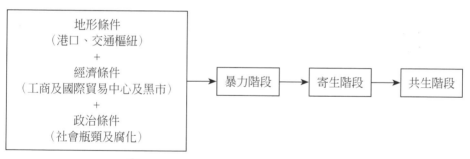

圖19-1　Lupsha主張之幫派犯罪成長圖
資料來源：本圖引自許春金（2017：754）。

1. 適於幫派生成與延續的社會環境條件：本理論認為位於交通樞紐的區位是最適於幫派生成的地理條件，因為眾多人口及貨物都會在此一區位裡交流，因此成就國際貿易及工商業的發達，而在此一經濟區位內不僅是合法企業創造利潤，也相對創造了可供幫派經營的非法經濟，所以合適的地理條件對幫派生成來說只不過是一個必要條件，而不是充分條件，還必須仰賴該區位內的經濟與政治制度的配合。其中，該區域社會在經濟條件上是充斥著黑市與非法經濟，在政治條件上是充斥著不合時宜的

政治規範及腐敗的政治體制。當地理條件、經濟條件與政治條件三者共聚時，便是幫派生成與延續發展的最佳社會條件。

2. 幫派生成並穩定發展後的運作與發展模式：本理論認為幫派生成後並非一定朝向永續發展的方向進行，有可能在短時間內即消失匿跡，也有可能會保持長時間的穩定發展。當幫派呈現穩定發展時便會朝向下列三個階段進行幫派體質的演化：

(1) 暴力階段：幫派剛形成初始，大多以武力、恐嚇、威脅來達到其各種目的，因此在此一時期的暴力衝突事件最多。幫派的活動大多在街頭聚合形成所謂的「地盤」區域，其與經濟或政治體制的連繫甚少，最多也只是附屬在此等之下，或者經營少部分遊走在法律邊緣的「行業」而已。

(2) 寄生階段：當幫派運作逐漸穩定後，便開始對政治體系進行腐化或賄賂以降低被執法體系剷除的風險，此時期的幫派活動範圍已經跨出其原有「地盤」，可能跨及整座都市，並且也開始吸收附屬組織以逐漸壯大其幫派規模，朝向組織犯罪的程度發展。

(3) 共生階段：當幫派發展至共生階段時，便已具備組織犯罪的雛形，此時期的幫派開始進行「漂白」，其所屬企業或行業逐漸進行合法化及整合到合法的社會體系之中，有時該幫派可能因為發展規模之大而被政府吸收為外圍組織，或由該幫派推派人員參與政治選舉以正式進入到政治體系的運作之內。因此，當幫派發展到共生階段時，即表示幫派與政治及經濟體系已經產生糾葛不清的現象，甚至可能受到諸多利益團體的保護，此時幫派的活動範圍更加擴大，甚至可能進一步成為跨國犯罪的主體。

Lupsha的「理性選擇組織犯罪理論」一直是後來研究幫派與組織犯罪生成的重要理論觀點，諸如：Mah（2014）論及港口都市與激進主義時認為，港口（交通樞紐）是全球許多都市的重要組成部分，數百年來，港口也一直是整個國家的興盛與不幸的地方，因為除了貿易、商業、經濟等因此而繁榮外，走私、暴力、恐嚇、威脅與勒索等也幾乎全部發生在港口，有時整座都市、人民，甚至是整個國家的命運都決定在港口的經營發展上；Bottalico（2020）則認為，港口是由諸多參與者（從港口工人到裝卸工人，從船長到碼頭所有人）所共構的另一種社會經濟體，它具有一定程度的非正式治理的空間，其內涵可稱之為「港口經濟」（port economy）。在此一港口經濟內存在著合法與非法的行業或規範，使得該環境適於幫派與組織犯罪的生成；Sergi和Storti（2020）直接認為，港口是有利於滋生幫派與組織犯罪的地方，因為觀察現今港口經濟的生態環境，是有利於幫派與組織犯罪去建構他們的發展行業；易言之，當前許多國家在港口經濟上產生了許多困境，諸如：國際貿易管制措施的鬆散、全球化經濟活動中非正式性與非法交易的現象猖獗等，都勢必吸引幫派與組織犯罪前來扎根生存。

（二）Gambetta（1993）的「私人保護理論」

大多數關於幫派的研究發現認為，幫派的生成或存續是透過其本身所具有的暴力或犯罪行為來求取經濟利益，但自從Gambetta於1993年提出「私人保護理論」後，對於幫派活動的認識便形成兩方面：一是從事犯罪活動以牟利；二是提供私人保護以牟利（Bailey and Taylor, 2009）。

Gambetta（1993）提出「私人保護理論」乃是源於他觀察義大利西西里島黑手黨及美國黑手黨是如何生成與壯大所得出的觀點。他發現自十九世紀中期以後，義大利西西里島上的社會經濟，因為政府執法強度不足，以致於社會規範無法有效控制那時期的社會與經濟秩序，諸如人身安全不受保障、交易買賣無法被公平確保、個人或企業的重要資產無法被有效保護等。因此，在當時西西里島上的幫派逐漸將透過犯罪所得的利益重心，轉向提供私人保護以獲取利益的運作模式，簡言之，因為政府無力維持社會秩序且市場交易又缺乏信任的情況之下，使得幫派得以採取提供私人保護的服務以換取利益。此時，幫派不僅在經濟上獲得財務來源，在社會上更是受到民眾或企業的依賴。Gambetta（1993）就曾發現，在西西里島上的黑手黨有時會對其所掌控的地盤實施監管，好像它對社會安全的維護負有一定責任。

許春金（2017）曾對上述Gambetta的私人保護理論提出歸納，簡要說明如下：1.幫派的生成是為了要滿足龐大私人保護市場的需求；2.提供私人保護的幫派組織是層級節制、職級分明的；3.在社會上提供私人保護的幫派眾多，各幫派之間是以鬆散的卡特爾（cartels）形式進行聯繫；4.會有加入幫派的儀式，目的在於防止其他人盜用幫派的名號；5.暴力的使用主要在於樹立具備有強大的保護能力與信用；6.幫派傾向於向其地盤內的所有企業提供保護服務，若有不從者，通常會從保護服務轉變成恐嚇

勒索；7.容易受到此類幫派控制的合法企業，通常有以下的經營特徵：產品製造不需有太精細的分工、進入市場的障礙較低、較低度的技術、公司規模不大（多屬中小企業）。

除此之外，許春金參照Gambetta的私人保護理論，並蒐集臺灣幫派犯罪的現象後，建立「臺灣非法私人保護之犯罪幫派演化理論」模型（圖19-2），此一模型也是我國目前最符合幫派生成與存續現況的本土性理論模型。從該理論的內涵當中可以看出，其中除了融入Gambetta的私人保護理論之外，也參酌Lupsha的理性選擇組織犯罪理論，其認為幫派的生成需具備三個條件（酌採Gambetta的私人保護理論），在演化上也歷經三個階段（酌採Lupsha的「理性選擇組織犯罪理論」），茲簡介該理論模型的內涵如下（許春金，2017）：

1. 以臺灣來說，幫派的生成需建立在「保護市場的產生」、「幫派擁有資源」、「幫派具備組織」等三個條件上，當三者條件具備時便是有利於幫派生成的條件。

    (1) 保護市場的產生：幫派所經營的保護市場計有三個面向，一是保護非法交易的履行，諸如色情行業、賭博、六合彩等；二是消除對立競爭的保護，諸如工程圍標或壟斷砂石業；三是恐嚇勒索式的保護，諸如劃定地盤，對設立在此一地盤內的商家逐一收取保護費。

    (2) 幫派擁有資源：誠如Gambetta（1993）所說，暴力的使用主要在於樹立該幫派具備有強大的保護能力與信用，因此暴力是幫派的資源之一；再者，幫派為了評估如何提供保護以及避免遭受刑事司法的追訴，通常也需要建立一定程度的訊息來源管道及與官方的祕密關係；最後，幫派要能吸引或取信受保護者的信任，必須建立堅韌的名聲或廣泛的宣傳，因此名聲與宣傳也是幫派所積極建立的資源。

    (3) 幫派具備組織：當前的幫派組織雖然不至於過於嚴謹，但仍具備有相當程度的組織架構，並足以讓該幫派的領導者指揮，且也具有一定程度的幫派規範，可以有效約束幫派成員，而其成員大多是以強硬、暴力與凶狠著稱。

2. 幫派從生成到穩定是歷經暴力、寄生與共生等階段，從此一演化歷程也可看出幫派從街頭性暴力團體逐漸轉變成組織犯罪的過程。

    (1) 生成（暴力）階段：幫派在生成階段的主要活動範圍在於街頭，通常是運用暴力手段在其地盤內針對非法行業或合法商家進恐嚇勒索，並

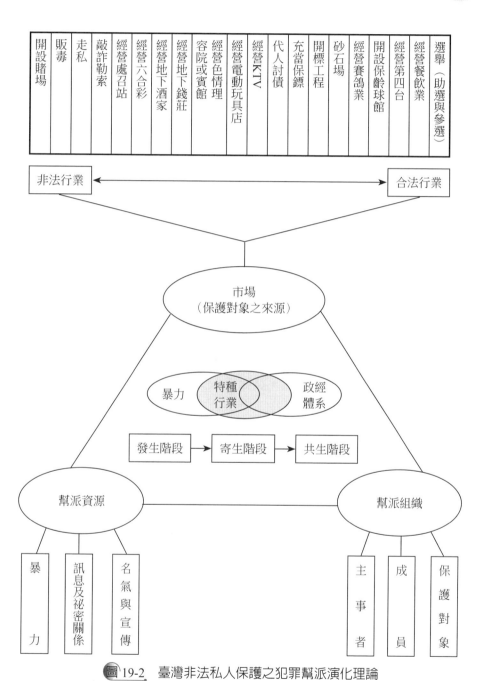

圖19-2　臺灣非法私人保護之犯罪幫派演化理論

資料來源：本圖引自許春金（2017：764）。

隨著與政治或經濟體系的連結關係而逐漸壯大；但若無法與政治或經濟體系產生連結關係時，可能就會因檢警機關的打擊偵辦，最後導致解散。

(2) 寄生階段：當幫派經營能有效地與政治或經濟體系連結時，此時幫派的保護市場會擴及到合法與非法的行業裡，諸如在合法行業當中經營餐飲業、砂石業、建築業等，甚至為政治體系或政治人物所用（例如選舉助選），成為附屬團體；在非法行業裡提供酒店、色情行業、賭場等提供保護，俗稱「圍事」。在此一階段的幫派與政治及經濟體系相互利用，幫派要藉以讓幫派勢力壯大永續，政治或經濟體系要藉以達到消除競爭對手進而壟斷牟利的目的。

(3) 共生階段：當幫派長期寄生在政治與經濟體系達穩定狀態時，便擁有一定的政治與經濟實力，原本寄生在該兩體系作為附庸的幫派可能因為社會經濟時局的變化，從附庸地位轉變成主體角色，共生狀態於焉成形。以臺灣社會來說，1980年代開始的泡沫經濟與興盛的地方選舉變成幫派進入到合法社會的重要機會，幫派領導者自行或推派人選參與政治選舉，直接進入到政治體制裡，並操縱影響政府許多決策以利其擴大其保護市場與利益，諸如藉由參與地方首長或民意代表選舉，當選後利用其職務炒作土地、圍標公共工程、非法關說、經營賭博與色情行業等，其所跨足的領域包括合法與非法行業。

第三節　個體加入幫派的原因

關於幫派的研究議題眾多，然而最受關注的是個體為何會加入幫派組織且是穩定持續，或是為何離開幫派回到正常的生活型態。檢視到目前為止的研究發現，個體加入幫派的原因相當眾多，有者循著犯罪學研究途徑，認為個體加入幫派的原因來自個體、社會與環境因素，諸如個體本身的學習障礙或心理健康問題、家庭動力不良、同儕或社區環境的牽引等；有者藉由理性選擇的觀點，發展出類似「幫派管理學」的信號理論（Signaling Theory），用以說明個體選擇加入與幫派經營訊息的互動關係。

個體加入幫派的犯罪學觀點

　　觀察傳統犯罪學觀點來檢視個體加入幫派的原因，Alleyne和Wood（2011）提出社會與環境因素是重要關鍵因素的觀點，他們以Thornberry等人（2003）所提出的互動理論為基礎，認為個體是否加入幫派與其個人、社會、鄰里效應、家庭、學校及同儕等風險因素有關；另外，他們也觀察到幫派因具有強烈的犯罪活動傾向，因此基於互動理論的觀點，幫派成員的產生也有可能是由於選擇的結果，亦即幫派會去搜尋並選擇招募已經具有偏差行為的成員，其中包括由幫派提供犯罪機會給事先未犯罪的個體，及透過增強作用從高偏差個體當中招募成員等兩方式。

　　Alleyne和Wood（2011）在英國倫敦的研究，以「父母管教」、「同儕壓力」、「學校承諾」、「個人犯罪」和「鄰里幫派」等五個變項作為預測個體加入幫派與否的重要風險指標，其結果指出，個體加入幫派的社會與環境因素有以下四個特徵：

（一）個人高犯罪程度及鄰里幫派的存在，是個體加入幫派的重要預測指標，亦即個人犯罪史愈嚴重者及所生活的地區有幫派活動時，該個體加入幫派的可能性愈高。

（二）父母管教、同儕壓力及學校承諾等三個變項，並非個體加入幫派的直接預測指標，但從結構方程模型當中可以看出，這三個變項具有間接的預測效果。

（三）Alleyne和Wood進一步論述父母管教、同儕壓力與加入幫派三者的關係認為，個體（尤其是青少年）缺乏父母適當的管教時，會導致個體與父母產生較弱的社會連結鍵，因而容易受到鄰里環境與同儕壓力的影響，這也可說明父母管教對青少年來說，是讓他們可避免於加入幫派的保護因素；而來自於同儕與社區幫派的壓力可以被認為是危險因素。在他們的研究模型當中也發現，父母管教不當和偏差同伴的壓力都顯著預測了個體犯罪的程度，當社區幫派又再積極找尋成員加入時，則個體加入幫派的風險又相對提高許多。

（四）Alleyne和Wood在本研究當中發現，學校承諾此一變項雖可透過偏差同儕與個人犯罪達到間接預測加入幫派的結果，但在「幫派成員」與「非幫派成員」兩組的差異檢定上卻不顯著，亦即幫派成員在就學期間並未有顯著中輟或逃學的經驗，此一發現似乎也支持了學校

有可能會是幫派吸收成員的溫床。

除了上述Alleyne和Wood的研究之外，O'Brien等人（2013）也從動機、風險與保護等面向探討青年加入幫派的原因，他們蒐集當前有關青年加入幫派的相關研究文獻後，歸結影響青年加入幫派的因素有以下五大面向的影響：

（一）**個人因素方面**：諸如負面生活事件、低自尊心、顯著的問題行為、對未來的態度消極等。

（二）**家庭因素方面**：諸如父母管教態度不佳、父母監督不力、對父母與家庭的附著程度不高、兄弟姊妹具有反社會行為、家庭成員行為偏差等。

（三）**同儕因素部分**：諸如負向同儕交往網絡、與犯罪同儕有高度交往、與偏差同儕的互動有高度承諾等。

（四）**學校因素部分**：諸如對學校的承諾不足、教育願望低下、對學校的附著程度不高、低學業成就、不安全的學校環境等。

（五）**社區因素部分**：諸如社區內充斥著導致個體犯罪的指標（例如吸毒人口）、低社經地位人口居多等。

O'Brien等人接著分析這五大面項指標後認為，學校與社區因素對個體是否加入幫派的影響不大，主要影響因素在於個人、家庭與同儕等因素上。尤其是同儕因素，因為青少年階段的個體強調同儕之間的承諾與支持，當個體參與偏差同儕網絡之中，或與幫派有關的同儕交往互動下，往往就很容易加入幫派活動當中。更重要的是，當個體加入幫派活動之後，就等於限制了該個體參與傳統活動的機會，並隨著參與幫派活動的質量增加下，不斷強化其反社會行為傾向，甚至形成偏差的信仰而身陷在幫派活動之中。

從Alleyne和Wood（2011）和O'Brien等人（2013）兩項關於個體加入幫派的整體性研究結果可知，從犯罪學觀點探討個體加入幫派的危險因素可歸結出家庭動力不足、偏差同儕壓力、低學校承諾程度、個人偏差與社區負向環境條件等因素，當再進行此兩項研究結果的交集時可發現，「個人偏差」成為個體是否加入幫派的最核心風險因素。

信號理論 ── 個體與幫派互動選擇觀點

近十年來，信號理論逐漸成為犯罪學領域新興的理論。其中，被用來解釋矯正機構內的受刑人如何在機構內傳達他們與幫派的關係；海盜透過發送他們的犯罪手段與犯罪意圖的信號，以使劫掠的過程當中減少暴力衝突的傷亡；犯罪者如何透過信號的蒐集解讀來識別潛在的共同犯罪者；以及共同犯罪者如何將自己綁在犯罪行為當中；最後則有學者將信號理論應用在幫派研究上（Densley, 2012）。

Pyrooz和Densley（2015）則以信號理論來解釋幫派與吸引成員加入的關係，該理論認為當事者雙方（個人或組織）可以經由對彼此所透露出來的訊息進行解讀，來達成吸引成員或個體選擇加入的作用。基本上，一方（發送方）必須選擇「是否」及「如何」傳遞（或散發）信號，而另一方（接收方）則必須選擇如何解讀信號。因此，信號理論除了在原始萌生的經濟學或管理學領域上受到廣泛運用外，也擴及到諸多管理學面向上，例如人力資源管理等。而Pyrooz和Densley便將信號理論應用在幫派研究上，並將焦點集中在幫派如何散發信號以吸引所需要的人員加入，而個體又如何接收該信號以解讀該幫派的發展性後，選擇是否加入；反之，幫派面臨個體加入時，同樣也會從該個體所散發的信號條件決定是否讓其加入。這就意味著「個體加入幫派」這個議題，就不僅是個體選擇加入幫派與否而已，幫派同時也在選擇成員，兩者之間都是透過彼此所散發出來的信號條件作為決定依據。

信號理論使我們脫離傳統上對於個體加入幫派，僅侷限於個體動機和社會風險因素的看法，更開發出潛在幫派成員與幫派組織兩者之間，互具不對稱訊息的「代理問題」（agency problem）[1]現象（Densley, 2012）。舉例來說，就像求職的員工比潛在的雇主更瞭解自己的能力，或者賣方比潛在的買方更瞭解自己的產品特性一樣，所以幫派潛在成員會比幫派更瞭解他們自己的條件與能力，而幫派也比幫派潛在成員更瞭解幫派現行的需求。因此，就個體加入幫派這個議題上，個體就不會是隨意隨興的加入幫

---

1 「代理問題」原指經濟契約上的議題，由於代理人的目標與委託人的目標不一致，加上存在不確定性和信息不對稱因素，代理人有可能會偏離委託人的目標，從而出現代理人損害委託人利益的現象。此處所提的代理問題是指想要加入幫派的個體與幫派彼此之間具有訊息不對稱的狀況，可能造成兩者之間的誤判。

派，而是會與想加入的幫派對象進行相互對等的交流與選擇。換言之，個體選擇幫派，但幫派也會選擇個體，而潛在的幫派成員為了獲得入幫的資格，他將會採取某些行動將自己最優勢的條件展現出來，並形成信號供幫派解讀吸收；而幫派也同時會對外發送它所具有的優勢條件，諸如名聲、資源、利益、規範等，用以吸引並選擇它所需要的潛在成員。

總結Pyrooz和Densley（2015）關於幫派、幫派潛在成員與信號理論的論點後，可歸結以下加以說明：

（一）以傳統犯罪學理論來預測個體是否加入幫派的風險觀點，似乎是不足夠的，畢竟「犯罪」理論並不是「幫派」理論。例如，有些犯罪學理論解釋個體加入幫派有所謂「拉力」與「推力」的見解，但個體即使有這些「拉力」與「推力」的條件，但這些條件也只不過是驅動個體進入幫派的必要條件之一，並不是充分的條件。就如Densley（2015）所說：低素質條件的幫派成員加入後，不僅對幫派的經營發展沒有幫助，有時還會威脅到幫派的聲譽及現有幫派成員的人身安全。因此，潛在的幫派成員如何展現高素質程度以挑選所要加入的幫派；而幫派如何發送與設定門檻條件及選擇人員入幫，才會是決定個體加入幫派的重要因素。

（二）傳統犯罪學解釋個體加入幫派的動機，主要在於加入幫派後將可以獲得保護、尊重、金錢和友誼。但是，這些動機仍不足以完整解釋個體加入幫派的原因，特別是當這些動機並非是加入幫派與否的獨有特徵時。例如，當個體也可以經由加入各種合法形式的團體或組織，而獲得保護、尊重、金錢和友誼時，我們將無法確認「誰」（who）、「為何」（why）及「如何」（how）加入幫派，而這三者才是真正解釋個體加入幫派的機制過程，而信號理論在解釋這個機制上，相對於傳統犯罪學理論確實具備較高的優勢地位。

（三）若以犯罪行為的多寡及嚴重程度來論斷幫派成員的適當性時，猶恐仍不足以解釋，因為在犯罪學傳統文獻當中確實發現，幫派成員比起非幫派成員有較多犯罪行為的質量，但此一現象僅能證明幫派成員有較多的犯罪質量，卻仍不足以去解釋個體加入幫派的機制作用。因此，Pyrooz等人（2015）認為個體本身的靜態因素（性格、犯罪性、犯罪數等）、動態因素（家庭動力、同儕影響、社區環境等）及幫派本身的群體活動過程（幫派凝聚力、名聲、衝突狀況

等）三者，都將共同影響個體選擇是否加入幫派。

（四）因此，信號理論的觀點認為，個體選擇或被選擇進入到幫派的考量不會只是在加入當時的衡量，而是延伸到加入幫派後的整個過程，因為當個體加入後會持續培養其在幫派內的聲譽與地位，因此而影響該個體從事犯罪的程度。例如，該個體可能會保持一定的犯罪數量以確保他在幫派中的地位；但也會節制在一定的程度以避免給幫派帶來麻煩。換言之，個體本身的自我控制程度或其犯罪行為質量程度與個體加入幫派與否並無直接關係，反而是個體本身與幫派各自散發出來的信號條件，以及複雜且動態的互動才是具有決定性的條件。

（五）最後，綜整信號論認為個體「決定是否」與「如何選擇」加入幫派，有以下觀點：

1. 個體是否加入與如何選擇幫派的主要依據，不在於該個體本身的偏差質量或所具犯罪性的程度，而是在於潛在的幫派成員與幫派之間的信號交流互動，及雙方如何解決信號訊息不對稱的狀況下實現其目標（個體加入他想加入的幫派；幫派吸引到它想吸收的成員）。

2. 個體加入幫派之後，兩者的信號發送仍然持續進行，高素質的幫派成員逐漸受到其他成員的信任與支持，並進入幫派核心成為嵌入度（embedded）相當高的成員，此時他的犯罪質量也相對提升；而低素質的幫派成員則在犯罪質量上並無太大變化，故一直處在幫派外圍地位；最具有壓力的應屬處在中等素質的幫派成員，他們必須持續與幫派玩著信號遊戲，以爭取在幫派中的地位與聲譽。

3. 個體所居住的社區特徵、所就讀的學校、家庭背景及交往的同儕性質等，都有可能影響個體的信號傳遞，也可能影響幫派對這些潛在成員的信號接收。

4. 最後，因為信號理論強調個體與幫派之間對於彼此所發散的信號進行解讀，進而選擇加入或吸收的決定，因此對於幫派來說，它必須能提供一些讓潛在的幫派成員可以感知的前景（諸如身分、地位和保護），以培養出幫派神話對個體（由其是青少年）更具有吸引力。因此，劣等幫派可能會用吹牛造假的方式，故意營造

虛假信號，以便讓信號接收者選擇它們。因此，從此一理論觀點出發時，便可知道從事預防個體加入幫派的策略，就不僅僅是在於注重個體本身的動機或風險因素，還需要關注如何阻絕兩者信號流動，及幫派信號不實的澄清。

第四節　個體離開幫派的原因

　　Howell（2007）研究青年幫派的實際現況時指出：關於青年幫派成員的認識，最常見的一個誤解是，一旦加入幫派的人，通常會留在該幫派相當長的時間，甚至是終身；Melde等人（2012）則在研究成為一個穩定幫派成員的相關因素研究中發現，青年加入幫派之後，停留在該幫派的時間不會超過四年，大多數在一年左右，甚至時間更短。由這兩項研究結論似乎可以發現，個體一但加入幫派之後，並非如傳統上對於幫派組織成員的認識一般，離幫的可能性是相當小的，反而是有極大的離幫可能性。

　　然而，個體離開幫派與加入幫派的過程一樣複雜，但原因來源卻不盡相同，以下就當前相關研究所述個體離開幫派的模式與動機予以簡扼介紹：

一　個體離開幫派的模式

　　傳統上，對於幫派成員是否脫離幫派組織，都是直接以靜態的角度來加以觀察，亦即該幫派成員是否還處在該幫派當中作為觀察指標；但是近年來在此一領域的研究逐漸從靜態角度轉換為動態角度，亦即幫派成員脫離幫派是涉及到「脫離接觸」和「斷絕關係」的過程（Pyrooz et al., 2010），並且在整個生命歷程中不斷發展（Bushway et al., 2003），最終導致離開幫派（Sweten, Pyrooz and Piquero, 2012）。而同樣也持此一觀點的學者Decker和Lauritsen（2002）發現，個體脫離幫派主要有兩種模式：一是突然離開幫派（透過與幫派斷絕聯繫，從而遠離幫派活動）；二是透過生命信念的轉變而逐漸離開（逐漸發展正向的信念，而此一信念正與幫派的信念背道而馳）。

🇪 個體離開幫派的動機與障礙

（一）離開幫派的動機

　　從個體離開幫派的相關研究當中可以發現，離開幫派和中止參加幫派活動的動機並不相同，但個體本身的成熟過程通常是這兩者的最主要影響因素（Hastings et al., 2011）。Pyrooz和Decker（2011）的研究也發現，隨著青年個體的成熟並承擔起生活中的其他責任時，似乎就會自然的將生活注意力轉向到其他社會機制當中，例如就業、結婚及生兒育女等。另外，幫派成員遭受創傷事件（例如目擊或親身經歷暴力事件）也經常被認為是引起個體離開幫派的重要誘因（Decker and Lauritsen, 2002），儘管幫派成員在加入幫派期間的許多暴力儀式經歷，通常會強化幫派內部的連繫與凝聚力，但對於大多數幫派成員來說，對於暴力行使的容忍度似乎也是有上限的（Decker and van Winkle, 1996）；也就是說，面對頻繁暴力事件對於幫派成員的影響，似乎也為其離開幫派提供強大的動力。而有趣的是，很少有研究發現執法機關的「掃黑行動」或刑事司法上的制裁是使個體離開幫派和中止參加幫派活動的主要動機，這項研究發現似乎說明傳統上對於控制幫派活動的策略，似乎無法阻止個體參與幫派或令其加入後中止幫派活動的目標（Hastings et al., 2011）。因此，就目前來說，足以讓個體思考離開幫派的動機主要來自於兩個因素，一是個體本身的成熟思維促使其從參與幫派活動轉向至其他合法的社會機制活動；二是自己在幫派活動過程中所經歷的暴力創傷導致成為離開幫派活動的主因。

（二）離開幫派的障礙

　　對個體離開幫派的認識上常存有一個的誤解，也就是認為個體離開幫派的過程通常會經歷暴力血腥的過程；但是就目前為止的研究發現，似乎並不支持這樣的觀點。根據大多數幫派成員在接受研究訪談時指出，他們離開幫派就只是退出或離開，並沒有附加發生什麼事；很少有幫派成員表示，離開幫派的過程是具有結構化或儀式性，或者說會遇到任何的阻力。但是，許多青年在離開幫派後卻依然與該幫派保持一定的社會聯繫和依附關係，這些持續的聯繫似乎使離開幫派的成員雖然離開幫派了卻依然參與各種偏差或犯罪行為，進而使離開幫派的戒斷過程變得複雜，因為個體與前幫派的聯繫關係愈多愈緊密，他完全終止參與幫派活動的時間就會拉得

愈長，也就愈有可能遇到更多負面的社會遭遇，例如犯罪行為和暴力受害（Decker and van Winkle, 1996; Decker and Lauritsen, 2002; Pyrooz et al., 2010; Pyrooz and Decker, 2011）。

另外影響個體離開幫派難易程度的因素，是個體對幫派組織的嵌入程度，當個體愈深陷在幫派組織運作或活動當中，使得他在幫派文化和動態活動中具有高度且根深蒂固的典型特徵時，他們將較難以脫離幫派，也更可能長時間留在幫派當中；相反地，當個體當初加入幫派時與幫派關係較為薄弱時，該個體離開幫派的可能性愈大（Pyrooz and Decker, 2011）。

由上可知，讓個體徹底離開幫派的主要障礙是其與幫派的情感或社交連結程度。一旦情感連結相當深入時，離開幫派便有相當的難度，因此離開幫派比加入幫派的過程更加困難。因為，幫派提供了個體所需要的社會性支持，幫派成員通常在還未選擇到合適的替代者之前，是不會完全離開幫派（Vigil, 1988; Carson and Vecchio, 2015）。所以，若要鼓勵幫派解散或令其成員離開幫派，以刑事司法的手段去強勢標籤和採取正式控制措施（掃黑行動），可能剛好適得其反，只會再度增強幫派成員間的凝聚力和依賴性。因此Pyrooz（2014）認為，若要降低幫派成員對社會的危害，且持續鼓勵幫派解散或其成員離開最有效的方法，應該是積極去協助幫派成員降低與幫派的關係、避免污名化、鼓勵其進行身分和認知的轉變，並對其注入社會親和結構和影響力來修復他與社會的關係。換言之，採取社會支持的做法將比強力掃黑的措施對個體離幫的可能性更加有效。

（三）離開幫派的理論觀點——社會支持理論

Cullen（1994）首先提出社會支持理論（Social Support Theory）並運用在犯罪學領域當中；而Dong和Krohn（2016）則將該理論運用在協助幫派成員離開幫派的策略上，他認為社會支持理論對於幫派成員離幫有三個作用機制：

1. 社會支持系統創造了一個養育環境，提供接受和歸屬感，並確認每個人都有其自我價值和尊嚴。因此，在具有社會支持網絡的生活環境當中，人們將會聽取幫派成員的反應和憂慮，在壓力事件發生時陪伴他，並協助制定解決方案，而不是給他貼上標籤和污名化。
2. 社會支持系統提供了幫派成員避免持續犯罪和增進正向社會學習所需的資源，當他遇到麻煩或問題時給予充分的協助或溫暖，從而使他產生學

會向他人提供支持的可能；這可以促發提升幫派成員的個人意志力，進而改變自我、培養道德目標並與支持網絡建立長期的連繫，進而認清幫派不好的一面而加深其離開幫派的決心。

3. 社會上有效的正式和非正式社會控制是以社會支持為基礎的。誠如Colvin等人（2002）即認為，社會支持和正式控制並不是相互競爭的關係，反而是相互支援的關係。因為正式性的規範控制可能需要有社會支持的內涵，而非正式性控制可能涉及提供工具性社會支持（例如關懷、在意、同理心等）的效果。由於幫派青年奉行反對權威文化，並對權威採取敵對和抵制的態度，因此，即使採取正式控制幫派問題時，以具有支持性而非切割關係或懲罰性的作為時，將是處理幫派問題最好的方式。

　　社會支持系統的種類眾多，從家庭、學校、同儕及鄰里等當中，都可以找到使幫派成員離幫的社會支持元素。然在諸多的研究當中發現，與父母親的連結程度及穩定的伴侶關係兩者，是最具有決定性的角色。其中，

1. 在與父母親的連結程度上：Walker-Barnes和Mason（2004）對美國邁阿密300名9年級學生樣本進行研究，發現父母的行為和心理控制可以有效阻止青年參與幫派，並減少青少年的偏差問題；尤其感受「父母的溫暖」這一項更是顯著地突顯其影響性，出乎意料地加強了這種關係。Dong和Krohn（2016）也從諸多的研究文獻當中發現，父母的支持可以有效降低個體與偏差同儕的交往，個體對父母高度的附著可以減緩受到外在負面環境的影響，進而降低偏差行為的發生。統整來說，即使已經加入幫派的個體，當與父母連結的強度增強時，將有助於個體離開幫派的決定。

2. 在穩定的伴侶關係上：Sampson和Laub（1993）及Laub和Sampson（2003）論及犯罪與個體生命歷程之間的關係時已經說明，穩定的婚姻可以有效改變男性犯罪者的犯罪軌跡；Warr（1998）也指出，婚姻和建立家庭後男性犯罪者犯罪率下降的主因，是由於與同儕互動關係的改變，特別是與偏差同儕在一起的時間變少，而與正向親和的社會互動關係增加的結果。因此，當幫派成員開啟婚姻與建立穩定正向的伴侶關係時，將有助於幫派成員離開幫派。

　　總結社會支持理論對於個體離開幫派的解釋，個體離幫不是一個瞬間完成的靜態現象，而是一連串動態發展的過程，透過對家庭與穩定婚姻關係的建立，讓個體逐漸對幫派生活感到幻滅，或讓其經歷成熟與責任的感覺下，嘗試去探索幫派活動之外的生活機會，並且逐漸遠離幫派朋友。

因此，增加家庭連繫（與原生家庭或婚姻後所建立的家庭）是個體脫離幫派過程中相當重要的機制作用，如何讓現為幫派成員的個體注入家庭連繫的成分，及讓有心離開幫派者不斷強化家庭連繫鍵的強韌度，是官方單位想要解散幫派或促發幫派成員離幫時，相當重要的策略思維（Decker, Pyrooz and Moule, 2014; Carson and Vecchio, 2015）。因此，Dong和Krohn（2016）認為社會支持理論在面對幫派問題的策略思維上有一個很重大的貢獻，亦即挑戰當前刑事司法中的懲罰性政策霸權，因為已經離幫的幫派成員歷經這麼重要危險的環境後，為何會放棄這些透過危險與暴力所打下來的基礎，大多數都不會是來自刑事司法策略的抑制，而是來自社會支持的結果。

第五節　幫派的特徵

一　幫派類型

　　犯罪學領域到目前為止關於幫派類型的研究相當少數，從早期Cloward和Ohlin（1960）根據幫派成員的差別機會提出三種幫派類型，分別是犯罪幫派（criminal gangs）、衝突幫派（conflict gangs）、退縮幫派（retreatist gangs）；Yablonsky（1962）則將幫派分類為：犯罪幫派（delinquent gangs）、暴力幫派（violent gangs）和社會幫派（social gangs）等。截至此時，有關於幫派類型的描述皆僅止於對幫派成員的行為表現來分類，並沒有深入針對促使幫派具有組織性與凝聚力的結構性條件進行觀察研究。直至Klein（1971）提出幫派類型的研究，應將從基於行為的類型學轉向結構性類型學的看法後，才正式開啟較具現代科學且具結構向度的幫派類型學研究，其中包括幫派大小、年齡範圍、性別、種族、組織與領導型態、幫派成員凝聚力及幫派的持續時間等（Klein and Maxson, 2006）。

　　現今依據幫派結構類型學所做出的幫派類型研究，最具典型的應屬Klein和Maxson（2006）在美國所進行的研究。他們根據幫派的大小、次團體、年齡範圍、參與幫派持續時間、地域性和犯罪質量等六個結構特徵進行研究，並分析出五種類型的街頭幫派：

（一）**傳統幫派**（traditional gangs）：此類型的幫派有相當明確的次團體，他們是存在多代成員所匯聚而成的大型團體，成員人數通常在100人以上，他們對活動區域有強烈認同感，具有一定範圍的地盤屬性並對入侵者會有強烈的對抗感，因此他們對於活動地盤具有強烈的領域性。傳統幫派通常有幫派組織壽命相當長的特徵，通常在二十年以上的持續時間。

（二）**新傳統幫派**（neotraditional gang）：此與傳統幫派很相似，但在幫派規模上較小，幫派組織壽命也較短，通常有50至100名成員，幫派存續約在十年以上。新傳統幫派是一種較新且具領域性的幫派，隨著時間的推移，它會試圖成為傳統幫派，且與傳統幫派一樣，其犯罪方式也是相當多元。

（三）**濃縮幫派**（compressed gang）：此一類型的幫派是一個較小的幫派組合，成員不超過50名，由於規模較小，因此在這種幫派類型裡並沒有次團體；再者，此一類型幫派成員間的年齡差距相對較小，其差距不會超過10歲。因為它的存在較小也較新，其持續時間通常在十年以內，幫派成員也是會犯下各種犯罪，它有可能是具有地盤領域性，也有可能不具有地盤領域性。

（四）**集體幫派**（collective gang）：這種幫派是濃縮幫派的較大版本，成員數量介於50至100人之間，雖然具有一定程度的規模，但幫派內的次團體並不明顯，幫派成員之間的年齡差距大約在10歲上下，幫派存續時間也約在十到十五年之間。它與濃縮幫派一樣，有可能是具有地盤領域性，也有可能不具有地盤領域性，其犯罪方式也是相當多元。

（五）**專業幫派**（specialty gang）：此種幫派專門從事特定類型的犯罪，或是專門為此一犯罪目的而成立的（例如販毒幫派），它的成員少於50人，而且幫派內沒有次團體，其成員間的年齡差距小，通常不到10歲，甚至年齡大致相仿。它與其他類型幫派最重要的區別在於，犯罪模式固定且具有特定性。

　　幫派類型學是最近在犯罪領域逐漸興起的研究議題，當然也有部分學者反對建立幫派類型學的研究，且認為並不存在街頭幫派的問題（Fondén and Sarnecki, 1996; Pettersson, 2002）；甚至認為幫派或組織犯罪的概念，都只是警察所創設的，因為這是一種可以讓警察體系獲得更多資源、創造新政策和擴大適用刑法的策略（Flyghed, 2007）。

三　性別

　　幫派成員的性別組成在傳統印象上皆以男性為主，但隨著對幫派研究逐漸朝向精緻化的氛圍下，幫派成員的性別分布也逐漸受到研究者的重視。例如在近十年中，女性在自我報告調查中承認自己是幫派成員的比例大幅增加，尤其從學齡期女性幫派成員的自我報告資料中可知，女性已不再全然只是幫派裡的「花瓶」，可能還會居於幫派組織裡的核心地位（Esbensen and Winfree, 1998）。然而當代研究也發現，男女幫派成員的經歷條件並不因同為幫派成員而有相同的待遇。例如，幫派文化具有很強烈的雙重「性」標準，男性成員可以進行性活動而不會被公開嘲笑或譴責，但女性成員可能會因進行相同的性活動而受到男性和女性成員的譴責（Gover et al., 2009）。

（一）女性幫派成員的比例

　　近十年來，女性加入幫派的比例開始受到重視，從官方相關統計資料（警察機關逮捕與拘留）中可知，女性幫派成員約占15%以下（National Gang Center, 2016; Klein, 2009）；若從社區或學校樣本的自我報告調查統計時，則女性幫派成員的比例往往會超過15%（Thornberry et al., 2003），例如Estrada Jr.等人（2016）調查美國加州50萬餘名學生的幫派成員比例，其中自陳為幫派成員的學生當中有40%是為女性；Gottfredson和Gottfredson（2001）也曾在以全美國的學校為基礎的調查研究，發現6至12年級學生樣本當中，女性幫派成員的比例介於25%至35%之間。

　　當然從上述的調查數據可知，自陳報告與官方統計的結果不盡相同，這可能涉及到調查時的年齡層及對於幫派成員認定的差異所致，尤其是青年人參與幫派大多在年輕時（大約16歲上下）達到頂峰，並且是短暫的（通常不超過一、兩年），對於女性成員而言更是如此（Howell and Griffiths, 2016）。因此，此一發現顯示當幫派成員受到警察的關注或被逮捕拘留時，這些幫派成員通常是年齡較大的青少年或成年人，大多數曾經參與其中的幫派青年在此時通常已經離幫，尤其是女性幫派成員（Klein and Maxson, 2006）。

（二）女性幫派成員與暴力

在1970年代以前的幫派研究，很少提及女性在幫派活動中的角色，這或許是對女性的刻板印象所造成，認為幫派是男性的世界或是幫派活動充滿衝突暴力，如此的活動環境並不適合女性參與等。這種討論通常源於男性幫派成員對女性的看法，也因此而最小化了女性在幫派成員的角色和動機（Curry, 1998）。幫派運作基於上述的觀點下，便會刻意去減少女性參與幫派的暴力活動，使其服從於符合男性幫派成員利益的從屬行為，例如作為其性伴侶、擔任把風的工作、暫時攜帶或藏匿槍枝毒品，甚至是用來誘騙敵對幫派成員的角色（Panfil and Peterson, 2015）。

雖然在1970年代以後，許多研究開始注意到女性在幫派活動中的表現，但仍然有許多主客觀因素而限制了女性在幫派當中的活動，尤其是暴力行為。這些限制的因素主要如下（Portillos, 1999）：

1. 使用暴力的性別期望：暴力是一種無法擺脫性別期望或幫派動態的行為，也就是說幫派成員從事暴力的頻率和性質，是深受性別變項所控制（Gover et al., 2009），也許是來自男性幫派成員所禁止，或許是女性成員自己認為不宜，女性通常較少參與幫派的暴力活動。

2. 結構性排除：男性幫派成員可能會認為女性成員在身體特質、在暴力攻擊的對抗上是不可靠的；也有可能出自於自覺有責任要保護女性免受對手的攻擊；或者是認為若讓女性參與幫派之間的爭鬥時，會遭人恥笑而破壞幫派名聲等等的考量下，都是導致女性被排除在幫派暴力衝突之外的結構性因素。

3. 女性對幫派貢獻不足的迷思：當幫派需要以暴力攻擊去處理問題時，男性成員會認為女性參與其中會顯得危險，尤其是女性本身又沒有參與暴力的意願時，更顯得麻煩，因而大幅降低女性在幫派當中的地位；又當女性實際參與暴力行動時，通常會遭受到「江湖道上」對該幫派的歧視與嘲笑，使得女性更沒有機會參與暴力行動，進而形成被認為對幫派貢獻度不足的印象。另外有研究指出，在性別混合的幫派當中，女性成員可能會遭遇到高度父權制的環境，從而很大程度地減少對幫派的貢獻（Vigil, 2002）。

（三）女性幫派成員與被害

許多犯罪學研究發現，個體犯罪與被害之間存在某種關係，而這種

關係存在於幫派成員身上可能更加強烈（Pyrooz et al., 2014），而因為女性幫派成員通常較少參與幫派對外的嚴重犯罪行為，因此對女性的受害影響也不太明顯（Miller and Brunson, 2000）；但是，卻有不成比例的女性幫派成員被害的情況，是發生在幫派內部。如前所述，在混合性別幫派中的女性在結構上被男性排除在幫派之間的暴力衝突中，但是幫派成員之間的相處，絕大多數的時間卻是花費在非犯罪活動上，諸如與同幫派成員進行日常互動、四處閒逛等。正是在這些日常交往中，女性在自己的幫派中可能面臨遭受某些男性成員傷害的風險。因此，女性幫派成員的被害可能性，大多是從幫派內部的已知威脅所造成，反而不是幫派外部未知威脅所造成的（Miller, 2002）。這些內部威脅包括男性成員的性侵犯或非自願性行為，及口頭或身體上的羞辱、傷害等。有時來自男性的傷害原因會是女性成員有意或無意挑戰男性成員時所演變而來的，男性成員在幫派環境中必須展現強硬態度的促發下，進而對引起挑釁的女性（即使是無意）進行暴力攻擊（Knox, 2004）。

三 幫派與犯罪的關係

　　幫派與犯罪之間的關係一直存在緊密的相關性，但到底是因為個體的高犯罪性而加入幫派，還是因為加入幫派之後才產生高犯罪率，則一直存在著爭議。Thornberry等人（2003）提出下列三種競爭模型解釋這種爭議：

1. 選擇模型（selection model）：此一模型認為，幫派會吸引特定的個體，尤其是具有高度犯罪性的個體並招募其為成員，而且不論該幫派的屬性為何，該個體加入後都會持續地從事高度的犯罪行為。若依照此一模型觀點，幫派成員的犯罪率應高於非幫派成員，並且這種犯罪模型在個體身在幫派期間都會保持穩定性。

2. 促進模型（facilitation model）：此一模型認為，幫派是促進個體犯罪的一種特殊團體，幫派成員在加入幫派之前與之後相比，其實在個體本質上並沒有太大的差別，只是幫派裡的規範結構和互動過程促使幫派成員頻繁地從事犯罪行為，因此被認為是造成個體從事犯罪行為的重要促進因素。若依照此一模型觀點，則當個體活躍於幫派成員期間，其犯罪率應該比非身為幫派成員身分時還要高。

3. 增強模型（enhancement model）：此一模型乃結合上述兩個模型的觀點，認為「選擇」和「促進」作用都在幫派成員和犯罪之間產生影響；也就是說，幫派選擇具有較高犯罪行為傾向的個體為其成員，且該個體在加入幫派之後，因幫派組織的結構規範與群體動態的原因，使其增加參與犯罪活動的可能性。若依照此一模型觀點，個體在加入幫派之前，其犯罪率就已經很高，並且在加入幫派之後，其犯罪行為的發生率將會特別高。

　　根據上述三個競爭模型，Gatti等人（2005）的研究發現，促進模型最能描述臨時或短期幫派成員（亦即與幫派連繫較為薄弱的成員）的犯罪行為；而增強模型最適合描述穩定幫派成員的犯罪行為。另外，Melde和Esbensen（2012）研究指出，幫派成員活躍在幫派活動期間，其參與暴力的機會會顯著增加，一旦脫離幫派成員身分後，其暴力傾向就會下降，並與一般非幫派成員組的比例幾乎相同，此一研究發現與促進模型的觀點相同。亦即，當個體在加入幫派之前、期間與之後，都會呈現高度的暴力犯罪率，但在加入幫派之後會呈現更高的比例。

第六節　傳統型幫派與現代型幫派的差異 —— 以運用網路媒體為判別基礎

　　隨著當代社會網際網路發達，網路媒體的運用與操作也極為盛行下，幫派組織與經營也不免俗地受到網路媒體盛行的影響，尤其是以青年為成員核心的幫派，其運用網路媒體的情況更是普遍，因此成為傳統型幫派與現代型幫派的主要差異特徵（Whittaker et al., 2020）。依據Whittaker等人的觀察指出，網際網路與網路媒體盛行後，幫派的組織結構質性徹底發生了改變，主要的改變特徵如下：

一、青少年幫派不再侷限於從貧困社區中的發展，或吸收從貧困社區出身的青少年；反而是一般的青少年很務實有計畫地加入幫派，並運用網際網路相互連結及透過社交網路媒體開始集結。

二、幫派的地盤不再侷限於有形的街頭，而是在網路上透過社交網路媒體不斷地擴張，將其非法牟利的產品（例如毒品、武器）或威脅恐嚇透

過社交網路媒體傳遞出去，其影響範圍已脫離「街頭」這個單位所能
形容。

三、社交網路媒體使幫派成員的組織結構與互動產生變化，成員之間不再
仰賴實體的聚會或見面，成員之間的相對地位也顯得較為平等。

四、某些幫派運用社交網路媒體來建立其聲譽與地位，藉由該媒體來營
利、或從事恐嚇威脅、或煽動暴力、或監控其成員，以逐漸累積其
「網路資本」；但有些幫派則會顧慮到公開使用社交媒體來宣揚其聲
勢與地位時，可能會吸引不必要的注意力（例如警察的查緝），因而
避開使用此一途徑。因而使現代社會的幫派形成「傳統街頭型」與
「現代網路型」兩種。

五、傳統街頭型的幫派其成員之間的年齡差距較大，從成年人到青少年皆
有之，成員之間的階層地位也較明顯，主要還是以街頭地盤為其活動
範圍；現代網路型的幫派，其成員之間的年齡差距較小，主要都是以
青年及青少年為主，成員之間的階層地位也較不明顯，社交媒體為其
主要活動範圍。

　　Moule等人（2013）研究傳統街頭型與現代網路型幫派之間的差異時
也發現，幫派如何適應現代社交媒體興盛的現象，似乎取決於幫派成熟度
與其發展水準。基本上，年輕、犯罪較少的幫派比較會採取以社交媒體來
作為宣揚其聲譽的手段；而年齡較大、較具有組織規模的幫派則會避開使
用社交媒體以吸引不必要的關注。另外，從研究中也發現，運用社交媒體
確實可以提升幫派的聲譽，藉以警告競爭對手並建立該幫派提供給潛在客
戶非法商品和服務的品牌認可度，但是在網路上發散這種訊息的幫派成員
似乎都是初級的幫派成員，其高級的幫派成員還是寧願保持低調的公眾形
象，以避免引起警方的關注（Densley, 2013; Disley and Liddle, 2016）。

　　現代網路型幫派從上述初級和高級幫派成員之間的區分後，便可以理
解Bechmann和Lomborg（2013）所提出幫派透過社交媒體創造價值的兩
種形式：其一是透過社交媒體發揮力量，以剝削他人並獲取業務收入來創
造經濟和社會政治價值（或可以稱之為名嘴型）；其二是透過提供自我表
達以及建立管理與社會關係的機會下，以創造自己的價值進而牟利（或可
以稱之為網紅型）。因為高級幫派成員已經建立聲譽並獲得巨大的經濟回
報，因此他們使用社交媒體的動機，似乎在利用自己的聲譽來剝削他人並
創造收入，或是創造經濟和社會政治的價值；而初級幫派成員則因為尚未

建立聲譽，並且在獲得經濟報酬程度上也較些微，因此對於他們來說，爭取透過社交媒體自我表達的機會（和報仇），便成為他們創造價值（包括爭取社會認同與網路友誼）的手段。

　　現代網路型幫派的興起，促發刑事司法體系在抗制幫派犯罪上產生控制策略的變化，其主要有以下兩個思維：

一、刑事司法與幫派控制策略必須同時兼顧傳統街頭型與現代網路型幫派的發展取向，透過監控以識別各幫派的發展現況（尤其與犯罪有關的活動計畫），以及彼此間可能因為爭取社會聲譽與地位或為牟利而產生的衝突反應（Whittaker et al., 2020）。

二、在警察機關成立網路幫派監控小組，以處理與幫派有關的社交媒體活動，當從監控當中獲知幫派之間的衝突逐漸升高時，即時介入調解兩者之間的糾紛，將可有效降低未來兩幫派產生相互暴力攻擊的可能（Patton et al., 2016; Lane, 2019）。

第二十章　少年犯罪

少年犯罪一直以來是世界各國極為重視的犯罪議題，其原因不僅在於少年是國家未來發展的基礎，更重要的是，少年行為品性的素質更是決定該國家未來發展興衰的重要因素。因此當前在探討少年犯罪議題時，通常不僅僅著重在於犯罪少年本身特質，也強調少年所屬家庭結構特徵與接受家庭教養的品質，及其身旁周遭社會環境的影響，甚至也強調國家培育少年的政策品質。因此，當要瞭解少年犯罪的議題時，便可從少年的個體特質、家庭結構與動力、社會環境及國家政策等層面來加以探討。

第一節　個體特質與少年犯罪

當前研究少年個體特質與犯罪的關係時，主要集中在少年本身的自我控制力、健康行為及精神疾病狀況與犯罪之間的關係上，相關實證研究結果顯示如下。

一　自我控制力

在犯罪學領域上，自Gottfredson和Hirschi（1990）提出自我控制理論後，該理論便成為當今研究少年犯罪最具有影響力的犯罪學理論之一，也是論及少年個體層面與犯罪之間的重要影響機制。以該理論的觀點來說，犯罪機會是無處不在的，但並非所有人都會去注意並運用此一機會去實施犯罪。其中，具有足夠自我控制力的個體或許會考慮到犯罪可能帶來長期負面的影響而抑制犯罪；但自我控制力較低的個體則不太會去考慮到犯罪所帶來負面的後果，一旦犯罪機會與該低自我控制力結合後，犯罪於焉產生。因此，自我控制力便成為解釋個體特質與少年犯罪首要的影響因素。Gottfredson和Hirschi在1990年提出的自我控制理論當中，提及缺乏自我控制力的人傾向有下列八個條件（許春金，2017）：1.立即滿足取向；2.缺乏勤奮與堅毅的精神；3.較易選擇從事具有刺激與冒險的活動；4.短視近利；5.缺乏技術與遠見的養成；6.自我取向且忽視他人感受；7.挫折容忍性低；8.尋求立即的滿足。

除了Gottfredson和Hirschi之外，心理學領域也從人格特質面向認為，個體的低自我控制力是在幼兒時期的心理傾向和父母的無效教養之間相互作用的結果（Chen and Miller, 2002）。而Arneklev等人（1993）的看法更是與Gottfredson和Hirschi一致，認為具有低自我控制力者的人格特質傾向於立即滿足慾望（衝動）、寧願走捷徑，避免複雜的任務（簡單的任務）、享受刺激或尋求刺激（冒險）、在本質上趨向於更少的精神和更多的身體活動（體育活動）、漠不關心或對他人的痛苦不敏感（以自我為中心）、強調採取身體上的手段（脾氣暴躁）；他們對挫折的容忍度最低，並且透過口頭溝通協調的能力也很低。而Abbey等人（2011）與Curcio等人（2013）則認為衝動性、尋求刺激性和脾氣暴躁等三者是最常被用來形容低自我控制力者的人格特質，並且都與肢體暴力、性侵犯、藥物濫用、竊盜、故意破壞等犯罪行為產生高度連結。

另外，Armenti等人（2017）從精神醫學層面認為少年若具有反社會人格障礙（Antisocial Personality Disorder, ASPD）和邊緣性人格障礙（Borderline Personality Disorder, BPD）時，該少年便會呈現衝動性和缺乏抑制性等低自我控制的特徵，進而使該少年的犯罪問題一直持續到成年。其中，反社會人格障礙的主要特徵是個體為了謀取個人私利而去操縱他人並持續無視他人感受的進行攻擊；而邊緣性人格障礙的主要特徵則是少年個體易怒、強烈且頻繁的情緒變化、行為衝動、人際關係混亂等。而許多的研究也指出，反社會人格障礙和邊緣性人格障礙都與少年從事犯罪有高度相關（Costa and Babcock, 2008; Sansone and Sansone, 2012）。

從上可知，無論從犯罪學、心理學或精神醫學角度來看，少年的低自我控制力都與其犯罪行為密切相關，且在許多研究文獻當中都不斷地被驗證。因此探討少年犯罪時，低自我控制力是不可或缺的重要研究變項。

二 健康行為與少年犯罪

從個體特質的角度來說，有些研究發現少年個體的健康行為與其犯罪之間具有負相關的關係存在；也就是說，當少年個體的健康行為程度下降時，其犯罪行為便會升高。Cockerham（2005）認為健康行為包括適當飲食、充足睡眠和定期運動等，當少年個體的健康行為不佳時，便會影響其日常活動的正常進行，其中也包括犯罪行為的產生（Stogner and Gibson,

2011; Ford, 2014）。雖然少年個體健康行為與犯罪之間並還沒有形成理論觀點，但累積至今為止，已有相關研究指出健康行為品質確實與其犯罪行為有關。例如Gesch等人（2002）及Schoenthaler（1985）研究得出良好的飲食習慣和違法行為之間存在負相關；De Moor等人（2008）及Gomez等人（2004）研究發現少年個體足夠的運動與犯罪行為之間呈現負相關；Clinkinbeard等人（2011）與Peach和Gaultney（2013）的研究結論認為少年個體的睡眠量與犯罪行為之間也呈現負相關，且Barnes和Meldrum（2015）認為睡眠與犯罪之間的關係，其中有部分是透過遺傳所導致。雖然少年健康行為和犯罪之間的因果確定性關係還需要進行更細緻的研究分析，但目前可以確認的是，當前研究結果的方向已經指出，良好的健康行為會降低犯罪的可能性，而不良的健康行為會增加犯罪的可能性。

然而，少年缺乏良好的健康行為是否與犯罪行為有直接關係，有學者提出其中仍有兩個重要的中介變項在影響著，即是自我態度（self-attitude）與壓力因應（strain）。亦即，良好的健康行為可以避免少年受到各種負面情感的影響，或塑造正面形象來提高具有自尊的自我概念，或減少各種人群的負面影響和焦慮程度，或建立積極的人格特徵，如樂觀和自我價值等（Alfermann and Stoll, 2000; Lemola et al., 2013），進而與犯罪行為產生隔絕。Semenza（2017）便曾以全美國12年級學生所進行抽樣得出的2,204名學生為樣本，進行健康行為與少年犯罪的研究，其中發現那些具有健康行為的少年，他們的自我態度會更加積極，並且面對壓力時不太可能訴諸於不良應對，Semenza推論他們可能會覺得自己已經實現了健康的目標，因此無需以其他違反規範的方式來確認自己的存在；相反地，那些具有不良健康行為的少年，可能具有消極或負向的自我態度，從而增加參與不良活動的可能，進而導致有更大的動機進行犯罪。

三　精神疾病與少年犯罪

Frick（1998）認為少年犯罪的原因可以透過各種形式並以不同的方式被理解，且青少年的反社會行為與其「沒有能力或不願意」遵守特定的社會規範有關，並與其內在心理素質產生高度連結。這些反社會行為輕者如學校曠課，重者如殺人傷害，這些偏差或犯罪事件有些通常是與其心理狀況有關，不會是偶然發生的。近十幾年來的犯罪研究發現，許多嚴

重的反社會行為不成比例地集中在男性青年當中,這種反社會行為在該少年早期就已經萌發徵候,且在其整個生命歷程中保持高度穩定(Hawkins et al., 1998; Lipsey and Derzon, 1998)。因此,Tremblay和LeMarquand(2001)認為預測兒童和青少年反社會行為的最佳因素是個人和家庭的特徵;而預測少年未來反社會行為的最佳指標,則是過去的反社會行為。

隨著生物醫學和心理學領域逐漸進入青少年犯罪的研究,愈來愈多的相關研究指出,這種異常的心理結構(精神疾病)與其反社會行為的穩定性和高頻率性有關,更與其具有早發性犯罪、從事嚴重暴力犯罪、高被逮捕和高被定罪等情況息息相關(Forth and Book, 2010; van Baardewijk et al., 2011)。Serin(1991)認為精神疾病通常被概化為一種具有終身綜合性徵候的心理異常現象,它涵蓋極端的人際交往、情感抒發、行為表現與生活方式等特徵,而被診斷為精神病的犯罪者(尤其是男性),通常會有很頻繁且積極的暴力行為象徵,而往往是為了獲得某種特定物質或情緒報復等原因所導致;另外,Frick等人(2003)也從另一種角度定義精神病為一種具有操縱性、欺騙性、低同理感受性的生活模式,這種生活模式似乎與男性、早發性犯罪、偏愛刺激冒險的活動及具嚴重且持續暴力犯罪有關。因此,Forth和Book(2010)認為,精神病症與反社會行為之間有兩個共同特徵,即是兩者之間呈現很穩定的交互作用,並且從少年到成年期間都是高度穩定的,進而使其也與犯罪行為之間呈現高度穩定接觸的情況。

基於上述的理解下,Pechorro等人(2012)在葡萄牙從法院及學校當中蒐集543名年齡介於12歲至20歲的男性,進行精神疾病與犯罪關係的研究,其中有281名樣本屬於高度精神疾病徵候組,262名屬低度精神疾病徵候組。Pechorro等人將這兩組樣本在犯罪變項上進行比較分析時發現,兩者呈現統計學上的顯著差異;亦即,高度精神疾病徵候組樣本參與更多的犯罪活動,而且犯罪活動發生的時間更早,他們涉及有關法律的問題行為比例更大,第一次進出刑事司法機構的年齡較小,進入少年觀護所的比例更高,且初次進入少年觀護所的年紀也年輕。而Pechorro等人也根據該研究結果認為,具有較高精神病特徵的年輕人也明顯表現出較高的行為障礙、行為問題、犯罪行為及較低的自尊價值。

第二節　家庭與少年犯罪

家庭，一直是探討少年犯罪問題的核心議題，其中又可分成家庭結構與家庭動力兩大影響因素。早期犯罪學研究強調家庭結構因素對少年犯罪的影響，但因為都只是採取橫斷面的研究途徑且少年犯罪逐漸呈現一般化的現象，家庭結構因素對少年犯罪的影響解釋逐漸式微，家庭動力因素逐漸抬頭，其中包括父母本身的自我控制程度及少年的教養品質等。

一　家庭結構破碎與少年犯罪

家庭結構破碎的型態很多，其中與少年犯罪最有相關的應屬父母離婚。在諸多的研究當中發現，父母離婚對所屬子女的負面影響，通常包括降低其心理健康程度、降低學習成就，並提升少年犯罪的風險（Juby and Farrington, 2001; Brown, 2006; Spohn and Kurtz, 2011; Vanassche et al., 2014）。另有學者認為兒童或少年歷經父母離婚的過程，將導致其在整個生命歷程當中產生生活適應和行為問題，尤其是與犯罪行為緊密關聯（Amato and Keith, 1991）。此外，Wells和Rankin（1991）針對五十項研究文獻所進行的後設分析當中發現，少年的父母離婚與提升其從事犯罪的可能性達10%至15%。由此可見，從相關文獻當中可以發現少年歷經父母離婚後，因其家庭結構破碎導致其與犯罪在內的負面結果息息相關。

Boccio和Beaver（2017）綜合諸多學者的相關研究後，分別從心理學與犯罪學的角度說明父母離婚後所造成的家庭結構破碎對少年的影響。從心理學上來說，父母離婚對少年而言是一種心理創傷，經歷家庭結構破碎的過程會增加少年的壓力和焦慮，因而導致較差的心理適應能力和不良的生活結果；再者，家庭結構破碎後會導致家中資源流失，從而降低社會經濟地位，降低父母的監督、關注與支持，並使少年對父母的依附失離，導致與犯罪行為密切相關。

另從犯罪學角度解釋父母離婚與犯罪行為之間的關係時，可從三個犯罪學理論來解釋：社會控制理論認為，父母離婚會削弱父母與子女之間的連結鍵，從而增加子女從事違法行為的可能性，或是降低父母對其子女行為的直接控制力，從而提高子女有從事偏差或犯罪行為的自由度；從社會

學習理論來說，父母離婚的子女在父母監督程度相對下降的情況下，可能提高少年接觸較多偏差同儕的可能性；另從一般化緊張理論角度來說，父母離婚對於子女是一項負面刺激的出現，進而使其產生負面情緒，偏差或犯罪行為極有可能成為少年因應此一負面情緒的選擇。上述三個犯罪學理論的解釋，獲得Rebellon（2002）的研究支持，認為父母離婚與其子女有較多的偏差或犯罪行為有關，此乃因少年缺乏父母的監護、有較低的傳統信仰、與偏差同儕有較高的連繫，及承受較多的生活壓力有關。

　　從上述家庭結構破碎與少年犯罪的關係當中可知，家庭結構似乎不是直接導致少年犯罪的直接因素，無論從心理學或犯罪學的角度觀之，家庭結構破碎與少年犯罪之間還存在數個重要的中介作用變項，例如父親或母親的教養監控程度、少年的社會學習品質，以及面臨壓力因應方式的良窳等。因此，家庭結構與少年犯罪之間的直接關係研究便逐漸式微，家庭動力因素取而代之成為研究少年犯罪原因的主流。

二　家庭動力與少年犯罪

　　近年來關於家庭動力與少年犯罪的研究焦點，一直圍繞在父母的自我控制力及教養品質兩個面向上（Meldrum et al., 2015; Muftić et al., 2017）。Meldrum等人（2015）研究發現，父母親本身若存在低自我控制力，則會使得家庭整體生活環境變差，進而影響生活在其中的少年有較高從事犯罪的可能性。他們又更進一步發現，父母的低自我控制力與家庭環境之間似乎呈現相互作用的效果，亦即父母的低自我控制力會影響家庭環境變差，而不良的家庭環境又會促發父母的低自我控制；而Muftić等人（2017）的研究則發現，父母親教養子女的品質與其子女從事暴力行為和財產犯罪都具有直接影響力，尤其是男性少年，暴露於父母較差的育兒技術下，其暴力行為和財產犯罪的發生率相對較高。由上述可知，父母的低自我控制力與教養品質深深影響著少年犯罪的發展。

　　在父母自我控制力上，Meldrum等人（2015）進一步闡述其如何影響家庭環境進而導致其子女有高度從事犯罪的可能，他們以Gottfredson和Hirschi（1990）的自我控制理論為依據提出四種可能途徑：1.養育子女需要足夠的耐心，並有能力將子女的需求放在首位，但以自我為中心的父母很難達到這些目標的要求；2.個性衝動的父母可能會創造具有敵意的親子

或家庭關係，許多衝突是來自情緒或肢體的互動，而不是透過理性的討論來解決；3.目光短視的父母可能不會意識到子女的異常行為，進而使其子女的偏差或犯罪行為逐漸深化；4.父母的低自我控制力可能會對家庭某些功能產生負面影響，例如相對於心理滿足而言，更喜歡立即滿足的父母可能不願意陪伴孩子讀書或協助孩子解決學業上的問題。

另在教養品質上，有研究指出父母有效的教養方式，可以透過父母親日常的密切監控並糾正孩子的偏差行為下，提高少年的自我控制能力，並使少年遠離支持他參與犯罪的各項影響因素（Gonzalez et al., 2014）；另外，Hope等人（2003）和Rebellon等人（2008）也指出，父母有效的監督、控制、矯正和依附等教養方式，都被認為是其子女是否形成高度自我控制的重要預測因素。從父母教養品質對其子女的影響來說，有部分學者以性別參與犯罪的分析結果來加以佐證。少年犯罪在性別的分布上，女性都比男性的犯罪率低而且似乎都有較高的自我控制程度，這是由於父母親對待男孩與女孩有不同的教養方式所致。換言之，由於在家庭教養過程中，女孩通常比男孩受到更嚴密的監督過程，使得女孩會比男孩具有更多的自制力與更少從事偏差或犯罪行為的機會（Gottfredson and Hirschi, 1990; Hope et al., 2003; Zimmerman and Messner, 2010; Estrada et. al., 2015），雖然Boisvert等人（2012）的研究結果認為，提高子女自我控制力並免於犯罪的主因是孩子對父母的依附程度，而非父母的監控程度，但卻也證明父母的教養品質確實對子女的自我控制力及免於犯罪的效果具有解釋力。

Agnew（2001）論及家庭與少年犯罪之間的關係時指出，影響少年犯罪的因素當中，家庭結構的影響性並不及於父母經營親子關係的家庭動力因素，通常少年與其父母保有親密關係者其犯罪率較低，而這種親密關係的維持與下列情況有關：

（一）父母對少年的排斥或冷漠

當父母疼愛自己的孩子並且透過適當的行為表示時，則可以讓孩子感受溫暖進而遠離偏差或犯罪行為的發生，例如父母與孩子一起進行交談或參與活動、表達對孩子生活的關心並提供安慰和支持等；反之，當父母不參與孩子們的生活，不將時間與心力投放到孩子身上，甚至做出拒絕、排斥或冷漠的舉措時，父母就不太可能獲得孩子的愛與信任，進而轉向到家

庭外尋求溫暖，且提高接觸不良同儕的風險。

（二）少年對父母的依附程度

當少年與父母之間有著強烈的依附或情感連結鍵時，則可使少年的犯罪風險降低。因為少年對其父母的依附程度，通常是經由其關心、尊重、認同與願意接近父母的程度而定。Agnew認為少年對父母的依附可以透過社會控制、社會學習和緊張因應等原因的解釋而達到預防少年犯罪的效果。就社會控制觀點來說，依附在父母身邊的少年，會因不想做出讓父母難過的事情而遠離偏差犯罪；就社會學習角度來說，高度依附於父母的少年有可能會因為模仿父母的正向行為、接受父母的信仰與管教等而遠離偏差犯罪；就壓力因應的層面來說，高度依附於父母的少年會認為，家是讓他感受壓力最小的地方而可避免了向外尋求溫暖的可能。

（三）家庭衝突

依據以往的研究結果指出，在幾乎沒有衝突的家庭中，少年從事犯罪的可能性較低，而家庭衝突的型態則包括了父母與親子之間的衝突，衝突的內容又可包括：經常性的爭吵、意見不一致、責罵、恐嚇威脅等。另外，家庭衝突可能是由於少年的犯罪行為或麻煩行為所引起，也有可能是經由一般的家庭衝突而導致少年犯罪，無論是何種因果關係下的家庭衝突，都可能會削弱父母與少年之間的情感連結鍵，降低少年依附於父母的努力，並使少年暴露於具有攻擊性的生活模式和信念，增加與犯罪同儕交往的可能性，進而提高少年承受壓力與從事偏差犯罪行為的可能性。

（四）虐待兒童

家庭關係若惡化到達虐待兒童的程度時，受虐兒童於長大後從事犯罪行為的可能性則會增加。以往研究家庭受虐對犯罪的影響時，發現身體虐待、性虐待和忽視教養等三項最容易與犯罪產生連結，其中又以忽視教養的可能性最高。

最後，近年來的研究似乎發現親子之間的反社會行為具有代間遺傳的現象（intergenerational continuity），也就是說，父母的低自我控制力不僅影響著其子女的偏差或犯罪行為，通常也使得父母所具有的反社會行為發生代間遺傳的效果。這種反社會行為的遺傳，有部分原因可能是來自於低自我控制力的父母，無法營造溫暖的養育家庭環境，也缺乏適當監

督和管教少年行為的能力，從而使少年無法在家庭當中獲得適性的社會行為技巧，甚至導致少年離開家庭趨近偏差同儕後，引發諸多偏差或犯罪行為（Jackson and Beaver, 2013; Farrington et al., 2009; Thornberry et al., 2003）。

第三節　社會環境與少年犯罪

　　縱觀以往少年犯罪的研究當中發現，與少年犯罪有關的社會環境因素主要集中在學校經歷、偏差同儕、打工經歷、大眾傳播媒體及社區鄰里等的影響，茲將分述如下。

一　學校

　　學校是個體在少年期間生活時間最長的場域，少年在學校裡除了面臨學業壓力外，還會面臨人際互動、問題處理技巧及同儕相互學習影響的壓力等，因此，在許多的少年犯罪研究當中，學校經歷都被視為是極為重要的研究觀察變項。Agnew（2001）綜合以往的研究發現後認為，少年的學校經歷與其犯罪之間具有以下的連繫關係：

（一）在學業成績面向上：犯罪少年通常都有較低的學業成就，進而導致他們會被安排在特定的班級或沒有常態課程設計的班級當中，使得他們在學業成就上更加弱勢。Maguin和Loeber（1996）研究學業成就與少年犯罪的結論即指出，學業成績差的孩子的犯罪機率是學業成績好的孩子的2倍。

（二）在學校參與面向上：少年犯罪者似乎不太參加學校活動，並且也很少將時間與心力放在家庭作業或學校的課外活動上。

（三）在依附學校面向上：少年犯罪者應該不喜歡上學，例如他們可能不喜歡學校、討厭學校的限制、覺得學校上課很無聊或浪費時間等。因為他們依附於學校的程度相當低，導致他們寧可逃離學校到其他地方去，進而升高他們從事犯罪的風險。

（四）在與老師的關係面向上：少年犯罪者有絕大的可能會自陳他們不喜歡他們的老師，甚至與他們有不愉快的關係。

（五）在教育或職業目標面向上：少年犯罪者的教育和職業抱負通常不會
太高，甚至在求學期間很有可能會有輟學的現象，進而增加接觸偏
差同儕及學習偏差副文化的風險。

（六）在學校期間的行為表現面向上：少年犯罪者有極大的可能會常有違
反學校規定的機會，例如蹺課、逃學或違反學校諸多明確規定的事
項等。

雖然以往的研究發現，少年的學校經歷與其犯罪有上述的連結關
係，但也有學者提出，這些連結關係在表面上看來是沒有太大的爭議，只
是這些學校經歷與少年犯罪之間所代表的涵義解釋似乎仍有所不足。換言
之，究竟是這些學校經歷促成少年犯罪，還是因為少年犯罪之後才產生這
些學校經歷，這是需要進一步加以釐清（Maguin and Loeber, 1996; Wilson
and Herrnstein, 1985）。上述對於學校經歷與少年犯罪之間因果關係的質
疑不是沒有道理，因為在前段有關家庭和個人特質的解釋時，即可看出學
校經歷與少年犯罪之間似乎還有第三個影響變數影響著兩者之間的因果關
係。諸如：少年個體本身的低自我控制力、缺乏健康行為及具反社會行為
特質等，或是家庭動力不良導致少年在學校表現出偏差或不良行為等。這
些少年本身的個人特質與家庭動力因素似乎也是考慮學校經歷與其犯罪的
第三種以上的影響變數。

三 偏差同儕

偏差同儕一直是促使少年犯罪的核心因素，這有發展心理學上的理
由支持。因為少年進入青春期之後，與同儕交往是少年在該時期相當重要
的社會活動，他們花很多的時間與心力與同儕交往互動，也重視同儕的意
見交流，因此促使少年犯罪的原因當中，有相當大的原因是來自偏差同儕
的影響（Akers, 1998; Warr, 2002; Neff and Waite, 2007; Chan, 2019）。另
外，Warr（1996）的研究指出，有73%的少年犯罪是在群體中實施的，其
中竊盜犯罪高達91%，毒品犯罪則占79%，暴力傷害占71%，故意破壞行
為占60%。雖然其他研究得出的百分比略有不同，但大多數有關少年犯罪
的研究都支持，少年犯罪確實是在具有共犯結構下所實施。從這些數據的
呈現可知，偏差同儕確實影響少年犯罪的走向，也驗證社會學習理論與副
文化理論當中，關於相互學習、模仿犯罪並強化犯罪價值的說法。

　　然而，少年結交偏差同儕是否就意味著一定會導致其從事犯罪行為，是否也如學校經歷因素與少年犯罪一般，受到第三變數以外的因素所影響，諸如個人特質當中的低自我控制力、缺乏健康行為、家庭動力不足與負面的學校經歷等因素的作用，到目前為止仍在進行研究證實當中；另有學者認為接觸偏差同儕是偏差或犯罪少年的一種慣性行為，就如「物以類聚」一般的現象，偏差少年自然地會與偏差少年聚在一起，偏差少年很自然地會選擇偏差少年當朋友。因此就以目前所得到的研究結果來說，直接論定結交偏差朋友會導致犯罪的結論似乎還太早，最多也只能說與偏差同儕交往接觸後會導致犯罪少年日後犯罪行為的增加。換言之，與偏差同伴交往只是預測少年日後犯罪行為持續或增加的最佳指標，而促使少年犯罪的因素除了偏差同儕因素之外，應該不能忽略其他第三變數以外的因素影響，諸如前述個人的低自我控制力、缺乏健康行為、家庭動力不足與負面的學校經歷等因素的介入作用（Agnew, 2001）。

　　另Haynie和Osgood（2005）研究發現，少年易透過與偏差同儕的相處而暴露於犯罪副文化的環境當中，而該環境既可以作為合理化其犯罪行為，也可以作為獲得犯罪機會的場所。因此，當少年不斷的與偏差同儕相處互動並沉浸犯罪副文化當中時，將促使少年進一步認同與深化其犯罪行為。

　　Elliott和Menard（1996）在一項縱貫性的調查研究當中發現，少年從沒有犯罪到嚴重犯罪的發展歷程，通常會以下列的方式進行：
（一）少年在觸犯輕罪之前，會先與有觸犯輕罪的偏差同儕交往。
（二）原本無犯罪紀錄的少年與有觸犯輕罪的偏差同儕交往後，通常會先導致其觸犯輕罪。
（三）當原本無犯罪紀錄的少年觸犯輕罪後，若沒有適當的處理，將導致其與更多有犯罪紀錄的偏差同儕聯繫交往。
（四）當與更多有犯罪紀錄的偏差同儕聯繫交往後，將影響其持續與擴大跟偏差同儕聯繫交往的程度，進而導致產生更嚴重的犯罪行為。

　　Elliott和Menard針對上述少年犯罪進程進一步補充說明時認為，並非所有的少年都如上述的犯罪進程都會達到嚴重犯罪的程度，有些少年可能一直停留在輕罪程度並沒有依照這些步驟，有些少年則可能離開了犯罪的範疇。這些現象說明了社會控制理論與社會學習理論在解釋少年犯罪時具有交互作用的現象產生。例如，當少年與父母沒有建立強烈的依附關係，

或沒有父母的密切監督時，此時，尋求同儕的支持與溫暖是他們最有可能的選擇，而若所結交的同儕具有偏差性時，他們會透過彼此之間的互動去強化犯罪信念、贊成犯罪行動、學習犯罪價值觀與技巧，或共同從事犯罪行為。

　　姑且不論偏差同儕的聚集是促成或是嚴重化少年犯罪的因素，目前可知的是，偏差同儕的接觸、互動與聚集確實與少年犯罪的質量息息相關。Agnew（2001）蒐集諸多學者關於少年犯罪的研究後，整理出少年偏差同儕的接觸、互動與聚集與犯罪之間的關係，並且認為偏差少年群體的聚集並非是幫派，就算是冠上幫派之名也還是未達到幫派的程度，最多也只能被稱之為偶爾參與犯罪的友誼團體，這可從以下的少年偏差團體諸多特徵可知：

（一）在犯罪類型上，大多數的少年偏差團體通常只會從事輕微犯罪，而會很頻繁且觸犯嚴重犯罪的少年是極為少數的。

（二）在團體組成上，少年偏差團體的人數規模通常很小，約在二至四人之間，且隨著年齡的增長，團體規模會愈來愈小；再者，少年很少會常態性地與同一個少年一起犯罪，反而是與不同的團體成員一起犯罪。

（三）少年偏差團體大多數以男性為主，年齡上也都相近，有趣的是，男性少年偏差團體通常會針對男性進行攻擊，女性少年偏差團體通常會針對女性進行攻擊，很少會有跨性別的偏差攻擊行為。

（四）大多數的少年偏差團體當中，都會有一個帶頭的人來煽動犯罪，這個帶頭者通常是比其他成員年齡相同或稍大一些，並且犯罪經驗也比其他成員略多。但是，帶頭煽動者可能是在這一少年偏差團體當中擔任煽動者，但在其他偏差團體卻擔任追隨者的角色。

（五）少年偏差團體成員之間的情感關係不定，依據以往研究所得來說，有的研究指出成員關係並不是很緊密，反而只是相互利用而已；有的研究則認為成員彼此之間有著深厚的感情和忠誠度。因此，少年偏差團體成員的情感連繫並沒有很一致的結論，可能也只是與一般同儕團體一般而已，情感連繫並沒有什麼特別之處（Warr, 1996; Giordano et al., 1986）。

　　綜合以上可知，結交偏差同儕確實是少年犯罪的風險因素之一，只是這個風險因素是促發因素（從無到有）還是增強因素（從有到更多與更頻

繁），就目前來說還沒有定論；再者，少年結交偏差同儕的原因，主要有三個來源：一是個體的低自我控制力，透過其好動、尋求刺激冒險等特徵進而容易與偏差同儕為伍；二是家庭動力不足，諸如父母的拒絕與疏忽，對父母依附度低和父母監督不佳等，導致少年放棄在家中尋求溫暖支持，轉向到同儕群體當中因而提高結交偏差同儕的風險；三是學校負向經歷的影響，除了學業成就低落的原因外，學校總體不友善的生活環境也將使他們經由蹺課輟學的途徑，而與偏差友伴相結合。

三　打工經歷與少年犯罪

　　近年來，少年就學打工（一邊就學一邊就業）的生活型態逐漸興起，因而引起諸多犯罪學者關注到少年打工與其犯罪之間的關係。但少年就學打工的認可程度，在東方與西方社會似乎呈現不同的觀點，東方社會認為少年就學期間就應該專注就學，以謀取好的學業成就；但在西方社會卻是認為學生打工可以增加其獨立性，有助於其發展社會生活基礎技能與責任感（Wright and Cullen, 2000; Apel et al., 2008）。儘管兩者社會的差異是如此的不同，但近年來東方社會生活不斷西化，少年打工的生活型態逐漸興起，少年打工與犯罪之間的關係已逐漸成為共同關注的議題。

　　現今無論是東方或西方社會，整體社會生活水準不斷提升，各種民生消費用品項目不斷增加，個人固定消費金額也不斷提升，因此促使少年打工的驅動力增加；再者，少年打工的人事薪資支出遠比正式員工低，因此許多企業行號也對少年打工的需求大增，在這兩大社會背景因素下，少年打工的現象恐將更加盛行。然而，少年打工的目的大多數只是為了滿足個人生活上的需要，諸如用於社交、購車、購買手機、衣物或用於娛樂休閒等，並不是將所得工資交給父母用於家庭開支或運用於未來求學的需要上。基此，大量學生投入打工的行列之下，其行為品質是否會因其接觸社會職業的工作環境而有所影響，進而與近年來逐漸增加的少年偏差與犯罪行為有關，值得進一步的關注。

　　就現有的研究文獻來說，少年打工與其犯罪之間的關係呈現正反兩種不同意見，提出少年打工會增加其從事犯罪行為風險者如Wright等人（1997）、Longest和Shanahan（2007）等，他們認為少年打工可能會提供少年參與偏差同儕群體的機會，特別是在年輕密集型的工作環境下，接

觸偏差同儕與不良行為的風險更高；而提出少年打工並不會影響少年犯罪行為者如Apel等人（2008）、Rocheleau和Swisher（2012）等，他們認為打工的學生會因為參與工作的關係，使他們接收到雇主直接控制的程度增加，並使同儕交往不受監督的時間減少，透過雇主的監督控制下可以增加少年對傳統道德價值觀的接受度，進而遠離犯罪的誘引。基於少年打工與其犯罪之間的模糊關係，因此有學者提出少年打工歷程與其犯罪之間的關係，可能不是來自於打工這件事，而是來自於少年本身的條件上，例如學生在開始打工之前就存在個人諸多不良的條件，諸如與父母和老師的關係不良、已結交偏差同儕、有問題行為或犯罪史等，並將這些不良條件帶入到打工歷程當中。

　　基於上述少年打工經驗並無法確定與其犯罪的因果關係後，有學者便從少年打工的工作類型來探討其從事犯罪的風險議題。例如，Wright和Cullen（2000）及Mortimer（2003）認為大多數少年打工的工作類型屬於服務類居多，都是從事單調活動且無發展技能與責任的機會，因為這些簡單、結構性差且監督不足的勞動工作，反而提供更多機會，使他們可以與工作場所的偏差同儕或成年人互動交往。另有學者指出，若少年打工的類型與學校活動相近時（例如在學校圖書館打工），或在與學校簽約的建教合作公司打工時，其犯罪與問題行為則會較少；又若打工的工作需要與雇主簽約，或需要接受一定程度的職業訓練或在職訓練時，則其犯罪與問題行為也會較少（Apel et al., 2006）。

　　Lee和Cho（2018）依據上述在韓國進行一項學生打工正式性（與雇主簽約並保持一定關係下，執行特定指派的工作）與非正式性（未與特定雇主簽訂合約的工作，即自由業、間歇性或臨時性的工作）對其犯罪的影響研究時發現：少年打工類型若屬正式性工作，則不會對其犯罪產生任何影響；但若從事非正式性工作時，則較有可能產出犯罪與問題行為。因為非正式性工作通常缺乏成人監督，在非結構化的工作環境中有更多機會與同儕自由交往，進而增加結交偏差同儕的機會。另外，非正式性工作，因為沒有特定的上司，通常也沒有正規的工作監督者，因而增加了其發生犯罪與問題行為的風險；正式性工作相對於非正式性工作來說，其工作內容較有條理，且有監督的雇主或特定上司，因此少年在工作受到監督與要求下，可能會承擔更多的責任與績效標準，因而可激發其責任感與傳統價值感，進而使他們遠離犯罪與問題行為。

　　綜合以上可知，少年打工經歷與其犯罪之間的關係並還未有一致的結論，有些研究報告指出少年工經歷會影響其從事犯罪的可能，有些研究報告則認為並未有影響其從事犯罪的實據；但若以少年從事打工的工作類型來說，最近的研究報告指出，當少年打工的工作類型較具正式性時，因受到雇主或特定上司的監督控制下，較不會與犯罪產生連結，而當少年打工屬非正式的工作類型時，因為沒有特定的上司作為其工作的監督者，因此容易衍生犯罪與問題行為的風險。

四　大眾傳播媒體與少年犯罪

　　大眾傳播媒體與少年犯罪的關係，主要維繫在社會學習的層面上，尤其是媒體暴力。Anderson等人（2003）認為少年受到媒體暴力的影響後，會經由啟動現有的攻擊性腳本（scripts）和認知，進而增強生理喚醒力並觸發所模仿觀察的行為後，產生短期暴力攻擊行為的增加；另外，媒體暴力也會對少年經由社會學習的過程產生長期的負面效果，諸如使少年具有持續性的攻擊行為、堅硬的反社會行為意念，並降低少年對暴力攻擊的負面認知反應（亦即對他自己所實施的暴力攻擊不覺得是錯的或不好的）。Anderson等人也進一步說明，少年受大眾傳播媒體的影響程度，會受到他對媒體內主角的認同度、社交環境（例如受到父母的控制程度）和該媒體對少年的吸引力等之情況而定。

　　早期媒體暴力對少年犯罪的影響主要集中在電視與電影，但近年來除了電視與電影之外，網路遊戲、網路直播和網路影片等涉及暴力的內容也大量增生，使得現今討論大眾傳播媒體對少年的影響的質量也都大幅的增加（Griffiths, 1999）。Anderson等人（2003）光是以美國地區的電視暴力為例進行估計，少年上完小學時，他們已經在電視上看到了8,000多起謀殺案和10萬起其他暴力行為；離開高中時，他們已經看到超過20萬次暴力行為。若再加上前述所說的網路遊戲、網路直播和網路影片等涉及暴力的內容（統稱娛樂暴力）後，可想而知當代社會中的少年，接受到媒體暴力情況之氾濫程度。

　　娛樂暴力如何對少年犯罪產生重大影響，Anderson等人引用美國六個醫療與公共衛生機構（美國兒科學會、美國兒童和青少年精神病學學會、美國醫學會、美國心理學會、美國家庭醫師學會和美國精神病學會）

曾在2000年時發表一項聯合聲明指出：「娛樂暴力可能導致少年攻擊性態度、價值觀和行為的增加⋯⋯，絕大多數的媒體暴力也與某些少年攻擊行為存有因果關係。」使得新媒體的興起所促成的娛樂暴力（尤其是互動式媒體），讓兒童和少年暴露於媒體暴力的方式提供全新的途徑。Rajasakran等人（2014）也在馬來西亞針對高社經地位家庭的少年，進行一項有關接觸網路娛樂暴力與其攻擊性的研究，其研究指出，少年經由接觸網路娛樂暴力後會增加其攻擊行為的機會，而且這些少年通常在學校裡的學業成就表現也相對不佳，進而讓他們在現實生活裡會去確認他們從事攻擊暴力行為是正常的。

Anderson等人（2003）在一項媒體暴力對少年的影響研究當中也指出，媒體暴力對少年行為的研究上已經建構在許多解釋模型，主要是呈現在心理學、社會學與傳播學的領域上，這些解釋模型通常屬於社會認知信息處理模型的範圍，關注的是少年如何與其社交世界進行互動，從而以特定的方式感知、思考、學習與行為，而這種世界包括實際的觀察參與（例如與父母、同儕、鄰里），以及虛擬的社交互動（例如網路各種形式的媒體）。因為與父母同儕實際的互動是可觀察的，因此在干預處理時較具有操作性的，但網路虛擬的社交互動，常常因為缺乏適當的控制監督，而導致許多網路媒體暴力在無形中影響著思慮未深的青少年，因此對少年的行為發展產生相對直接（或短期）和延遲（或長期）的影響。其中，在短期影響上，被認為是由於觀察學習和模仿、喚醒與激發，以及啟動個體原本所具的暴力本質等而引起少年犯罪；在長期影響上，則被認為是由於觀察學習、攻擊原理過程的激發與自動化（priming and automatization of aggressive schematic processing）及減情緒敏感（emotional desensitization）等導致少年犯罪。

（一）觀察學習與模仿

基於社會學習理論的觀點，觀察學習是人類自小就有的社會機制，透過觀察學習去獲得基本的社會行為，並經由社交互動去磨練社交行為，並且從所觀察學習到的社會行為去發展出信念和態度，而這種學習可以是有意識地學習，也可以是在無意識下經由觀察學習所得；而媒體暴力對少年的影響，絕大多數都是在沒有學習意圖和沒有意識學習下發生的，進而對少年產生短期性與長期性的負面影響。

（二）攻擊原理過程的激發與自動化

　　從認知心理學的角度發現，人類的思維通常是一個相互連繫的網絡，思維內容被環境中的相關刺激所激發啟動，即使是在沒有意識下，遇到某些事件或刺激也會激發個體在記憶中的某些攻擊意識和觀念。以媒體暴力來說，少年暴露於暴力場景可能會激發其攻擊性想法或情緒，從而在短時間內就升高其攻擊性思想、感覺和行動。雖然少年受到媒體暴力的影響而激發出短期性的暴力攻擊傾向，但是，若這種暴力激發是反覆的啟動時，則會在少年心理層面上建構出一概念或方案，最終作為長期行為上的使用依據。

（三）喚醒與激發

　　當少年接觸到媒體暴力時，通常會喚醒（arousal）與激發（excitation）其暴力攻擊的程度，基本上這種喚醒與激發會透過兩個途徑：一是當少年受到媒體暴力的影響時，喚醒並激發個體當時行動的主導力，若在此時又受到外界的刺激或激怒時，則會強化其攻擊的侵犯性；二是當少年處於憤怒情緒高張時，若將憤怒情緒歸因於他人的挑釁時，則對該憤怒所做出的回應將更加激進。因此，當少年頻繁地沉浸在媒體暴力之下時，將會使該少年以激進手段處理所面臨問題的頻率增加，同時也使其參與激進社交活動的頻率增加。例如，Uhlmann和Swanson（2004）的研究指出，少年接觸暴力電玩僅需10分鐘，就會增加該少年自我概念與攻擊性行為和特質的關聯性；且少年過去接觸暴力電玩的歷史與激進的自我概念也呈現正相關。

（四）減情緒敏感

　　減情緒敏感一詞，在心理學當中指的是一種治療或過程，讓個體在反覆暴露於某種情緒之後，他對該情緒的反應便會逐漸減弱。而在此處指的是少年一旦不斷暴露在媒體暴力當中時，他對暴力的嫌惡感也會逐漸降低，對暴力攻擊的態度反而會覺得很正常。因此，減情緒敏感的反應便與上述喚醒與激發不同，其主要在於當少年長期籠罩在媒體暴力的影響下時，他對於暴力的反應就不會像從前一樣感到不快，甚至去包容、認為使用暴力似乎是正常的。當少年一旦落入到減情緒敏感的情況時，可能就此增加其攻擊暴力的思想和行為（Huesmann et al., 2003）。

第四節　社區鄰里與少年犯罪

　　在各項少年犯罪的研究當中，社區鄰里因素被視為一項風險因素，也就是說當少年的父母的監控與附著程度微弱時，社區鄰里就成為少年犯罪很重要的影響指標。就如同Thornberry等人所提出的互動理論指出：少年幫派是經由個體特質、同儕群體、社會結構（例如貧民區、學校和家庭的負面環境）三者之間的相互作用而來，若此一相互作用的結果導致非正式社會控制力的薄弱，並營造出可促進和強化少年對犯罪的學習環境時，則身處在此一環境的少年便會集結凝聚，最終可能形成幫派團體，進而滋生諸多偏差、犯罪與問題行為（Thornberry et al., 2003）。Alleyne和Wood（2011）則認為，互動理論是控制理論和社會學習理論的結合體，該理論以控制理論解釋少年與社會鍵的連繫減弱時，他們就容易從事偏差或犯罪行為；另以社會學習理論觀點解釋時，當少年從犯罪行為當中所獲得是更多正向的回應而不是負向的代價時，則會更沉浸在犯罪行為當中。因此，以互動理論的角度解釋少年犯罪時，便可認為少年幫派傾向於在具有社會解組特徵的社區中生成茁壯，且當該社區原本就存在幫派時，則更容易吸引身處在該社區當中的少年加入，尤其是出自於家庭控制力薄弱的少年，進而衍生諸多少年犯罪與問題行為。

　　O'Brien等人（2013）另從動機、風險與保護等面向探討少年加入犯罪幫派的原因時，歸結影響少年加入犯罪幫派有五大面向因素，其中關於社區鄰里部分，就提出影響少年加入犯罪幫派的社區鄰里特徵包括：該社區充斥著導致個體犯罪的指標（例如吸毒人口）及低社經地位人口居多等。但O'Brien等人認為，社區鄰里因素對個體是否加入幫派的影響不大，主要影響因素在於個人、家庭與同儕等因素上。尤其是同儕因素，因為青少年階段的個體強調同儕之間的承諾與支持，當個體參與偏差同儕網絡之中，或與幫派有關的同儕交往互動下，往往就很容易加入幫派活動當中。Earls（1998）則從少年犯罪的反向研究途徑認為，當社區的「集體效能」能夠充分發揮時，在遏止少年犯罪副文化的生成上便可以具有良好的功效，Earls認為當社區內成員彼此間相互信任，具有共同干預監督兒童少年的言行與維持公共秩序的意願時，生活在該領域的少年言行便會受到一定程度的監控，進而也呈現較低的少年犯罪率。由此可知，社區鄰里

因素相對於家庭父母及同儕朋友等因素，在影響少年犯罪的程度上，便顯得不是居於核心地位。

當前以社區鄰里層面探討少年犯罪時，主要集中在社區結構弱勢的問題。例如，Johnson和Kane（2016）研究社區結構特性與暴力犯罪關聯性研究時認為，具有弱勢結構特性的社區（諸如貧民區）特別容易與暴力犯罪產生高度連結。他指出社區結構條件不利的社區，其實很難建立預防或應對暴力所必需的非正式社會控制能量；再者，也可能無法獲得政府正式社會控制措施的支持，因而導致該社區的少年（尤其是男性）面對生活壓力時，容易形成使用暴力的超男性化表現。

Johnson（2016）也認為當某一社區集所有弱勢條件於一身時，將會促使該社區的社會資源和經濟資源相當缺乏，這除了會限制社區居民的生活機會與發展外，也有可能促發該社區的某些居民從事非法工作，尤其是販毒。這是一項高風險高報酬的工作，而且常與暴力犯罪事件產生高度連結，其中包括因毒品交易糾紛或爭奪販毒市場而衍生的暴力犯罪事件最為常見。

從上可知，就社區結構上來說，處於不利地位的社區比起處於經濟穩定的社區，更容易遭受社會和經濟的隔離，這意味著他們既無法從大社會資源當中獲得支持，似乎也無法與周邊社區獲得交流而受益，反過來可能因其本身的弱勢條件而被許多犯罪事件所滲入，進而影響生活在該社區裡的少年個體獲得社會學習的機會，或是透過長期的接觸下產生減情緒敏感的可能，進而提高其從事犯罪行為的風險。因此，Agnew（2001）論及少年犯罪的社區鄰里風險因素時也指出，高犯罪風險社區鄰里具有四大特徵：1.社經地位低下；2.社區規模大且居民人口密集；3.居民人口流動性高；4.該社區內的家庭破碎比例高。Agnew進一步指出具有上述特徵的社區有高犯罪犯罪率，主要有兩個原因：一是容易犯罪的人可能會被這些社區所吸引，或者因為他們（或其家庭）無力住在其他地方，所以他們也只有這些社區可選擇；二是高犯罪社區的這些特徵導致少年犯罪。因此，高犯罪率社區可能會吸引或選擇容易犯罪的人，並使這些人從事犯罪活動。

就以社區動力來說，根據控制理論的觀點，高犯罪率社區的特徵會降低社區居民對少年有效的控制力，尤其是高犯罪率社區的居民不太有能力或不願意直接干預青少年的偏差言行，導致許多年長居民不太願意與年輕人社交，糾正青少年的偏差言行並發展出自我控制力。Agnew（2001）認

為至少有以下三個原因，導致社區居民不太可能參與培養青少年的自我控制力：

一、高犯罪率社區居民通常缺乏幫助社區青少年的技能和資源。因為居住此一特性社區的居民通常社經地位不高，且受教育程度有限，因而削弱了他們對青少年形成關於辛勤工作和傳統生活方式所帶來好處的榜樣。

二、社區居民不太可能與鄰居保持密切聯繫並關心社區。因為在高犯罪率社區的居民，通常具有高人口流動與高人口異質的特徵，因而降低了他們對社區付出心力的意願。

三、社區居民不太可能支持或形成社區組織，包括教育、宗教和娛樂等組織。主要原因還是因為在此一社區內的居民，其所擁有的社會與經濟資源有限，對於社區依附程度也低，因而缺乏形成或參與社區組織的動力與能力。

第五節　解釋少年犯罪的理論

另關於少年犯罪的理論分析上，觀察所有的犯罪學理論可知，大多數的犯罪原因理論都適用在描述少年犯罪的原因，只是在解釋效度上的高低差異而已。就歷年來諸多實證研究的結果顯示，自我控制理論、社會學習理論、一般化犯罪理論、標籤理論，及近年來所興起的情境行動理論等，在解釋少年犯罪上較能受到實證研究上的支持（Agnew, 2005; Delisi, 2013）。

一　自我控制理論

自Gottfredson和Hirschi（1990）提出自我控制理論後，該理論便成為當今研究少年犯罪最具有影響力的犯罪學理論之一，也是論及少年個體層面與犯罪之間的重要影響機制。以該理論的觀點來說，犯罪機會是無處不在的，但並非所有人都會去注意並運用此一機會去實施犯罪。其中，具有足夠自我控制力的個體可能會考慮到犯罪可能帶來長期負面的影響而抑制犯罪；但具有較低自我控制力的個體則不太會去考慮到犯罪所帶來負面的

後果，一旦犯罪機會與該低自我控制力結合後，犯罪於焉產生。因此，自我控制力便成為解釋個體特質與少年犯罪首要的影響因素。

　　綜合Gottfredson和Hirschi在1990年提出的自我控制理論內涵可知，少年的低自我控制力與犯罪機會結合後，便很容易與犯罪行為產生連結。雖然這樣的理論鋪陳得到許多研究的正向支持，但在理論概念化上似乎還是遇到許多的問題，尤其是少年的低自我控制形成的機制為何，一直是諸多犯罪學者未解的疑慮。因此，Hirschi於2004年便將社會鍵的元素概念帶入該理論當中，除了Gottfredson和Hirschi所提出之八個低自我控制特徵容易與犯罪機會相結合後產生犯罪行為外，將社會鍵的元素也融入到自我控制理論的內涵當中認為：自我控制是個體考慮某項特定行為全部潛在成本的趨勢（Hirschi, 2004）。換句話說，社會鍵當中的依附、參與、奉獻與信仰等元素，會使少年從父母或重要他人處取得免於接觸偏差或犯罪行為的控制力，進而形成約制的效果。

　　Hirschi強調社會鍵對少年行為所產生的預防作用，以防止個人從事犯罪活動。因此，社會鍵是決定少年是否從事犯罪行為的內部價值標準，少年之所以會犯罪乃是因其社會鍵程度相當微弱，進而使該少年形成低自我控制能力，促使其對犯罪行為有關的行為後果的意識有所減弱下產生犯罪。由此可知，Hirschi（2004）回去他的社會鍵理論，並使用該理論的四個社會鍵元素重新定義個體自我控制的內涵，少年的自我控制程度乃是決定在與「重要的他人」（例如父母、正向同儕或鄰里、學校老師）道德規範和法律的連結程度，當青少年重視這些關係時，則他們更有可能會考慮這些因素並做出不去犯罪的決定。易言之，那些具有較高自我控制能力的少年在決定是否從事犯罪時，通常這些強韌的社會鍵會是阻止少年從事犯罪的抑制劑（Weng and Chui, 2018）。

二　社會學習理論

　　犯罪學當中描述社會學習與少年犯罪有關的理論，應屬班杜拉所提的社會學習理論、蘇哲蘭所提出的差別接觸理論，以及後來艾克斯與伯吉斯修正蘇哲蘭差別接觸理論並融入史金納所持學習理論觀點後所提出的差別強化理論。

　　就理論體系的角度來說，班杜拉所持的社會學習理論與犯罪學最具

相關性,該理論認為人類行為是累積學習經驗而發展出來的,因此就少年犯罪來說,少年會根據自己行為所引起他人的反應結果來建立或調整自己的行為。在正常的情況下,少年行為會因為獲得獎勵而被支持強化,同時也會因被懲罰或漠視而弱化,所以就社會學習理論來說,犯罪是少年因應生活狀況所學到的反應;班杜拉(1978)進一步認為,個體並非天生就有暴力行為的傾向;相反地,他認為個體暴力和侵犯行為是透過一套行為學習模式的學習而來,因此少年犯罪行為是其自幼觀察他人的行為後,才學習到暴力與侵犯行為,其學習來源主要有三,包括:家庭互動、環境經歷、大眾傳播媒體等。

除了班杜拉所持的社會學習理論之外,在犯罪學理論上也有依據社會學習的觀點所創發的理論,其主要的有差別接觸理論與差別強化理論,其分別解釋少年犯罪的原因如下:

(一)差別接觸理論

差別接觸理論在解釋少年犯罪時認為,少年犯罪是決定「差異性社會組織」與「差別接觸」兩大概念上。就「差異性社會組織」來說,就是少年所處的組織(社區)環境是否有利於他學習到犯罪的動機、技巧與合理化技術等,在少年幫派或偏差團體中,少年的犯罪同儕會透過其犯罪去提供犯罪的榜樣,並且培養有助於少年犯罪的信念;或者會因為身邊有犯罪同儕的存在,而降低了少年對社會制裁的恐懼;又或者透過犯罪同儕所提供的支持而降低遭受他人或自我譴責的感受;又或者經由目睹犯罪同儕未受到法律的制裁而降低對刑事司法制裁的畏懼等。

就「差別接觸」來說,蘇哲蘭認為個體犯罪是受到犯罪副文化傳播的影響,是個體在日常生活透過社會互動過程學習而來。因此,決定少年犯罪與否的主因就不是來自他所成長的社會組織內涵,而是決定在少年所接觸的人或文化,其對有利於犯罪的定義是否多於不利於犯罪的定義。換言之,在一般社會當中可概略分成「傳統文化」與「犯罪文化」兩種,而這兩種文化分別對少年存有吸引信奉的競爭性,就看少年與哪一種文化形成最緊密的接觸。少年處在各種社會互動過程中,都不可避免地會與「有利於犯罪的定義」和「不利於犯罪的定義」有所接觸,而少年在與這些定義或犯罪觀點接觸後,所存在於信念的比例,將決定該少年是否將犯罪視為一種可以接受的生活方式。

　　綜合差別接觸理論對少年犯罪的解釋觀點，它認為少年犯罪與否不是決定在他們個人特質或能力的差異，而是在於他們所接觸到的學習內容差異上。例如，生活在具有濃烈傳統價值社區的個體，將會接觸學習到一些傳統活動，諸如參加教堂禮拜、跟朋友一起去露營、打球等；而生活在具有犯罪副文化環境的個體，則會因為有較大的機會去接觸學習到犯罪副文化，或從長期從事犯罪的個體處，學習到諸多犯罪的動機、價值觀、技巧、合理化態度等等，因而有較大的可能從事犯罪行為。

（二）差別強化理論

　　差別強化理論是在蘇哲蘭的差別接觸理論基礎下加以擴展而產出，也因此同被歸列為社會學習理論的一支。差別接觸理論認為犯罪是少年經由學習而來，而且是經由他所接觸到有利於或不利於法律的定義程度所決定，但差別接觸理論卻沒有解釋少年的犯罪學習機制是如何產生。亦即，就算少年連繫接觸到不利於法律定義的人或事時，他又是如何學得犯罪動機、價值與相關技巧等。而差別強化理論便是把理論重心放在犯罪學習的機制與過程上。

　　因此，差別強化理論的內涵便是個體行為的「定義」、「差別接觸」及「學習機制」三者加以融合後所建構而成，在描述少年犯罪原因時，即認為當少年處在規範、價值與態度的偏差狀況時，容易促使其從事犯罪行為，而造成個體犯罪的可能性則取決於他接受到「差別強化」的程度；除此之外，當少年在當時學習到犯罪行為，不表示他就此被預期一直沉浸在犯罪活動領域當中，這還要視其被持續強化的程度。因此，就差別強化理論的角度來說，少年犯罪行為的習得、持續與停止乃決定在其受到差別強化的程度，而差別強化的過程則有下列四個關鍵模式在運作，而其中的正面增強與反面增強又被合稱為增強作用：

1. 正面增強：若少年犯罪可以獲取正面的報酬，則該犯罪行為會受到學習與強化。例如透過偷竊或搶奪以獲取錢財花用；透過暴力傷害毆打同儕團體的仇人以獲取同儕團體高度的認同與信任等。

2. 反面增強：若以犯罪行為的方式可以降低或舒緩少年諸多負面的刺激與感受時，則該犯罪行為會受到學習與強化。例如，少年在其女友面前遭某人當眾羞辱，在不堪羞辱的情緒下，出手毆打傷害該人。

3. 正面懲罰：與上述增強作用不同的是，利用正面與反面的懲罰也可達到

增加或減少少年犯罪行為的可能。此處的正面懲罰是指：當少年從事犯罪（偏差）行為後，便積極施加某些懲罰措施在該個體身上，讓其感受痛苦或增加不便而令其不敢再犯。

4. 反面懲罰：當個體從事犯罪（偏差）行為後，便消極的剝奪其既有利益，讓其感受痛苦或增加不便而令其不敢再犯。

艾克斯認為上述這四種強化模式，在操作上並不一定只能單獨操作，也可同時並用，且當個體從事犯罪行為所受到的增強程度愈高或懲罰程度愈低時，則該個體愈有可能沉浸在犯罪活動領域之中。

三　一般化緊張理論

一般化緊張理論係由美國犯罪學家安格紐於1992年所提出，其實安格紐早在1985年即提出「修正版緊張理論」的觀點。他在當時認為墨頓的古典緊張理論太側重於「未達經濟成功」的緊張壓力，安格紐認為單以這種緊張來解釋個體犯罪行為，尤其是在解釋青少年的犯罪行為上顯得太過於遙遠，他覺得在緊張壓力類型及來源上應該可以發展出更直接或更生活化的理論元素，例如與同儕失和、失去親密關係的連繫等。由此可知，一般化緊張理論在解釋少年犯罪上具有一定的目標性。

以一般化緊張理論解釋少年犯罪時，可將解釋重心放在「緊張（壓力）來源」、「負面情緒」以及「緊張壓力如何促發少年從事犯罪」等三個面向上。

（一）緊張來源

安格紐認為墨頓的古典緊張理論僅以宏觀的社會結構作為其理論論述的基礎似乎略顯不足，因為個體的緊張壓力來源還有一大部分來自一般的日常生活當中，他尤其著重在少年犯罪領域的觀察，他認為以墨頓所說追求經濟成功的失敗作為唯一的緊張壓力源，這種說法對青少年的感受似乎太遙遠了，因為遭受父母的責難、失戀、與好友有嚴重衝突等所造成的緊張壓力，恐怕會是更直接。因此，安格紐的一般化緊張理論認為，少年緊張來源可源自於下列三個面向：

1. 「成功目標追求的失敗」：少年對於所設定追求的目標產生挫折時，所產生的緊張壓力。例如雖然很努力用功讀書，但成績卻提振不力；雖然

很積極努力練球，但在正式比賽時卻得不到預期的好名次等。此等努力追求既定的目標卻又達不到所預期的成果時，緊張壓力因而成形。當少年面臨這種壓力之下，通常會採取非法的手段去達成想要的成功目標，例如考試作弊；或者採取逃避的方式而有酗酒或藥物濫用的可能。

2. 「實際或預期從個體中去除正向刺激」：例如父母剝奪某種使用權（父母沒收青少年孩子的手機或平板電腦）、失戀等，從原本所擁有或享有的物質或關係予以移除之後所產生的緊張壓力，都屬此類壓力源。當少年面臨這種壓力之下，通常會採取物質濫用（例如吸毒、酗酒），或以非法手段來取代被移除的東西（例如偷錢去買手機），或對造成壓力的人進行報復（例如殺害情敵或前男／女友）。

3. 「實際或預期負面刺激的出現」：例如長期遭受家庭暴力、生活在充滿衝突矛盾的家庭關係當中、在學校裡受到不公平的待遇或霸凌等。安格紐認為當個體處在這些生活情境之下時，通常會尋求許多外援來逃避現實壓力（例如離家出走），或對壓力源進行報復（例如殺害施暴者），或透過物質濫用（例如吸毒、酗酒）等行為來減輕精神上的痛苦。

（二）負面情緒

在一般化緊張理論的理論解釋當中，少年形成緊張壓力之後，直接與犯罪行為產生連結的推論似乎是過於直接，安格紐認為在緊張壓力與犯罪之間應該還存有「負面情緒」的元素在發揮作用。亦即，當個體感受緊張壓力時會引起相當程度的負面情緒，並經由這負面情緒的操作下，引發諸如憤怒、憤恨不平、衝動等有助於從事犯罪行為的心理環境。

（三）緊張壓力如何促發少年從事犯罪

一般化緊張理論明確提出最有可能導致少年從事犯罪的壓力內涵，並列出緊張壓力導致少年犯罪的四個主要因素（Agnew, 2001）：

1. 當少年感覺到他們的壓力是由於受到不公平待遇時，他們極有可能升高其負面情緒進而與犯罪連結。

2. 當少年承受著極為嚴重的壓力時，他們很難去忽略壓力的存在，或去控制自己的情緒採取合法方式緩解該壓力源，採取非法的手段便會是瞬間解除壓力最好的選擇。

3. 當少年是因為受到低度社會控制力而引起的壓力時，將會使他們走向偏差或犯罪的途徑。例如，青少年在學校裡因為學業表現不佳遭受到老師

的忽略或歧視時，會因此造成該青少年的緊張壓力，同時也降低了學校這個傳統機構對該青少年的社會控制力，因而升高他們走向偏差或犯罪的風險程度。

4. 長期累積壓力會促使個體採取犯罪的手段加以因應。例如，少年在學校裡長期遭受到同學們的霸凌，當長期忍受霸凌的壓力跨越了其所可以忍受的臨界點之後，該被長期霸凌的青少年會採取更激烈的反擊或報復的手段來緩解其內心壓力，暴力攻擊將會是其唯一考慮的選擇。

四 標籤理論

　　標籤理論認為少年犯罪的原因，並不是來自其本身素質或受到外在社會環境影響的結果，而是受到社會當中有權制定社會規範者的價值論斷後所反應的結果。因此，少年犯罪本身並無「行為本質為罪」的問題，少年行為是否為罪，端視社會有權制定規範者的價值意識；再者，因為社會規範主要體現在法律之中，並透過刑事司法體系的運作加以實踐，因此當犯罪少年進入到刑事司法體系之中，往往容易在該體系的處理過程遭受到負面標籤，進而影響其認知結構與自我概念，犯罪者的形象就此標籤在少年身上時，不僅不利於少年改善，更可能使其身陷犯罪之途；最後，社會結構當中的階級差距往往促使制定社會規範時，會偏向於某些具有優勢條件者的價值意識（諸如中上階級），因此當以中上階級價值意識為主軸所生成的社會規範標準，自然不利於低下階層者，而容易有差別立法與執法的現象。

（一）標籤理論與少年犯罪的相關性

　　標籤理論是基於社會學符號互動論的基礎所創建，其重視犯罪對少年犯罪人的意義與影響、界定少年為犯罪人的過程，及權力在界定少年為犯罪人的角色等。尤其著重少年在與社會規範或他人（特別是重要他人，例如父母、老師、警察等）的互動當中，被定義為犯罪人過程。因此，標籤理論與少年犯罪之間的相關性為：

1. 「差別立法」導致低下階層的少年容易被劃入犯罪者之列：犯罪是一種社會建構，是中上階級保護其利益的信念體現，事實上並無所謂「本質為罪」的行為存在，因此低下階層少年的行為類型較容易被劃入違反行

為規範之列。

2. 「差別執法」導致低下階層的少年容易被法律規範所適用：社會規範被差別引用與執行到不同團體身上，有利於中上階級少年，而不利於低下階級少年。

3. 標籤後產生「烙記」與「自我形象修正」的影響：其中烙記是代表著少年「身分貶低儀式」的結果，且該儀式後的烙記將成為少年的主要身分，日後即使有其他身分的獲得，也很難超越此一烙記的影響。此一烙記也同時促使少年逐漸修正其自我形象，對一個被標籤為犯罪的少年而言，他會逐漸修正其自我概念與形象，進而影響其行為轉向符合犯罪者應有的行為（即如田那邦所說的「邪惡的戲劇化」）。

4. 初級與次級偏差行為：初級偏差行為係指少年初次犯罪或輕微的犯罪，其對少年自我形象幾乎不會產生影響，但當少年在初級偏差行為發生後，接收到外在（尤其重要他人）不斷負面的反應後，則會逐漸修正其角色與形象以緩和緊張，並經過再社會化後，即會毫無保留且不斷地投入犯罪活動當中，此即次級偏差行為。

（二）標籤效應與少年犯罪的關係

標籤效應有來自少年與刑事司法機構接觸後所產生的「正式標籤」，亦有與沒有官方或專業背景的人員（例如父母、老師、同儕、鄰里等重要他人）互動過程中，對少年行為施予負面評價的「非正式標籤」。這兩種標籤效應通常與少年犯罪之間具有以下三種相關性：

1. 對少年產生「烙記」與「自我形象的修正」，使一個被標籤為犯罪的少年逐漸修正其自我概念與形象，進而影響其行為轉向符合犯罪者應有的行為之下，終至於犯罪。

2. 將使被標籤少年面臨傳統機會減少的困境，無論是在學業或是就業等方面會遭遇諸多困境，導致被邊緣化為犯罪幫派或陷入貧窮等，終至於選擇犯罪之途。

3. 標籤效應將導致被標籤少年被推入到犯罪幫派或同儕團體當中，從而增加其日後從事犯罪的可能性。

標籤效應的影響主軸在於說明次級偏差對少年犯罪的影響，換言之，標籤效應在於當少年產生初級偏差時，若對其本人及其行為加以不當苛責時，則少年個人在自己和他人眼中的自我概念便會朝向更加偏差的路

徑進行修正（Paternoster and Iovanni, 1989）。因此，犯罪學者Braithwaite（1989）進一步地解析標籤效應的產出過程，他認為公開糾正少年偏差行為有兩個做法並各自產生不同的效果：一是羞辱污名，此一做法是對少年的偏差行為及其個人都加以譴責，此舉將導致少年往次級偏差的方向前進，並衍生更嚴重的偏差或犯罪行為；二是明恥整合，此一做法是僅對少年的偏差行為加以糾正，但不對其個人予以譴責，此舉將可以使犯錯的少年仍然停留在初級偏差的程度，有利於透過其他方式導正其偏差行為。

最後，Jackson和Hay（2012）總結標籤效應的影響有三方面：首先，標籤透過象徵性互動的過程，將偏差少年污名化後產生偏差的自我概念，而偏差最終成為主宰該少年生活的核心地位，並且促使進一步的偏差；其次，受到負面標籤的少年經由社會排斥的模式，削弱他們與傳統社會或活動的連結，進而降低他們充分獲得教育和職業的機會；最後，標籤會鼓勵少年將生活重心轉移到偏差副文化團體當中，這些團體提供社會支持，並鼓勵和促進偏差或犯罪行為的態度和機會。

五 情境行動理論

情境行動理論（Situational Action Theory, SAT）是近十年來才在犯罪學領域興起的理論，由英國劍橋大學犯罪學研究所教授Per-Olof H. Wikström於2004年首先發表提出，並陸續將該理論應用在少年犯罪事件的觀察解釋上。該理論在論述少年犯罪時，著重於犯罪與社會不利因素之間的關係，認為少年犯罪行為是感知選擇過程的結果，該過程是由少年的犯罪傾向和其所處環境的犯罪條件共同作用而成，社會不利因素不是少年犯罪行為的主因，而是少年犯罪行為主因的原因（Wikström, 2004, 2006, 2018）。

觀察情境行動理論的內涵可知，該理論在解釋少年犯罪時，有以下特色：

（一）犯罪是被規定在法律之內破壞社會道德與規則的行為

情境行動理論是從道德價值和道德行為的角度出發，企圖成為解釋犯罪的一般化理論，它將個人和環境的觀點結合在一個綜合框架當中討論，以解釋各種犯罪行為。它的假設是：犯罪行為不僅是違反法律規定

的行為，也是一種違反社會道德價值的行為，此一犯罪（違反社會道德價值）行為不是出於個體真正故意或惡意的，而只是基於個體犯罪當時的心理傾向與所暴露的環境條件下，兩者相互作用而成的選擇結果。亦即，少年犯罪的發生是取決於少年的（犯罪）傾向以及他暴露在犯罪現場的條件程度。由此可知，情境行動論將犯罪定義為：「被規定在法律之內破壞社會道德與規則的行為」（Wikström et al., 2012），此一定義透過將「犯罪」定義在違反道德規則的前提下，提供了現今犯罪學領域上大多可接受的定義範圍內，而無需再依賴法律規範或不同的文化背景來補充，顯見本理論深具成為一般化或共通性犯罪理論的意圖。

（二）犯罪是「犯罪傾向」與「犯罪環境暴露」相互作用的結果

　　情境行動論認為，犯罪行為是一種感知選擇過程的結果，該過程由一個人的犯罪傾向與其在犯罪現場的暴露程度相互作用下的結果（Wikström, 2009）。因為犯罪行為是違反社會道德價值的行為，其受到個人按照其道德價值標準行事、受到當時他所處情境特徵，以及其行使自我控制能力的影響。亦即個體犯罪傾向低時，即使暴露在具有高度犯罪條件的環境中時，該個體也不太可能犯罪，此時只有犯罪傾向高的個體才會付諸犯罪行動。由此可知，情境行動論遵循在特定的情境模式當中，當個體的犯罪傾向性和犯罪環境暴露性相互作用下，才有可能導致犯罪行為的發生，總結來說，犯罪是情境中個體犯罪傾向與犯罪環境暴露兩大因素相互作用的結果。

（三）少年的犯罪傾向是潛因，直接原因是情境

　　情境行動論認為少年犯罪行為的直接原因是情境，但少年在生命過程中所經歷的家庭生活與社會經驗也是不可忽視的，因為這個生命歷程將會影響該少年是否形成犯罪傾向，進而使犯罪傾向與暴露犯罪情境兩相結合相互作用下，決定少年犯罪產出的可能性。因此，本理論對於少年犯罪發生的原因，係以少年所具有的犯罪傾向高低為前置變項，以少年暴露於犯罪情境的程度為中介變項，進而去決定少年是否投入犯罪行為。

　　綜合情境行動論的觀點後可知，少年犯罪的原因是建立在下列三個基本的解釋機制上（Wikström, 2018）：

1. 情境機制：強調少年犯罪是個體的一種感知選擇的過程，透過少年本身的犯罪傾向及對當時情境作用後所產出的感知，以作為是否選擇以犯罪

的途徑來回應感知的結果。

2. 選擇機制：少年依據其社會選擇和自我選擇的過程，決定其是否從事犯罪。

3. 暴露機制：透過少年本身暴露於與其他人接觸互動所產生的社會心理過程，或暴露於社會情境品質程度所產生的社會生態過程，以說明每個少年與犯罪因果相關會呈現因人而異的現象。

第二十一章　藥物濫用（毒品犯罪）

　　藥物濫用的議題在國際上顯現已久，不僅在濫用成因上多有討論，在控制人們藥物濫用的策略上也呈現多元觀點。我國將「濫用藥物」一詞稱之為「施用毒品」，藥物濫用者即為施用毒品犯罪者，並定義在毒品危害防制條例當中。該條例第2條第1項：「本條例所稱毒品，指具有成癮性、濫用性、對社會危害性之麻醉藥品與其製品及影響精神物質與其製品。」係將藥物具有成癮性、濫用性、對社會危害性之麻醉藥品與其製品及影響精神物質與其製品統稱為毒品；並在同條第2項當中，依其成癮性、濫用性及對社會危害性，分為四級：

　　第一級：海洛因、嗎啡、鴉片、古柯鹼及其相類製品。

　　第二級：罌粟、古柯、大麻、安非他命、配西汀、潘他唑新及其相類製品。

　　第三級：西可巴比妥、異戊巴比妥、納洛芬及其相類製品。

　　第四級：二丙烯基巴比妥、阿普唑他及其相類製品。

　　同條第3項又規定上述毒品之分級及品項，「由法務部會同衛生福利部組成審議委員會，每三個月定期檢討，審議委員會並得將具有成癮性、濫用性、對社會危害性之虞之麻醉藥品與其製品、影響精神物質與其製品及與該等藥品、物質或製品具有類似化學結構之物質進行審議，並經審議通過後，報由行政院公告調整、增減之，並送請立法院查照」。由此可知，我國在毒品控制策略是呈現動態定義，以因應新興毒品研發快速及毒品犯罪者規避法律規範的現況。

　　但如前述，毒品的本質出自於藥物，未經合法且正確使用者才稱之為毒品，因此同條第4項當中亦載明：「醫藥及科學上需用之麻醉藥品與其製品及影響精神物質與其製品之管理，另以法律定之。」此一規定，乃將我國的毒品控制策略又回到國際上統稱藥物濫用的範圍當中；換言之，符合醫藥及科學上需用之合法藥品即為管制藥品，否則即為毒品，並分由衛生福利部及法務部執掌管制事宜，兩者區別詳見表21-1。

表21-1　毒品與管制藥品之區別

	毒品	管制藥品
主管機關	法務部	衛生福利部
法律管理	毒品危害防制條例	管制藥品管理條例
定義內涵	具有成癮性、濫用性及對社會危害性之： 1. 麻醉藥品與其製品。 2. 影響精神物質與其製品。	以下限供醫藥及科學上需用之藥品。 1. 成癮性麻醉藥品。 2. 影響精神藥品。 3. 其他認為有加強管理必要之藥品。
分級審議	法務部毒品審議委員會（法務部會同衛生福利部組成）審議，報請行政院核定公告。	衛生福利部管制藥品審議委員會審議，報請行政院核定公告。

　　另從我國毒品危害防制條例當中可知，毒品犯罪可分列出製造、運輸、販賣與施用等四個面向，本章所探討者以毒品施用者為主要對象，並以此介紹毒品施用（藥物濫用）的類型與原因、施用毒品的相關理論、毒品與犯罪的關係，及控制毒品犯罪之政策措施等。

第一節　藥物濫用類型與原因

一　藥物濫用的類型（專論）

　　目前犯罪學領域對藥物濫用的分類可分成「錯用—濫用類型」（misuse-abuse typology）及「問題—娛樂類型」（problematic-recreational typology）等兩類。其中，「錯用—濫用類型」的特徵是指社會無論在法律、醫學或社會上皆同意或接受這些藥物（毒品）的合法使用，只是使用者或應用者未經批准即予以使用，並對個人或社會造成有害的後果（主要為成癮或對該誤用藥物形成依賴性）者稱之；「問題—娛樂類型」則從藥物濫用（吸毒）的動機或方式為其主要特徵，主要是指藥物濫用者並無使用該藥物之必要，而是在平日生活時間或在社交場合中使用。當然，以上這兩類型的分別並不是透過客觀科學的判定，而是充滿道德和政治的盤算，因為政府會根據藥物使用後對人體的不良影響程度，民

眾使用藥物的動機、方式和後果，或在特定歷史和文化背景下總體社會的接受程度而定（Coomber et al., 2013）。

（一）錯用－濫用類型

錯用－濫用類型是指，除了為社會所認可之外，也經由醫學或法律層面所認可下的使用；而哪些藥物在法律或社會上是可被接受的，將隨著時間的推移、不同司法管轄區域以及根據其使用目的而變化。以大麻為例，在美國許多州大麻用於醫療上是合法的，但若將大麻用做其他非醫療用途則是非法的；又如荷蘭，大麻的供應是非法的，但在指定的大麻咖啡廳（cannabis cafés）內將其用於娛樂目的則是合法的；在葡萄牙，出於個人目的（包括醫療和娛樂）而擁有大麻不被認為是犯罪的，但持有量不能超過10天的個人使用量。

因此，錯用（misuse）便是指使用在醫療臨床是合法的藥物，但卻在未經核可的狀態下使用，例如藥物使用者過度頻繁地使用、一次過量使用、或未達使用該藥物的程度下使用等；濫用（abuse）則是指將藥物從事非醫療上使用，導致使用者帶來諸多精神病症或依賴性等問題，當使用者每天都必須依賴藥物或呈現不受控制的消費模式時，濫用成癮便是此一類型的最終結果。

（二）問題－娛樂類型

問題－娛樂類型是由英國社會心理學家Russell Newcombe，於1990年進行藥物濫用群體模型（group model）的研究時所發展出來，Newcombe將各種藥物濫用者的人口與個體特徵、使用動機與方式，及與毒品（藥物）來源的接觸狀況等，將毒品分成五大類，其分別為鴉片及注射式興奮劑類（opiate users and injectors）、非注射式興奮劑和迷幻劑（non-injecting stimulant and hallucinogen）、大麻（cannabis）、揮發性物質（volatile substance）、合成代謝類固醇等藥物（image／performance enhancing）。此一群體模型於後來被簡化為問題－娛樂類型，並與現今「硬毒品」（hard drug）與「軟毒品」（soft drug）的分類法相稱（Newcombe, 1990, 2007）。

從政策上來說，將問題－娛樂類型二分法的目的，主要是來自於醫學上對毒品成癮及身體危害程度先加以區分，之後再配合毒品與犯罪之間關

係的觀察，後再透過法律規範加以分類其優先次序（就如我國將毒品分成四級，第一級及部分第二級屬於問題型毒品，也稱為硬毒品；部分第二級以下歸屬在娛樂型毒品，又稱為軟毒品）。這種毒品分類法強調具有成癮醫學模型的支持優勢，也是當今理解毒品使用問題根源的一種方式，進而提出對這兩種不同類型的吸毒者相稱應有的政策與資源分配是什麼，以及他們造成的社會問題應該如何因應。

1. 問題型吸毒者

依據Singleton等人的估計，問題吸毒者約占英國吸毒者總數的8%，其特徵是他們使用海洛因、可卡因、苯二氮等鴉片類藥物（大多屬於硬毒品），並經常在日常生活當中透過靜脈注射的方式進行。相對地，娛樂型吸毒者，其人數約占英國吸毒人口總數的九成以上，包括偶爾和定期吸食大麻的人，或在週末假日使用「搖頭丸」等精神興奮劑的使用者。雖然，問題型吸毒者僅占吸毒者總數的一小部分，但他們卻是刑事司法和醫療干預關注的核心焦點，因為他們使用硬毒品後所產生的成癮性及後續衍生的犯罪或社會問題，都對社會造成相當大的負面影響（Singleton et al., 2006）。然而，仍有許多異議者認為將毒品問題簡化為「有問題的吸毒者，而不是『有問題的毒品使用』」（problem drug users' rather than "problem drug use"）的做法不表贊同，因為只是斷頭式直稱吸毒者是有問題的，而忽略他們是藥物有問題的使用者，如此概念化藥物濫用的情況是相當不負責任的，而且也會導致反毒政策鈍化的後果（Dikec, 2004）。Schipstal等人則認為：建立在強調藥物濫用對吸毒者身體及社會秩序有害的反毒觀點與政策，而不去考慮吸毒者的意圖和生活經驗的反毒政策很可能會失敗，因為吸毒是有害或危險的並不足以說明為何有那麼多人嘗試著去吸毒，這只不過是政府和公共衛生官員為了控制特定思想的做法而已（Schipstal et al., 2016）。

這種涉及到注射式的毒品使用，在政策上又與另一項公共衛生計畫有關，即愛滋病毒防治（避免因針頭共用衍生愛滋病毒傳染），因此問題型吸毒者的反毒政策從單純的刑事司法干預轉向併同公共衛生干預，因而產生現今在世界各國極為流行的提供注射器和美沙酮治療等，以積極性做法減少毒品危害。

2.娛樂型吸毒者

　　娛樂型吸毒者相對於問題型吸毒者來說，其人數更多，且所使用的毒品類型、毒品使用方式、身處之社會環境與使用後的目的與後果皆有很大的差異。例如，娛樂型吸毒者可能只是涉及偶爾或有規律及目的性的使用，但他們大多數會使用鴉片類（海洛因和可卡因）以外的毒品（以大麻為最大宗），也通常是在休閒娛樂場所的社交聚會上使用。他們吸毒並非是社交聚會的唯一或主要目的，而只是為了添加娛樂性或興奮愉悅程度，所以此類型的吸毒者具有自我控制、非強迫性或是混亂的特徵。

　　Felson等人（2018）綜整以往研究吸毒與犯罪的相關文獻後，歸納吸毒者與犯罪之間的關係有三種假說：享樂主義動機假說（hedonistic motive hypothesis）、成癮假說（addiction hypothesis）、經濟機會假說（economic opportunity hypothesis），而其中的享樂主義動機假說及經濟機會假說，便與娛樂型吸毒者的吸毒成因有關。享樂主義動機假說認為，許多犯罪者透過財產犯罪所得來資助其享樂生活或派對生活方式（party lifestyle），他們經常使用娛樂性毒品與喝酒助興，並花費大量時間與朋友進行非結構化的活動，但享樂主義的生活方式也並非意味著每次的社交活動都會涉及到毒品使用，他們可能每天晚上喝酒，但卻不會每天對毒品有興趣。經濟機會假說則認為，許多財產犯罪者一旦獲取金錢後，他們就會有更多的錢花用在享樂的生活方式上，其中包括從事非結構性社交（諸如到夜店或俱樂部消費）、喝酒、吸食大麻或其他俱樂部藥物等；相同地，這些吸毒者並非每日都會碰觸到毒品，而是有充裕的金錢時才會與吸毒產生連結。由此可知，娛樂型吸毒者基本上都與休閒娛樂場所、非結構社交活動及軟毒品有關。

　　前述有關吸毒者類型只是概括的分類，畢竟所有的吸毒者並非只使用特定的毒品，也有部分的吸毒者兼食硬毒品與軟毒品；再者，曾有學者挑戰這樣的分類時指出：並非所有吸食鴉片等硬毒品時都一定會產生社會問題，更何況也不是所有毒品問題都只與硬毒品的使用有關，甚至使用海洛因的吸毒者也不必然一定會呈現依賴性或成癮（McSweeney and Turnbull, 2007）；另外，Schipstal等人（2016）曾在荷蘭進行一項「分享和關懷毒品使用」的質性研究，他們指出：當我們從吸毒者的觀點出發，透過吸毒者之間的訊息共享，可以讓吸毒者獲得更多更正確的藥物使用概念，使依

賴藥物或成癮的機會降到最低，這不僅可以減輕吸毒者的自身傷害，也可以塑造出「無問題」藥物使用的護理特性。

三 藥物濫用的原因與特徵

個體藥物濫用的原因相當眾多，基本上可分為個體的生物學和心理學因素，或從個體及其所處的社會團體（如家庭與社區等）的歷史、經濟、社會和文化環境等因素；而綜覽以往有關藥物濫用成因的研究後可知，直至目前為止，仍然沒有一項具權威性的理由足以代表個體吸毒的原因。另當個體進入藥物濫用的生活模式時，有許多的人文特徵值得探討，包括對其生活的影響、戒毒後重返社會困境以及再犯風險等，此等都需要透過社會總體資源來加以協助。

（一）藥物濫用的原因

綜觀以往對藥物濫用成因的研究可知，個體藥物濫用的成因主要在生物學、心理學和社會環境等三方面，而且隨著近年來研究技術的發達，發現單因性的成因研究對藥物濫用原因的理解是沒有價值的，因為促發個體藥物濫用是多元因素介入的結果，也正因為如此，所以在藥物濫用的防治上才會產生許多難度。

1. 生物學

Muscat等人（2009）認為，人們吸毒的原因之一與生物學遺傳有關，且是因為基因的特定組合所造成而非特定基因的結果，尤其是在研究人們為什麼繼續吸毒時，這種受到基因特別組合的影響效果，遠大於開始吸毒的影響。雖然Muscat等人有上述的研究結果，但另有學者也曾異議指出，雙胞胎的研究已被用於識別吸毒和酗酒的遺傳因素，但最終研究結果究竟是先天遺傳或後天環境所造成仍然存有爭議。因此，生物遺傳至多只能說是「風險」因素，還稱不上可能影響吸毒品或酗酒的預測指標；換言之，吸毒或酗酒等具有成癮或依賴性，可能是生物遺傳因素與社會環境之間複雜相互作用的結果（Coomber et al., 2013）。

2.心理學

　　從心理學面向探究個體吸毒的原因時，主要關注在吸毒者的人格特質上，諸如具精神疾患傾向、性格外向、衝動或尋求刺激等，將吸毒者被視為與正常人（非吸毒者）是有所差異的（Muscat et al., 2009）。但這種解釋在後來也逐漸遭受質疑，因為具有上述特質者不必然一定染上毒癮，因此缺乏足夠的證據表明個體在吸毒之前可以清楚識別出獨特的「成癮性人格」（addictive personality）（Coomber et al., 2013）。另Usán和Salavera（2017）從個體自我概念的角度探討對青少年學生吸毒的影響，他們認為自我概念可分成身體性與社會性兩種，並與社會心理學諸多變項有關，諸如個體與外在環境互動後所產生成功或失敗的經驗、評估自身體力與健康的程度、與外界互動所展現的自信程度等，這些社會心理學變項的發展皆與其吸毒行為有關。在他們的研究結論指出，青少年的學業成就程度、人際社交狀況及情感釋放程度等與吸毒有高度相關。

　　另從心理學的角度去分析性別在藥物濫用程度的差異，他們認為男性比女性更可能有藥物濫用的機會，並且更容易成為重度成癮者。因為男性與女性在生物學及心理學上的差異，再透過與社會文化因素（例如「性別期待」導致男性與女性應有哪些適當行為）相互作用後，會使得男性對於藥物濫用的可能性遠高於女性。例如，女性大多數會以壓抑（或使用處方鎮靜劑）的方式處理其所面對的壓力，但男性則常會以在公共場所酗酒狂亂以示「陽剛之氣」，而通常男性的這種抒發壓力的方式也是可被社會上接受的。在上述這種情況下，使得個體在藥物濫用的比例上會因對性別行為不同的期待，而使吸毒者在性別上的分布是男性遠大於女性（Kendler et al., 2017; Vaughn et al., 2018）。

　　Coomber等人（2013）則注意到個體年齡與吸毒之間的關係，他們和大多數研究者的看法一致，年輕人吸食毒品的比例是相對偏高的。這可能是青少年對抗生活焦慮而透過吸食毒品換取放鬆身心的一種方式；或可能來自於年輕人比成年人擁有更多休閒時間及更少家庭責任有關；或年輕人只是想從吸毒後的縱放，讓生活獲得暫時的緩和；或只是對毒品感到好奇，並透過毒品尋求刺激冒險的體驗而已。另Usán和Salavera（2017）認為個體於青春期被認為是吸毒的重要關鍵時期，大多數的吸毒者都是在此一時間與毒品發生首次連繫，甚至會造成建立與穩定吸食毒品的生活方

式，進而使其身心健康、自我概念、自尊和社會適應發生問題的可能，也成為其日後成年期間持續沉浸在吸毒生活的決定性因素；不僅如此，這種早發性的吸毒者更可能面臨多種毒品綜合使用的情況。

3.社會環境

當前在探討個體吸毒的原因時，以社會環境因素最受到學界與實務界的青睞，主要原因來自可研究性與政策可操作性。例如從現有的研究文獻當中可知，造成個體吸毒的社會環境因素包括：家庭結構破碎、家庭動力不足、兒童疏忽或虐待、學校學業成就不佳及相關問題（例如輟學）、失業或就業狀況不穩定、社會經濟地位低落、家庭中有父母或兄弟姊妹吸毒等，這些原因都是可觀察且可透過各種政策介入處理，因此常被作為個體吸毒的研究變項。然而，依據上述原因所擬定的反毒策略雖能達到某種程度的效用，但若直接將吸毒的肇因定位在這些原因當中的一個或某幾個時，可能會導致對個體和某些社會群體的污名化，因此有學者提倡在探討個體吸毒的原因時，應區分成「保護因素」（protective factors）與「風險因素」（risk factors）兩種，前者是指個體為何不吸毒的原因，後者則是指促發個體吸毒的原因，如此才能真正全盤觀照出促使個體接觸毒品的因素（Nuño et al., 2018）。

(1) 家庭

家庭的保護因素當中，當父母對孩子的監護與連繫程度較高時，便可以降低孩子接觸毒品的機率，即使孩子處在家庭結構破碎的不良環境當中，強韌的家庭動力也足以隔絕孩子與毒品接觸的可能（Ewing et al., 2015）；另外，Wahl和Eitle（2010）在美國針對西班牙裔青少年酗酒與吸毒的研究發現，若個體具有強烈的家族主義思想時，因為青少年對家庭需求的重視程度超過其自身需求，因此可拘束青少年接觸毒品，進而對個體具有保護性。再者，Telzer等人（2014）也發現墨西哥裔年輕人，當他們信守傳統家庭義務與積極參與家庭互助行為時，便可形成一股家庭支持網絡，並從中獲得一種支持感和結構感，進而幫助他們選擇有效的應對策略來避免使用毒品。

相對之下，家庭層面的危險因素當中，若孩子在成長過程中缺乏父母的參與，將導致孩子喪失附著於家庭或父母的動能，或者父母本身就是藥

物濫用者時，則將會是增加青少年藥物濫用的可能性（Li et al., 2002）；另Prado等人（2008）認為孩子與父母的社會適應力差距會影響親子之間的溝通，甚至引發親子間的衝突而使孩子離開家庭，當遠離家庭的孩子又缺乏社區支持機制的協助時，則將提高他們接觸毒品的風險；最後，Burton（2007）認為來自貧困家庭的青少年可能會因為受到政府或民間各方援助的關係，因而導致其內心自尊受損，進而影響他們在家庭親子關係、學校活動和自身心理層面上的困擾，因而升高他們尋求藥物解除焦慮的風險。統整而言，缺乏家庭支持與父母參與的青少年，若再加上社區與社會關係的孤立下，青少年很容易從同儕當中去尋求慰藉並升高接觸毒品的風險。

(2) 同儕

關於藥物濫用的風險因素，曾有研究指出同儕的負面影響可能比家庭因素的影響更大（Crawford and Novak, 2002），且隨著青少年年齡的增長而增加（Mrug and McCay, 2013）。Grigsby等人（2014）研究發現，參與研究的青少年在10年級時若有三個以上親近同儕使用毒品時，則會增加其在11年級時使用毒品的風險；當參與者的五個親近同儕都有使用毒品時，則與沒有親近同儕使用毒品者相比，其在一年後使用毒品的風險機率增加2.3倍，Grigsby等人進一步研究青少年在成年後所交往的同儕群體中若有人使用毒品，則其使用毒品的風險機率將高達6.5倍；另外Nuño等人（2018）的研究也發現，年齡較大的年輕人在暴露於某些因素時更有可能從事非法藥物使用，例如，與8年級學生相比，12年級的年輕人使用毒品的可能性大約是8倍。

以上的研究結果回應傳統社會學理論當中參照團體理論（Reference Group Theory）的觀點，該理論指出大多數吸毒者起源於親近同儕群體當中，認為當青少年有更多親近同儕涉及使用毒品的情況時，則其對使用毒品的認同度會相對提高；而當青少年缺乏家庭正向動力的保護時，則其接觸偏差同儕以致於接觸使用毒品的風險也將之提高（Prado et al., 2008）。另Nuño等人的研究也發現，無論種族背景如何，與有使用毒品的同儕交往，其使用毒品的可能性會提高2至5倍。他們的解釋認為，青少年從童年到青春期的發展過程的特點是，他們已從父母依附轉變為同伴依附，同儕交往網絡的支持已取代父母成為延續青少年自我控制的決定因素

（Nuño et al., 2018）。

(3) 學校

青少年與學校的連結程度被認為是觀察青少年是否使用毒品的重要因素，連結程度高者不僅可以獲得良好的教育成就，更可以降低包括毒品使用在內的風險行為發生率。相關的研究指出，與那些在學校中擁有較低歸屬感的學生相比，擁有強烈歸屬感的學生通常會擁有更好的成績、花更多的時間在課業上，並更有動力去追求教育成就（Hagborg, 1998）。另Vaughan等人（2011）研究發現，當青少年在學校的學習過程中在意其學業成績表現時，則其使用毒品的風險便會降低，若其更進一步有很明確的升學志向或就業選擇時，通常也會降低其使用毒品的風險。最後，Hasani等人（2019）研究馬來西亞青少年使用毒品的危險因素時發現，逃學是預測青少年使用毒品與否的重要因子，其重要性甚於家庭結構破碎與同儕支持不佳等因素。由此可知，青少年與學校連結程度對其接觸毒品的影響性。

(4) 社會發展模型

社會發展模型（Social Development Model, SDM）是在描述人類行為的一般理論，若應用在吸毒行為時，則是將促使個體從事吸毒的風險和保護因素整合到一個具有系統性的模型當中，以達到擴大行為解釋力的目的。社會發展模型的提倡者加泰羅尼亞（Richard Catalano）和霍金斯（David Hawkins）研究青少年吸毒行為時認為，其吸毒原因在兒童或青春期早期就開始奠基。他們認為青少年吸毒或犯罪行為是透過其所經歷的社會化過程所影響，並從中決定其習得親社會行為（prosocial behavior）或反社會行為（antisocial behavior）。其中，家庭、學校、同儕與社區等通常是被認為個體社會化所必需的機制，經由參與活動及與他人互動的機會，逐步去學習成功的社交技能與正確價值觀（Catalano and Hawkins, 1996）。從SDM模型的觀點內涵可知，本模型係將控制理論、社會學習理論和差別接觸理論中具有強烈實證支持的命題加以整合，並綜合成一個連貫的模型，以實現比單一理論提供更強大的解釋和預測力（Catalano et al., 1996）。

加泰羅尼亞和霍金斯進一步解釋認為，當青少年歷經上述四個社會化機制的過程一致時，就會形成強韌的社會鍵，亦即青少年個體可以從這四

個社會化機制當中獲得一致的信念、規範與價值觀，並與特定社會化主體（諸如家庭中的父母、學校裡的老師、同儕中的益友）形成強韌連結，進而決定青少年對該主體價值信念的附著與信仰，以及他對價值規範的堅持與承諾（Catalano et al., 1996），當此一有利於親社會行為的特質確立之後，對於青少年吸毒行為就形成一股強烈的保護。

加泰羅尼亞和霍金斯論及青少年養成反社會行為時，其認為原因有三：一是青少年若強烈附著於具有反社會行為之個人或團體時，則將導致其致力於所屬團體的反社會價值觀；二是與親社會主體的連結鍵薄弱時，將導致青少年致力維持這種正向連結的獎勵減少，及制止其違反團體規範和價值觀的能力減弱等效應；三是青少年的反社會行為是具有「理性選擇」的預期行為，他會隨著周遭環境去變化其認知與行為程度，且是基於理性選擇與成本效益分析下的結果。因此，對於青少年吸毒行為來說，在其成長的每個階段當中都可以識別出相關的風險和保護因素，並且可預判出這些因素的相互作用機制，可充分預期瞭解影響其吸毒的社會化因素（Catalano et al., 1996）。

（二）藥物濫用的特徵

1. 成癮

當前有關藥物濫用的主要特徵在於成癮症候的顯現，雖然施用毒品是否成癮的論戰不曾停歇，但截至目前為止，施用毒品導致成癮的觀點已成為顯學，並有三大面向的說法在支撐。一是基於藥理化學的觀點認為，毒品成癮主要是由於該毒品物質具有使施用者產生依賴的能力所引起的；二是基於生物化學的觀點認為，個體的基因遺傳素質（genetic predisposition）對於該毒品物質具有高易感性；三是基於社會心理的觀點認為，吸毒成癮可能只是一種慣性行為，毒品物質的內涵並非是吸毒者成癮的主因（Coomber et al., 2013）。Coomber等人進一步闡述此三大成癮面向的觀點如下：

(1) 藥理化學觀點

當前對於吸毒成癮者採取藥理化學觀點者係以美國為代表，此一模式又稱疾病模式，此一觀點來源其實是源自於宗教和哲學對於人類「過分」（excess）行為的譴責，這種過分行為導致個體不受控制進而衍生諸

多社會問題,最後也形成所謂的「節制」(controlled and abstemious)運動。從十八世紀初期開始,各種節制運動主要在於飲酒行為,源於宗教與道德起源與動機的節制運動逐漸影響當時世界各國,並在1919年美國實施禁酒令時達到頂峰。當時諸多醫生也參與節制遊說和活動,雖然這些醫生一開始也是出於宗教和道德動機,但隨後將酒癮與藥癮的觀察帶入醫學或藥學領域,因而轉化成藥理化學領域的疾病模式延續至今(Harding, 1998)。當今對於成癮的主要醫學立場為:它是一種腦部疾病,因為從神經科學研究顯示,過度使用藥物時大腦會發生變化,其中有一些是永久性的,且對身體會產生不利的影響。Berridge(1999)也認為,將成癮視為一種疾病與當時的醫學思維是一致的,而且也有助於醫學領域的擴張,因此將成癮會剝奪人的自制力和自由意志,作為討論和思考這種疾病的主要方式。

(2) 生物化學觀點

繼藥理化學觀點之後,興起一股成癮具有遺傳特徵的生物化學研究,該觀點的研究認為,成癮具有遺傳方面的特徵,某些人由於其基因特性而更容易屈服於成癮。這類的研究提供另一種對成癮本質的看法,認為成癮是自然界中的生物化學狀態,即生物學和物質(酒類與藥物)都會產生上癮的狀態或疾病。但此一觀點在後來也遭受不少的質疑,例如使用被認為會上癮的毒品(例如海洛因)的人不會上癮;或原本長期有毒癮的人戒除了毒癮;或個體表現出上癮或強迫型行為,但卻不是使用毒品所造成時,這都將混淆了成癮疾病模式或成癮基因遺傳因素的概念。因此,個體成癮一定有其他超越生物學與化學領域的因素。

(3) 社會心理學觀點

關於毒癮的最後一個解釋面向是社會心理學觀點,該觀點認為吸毒成癮可能只是一種慣性行為。例如Robins等人(1974)研究美國參與越戰的退伍軍人使用鴉片類藥物當中發現,1972年從越戰返回美國的900多名軍人當中,大約有700名在離開越南之前對鴉片類藥物測試呈現陽性反應,且(或)承認對鴉片類藥物有身體或心理上的依賴性,經過八至十二個月的追蹤調查後,僅有20%的人持續使用藥物,但只有5%的人有依賴成癮的跡象。這項研究說明鴉片依賴不一定是一種慢性復發性疾病,並且反應出個體吸毒的社會背景及為何使用毒品的態度強烈地影響其吸毒的動

機，當然也包括了不會繼續使用成癮藥物。Robins等人進一步指出，對於許多軍人來說，越南戰場是一個充滿無聊、壓力和不確定性的地方，因此普遍使用藥物似乎是一個舒緩壓力的方式，但是當這些軍人返鄉時，他們重新進入一個熟悉的既有生活環境後，便可減少對藥物的依賴且可回歸正常的生活。除此之外，在醫療層面上，許多患者因為醫療上的需要藉由鴉片類藥物減緩疼痛，在醫療過程中會產生對藥物的依賴，但當身體康復且醫療程序結束後，大多數醫療患者並不會對藥物持續依賴，Coomber等人（2013）認為這是因為他們不是出於娛樂目的，而是出於醫療目的而使用鴉片類藥物，因此對於藥物依賴的心理感知並不強烈，進而容易脫離藥物依賴的效果。綜合來說，個體生活環境對其藥物成癮與否的影響，比起藥理作用或生物基因的影響來得強烈。

2. 高再犯率

從相關的司法統計當中發現，藥物濫用（毒品施用）者的再犯率相當高，就以我國為例，蔡震邦（2019）整理我國2007年出監所之施用毒品收容人再犯施用毒品罪比率，施用毒品收容人出監所後追蹤半年，受觀察勒戒人再犯率為11.16%、受戒治人8.59%、受刑人則為20.67%；追蹤一年後，受觀察勒戒人再犯率21.12%、受戒治人24.75%、受刑人則為40.36%；追蹤兩年後，受觀察勒戒人再犯率為31.59%、受戒治人41.05%、受刑人則為57.69%。另檢視毒品案件裁判確定有罪當事人、新入監或在監的毒品罪受刑人，過去有無毒品或其他罪行的前科來看，毒品案件裁判確定有罪當事人累再犯率為90.2%、新入監毒品罪受刑人累再犯率為94.3%、年底在監毒品罪受刑人累再犯率則為87.5%，若單純以施用毒品行為來看，毒品案件裁判確定有罪施用毒品當事人同罪名累再犯率為82.5%、新入監施用毒品受刑人同罪名累再犯率為83.6%，由此可見施用毒品者的高再犯現象。

造成施用毒品者再犯的原因相當眾多且複雜，通常也是多因交雜而成的。Martinez和Abrams（2013）研究年輕施用毒品犯罪者（14-24歲）出獄後的非正式社會支持狀況時發現，家庭和同儕對他們提供情感和物質的支持特別重要，他們經常會在正向同儕的支持與再度參與犯罪的誘惑之間游移，並且在家庭成員所給予的期待態度當中感受到壓力。此外，Hanrahan等人（2005）發現許多施用毒品的年輕人在假釋後又再度施用

毒品，其原因在於釋放時面臨無數挑戰，包括複雜的家庭關係和缺乏穩定的住所。上述的研究發現說明了年輕人毒品犯離開監獄機構後所面臨的許多問題，其中包括難以解決的社會關係、遭受歧視與污名，以及住所不穩定的問題。這些挑戰使得出獄後的毒品犯罪人缺乏足夠的資源去建構穩定的安全網，並造成他們重蹈進入犯罪或吸毒的生活領域當中（Inderbitzen, 2009; Visher et al., 2004）。

3. 世代效應

現今被定義為毒品的種類相當眾多，但毒品使用者似乎有偏好單一毒品及世代效應的現象。Roy等人（2016）研究加拿大注射型毒品時發現，不僅在加拿大，許多國家的注射毒品數量相對減少，他們推論造成這種下降的確切原因在於，吸毒人口的代間差異（generational differences）。Roy等人援引Golub等人的研究觀點認為，隨著時間的推移，藥物使用的變化會被固定在各世代人群的偏好當中，因為從藥物流行病的角度來看，基本上都會經歷孵化（incubation）、擴張（expansion）、平穩（plateau）和衰退（decline）等四個階段，當新世代毒品吸食者發現原有毒品使用會有不良後果或有其他更好選擇時，通常就會讓某一特定毒品使用下降，新一代的毒品數量日漸攀升（Golub et al., 2005; Golub and Brownstein, 2013）。楊士隆等人（2013）以高雄市為例，分析精神醫療院所通報藥物濫用的數據後也發現，19歲以下以吸食K他命為主，20歲至39歲及40歲以上以注射或吸食海洛因為主，用藥型態則以單一用藥居多，由此顯見毒品使用似乎具有世代效應的現象。

4. 階級差異

毒品使用除了有上述世代效應外，似乎在使用目的上也有階級差異的特徵，Cao等人（2018）以社會支持理論檢驗加拿大原住民毒品使用的相關性時發現，與以往的研究結果相同的是，毒品使用的目的呈現出階級上的差異，中上層階層者施用毒品是尋求快感或與娛樂使用有關；但是對於下階層來說，大部分的毒品問題是一種都市現象，其反映出經濟不平等和社會弊端，並且是普遍導致犯罪率上升的主因之一。Cao等人更進一步闡釋加拿大原住民使用毒品的現象，與在美國社會經濟等級制度最底層的非洲裔美國人相似，他們都面臨強迫同化政策，原住民社會（或原有生活

價值體系）已經從具有共同價值觀和信念的機械團結轉變為基於分工的有機團結，他們原有的文化價值觀和生活方式受到侵蝕，個人身分逐漸被刪除，原住民文化價值觀的依附感和受其規制的程度有所減輕，進入到主流社會生活的原住民也因此產生更多的挫折感，或因社會支持的匱乏而感到疏離，進而透過毒品使用尋求鎮靜、釋放或欣快感。

第二節　藥物濫用的相關理論

一　自我控制理論（享樂主義觀點）

Felson等人（2018）研究施用毒品與犯罪的關係時認為，享樂主義活動（例如吸毒、酗酒）導致財產犯罪，而財產犯罪為更頻繁的享樂主義活動創造了機會（持續的吸毒、酗酒）。由此可知，Felson等人將吸毒視為享樂主義活動的一種，此與自我控制理論所提出犯罪或偏差行為是低自我控制與機會的結合，而低自我控制的特徵之一即是享樂主義。他們蒐集諸多吸毒與低自我控制的關聯性時發現，許多犯罪者經常犯下財產犯罪來資助其享樂主義的生活方式，他們花費大量時間從事享樂冒險的活動，這些活動涉及不必要的消費，且根本不是滿足基本需求或家庭要求。例如他們經常使用娛樂性藥物或酗酒狂歡，並花費大量時間與朋友進行非結構化活動；另外也有相關研究文獻指出，此類的犯罪人經常從事財產犯罪，以資助他們對吸毒成癮所需，倘若吸毒成癮情況更加嚴重時，則已超出享樂主義生活方式的財務要求而衍生特殊的財務需求，此時就會走向下列兩種犯罪道路：1.享樂主義的生活方式和（或）吸毒成癮會導致財產犯罪；2.犯罪人從財產犯罪中獲得的金錢使享樂主義活動和（或）成癮性吸毒的機會提高。

Felson等人引用了Gottfredson和Hirschi於1990年所提出的一般化犯罪理論觀點，認為家庭背景、低自我控制和其他穩定的個人差異是造成個體從事吸毒的原因，也因為低自控的特徵形成個體具有享樂主義的生活方式，這也意味著吸毒對財產犯罪的影響是一個普遍可預知的結果，當他們更沉浸在頻繁參與各種享樂主義活動時，也將會促使他們犯下更嚴重

或更頻繁的財產犯罪，以支付享樂活動的需求（Felson et al., 2018）。除此之外，也有相當多早期的研究文獻發現，許多犯罪者以財產犯罪的方式去資助其享樂主義的生活方式，例如男性犯罪者通常使用娛樂性毒品、酗酒、購買禮物贈送女性友人炫耀奢侈品等。由於這些犯罪人沒有足夠的合法收入來支付這種享樂主義生活方式的費用，因此他們從事各種財產犯罪活動。於是他們陷入了一個循環，在這個循環中，他們時常聚會享樂，然後金錢花費殆盡之後，以從事財產犯罪的方式獲取金錢來解決他們的財務需求。如此來說，施用毒品、酗酒和頻繁的無組織社交活動等享樂主義的生活方式，都將是導致財產犯罪的原因之一（Shover, 1996; Wright and Decker, 1997）。

二　一般化緊張理論

Montgomery等人（2012）進行一項少年吸毒成因異質性的研究時認為，許多少年施用毒品的研究通常都會從風險因素（例如家庭結構不佳、父母管教與親子關係不良、社區環境條件低劣、不良同儕牽引等）的框架當中得出結論，認為當存在特定的風險因素時，少年施用毒品的風險相對較高。Montgomery等人認為這樣的研究觀點太過於空泛且缺乏理論根基，也欠缺適當的解釋力，因此他們提出一般化緊張理論，並認為該理論是一種可以解釋危險因素如何增加少年的負面情緒進而導致吸毒。一般化緊張理論認為，少年從事如吸毒等非法行為，主要目的是想藉此減少因失望或不如意所引發的情緒困擾，這些失望與不如意的事件包括創傷經歷、失去親人或被同儕排擠孤立等。

一般化緊張理論的提倡者安格紐認為，個人對壓力的反應（例如藥物濫用）會受到個人人格特質的影響，此外也會受到他本身所具備的某些條件以及因這些條件所接受到的反應所影響，諸如性別、社會經濟地位、種族、生活經歷等，這些因素會使個體或多或少產出壓力，並嘗試以特定方式對壓力做出反應（Agnew, 2006）。Montgomery等人依照一般化緊張理論的觀點，從少年的心理健康情形探討與藥物濫用之間的關係，他們蒐集以往的研究文獻發現，藥物濫用的少年犯罪者經歷較多嚴重暴力的歷史，有較高創傷症候群的經歷，或者受到其他如憂鬱症、精神疾病、焦慮症或注意力不足過動障礙（ADHD）等之觸發影響，使此等少年比起一般少年

承載較多壓力的可能，促使他們選擇以吸毒的方式來擺脫壓力。

　　而Montgomery等人的研究結果也顯示，少年藥物濫用者的壓力指數愈高者，愈能預測藥物濫用的傾向，而在進一步分析促使少年藥物濫用者形成壓力的原因時發現，其在心理健康上是有缺陷的，例如具有顯著精神疾病困擾與特徵者（如衝動、好冒險、性情冷漠、低外在感受性、自戀），導致其與外在環境互動時容易受挫、生氣或不滿等負面情緒，進而有較大的機會接觸藥物或濫用藥物的可能；另外，他們的研究也發現少年藥物濫用者的創傷經歷與其藥物濫用程度有關，對於同樣是藥物濫用者來說，經歷暴力創傷的少年，其藥物濫用的程度顯著高於無暴力創傷經歷者（Montgomery et al., 2012）。因此從一般化緊張理論的觀點來說，傳統上以風險因素的框架來研究藥物濫用的原因時，確實不足以產生令人接受的解釋力，其必須再透過藥物濫用者本身諸多特質因素的促發下所導致的壓力或負面情緒，才足以完整解釋。換句話說，傳統研究上所稱的風險因素只是造成個體藥物濫用的遠因或潛因，個體所面臨的壓力或負面情緒程度才是造成個體藥物濫用的主因。

三　社會學習理論（差別強化理論）

　　解釋個體藥物濫用的理論上，社會學習理論算是很常被引用的觀點，尤其是艾克斯所提出的差別強化理論更是極受研究者的青睞。艾克斯引用心理學當中的社會學習理論，修正蘇哲蘭所提出的差別接觸理論內涵，強調個體從事犯罪行為是經由差別接觸與對犯罪的定義認知外，還包括差別強化及模仿的效果（Akers and Sellers, 2009）。誠如艾克斯所說：個體接受社會整合或產生偏差行為都是社會學習的產物，也都是在各種社會結構運作過程中，與重要他人的互動和情境當中進行，而決定個體的好壞是由下列四個關鍵機制在作用：差別接觸、定義、差別強化和模仿（Akers, 1998）。因此，以社會學習理論的觀點來說，個體藥物濫用的原因會來自於下列四個因素的作用過程，並且適用於行為的初次學習、重複，持續與堅持：

一、**差別接觸**：係指透過直接或間接、以言語或非語言的與重要他人互動下，認同且暴露於重要他人對於藥物濫用的態度、價值觀和行為上，這可能是強化個體正向定義藥物濫用的有效來源。而差別接觸的影響

則取決於接觸的方式，其中包括頻率、持續時間、先後次序及連繫程度；另外，重要他人的組成在個體整個生命週期中也各不相同，父母是兒童時期最重要的群體，同儕是青少年時期重要的群體，而配偶和同事朋友是成年後最重要的群體。

二、差別強化：係指藥物濫用行為在守法與犯罪之間，從過去、現在和未來所預期付出成本與利益的淨平衡，透過獎賞與懲罰的效果讓個體選擇是否從事藥物濫用行為。例如獲得父母的默許、享受到藥物濫用後的愉悅、獲得同儕朋友的友誼支持等，當藥物濫用者所獲得的獎賞大於懲罰時，則藥物濫用行為就會被強化。

三、定義：是指個體學習藥物濫用的價值觀和態度，包括有利和不利；易言之，就是個體評估認知到藥物濫用的結果後，仍然願意去做這件事情的依據。

四、模仿：係指模仿重要他人藥物濫用或遵循所觀察到藥物濫用的相同行為。換句話說，個體透過觀察重要他人藥物濫用的的行為及其後果後，他也願意在有此相同結果下，去重複所觀察到的行為（藥物濫用）。

以往引用社會學習理論在藥物濫用的研究，主要的發現是在父母與同儕的身分上，就對父母的學習來說，少年個體看到父母吸毒時可能會模仿父母的吸毒行為，這種觀察性學習將對開始使用毒品的少年產生特別重要的影響；此外，吸毒的父母很可能會與孩子有所互動，並將吸毒視為可接受的家庭生活方式，從而使少年學習到吸毒是一項可被接受且良好的態度，甚至增加少年接觸結交吸毒同儕的可能性，又增加強化其吸毒的機會（Hawkins et al., 1992）。

另外在同儕學習影響上，許多相關研究指出，與吸毒同儕接觸被認為是青少年使用毒品的最強有力的預測指標（Hawkins et al., 1992; Thornberry and Krohn, 1997）。因為與吸毒的父母相比，吸毒的同儕會透過差別強化、同儕壓力以及模仿學習等機制，對少年進行改變和深化吸毒態度的觀點並讓少年變得趨之若鶩，甚至接觸吸毒同儕後也為其提供了購買毒品的機會結構，在此一機會結構當中，毒品便是可以立即且容易獲得的，此一狀況無疑又加深其持續吸毒的可能（Hawkins et al., 1992; Kandel, 1996）。

四　家庭互動理論

　　家庭互動理論（Family Interactional Theory）是由Brook等人所提出，該理論的基本概念源於社會控制理論和社會學習理論的觀點，這是當前理解青少年吸毒最主要的兩種理論，Brook等人將兩者加以整合後形成家庭互動理論，並用以解釋家庭與同儕對少年吸毒的影響（Brook et al., 2006）。家庭互動理論內含有三個核心概念：一是強調少年的自尊（self-esteem）會影響其行為發展，自尊代表少年在心理上獲得廣泛的認可，其可被解釋為「在整體情感和認知下，對自己的價值與重要性的自我評價」，少年透過自尊的建立可以與外在環境形成良好的互動模式，降低其從事犯罪與偏差的可能；二是少年在家庭機制的運作下進行社會化、形成依附、進行模仿以及價值觀和行為的認同等，進而使少年對原生家庭和傳統社會機構（例如學校）產生依附，避免受到外在不良環境的影響；三是家庭生活當中的諸多象徵性互動，著重於家庭成員相互連繫的方式，家庭被視為是讓少年形成正常人格的一組相互作用系統，其中包括家庭內部動態中的父母管教方式，包括親子關係、溝通模式、決策應對模式、社會化以及角色評估等，因此，少年與家庭的互動關係會顯著影響少年的情緒發展，進而決定少年自尊的形成是否健全（Brook et al., 2010）。

　　根據家庭互動理論的觀點，少年施用毒品深受其人格自尊的影響，少年若能順利整合於家庭之中時，則其接觸毒品的機會便會降低；反之，若少年在家庭互動當中若未能建立適性的自尊，則會因而轉向到家庭外（尤其是同儕）尋求滿足，進而增加接觸毒品的風險。換言之，少年是否接觸毒品深受其與父母、家庭成員、鄰里同儕之間的關係質量與其互動關係所影響。Brook等人（2006）提出少年吸毒的途徑時即認為，父母的管教態度以及與孩子所建立的親子關係程度，直接影響孩子的常規態度以及與吸毒有關的後續行為，因為父母會內化孩子社會價值觀，當建立親密正向的親子關係時，便能避免親子衝突並導引少年對父母產生依附與認同，進而形成高質量的親子關係，並使孩子內化了父母的性格、態度與常規行為。這些正向的家庭親子關係是建立少年形成常規性格的依據，並用來阻絕少年與偏差同儕建立親密關係的基礎，也是支持青少年自己對常規行為信仰為依據，去結交正向友伴且拒絕偏差同儕的基礎。

　　家庭與同儕兩者在對吸毒少年的影響力上，一直不相上下，而且兩

者也一直呈現相互消長的現象，亦即當少年對家庭的依附程度強大時，便能阻絕受到偏差同儕的影響；但當少年對家庭的依附程度微弱時，便使偏差同儕的影響力找到著力點。除此之外，當少年在家庭裡的社會學習產生負向結果時（例如父母或有家庭成員吸毒或有頻繁的犯罪史），則也容易使少年在外接觸結交偏差同儕，進而強化其接觸毒品與犯罪的可能（Bahr et al., 2005）。另外，在跨種族或文化的研究當中發現，有些種族文化的家庭教養，父母的影響力可能是少年於青春期吸毒的決定因素，但在美國的研究發現，非洲裔美國年輕人吸毒的原因，同儕影響力卻勝於父母（Wallace and Muroff, 2002），這樣的發現也增添全面預防少年吸毒的複雜性，因為父母不僅要注意家庭的經營之外，還要注意孩子在外的社交狀況，以抗拒偏差同儕對孩子的誘引。

雖然家庭互動理論強調親子互動及父母監控技能對少年吸毒的影響，但少年結交同儕的選擇似乎與家庭關係與教養的結果相互連動。因為與同儕交往是少年時期發展的重要組成，其中包括同儕對於社會規範的看法（例如對毒品的認知以及施用毒品的態度），受到同儕的認可與接受程度，以及同儕之間相互給予主動和被動的壓力等，這些因素通常也都影響著少年個體與所屬家庭的互動結果。以施用毒品來說，反對毒品的父母可能會有較多的監護行動，並且會注意孩子結交同儕的對象與品質；反之，當少年對父母依附程度較低且未得到充分的監控時，則相對於對父母依附性較強且受到充分監控的少年而言，其更有可能施用毒品，因為他們會選擇與自己相同類型的人做朋友。

五　社會支持理論

社會支持理論（Social Support Theory）是美國犯罪學家庫倫（Francis T. Cullen）於1994年所提出，他以涂爾幹所持的社會整合（social solidarity）觀點，來論述社會支持與犯罪偏差之間的關係。依據涂爾幹的觀點，社會整合分由兩套截然不同的社會職能所維持：一是以家族和宗教的職能所運作，稱之機械整合；二是涉及由社會法律和規範的職能所運作，稱之為有機整合，社會的穩定主要是來自這兩者職能機制正常運作的結果，除非建立並維持這種社會整合，否則社會可預期的將是犯罪叢生。除此之外，社會支持理論也引用赫胥的社會鍵理論當中有關「連繫

依附」的觀點，認為當個體與社會的連繫薄弱或破裂時，就會發生偏差行為（Hirschi, 1969）。雖然赫胥的社會鍵理論起初側重於青少年犯罪，但隨著理論逐漸被擴展運用之後，也被用來解釋多種形式的成人犯罪。

　　社會支持理論基於上述的論述基礎，認為社會支持機制對社會所有個體都是重要與被需要的，其不分年齡、種族、性別與地區，該理論有個通論即是：缺乏對社區的依附以及缺乏社區社會支持的情況下，個人的犯罪和偏差適應將是可以預期的（Makarios and Sams, 2013）。而庫倫對其所持的社會支持的定義為：由社區體系、社交網絡和具有說服力的同儕所提供能夠感知或實際的工具性和（或）表達性支持（Cullen, 1994）。其中的工具性支持是指使用關係為實現目標的手段，例如尋求工作、提供物質或金錢支持；表達性支持則指使用關係為實現目標的目的，例如分享情感、挫折感、協助解決問題等。

　　因此，以社會支持理論觀點來說，社會支持在每個社會當中無所不在，只是其強度與持續性在家庭和社區之間或多或少地呈現穩定或不穩定的情況。穩定的社會支持會增強人們之間的信任感，而不穩定或缺乏社會支持則使個體無法依靠家庭或社區提供的事實與必要的援助，在此一狀況下，個體便會在毫無顧慮下轉向偏差領域去尋求社會支持。當個體一旦接觸非法的支持網絡時，便會接觸到有助於犯罪的知識、技能、人脈關係和榜樣；反之，來自穩定正向來源的社會支持便會遏制個體對犯罪機會的探索。Cullen（1994）便認為，家庭和社區若能對生活其中的個體提升支持的能量，便能讓該個體整合於穩定的家庭與社區生活之中，以減少參與犯罪活動，也可以減少對毒品的需求。

六　毒品副文化理論

　　當施用毒品的現象氾濫於人類社會之後，便逐漸形成與毒品有關的副文化，該副文化橫跨到毒品製造、運輸、販賣以及施用等層面上。而就施用毒品來說，毒品副文化與個體身分發展之間具有相當濃厚的互動關係，例如社會流行文化（副文化）透過賦予毒品使用的意義而影響藥物的流行，例如夜店及俱樂部用藥助興；每個世代或階層都有其所偏好的流行毒品等。這種毒品副文化理論（Drug-Subculture Theory）觀點提供了毒品為何會被廣泛使用、毒品流行的動態、毒品世代的形成以及明顯的「門戶

假說」（gateway hypothesis）[1]現象（Coomber et al., 2013），而這些都
是屬於毒品副文化巨觀層面的現象。

　　毒品副文化微觀的角度乃著重於個體為何會接觸毒品的解釋，其焦點
主要還是放在個體與家庭及同儕的互動上，亦即個體對家庭依附連繫的程
度，及個體與同儕差別接觸與強化的效果上。當青少年對父母和（或）重
要的他人產生情感依附，並相信傳統價值背後的道德秩序時，其生活便會
傾向於傳統文化，其在選擇同儕及與其互動過程中就會免於接觸如施用毒
品等的偏差副文化；又當年輕人缺乏與家庭和（或）重要他人之間強韌的
連繫時，則容易與偏差同儕進行交往，並暴露在偏差副文化當中學習諸多
違法行為，其中也包括施用毒品（Bombardier et al., 2004）。另諸多毒品
副文化的研究也發現，許多青少年同儕團體遵循該團體的文化價值觀並遵
守該團體規範，團體成員會進行各種形式的偏差行為，其中之一就是施用
毒品（Kandel, 1983）。

第三節　施用毒品與犯罪的關係

一　吸毒與犯罪

（一）吸毒與犯罪具有相關性

　　無論從犯罪防治的理論面或實務面來看，施用毒品與犯罪之間存在複
雜而有爭議的關係，因此許多國家紛紛制定諸多的反毒政策，用以減緩毒
品對施用者本身的殘害之外，也嘗試著控制因毒品而衍生許多犯罪事件的
發生。DeLisi等人（2013）即認為「施用毒品」常常伴隨著「犯罪行為」

1　門戶假說認為，使用軟毒品（例如大麻、安非他命、K他命等）一段時間之後，會導致吸毒
　者向硬毒品發展（例如鴉片、海洛因和古柯鹼）。有學者認為這種發展是由於腦功能的藥理
　學改變，進而導致對更強烈毒品的需求，或者是毒品市場增加了獲得各種毒品類別機會的結
　果。但也有反對者認為，使用不同毒品之間或許可能存在相關性，但沒有必然是呈現向上的
　因果關係（軟性毒品與硬性毒品兩者主要區別在於依賴性方面，軟性毒品大多是在心理上的
　依賴，吸食者容易產生不斷追求該種毒品的心態，但身體反應並不強烈；而硬性毒品多是
　在生理上產生依賴，一旦停止服用，身體便會產生難以適應的痛苦感覺。若從醫學的角度觀
　之，毒品並沒有「軟性」或「硬性」之分，因為施用任何毒品皆會有極大的可能上癮，初期
　服用量雖然不多，但後來便會增加，最終變為上癮者或因服毒過量而身亡）。

發生，只是兩者之間的先後次序在學術研究上一直缺乏穩定性的共識而已，例如DeLisi等人研究犯罪少年十二種犯罪類型（殺人、性侵害、其他性犯罪、搶奪、重傷害、住宅竊盜、一般竊盜、汽車盜竊、縱火、非法持有槍砲、販毒及施用毒品）後，唯一與所有犯罪類型都有密切相關的就是施用毒品，可見施用毒品與犯罪之間具有強烈的相關性。另DeLisi等人蒐集近年來的諸多研究報告後也發現，施用毒品要早於犯罪或其他反社會行為的發生，也有證據表明犯罪早於施用毒品，也有證據表明施用毒品和犯罪是同時發生的。總而言之，雖然毒品和犯罪似乎是重合並存的，但直到目前為止，兩者之間的確切影響機制尚不明確（DeLisi et al., 2013）。

　　關於毒品與犯罪之間的影響機制，Coomber等人（2013）綜整近幾年來有關毒品與犯罪之間的關係時發現，目前兩者之間的關係主要有四個類型：1.毒品導致犯罪；2.犯罪導致毒品；3.第三個以外的變數同時導致毒品與犯罪；4.毒品與犯罪雙向（互惠）模式。

1.吸毒導致犯罪

　　毒品導致犯罪是當前最容易理解的類型，在諸多毒品犯罪理論觀點與實務現象面上都有相當多的論述，其中最具代表性的應屬Goldstein（1985）提出毒品與暴力犯罪的三方概念框架（tripartite conceptual framework）。Goldstein以美國紐約市的謀殺案件作為其研究三方概念框架的觀察對象，其確定毒品可能透過下列三種途徑導致犯罪事件的發生。

(1) 心理藥理學

　　這種解釋表明，個體所施用的毒品會產生急性的藥理作用，導致個體行為產生乖張或混亂的現象，進而產生犯罪。Goldstein等人（1992）研究美國紐約市1988年的謀殺案件時發現，該年度紐約市的謀殺犯罪中，有14%的案件是可歸因於施用毒品後所產生的心理藥理學（psychopharmacology）的作用因素。但Coomber等人（2013）針對上述Goldstein等人的觀點補充認為，雖然個體施用毒品後會產生心理藥理學的作用現象，但直到目前為止，仍然沒有足夠的證據表明毒品的化學作用會直接導致暴力犯罪，而是應該將毒品對個體的生物化學效應，與其心理、社會文化背景和當時情境因素等結合在一起時，才能真正探討毒品與犯罪之間的真正關係。因此，就Coomber等人的觀點可說，毒品與犯罪之間是具有相關性，但還不具有因果關係。

(2) 經濟壓迫

　　施用毒品和慢性犯罪人（慣犯及累犯）之間的關係被認為是最緊密也最被廣泛接受，因為毒品成癮所產生的依賴性與耐受性被認為是導致施用者不得不尋求資金購買毒品，因而產生一種經濟上的壓迫性（economic compulsive），當吸毒者無法以合法的手段中獲取資金時，以非法犯罪的手段獲取金錢會是他們最直接的選擇。Goldstein等人（1992）研究美國紐約市1988年的謀殺案件當中，該年度有4%的案件是可歸因於此類。而當施用毒品者面臨這種經濟壓迫的處境時，通常也與其面臨貧窮、失業和社會排斥等現象有密切相關，在其他相關研究上也發現與種族及社會階層有關。

(3) 系統性

　　Goldstein等人（1992）認為施用毒品、毒品供應、毒品市場運作和警察執法之間形成一種系統性（systemic）犯罪，因為毒品販賣是充滿高暴利與高風險的「行業」，使用暴力與勾結執法人員便成為要在毒品市場保持穩定販售及利益的主要手段。Goldstein等人（1992）研究美國紐約市1988年的謀殺案件當中，該年度有74%的案件即歸因於此類。另外，Reiss和Roth（1993）也指出了四種與毒品有關的系統性犯罪類型：組織犯罪，例如毒品市場和分配的地盤爭端；毒品交易犯罪，例如買賣毒品者之間的糾紛；第三方犯罪，與販毒有關的槍枝與性交易犯罪；次要犯罪，例如洗錢等。雖然在抗制毒品犯罪實務上是常見到毒品與上述這四類犯罪形成系統性犯罪模式，但Coomber（2006）與Pearson和Hobbs（2001）的研究卻認為，販毒者或販毒組織主要在於牟利，他們會避免從事可能引起警方對其犯罪活動關注的事情，因此他們會積極尋求與販毒集團之間的和平協議，且也會保持毒品買賣之間的和諧關係，更不會掀起其他犯罪而壞了販毒暴利的前途。

2. 犯罪導致吸毒

　　關於犯罪導致施用毒品方面，Coomber等人認為當個體或群體面臨下列處境時，很容易產生犯罪導致施用毒品的情況（Coomber et al., 2013）：

(1) 個體為了因應混亂或壓力大的犯罪生活方式，進而施用毒品減壓，例如

從事性交易活動者。

(2) 從事休閒娛樂和性行業的灰色經濟者（如我國的八大特種行業），為了提高其營業能力進而吸毒，例如酒店或夜店陪酒女侍。

(3) 犯罪人為了慶祝某一犯罪事件成功得手後，以施用毒品來助興。

(4) 犯罪收入讓犯罪者提高其可支配的金錢後，使其生活豐裕並足以支付毒品和酒精的消費，進而選擇在犯罪後將其部分收益用在購買毒品，使得吸毒成為其犯罪後可享受的選擇。

　　另外，也有研究發現個體於青少年時期的反社會行為是施用毒品的危險因素，並且導致隨後於成年期間的犯罪行為（Hawkins et al., 1992; Farrington, 1989）；另外，Windle（1990）以美國青少年為研究對象，進行為期四年的縱向研究發現，反社會行為是青少年後期使用毒品的重要預測指標；Capaldi和Stoolmiller（1999）也在一項對200名青年的縱向研究中發現，兒童期的反社會行為與其未來的不良同儕關係、吸毒、不良的家庭關係、教育問題、失業等偏差或犯罪行為有關，其中也有許多是其日後成年期間從事更嚴重犯罪的風險因素。

3. 第三個以上的變數同時導致吸毒與犯罪

　　另有研究者認為，施用毒品與犯罪之間並非具有因果關係，而是有第三個以上的變數同時導致施用毒品和犯罪。例如，個體因處於貧窮與社會不平等情境下產生的絕望感，驅使人們既依賴毒品又有犯罪動機。他們舉出1920年代在美國頗具影響力的芝加哥學派犯罪區位學研究所得，在他們所提出的同心圓理論當中，「過渡區」裡存在的主要社會問題包括失業、貧窮、居住條件低劣和毒品問題等，並確定了「過渡區」裡低劣的社會經濟條件是促使犯罪與施用毒品事件發生的主因。基此，犯罪和毒品問題其實都是深層次社會問題的徵兆，解決這兩者問題的政策不是針對其中一項來處理，而是應該透過都市設計和社會干預來解決造成貧窮與社會經濟地位不平等的問題（Coomber et al., 2013）。

　　除上述社會結構之外，Hammersley等人認為生活壓力也是造成個體施用毒品與犯罪的共同原因，此一觀點如同前述一般化緊張理論所稱，個體從事吸毒與犯罪等非法行為，主要目的是想藉此減少因失望或不如意所引發的情緒困擾，包括創傷經歷、失去親人或被同儕排擠孤立等；另外他們也提出更廣泛的社會經濟和文化影響的觀點認為，吸毒與犯罪兩者

都可能是年輕人（尤其是男性）承受一種大男性主義和物質生活的壓力函數，這種生活以男子氣概和物質主義的生活方式為中心，其活動場域則充滿酒精、毒品、犯罪（Hammersley et al., 2003）。另Walters（1994）則認為，個體從事吸毒或犯罪的主要動機都是對不確定性的生活恐懼及個體對外在環境的變化缺乏妥適因應所造成，亦即個體對這兩種心理反應的結果，決定了個體是否從事吸毒或犯罪，吸毒和犯罪之間並沒有直接的因果關係，而只是一種互動關係。

4. 吸毒與犯罪互為因果關係

毒品與犯罪的第四種關係是互為因果關係，意味著兩者是雙向關聯而非單向的因果關係。例如，一個具有吸毒傾向的性工作者過著混亂非法的生活方式，其中也可能包含許多輕微的犯罪，以及因輕微且持續的犯罪而導致受到政府的裁罰，又因為裁罰所帶來的經濟壓力增加其吸毒與持續從事性交易活動的經濟動機。

（二）吸毒與犯罪無相關性

並非所有論及吸毒與犯罪之間關係的研究文獻都是肯定的，也有一部分研究者認為，沒有足夠的證據可以證明吸毒會導致犯罪，而且導致犯罪的成因何其多，不能因為吸毒與犯罪重合便予以論斷兩者之間存在明確而簡單的因果關係。換言之，吸毒不一定在犯罪之後或之前發生，兩者是各自獨立發展的，假設吸毒確實會導致犯罪，那麼在所有情況下都會導致犯罪；但事實上卻不是每一個吸毒者都會從事犯罪行為（Coomber et al., 2013）。Schipstal等人也蒐集諸多現代毒品研究文獻後，更進一步批判「毒品與犯罪相關論」的觀點認為，反毒運動是政府官員和衛生保健從業者將吸毒後的愉悅感，視為一種「不允許的愉悅」且作為選擇性的管理策略，個人可以管理毒品使用與自我調節的想法常常被忽略，反毒政策只是簡單地將吸毒行為概念化為不負責任或違法的行為，此一思維導致政策鈍化，因為不考慮吸毒者的意圖和生活經驗的政策，通常只能說是政府和公共衛生官員所闡述的控制思想，而不是可期待成功有效的政策（Schipstal et al., 2016）。

McSweeney等人（2006）在英國進行有關吸毒研究時指出，不超過三分之一的問題吸毒者是透過犯罪所得來資助他們購買毒品；Schipstal等

人（2016）則認為個體可以以受控的方式服用海洛因，其對使用者或社會的負面影響有限（Shewan and Dalgarno, 2005; McSweeney and Turnbull, 2007; Schipstal et al., 2016）。雖然吸毒與犯罪之間的關聯性數據可以發現，仍有相當部分的吸毒者犯下輕微和持續的犯罪來資助包括吸毒的生活方式，但也可發現大多數娛樂性吸毒者，甚至大多數問題吸毒者都不是經常犯罪者，他們似乎從合法收入中資助他們的吸毒需求；若說吸毒與犯罪有關，則應該與政府制定和實施的反毒策略內容有關（Coomber et al., 2013）。

（三）小結

從上述可知，吸毒與犯罪之間的關係，在相關研究文獻上呈現兩極的看法，支持兩者之間沒有相關的意見者認為，毒品與犯罪的相關性是政府和公共衛生官員所創造出來的，用以達到控制與禁止吸毒的目的；另認為毒品與犯罪具有相關性的意見則又分列出「吸毒導致犯罪」、「犯罪導致吸毒」、「第三個以上的變數同時導致吸毒與犯罪」及「吸毒與犯罪互為因果關係」等四種相關類型，由此可見吸毒與犯罪之間的潛在複雜性。

貳　毒品與犯罪類型

（一）財產犯罪

誠如Goldstein等人（1992）所提出吸毒導致犯罪的經濟壓迫觀點，個體因為毒品成癮所產生的依賴性與耐受性，將導致施用者不得不尋求資金購買毒品，因而產生一種經濟上的壓迫性，當吸毒者無法以合法的手段中獲取資金時，以非法犯罪的手段獲取金錢會是他們最直接的選擇，所犯的罪行便是以財產犯罪居多。但並不是每一個吸毒者都會有經濟壓迫的現象，通常問題型吸毒者較之娛樂型吸毒者多有財產犯罪的問題，例如Felson和Staff（2015）的研究發現，施用海洛因、古柯鹼等高成癮性毒品者比起吸食大麻此類休閒毒品者，有更高更多的金錢需求，因此也更容易導致財產犯罪。

再者，吸毒者從事財產犯罪的頻率似乎與其施用毒品的頻率成正比，即個體吸毒次數頻繁期間的犯罪率較高，而在戒毒或低度使用期間的犯罪率則較低（Horney et al., 1995; Green et al., 2010）。Uggen和

Thompson（2003）曾調查5,000名犯罪人、毒品上癮者和輟學者，他們發現在這些樣本當中若有嚴重吸毒後的幾個月裡，經由非法途徑的收入會增加500至700美元；Thompson和Uggen（2012）研究也發現，毒品使用和毒品銷售收入之間以及毒品使用和其他財產犯罪收入之間的關係大致相似，都是呈現正比的存在關係。最後，Bennett等人（2008）經由後設分析研究發現，毒品本身的成癮性似乎影響個體從事財產犯罪的可能，它們發現施用古柯鹼與財產犯罪關係最強，其次是海洛因、安非他命和大麻。

（二）暴力犯罪

　　探討毒品與暴力犯罪的關係時，通常會分成兩個層面進行觀察，第一個層面是指個體施用毒品後，誘發施用者產生侵略性或暴力性，此一觀點與Goldstein等人（1992）所提出吸毒導致犯罪的心理藥理學觀點相近，認為個體施用毒品後產生急性的藥理作用，導致個體行為乖張或混亂，進而產生暴力行為。例如Coomber等人（2019）在澳洲研究施用毒品與家庭暴力之間的關係時發現，受訪樣本在過去十二個月內曾使用過任何毒品者，其經歷任何暴力的機率是其他未施用任何毒品者的3倍，且其中並未有性別上的差異，唯一影響的是年齡因素。換句話說，不管是男性或女性的吸毒者比未吸毒者經歷較多的家庭暴力事件，尤其是較為年輕的吸毒者，其經歷家庭暴力的頻率更高。

　　但有研究指出並非每一種毒品吸食後都會產生暴力行為，例如屬於中樞神經抑制劑與迷幻劑的大麻、海洛因與搖頭丸等就不太可能誘發暴力行為（Hoaken and Stewart, 2003），但屬中樞神經興奮劑的安非他命、甲基安非他命、可卡因與快克可卡因等毒品就與暴力行為有關（Darke et al., 2007; Schnitzer et al., 2010）。另外，也有學者研究指出毒品吸食與暴力犯罪並不具實證相關性，或暴力性是由其他第三變數因素所引發，諸如人格特徵和生活環境所影響（Iritani et al., 2007; Martin et al., 2009; Tomlinson et al., 2016）。Amsterdam等人（2019）也認為毒品可能主要在遭受社會剝奪或與社會疏離的對象當中引發暴力；也就是說，決定是否引發暴力的是環境因素和毒品使用的結合，而不是吸毒本身。由此可知，吸毒引發暴力犯罪的案件雖然時有所聞，但在實證研究上卻仍未有一致的共識。

　　第二個層面則是指因販毒所產生的暴力事件，此一觀點與Goldstein

等人（1992）所提出吸毒導致犯罪的系統性觀點相近，認為施用毒品、毒品供應、毒品市場運作和警察執法之間形成一種系統性犯罪。因為，毒品販賣是充滿高暴利與高風險的「行業」，使用暴力與勾結執法人員便成為要在毒品市場保持穩定販售及利益的主要手段。從許多與毒品有關的暴力犯罪統計當中可以發現，大多數暴力犯罪與吸毒較無相關，反而是與毒品的分配、交易和販運有關，而且與毒品交易有關的暴力行為大多是系統性的，其與保護或爭奪販毒市場及維護販毒市場規矩有關，此一現象與美國於1920年至1933年實施禁酒令期間，與酒精有關的暴力行為也是有所增加的現象一樣，暴力事件與飲酒較無關係，反而是與爭奪或保護販酒市場及維持販酒黑市的貿易秩序有關的暴力事件較為顯著（Coomber et al., 2013）。

　　美國犯罪學者Copes等人進行一項毒品與暴力關聯性的質性研究當中發現，販毒領域充斥暴力事件是可預期的現象，任何一個要進入該領域的人都會預期暴力將是無可避免，甚至是理所當然的情況，他們稱之為「毒品領域的預期暴力」（expected violence in drug areas）（Copes et al., 2014）。Copes等人進一步說明販毒與暴力之間的關係時指出，對於毒販來說，暴力已成為他們生活或與外在互動的常態，他們為暴力行為提供了合理化的理由，而這理由之所以有效，主要是因為類似的暴力事件不斷的在毒販之間發生與被傳誦。因此，當販毒者生活在充斥著毒品和暴力的環境下，他們只能做被教導和被環境強迫做的事情，而暴力便是穩定販毒市場或確保販毒事業順利的最佳手段，而生活在充斥暴力環境與將販毒完全合理化的情況下，他們參與暴力的決定實已超出他們可自我控制的範圍。總體來說，販毒沒有什麼特別錯誤或不對的地方，而暴力「即使不正確卻是可以接受的行為」。因此，從上述毒品與暴力的兩層面關聯性來說，販毒與暴力犯罪存有高度相關的說法通常較無爭議，但吸毒與暴力犯罪存有高度相關的說法則備受爭議。

第四節 毒品防制策略

一 毒品防制策略的類型

英國犯罪學家Coomber等人論及毒品防制策略時認為，毒品在不同時代階段及不同的地區環境有著不同的看待觀點，因此便會形成許多面向的毒品防制策略（Coomber et al., 2013）。Kotlaja和Carson（2018）就曾研究全球27個國家於2005年至2007年之間的大麻施用盛行率及其控制策略，他們也綜合諸多學者的觀點，將這些國家的大麻防制策略概分為以下四類：

（一）刑事禁止與處罰：即吸毒者不論其使用量的多寡，一律以刑事刑罰或轉向處遇（如觀察勒戒、強制戒治、附命令完成戒癮治療之緩起訴處分）加以處理，加拿大即是此類國家的代表，這類的國家通常會嚴格遵守現有國際毒品條約和公約的標準。

（二）刑事性質之轉向處遇：即吸毒者仍是刑事犯罪，只是在刑事處理過程中可將吸毒者轉向到懲罰性較低的替代方案中，此類處理方式以法國為代表，其對於非法施用大麻者主要是透過治療手段或與衛生服務部門的聯繫來解決，而不是透過刑事訴訟，但仍然將施用與持有大麻視為刑事犯罪。

（三）民事或行政處罰（又稱非刑事化）：在此種毒品防制策略下，持有與吸食大麻仍然是非法，但沒有刑事犯罪的後果，而是適用非刑事處罰，例如以民事違法行為或其他行政規章制裁，此類國家以義大利為代表，該國對於大麻吸食者僅處以行政罰款。

（四）部分合法化：其中包括事實合法化和法律合法化兩部分，在事實合法化當中，刑法禁止民眾擁有大麻，但不禁止私人使用大麻，此類最經典的例子便是荷蘭的大麻咖啡廳（cannabis cafés）系統，該系統在受控的條件下，使大麻得以在零售環境中使用且持有合法化，但在荷蘭的相關刑事法律當中，仍然對大麻存有刑事禁止民眾持有與吸食的條文。而法律合法化則是指大麻使用的合法性明確規範在相關法律當中，施用者必須依照法律所規定的時地、場所及用量來使用，否則也是違法。例如美國已有許多州開放娛樂性大麻的使用。

　　上述四種毒品防制策略其實已經含括了當前全球各個國家的毒品政策，也分別有許多研究者進行這些反毒策略評估，從現存的評估研究結果發現，似乎還沒有一種防制策略可以獲得一致性的評估結果，例如Thies和Register等人在美國研究非犯罪化的大麻策略，對高中生使用大麻的觀念或使用率並沒有顯著影響（Thies and Register, 1993）；也有研究者在大麻策略寬鬆的國家（如葡萄牙和荷蘭）進行研究時發現，即使對大麻管制寬鬆，但卻未使大麻的使用率攀升（Hughes and Stevens, 2012; Laar et al., 2013）。但是也有其他的研究發現，當大麻政策採取非犯罪化之後，民眾對大麻的治療需求也隨之增加（Room, 2010）。也有研究國家原本採取全面禁止大麻轉為非犯罪化後，其國內民眾大麻使用率並沒有顯著的變化（Bollinger, 2005）。

　　由上可知，毒品防制策略到目前為止仍然存有高度爭議，因為不管是採取禁止或開放的策略，民眾使用大麻的比率的確還沒有一致壓倒性的結果，顯示個體使用大麻或毒品並未受到正式規範的影響，同時也並沒有因採取緩和處遇而有所抑制。因此，Kotlaja和Carson（2018）針對這樣的現象提出他們的觀點認為，採取毒品犯罪化的策略已不能證明其有效性，儘管現在全球大多數國家都共同簽訂許多反毒條約或協定，甚至形成類似國際警察部隊在進行反毒戰爭，但簽署條約這個動作只說明有哪些國家加入反毒公約，但卻不能保證所有已簽署反毒公約的國家政府都確實遵守了公約的規定。例如美國是世界上反毒最有力的國家，但在美國許多州，娛樂性大麻的使用卻是合法的。

　　毒品防制策略除了上述以國家政府的立場出發外，也有學者從社會文化及毒品使用者的角度出發，批判以國家政府角度出發的毒品防制策略是充滿鈍化與獨裁控制的現象。例如Schipstal等人（2016）認為，將個體使用毒品行為概念化為不負責任的行為，並將吸毒者的呼籲認為是一種藉口，這種缺乏對吸毒者需求的認識以及對其所處社會文化背景的瞭解下，所形成的防制毒品策略，將形成政策鈍化（blunt policies）的結果。換言之，不考慮吸毒者的意圖和生活經驗所形成的政策很可能會失敗，因為即使政府知道毒品是有害，或是吸毒如何與犯罪產生連結，都還不足以說明為何吸毒者會想要去吸毒；另外，Southwell（2010）也注意到近年來世界各先進國家的毒品防制政策逐漸擺脫單一刑罰措施的意識，而逐步融合醫療與教育的觀點，但觀察這些緩和的反毒措施卻是呈現一種「無價值教

育」的效果，主要原因還是因為這些政策內涵缺乏對吸毒者意圖與其生活經驗的理解，這樣的反毒策略也將是徒勞無功。

綜合以上毒品防制策略可知，毒品防制從早期的刑罰制裁逐漸轉向衛生醫療領域，再邁向除刑或除罪化的領域；制定毒品防治政策的觀點則從國家政府的立場出發，也逐漸滲入考慮吸毒者的意圖和生活經驗的元素，進而形成多面向的處遇模式。

二 我國毒品防制策略

（一）法制面

我國的毒品政策於1996年制定毒品危害防制條例之前都是採取嚴刑禁止的態度，但在該條例制定後，施用毒品者的定位便從一般犯罪者轉變為「病患性犯罪人」。綜覽該條例內涵可知，我國的毒品防制策略傾向於刑事性質之轉向處遇模式。例如，現行該條例第10條規定施用第一級毒品者，處六個月以上五年以下有期徒刑；施用第二級毒品者，處三年以下有期徒刑。然在第20條又規定犯第10條之罪者，檢察官應聲請法院裁定，或少年法院（地方法院少年法庭）應先裁定，令被告或少年入勒戒處所觀察、勒戒，依據勒戒處所之陳報，認受觀察、勒戒人無繼續施用毒品傾向者，應即釋放，並為不起訴之處分或不付審理之裁定；認受觀察、勒戒人有繼續施用毒品傾向者，檢察官應聲請法院裁定或由少年法院（地方法院少年法庭）裁定令入戒治處所強制戒治，至無繼續強制戒治之必要為止。觀察、勒戒或強制戒治執行完畢釋放後，三年後再犯第10條之罪者，適用前二項之規定。另該條例第11條之1規定施用第三級或第四級毒品者，處新臺幣1萬元以上5萬元以下罰鍰，並應限期令其接受4小時以上8小時以下之毒品危害講習。從上可知，我國對於毒品施用者之處遇係採醫療及教育為先，以刑罰制裁為後，係立於刑事程序當中的轉向處遇模式。

（二）矯治面

除了法制處遇模式之外，我國於2017年提出統合防毒、拒毒、緝毒、戒毒及修法配套等五大面向之「新世代反毒策略」，其中有關戒毒部分由法務部矯正署於同年12月函頒「科學實證之毒品犯處遇模式計畫」，制定戒毒的基本處遇框架，並由各矯正機關自2018年起引進當地

醫療及社會資源推動辦理。該處遇計畫係參酌美國國家藥物濫用研究所（National Institute on Drug Abuse, NIDA）有關於毒品防制之建議，該研究所認為除了將司法制裁與醫藥治療兩相結合外，若再加諸家庭介入、職涯發展、衛生教育、法律諮詢等作為時，將可有效減少毒品濫用和相關犯罪，因此對於有毒品問題的監禁個案，在監獄期間便開始實施醫藥治療，並在釋放後繼續治療服務的情況下時，將可減少毒品使用和減少犯罪行為（楊士隆等人，2019）。

　　我國目前所進行的「科學實證之毒品犯處遇模式計畫」計有十三項藥癮治療原則，並依此訂定於機構處遇階段的七大面向措施，及社區處遇階段的四方資源連結處遇與轉銜機制，以達到讓毒品更生人遠離毒害的目標。其內涵簡述如下（法務部矯正署網站，2021）：

1. 十三項藥癮治療（戒毒）原則：(1)個別化處遇；(2)成癮是腦部疾病；(3)評估是治療的第一步；(4)視復發為提供治療之機會；(5)治療與犯罪行為有關之因素；(6)治療需延伸至社區；(7)治療需持續足夠時間；(8)治療精神疾病共病；(9)重新進入社區很重要；(10)司法與治療的合作；(11)懲罰與獎勵的平衡；(12)其他傳染疾病的治療及預防；(13)戒毒成功人士現身說法。

2. 機構處遇階段的七大面向措施：(1)戒毒成功人士講座；(2)成癮概念及戒癮策略；(3)家庭及人際關係；(4)職涯發展與財務管理；(5)毒品危害及法律責任；(6)衛生教育及愛滋防治；(7)正確用藥及醫療諮詢。

3. 社區處遇階段的四方資源連結：其中包括矯正、社政、衛政及勞政等機構的緊密橫向連繫，期待透過這些機制的連結下，使機構處遇、家庭介入、職涯發展、衛生教育、法律諮詢等作為發揮有效降低毒品濫用和相關犯罪的發生。

4. 一個最終目標：使毒品更生人遠離毒害。

圖 21-1　科學實證之毒品犯處遇模式圖

資料來源：引自法務部矯正署，網址：https://www.mjac.moj.gov.tw/4786/4963/4965/93583/。

三　國外毒品防制策略──以歐盟為例

我國的毒品政策長期以來皆遵循以美國觀點為主的嚴格禁止策略，雖也曾採取「美沙酮（Methadone）替代療法」以協助注射海洛因之毒癮者戒除毒癮的治療處遇，但整體上仍未脫離嚴格主義的範疇，導致我國對於歐盟體系的毒品寬鬆處遇策略都較為陌生，以下即針對歐盟體系的毒品策略加以介紹。

（一）歐盟體系的毒品政策發展簡史

國際上的毒品政策，概以美國及歐盟兩大區域的運作概念為主，美國的毒品政策起源於嚴格禁止主義，而歐盟國家則多以寬鬆政策出發，這兩股勢力一開始各自為政，但自第二次世界大戰之後，美國對於毒品管制的力道增強並主導國際對於毒品的嚴格管制，例如於1948年簽訂

國際性的《巴黎議定書》（Protocol Bringing under International Control Drugs outside the Scope of the Convention）及1953年的《紐約鴉片議定書》（Protocol for Limiting and Regulating the Cultivation of the Poppy Plant, the Production of, International and Wholesale Trade in, and Use of, Opium），其中以各種規定來控制鴉片毒品來源（罌粟）的種植，以及鴉片的生產和分配，並規定鴉片的使用僅限於醫療和科學需要，若有違反者，應以政府的法律面來加以懲罰，而不再以醫療或公共衛生處遇模式的途徑處理。

　　直到1961年，以歐盟國家為主的毒品寬鬆政策取向又凌駕於美國的嚴格控管立場，將國際毒品政策取向由嚴格控管調整為適度監管，並共同簽訂《麻醉物品單一公約》（Single Convention on Narcotic Drugs）（McAllister, 2000）；但其後因國際上的精神藥物過於氾濫，嚴格控管的因應做法隨即又覆蓋寬鬆處遇政策，1971年《精神藥物公約》（Convention on Psychotropic Substances）和1988年《禁止非法販運麻醉藥品和精神藥物公約》（Convention against Ilicit Traffic in Narcotic Drugs and Psychotropic Substances）的制定，即顯示國際藥物管制走向嚴格控管的決心（Friedrichs, 2008）。

　　雖然目前國際對於毒品政策仍延續以美國觀點為主的嚴控策略，但原以寬鬆策略為主的歐盟體系卻仍尊重其會員國行使各自的毒品防控策略，因此就形成了同時有採取嚴格禁止主義的瑞典，及採取寬鬆處遇立場的荷蘭，兩者同時併立於歐盟體系當中。由此可見當前的毒品政策已不再走向單一策略（嚴格禁止或寬鬆處遇），而是逐步邁入策略處遇多元化的途徑。就算是對毒品政策一向採取嚴格主義的美國來說，其國內對大麻的處理策略也開始鬆動，「娛樂用大麻合法化」已在該國十餘個州開始實施，此等現象也使本就難以擬定的毒品政策更添加政策一致性的難度。

　　綜言之，大麻和鴉片在十八世紀的歐洲並不是毒品，而是商品，其更是透過後來興起的海運，讓這些毒品成為全球商品（Mills and Barton, 2007），使得原本使用在醫療用途的大麻和鴉片迅速進入到非醫療用途，並且被氾濫使用形成廣泛的消費群，並在當時國際社會引起不少恐慌與政治爭議。然而，當時歐洲各國官方對於該類毒品的干預卻是極少，政府唯一重視的是如何從中獲取稅收，因此導致該類毒品在十八世紀的歐洲幾乎沒有受到任何的抑制，並成為社會上層者的時尚用品，或是運用在殖

民地裡營利，或成為安撫工人、腐蝕敵人的工具等，在當時採取自由放任經濟模式且對私營企業幾乎沒有控制的時代裡，該類毒品幾乎是沒有抑制其氾濫的對手（Courtwright, 2002）。

　　歐洲社會進入到十九世紀之後，有鑒於這些毒品引發個人傷害、耗費社會成本和在社會道德考量下，逐漸萌生反對非醫療藥物使用的聲音，再加上當時醫學技術的進步及將毒品使用採取醫療化的觀點，以及許多社會道德家的強力呼籲之下，逐漸形成對毒品實施監管的政策（Withington, 2014; Seddon, 2016）。到了二十世紀初，全面限制毒品的生產、貿易和使用的社會運動，在歐洲大部分國家開始實施，使得歐洲毒品政策正式從放任轉向為部分禁止。

（二）歐盟毒品政策的演進——從單一化到多元化再到趨同性

1.早期——形式的單一化政策

　　在二十世紀初期，歐盟大部分國家將當時的毒品視為一種商品或日用品，毒品管制幾乎不會是歐洲區域合作的重要主題，直到二十世紀中期以後，毒品才慢慢轉化其社會定位，部分國家逐漸興起應重視毒品流行威脅的呼籲。例如於1971年，法國倡議成立打擊藥物濫用和非法販運毒品的政府間合作小組，並結合比利時、德國、義大利、盧森堡、荷蘭、英國等7個歐洲國家組成，旨在讓各國分享他們在藥物濫用和追蹤毒品擴張的經驗和知識，直至1980年，此一政府間合作小組已經擴展到38個國家，由此可見毒品政策在該時期已成為歐洲政治與公共領域的重要議題，並且延續到1989年，於歐洲理事會下設歐洲禁毒委員會（European Committee to Combat Drugs, CELAD），負責協調歐洲內部與毒品有關的活動，使毒品政策在歐洲政治議程上占據更突出的位置（Esticvenart, 1995），也顯現建立歐洲單一毒品政策的企圖。最後於1991年歐盟正式簽署《馬斯垂克條約》（Maastricht Treaty）成立，毒品政策議題也正式進入歐盟的管轄範圍，歐洲地區的毒品政策走向一元化的願景似乎出現曙光。

　　自1991年歐盟國家正式簽約成立後，對於毒品政策採取一元化觀點，並傾向於嚴格禁止主義的路徑，其中在《歐盟運作條約》（The Treaty on the Functioning of the European Union）當中明確規定了提高打擊非法毒品販運的監管權力和降低受到毒品損害健康措施等條文；

又為了促進毒品研究和保證決策實施，建立了歐洲藥物和藥物成癮監測中心（European Monitoring Centre for Drugs and Drug Addiction, EMCDDA），其後又在歐洲理事會先後通過了三項反毒策略以作為歐洲國家從事反毒戰爭的依據，包括「降低毒品供應」、「減少毒品需求」、「進行歐洲內部連繫與國際合作共同反毒」等。顯見自歐盟成立以來，歐洲地區關於毒品政策不僅逐漸走向一元化的路徑，同時在政策內涵上也傾向於美國式的嚴格禁止主義。

2. 中期——實質的多元化政策

雖然上述提到歐洲毒品政策有朝向一元化的傾向，但歐盟畢竟不是單一國家體，而是諸多國家的聯盟體，歐盟的行動範圍和權力影響性仍然有限。因此，歐盟內部對毒品政策的反應，其會員國的國家特性仍然占有主導地位。因此形成歐盟在形式表面上雖有一致的反毒策略，但在實際運作上，每個歐洲國家都制定適合自己國情的毒品政策，於是導致歐盟的毒品政策行動在其會員國當中無法被落實執行，會員國的自主權仍然是被優先考慮的對象；再者，即使當歐盟最終決議採取具體反毒措施時，這些決議並無法與國際法的程度相比，只能稱得上是一種軟性訴求性質的情況下，歐盟的毒品政策就算是如何正式，也顯得無足輕重了（Kert and Lehner, 2013），這種歐盟多元化毒品政策的表徵可以體現在瑞典的零容忍（嚴格禁止）模式及荷蘭的咖啡館（寬鬆管理）模式。當然，歐盟國家的毒品政策並不只有瑞典與荷蘭這兩種模式，而是如光譜般的依照各國國情需要而有不同的政策程度，畢竟毒品議題涉及許多一系列的爭議，諸如公民自由與基本權利、愛滋病預防在內的公共衛生政策及刑事司法政策等，這些爭議通常會受到該國的民族傳統、社會民情與其國內政治文化的影響。

3. 晚期——呈現政策趨同性現象

雖然歐盟國家的毒品政策呈現出實質多元化的現象，但卻也一直處於不斷動態變化的狀態，尤其在二十一世紀之後，歐盟國家內部都經歷許多毒品政策的改革並展示出一定程度的趨同性，這些趨同性表現在強調人體健康和社會規範的協同上（例如注射毒品針頭共用與愛滋病的傳染風險）、設計降低民眾持續使用毒品的風險工具（例如美沙酮替代療法）（Bergeron, 2009）、賦予單獨使用毒品或持有供個人使用毒品的法律地

位，以及針對吸毒犯罪者的矯治首選為治療和重返社會措施，刑罰制裁不再是優先選擇等。這種以公共衛生為導向的毒品政策趨同性現象同時也展現在2003年的歐盟理事會決議宣言當中，其認為毒品是存在於人類社會的一種事實，而非早期所認定的是一種災難，因此現在要做的是控制毒品擴張的風險，並著重降低民眾接觸毒品的風險及針對成癮者採取醫療戒治的處理模式；單以刑罰禁制的思想逐漸在歐盟國家的毒品政策當中移除。

　　雖然歐盟仍然還有採取刑罰制裁以對抗毒品犯罪的國家（例如波蘭），但從近二十年來的毒品發展趨勢可知，以公共衛生為導向的毒品政策治理逐漸擴散，部分歐盟國家即使基於該國社會傳統意識形態背景及政治政策氛圍的影響下，仍然保留以刑罰制裁毒品犯罪的手段。但可以確定的是，以公共衛生為導向的毒品政策已成為當前歐盟毒品政策的核心，並為歐盟國家政策趨同的目標。最後，從歐盟的毒品政策發展演進過程來看，毒品政策不僅是單純的刑事政策，更是一種社會政策，於研究開發各項防治措施時，應同時考量當地社會文化傳統的觀點，任何毒品政策都不可能推行一刀切的政策（即偏頗刑罰制裁模式或公共衛生模式）。Newburn和Sparks（2004）論及刑事政策的制定時也認為：不關注當地環境，就不可能成功地進行政策轉移和法律移植，因為一項成功政策的思想和實踐，都會深受社會民情與政治文化所影響。因此，歐盟地區的毒品政策發展史就如同一部時代演進與社會文化的融合史，以兼蓄融合的態度帶領歐盟國家逐漸走向趨於相同的政策目標。

第四篇

犯罪預防論

　　犯罪預防是一個內容廣泛且不易定義的名詞，在傳統學術研究上也鮮少受到重視，其主因：一是犯罪預防的分類太多，在研究上無法聚焦且範圍過大；二是缺乏明確的定義；三是社會科學研究不精準特性，使得研究結果極少受到警政實務機關的青睞；四是確認概念困難以及研究者武斷把持理論的做法，使得犯罪預防策略一直無法獲得共識。然而，隨著刑事司法體系在控制犯罪問題上逐漸產生侷限性後，建立在以信任司法機制為中心的犯罪控制策略，似乎在現代社會中產生策略信任的危機。因此，現今的犯罪學家都體會到以刑事司法作為控制犯罪發生的思考是不足的，進而在相關的研究上也開啟微觀多元的研究，主要目的乃在於創造諸多主動積極性的犯罪控制策略，除在於抑制犯罪率的成長外，更期待從這些作為當中減緩民眾對於犯罪恐懼感的程度，在此背景下，犯罪預防獲得發展的契機。

　　當國內產生重大治安問題，或警察同仁於警匪槍戰場合受到傷亡之際，社會輿論便大肆報導相關警政措施的良窳，執政當局也不免俗地宣示對抗犯罪的決心。有趣的是觀察這些評論與宣示的重心，都擺置在如何強化警察人員的執勤安全與能力、如何增加預算購置新進的警械與防衛裝備、如何建構堅實的刑事司法體系等。似乎在所有警察裝備都更加完善、犯罪偵查能力更加提升，以及刑事司法體系構築的如何堅實之後，處理治安問題便能以逸待勞般的輕鬆。

　　然而，社會治安問題不是警察與犯罪者之間器械的拚搏，也不單是司法與犯罪之間法律的競爭，而是一個國家基於對犯罪問題真正認識下所應承擔的責任。Dinwiddy在分析犯罪問題時曾感嘆：政府的責任在於創造幸福（happiness），而幸福的生活乃建立在社會中個體基於理性行為下的滿足（pleasure）與安全（security），而政府常常忘了這兩個它所應該要提供的幸福因素（Gilling, 1997）。就犯罪學的觀點而言，處理犯罪問題必須以整體宏觀的角度來思考，強化偵查能力是為其中思考重要的一支，但絕非是處理治安問題的全部，因為犯罪偵查是處理犯罪後的事件，是屬於人們對安全需求的一種補救性措施，但對於社會治安信任感與犯罪恐懼感（the fear of crime）而言，破案並無法達到民眾對於安全需求的標準。

　　在治安議題上，執政當局或是司法行政部門都在追求低犯罪率的社會，但創造一個低犯罪率的社會並不代表它就是一個在治安議題上是值

得讓民眾安心生活的社會；而且透過強大偵查作為，或強化刑事司法體系結構功能所造成嚇阻犯罪的效果，也未必能彰顯對低犯罪率有何貢獻。Crawford（1998）即認為處理治安問題不能只重視犯罪率的變化，更重要還是要去觀察民眾對於犯罪恐懼感的反應。就某種程度上而言犯罪率具有政治性的意涵，因為犯罪率會隨著時間與空間上的變異而有所異動，簡單來說，犯罪率的高低是可透過人為操弄、或是因司法警政單位組織績效壓力、或是因政治與社會壓力下而產生非自然性的增減。況且，以刑案偵查為主流的治安作為，對降低犯罪率的作用也並無法產生顯著的影響，畢竟刑案偵查僅是屬於犯罪事件發生後所進行的制裁措施。因此，政府若無法在傳統刑案偵查外開創第二軌的治安措施，同時要滿足低犯罪率與民眾低犯罪恐懼感，進而創造一個真正令人覺得安全的社會，恐怕是力有未逮。

　　由上述可知，政府在現代社會中處理犯罪問題應該逐步調整傳統以刑案偵查為上位的思考，並應亟思補充刑案偵查在處理犯罪問題所不足之處。犯罪預防即是在此一思考背景下成為現代社會安全治理重要的任務。其中，包括犯罪預防觀念的普及與其實質內涵的充實，以使犯罪預防併同犯罪偵查，使治安體系提供社會安全的任務更加完善。諸如地方警察機關積極輔導社區成立的社區巡守隊，即在使該組織於當地進行預防性的巡邏與預警，以補充官方正式組織將人員預算大量傾斜於偵捕犯罪之不足。而這些地方性的巡守措施，即是犯罪預防觀念的基本體現之一。

　　長期以來，犯罪預防一直受到邊緣化，美國學者Gottfredson認為這是一種世俗的必然，亦即世俗的民眾對於世俗的（犯罪）事件，採取世俗的見解，而政府為解輿論抨擊、人民指責之危，進而也採取世俗的因應措施，即是增加司法預算，擴充刑事司法體系的規模、強化刑罰體系的懲罰性與威嚇性等立即治標作為，以撫平當際民眾輿論的不滿情緒，復以大眾傳播媒體和刑事司法機構常將某些駭人聽聞犯罪事件中的犯罪人形容為精明、狡猾、凶惡，以及有相當組織性等時，這樣的世俗結果其實並不難以推論。因此，政府怕對犯罪軟弱、民眾關心自己安全的生活、刑事司法體系則確信其對一個安全而公正的社會功不可沒時（許春金譯，1989），警察體系中的偵查工作便開始引領風騷，人力與經費資源也逐漸傾斜於各種裝備與人事的增補，相對的犯罪預防工作即受到邊緣化的待遇。若再加上部分學者或實務工作者認為犯罪預防係屬社會政策的範疇，而非刑政策的範疇，再加諸「預防犯罪，人人有責」的宣導下，警察機關很容易將

犯罪預防工作的不力，推責於其他機構或社區的不配合。

　　雖然目前犯罪預防在發展上遇到前述困境，但隨著犯罪學的研究發展也開發出不少犯罪預防模式，本篇將從犯罪預防的意義與發展出發，並從犯罪預防發展歷史上揀選較具經典的四大犯罪預防模式加以介紹，其分別為刑事司法犯罪預防、社區性犯罪預防、發展性犯罪預防及情境犯罪預防。這四大犯罪預防模式並非無據橫空而出，而是有其犯罪學理論根基支撐，並盛行在犯罪預防歷史上。

第二十二章　犯罪預防的意義與發展

第一節　犯罪預防的意義

　　犯罪預防是一個內容廣泛且不易定義的名詞，在傳統學術研究上也鮮少受到重視，其主因：一是犯罪預防的分類太多，在研究上無法聚焦且範圍過大；二是缺乏明確的定義；三是社會科學研究不精準特性，使得研究結果極少受到警政實務機關的青睞；四是確認概念困難以及研究者武斷把持理論的做法，使得犯罪預防策略一直無法獲得共識。但真正影響犯罪預防在學術上發展，應屬「犯罪預防被認為是不可能與不可行」的觀點。持此論點最力者應屬社會學家涂爾幹，他從社會學的角度分析犯罪乃是一種社會事實（social fact），其在社會結構上具有功能性（functionality）與正常性（normality）。涂爾幹所建立的結構功能學派引領近代的社會學家或是犯罪學家將犯罪問題研究的焦點擺置在巨觀的層面，使得從事犯罪預防的工作失去了聚焦細剖的機會。

　　但隨著刑事司法體系在控制犯罪問題上逐漸產生侷限性後，無論是官方或民間都體會到刑事司法對犯罪所造成控制的影響都是屬於被動反應的範疇，乃因從刑事司法的處理過程中可觀察，透過警政與司法的作為期待潛在的犯罪者從這些作為中獲得抑制的成效，其實並沒有獲得預期的成果，而這種建立在以信任司法機制為中心的犯罪控制策略，似乎在現代社會中產生策略信任的危機。因此，現今的犯罪學家都體會到以刑事司法作為控制犯罪發生的思考是不足的，進而在相關的研究上也開啟微觀多元的研究，主要目的乃在於創造諸多主動積極性的犯罪控制策略，除在於抑制犯罪率的成長外，更期待從這些作為當中減緩民眾對於犯罪恐懼感的程度。

　　犯罪預防自此開始受到多方面的重視，除在學術研究上漸占有一席之地外，在實務機關上更開始投入諸多人力與經費資源從事犯罪預防工作。但何謂犯罪預防，定義上仍是眾說紛陳，各種犯罪預防模式的提出更是百花齊放（Gilling, 1997; Lab, 2000），在此擬不加以介紹。另關於犯罪預防的定義比較受到廣泛接受的應屬英國內政部犯罪預防中心（British Home Office Crime Prevention Center）所定義：「預測（anticipation）、認知（recognition）、評價（appraisal）犯罪風險（crime risk），並且以

消除或減少該風險所採行的諸多措施。」（Kennedy, 1995）。此一定義乃意味著，犯罪預防工作即將邁入科學領域，亦即深耕犯罪預防工作必須建立在科學客觀的預測（prediction）與干預（intervention）上，已成為一種共識與成就（Freeman, 1992; Gilling, 1997）。

第二節　犯罪預防發展的歷史演進

　　觀察犯罪預防在人類社會發展的歷史演進，約可分成三個階段來說明：第一階段（十九世紀以前）乃採取一種未聚焦犯罪預防（unfocused crime prevention）策略，此種犯罪預防策略的特色在於，針對一般人與全面性的犯罪預防而非特殊性犯罪預防，諸如民間以自己的力量尋求自我人身與財務的安全，進而建立莊園以鞏固防衛；或成立地方鄉勇組織負責巡守村落安全，建構各種具有監控與阻絕犯罪功能的哨口、護城河等，這種以建立各種集體安全措施的做法，傾向於情境犯罪預防的功能（Gilling, 1997）。此時，民間力量主導犯罪預防的進行。

　　發展到第二階段（十九世紀至二十世紀中末期），因現代國家政體的建立，透過所謂國家司法權的行使設立法規範，並將犯罪預防措施聚焦於犯罪人，其特色是國家或具有權力團體剝奪私人武力權，進而透過完善的法律制度、刑罰制度與觀護制度介入處理犯罪事務，並以建構良善的刑事司法體系與強化刑事司法體系功能為重要的特徵。因此，在本時期刑事司法人員大量擴充、機構設備不斷地擴建，刑事司法犯罪預防（crime justice prevention）策略抬頭，十九世紀以前以情境控制達到犯罪預防目的的非聚焦犯罪預防模式策略也同時受到抑制，官方主導犯罪預防的勢力興起。

　　犯罪預防發展到第三階段（二十世紀末期以後），因對於刑事司法體系抗制犯罪的信心逐漸消退，使得現代未聚焦犯罪預防主義興起，其特色乃結合官方與民間的力量，又重回情境犯罪預防的思考；其特色乃是官方放棄以刑事司法作為達到犯罪預防目的的主流思考，並調整警察的任務從追緝罪犯到進入社區傳達與指導犯罪預防的相關訊息。其具體作為乃是官方依據當時的犯罪狀況與特性，擬定相關的犯罪預防策略，並將具有專業

意見的政策傳遞交由民間來進行相關的預防措施。從這些相關的措施當中可以觀察，當代的犯罪預防不在獨尊刑事司法的功能，反而又開始提升民眾生活情境上的管理與監控，復使未聚焦犯罪預防主義再度興起。惟現代未聚焦犯罪預防主義不再由民間獨力從事犯罪預防工作，而是由官方與民間共同參與。

第三節　犯罪預防發展的評析

　　雖然傳統上犯罪預防常遭受到定義不明確的批評，且範圍過大在策略擬定與實務操作上也顯現困厄，但隨著犯罪學研究以及現代警政發展已趨精進成熟的作用下，現代社會對於犯罪問題的掌握也已描繪出相當的輪廓，對於犯罪預防的發展也呈現預測與干預兩大科學研究範疇，亦即強調預測需要依賴堅實的犯罪理論，而干預則必須基於客觀中立的事實。

　　從犯罪學發展的角度而言，犯罪理論的建構歷經相當長的研究發展，在犯罪預防上從早期的犯罪法律模式，乃至犯罪決定模式，終至於犯罪經濟模式，這三種理論模式以現今的觀點也許可以評判其優劣，但在當時的社會背景下所實施或採取的策略卻是基於當時的社會條件、政治局勢、文化環境、意識形態等交互作用下的結果。換言之，犯罪預防策略並非是恆靜的計畫，它會隨著時代的演進以及該社會發展的現況而產生動態的變化，所以犯罪預防在實質內涵上會是一個較為含糊（vague）且不易定義（ill-defined）的概念（Graham, 1990），或是一個在理論建構與實務操作上較為模糊的集合體（Sutton, 1994），甚至也沒有一個犯罪預防策略可以說是無懈可擊的（Gilling, 1997）。但無論在哪一個時代階段，犯罪預防總有其需求性用以應付當時代社會對於抑制犯罪成長的呼籲，Billis（1981）將此一現象稱之為「預防主義」（Preventionism）。

　　Billis認為，當社會大眾都認為社會問題是可以預防的時候，尤其在民主國家當中，政治人物常為獲取選票，通常都會建構一個完美的預防策略，雖然犯罪預防的各項方案不可能完全實施，也不一定咸具成效，但卻不易發生爭議，因為反對的人會受到缺乏遠見的批評。所以，犯罪預防觀念會隨時呈現在人類社會當中，只是在不同的歷史時空階段呈現不同的預防型態而已。以下茲將有關於犯罪預防的犯罪理論發展以及所形成的預防

策略分述說明。

一 犯罪法律模式

　　此時期的犯罪預防乃根基於刑事司法體系或懲罰體系的作用，藉由操縱立法以及執法來達到威嚇預防的效果，這種效果主要呈現在古典理論的精神之中。Foucault（1977）認為此時期的犯罪預防乃著重在於衡量行為的目的以及懲罰的結果。因此，估量個體行為經濟成本與責任比例的量度，在此時期成為達成犯罪預防的重心。亦即透過刑罰體系的痛苦懲罰，用以超越因犯罪行為所獲得快樂的比例，作為本時期從事犯罪預防的核心。古典理論單純以人類理性功利思想及法律的個人主義來作為犯罪預防的基礎，在某種程度上符合一般人對於社會公義的認知，在邏輯建構上也相當符合一般人的期待，但其中並非沒有缺陷。

　　Gilling（1997）即認為以古典理論作為犯罪預防的基礎基本上有五個缺陷：一是古典理論單純以人類理性功利及法律個人主義思考犯罪問題，乃忽略犯罪原因的實證研究，也排除廣泛社會及環境背景對人類行為的影響，若以此作為從事犯罪預防的基礎，則顯得薄弱且亦受攻訐。二是功利理論認為犯罪是達其享樂目的之手段，但懲罰卻不針對其享樂的程度加以抗制，而是針對其行為結果的嚴重性，其懲罰內涵大多來自於道德與政治上的思考，易受到道德與政治上的操作，使得犯罪預防無法呈現其效果性與公平性。三是古典理論很難掙脫階級的背景，雖古典理論出生於中產階級意識，以建立公平的公民社會法律制度為目的，但這種制度僅在回應中產階級所要求能保護他們財產及有效能的制度，並非在創造真正具有福利正義的社會制度。四是古典理論多基於一種形而上或猜測的立場來說明人類的犯罪行為，缺乏實證觀察。五是古典理論下所形成的刑事司法體系無法適切地遏止犯罪率的提升。

　　雖古典理論在犯罪預防上呈現一般預防與特殊預防的效果，但其重視犯罪行為甚於重視犯罪人本質的做法，顯有缺乏思考人本價值的疑慮，雖後來逐漸修正其理論觀點，但依本理論所形成的刑事司法制度卻無法有效遏止犯罪率的上升，使得人們開始轉向尋求另一種犯罪預防範式。

二　犯罪決定模式

此時期的犯罪預防觀點深受科學實證主義思潮的影響，並回應在各種犯罪問題的原因研究與處遇措施上，咸認個體的犯罪行為不再是自由意志下理性選擇的結果，而是諸多環繞個體所無法操控的內在與外在環境因素所決定。因此，犯罪人就如同病人一般，需要整體社會透過諸多的矯治措施來加以改善，並協助渠等順利復歸於社會。刑事司法上稱此為「醫療模式」（medical model）。

基於決定模式下所形成的犯罪理論基本上有兩個重要特徵：一是排除人類行為自主的可能；二是犯罪行為是多因交互任用的影響。所以理論內涵充斥著人道主義與福利服務的思考，在犯罪預防策略上也形成多元介入的蓬勃景象，諸如偏差行為的輔導門診、觀護服務、社區處遇、矯正治療、對抗貧窮計畫、青少年外展輔導活動等。使犯罪人在此時期被認為是社會發展下的弱勢者，需要國家以公權力介入加以援助。

這種以福利服務取代懲罰應報的思考符合那時代社會進步的發展景象，但所發展出來的預防策略卻也遭受不少髭議。首先，從個體生理特質所發展出的犯罪原因論寓含一種強烈達爾文主義（Darwinism）與優生學的歧視觀點，容易遭受政治上的操作產生迫害人權的理由。再者，實證研究過程中，從監獄或其他社會福利機構所獲取的研究樣本是否真有其代表性，有否受到機構化影響，又犯罪黑數的掌握到底有多少都值得質疑（Gilling, 1997）。三者，即使反對刑事司法體系的操作，但受古典理論根深蒂固影響下的刑事司法體系使得決定模式的預防策略極少受到公部門真正的支持。四者，預防性的監禁措施遭受到不少的批評（如我國保安處分中關於檢肅流氓的做法）。五者，基於決定模式下的犯罪預防策略同樣無法達到減緩犯罪率上升的窘狀。

因此，雖執政當局面對日益嚴重的犯罪問題，極想隨著時代的進步開拓更具人道與福利服務性質的矯治措施，但在抗制犯罪的路途上卻是屢受打擊。歷經將近百年的試練，此一犯罪預防模式仍遭受諸如「矯正無用論」的評價，同時在理論性與效果性上受到質疑，復以社會對抑制犯罪的需求日亦強烈，使尋求另一種預防模式的呼聲再起。

三 犯罪經濟模式

犯罪預防歷經法律模式與決定模式的操作後，成效並未符合預期，但卻也讓後來的犯罪研究者從中獲得諸多的啟發。當代的犯罪學家重整對犯罪問題的思考，並考量以往犯罪預防策略的良窳之後，形成現今所謂的犯罪經濟模式。此模式擷取古典理論與實證主義的觀點，將犯罪人與犯罪行為分列說明，並將兩者整合為犯罪預防模式的基礎。

對犯罪人而言，乃回應古典主義理性選擇的觀點，認為人類行為乃是理性作用的結果，但經濟模式下所謂的理性並不強調古典理論所稱自由意志的說法，反而偏向於經濟學上的理性觀點（Becker, 1968）。認為所謂的理性是有所限制的，因為個體在決定或選擇某一行為時，乃限於時間、能力，以及所獲得的資訊進行分析，同時可能有包括某些動機與偏好影響他的決定（Cornish and Clarke, 1986）。因此，當代犯罪學所稱的理性是一個不完整的理性，且人類也不可能發展所謂完整的理性，個體行為所能做到的僅是一種滿足，而非極大化行為的可能。

另就犯罪事件而言，乃擷取實證觀點，強調機會在犯罪事件中所居的重要角色。其中又可分成兩部分：一是經由互動使犯罪人主觀認知有犯罪的機會；二是客觀條件下個體產生有利於犯罪的機會（黃富源，2000）。諸如日常活動理論於解釋直接接觸暴力性犯罪（direct-contact predatory crime，諸如暴力犯罪與財產犯罪）時，著重於觀察個體（人或物）在當代生活方式與環境控制，並輔以時空因素下之「有動機的犯罪者」、「合適的標的物」和「有能力的監控者不在場」等同時聚合下，所形成犯罪的理論概念。該理論強調犯罪行為在人類社會當中是一個常數，而其總數與分布則與加害人和被害人的日常活動與生活型態有關。因此，該理論認為一個有動機的犯罪者並不會盲動，而是透過與被害標的互動中觀察，以尋找適當的時機以達遂犯罪目的。基此，當代經濟模式下的犯罪預防策略著重「互動」與「機會」兩個風險管理的概念，進而形成諸如情境犯罪預防與犯罪基圖（crime basic map）等犯罪預防技術的運用。

雖然現今的犯罪學研究逐漸偏向於建構犯罪的預測因子，且根基於科學預測下形成諸多犯罪預防策略，但經濟模式犯罪預防理論在建構上仍有諸多疑問待解。諸如其一，理性並無法測量，即使承認人類僅具有部分理性，但這些部分理性的程度為何，且理性思考的過程如何觀察與測

量，這些都是科學上所無法精確達成，而若預測是犯罪預防重要的基礎，則理論基礎架構上即產生重大瑕疵。其二，當代的犯罪預防所提及的理性，大多是用在描述、解釋與預測工具性的犯罪類型上，對表達性的犯罪類型則顯得缺乏。其三，經濟模式下的犯罪預防策略對於機會主義者（Opportunist）與專業犯罪者（professional criminal）這兩種極端的犯罪人而言，並無實際預防與嚇阻效用（Clarke, 1980），可見經濟模式下的犯罪預防模式仍有其侷限性。

由上可知，犯罪預防的理論觀點歷經相當時日的發展與變化，並且也都在該時期成為抗制犯罪重要的主角。雖然就理論而言都遭受不少負面評價，但就社會發展而言，這三個預防理論模式都符合當時代的社會背景需求，也都擘劃一個足可抗制犯罪的願景，在穩定社會安全需求上具有一定的功能。

第二十三章　刑事司法犯罪預防

　　刑事司法犯罪預防是現存犯罪預防機制當中最早出現的模式，其源自於十八世紀由貝加利亞和邊沁所創立的傳統古典學派觀點，此時觀點建立在：人是具有理性選擇及自由意志的個體，並會理性衡量自身利益與犯罪懲罰之間的衡平，如果懲罰的痛苦超過犯罪的利益快樂時，則犯罪會成為該個體理性認為不合邏輯（或划不來）的選擇，因而被放棄；如果懲罰的痛苦不會超過犯罪的利益快樂時，則犯罪成為合乎邏輯（或划得來）的選擇，因而被實施。此一觀點被後世稱為結果論（consequentialism）。

　　以結果論觀點為核心的刑事司法犯罪預防主導人類社會將近兩百餘年的時間，直至1970年以後，有鑑於犯罪率不斷地上升，導致刑罰政策發生了根本上的轉變，強制量刑（mandatory sentencing）和零容忍量刑（zero tolerance sentencing）等量刑政策出現後，強調犯罪人應該為他所犯下的罪行受到同等程度懲罰的應報論（retributivism）興起，同時也取代結果論成為現今刑事司法犯罪預防的主流思維，而推廣應報論最有力者則以英國劍橋大學刑法理論學家Andrew von Hirsch為代表（Seiter, 2011）。

　　刑事司法犯罪預防在歷史上發展出結果論與應報論兩種不同思想流派，結果論強調透過刑罰制裁的痛苦以預防犯罪發生，而應報論則強調對所犯的罪行應受到同等程度刑罰制裁以預防犯罪，雖兩者在刑罰的操作觀點上截然不同，但在犯罪預防的策略目標卻是相當一致，即透過刑罰的運用以達到遏止犯罪的目的，因此兩者也被並稱為威嚇理論或嚇阻理論（Nagin and Pogarsky, 2001）。

第一節　刑事司法犯罪預防的理論基礎——威嚇理論

一　威嚇理論

　　當前刑事司法犯罪預防的理論基礎來自威嚇理論，該理論是描述犯罪和犯罪行為的理論，它假定人類有足夠的理性考慮其犯罪行為的後果，並且受到該預期後果的影響而決定是否付諸犯罪，而制定法律及建構刑事司

法體系則成了此一犯罪預防模式的重要特徵,而人們避免受到法律追訴與刑罰制裁便成了考慮是否從事犯罪時重要的關鍵因素,因此形成犯罪決定與感知犯罪成本呈負相關,而與感知犯罪酬賞呈正相關的思維決定模式。

換言之,全球任何一個國家幾乎都會創建一套刑事司法體系以對抗犯罪問題,其中包括:立法制定刑罰條文以明確化犯罪內涵與懲罰、執法宣示國家權力以落實社會安全與穩定,此二者便是威嚇理論的核心內涵,期待政府對犯罪者的懲罰應同時具備嚴屬性(severity)、迅速性(speed)與確實性(certainty),使犯罪者因受到法律追訴與刑罰制裁後,不敢再犯罪(特別預防);同時也讓一般人看到犯罪者受到法律追訴與刑罰制裁後,不敢犯罪的效果(一般預防)。

威嚇理論的內涵主要根植於傳統古典理論家邊沁對人類行為的分析,他認為對犯罪者懲罰的嚴屬性、迅速性與確實性是理解威嚇形成的三個關鍵要素(Pratt et al., 2006),亦即經由對犯罪的潛在成本和收益進行理性計算來選擇遵守或違反法律,此稱為「主觀期望效益」(Subjective Expected Utility, SEU)。另外就威嚇的效果來說,可分成特別威嚇與一般威嚇兩種,前者係指個人因犯罪直接受到法律追訴與刑罰制裁後,所產生令其日後不敢再犯罪的預防效果;後者則指個人見識到他人因犯罪而受到法律追訴與刑罰制裁後,減少或不敢犯罪的預防效果。社會將在特別及一般預防的效果下,使人們遠離犯罪而達成犯罪預防的目的(Maxwell and Gray, 2000)。

基本上威嚇理論的內涵都圍繞在個體理性的觀點上,但對於個體「理性」的解讀也隨其發展而有不同的看法,主要區分為傳統古典學派的完全理性(哲學思維)及現代古典學派的部分理性(經濟學思維)等。威嚇理論發展至今日儼然成為一種社會心理學觀點,該觀點解釋了個體如何被他們對法律制裁風險的看法所威嚇,而這些感知制裁風險的評估,通常都是依照個人主觀條件下所進行,基本上出於兩個假設:1.犯罪的決定是基於對犯罪成本與收益的考量;2.個人至少有最低限度的理性,在選擇犯罪之前會評估懲罰的嚴重性和確定性、犯罪的價值以及他對犯罪效益的直接需求等(Siegel, 2000),當犯罪的預期收益超過預期成本時,人們就會實施犯罪,其中也包括法律制裁所導致的成本(Pratt et al., 2006),此稱之為理性選擇理論。

威嚇理論的發展

（一）傳統古典學派時期──刑罰威嚇

　　傳統古典學派時期的威嚇概念，主要源自於貝加利亞對犯罪行為的三種解釋：自由意志、理性選擇和可操作性，其意指個體可以自主選擇從事犯罪行為與否，且其考慮從事犯罪行為之前，會預先理性衡量自身利益與犯罪懲罰之間的衡平，如果懲罰的痛苦超過犯罪的利益快樂時，則犯罪會成為該個體理性認為不合邏輯的選擇，因而被放棄；而如果懲罰的痛苦不會超過犯罪的利益快樂時，則犯罪成為合乎邏輯的選擇，因而被實施。

　　因此，本時期強調的便是建立一套符合人類理性原則的刑事司法制度，其中包括要建立一部明確具體的法律，及建構執行該部法律的司法體系，而其中對於犯罪的懲罰則應符合個體的理性原則加以設計，最主要的威嚇原則有以下三點：

1. 懲罰應基於趨樂避苦的原則，因此刑罰的痛苦也應該相對犯罪所獲得的快樂程度而定，以達到足以威嚇個體犯罪或警示威嚇他人犯罪的目的，此也為現代刑法學有關罪刑均衡觀點的濫觴。
2. 懲罰的類型與程度應依照其犯罪內容而定，並且明定在法律之中，不可以因行為人的不同而有所不同。此為現代刑法學罪刑法定觀點的濫觴
3. 懲罰的設計應該具即時性，若個體犯罪後可立即實施處罰，則刑罰的效用愈高。

　　綜合此時期威嚇理論的內涵，乃著重於刑罰的運用以嚇阻人們犯罪，刑罰的嚴厲性、迅速性與確實性成為威嚇個體犯罪的主要手段，因此稱為刑罰威嚇時期。

（二）現代古典學派時期──刑罰威嚇與情境威嚇

　　因應實證學派主導下的犯罪控制策略已無法有效遏阻不斷上升的犯罪率，因此自1960年代開始，古典學派所強調的威嚇模式再度重生，又開始受到學術界或理論創造者的青睞，但經歷重生的古典學派並不是保留原型復出，而是經過部分修正調整後，以現代古典學派之名重出犯罪學理論界，其中最具影響性的觀點有二：一是美國經濟學家貝克於1968年所發表以經濟學觀點為主軸的理性選擇理論，其認為犯罪行為與非犯罪行為並沒有什麼不同，因為它們都是人們有意選擇進行的行為，而他們選擇犯罪

的原因是認為與不去犯罪行為相比,犯罪只需花費很低的成本便可獲得更大的收益,從經濟學上的成本效益比考量,就是個體決定是否犯罪的主要依據;另一觀點應推美國犯罪學家馬丁森等人於1974年提出他們的研究發現認為:除了少數受刑人外,至今已實施的矯治措施對累犯的教化並沒有顯著的成效,此一結論被後來的人稱之為「矯治無效論」。在前述這兩大觀點影響下,古典理論的刑罰威嚇主義再起,除此之外,強調以提高犯罪風險及降低犯罪機會等經濟學觀點概念的情境嚇阻也隨之產出。

1. 刑罰威嚇

此時期的刑罰威嚇不強調痛苦懲罰,反而是採取公平應報模式對待犯罪人,其中又分成正式威嚇與非正式威嚇:

(1) 正式威嚇:除傳統刑事司法運作外,另孕育許多警政與刑事政策觀點,例如警政策略上的破窗理論,透過對社會當中行為不檢、擾亂公共秩序及可能造成一般民眾犯罪被害恐懼等問題加以因應,以快速確實的警力介入方式,在個體成為犯罪人之前便加以嚇阻處理;在刑事政策觀點的影響上,「三振出局策略」是正式威嚇類型相當典型的代表,將重罪累犯者排除假釋之外,以達到嚇阻其再犯的目的。

(2) 非正式威嚇:非正式威嚇的作用在於透過相關的制裁作用,以激發個體內在羞愧感的自我懲罰效果而達到嚇阻其犯罪的結果。美國於1996年經總統柯林頓簽署為聯邦法案的《梅根法案》即為一例。該法案內容主要是針對性犯罪或對未成年實施犯罪的犯罪人,應列冊登錄在國家的犯罪資料庫之內,以供各級執法機關查詢之用;甚至在美國有些州還規定該資料庫可供一般民眾搜尋、要求政府針對高危險性犯罪者實施強制社區通報等,期望透過犯罪人個資公開的方式,一方面達到讓民眾自我保護的效果,另一方面也希望透過恥感的操作,達到預防犯罪與再犯的目的。

2. 情境威嚇

情境威嚇的思維主要來自經濟學性的理性選擇觀點,其用在刑事司法上主要集中在警察系統領域內,並基於下列四點理念進行警政策略的犯罪預防措施,並被包裹在廣泛情境犯罪預防策略當中:

(1) 人類不可能有完全絕對的理性,而僅有「有限度的理性」,所以人類所

能做的僅限於滿足眼前的需求，而非最大的可能利益。

(2) 犯罪是世俗的、投機的與理性的，而非受到非理性與無目的性等動機的影響，其與一般行為並無兩樣。

(3) 把犯罪預防策略焦點從犯罪人身上，轉向關注犯罪事件本身及影響犯罪的情境因素，並且強調情境與犯罪事件具有高度相關性。

(4) 犯罪並非是社會上單一現象而可用一般性的理論架構加以解釋，也就是說各種特定的犯罪類型，都有其理性選擇的歷程架構，因此各種犯罪類型應該發展出各自具特定的犯罪預防策略。

　　基於上述四點，警察系統開發出許多情境威嚇的犯罪預防措施，例如犯罪熱點警政，警察機關針對犯罪熱點分析後，投入高密度的巡邏或守望警力，以形成對該區域的高度情境監控，以有效嚇阻犯罪事件的發生；又如我國內政部警政署設置「165反詐騙諮詢專線」，凡民眾遇有可疑電話時，無論是使用家用或行動電話，皆可撥打「165」反詐騙諮詢專線，即由專人說明並研判是否為詐騙事件，以嚇阻詐騙案件的發生；再如我國各縣市政府警察機關大量設置錄影監視系統，並整合其他公部門所設置之錄影監視系統，成為錄影監視數據庫，以作為維護公共安全、社會秩序、犯罪預防及偵查為目的之警政措施。

第二節　刑罰威嚇效果的研究評估

　　以刑罰威嚇為核心的刑事司法犯罪預防是最古老，同時也是效果最難以預測的模式，綜觀威嚇理論效果的研究可概分為兩大類：1.採取巨觀層面的研究，亦即使用官方犯罪統計數據來評估客觀刑罰制裁的水準，例如檢驗逮捕率或刑期長度與犯罪之間的關聯程度，此一研究假設刑罰水準（嚴厲性與確實性）的增加會導致個體對刑罰制裁可能性的感知也隨之增加，因而促使犯罪率下降；2.採取微觀層面的研究，使用自陳報告犯罪的調查方法，以瞭解個體對於刑罰制裁（集中在嚴厲性與確實性）措施是否（及如何）影響他的犯罪決定。雖然威嚇理論分別從巨觀與微觀層面進行了大量研究，至今仍然無法得出威嚇是否有效嚇阻犯罪的明確結論（Tonry, 2008）。

　　許多學者認為刑罰威嚇研究之所以會產生結論不一的現象，與其理

論本身和研究方法上的缺陷有關。其中在理論層面上，主要聚焦在威嚇內涵的概念化一直無法聚焦（Tonry, 2008; Paternoster, 2010），在研究方法層面上，則有感知制裁風險的測量向度，以及抽樣和資料蒐集的問題等（Pogarsky, 2007）。雖然如此，綜結以往的研究結論時可發現，在微觀層面的研究上，感知犯罪成本風險和感知後果嚴重程度通常與自我報告的犯罪行為呈負相關；但在巨觀層面上，則會發現有研究結果不一的現象發生（Paternoster, 2010）。

二 威嚇理論的理論性評估

從現代犯罪學理論的觀點來說，威嚇理論似乎一直不受到犯罪學者的青睞，Kaiser（2022）觀察近幾十年來有關威嚇理論的研究後，針對刑事司法系統是否真的可以防止再次犯罪的議題上，得出不是相對無效，甚至會增加犯罪的可能。由此可知，威嚇理論在犯罪預防的運用與研究上，都還需要找出更細緻的操作方式。Pauwels等人（2011）認為刑罰威嚇效果的研究一直沒有正視犯罪者個體特質作用，例如個體的低自我控制程度、社會學習效果和道德感高低等，大多數的刑罰威嚇效果研究似乎都只是探討個體感知威嚇對其所產生的直接影響，忽略個體本身既有的特質因素，是造成刑罰威嚇效果一直深受質疑，也使得在研究設計上備受非議的主因。

除此之外，以監禁為核心的刑罰威嚇不僅不一定能達到嚇阻個體犯罪的效果，反而會因為監禁而使犯罪個體產生許多負面效果。Stevens等人（2019）即以現代犯罪社會學理論觀點來檢視威嚇理論有關監禁的負面效果，例如以控制理論的觀點來說，監禁措施會使個體脫離家庭與社區的社會鍵，因而降低非正式社會控制的可能，另就人力資本角度來說，監禁也會使個體原有的工作技能和經驗中斷，對其出獄後的傳統生活機會也會產生負面影響；以社會學習理論的角度來說，犯罪人在監獄當中，有極大可能彼此相互學習模仿，並暴露在有利於犯罪的價值觀，使其更加深入地嵌進到犯罪網絡之中；以標籤理論的觀點來說，法律制裁有助於犯罪生涯的發展，而不是防止犯罪者參與犯罪，更可能在標籤作用下，使犯罪者標籤內化「犯罪人」這個標籤行事，若是接收長刑期者，可能會導致犯罪身分更加強烈地內在化，反而使其在出獄後的犯罪可能性增加。

　　Kaiser（2022）則綜合批判學派的角度分析威嚇理論在犯罪預防上所面臨到的理論挑戰，例如標籤理論認為犯罪個體經由刑事司法的操作後，有可能會放大其再度犯罪的可能性，原因有三：1.個體會啟動或促進偏差自我概念的發展；2.個體會增加與偏差同儕的接觸交往；3.會抑制個體的社會連繫鍵與傳統生活機會。而程序正義理論則強調，刑事司法系統操作的效果取決於被逮捕的犯罪人是否認為針對他們的司法程序是公平與公正的，以及他們認為法律及其執行是否合法等，而這些疑慮通常不會受到犯罪者的信服。另衝突理論強調懲罰的影響取決於犯罪人如何看待法律制裁（例如裁判是否公平或污名化）、他們與司法機構和社區的連繫程度，以及他們接受制裁後是產生羞恥感或是自以為是的憤怒感。

　　從上可知，從現代犯罪學相關理論觀點的評估下，威嚇理論以個體感知刑事司法的制裁，可以產生一般與特別預防的效果，進而直接減少犯罪或再犯罪的理論內涵，其忽略感知制裁的效果會是因人而異，因為每個人所經歷的生長環境不一，其所受到家庭與外在環境的影響也並不相同，進而影響其感知刑事司法威嚇的程度也會有所不同。因此，威嚇理論遭受極大批評之處便在於將人類視為完全理性或成本計算的生物，因為該理論無法解釋人們具有自發性、習慣性或情緒性所驅動的行為，這些行為可能是構成人類行為的很大部分（Kroneberg et al., 2010; Wikström and Treiber, 2016），或許也是驅使人們犯罪的主因。

■二　威嚇理論的相關研究

（一）監禁期間對累犯的影響

　　Stevens等人（2019）在荷蘭國內針對犯罪嫌疑人進行一項縱貫性研究，其挑選2010年10月至2011年3月期間進入監禁機構、具有荷蘭籍、年齡介於18歲至65歲之間、累犯的男性被收容人計1,467人實施調查，其採取傾向性評分法（Propensity Score Methodology）來檢驗監禁時間長短對其日後累犯的影響。其分析結果得出與以往研究的結果一致，即對犯罪人的監禁時間長短並不會影響其再犯罪的決定。因此Stevens等人便下了一個結論：我們既不能證實延長監禁時間會導致犯罪的理論觀點，也不能證實長期監禁可以嚇阻個人再度犯罪。

（二）警察執法行動對暴力犯罪的影響

Piza（2018）在美國新澤西州紐瓦克地區進行警察步行巡邏威嚇效果的研究，他將警察步行巡邏的勤務內涵分成兩類，一是採取強力執法威嚇行動（即逮捕、現場臨檢盤查等），二是柔性監護查察行動（即各種業務性檢查、戶口查訪等），運用內容分析法來觀察這兩種警察步行巡邏勤務內容的犯罪預防效果。該研究自2008年6月5日起2009年6月10日止，計實施53週的時間，其將重大傷害、謀殺和搶劫等三種犯罪類型合併為暴力犯罪，並從7位警察人員的每日執勤內容當中分析。該研究發現：步行巡邏人員進行的監護查察行動與巡邏轄區內總體暴力犯罪下降有關，但步行巡邏人員若採取強力執法威嚇行動時，巡邏轄區內總體暴力犯罪卻無顯著降低的影響，此表明採取強力執法威嚇的巡邏勤務內容，其效果性並不比採取柔性的監護查察行動來得更具影響力。

（三）長期刑受刑人的道德溝通效果

Schinkel（2014）以美國明尼蘇達大學法學教授，同時也是懲罰哲學家安東尼‧達夫（Antony Duff）所提出的懲罰溝通理論（Communicative Theory of Punishment）作為評估依據，在蘇格蘭格拉斯哥（Glasgow）地區兩所監獄當中，選取27名接受長期自由刑之成年男性為研究對象，以半結構訪談的方式，探究他們經歷刑事司法處遇後的道德反省程度與結果。達夫教授認為刑罰懲罰的目的在於讓犯罪人透過道德溝通的方式，達到使其面對錯誤進行悔改，而不僅是讓犯罪者被集中監禁在機構當中接受應報的後果，而道德溝通主要的場域則是在法庭與監獄當中。

Schinkel的研究發現，犯罪人在法庭上與法官之間的道德溝通似乎有所難度，主要原因有三：1.犯罪者在法庭上在意的是他被宣判的刑期長短，此時對於法官曉諭的道德評論其實是聽不進去的，甚或只是敷衍；2.犯罪者在法庭上很想操縱宣判結果，因此他不會聽從任何人（其中包括法官）關於道德向度的指引；3.法庭上類似認罪協商的制度，有時會失去或降低犯罪者對原有犯罪行為的道德程度。另該研究也發現，在監獄當中的道德溝通成效似乎不如預期的理想，主要的限制有二：1.監獄內的工作人員最在意的是受刑人在監期間遵守規矩，大多數的工作時間都花在如何讓受刑人安分守己上，有關道德溝通的對話普遍缺乏；2.受刑人在監獄當中也適應監獄化的生活方式，他們大多採取低頭忍耐的生活態度，只想著

趕快度過服刑的生活，因此也無心去進行道德溝通的活動。

　　Schinkel的研究結果證實了達夫教授的觀點，若要進行道德溝通，其場域應該在社區之中進行，因為在刑事司法體系的環境下，對受刑人的監視無所不在、監獄管理人員與受刑人的關係也不佳，此等環境下對受刑人的道德反省條件是相當不利的，因而影響犯罪者對其所犯下犯罪的道德譴責效果。

（四）青少年參與監獄實境體驗威嚇計畫

　　美國在1970年代興起一股「青少年意識計畫」（juvenile awareness programs），其中尤以紐澤西州率先施行的「嚇阻從善計畫」（scared straight programs）最為著名。在該計畫當中，政府將處於高犯罪風險的少年犯帶到成人監獄機構，並與在該監獄服無期徒刑的重刑犯對話，聽取這些重刑犯親身講述在監獄中的生活是多麼艱苦不堪，且要面臨許多的嚴酷現實，以此警惕這些青少年，若他們日後依然走上犯罪生活將會面臨什麼樣的後果。此一計畫在當時深受美國社會的喜愛與接受，除了在美國境內許多州紛紛效法學習外，連澳洲、英國、加拿大和挪威等其他國家也都相繼採用（Petrosino et al., 2013）。

　　青少年意識計畫的實施乃建立在威嚇理論的基礎上，從懲罰的確定性與嚴重性的角度，期待參與該計畫的青少年犯罪者從接觸被懲罰者的負面經驗中，達到嚇阻其日後再犯罪的效果。但自從1970年代開始實施該計畫後，雖然該計畫在理論推測上似乎可以得到支持，但在實務運作效果上，歷經多次的相關研究結果顯示，似乎不近如理論所預期，甚至有一些研究所得出的結論顯示，計畫參與者的犯罪率反而明顯高於非參與者（Finckenauer, 1982）。

　　例如Petrosino等人（2002）對「scared straight」類似計畫的有效性進行研究發現：與未參與計畫的對照組相比，實驗組的犯罪率（如scared straight）通常會增加1%至28%的犯罪率。因此，Petrosino等人得出的結論是，「scared straight」和類似計畫會對參與者產生有害影響，因為他們發現接觸這些計畫的青年的犯罪率高於未接觸這些計畫的青年；Petrosino等人（2013）再次針對「scared straight」類似計畫的有效性進行研究，其結論仍然為：青少年意識計畫的實施會是增加而不是減少青少年犯罪（Petrosino et al., 2013）。

上述Petrosino等人這兩次的研究結論似乎與威嚇理論的內涵相斥，而究竟是理論性不足或是研究方法上的不當，Put等人（2020）改善Petrosino等人的研究方法後再度進行相關研究，以檢測青少年意識計畫對其犯罪行為、犯罪態度、懲罰意識和其他犯罪風險因素（例如輟學、犯罪同儕）的總體影響。該研究發現青少年意識計畫對受試樣本來說，都未有任何正面或負面的顯著效果，顯見以威嚇理論為基礎的犯罪預防計畫並未如理論預期的呈現顯著效果。

從上述「監禁期間對累犯的影響」、「警察執法行動對暴力犯罪的影響」、「長期刑受刑人的道德溝通效果」、「青少年參與監獄實境體驗威嚇計畫」等有關刑事司法犯罪預防效果的研究當中可知，以威嚇理論為基礎的刑事司法犯罪預防措施似乎無法展現可靠的效果，甚至有部分研究結果顯示，採取刑事司法手段所得之犯罪預防措施甚至可能導致犯罪行為的增加。

第三節　警察系統犯罪預防

警察犯罪預防（police crime prevention）是當代新興的名詞（Kennedy, 1995），乃繫屬於刑事司法犯罪預防領域的一部分，其意涵著警察在犯罪預防工作上必須扮演著重要的角色。而觀察當今警察工作的內容可知，由於受到現代犯罪學思潮的發展，及以社區警政作為現代警政工作為基礎的影響，警察已然成為現今引領社區從事犯罪預防最重要的官方代表，而許多新興的警察犯罪預防策略也隨之開展。觀察我國警察犯罪預防的內容可以發現：重視科學研究、獲得政治支持以及犯罪預防策略與民眾生活結合等，是為現階段我國警察犯罪預防的特色，但警察犯罪預防工作如何在現有警力、勤務內容與執勤時間下推展，都是現階段我國推展警察犯罪預防工作所面臨的瓶頸。

一　警察犯罪預防的核心領域

針對上述有關犯罪預防理論與策略的歷史發展可知，犯罪預防各項措施已深入人類的生活，並成為人類社會文化結構的一部分，其策略內涵也

深受現代社會中官方單位與民間的重視。紛紛從政府機構、社區、學校、刑事司法體系、大眾傳播媒體、民間自願團體（voluntary organisations）等所扮演的角色來論述推展的過程，當然警察也包含於其中。然而，論及警察在犯罪預防工作上應居於何種角色之前，擬先介紹一個現行廣為認知接受且較為巨觀性的三級犯罪預防模式，並從中探討警察所居的角色。

所謂三級預防模式並非是犯罪預防領域原創的概念，其乃是援引公共衛生預防流行疾病模式（public health models of disease prevention）的概念發展而成，並將犯罪預防工作分成三個層級進行（Brantingham and Faust, 1976; Lab, 2000；蔡德輝、楊士隆，2019）。其中，第一級預防（primary prevention）乃著重在「鑑別提供有利於犯罪的機會或加速犯罪行為發生的物理與社會環境」，並依犯罪預防的需要進行改善或增強的措施，諸如環境設計（建築設計、照明設備、通道控制、財產辨識等）、鄰里守望監控、一般威嚇、公共教育、社會犯罪預防等。期盼從這些措施當中，從「機會」的源頭上即斷絕犯罪以及非行（deviance）發生的可能。

第二級預防（secondary prevention）則強調「致力於早期辨識潛在的犯罪者，並尋求有效的干預」，其做法包括預測鑑別（prediction and identification）（虞犯識別、犯罪區域分析）、情境犯罪預防、社區警政、物質濫用的預防與處遇、學校與犯罪預防等，冀望從這些作為當中早期發現犯罪的高風險群，並加以干預矯正。第三級預防（tertiary prevention）則針對「真正的犯罪者進行司法或相關的干預處遇，以預防再進一步的實施犯罪」，其做法包括特別威嚇、剝奪公民權、復歸（rehabilitation）與處遇等，其目的除在於隔離犯罪人以保護社會安全外，更期待透過司法威嚇或矯正處遇的結果，使犯罪人能重回社會中之後不再犯。三級犯罪預防模式的策略操作內涵，如表23-1。

以上是傳統三級犯罪預防所形成的概念與策略，其後學者相繼以此為基礎加以補充，如van Dijk與de Waard（1991）在此一模式基礎上，細分為以被害者為導向（victim-oriented）、以社區為導向（community-oriented）及以犯罪人為導向（offender-oriented）的三級犯罪預防；Crawford（1998）也在原三級犯罪預防模式的基礎上，分別在各層級中再細分為社會（social）以及情境（situational）兩個犯罪預防操作區域。而無論是原生的三級犯罪預防模式，或是後來加以補充以強化說明功能的改良式三級犯罪預防模式，其都可觀察出犯罪預防是一項操作區域觸及廣

泛，且需要官方與民間積極參與的一項工作。

表23-1　三級犯罪預防模式的策略操作內涵

第一級犯罪預防	環境設計	建築設計 照明設備 通道監控 財產辨識
	鄰里守望監控	監視系統 社區巡守
	一般威嚇	逮捕與定罪 審判方式
	公共教育	犯罪測量分析 恐懼感 自我保護措施
	社會犯罪預防	失業 貧窮 職業訓練
	私人保全	
第二級犯罪預防	預測與鑑別	早期虞犯識別 犯罪區域分析
	情境犯罪預防	問題辨認 情境改善
	社區警政	
	物質濫用	預防與處遇
	學校與犯罪預防	
第三級犯罪預防	特別威嚇	
	剝奪公民權	
	復歸與處遇	

註：粗體字部分係與警察從事犯罪預防工作有關者。
資料來源：譯自Lab (2000: 21).

　　因此，從表23-1當中可以觀察，當代警察投入犯罪預防工作的核心領域主要在第一級與第二級犯罪預防當中，較具直接相關者包括社區巡守、

執法逮捕、犯罪測量分析、降低民眾恐懼感、宣導自我保護措施、早期虞犯識別、犯罪區域分析、情境犯罪預防與實施社區警政等九項；而有間接或屬指導協助性質事項包括環境設計、照明設備、通道監控、財產辨識與監視系統等五項。而在第三級預防當中，主要則在對於犯罪者（尤其是累犯）的監控與逮捕。

警察犯罪預防工作的發展過程

警察正式投入犯罪預防工作應起始於英國，1829年被尊稱為現代專業警察之父的皮爾爵士（Sir Robert Peel），於英格蘭議會推行所謂的《都會警察法案》（Metropolitan Police Act），其中即將犯罪預防列為警察勤務的重點目標（Gilling,1997; Kennedy, 1995）。該法案的精神主要乃將警察原本偏執於偵查的立場，扭轉部分的注意力到犯罪預防的領域上，但卻一直沒有提出實際具體的犯罪預防計畫以供實施。直到1954年，英國才正式建立具有常軌性的犯罪預防計畫，又於1963年在英格蘭中西部的史塔福郡（Staffort）設立犯罪預防中心（Crime Prevention Center），並針對各層級的警察人員開始實施教育訓練（Kennedy, 1995）。

其後美國也於1971年由司法部提供12萬美元的經費，在肯塔基州路易維爾大學設立「國家犯罪預防學院」（National Crime Prevention Institute）（Rykert, 1971），也針對各類執法單位的人員進行一系列有關犯罪預防的教育訓練，用以加速在犯罪預防上的推動與成效。美國國家犯罪預防學院從事教育訓練的課程包括：物理環境與生活動線安全、警察組織改造、建築設計，警民合作技巧等。數以千計受訓的學員在此結訓後紛紛返回各自的警察單位，並開始執行相關犯罪預防工作，於此同時也開始影響著當時警察勤務的氣氛。以美國自1990年代所產生一系列警政策略的發展為例，如藥物濫用勒戒教育（Drug Abuse Resistance Education, D.A.R.E.）、社區警政（community policing）、問題導向警政（problem-oriented policing）、市民犯罪預防教育等，無不受到當時所傳達犯罪預防觀念所影響（Kennedy, 1995）。

荷蘭政府當局自1984年也開始體悟到犯罪預防的重要，於1985年提出犯罪預防計畫，稱之為「社會與犯罪」（Society and Crime）。此一計畫強調社會治安問題不能單靠司法部門或是警察部門來執行，尚需要地方

政府、商業界、各種學會、組織以及個人來參與。因此，該計畫中有兩個重要的基本核心概念及做法：一是對於目前的犯罪狀況應該是由社會各界共同來承擔；二是犯罪預防策略應該從情境以及被害預防導向來思考。所以，傳統上以犯罪人導向為思考的刑事司法犯罪預防策略似乎受到質疑（Willemse, 1996）。而其以情境及被害預防導向為主要思考的預防策略主要有下列三個部分：1.透過物理環境與結構工程的良好設計，減少犯罪行為發生的機會；2.在公共場所以及犯罪發生率較高的地區設置監視設備；3.強化青少年對大眾及社會的依附。

自1990年代開始，無論從學術研究面向或犯罪預防實務的操作面向都可觀察出，警察已逐漸擺脫立於刑事司法體系中僅強調偵查的傳統功能，進而將犯罪預防工作列為現代警政工作核心的第二軌。從以上當代警察從事犯罪預防工作的核心領域，對照警察犯罪預防的發展過程可知，犯罪預防其實已深植於當代的警察工作當中，並且可窺探出警察犯罪預防工作必須植基於完善的犯罪預防教育訓練計畫，並針對每一個層級的警察人員實施，以建構警察人員具備犯罪預防的專業觀念。因為警察的勤務活動符合許多從事犯罪預防的需求，若能透過完善的教育訓練，必能發揮廣泛的犯罪預防效果。

三 我國警察機關從事犯罪預防工作的內涵與特色

早期我國警察機關從事犯罪預防工作，基本上是書面作業比實際執行還多，而僅止於書面作業的警察犯罪預防工作當然在成效上無法彰顯。近年來，由於受到學術理論以及現代警政哲學的衝擊影響，在犯罪預防工作上已開始產生有別於以往的表現。以下茲就我國警察機關有關於犯罪預防計畫或措施，說明其內涵與特色。

觀察我國警察機關現今從事犯罪預防工作有兩個路徑：一是採靜態方式，建置犯罪預防網頁於內政部警政署刑事警察局網站當中，將犯罪預防普遍性及具有立即性的相關資料置於該網頁內，以提供社會民眾參閱。以2022年10月來說，該犯罪預防網頁共建置有「犯罪預防寶典」、「最新犯罪手法宣導」與「反勒贖病毒平臺」、「疑涉詐欺境外金融帳戶查詢」及「預防宣導文件」等五個網頁；另因應近年來逐漸增加的詐騙案件，警政署建置「165全民防騙網」，並設置「165反詐騙專線」以接受民眾

報案與查詢，其中又公告「常見詐騙手法及防範方法」以提供民眾注意防範，並建置「關懷專區」，針對即時發生的各種詐騙案件之樣態手法上網公告，以提醒民眾注意。

　　第二個路徑係採取動態方式，其源自2005年我國行政院所推動的「六星計畫」當中有關社區治安面向的操作，並具體制定「內政部推動社區治安工作實施計畫」，建置「社區治安─安全生活守護網」網站，其中關於社區治安的定義內涵則分成社區犯罪預防、社區防（救）災、婦幼安全等三項議題，而「社區犯罪預防」項目，便是啟動我國警察機關從事具有系統規劃犯罪預防的開端。經檢視「社區治安─安全生活守護網」網站當中，有關犯罪預防的操作規劃計有下列八個子題，簡要引述如下（社區安全─安全生活守護網網站，2022）：

（一）辦理社區治安會議

　　拜訪社區以尋求社區居民的合作意願，進而建立相關預防犯罪熱心人士資料庫，俾利邀請參加社區治安會議，提供建言。其後則著手召開社區治安會議事宜，並招募、組織與集結社區守望相助隊進行任務分工，調查社區可能存在的治安問題，並繪製社區治安地圖，標明治安死角位置等，以利於召開社區治安會議時，可針對社區治安死角，共同協商處理方法及確定負責執行之單位，檢討執行情形及討論改進意見等。社區治安會議作業程序詳如圖23-1。

（二）設立守望相助隊

　　積極籌組成立社區守望相助隊，並建立以「協助維護巡守社區安全」、「提供犯罪線索，舉發違法、違規案（事）件」、「建立社區交通秩序」、「與巡守區域內之機關（構）、學校、團體及村里辦公處加強連繫」及「協助進行社區防災、家暴防範及協助急難救護」等為任務目標之社區安全巡守工作。設立守望相助隊標準作業程序詳如圖23-2。

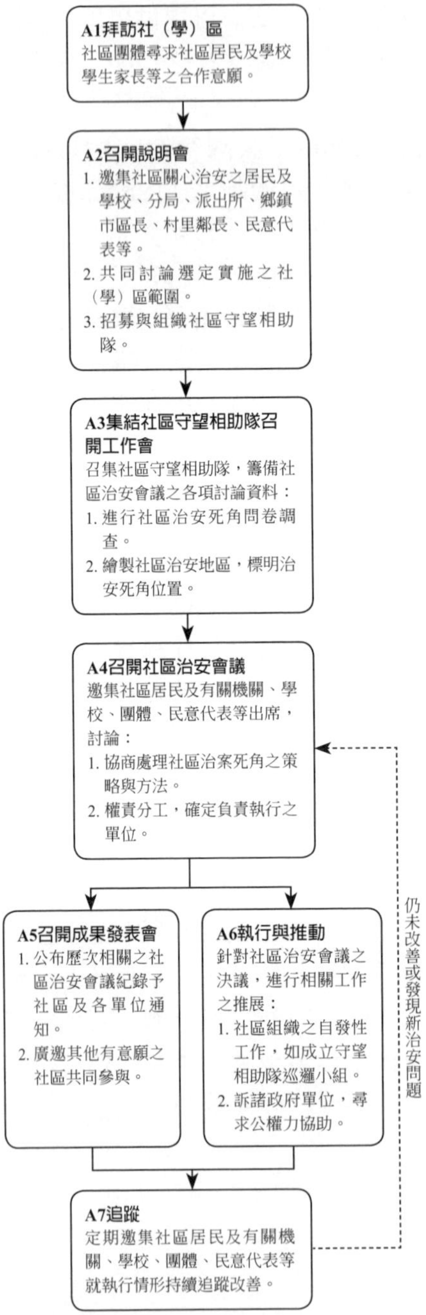

A1拜訪社（學）區
社區團體尋求社區居民及學校學生家長等之合作意願。

A2召開說明會
1. 邀集社區關心治安之居民及學校、分局、派出所、鄉鎮市區長、村里鄰長、民意代表等。
2. 共同討論選定實施之社（學）區範圍。
3. 招募與組織社區守望相助隊。

A3集結社區守望相助隊召開工作會
召集社區守望相助隊，籌備社區治安會議之各項討論資料：
1. 進行社區治安死角問卷調查。
2. 繪製社區治安地區，標明治安死角位置。

A4召開社區治安會議
邀集社區居民及有關機關、學校、團體、民意代表等出席，討論：
1. 協商處理社區治案死角之策略與方法。
2. 權責分工，確定負責執行之單位。

A5召開成果發表會
1. 公布歷次相關之社區治安會議紀錄予社區及各單位通知。
2. 廣邀其他有意願之社區共同參與。

A6執行與推動
針對社區治安會議之決議，進行相關工作之推展：
1. 社區組織之自發性工作，如成立守望相助隊巡邏小組。
2. 訴諸政府單位，尋求公權力協助。

仍未改善或發現新治安問題

A7追蹤
定期邀集社區居民及有關機關、學校、團體、民意代表等就執行情形持續追蹤改善。

圖 23-1　辦理社區治安會議

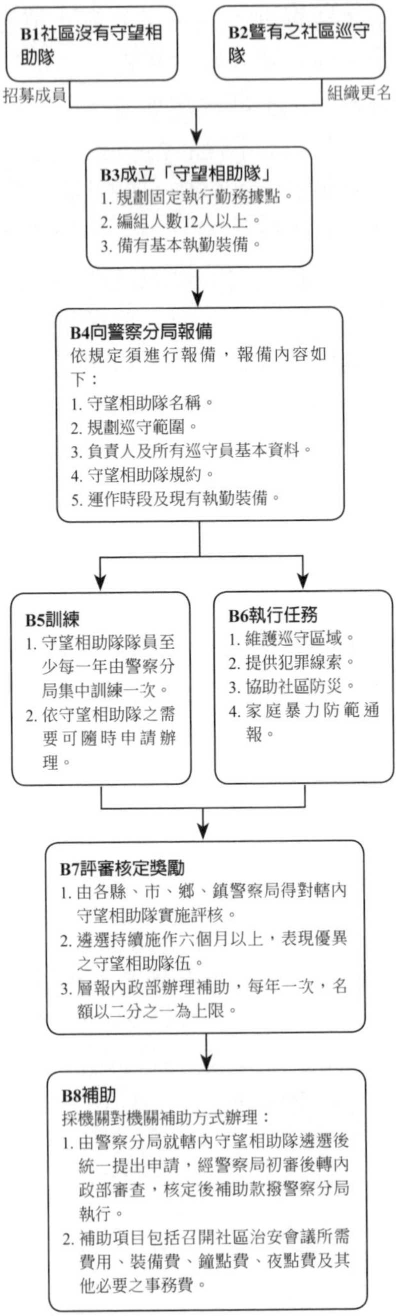

B1社區沒有守望相助隊

B2暨有之社區巡守隊

招募成員　　　　　　　　組織更名

B3成立「守望相助隊」
1. 規劃固定執行勤務據點。
2. 編組人數12人以上。
3. 備有基本執勤裝備。

B4向警察分局報備
依規定須進行報備，報備內容如下：
1. 守望相助隊名稱。
2. 規劃巡守範圍。
3. 負責人及所有巡守員基本資料。
4. 守望相助隊規約。
5. 運作時段及現有執勤裝備。

B5訓練
1. 守望相助隊隊員至少每一年由警察分局集中訓練一次。
2. 依守望相助隊之需要可隨時申請辦理。

B6執行任務
1. 維護巡守區域。
2. 提供犯罪線索。
3. 協助社區防災。
4. 家庭暴力防範通報。

B7評審核定獎勵
1. 由各縣、市、鄉、鎮警察局得對轄內守望相助隊實施評核。
2. 遴選持續施作六個月以上，表現優異之守望相助隊伍。
3. 層報內政部辦理補助，每年一次，名額以二分之一為上限。

B8補助
採機關對機關補助方式辦理：
1. 由警察分局就轄內守望相助隊遴選後統一提出申請，經警察局初審後轉內政部審查，核定後補助款撥警察分局執行。
2. 補助項目包括召開社區治安會議所需費用、裝備費、鐘點費、夜點費及其他必要之事務費。

圖 23-2　設立守望相助隊

（三）實施社區治安區塊認養方案

　　由社區管理人（例如村里長或社區發展協會人員）來推動進行，其實施步驟有二：1.預先調查整個社區內的環境背景，將社區內最容易發生問題（治安）的區塊或場所予以記錄；2.拜訪社區內住家、商家、公司行號、社區機關、學校等，並邀請他們參加社區治安區塊認養的活動。實施社區治安區塊認養方案之作業流程詳如圖23-3。

（四）發行社區治安報導

　　利用「社區治安會議」討論之共識，商議哪些治安問題是必須報導出來給社區民眾曉得的訊息，以防止被害事件的發生及提高社區居民自我防衛的能力，並針對以上治安問題來編寫社區治安報導，固定時間發行該社區治安報導，提供給社區居民書面索取或主動透過數位網路發送電子報，用以降低社區內之犯罪率，減少社區之死角空間。發行社區治安報導作業流程詳如圖24-4。

（五）提升社區自我防衛能力

　　社區自主性檢視所欠缺的防衛能力，邀請警察機關派員來教授社區居民或社區組織，遭遇到狀況時該如何應對，其中包括宣導有效防盜方法與技能、處理社區治安死角之策略與方法、防盜設施自我檢測及遭遇竊賊之應變能力（圖23-5）。

（六）設置錄影監視系統

　　社區組織（社區巡守隊）預先調查整個社區內的環境背景，將問題點或者有可能發生治安問題的區域先行記錄下來，在召開「社區治安會議」時討論，探討設置監視系統之必要性及有效性，通常監視系統設置地點具有以下三種特徵：1.空間死角；2.交通事故地點或路段；3.治安防治重點區域。而在討論主軸上則圍繞在治安問題、環境問題、社區居民反應及社區組織狀況等。設置錄影監視系統作業流程詳如圖23-6。

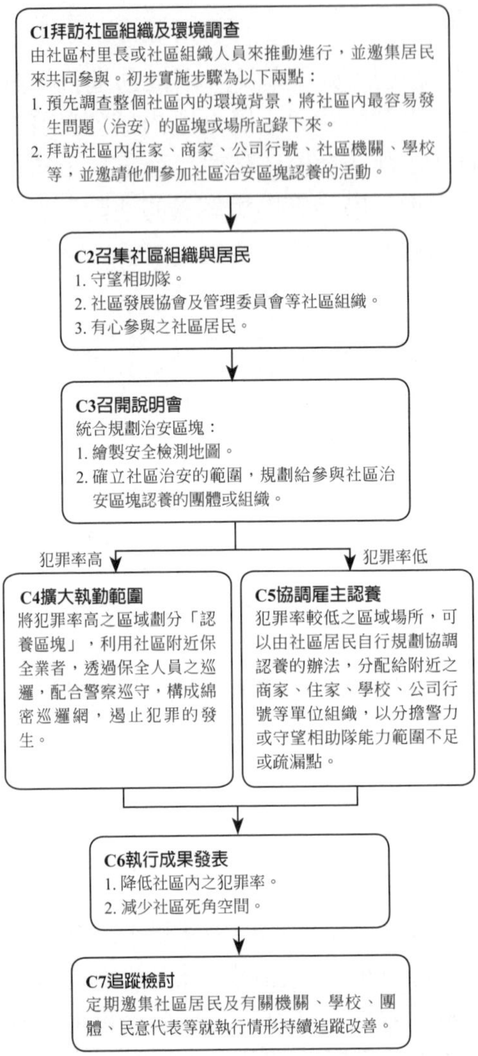

C1拜訪社區組織及環境調查
由社區村里長或社區組織人員來推動進行，並邀集居民來共同參與。初步實施步驟為以下兩點：
1. 預先調查整個社區內的環境背景，將社區內最容易發生問題（治安）的區域或場所記錄下來。
2. 拜訪社區內住家、商家、公司行號、社區機關、學校等，並邀請他們參加社區治安區塊認養的活動。

C2召集社區組織與居民
1. 守望相助隊。
2. 社區發展協會及管理委員會等社區組織。
3. 有心參與之社區居民。

C3召開說明會
統合規劃治安區塊：
1. 繪製安全檢測地圖。
2. 確立社區治安的範圍，規劃給參與社區治安區塊認養的團體或組織。

犯罪率高　　　　　　　　犯罪率低

C4擴大執勤範圍
將犯罪率高之區域劃分「認養區塊」，利用社區附近保全業者，透過保全人員之巡邏，配合警察巡守，構成綿密巡邏網，遏止犯罪的發生。

C5協調雇主認養
犯罪率較低之區域場所，可以由社區居民自行規劃協調認養的辦法，分配給附近之商家、住家、學校、公司行號等單位組織，以分擔警力或守望相助隊能力範圍不足或疏漏點。

C6執行成果發表
1. 降低社區內之犯罪率。
2. 減少社區死角空間。

C7追蹤檢討
定期邀集社區居民及有關機關、學校、團體、民意代表等就執行情形持續追蹤改善。

圖23-3 實施社區治安區塊認養方案

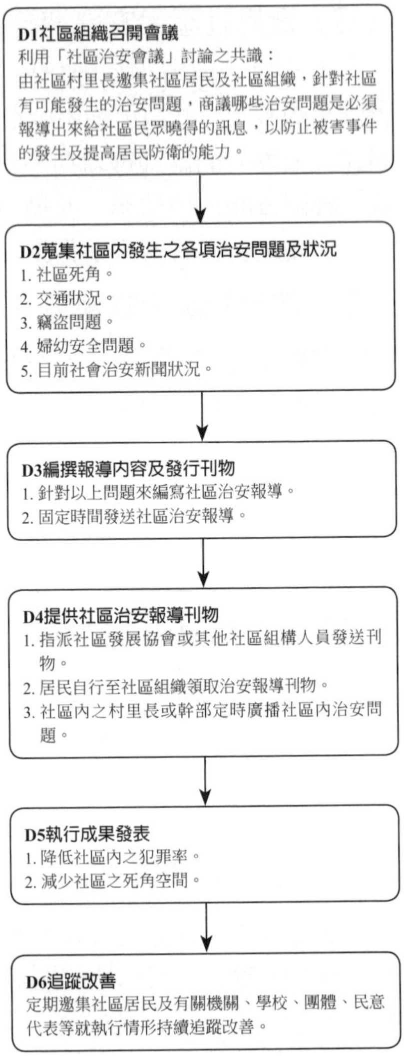

D1社區組織召開會議
利用「社區治安會議」討論之共識：
由社區村里長邀集社區居民及社區組織，針對社區有可能發生的治安問題，商議哪些治安問題是必須報導出來給社區民眾曉得的訊息，以防止被害事件的發生及提高居民防衛的能力。

D2蒐集社區內發生之各項治安問題及狀況
1. 社區死角。
2. 交通狀況。
3. 竊盜問題。
4. 婦幼安全問題。
5. 目前社會治安新聞狀況。

D3編撰報導內容及發行刊物
1. 針對以上問題來編寫社區治安報導。
2. 固定時間發送社區治安報導。

D4提供社區治安報導刊物
1. 指派社區發展協會或其他社區組構人員發送刊物。
2. 居民自行至社區組織領取治安報導刊物。
3. 社區內之村里長或幹部定時廣播社區內治安問題。

D5執行成果發表
1. 降低社區內之犯罪率。
2. 減少社區之死角空間。

D6追蹤改善
定期邀集社區居民及有關機關、學校、團體、民意代表等就執行情形持續追蹤改善。

圖23-4 發行社區治安報導

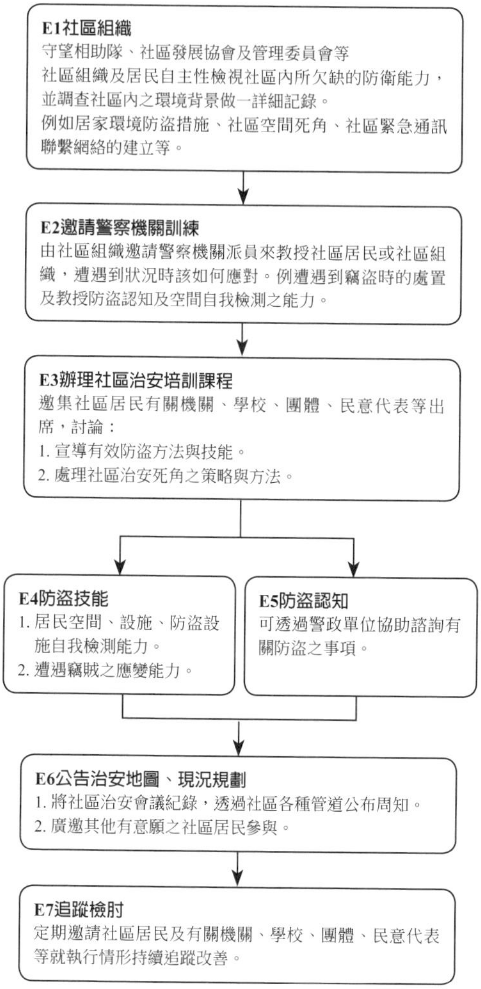

E1社區組織
守望相助隊、社區發展協會及管理委員會等
社區組織及居民自主性檢視社區內所欠缺的防衛能力，
並調查社區內之環境背景做一詳細記錄。
例如居家環境防盜措施、社區空間死角、社區緊急通訊
聯繫網絡的建立等。

↓

E2邀請警察機關訓練
由社區組織邀請警察機關派員來教授社區居民或社區組
織，遭遇到狀況時該如何應對。例遭遇到竊盜時的處置
及教授防盜認知及空間自我檢測之能力。

↓

E3辦理社區治安培訓課程
邀集社區居民有關機關、學校、團體、民意代表等出
席，討論：
1. 宣導有效防盜方法與技能。
2. 處理社區治安死角之策略與方法。

↓

E4防盜技能
1. 居民空間、設施、防盜設施自我檢測能力。
2. 遭遇竊賊之應變能力。

E5防盜認知
可透過警政單位協助諮詢有關防盜之事項。

↓

E6公告治安地圖、現況規劃
1. 將社區治安會議紀錄，透過社區各種管道公布周知。
2. 廣邀其他有意願之社區居民參與。

↓

E7追蹤檢肘
定期邀請社區居民及有關機關、學校、團體、民意代表
等就執行情形持續追蹤改善。

圖23-5　提升社區自我防衛能力

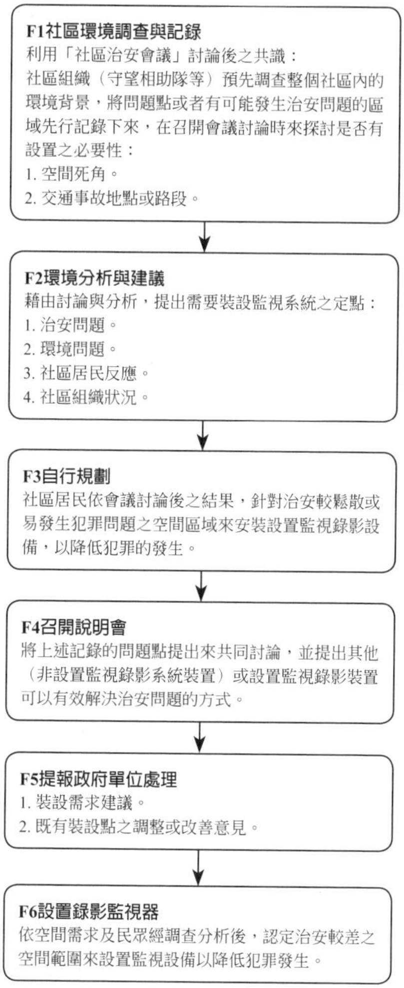

F1社區環境調查與記錄
利用「社區治安會議」討論後之共識：
社區組織（守望相助隊等）預先調查整個社區內的
環境背景，將問題點或者有可能發生治安問題的區
域先行記錄下來，在召開會議討論時來探討是否有
設置之必要性：
1. 空間死角。
2. 交通事故地點或路段。

↓

F2環境分析與建議
藉由討論與分析，提出需要裝設監視系統之定點：
1. 治安問題。
2. 環境問題。
3. 社區居民反應。
4. 社區組織狀況。

↓

F3自行規劃
社區居民依會議討論後之結果，針對治安較鬆散或
易發生犯罪問題之空間區域來安裝設置監視錄影設
備，以降低犯罪的發生。

↓

F4召開說明會
將上述記錄的問題點提出來共同討論，並提出其他
（非設置監視錄影系統裝置）或設置監視錄影裝置
可以有效解決治安問題的方式。

↓

F5提報政府單位處理
1. 裝設需求建議。
2. 既有裝設點之調整或改善意見。

↓

F6設置錄影監視器
依空間需求及民眾經調查分析後，認定治安較差之
空間範圍來設置監視設備以降低犯罪發生。

圖23-6　設置錄影監視系統

（七）提供社區安全（防竊）諮詢服務

　　社區居民遭受住宅竊盜被害時，該竊案除由警察分局派出（分駐）所受理報案外，警察分局偵查隊亦應指定專人告知住宅失竊戶防竊諮詢服務訊息，並徵得失竊屋主同意接受警方諮詢。警察分局偵查隊指派防竊諮詢顧問與失竊屋主聯繫並約定諮詢時間後，防竊諮詢顧問會同屋主至失竊戶住宅實施諮詢服務（圖23-7）。

G1案件發生
警察分局派出（分駐）所受理住宅竊案。

G2提供諮詢與防竊宣導
1. 警察分局偵查隊指定專人告知住宅失竊戶防竊諮詢服務訊息，並徵得失竊屋主同意接受警方諮詢。
2. 警察分局偵查隊指派防竊諮詢顧問與失竊屋主聯繫並約定諮詢時間。
3. 防竊諮詢顧問會同屋主至失竊戶住宅實施諮詢服務。

G3提供諮詢與資料建檔
1. 防竊諮詢顧問實施諮詢服務完畢後，將諮詢報告表第一聯交予屋主收執，第二、三聯交予分局業務承辦人。
2. 警察分局業務承辦人每週彙整諮詢報告表陳主官（管）核閱後依規定建檔保管，並將第三聯造冊後報警察局備查。

G4滿意度調查
警察局依據諮詢報告表第三聯執行案件之管控及監督，每月並針對受諮詢住戶取樣10%，以電話訪問方式調查諮詢服務滿意度。

G5成果統計
警察局每月10日前將住宅防竊執行成果月報表Email或傳真至警政署統計成效。

圖23-7 提供社區安全（防竊）諮詢服務

（八）宣導住宅竊盜預防之道

警察機關從事犯罪預防時，通常從軟體意識及硬體環境等兩個層面進行，在軟體意識層面上強調建立社區意識與防衛空間，此乃有助於社區守望相助，用以降低被害風險；在硬體環境層面上，則強化安全機制與設施，用以提高對住宅物件的監控力。以下即是官方所發布預防住宅竊盜之最好方法。

1. 裝設家中安全設備與防範系統，例如：(1)由內而外透視的眼孔；(2)有插栓的門鍵；(3)裝置鐵門；(4)遮蔽性高的窗簾；(5)求援的個人警報器；(6)適當的自衛防身器物。

2. 勿讓人知道你是獨居者，或單獨在家，並營造多人在家的樣子：(1)一人在家時，避免單獨見客；(2)將非同住親人的物品、衣飾、鞋子，擺置於明顯處所陳列；(3)同時開啟不同房間的燈光。

3. 應門時提高警覺，並採取以下措施：(1)從眼孔檢視；(2)如為陌生人，隔著鐵門交談，查清其身分與來訪目的；(3)假裝反身與家人應答，使其知難而退；(4)避免他人假借各種理由進入屋內，家中水、電、瓦斯或家具修繕，最好委託牢靠的熟人行號處理；(5)養成隨手關門習慣，勿因貪圖一時方便打開門扉，便利進出而增加被害風險。

4. 返家前應注意：(1)住宅外觀是否有異於平常之跡象；(2)如發現門、窗、鎖遭破壞，勿進入屋內，應即刻報警處理；(3)打開門鎖入門前，回頭查看是否有人跟蹤，如無異樣迅速進屋內。

5. 就寢前，請注意：(1)開啟適當的照明設備與防範裝置；(2)檢查空間死角、間隙，謹防歹徒藏匿其中；(3)檢視門、窗、鎖是否完好；(4)放下窗簾避免外人偷窺。

6. 友人來訪時，居家主人應注意：(1)時間不宜太晚；(2)服裝不宜過分暴露；(3)言談舉止不宜輕佻；(4)在客廳接待訪客，不可延請入臥。

四　我國警察機關從事犯罪預防工作的發展優勢與檢討

分析我國現行諸多的治安策略以及犯罪預防措施後，可綜合以下的發展優勢：

第一，重視犯罪問題的科學研究，並根據研究結論擬定相關的治安政

策與犯罪預防措施。從現今我國警察機關所據以執行犯罪預防措施可知，現行治安策略乃以社區警政作為警政工作發展的基礎、以問題導向針對犯罪熱點進行警力部署的依據，並基於犯罪預防的觀點成立「犯罪防治官」提供民眾諮詢與改善生活情境空間的預防工作、以情境犯罪預防觀點宣導民眾重視居家與人身安全的自我保護措施、提供婦女安全生活空間資訊（設置婦女安全走廊與安全地圖），召開各層級「社區治安會議」主動邀請各階層民眾參與諮詢治安策略、廣為輔導社區成立巡守隊、辦理青少年外展活動等，這些警政作為都根據相當深厚的實證理論基礎，證明我國警政工作踏入科學領域已有相當程度。

第二，犯罪預防觀念受到政治上的支持，並已深植治安決策階層。Gilling（1997）在評論現代犯罪預防工作的發展時曾提出：犯罪預防並無法離開政治與專業的操作；其中政治上的操作即認為犯罪預防乃基於科學研究上的客觀預測，並獲得政治上的採用與認同；在專業上則須擬定政策與投入經費實施，這兩者都必須透過政治上的操作才能達到犯罪預防上的效果，否則，犯罪預防工作只會成為政治人物為達其政治目的所操弄值得投資的議題。我國關於犯罪問題的處理，長久以來都相當依靠刑事司法體系的功能，鮮少將犯罪預防明確納入治安策略當中，也極少以具體的預防措施融入到警察勤務中。然而我國自2003年起，在內政部所積極推展的「維安專案」計畫，明確將犯罪預防納入重要的治安政策中，並具體提列諸項犯罪預防作為，調整警察勤務工作內容，更將犯罪預防績效列為管制評比對象，使得我國警察犯罪預防工作實質獲得政治上的支持，並從內容可觀察犯罪預防觀念已深植於治安決策階層。

第三，警察犯罪預防策略與民眾生活緊密結合。英國於1982年Bramshill會議中正式宣告，社區警政（community policing）與犯罪預防結合的時代來臨，同時也必須對警察執法的方式進行改造，以使警察面對犯罪問題更具有預防性與效率（Gilling, 1997），自此開始，社區警政所代表的未聚焦犯罪預防模式又再度興起，且具體地落實在警察工作之中。社區警政所代表的警察工作精神在於拋棄刑事司法優勢主導犯罪控制的任務，進而一方面調整警察角色強調為民服務精神與警民合作關係，另方面積極建立警察犯罪預防的專業內涵，宣導與指導民眾從事犯罪預防工作。

觀察上述有關我國目前諸多的犯罪預防措施當中，諸如：社區警政的推展、針對犯罪熱點進行警力部署、成立「犯罪防治官」提供民眾諮詢

犯罪預防事項、宣導民眾重視居家與人身安全的自我保護措施、設置婦女安全走廊與安全地圖，召開各層級「社區治安會議」、輔導社區成立巡守隊、辦理青少年外展活動等，這些具體的犯罪預防措施都與民眾生活息息相關，除在抗制犯罪有預防的效果外，這些積極主動的作為在減緩民眾犯罪恐懼感上也有相當的作用。

我國現行犯罪預防策略的實施雖然有上述的發展優勢，但在執行上仍有許多值得增補與思考：

首先，缺乏正規的教育訓練課程以及設計。犯罪預防工作並不是一項恆定不變的計畫，其中需要依靠對社會發展動態的掌握，以及相關科學的認知，進而因時因地有所制宜。1990年，美國犯罪預防工作者國際協會（International Society of Crime Prevention Practitioners, ISCPP）出版《犯罪預防基本課程》（*Basic Crime Prevention Curriculum*），其中對於犯罪預防的教育訓練中，共提列包括：對各種犯罪類型狀況的認識、公開演講、擬定犯罪預防計畫等十七項主修訓練課程，以及十二項包括少年犯罪預防、鄰里守望監控、使用民間自願團體等選修訓練課程（Kennedy, 1995），可見犯罪預防工作是一項具有專業性的工作。因此，建立常態性的犯罪預防教育訓練，以及完整的課程設計是目前我國推展犯罪預防亟需加強的地方。

再者，警察犯罪預防工作如何在現有警力、勤務內容與執勤時間下推展，著實考驗地方警察機關。觀察上述有關我國警察機關目前所推展的犯罪預防計畫或措施，若要真正符合計畫要求，都需要警察機關派遣比現有勤務內容更多的人員，也需耗費更多的時間，對原已警力資源相當吃緊的地方警察機關，如何調整以及不影響原有勤務制度下，充分考驗地方警察機關主管的智慧。

自二十世紀末期始，基於刑事司法為導向的犯罪預防工作已逐漸喪失民眾與官方單位的信任，因此，原在刑事司法體系之中的警察在角色扮演上也相形顯現窘狀。其原因有一個基本上的認知，即是傳統警察勤務在抗制犯罪問題上，屬於被動反應較多，因此所發覺的犯罪會產生一些侷限性，如白領犯罪、無被害者犯罪以及無法估計的犯罪黑數等，在其勤務制度下並無法獲得改善；足令一般民眾深惡痛絕也切身感受嚴重威脅的竊盜與詐騙犯罪，也在其勤務制度下顯現被動無功。因此，在以刑事司法抗制犯罪為主要思考的思潮退卻後，警察在社會中的角色也頓失了依靠。

　　然而在現代警政的發展與科學理論的簇擁下，警察再度浮現抗制犯罪的行伍當中，而且成為抗制犯罪最主要、也必須成為最專業的工作者。因為在現代犯罪學的思潮當中，被害預防以及情境犯罪預防觀點抬頭；又在現代警政觀點——以社區警政作為警政工作發展的基礎——需要借重警察人力資源下，警察工作成為現今引領社會從事犯罪預防最重要的官方代表，新興的警察犯罪預防策略也如火如荼地在世界各主要國家開展。

　　非聚焦犯罪預防乃是人類社會古老的犯罪預防文化資產，因其與十九世紀所興起的刑事司法犯罪預防理念，將犯罪預防工作聚焦於犯罪人處遇的觀念不同，也與當時代警察文化的見解相左，以致在延續上遭受許多阻力；直到今日，因刑事司法犯罪預防的退卻，使得非聚焦犯罪預防得以再度抬頭，並在現代科學實證理論的支持下，呈現蓬勃發展的景象。現代非聚焦犯罪預防主義有三項重要的發展特徵：一是有現代科技與建築技術的支持；二是有綿密的社會連結網絡的傳輸；三是有組織性的警察體系可供執行。因此，現代社會採取犯罪預防措施有著相當良善的社會背景支持。

　　但這其中負責大部分執行任務的警察體系並無法真正全心從事犯罪預防工作，原因乃在於政治上不斷縈繞在執法與立法的議題上，並將重點投放在簡單的因果邏輯思考，並且不斷大量地投注預算在執法與立法的領域，以致在警察犯罪預防的效能上無法突破原有的桎梏與瓶頸。所幸觀察我國近年來相關重大的治安策略，「犯罪預防」一詞已明確落實在重要的治安政策當中，執行方案也具體條列在各項治安計畫之內，並成為督導考核的對象，這是我國警政踏入時代潮流重要的黃金步伐，同時也開啟我國抗制犯罪領域進入一個偵查與預防並重的新紀元。

第二十四章　社區犯罪預防

　　人類社會於十九世紀之前關於犯罪控制的策略發展上，大多數犯罪學理論都將其基礎定位在人類個體內部之上，諸如自由意志、生理或其心理所決定，但自二十世紀後，因為受到人類社會急速變遷與諸多社會大環境因素的影響，例如工業化與都市化等主客觀社會條件的作用下，強調社會病因對犯罪影響的理論觀點逐漸形成，從社會或社區層面找尋犯罪原因並加以控制的犯罪預防觀點開始萌生，芝加哥學派即是最早也最具典型的代表性學說。

　　芝加哥學派認為犯罪與其他人類行為一樣，都是一種社會產物，該學派明確拒絕個體病因的犯罪解釋，並轉向從社會發展過程中找到促成犯罪的諸多社會病因。1930年代末期的美國犯罪學界，從社會病因觀點發展出兩大支脈理論：一是犯罪區位學及其後所形成的文化偏差理論（其中以蕭和瑪凱的社會解組理論，及蘇哲蘭的差別接觸理論為代表）；二是由墨頓為代表的緊張理論，該理論認為社會病理之所在，不是發生在於一個生態位置（例如都市或鄉郊的差別），而是美國整體社會結構更廣泛的文化與階級分布的問題（Matza, 1969）。而社區犯罪預防策略顯然是受到第一支脈的影響。

　　從犯罪區位的觀點來說，從事犯罪控制應該去理解犯罪個體所處的鄰里區位特徵是否有助於偏差（犯罪）者的產生，諸如該區位是否於貧窮區域、是否具有高度外來移民或黑人聚集特徵（高居民異質性）、該鄰里區位內的居民遷入與遷出是否相當頻繁（高居民流動性）等，導致我們該去思考的犯罪處理方案應該在於改變個體所處的區位環境，而不是個體本身的生、心理特質或其外在社會學因素對個體犯罪行為的影響。

　　然而芝加哥學派所強調的犯罪區位觀點，顯然還是強調區位環境對形成犯罪者的影響，但到了1970年代，另一股強調區位環境對犯罪被害者影響的觀點興起，諸如1971年傑佛利提出「以環境設計預防犯罪」、1973年紐曼提出「防衛空間」、1990年代所興起的破窗理論等，都強調區位環境對犯罪被害者的影響。因此，若將區位環境的犯罪者原因論及被害者原因論加以綜整後，即可形成完整的社區犯罪預防理論基礎。

第一節　社區犯罪預防的理論基礎

　　從上述區位環境對犯罪事件產出的理論解釋，可分從犯罪者原因論及被害者原因論當中共構解釋；亦即社區環境有哪些環境特徵容易產出犯罪人，導致該社區犯罪率升高，而又哪些環境特徵使該社區居民容易被害，導致該社區犯罪事件層出不窮。當然，該社區環境既適於犯罪人產出又呈現出高被害風險特徵時，其犯罪事件必然層出不窮。

一 容易產出「犯罪人」的社區環境理論觀點

（一）早期理論觀點──芝加哥學派

　　芝加哥學派認為以個人特質或社會病因來論述犯罪原因，並將維護社會安全的方式，決定在使這些個人特質或社會病因消失的做法，其實是較為短視的，因為他們忽略了社會整體發展的變化影響因素。因此，該學派建議是不是該去理解犯罪個體所處的鄰里區位特徵是否有助於犯罪者的產生，諸如該社區是否於貧窮區域、是否具有高度外來移民或黑人聚集特徵（高居民異質性）、該社區內的居民遷入與遷出是否相當頻繁（高居民流動性）等，導致我們該去思考的犯罪處理方案，應該在於改變個體所處的社區環境，而不是個體本身的生、心理特質或其外在社會學因素對個體犯罪行為的影響。

　　基此，美國自1920年開始，興起從人類生態學或區位學的觀點去觀察犯罪特性並尋求找出處理犯罪的方法，其主要代表人物為芝加哥大學的帕克及柏格斯等人，從此芝加哥社會學派也成為二十世紀前半葉犯罪社會學的主流。該學派的犯罪學者觀察到二十世紀初期，美國正快速進入現代時代，在土地區位的分布特徵上，從散布著小型穩定的農業社區轉變為以擁擠城市為中心的都市，這些都市以蓬勃發展的工商業為中心，因而湧進許多謀生的下階層居民，此時該地區的人口異質性增加，同時人口流動性也變大，原有穩定該社區秩序的社會結構瓦解，不僅削弱了家庭與學校等社會組織控制個體行為的力量，也因為此等非正式規範逐漸崩壞下，最終形成社會解組現象而創造出犯罪與偏差行為的環境誘因。

（二）晚期理論觀點

1.蕭和瑪凱之社會解組理論

　　社會解組理論的概念乃由美國學者蕭和瑪凱所提出，其集中在社區結構、社會控制與犯罪事件的關係上。其不同於傳統犯罪學將犯罪事件的研究集中在「哪些人」上，而是探究犯罪事件容易發生在「哪些地方」上，也強調不同的社區類型會創造有利或不利於犯罪事件發生的不同情境。亦即，當社會或某一社區產生解組現象（貧窮、人口流動性高、居民異質性高、微弱的社會連繫網絡、低社會資本能量造成非正式社會控制程度低下）時，便可能使該區域的犯罪事件增加（Kubrin and Weitzer, 2003）。

　　蕭和瑪凱依隨著柏格斯的同心圓模型的概念，添加諸多犯罪學元素在研究當中，嘗試去找出為何某些特定區域會有較高的犯罪率，其研究結果認為該區域呈現「社會解組」現象是造成高犯罪率的主因。換言之，高犯罪率是因為該社區具有許多社會解組特徵，近而使該區域內的居民無法遵循共同價值觀，並藉以適時解決社區諸多偏差問題的結果，此為蕭和瑪凱於1942年發表社會解組理論的主要論點。

　　蕭和瑪凱透過此一研究得出一個總結：無論移民群體居住在哪一個區位，高犯罪率始終圍繞在都市同心圓的第二圈（過渡區）之內，由此可知，犯罪不是個體特質或所屬規範文化所造成，而是與犯罪發生的特定社區環境相關的，因為種族多樣性會干擾成年人之間的交流，因此而降低社區經營的有效性；又因為彼此習俗差異和缺乏共同生活經驗下，可能滋生相互恐懼和不信任感，自此社區意識形成不易下，社區自我控制社會秩序的可能性降低，犯罪或偏差行為產生的可能性便會升高。

　　總結社會解組理論的觀點，蕭和瑪凱引用柏格斯的都市成長同心圓模式，研究少年犯罪率的分布情形，發現少年犯罪率從市中心區逐漸往郊外降低，並發現高犯罪區域：在空間土地使用上具有工商業與住宅混合的特徵；在經濟條件上與貧窮家庭、低房租家庭等低經濟條件有關；在人口組成上具有大批移民集中的特徵。並依據前述三項條件交互影響下，得出：大多低下階層者因都市的發展而集中往都市求生存，進而暫時居住在都市週邊區域以降低生活支出；又因該地區的房租便宜，使得大量移民移入，造成該地區人口組成異質高、人口流動率高、原有社區的共生結構遭受破壞，社區因而解組。許多青少年即在此一社區自我控制機制薄弱的環境

下，滋長犯罪與偏差行為。

2. 集體效能理論

　　集體效能理論是由桑普森等人所提出的理論概念，該理論的觀點與蕭和瑪凱所提出的社會解組理論相當一致，亦即社區存在非正式社會控制力的程度，將影響社區犯罪問題的程度（Sampson and Groves, 1989）。誠如Lilly等人（2011）所說：他（桑普森）對「為什麼是這個人而不是那個人」從事犯罪的議題不感興趣，而這卻正是赫胥所關注的核心；相反地，桑普森更著迷於蕭和瑪凱所關注在宏觀層面的議題上：「為什麼是這個區域而不是另一個區域」有較高的犯罪率。

　　桑普森等人（1997）觀察到各個社區鄰里在激化非正式社會控制力的程度是有所不同的，非正式社會控制力強的社區鄰里居民，當看到社區內有偏差的人、事、物時，會採取較多主動制止的行動，而不是被動等待該偏差人、事、物受到抑制。例如他們會主動打電話通知警察有關社區內的偏差滋擾事件、他們會出手相救遭受偏差少年欺負的人並斥責這些偏差少年們等。

　　桑普森等人同時也發現在具有高度非正式社會控制力的社區裡，決定居民會採取主動介入處理偏差事件的主因，在於社區鄰里之間存有高度的互信、互賴和團結的氛圍。因此，在具有這種高度凝聚力的社區當中，居民們可以相互依賴以執行他們所默認的社區規則，進而形成對社區偏差事件有高度意願介入者，此便是集體效能理論的核心概念。桑普森等人（1997）也認為，集體效能並不是普遍存在於每個社區當中，例如在以移民集中生活為特徵的社區，因其高人口流動與人口異質，且其生活經濟狀況也不是很穩定的情況下，這種集所有劣勢條件於一身的社區環境，其集體效能便顯得薄弱，因為這些社區缺乏強烈的社會資本來強化非正式社會控制力以保持社區的安全。

容易產出「被害人」的社區環境理論觀點

（一）早期理論觀點

1.傑佛利之「以環境設計預防犯罪」

　　傑佛利（1971）是以環境概念瞭解犯罪問題的早期提倡者，他摒除單純以社會學或心理學為研究犯罪的基礎，因為這些觀點乃基於一種心理動力的因素存在，但在相關實證上卻無法真實明確的證明它是存在的。而且也僅能在每一個犯罪事件發生後來加以分析，在犯罪預防上當然也無明確的效果。因此，他選擇行為主義的行為模式，強調個體行為乃來自於外界環境的刺激，故移除令個體會想要去犯罪的環境刺激，以及增強令個體對犯罪產生反感的環境設計，便可以有效地預防犯罪（蔡德輝、楊士隆，2019）。

　　傑佛利在1970年代初葉率先出版《以環境設計預防犯罪》一書，依據其見解，犯罪預防應考慮犯罪發生時環境及犯罪人之互動特性。如：妥善的社區環境設計與規劃，可消弭人際隔閡、隱匿，並增加人際互動，進而減少偏差與犯罪行為之發生。而有效減少偏差與犯罪行為的環境規劃與設計包括：1.改善社區之物理環境，如髒亂、擁擠、破舊、頹廢之建築物等；2.以環境設計強化社區居民之溝通及關係維繫，以減少疏離感等。

　　從環境設計觀點以預防犯罪的具體做法上，日本學者清永賢二和高野公男（1982）也曾指出：環境設計預防犯罪涉及以工程學之方式，改變都市、街道及建築物的物理條件，藉以改善犯罪者之行為及其社會關係，而達到防止犯罪之目的。渠等認為環境設計（包括空間與機器）之技術，倘能與其他資源如人、社會、警察、法律等併用，將可發揮更大之功效。而就環境設計之技術而言，清永賢二及高野公男認為應包括下列七種技法（黃富源譯，1985）：

(1) 隔絕（遮斷）：假定犯罪者可能前往犯罪之路徑，以工程學的方法設定障礙物（包括人、社會、警察、法律、機器、空間等，為預防犯罪基本要素）。

(2) 威嚇：設定具威嚇性效果的障礙物以阻止犯罪者接近。

(3) 強化：屬隔絕的亞型。於自身周圍建構障礙物以增強保全，惟必須付出不方便與不經濟的代價。

(4) 迴避：設定可能遭遇犯罪者侵犯之標的物，迂迴規避犯罪者潛伏的地區。

(5) 誘導：屬迴避的亞型。設定犯罪者可能前往之路徑，以設計引導犯罪者朝特定方向前往或侵入，以掌握其犯罪行為過程。

(6) 矯正：將犯罪者加以矯治處遇，使犯罪者從內在即被同化為不會犯罪的人，以去除犯罪者可能產生的危害。

(7) 隔離：遮斷之另一亞型。以人、社會、警察、法律、機器、空間等預防犯罪六要素在犯罪者周遭建立起有型或無形的隔離壁，使犯罪者無法接近被害者。

從環境設計以預防犯罪的觀點而言，對於犯罪事件的解釋便從社會學觀點轉移到地理學觀點，而從此一轉變可以看出，解釋犯罪的面向也強調實務上可控制犯罪的做法，甚於去解釋犯罪行為的本質。因此要瞭解犯罪事件如何發生，應該視當時的時間與空間的特徵，如何將犯罪人與被害人帶到一個相聚的地點，以及當時環境所帶給潛在犯罪者刺激反應的結果。而這些有利於犯罪事件發生的環境特徵，便是當該地社區的物理環境顯然呈現出雜亂、頹廢等負面印象，使潛在犯罪人認知到該社區的公共管理能量低落，而有利於犯罪的實施；或觀察該社區的人文環境，存在微弱的溝通關係，或有強烈的疏離感，而使得這樣的環境缺乏監控且有利於犯罪。

2.紐曼之「防衛空間」

紐曼以其研究紐約市都會建築與犯罪心得，提出建築設計概念——「防衛空間」，以期減少犯罪之發生。藉著製造可防護本身之建築環境，可促使居民充分掌握控制居住區域，衍生社區責任感，進而確保居住安全，減少犯罪之侵害。紐曼觀察紐約市住宅竊盜犯罪情形後指出：在缺乏安全防護的高樓中，因為具有許多可以隨意進出的安全門，建築物內部亦缺乏適當的窗戶或空間，足以觀察或監控陌生人之出入情形。加上住戶人口複雜不易管理，因此犯罪率較高。相反地，較低層的建築物，因較少的家庭共用出入口，較容易辨識、監控陌生人之進出，及有戶外相關活動之設計，因此犯罪率較低（Newman, 1973）。

紐曼從事空間環境與犯罪之間的研究，主張當代的物理設計會使社區在實施監控與發揮非正式社會控制上受到限制，因而造成犯罪的可能。因此，在物理環境的設計上，他明確指出包括：高樓建築、建築設計較趨向

於中心的設計、開放的空間廣場、建築物有許多的走廊與出口、及有大量的人口等，這些都是較不利於監控的環境特徵。因此，紐曼（1973）即認為，社區街道及建築物的特性與犯罪的發生有關，如其所說：防衛空間是一種以居民環境導向的模式，透過物理上的設計產生一種對犯罪的嚇阻作用，用以防衛所屬領域本身的領域感與社區意識，使得居民對所居住的環境安全性上產生一種責任，進而保持一種具有成效且可以維持良好的生活空間。

　　紐曼基於對環境設計的重視，所提出「防衛空間」的概念，並以四個面向來加以說明具有防衛性的空間概念為：1.對空間領域感的認知，從而提高居民對於公共空間動態的掌握；2.透過自然監控的方式，使得居民便能在自然狀態下監控所屬的生活空間；3.良善的建築設計形象，以避免住宅或社區被貼上疏於管理的形象，進而成為犯罪者標選的對象；4.建築物所座落環境的安全程度，也是影響個體（尤其是建築物）是否容易受到犯罪侵害的重要因素，如良善的都市分區計畫或當地的住宅計畫等，都能有效控制犯罪的發生。紐曼認為若能增強這四方面的計畫與設計，利用自然性或物理性的方法達到目標物強化，及矯正對於所屬領域的監控後，將可產生具有極佳效能的犯罪預防效果。

　　另Coleman（1989）延續紐曼的觀點在英國從事有關防衛空間的研究，除了以預防住宅竊盜犯罪為主外，更將其研究焦點擺置在如公物破壞、地區髒亂等偏差行為上，她將之稱為「社會不安現象」在設計上的特徵，她找出五個設計特徵為：住處的每一個出入口、住處的每個空地、樓層數、空中走廊及空間上的結構功能等。Coleman（1990）進一步說明防衛空間所影響的是可以透過補充、增強、移轉與調整其他因素等，以提升在犯罪預防上的效能。

（二）晚期理論觀點

1.破窗理論

　　破窗理論乃源自於美國社會心理學家Philip Zimbardo於1969年的實驗，他將二部未掛牌照的汽車放置於街旁，一輛置於加州的Bronx區（此區為實驗組，治安狀況較差），一輛放在加州的Palo Alto區（此區為對照組，治安情形較實驗組良好），結果放在Bronx區的車子於10分鐘內就由於「棄置」而遭路過者破壞。而放在對照組Palo Alto的車子卻經一個星期

後仍完好如初。於是，Zimbardo就用錘子敲壞其中一個窗子，結果不到幾小時，這部車子也變得體無完膚，而這些破壞者也多是受人尊重的白人（Wilson and Kelling, 1982）。

這個例子顯示出，為何車子放在Bronx區會比較快受到破壞，那是由於Bronx區原本的治安狀況就不是很好，該區的無規範狀態使得路人以為這種破壞私人財產的行為根本沒有人會在意，因此連一些平時行為良好的人，都會做出違反法律的事。而Palo Alto區社會秩序雖然良好，民眾尊重他人的私有財產，但一旦相互尊重的感覺消失，民眾仍然會表現出破壞社會秩序的行為。

後來，美國政治學家威爾森與警政學者凱林於1982年發表〈破窗：警察與社區安全〉一文中，首先使用「破窗」等字眼，強調社區中行為不檢、擾亂公共秩序行為與犯罪被害恐懼等問題與犯罪息息相關。而觀察「破窗理論」的內涵，其實與稍早的「防禦空間」和近年來的「以環境設計預防犯罪」等理論有異曲同工之妙，均主張必須強化對居住環境與周遭的領域感。且破窗理論經由實證研究發現：民眾對社區事務的積極關心與介入，可以預防社區淪為犯罪者或幫派的地盤（葉毓蘭，1998）。

2. Gardiner的環境與犯罪關係論

Gardiner（1981）認為，人們所生活的物理環境與犯罪行為之間產生連結，主要在於領域感的作用，而領域感的概念則包括下列三個條件（蔡中志，1988），以下列舉住宅竊盜犯罪加以說明：
1. 所有居民對於自己住宅門外的地區都有所關心，並認為自己對這個區域應負有某種程度的責任。
2. 居住者感受到這個領域遭受到侵犯時，必定願意採取行動。
3. 結合上述兩者，並強化其關注領域安全程度，方可使潛在的犯罪者察覺其侵入行為受到注意，因而不敢在此一領域內犯罪。

Gardiner除了將領域感的概念加以釐清之外，更將環境與犯罪之間的關係加以說明表示，參閱圖14-3。

　　從Gardiner所持環境與犯罪的關係可知，當一個社區支持體系尚未建立，社區集體安全意識薄弱時，使得在此一社區內的各種人員或物體動態受到忽略或不受到控制，進而各種不利於社區安全的環境滋生，並與其他常態的社區活動產生環境利用上的競爭。其競爭的結果將使某些正當的社區活動逐漸產生潰敗，而使某些社區區域形成具有安全疑慮的區塊，並使該一區塊內的住宅形成合適的被害標的，又當此一高被害風險地區的情境逐漸失去監控能力時，被害的機會即已成型，進而形成各種住宅竊盜犯罪。

　　從上述的理論觀點可知，當今社區犯罪預防不再侷限於抑制犯罪人的形成或是被害人的產出，而是共構兩者之後再加諸環境設計所形成的社區犯罪預防。因此，同時找出容易產出「犯罪人」及「被害人」的社區環境因素並加以操作控制，即是社區犯罪預防的核心概念。

第二節　建構社區犯罪預防的元素

　　從理論層面來說，從事社區犯罪預防應從抑制該社區產出犯罪人的條件，及降低社區成員被害機會等兩途徑共同著手，再觀察有關社區犯罪預防相關研究文獻與實例後，可綜整出下列四個建構社區犯罪預防的四大元素。

一　社區組織

　　設立與經營社區組織是從事社區犯罪預防的基礎工作，因為社區自發性組織提供增強社區居民之間的親近感以及社會互動的機會，透過社交互動除了可以增加居民間的熟悉度、生活訊息交流的機會之外，最重要的是可以凝聚與增強社區意識。換句話說，設立與經營社區組織被認為是社區進行非正式社會控制的主要機制之一（Skogan, 1990; Bursik and Grasmick, 1993）。例如美國國家犯罪預防委員會統計該國內非營利組織：社區守望相助團體（Neighborhood Watch Groups, NWG）、財物識別機構（Operation ID）和家庭安全調查機構（Home Security Survey）等，是為美國社區中最廣泛的犯罪預防組織（Skogan, 1990），其在2000年，

資料來源：引自美國華盛頓州斯波坎市政府警察局網站，網址：https://www.spokanecops.
org/volunteer，搜尋日期：2022年9月22日。

大約有41%的美國人口居住在有社區守望相助團體的地區，使得這些團
體成為美國最大的預防當地犯罪的民間組織（National Crime Prevention
Council, 2000）。儘管上述這些社區守望相助團體（NWG）和預防犯罪
組織對社區犯罪預防的有效性尚未被證實，但這些社區組織也確實提供了
一個管道來支持官方進行犯罪預防的觀察者和報告者之角色。除了可提供
警察機關諸多犯罪訊息資料外，也可透過社區組織的運作，促進該社區非
正式社會控制機制的運作，進而達到監控該社區偏差人物或犯罪事件的效
果（Garofalo and McLeod, 1989）。

　　以美國華盛頓州斯波坎市政府警察局（City of Spokane, Police
Department）為例，該局於1992年開始即基於社區犯罪預防的目的下，公
開招募18歲以上且經過身家調查及通過口試者，加入「C.O.P.S」警政服
務組織，其在招募詞當中明確載明：

　　「斯波坎警察局需要您，因為這個社區需要您，我們都想讓這個社區
　成為一個更好的居住地，一個更好的養家糊口的地方，無論您是在增
　加社會歷練、從事的愛好、服務的事業，還是有人可能會自願加入
　COPS的任何其他原因，我們都有適合您的工作，成為COPS志願者是
　結識新朋友、參加特定活動以及獲得知識和經驗的絕佳機會，同時也
　可以為您的社區做出寶貴貢獻。與預防犯罪計畫合作，與執法部門合
　作，與城市計畫合作，在警政第一線服務工作，能夠讓您的專長和興

趣使這個社區成為一個更好、更安全的地方，我們都能為您提供一些適合的工作。請聯繫您當地的警察。」

從上述招募詞可知，社區犯罪預防不再僅是理論研究的主題，而是已經深入到警政實務與社區之中具體操作。另再檢視「C.O.P.S」警政服務組織的工作內容，共計有下列十六項：

（一）鄰里守望巡邏（Neighborhood Observation Patrol）：NOP工作人員透過巡邏熱點、進行觀察以及與鄰里資源官員合作來幫助警察部門解決出現的問題。

（二）騎警巡邏（Mounted Patrol Unit）：在公園裡，斯波坎騎警巡邏隊的成員將透過與居民互動過程中，討論預防犯罪和安全問題。

（三）遛狗巡邏（Paws on Patrol）：透過民眾外出遛狗的期間，由警察機關教導居民尋找有關社區犯罪的問題及如何舉報，這些遛狗的居民將會是發現社區治安疑慮的第一線人員。

（四）越野巡邏（Off Road Patrol）：當居民乘坐四輪越野車進入國家公園和動植物保護區時，將可透過他們的觀察與發現，提供即時與積極的犯罪線索給警察機關。

（五）自行車巡邏隊（Bike Patrol Unit）：當居民騎自行車外出時，可以同時關注社區、公園、小徑和各處所到之地的治安狀況，並將有治安疑慮的現象通知警方。

（六）協助採集可疑指紋（Latent Fingerprinting）：訓練志願指紋工作人員（居民），從被竊的汽車上提取指紋，製作適當的指紋卡，並將其提交給法醫進行分析，以查看國家數據庫中是否有匹配的人在你的汽車周圍徘徊並幫助將他們繩之以法。

（七）製作身分識別卡（Operation Family I.D.）：透過記錄居民孩子的重要資訊（例如拍照、記錄他們的年齡、身高、體重、其他身體特徵，並採集他們的指紋等）。當有發生走失或失蹤等緊急情況時，可以透過這些資訊以幫助尋找孩子。

（八）自行車註冊登記（Bicycle Registration）：自行車經常被盜，警察通常能夠抓住小偷，只是無法順利將自行車交還給它的主人，因此C.O.P.S可以註冊你的自行車，保障日後遺失或失竊後再度尋回。

（九）**安全街道（Safe Streets）**：社區內的滋擾事件，諸如整間房屋堆積資源回收物、吵雜的噪音、堆積廢棄物等，C.O.P.S警察志工皆可以引導社區居民處理上述問題。

（十）**違規舉發報告（Code Enforcement Reporting）**：從社區塗鴉到雜草叢生的草坪，從破損的人行道到違規停車等，經過辨識斯波坎違規行為培訓的C.O.P.S警察志工，可以幫助社區居民瞭解哪些是違規行為，而哪些不是，並會同時間將違規事件向警察或業管機關報告取締，以解決社區問題。

（十一）**安全出租宅計畫（Crime Free Rental Properties Program）**：出租宅透過C.O.P.S每年CPTED（透過環境設計預防犯罪）計畫獲得認證後，使有意租屋者知道這是一個理想的租房地點，一個他們可以真正稱之為家的地方。

（十二）**住宅區域監視（Block Watch）**：社區鄰居們聚在一起互相照顧並確保他們附近的鄰居安全。因此，強大的住宅區域監視能夠有效地收回社區自主權，並確保社區安全。

（十三）**商業區域監視（Business Watch）**：與住宅區域監視非常相似，商業區域監視將彼此相鄰的企業聚集在一起，共同解決問題。例如小巷中的危險人物、商業竊盜、公共停車場的毒品交易等，都是在商業區常見的犯罪事件，透過C.O.P.S與企業合作創建長期解決方案，可使員工和客戶保有安全環境，也可有助於商業績效。

（十四）**財產歸還（Property Drop Off）**：你發現或拾獲他人遺失物或被盜的物品，但不確定如何處理時，可至附近的C.O.P.S駐點處理後續事宜。

（十五）**個人資料保護（Identity Theft）**：個人資料（如駕照或身分證號、社會保險號、銀行或信用卡帳號等）如遭受盜用，C.O.P.S駐點將提供服務專線以協助被害者如何因應。

（十六）**財務烙碼（Operation I.D.）**：每個C.O.P.S駐點都可以提供財物烙碼的協助。

另以我國來說，從事社區犯罪預防有關的民間組織包括民防、義勇警察、交通義勇警察、村（里）社區守望相助巡守、山地義勇警察等。依據民防法第5條規定，只要年滿20歲至未滿70歲之國民皆可參加，惟其與上述美國斯波坎市政府警察局的「C.O.P.S」警政服務組織一樣，有其遴選

加入之條件，其中基本條件諸如：體能、健康情形良好，足堪擔當各項訓練、演習、服勤及其他任務；特殊條件諸如：因妨害安寧秩序、妨害善良風俗或妨害公務，依社會秩序維護法裁處有案者不得參加。

再據我國民防團隊編組訓練演習服勤及支援軍事勤務辦法第10條之規定：民防大隊、義勇警察大隊、交通義勇警察大隊、村（里）社區守望相助巡守大隊，其任務如下：

（一）民防大隊執行轄內空襲災害防護、協助防空避難設備管理維護、協助搶救重大災害、協助維持地方治安及戰時支援軍事勤務任務。

（二）義勇警察大隊執行指定之協助防竊防盜、警戒勤務、警察勤務及戰時支援軍事勤務任務。

（三）交通義勇警察大隊執行指定之協助整理交通秩序、交通指揮、疏導與管制、交通事故處理、交通設施損壞通報及維護、空襲及戰時交通指揮、疏導與管制及其他經指定之警察勤務。

（四）村（里）社區守望相助巡守大隊執行協助維護地方治安巡守、急難救護任務。

比較上述美國華盛頓州斯波坎市及我國的社區犯罪預防措施可知，社區組織是進行社區犯罪預防的首步，俟社區組織成立後開展各項社區層次的犯罪預防工作。然而比較兩者的差異可知，我國社區犯罪預防措施較具有官方指導色彩，且將民力投入各項警政勤務的協勤上，因此傾向於以警政治安為導向的社區犯罪預防；反觀美國斯波坎市C.O.P.S警政服務組織的工作內容，其相關犯罪預防則較為結合社區居民之生活型態，因此較為傾向以社區為導向的社區犯罪預防。

二　社區參與

社區組織為社區鄰里提供增強居民之間互動親近的機會，社區居民參與其中時，除了可以增加居民之間的熟悉度外，也可透過各種交流活動增加彼此互信互助的程度，進而強化社區意識的堅實度而有益於犯罪預防。由此可知，社區居民參與社區組織或各項活動除了被認為是社會控制力的主要機制之一外，社區參與也意味著統合社區資源的前提，並可對個人和家庭的安全提出更周全的保障。

　　從現存的許多研究文獻來說，社區居民參與犯罪預防組織的意向可從兩方面來說明：

（一）居民個人因素

　　Hwang等人（2005）研究社區居民決定加入社區志工組織主要來自兩種普遍性原因，即利他主義（altruism）和個人原因，而其中的利他主義主要是強調透過社區居民共同協力去幫助社區當中需要幫助的人；另Clary等人（1996）的研究也證實利他主義精神確實是啟發社會公民參與志工活動的首位，其更甚於個人發展、社會獎勵、學習或職業發展等自我導向的動機。因此，啟發社區居民的利他主義精神，對於啟動社區參與的工作上就相對重要。

　　以住宅竊盜犯罪被害為例，住宅所處地區居民執行守望相助的意願程度，以及該地區居民參與社區事務的程度等，都直接或間接影響該區域內的住宅是否容易被竊（Bennett and Wright, 1984; Brown and Bentley, 1993; Rengert and Wasilchick, 2000；鄭昆山、楊士隆，2004），而林滄崧（2008）的研究也發現，容易發生住宅被竊的社區居民呈現低度參與社區事務的意願，其中可發現最主要乃因居民普遍存有自掃門前雪的心態，以及深受地方勢力區隔所影響而採取觀望的態度。

1. 自掃門前雪

　　隨著臺灣都市化現象不斷地擴張，在生活結構上也呈現出個人主義為上、私密性為先的現象。因此，深受此一生活結構影響下的居民，呈現出自掃門前雪的情感冷漠現象，且在互動上呈現出片面淺層的關係，進而無法表現出居民彼此之間相互負責與承諾的態度。此種情感冷漠的現象與缺乏相互負責與承諾的態度，會使得居民投入參與社區事務的意願低落，甚至產生少管閒事的心態。

2. 地方勢力區隔

　　另一影響居民參與性的重要發現，是遭受到地方勢力區隔的影響。社區事務的經營及參與應是跨領域與跨文化，主要焦點必須聚集在社區的正向發展上。惟近年來臺灣因受逐漸激化對立的政治與社會情勢影響，社區的人際系統也逐漸被分割成不同的派系，而間接影響居民參與社區事務的意願。

（二）社區環境因素

　　曾有學者針對社區居民從事犯罪預防之參與力進行研究，例如Skogan（1988）的研究發現，居民的種族同質性和社經地位較高的地區，其社區參與度更高；另外，Bursik和Grasmick（1993）認為高流動率的貧困社區，因居民異質性偏高下所產生的複雜性，導致社區居民之間的信任度不太容易形成，進而影響居民對社區組織與社區活動的參與度。但是，Swaroop和Morenoff（2006）的研究發現，在貧困與具備社區解組特徵的社區，反而因居民認知到社區不利條件下而積極參與犯罪預防組織。

　　從上述相關研究結果可知，影響社區居民參與力的社區環境變數仍未有一致的共識，但可以看出研究者皆集中觀察社區居民的異質性及社區解組程度對社區居民參與力的影響，進而影響社區犯罪預防的效能。因此，近年來許多從事社區犯罪預防的研究者都在找尋一個既不受社區居民異質性影響，又可改善社會解組現象的關鍵變項，此即是社區集體效能，換言之，強韌的社區集體效能可以有效調節社區既有的弱勢條件（諸如居民高異質性與流動性、社會解組、貧困社區等），以預防犯罪發生。

三　社區集體效能

　　自1980年代開始，社區犯罪預防觀點逐漸興起，諸如社區解組與貧窮社區等有利於犯罪發生的因素不斷被提出後，犯罪學家即開始著手研究如何因應以降低此等社區的高犯罪率的問題。例如Sampson等人（1997）針對社區不利因素以導致犯罪的現象，提出集體效能理論的因應觀點。該理論認為社區建立和維持社會連結和非正式社會控制的能力各不相同，因此也導致各社區內發生犯罪或破壞公共秩序的機會也不相同。Sampson（2012）更進一步定義集體效能為：為了維持社區公共秩序或控制犯罪等集體目標而活化或強化社區居民之間社會連結的過程，它試圖結合社區層面的凝聚力機制以達成非正式社會控制的期望。但是，Browning等人（2004）認為，僅有社區成員緊密的社交連繫，並無法充分發揮集體效能在犯罪預防上的能量，這還需要搭配社區非正式社會控制力的加持。Sampson等人（1997）在論及集體效能理論的本質時也指出，因為社區在建立和維持親社會關係、信任和團結的能力等方面存有差異性，因此其所形成的非正式社會控制的能力也會存在差異。

　　在相關研究上，Sampson和Groves（1989）利用英國犯罪調查統計資料進行社區集體效能的研究，他們以社區網絡關係程度、社區組織參與度和對社區青年的監控程度作為暴力犯罪受害的預測因子，該研究發現：鬆散的社區網絡、對社區青年的低監控程度及低社區組織參與度都是該社區暴力犯罪受害的有效預測因子；Wikström等人（2012）研究社會解組、集體效能和多重犯罪之間的關聯性，其研究發現集體效能低下可以預測警方記錄的暴力犯罪、嚴重竊盜和破壞公物的犯罪數；Sutherland等人（2013）則研究英國倫敦社區暴力犯罪與社區集體效能的關聯性，其研究發現社區集體效能確實與暴力犯罪有關。然而，卻也有諸多研究發現集體效能似乎無助於社區犯罪預防，例如Bruinsma等人（2013）在荷蘭海牙使用官方犯罪統計資料進行社區集體效能的研究，其研究得出集體效能與該地社區總犯罪率變化無關；Hipp和Wickes（2017）在澳洲布里斯本進行的研究也發現，社區集體效能與該地區的犯罪率無關。

　　雖然到目前為止，關於集體效能與犯罪之間關係的研究產生不同的結果，但可以發現集體效能對社區總體犯罪率較無法產生預防或降低的效果，但對某些特定犯罪類型，諸如暴力犯罪及竊盜犯罪似乎呈現出較能達到犯罪預防的效果。由此可知就目前來說，社區集體效能對特定犯罪類型有效，而似乎尚未能及於全般犯罪類型；另集體效能的發揮似乎也需要其他因素的配合方能展現其效力，其中最重要者應屬社區非正式社會控制力的形成。當社區集體效能與該社區非正式社會控制力相結合時，最能達成社區犯罪預防的效果。

四　社區環境設計

　　自1990年代開始，犯罪預防領域有愈來愈多的研究開始探索社區環境與社會資本或集體效能的關聯性，其中包括自然生態與建築所生成的社區環境對社區居民生活產生何種影響。例如，Wood和Giles-Corti（2008）將社區物理環境如何影響社區居民的生活分成三大類：第一類屬非友善社區：此類社區內充滿犯罪、呈現社區解組和居民高流動率的現象，進而破壞社區居民之間的信任與互動關係；第二類屬中度友善社區：此類社區具有流暢的社區街道與明亮的街道照明，居民樂意採步行方式在社區內移動，進而提高對社區的監控感；第三類屬高度友善社區：此類社

區的居民重視對所屬社區環境的感知，其中包括社區安全性、公共或私人財產的維護及社區環境的人文美學等。

另外，Skjaeveland和Garling（1997）也認為社區內建築和自然環境的某些客觀設計，可以有效促發社區居民的交際互動，並提高居民對社區安全的感知。例如，人行專用道的設計、社區公共場所設置長凳供社區居民休息聊天等；又或者強化半私人空間（例如房屋前花園、門廊和陽臺）的可透視度，使其成為與鄰里互動和加強監視周邊動態的機會，進而提高社區安全性。而Oldenburg和Brissett（1982）特別關注社區居民在家庭及工作以外的「第三場所」（the third place）的存續，諸如社區內可聚集居民聊天的商店、咖啡館和其他聚會場所等。他們認為可強化居民互動關係的「第三場所」逐漸消失，再加上現代化建築設計強調隱私性，且在郊區不斷開發進而對汽車產生高度依賴下，這些社區環境通常是不利於非正式的公共社交，也難以生成高度的集體效能，以對抗犯罪事件的發生。

上述關於社區環境與社區安全之間的關聯性，Oidjarv（2018）引用機會理論的觀點強調，社區居民之間的日常互動是相當重要的社交，頻繁穩定的社區互動不僅有助於非正式社會控制力的形成，更可透過此一控制力抑制社區內偏差或犯罪事件的滋生，而要形成社區居民的穩定互動不能僅靠居民的自主意願，其中關於社區環境的設計也充分影響社區居民互動的意願。

統整以上，社區組織、社區參與、社區集體效能與社區環境設計等機制，是近代從事社區犯罪預防所關注的四大議題，期待從社區層次去建構居民的組織力與參與力，進而營造出對犯罪事件具有干預性的集體效能，並搭配該社區良善的自然與物理環境設計，以達到犯罪預防的目的。

第三節 社區警政

社區警政是從英國所發展出來的一種警政策略，旨在加強警民的信任關係，確保警察和民眾之間的緊密夥伴關係，從而有效達成犯罪預防的目的。因此，首先可以確認的是，社區警政是基於犯罪預防為目的的警政策略。社區警政，基本上不是一項理論，而是含括範圍廣泛的思想、概念與

實踐的一種犯罪預防策略，其強調改變警察與民眾之間的關係，從以往警察被視為「大人」、「人母褓姆」的角色，轉變成是民眾的夥伴角色，因此社區警政策略也被認為是對傳統專業警察模式的一項突破。

一 社區警政的定義

社區警政的支持者主張擴大警察和社區成員的角色和期望，並經由調整警察的工作目標和組織結構以實現這些期望（Brogden and Nijhar, 2013），誠如上述所說，社區警政是含括範圍廣泛的思想、概念與實踐的一種犯罪預防策略，因此在定義上也顯得相當紛雜，經綜合各種定義後可得，社區警政在定義上有以下特徵：就其目的上而言，社區警政策略側重於主動預防犯罪而不是打擊犯罪（Cordner, 2014）；就其策略核心，警察機關應該尋求與社區居民的合作夥伴關係，並積極參與社區經營（Skolnick and Bayley, 1988），以回應到犯罪控制面上；就經營單位來說，它是建立在社區的地區層面上進行運作（Arias and Ungar, 2009）；就手段上，它鼓勵警察在社區當中應多採取親民式的服務諮詢，以取代傳統冷漠的專業執法（Alderson, 1979）；在操作方法上，則形成以問題為導向的警政策略，強調找出該社區潛在影響治安的問題後，事先加以預防因應，而在這種觀點下，有學者稱警察不僅是為「法律專業人士」（legal professionals），也應為「社會專業人士」（social professionals）（Punch et al., 2002）。

國內學者黃富源（2006）則針對社區警政的策略內涵與操作模式將之定義為：社區警政係是以犯罪預防為目的、以民眾為中心、以社區為單位、以服務為手段、以問題導向的警察工作為方法，結合政府與民間力量，啟發凝聚社區意識，動員發展社區組織，發掘與整合社區治安資源，並將其做有效的再分配及使用的過程。此一定義係為當前社區警政最具完整性的定義內容，由其該定義可知，社區警政並非一個靜態的概念，而是一項動態可操作的警政策略內涵，並相較於其他警政策略模式而言，社區警政可操作的類型和範圍也相當廣泛，且較不受到政府資源投注多寡的影響。因此，被認為是警政領域可以比較容易被實踐的一種創新，因而迅速成為一種全球現象（Burruss and Giblin, 2014）。

貳 推動社區警政的基本要素

　　從上述社區警政的定義當中可知，社區警政的概念範圍相當廣泛，其操作核心在於強調改變警察與民眾的關係，並主張以犯罪預防為先進而擴散到協助犯罪偵查工作上，因此在推動時有以下關於警察機關內、外部的基本要素需要注意（Stein and Griffith, 2015; Carter and Fox, 2019; Terpstra and Salet, 2019; Aston, 2021）：

（一）警察機關內部要素

1. 治安策略概念的調整：社區警政模式代表警察單位關於治安治理的基本概念，要從圍繞著以刑事法為核心的被動執法，轉變為以社區參與、解決問題和主動從事犯罪預防為工作重點的警察工作模式。換言之，警察機關不再被動等待民眾來報案，而是採取問題導向的方法，主動搜尋並解決社區治安問題。

2. 警察組織權力下放：社區警政強調警察所處理的事務不再侷限於刑事案件，而是只要涉及該社區治安事項有關的事件都必須與該社區民眾共同透過問題導向模式去解決，因此警察組織權力勢必要下放至基層單位，以因應處理任何突發或細微影響治安的事件，也能因快速處理回應而受到民眾的信任。

3. 建立與社區居民關係緊密的信任關係：推動社區警政的最終目的在於犯罪預防。亦即，經由警察和社區成員的共同努力以控制犯罪。因此，警察在實施任何社區警政措施之前，首先必須要先獲得社區成員的認可與參與幫助，進而發現問題。

（二）警察機關外部要素

1. 社區營造納入警察觀點：社區警政計畫的目標在於提高居民之間的互動質量，使其有利於凝聚社區意識並提升社區參與力，進而有助於增加社區安全感及促進居民的整體福祉。然而，大多數社區營造過程中似乎都缺乏融入警察系統的觀點，使犯罪預防措施失去警察專業能力的引導下，往往無法獲得預期的效果。

2. 社區應有開發集體效能的意願：社區治安除了警察的參與外，居民之間的關係也會影響他們的生活質量，其中首重居民之間高度的凝聚力與非

正式社會控制能量，而非正式社會控制即是社區集體效能的核心組成。當社區有開發社區集體效能的意願時，他們就會有維護社區安全的高度共識，也更有接受警察專業意見的意願，這對社區警政推動的效果來說是相當重要的前提。

三 社區警政的優勢與挑戰

　　社區警政的理念於1970至1980年代，在被稱為英國社區警政之父的奧爾德森（John Alderson, 1922-2011）所強力推動下，逐漸受到學理與實務上的重視，其反對僅將警察定義為執法部門，而應擴及到預防犯罪、社區諮詢與參與，及由專門的社區警察團隊所提供的主動式警政服務（Alderson, 1979）。社區警政自1970年開始逐漸擴展運用，並呈現諸多有助於社會安全治理的優勢，然而在操作過程中也同時顯現諸多挑戰（Higgins, 2018; Demirkol and Nalla, 2019）。

（一）優勢

1. 增進警民關係：可改善警察與社區居民之間的關係，並藉此展開警民緊密的協調合作，以共同處理該社區所面臨的問題，並減少犯罪事件的發生。
2. 提高社區參與力：經由社區警察不斷地與居民共同解決社區問題的利基下，可提高居民的社區參與度，並使該社區提高可識別度，以阻止外來破壞社區安全的人員與事件。
3. 擴大社區安全治理能量：可提高社區居民對社區警察的信任度，讓居民願意提供更多有關治安問題的線索，並使該社區內的居民、公民營機構更願意與警察合作討論解決危及該社全安全的問題。

（二）挑戰

1. 警察組織文化強調績效，不利於以犯罪預防為目的及操作核心的社區警政發展。
2. 儘管目前國際與學理上極為推崇社區警政的安全治理模式，但卻仍難以嵌入警察組織核心，及受到警察組織領導人的重視。

3. 社區警察所強調的犯罪預防與社區服務，容易被居民誤解為對犯罪事件態度的軟弱與過於被動。

4. 擔任社區警察的人員其薪酬和升職條件不佳，影響警察人員擔任該職務的意願，導致影響社區警政推動的效益。

第二十五章　發展性犯罪預防

　　發展性犯罪預防的操作基礎在於假設：人們在沒有接受任何教育訓練及促發動機下，是有可能直接從事犯罪行為，因為犯罪對於人類來說是自然生成的。因此，在個體幼兒時期開始所接觸外在的教育訓練機制或環境品質，都影響該個體的行為品質；換言之，個體遵循社會規則而免於偏差或犯罪，是透過社會化過程所產生，尤其是經由與重要他人和重要傳統機制（例如家庭成員、同儕朋友、學校、職業、婚姻）的連結而保持。當個人與上述重要他人或傳統機制的連結薄弱或破裂時，就會導致犯罪的可能；反之，受到上述連結的力量愈強時，個人從事犯罪的可能也隨之降低。

　　由此可知，發展性犯罪預防著重於增進個體在成長過程中與外在正向機制連結的程度與品質，使個體產生強大旺盛的自我控制能力，並與犯罪產生隔絕的效果。然而在理論上，解釋如何強大個體的自我控制能力並與犯罪隔絕的觀點，有兩個先後出現的觀點：首先是以自我控制理論為代表的潛伏特質論，其強調個體在幼兒時期的教養品質決定該個體的自我控制程度並終身不變，更與其從事犯罪行為程度呈反比；後一觀點則是以逐級年齡非正式控制理論為代表的生命歷程論，此一觀點雖同意個體在幼兒時期的教養品質決定該個體的自我控制程度，但並非終身不變，而是有諸多社會變數仍可影響個體中止犯罪。

第一節　發展性犯罪預防的理論基礎

一　早期觀點：潛伏特質論——以「一般化犯罪理論」為代表

　　本論點以赫胥與蓋佛森於1990年所提出的「一般化犯罪理論」為代表，認為所有犯罪都可以被解釋為犯罪機會和低自我控制的結合物；該論點也認為個體生命早期所受到的教養品質，將嚴重影響其自我控制的程度，且當自我控制程度一旦在幼兒時期養成後便會固定不變，並隨著年齡的增長而穩定發展。因此，個體一生都潛伏著從事犯罪的特質，該特質主要集中在個體已養成不可改變的低自我控制程度，並隨周遭所提供的犯罪

機會而隨時有從事犯罪的可能。

　　赫胥與蓋佛森如此觀點，將人類犯罪視為一種固定永久的內部狀態，而不是視為時時都在進行變化的動態發展現象，他們從許多關於犯罪的經驗性研究當中發現：犯罪可以提供短暫的滿足感，例如興奮、獲取錢財（也許金額不需要太多）以及降低壓力情境的影響等；而且犯罪者除了犯罪之外也有可能從事類似的偏差行為，而這些偏差行為同樣也會帶來短暫的滿足感，例如吸菸、吸毒、飆車、賭博和放任性的性行為（關係）等。

　　赫胥與蓋佛森進一步解釋，犯罪人並不需要為他們所從事的犯罪行為有太多的計畫，而且他們的罪行也不會有專門性或專業化的取向，犯罪，只不過是具有低自我控制者對眼前出現可以容易得手的犯罪機會的一種反應而已。最重要的是，個體的低自我控制程度一旦形成，犯罪活動似乎就是穩定持續的，在幼兒時期若常常表現出問題行為的兒童，其往往會在青春期成為少年犯，並最終成為成年累犯。

　　赫胥與蓋佛森基於對犯罪本質的認識，認為人們可以很容易地透過犯罪和問題行為得到滿足，但大多數人卻不會採取犯罪的途徑以獲得滿足，他們認為主要因素有二：1.社會建立了許多社會規範與秩序，限制人民必須透過合法的管道去獲取滿足，並且阻絕威嚇人民受到犯罪的誘惑；2.如果犯罪性是穩定且根源於生命早期階段的教養品質，則必須在個體幼兒時期強化其對道德與行為規範的教養，當培養出高度自我控制能力時，將可讓該個體在任何生命階段裡安心的在該時期的社會環境中行動。

　　從上可知，阻止一個人犯罪有兩個途徑：一是重視個體幼兒時期的教養訓練的品質，尤其是父母在教養子女的品質不佳時，通常會讓其子女生成衝動、不具同理心、喜愛肢體力量、好冒險、短視和不具語言溝通能力（nonverbal）等行為特徵，而這些行為特徵正好會讓其傾向於從事犯罪和問題行為；二是降低個體去接觸犯罪的機會或者是強化社會各種規範性措施，讓即使有低自我控制特徵的個體不至於與犯罪機會快速結合，而產生犯罪行為。

　　赫胥與蓋佛森於1990年提出一般化犯罪理論，將犯罪定義為：為追求自身利益而使用力量或詐欺的行為，並認為所有犯罪都可以解釋為犯罪機會和低自我控制的結合物；而他們也提出個體生命早期所受到的教養品質，將嚴重影響其自我控制的程度，且當自我控制程度一旦在幼兒時期養

成後便會固定不變，並隨著年齡的增長而穩定發展。因此，他們認為幼兒時期的教養訓練品質是決定一個人是否從事犯罪的關鍵決定因素。

三 晚期觀點：生命歷程論——以「逐級年齡非正式社會控制理論」為代表

　　本論點以桑普森與勞伯於1993年所提出的「逐級年齡非正式社會控制理論」為代表，他們反對赫胥與蓋佛森所提的一般化犯罪理論對於犯罪具有固定持續性的說法。但是，桑普森與勞伯不是反對犯罪具有連續性的可能，而是反對犯罪具有連續性是唯一的可能。因為他們認為犯罪是具有連續性，可以隨著時間的變化而變化，幼兒時期的社會鍵或成年階段的社會資本都應該被視為是動態發展的狀態，因而使個體無論在哪個階段都極具有擺脫犯罪的可能。亦即，隨著個體生命歷程發展所遭遇到社會鍵或社會資本的質量程度，而有中止或持續犯罪的可能。

　　桑普森和勞伯將生命歷程觀點應用在個體犯罪行為上，並從中研究個體生命歷程當中的犯罪、偏差和社會控制之間的關係，並說明個體生命歷程當中有許多轉折點影響著其生命路徑的走向，並提出逐級年齡非正式社會控制理論。他們以赫胥的社會鍵理論觀點為基礎，認為犯罪是由於個體與社會連繫鍵減弱而發生；或是未與特定社會機制（學校、家庭、工作、宗教組織和同儕等）建立重要連繫關係而發生，除非社會具有一定程度的規範約束力來抑制，否則個體從事犯罪行為的機會相當高。但桑普森和勞伯認為赫胥的社會鍵理將理論重心放在個體青春期期間的非正式社會控制機制，也沒有明確說明在生活過程中社會控制變化的可能性，而這答案正是桑普森與勞伯的逐級年齡非正式社會控制理論所嘗試要去解答的。

　　桑普森與勞伯認為個體在其生命歷程的各個年齡階段當中，會受到許多可約制個體犯罪的機制（社會鍵）作用，進而產生改變行為傾向的可能。桑普森與勞伯（1993）在其所從事的研究結果顯示，個體的結構變項（家庭社經地位、家庭結構完整性、父母犯罪紀錄等）與其外在所接觸的非正式社會控制機制（家庭教養、學校附著、同儕友伴品質等）產生相互作用後，會影響該個體的行為傾向。因此，他們認為個體在不同的人生階段在行為傾向上是呈現動態變化，即便犯罪行為也是如此。然而，是何種社會控制機制促成個體從連續的犯罪行為當中中止犯罪，桑普森與勞伯

便引用了赫胥的命題，即當個人與社會的連繫鍵薄弱或破裂時，便容易發生犯罪與偏差行為；他們更認為持續或中止個體犯罪行為的正式或非正式的社會控制機制，普遍存在整個生命週期當中。

　　然而，桑普森與勞伯的研究重點與赫胥不同，他們把重點放在個體成年後與社會機構或其他重要他人所建立的社會連繫程度上，這也是之前所說的「桑普森與勞伯不同意自我控制理論對於犯罪性固定持續不變的觀點，但卻也擴展了社會控制理論的解釋效能」的原因。他們深信在個體生命歷程中的不同階段與特定機構或他人的不同連繫程度，具有改變犯罪軌跡（中止犯罪）的能力，而其主要決定在兩個核心概念上──社會資本與轉折點。

（一）社會資本

　　桑普森與勞伯認為影響個體成年之後行為表現的非正式社會控制因素，不再只有是幼兒時期的社會鍵，還有在該年齡階段所獲得的社會資本能量以及優質的社會關係，當社會資本能量愈大，非正式社會控制的效果就會愈強，進而強化個體遵循非犯罪軌跡（中止犯罪）的潛力。而社會資本的來源則是從個體所接觸互動的諸多社會機構或事件，諸如婚姻、職業、成立家庭、為人父母、信仰宗教、結交益友等。

（二）轉折點

　　所謂轉折點是指，個體所經歷過可能對其生命歷程路徑產生改變的各種生活事件。個體對生活事件的反應會因人而異，從而產生不同的軌跡。因此要瞭解個體犯罪行為在其生命歷程當中的變化，必須瞭解其所經歷轉折點的質量。桑普森與勞伯（1993）認為個體當時當地的生活環境，包括婚姻、有意義的工作和在軍隊服役等，都被認為是積極正向的轉折點；相反地，長期監禁、酗酒、失業或工作不穩定等，都被認為是負面消極的轉折點。桑普森與勞伯雖然在意個體成年階段開始的生命歷程與犯罪之間的關係，但他們也提出關於個體青少年階段的轉折點觀點，他們認為到目前為止家庭、學校和同儕對青春期個體的犯罪行為影響最大，因此若能確定青少年時期有哪些具體轉折點對他們的生活軌跡有密切相關，再與他們當時所擁有的社會資本強弱加以對照時，就可以充分瞭解他們如何在青春期改變其生活軌跡。

　　桑普森與勞伯提出逐級年齡非正式社會控制理論來作為生命歷程論點下的犯罪觀，並重新審視及補充了赫胥於1969年所提出社會鍵理論的解釋效能。換言之，赫胥強調社會鍵對青少年犯罪的影響性，而勞伯與桑普森除了同意赫胥如此觀點外，更擴展延伸社會鍵對成年後個體行為的影響性，只是桑普森與勞伯不是延續赫胥使用「社會鍵」這個詞，而是採用「社會資本」與「人際關係質量」這兩個概念來取代，並衡量個體成年後在這兩者的強度上與犯罪之間的關係與變化。其中，社會資本代表著婚姻、職業、成立家庭、為人父母、信仰宗教等對個體正面的影響；人際關係質量則代表著社會支持、職業維繫、同儕相持等。

　　桑普森與勞伯（1993）認為，個體於成年階段與社會互動的條件迥然不同於青少年階段，此時期的社會資本或人際關係質量所產生的資源能量，已經脫離赫胥所提社會鍵所能含括的範圍，當成年個體的社會資本增加，意味著他可用於解決問題的資源也隨之增多，同時他對這些資源的依賴也更加深重，因此這種根植於不斷加深的社會關係的意識，也增強了對個體的社會控制力，不僅普通的個體可以免於受到犯罪的誘惑，就算是具有犯罪傾向的個體也會在這種資源條件下中止犯罪。

　　最後還是要提到的是，桑普森與勞伯雖然以赫胥的社會鍵理論為基礎去發展他們的逐級年齡非正式控制理論，但他們卻反對赫胥與蓋佛森所提出自我控制理論對於犯罪具有固定持續性的說法。當然，桑普森與勞伯不是反對犯罪具有連續性的可能，而是反對犯罪具有連續性是唯一的可能。因為，他們認為犯罪既具有連續性，又可以隨著時間的變化而變化，幼兒時期的社會鍵或成年階段的社會資本都應該被視為是動態發展的狀態，因而使個體無論在哪個階段都極具有擺脫犯罪的正面樂觀態度；再者，桑普森與勞伯在其逐級年齡非正式控制理論當中特別強調，非正式社會控制力（社會鍵及社會資本）是貫穿個體整個生命歷程當中對其行為影響力極為重要的成分，他之所以要提出「逐級年齡」這個概念，是因為在不同年齡階段所維持的連結鍵並不相同（例如青少年時期對父母的連結鍵、成年時期對職業雇主的連結鍵），但只要當時所強調重要的連結鍵強烈，則個體就不容易陷入犯罪，即使是呈現連續犯罪的狀態，也有可能因此一連結鍵變得強烈時而中止犯罪。

三 潛伏特質論與生命歷程論之異同

桑普森與勞伯之逐級年齡非正式社會控制理論乃是對赫胥和蓋佛森一般化理論的一種修正，一般化犯罪理論認為少年時期的低自我控制可以解釋少年時期的偏差行為，也可以解釋成年時期的犯罪行為，因為低自我控制一旦在少年時期形成後會持續穩定發展到成年時期不會改變；但桑普森與勞伯之逐級年齡非正式社會控制理論卻不認為如此，該理論認為少年時期的低自我控制固可以解釋少年時期的偏差行為，但其成長過程中諸多社會鍵（尤其是婚姻與職業）的作用仍可發揮其效用，也就是說少年時期的低自我控制不一定會持續到成年時期（可能會因美好的婚姻與穩定的職業而成為高自我控制的個體）；簡言之，一般化犯罪理論解釋少年與成年時期的犯罪狀況乃源自於「低自我控制」；桑普森與勞伯之逐級年齡非正式社會控制理論則以「低自我控制」解釋少年時期的偏差行為；而以「低自我控制」加上「社會鍵的連結強弱」兩者，來解釋個體成年時期的犯罪狀況，兩者異同如圖25-1及表25-1。

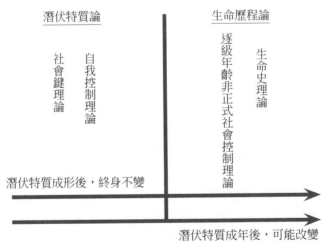

潛伏特質論　　　　　　　　　　　　生命歷程論

社會鍵理論　自我控制理論　　　　　逐級年齡非正式社會控制理論　生命史理論

潛伏特質成形後，終身不變

潛伏特質成年後，可能改變

圖25-1　潛伏特質論與生命歷程論之差異比較

表25-1　一般化犯罪理論與逐級年齡非正式社會控制理論的異同比較

		一般化犯罪理論	逐級年齡非正式社會控制理論
相同點		1. 重視個體與社會鍵（家庭、學校、社會機構）的連結。 2. 以少年時期的社會控制程度解釋少年偏差行為。 3. 「低自我控制」是少年時期偏差行為的主因。	
相異點	理論主張	「低自我控制」同時可解釋個體少年與成年時期的犯罪狀況。	「低自我控制」固可解釋個體少年時期的偏差行為，但其日後的生活經驗與社會鍵的連結情形，也是該個體成年時期犯罪狀況的重要解釋變項。
	研究設計	橫斷性研究：觀察個體在少年時期與成年時期發展自我控制的情形，並與偏差或犯罪情形產生連結的程度。	縱貫性研究：觀察個體在少年時期與成年時期發展自我控制的情形，並與偏差或犯罪情形產生連結的程度，且強調個體在成年時期「職業」與「婚姻」的發展情形。
	理論概念	個體自少年時期形成的「低自我控制」，會持續穩定地發展到成年階段，而犯罪與否決定於所接觸的犯罪機會之多寡。	個體自少年時期形成的「低自我控制」，並不會持續穩定地發展到成年階段，而與社會鍵連結的強弱有關。尤其是「婚姻」與「職業」兩個社會鍵最為相關。
	政策方面	重視個體於幼兒時期開始的社化過程。例如，重視親職教育、發揮學校教育功能、重視傳統道德價值的保存等。	除重視個體於幼兒時期開始的社會化過程外，亦應強調家庭和諧與職業穩定的重要。例如，建立家庭的存在價值、和諧的勞資關係、健全的社會職業體系等。

第二節　發展性犯罪預防的重要元素

　　從上述的理論基礎可知，發展性犯罪預防係從個體的發展過程中，投入或介入使該個體得以提高其自我控制力的元素，使得養成高自我控制能力，以便日後即使面對諸多犯罪誘惑或遇有犯罪機會時，得因其高自我控制力而阻絕於犯罪之外。從以往的相關研究發現，發展性犯罪預防可從個體本身的意志力、婚姻狀況，及其生活周遭的家庭、學校、社區鄰里與同

儕交往等面向加以操作。

一 個人意志力

　　個人意志力是否可以有效中止犯罪，一直是犯罪學研究領域上很受到重視但卻也充滿爭議的議題，原因即在於對於個人意志力的定義與生成來源一直不明，尤其是個人意志力與其外在環境之間的作用下，對個人是否有效中止犯罪也是一直爭論不休（Healy, 2010; Farrall et al., 2010）。LeBel等人（2008）曾提出三種可能的模型來解釋這種相互作用：1.「強勢主觀模型」（strong-subjective models），此一模式認為當個體主觀決定改變並設定好新的社會身分後，個人意志力隨即完成，也就可以順利完成社會身分上的改變；2.「強勢社會模型」（strong social models），此一模式強調人生歷程轉折點（如婚姻或就業）的重要性，認為個體深受這些社會結構性因素出現的影響後，進而產生中止犯罪的想法與決定，因此個人決定中止犯罪的意志力來自這些社會變項的強勢影響；3.「主觀社會模型」（subjective-social model），LeBel等人認為此一模式最能解釋個體中止犯罪的原因，他們認為個體尋求中止犯罪的意志力先發生後，再經由這些強勢的社會變項（職業或婚姻）的影響支持，進而順利中止犯罪，同時也更新其社會身分為非犯罪人的認知。LeBel等人更認為這樣的意志力鋪陳，才能真正解釋即使個體要中止犯罪是其自身所決定。

　　Paternoster和Bushway（2009）則進一步認為，個體中止犯罪是對自己過去、現在和未來身分的一種決定張力，因為中止犯罪是個體要求自己放棄現在身分，轉向另一種身分的過程。犯罪人必須先有「若持續存有犯罪人這樣的社會身分時，將比他不具有犯罪人這樣的社會身分付出更大的代價」的認知，當犯罪人具備這樣的認知時，便會啟動其積極轉變社會身分的意志力。他們認為這種社會身分轉變的過程潛藏了兩種心理自我狀態，並在過程當中提供激勵和威嚇的效果。第一種是「可能的自我」（possible self），用以激勵他們改變目前犯罪人身分後未來可能成為的人，也就是他們所追求的非犯罪人社會身分；第二種是「恐懼的自我」（feared self），用以威嚇他們如果持續從事犯罪行為，將會繼續處在惶惶不安的犯罪生活裡，用以阻卻該個體持續的犯罪行為。Paternoster和Bushway認為「恐懼的自我」感知首先提供了個體想要中止犯罪的最

初動機，當這種感知出現在犯罪人身上時，則將導致其社會偏好的改變，更與其所想要成為非犯罪人的身分認同相伴。因此，Paternoster和Bushway認為「恐懼的自我」是個體啟動中止犯罪的前期工作，並影響該個體社會互動網絡和社會角色的變化，稱之為「結構性支持」（structural supports），而這種結構性支持將有助於潛在中止犯罪者從「恐懼的自我」過渡到「可能的自我」，而若這些結構性的支持力道強大時，將使個體順利跨入「可能的自我」的領域，中止犯罪過程於焉完成。

　　從上述可知，經由個人意志力中止犯罪並非個體強勢主觀決定即可形成，而是集合個體本身正向心理歷程的運作及其所處周遭結構文化支持等兩大因素所構成。個體先在個人心理層面形成「恐懼的自我」感知，去否定犯罪人這個社會身分，其後經由周遭社會結構（例如職業、婚姻、正向親人同儕）的支持下，逐漸朝向「可能的自我」的階段，已取得非犯罪人的社會身分後，再從該身分開始學習適應如何以合法合適的角色行事，以徹底中止犯罪。

二　家庭

　　無論是早期或晚期理論觀點都認為，家庭是影響個體於少年時期行為品質的重要決定因素，其中又可分成家庭結構與家庭動力兩大影響因素。早期犯罪學研究強調家庭結構因素對少年犯罪的影響，但因為都只是採取橫斷面的研究途徑且少年犯罪逐漸呈現一般化的現象，家庭結構因素對少年犯罪的影響解釋逐漸式微，家庭動力因素逐漸抬頭，其中包括父母本身的自我控制程度及少年的教養品質等。

（一）家庭結構與犯罪

　　從諸多的研究可知，家庭結構破碎與少年犯罪緊密相關，而家庭結構破碎的型態很多，其中與少年犯罪最有相關的應屬父母離婚。在相關研究發現，父母離婚對所屬子女的負面影響，通常包括降低其心理健康程度、降低學習成就，並提升少年犯罪的風險（Juby and Farrington, 2001; Brown, 2006; Spohn and Kurtz, 2011; Vanassche et al., 2014）。另有學者認為兒童或少年歷經父母離婚的過程，將導致其在整個生命歷程當中產出生活適應和行為問題，尤其是與犯罪行為緊密關聯（Amato and Keith,

1991）。此外，Wells和Rankin（1991）針對五十項研究文獻所進行的後設分析當中發現，少年的父母離婚與會提升其從事犯罪的可能性達10%至15%。由此可見，少年歷經父母離婚後所導致的家庭結構破碎促發其犯罪的負面結果息息相關。

Boccio和Beaver（2017）也綜合相關研究發現，分別從心理學與犯罪學的角度說明父母離婚後所造成家庭結構破碎對少年的影響。從心理學上來說，父母離婚對少年是一種心理創傷，經歷家庭結構破碎的過程會增加少年的壓力和焦慮，因而導致較差的心理適應能力和不良的生活結果；再者，家庭結構破碎後會導致家中資源流失，從而降低社會經濟地位，降低父母的監督、關注與支持，並使少年對父母的依附失離，導致與犯罪行為密切相關。

另從犯罪學角度解釋父母離婚與犯罪行為之間的關係時，可從三個犯罪學理論來解釋：社會控制理論認為，父母離婚會削弱父母與子女之間的連結鍵，從而增加子女從事違法行為的可能性，或是降低父母對其子女行為的直接控制力，從而提高子女有從事偏差或犯罪行為的自由度；從社會學習理論來說，父母離婚家庭的子女在父母監督程度相對下降的情況下，可能提高少年接觸較多偏差同儕的可能性；另從一般化緊張理論角度來說，父母離婚對於子女是一項負面刺激的出現，進而使其產生負面情緒，偏差或犯罪行為極有可能成為少年因應此一負面情緒的選擇。上述三個犯罪學理論的解釋，Rebellon（2002）也有相同的研究結果，認為父母離婚與其子女有較多的偏差或犯罪行為有關，此乃因少年缺乏父母的監護、有較低的傳統信仰、與偏差同儕有較高的連繫，及承受較多的生活壓力有關。

從上述家庭結構破碎與少年犯罪的關係當中可知，家庭結構似乎不是直接導致少年犯罪的直接因素，無論從心理學或犯罪學的角度觀之，家庭結構破碎與少年犯罪之間還存在數個重要的中介作用變項，例如父親或母親的教養監控程度、少年的社會學習品質以及面臨壓力因應方式的良窳等。因此，家庭結構與少年犯罪之間的直接關係研究便逐漸式微，家庭動力因素取而代之成為研究少年犯罪原因的主流。

（二）家庭動力與犯罪

近年來關於家庭動力與少年犯罪的研究焦點，一直圍繞在父母的

自我控制力及教養品質兩個面向上（Meldrum et al., 2015; Muftić et al., 2017）。Meldrum等人（2015）研究發現，父母親本身若存在低自我控制力，則會使得家庭整體生活環境變差，進而影響生活在其中的少年有較高從事犯罪的可能性；他們又更進一步發現，父母的低自我控制力與家庭環境之間似乎呈現相互作用的效果，亦即父母的低自我控制力會影響家庭環境變差、而不良的家庭環境又會促發父母的低自我控制。另Muftić等人（2017）的研究則發現，父母親教養子女的品質與其子女從事暴力行為和財產犯罪都具有直接影響力，尤其是男性少年，其暴露於父母較差的育兒技術下，其暴力行為和財產犯罪的發生率相對較高。由上述可知，父母的低自我控制力與教養品質深深影響著少年犯罪的發展。

在父母自我控制力上，Meldrum等人（2015）進一步闡述，其如何影響家庭環境進而導致其子女有高度從事犯罪的可能。他們以Gottfredson和Hirschi（1990）的自我控制理論為依據，提出四種可能途徑：1.養育子女需要足夠的耐心，並有能力將子女的需求放在首位，但以自我為中心的父母很難達到這些目標的要求；2.個性衝動的父母可能會創造具有敵意的親子或家庭關係，許多衝突可是來自情緒或肢體的互動，而不是透過理性的討論來解決；3.目光短視的父母可能不會意識到子女的異常行為，進而使其子女的偏差或犯罪行為逐漸深化；4.父母的低自我控制力可能會對家庭某些功能產生負面影響，例如相對於心理滿足而言，喜歡立即滿足的父母可能不願意陪伴孩子讀書，或協助孩子解決學業上的問題。

另在教養品質上，有研究指出父母有效的教養方式，可以透過父母親日常的密切監控並糾正孩子的偏差行為下，提高少年的自我控制能力，並使少年遠離支持他參與犯罪的各項影響因素（Gonzalez et al., 2014）；另外，Hope等人（2003）和Rebellon等人（2008）也指出，父母有效的監督、控制、矯正和依附等教養方式，都被認為是其子女是否形成高度自我控制的重要預測因素。從父母教養品質對其子女的影響來說，有部分學者以性別參與犯罪的分析結果來加以佐證。少年犯罪在性別的分布上，女性都比男性的犯罪率低而且似乎都有較高的自我控制程度，這是由於父母親對待男孩與女孩有不同的教養方式所致。換言之，由於在家庭教養過程中，女孩通常比男孩受到更嚴密的監督過程，使得女孩會比男孩具有更多的自制力與更少從事偏差或犯罪行為的機會（Gottfredson and Hirschi, 1990; Hope et al., 2003; Zimmerman and Messner, 2010; Estrada et

al., 2015），雖然Boisvert等人（2012）的研究結果認為，提高子女自我
控制力並免於犯罪的主因是孩子對父母的依附程度，而非父母的監控程
度，但卻也證明父母的教養品質確實對子女的自我控制力及免於犯罪的效
果具有解釋力。

Agnew（2001）論及家庭與少年犯罪之間的關係時也指出，影響少年
犯罪的因素當中，家庭結構的影響性並不及於父母經營親子關係的家庭動
力因素，通常少年與其父母保有親密關係者其犯罪率較低，而這種親密關
係的維持與下列情況有關：

1. 父母對少年的排斥或冷漠

當父母疼愛自己的孩子並且透過適當的行為表示時，則可以讓孩子感
受溫暖進而遠離偏差或犯罪行為的發生，例如父母與孩子一起進行交談或
參與活動、表達對孩子生活的關心並提供安慰和支持等；反之，當父母不
參與孩子們的生活，不將時間與心力投放到孩子身上，甚至做出拒絕、排
斥或冷漠的舉措時，父母就不太可能獲得孩子的愛與信任，進而轉向到家
庭外尋求溫暖，且提高接觸不良同儕的風險。

2. 少年對父母的依附程度

當少年與父母之間有著強烈的依附或情感連結鍵時，則可使少年的犯
罪風險降低。因為少年對其父母的依附程度通常是經由其關心、尊重、認
同與願意接近父母的程度而定。Agnew認為少年對父母的依附可以透過社
會控制、社會學習和緊張因應等原因的解釋而達到預防少年犯罪的效果。
就社會控制觀點來說，依附在父母身邊的少年，會因不想做出讓父母難過
的事情而遠離偏差犯罪；就社會學習角度來說，高度依附於父母的少年有
可能會因為模仿父母的正向行為、接受父母的信仰與管教等而遠離偏差犯
罪；就壓力因應的層面來說，高度依附於父母的少年會認為，家是讓他感
受壓力最小的地方而可避免了向外尋求溫暖的可能。

3. 家庭衝突

依據以往的研究結果指出，在幾乎沒有衝突的家庭中，少年從事犯
罪的可能性較低，而家庭衝突的型態則包括了父母與親子之間的衝突，衝
突的內容又可包括：經常性的爭吵、意見不一致、責罵、恐嚇威脅等。另

外，家庭衝突可能是由於少年的犯罪行為或麻煩行為所引起，也有可能是經由一般的家庭衝突而導致少年犯罪，無論是何種因果關係下的家庭衝突，都可能會削弱父母與少年之間的情感連結鍵，降低少年依附於父母的努力，並使少年暴露於具有攻擊性的生活模式和信念，增加與犯罪同儕交往的可能性，進而提高少年承受壓力與從事偏差犯罪行為的可能性。

4.虐待兒童

家庭關係若惡化到達虐待兒童的程度時，受虐兒童於長大後從事犯罪行為的可能性則會增加。以往研究家庭受虐對犯罪的影響時，發現身體虐待、性虐待和忽視教養等三項最容易與犯罪產生連結，其中又以忽視教養的可能性最高。

最後，近年來的研究似乎發現親子之間的反社會行為具有代間遺傳的現象，也就是說，父母的低自我控制力不僅影響著其子女的偏差或犯罪行為，通常也使得父母所具有的反社會行為發生代間遺傳的效果。這種反社會行為的遺傳，有部分原因可能是來自於低自我控制力的父母，無法營造溫暖的養育家庭環境，也缺乏適當監督和管教少年行為的能力，從而使少年無法在家庭當中獲得適性的社會行為技巧，甚至導致少年離開家庭趨近偏差同儕後，引發諸多偏差或犯罪行為（Jackson and Beaver, 2013; Farrington et al., 2009; Thornberry et al., 2003）。

三　學校

學校是個體在少年期間生活時間最長的場域，少年在學校裡除了面臨學業壓力外，還會面臨人際互動、問題處理技巧及同儕相互學習影響的壓力等。因此，在許多的少年犯罪研究當中學校經歷都被視為極為重要的研究觀察變項。Agnew（2001）綜合以往的研究發現後認為，少年的學校經歷與其犯罪之間具有以下的連繫關係：

（一）在學業成績面向上：犯罪少年通常都有較低的學業成就，進而導致他們會被安排在特定的班級或沒有常態課程設計的班級當中，使得他們在學業成就上更加弱勢。Maguin和Loeber（1996）研究學業成就與少年犯罪的結論即指出，學業成績差的孩子的犯罪機率是學業成績好的孩子的2倍。

（二）在學校參與面向上：少年犯罪者似乎不太參加學校活動，並且也很少將時間與心力放在家庭作業或學校的課外活動上。

（三）在依附學校面向上：少年犯罪者應該不喜歡上學，例如他們可能不喜歡學校、討厭學校的限制、覺得學校上課很無聊或浪費時間等。因為他們依附於學校的程度相當低，導致他們寧可逃離學校到其他地方去，進而升高他們從事犯罪的風險。

（四）在與老師的關係面向上：少年犯罪者有絕大的可能會自陳他們不喜歡他們的老師，甚至與他們有不愉快的關係。

（五）在教育或職業目標面向上：少年犯罪者的教育和職業抱負通常不會太高，甚至在求學期間很有可能會有輟學的現象，進而增加接觸偏差同儕及學習偏差副文化的風險。

（六）在學校期間的行為表現面向上：少年犯罪者有極大的可能會常有違反學校規定的機會，例如蹺課、逃學或違反學校諸多明確規定的事項等。

　　雖然以往的研究發現少年的學校經歷與其犯罪有上述的連結關係，但也有學者提出這些連結關係在表面上看來是沒有太大的爭議，只是這些學校經歷與少年犯罪之間所代表的涵義解釋似乎仍有所不足。換言之，究竟是這些學校經歷促成少年犯罪，還是因為少年犯罪之後才產生這些學校經歷，這是需要進一步加以釐清（Maguin and Loeber, 1996; Wilson and Herrnstein, 1985）。上述對於學校經歷與少年犯罪之間因果關係的質疑不是沒有道理，因為在前段有關家庭和個人特質的解釋時，即可看出學校經歷與少年犯罪之間似乎還有第三個變數影響著兩者之間的因果關係。諸如，少年個體本身的低自我控制力、缺乏健康行為及具反社會行為特質等，或是家庭動力不良導致少年在學校表現出的偏差或不良行為等，這些少年本身個人特質與家庭動力因素似乎也是考慮學校經歷與其犯罪的第三種以外的影響變數。

　　另近年來，有諸多犯罪學者著手研究師生關係狀況對學生偏差行為的影響，例如Tillmann等人（2007）在德國研究「學校與暴力」的主題時發現，學生與教師之間的正向積極關係與較少的暴力行為有關，而師生關係不良的學生通常在學校伴隨著更多的暴力行為；Stracuzzi和Mills（2010）研究也發現，對老師的支持程度更高的學生，其從事不良行為的可能性也大大降低；Theimann（2015）研究發現：學生與教師之間的

緊密關係會積極地影響學生親和社會的態度，而親和社會態度又可以降低學生日後偏差或犯罪行為的發生。反之，不良的師生關係顯然阻礙了親和社會規範的內在化，從而間接地助長學生的不良行為。由此可知，學校內的師生關係程度決定學生行為品質的好壞。

四　社區鄰里

在各項犯罪學研究當中，社區鄰里常被視為一項風險因素，尤其是少年犯罪，就如同Thornberry等人所提出的互動理論指出：少年幫派是經由個體特質、同儕群體、社會結構（例如貧民區、學校和家庭的負面環境）三者之間的相互作用而來。若此一相互作用的結果，導致非正式社會控制力的薄弱，並營造出可促進和強化少年對犯罪的學習環境時，則身處在此一環境的少年便會集結凝聚，最終可能形成幫派團體，進而滋生諸多偏差、犯罪與問題行為（Thornberry et al., 2003）。Alleyne和Wood（2011）則認為，互動理論是控制理論和社會學習理論的結合體，該理論以控制理論解釋少年與社會鍵的連繫減弱時，他們就容易從事偏差或犯罪行為；另以社會學習理論觀點解釋時，當少年從犯罪行為當中所獲得是更多正向的回應而不是負向的代價時，則會更沉浸在犯罪行為當中。因此，以互動理論的角度解釋少年犯罪時，便可認為少年幫派傾向於在具有社會解組特徵的社區當中生成茁壯，且當該社區原本就存在幫派時，則更容易吸引身處在該社區當中的少年加入，尤其是出自於家庭控制力薄弱的少年，進而衍生諸多少年犯罪與問題行為。

O'Brien等人（2013）另從動機、風險與保護等面向探討少年加入犯罪幫派的原因時，歸結影響少年加入犯罪幫派有五大面向因素，其中關於社區鄰里部分，就提出影響少年加入犯罪幫派的社區鄰里特徵包括該社區充斥著導致個體犯罪的指標（例如吸毒人口），及低社經地位人口居多等。但O'Brien等人認為，社區鄰里因素對個體是否加入幫派的影響不大，主要影響因素在於個人、家庭與同儕等因素上。尤其是同儕因素，因為青少年階段的個體強調同儕之間的承諾與支持，當個體參與偏差同儕網絡之中，或與幫派有關的同儕交往互動下，往往就很容易加入幫派活動當中。Earls（1998）則從少年犯罪的反向研究途徑認為，當社區的「集體效能」能夠充分發揮時，在遏止少年犯罪副文化的生成上便可以具有良好

的功效，Earls認為：當社區內成員彼此間相互信任，具有共同干預監督兒童少年的言行與維持公共秩序的意願時，生活在該領域的少年言行便會受到一定程度的監控，進而也呈現較低的少年犯罪率。由此可知，社區鄰里因素相對於家庭父母及同儕朋友等因素，在影響少年犯罪的程度上，便顯得不是居於核心地位。

當前以社區鄰里層面探討少年犯罪時，主要集中在社區結構弱勢的問題。例如，Johnson和Kane（2016）研究社區結構特性與暴力犯罪關聯性研究時認為，具有弱勢結構特性的社區（諸如貧民區）特別容易與暴力犯罪產生高度連結。他指出：社區結構條件不利的社區其實很難建立預防或應對暴力所必需的非正式社會控制能量；再者，也可能無法獲得政府正式社會控制措施的支持，因而導致該社區的少年（尤其是男性）面對生活壓力時，容易形成使用暴力的超男性化表現。

Johnson（2016）也認為當某一社區集所有弱勢條件於一身時，將會促使該社區的社會資源和經濟資源相當缺乏，這除了會限制社區居民的生活機會與發展外，也有可能促發該社區的某些居民從事非法工作，尤其是販毒。這是一項高風險、高報酬的工作，而且常與暴力犯罪事件產生高度連結，其中包括因毒品交易糾紛或爭奪販毒市場而衍生的暴力犯罪事件最為常見。

從上可知，就社區結構上來說，處於不利地位的社區比起處於經濟穩定的社區，更容易遭受社會和經濟的隔離，這意味著他們既無法從大社會資源當中獲得支持，似乎也無法與周邊社區獲得交流而受益，反過來可能因其本身的弱勢條件而被許多犯罪事件所滲入，進而影響生活在該社區裡的少年個體獲得社會學習的機會，或是透過長期的接觸下產生情緒敏感的可能，進而提高其從事犯罪行為的風險。因此，Agnew（2001）論及少年犯罪的社區鄰里風險因素時也指出，高犯罪風險社區鄰里具有四大特徵：1.社經地位低下；2.社區規模大且居民人口密集；3.居民人口流動性高；4.該社區內的家庭破碎比例高。Agnew進一步指出具有上述特徵的社區有高犯罪犯罪率，主要有兩個原因：一是容易犯罪的人可能會被這些社區所吸引，或者因為他們（或其家庭）無力住在其他地方，所以他們也只有這些社區可選擇；二是高犯罪社區的這些特徵導致少年犯罪。因此，高犯罪率社區可能會吸引或選擇容易犯罪的人，並使這些人從事犯罪活動。

就以社區動力來說，根據控制理論的觀點，高犯罪率社區的特徵會降

低社區居民對少年有效的控制力，尤其是高犯罪率社區的居民不太有能力或不願意直接干預青少年的偏差言行，導致許多年長居民不太願意與年輕人社交，糾正青少年的偏差言行並發展出自我控制力。Agnew（2001）認為至少有以下三個原因，導致社區居民不太可能參與培養青少年的自我控制力：

（一）高犯罪率社區居民通常缺乏幫助社區青少年的技能和資源。因為居住此一特性社區的居民通常社經地位不高，且受教育程度有限，因而削弱了他們對青少年形成關於辛勤工作和傳統生活方式所帶來好處的榜樣。

（二）社區居民不太可能與鄰居保持密切聯繫並關心社區。因為在高犯罪率社區的居民，通常具有高人口流動與高人口異質的特徵，因而降低了他們對社區付出心力的意願。

（三）社區居民不太可能支持或形成社區組織，包括教育、宗教和娛樂等組織。主要原因還是因為在此一社區內的居民，其所擁有的社會與經濟資源有限，對於社區依附程度也低，因而缺乏形成或參與社區組織的動力與能力。

五　同儕交往

　　偏差同儕一直是促使少年犯罪的核心因素，這有發展心理學上的理由支持，因為少年進入青春期之後，與同儕交往是少年在該時期相當重要的社會活動，他們花很多的時間與心力與同儕交往互動，也重視同儕的意見交流，因此促使少年犯罪的原因當中，有相當大的原因是來自偏差同儕的影響（Akers, 1998; Warr, 2002; Neff and Waite, 2007; Chan, 2019）。另外，Warr（1996）的研究指出，有73%的少年犯罪是在群體中實施的，其中竊盜犯罪高達91%，毒品犯罪則占79%，暴力傷害占71%，故意破壞行為占60%。雖然其他研究得出的百分比略有不同，但大多數有關少年犯罪的研究都支持，少年犯罪確實是在具有共犯結構下所實施。從這些數據的呈現可知，偏差同儕確實影響少年犯罪的走向，也驗證社會學習理論與副文化理論當中，關於相互學習、模仿犯罪並強化犯罪價值的說法。

　　然而少年結交偏差同儕是否就意味著一定會導致其從事犯罪行為，是否也如學校經歷因素與少年犯罪一般，受到第三變數以外的因素所影響，

諸如個人特質當中的低自我控制力、缺乏健康行為、家庭動力不足與負面的學校經歷等因素的作用，到目前為止仍在進行研究證實當中；另有學者認為接觸偏差同儕是偏差或犯罪少年的一種慣性行為，就如「物以類聚」一般的現象，偏差少年自然地會與偏差少年聚在一起，偏差少年很自然地會選擇偏差少年當朋友。因此就以目前所得到的研究結果來說，直接論定結交偏差朋友會導致犯罪的結論似乎還太早，最多也只能說與偏差同儕交往接觸後會導致少年日後的犯罪行為的增加。換言之，與偏差同伴交往只是預測少年日後犯罪行為持續或增加的最佳指標，而促使少年犯罪的因素除了偏差同儕因素之外，應該不能忽略其他第三變數以外的因素影響，諸如前述個人的低自我控制力、缺乏健康行為、家庭動力不足與負面的學校經歷等因素的介入作用（Agnew, 2001）。

另Haynie和Osgood（2005）研究發現，少年易透過與偏差同儕的相處而暴露於犯罪副文化的環境當中，而該環境既可以作為合理化其犯罪行為，也可以作為獲得犯罪機會的場所。因此，當少年不斷的與偏差同儕相處互動並沉浸犯罪副文化當中時，將促使少年進一步認同與深化其犯罪行為。例如，Elliott和Menard（1996）在一項縱貫性的調查研究當中發現，少年從沒有犯罪到嚴重犯罪的發展歷程，通常會以下列的方式進行：

（一）少年在觸犯輕罪之前，會先與有觸犯輕罪的偏差同儕交往。

（二）原本無犯罪紀錄的少年與有觸犯輕罪的偏差同儕交往後，通常會先導致其觸犯輕罪。

（三）當原本無犯罪紀錄的少年觸犯輕罪後，若沒有適當的處理，將導致其與更多有犯罪紀錄的偏差同儕聯繫交往。

（四）當與更多有犯罪紀錄的偏差同儕聯繫交往後，將影響其持續與擴大跟偏差同儕聯繫交往的程度，進而導致產生更嚴重的犯罪行為。

Elliott和Menard針對上述少年犯罪進程進一步補充說明時認為，並非所有的少年都如上述的犯罪進程都會達到嚴重犯罪的程度，有些少年可能一直停留在輕罪程度並沒有依照這些步驟，有些少年則可能離開了犯罪的範疇。這些現象說明了社會控制理論與社會學習理論在解釋少年犯罪時具有交互作用的現象產生。例如，當少年與父母沒有建立強烈的依附關係，或沒有父母的密切監督時，尋求同儕的支持與溫暖是他們最有可能的選擇，而若所結交的同儕具有偏差性時，他們會透過彼此之間的互動去強化犯罪信念、贊成犯罪行動、學習犯罪價值觀與技巧，或共同從事犯罪

行為。

　　姑且不論偏差同儕的聚集是促成或是嚴重化少年犯罪的因素，目前可知的是，偏差同儕的接觸、互動與聚集確實與少年犯罪的質量息息相關。Agnew（2001）蒐集諸多學者關於少年犯罪的研究後，整理出少年與偏差同儕的接觸、互動與聚集與犯罪之間的關係，並且認為偏差少年群體的聚集並非是幫派，就算是冠上幫派之名也還是未達到幫派的程度，最多也只能被稱之為偶爾參與犯罪的友誼團體，這可從以下的少年偏差團體諸多特徵可知：

（一）在犯罪類型上：大多數的少年偏差團體通常只會從事輕微犯罪，而會很頻繁且觸犯嚴重犯罪的少年是極為少數的。

（二）在團體組成上：少年偏差團體的人數規模通常很小，約在二至四人之間，且隨著年齡的增長，團體規模會愈來愈小；再者，少年很少會常態性的與同一個少年一起犯罪，反而是與不同的團體成員一起犯罪。

（三）少年偏差團體大多數以男性為主，年齡上也都相近，有趣的是，男性少年偏差團體通常會針對男性進行攻擊，女性少年偏差團體通常會針對女性進行攻擊，很少會有跨性別的偏差攻擊行為。

（四）大多數的少年偏差團體當中，都會有一個帶頭的人來煽動犯罪，這個帶頭者通常是比其他成員年齡相同或稍大一些，並且犯罪經驗也比其他成員略多。但是，帶頭煽動者可能是在這一少年偏差團體當中擔任煽動者，但在其他偏差團體卻擔任追隨者的角色。

（五）少年偏差團體成員之間的情感關係不定，依據以往研究來說，有的研究指出成員關係並不是很緊密，反而只是相互利用而已；有的研究則認為成員彼此之間有著深厚的感情和忠誠度。因此，少年偏差團體成員的情感連繫並沒有很一致的結論，可能也只是與一般同儕團體一樣而已，情感連繫並沒有什麼特別之處（Warr, 1996; Giordano et al., 1986）。

　　綜合以上可知，結交偏差同儕確實是少年犯罪的風險因素之一，只是這個風險因素是促發因素（從無到有）還是增強因素（從有到更多與更頻繁），就目前來說還沒有定論；再者，少年結交偏差同儕的原因，主要有三個來源：一是個體的低自我控制力，透過其好動、尋求刺激冒險等特徵進而容易與偏差同儕為伍；二是家庭動力不足，諸如父母的拒絕與疏忽，

對父母依附度低和父母監督不佳等，導致少年放棄在家中尋求溫暖支持，轉向到同儕群體當中因而提高結交偏差同儕的風險；三是學校負向經歷的影響，除了學業成就低落的原因外，學校總體不友善的生活環境也將使他們經由蹺課輟學的途徑，而與偏差友伴相結合。

六　婚姻狀況

近年來，許多研究已經發現個體歷經關鍵的生命事件（例如婚姻和就業）後，便中止與犯罪產生任何連繫，而促發個體中止犯罪的動因，則是來自這些人生歷程的轉變下，協助個體提高自我控制能力來促進戒斷，從而使他們能夠思考避免犯罪所帶來的負面生活（Warr, 1998; Laub and Sampson, 2003; Maume et al., 2005; Massoglia and Uggen, 2011）。婚姻與中止犯罪之間的關係，通常可基於社會鍵理論與社會學習理論加以解釋，社會鍵理論認為，當人們與主流社會的連繫鍵強韌時，便會降低其與犯罪接觸的可能。雖然到目前為止，婚姻如何中止個體犯罪的機制可能會因人而有所不同，但婚姻後的犯罪人可因結合人際關係的更新和對傳統目標承諾的要素，特別是婚姻所產出相互依存的義務和約束系統的狀態，將使個體若要將犯罪傾向轉化為犯罪行動時，便會審思並達中止犯罪的效果，且若個人對愛戀關係投入愈多時，則他就愈不會因犯罪行為而危及這一親密關係（Laub and Sampson, 2003）。

另一種解釋則是基於社會學習理論出發，它關注婚姻對個人生活方式的影響及限制犯罪機會的產生，該觀點認為個體在與犯罪同儕接觸時最有可能從事犯罪活動，因為這些犯罪同儕為犯罪提供了支援和便利的機會。而結婚則會改變個體的生活方式與日常習慣，從而減少出門在外的時間或在伴侶的監督下，進而降低接觸犯罪機會的可能；再者，婚姻也會對個體的社交網絡產生深遠影響，使犯罪人脫離現有的偏差同儕，並使他們逐漸與具傳統價值傾向的人交往互動，從此中止與遠離犯罪生涯。

Forrest和Hay（2011）進行一項以自我控制力為中介變項，觀察婚姻對犯罪行為所產生的作用研究當中發現，婚姻顯著地影響自我控制力的變化，即結婚者之自我控制能力遠高於未結婚者，顯見自我控制力不僅對童年或青春期的生活事件（家庭、學校等）有反應，而且與成年有關的社會事件也有高度相關。Forrest和Hay在該研究的另一重大發現是，個體自我

控制力的變化與隨後的犯罪變化也有高度相關，即婚姻增強了自我控制能力，而該高自我控制力也提高個體中止犯罪的可能性。例如在他們的研究當中顯示，婚姻與大麻使用之間的連繫中，約有16%是由於婚姻對自我控制力的作用下所致。Forrest和Hay進一步延伸他們的研究心得時認為，儘管理論觀點與研究所得驗證婚姻可提高個體自我控制力，但婚姻和自我控制力並非單向作用，兩者係以動態的方式相互連繫。換句話說，自我控制力可以加快個體想要結婚的速度，而婚姻反過來又可以鼓勵個體提升其自我控制力。總之，無論兩者之間如何動態發展，婚姻確實可以對個體產生自我控制力的改善，並與其中止犯罪有關。

第二十六章　情境犯罪預防

　　犯罪預防歷經自由意志論的刑事司法犯罪預防，及決定論的社區犯罪預防及發展性犯罪預防的操作後，因預防成效並未符合預期，促使現代的犯罪學家重整對犯罪問題的思考，並考量以往犯罪預防策略的優劣之後，形成現今所謂的犯罪機會論。此一論點同時擷取理性選擇主義與實證主義的觀點，將犯罪人與犯罪行為分開說明，並將兩者整合成為犯罪預防模式的基礎，情境犯罪預防策略便應運而生。情境犯罪預防策略係經由改變潛在犯罪人對風險和報酬的判斷來運作，具體而言，它試圖透過影響他們對機會的看法來阻止其採取某些行動，在長期大量的經驗研究支持下，情境犯罪預防策略不僅適用於傳統犯罪，更已成功應用於包括組織犯罪和恐怖主義在內的多種類型犯罪，甚至應用於整個犯罪預防領域（Clarke, 2009）。

第一節　情境犯罪預防概說

　　1970年代以後的犯罪預防發展，伴隨著現代古典學派理性選擇理論的興起（諸如1968年貝克提出基於經濟學的「理性選擇理論」、1979年費爾森及柯恩提出「日常活動理論」），以及有關環境犯罪學觀點的出現（諸如1971年傑佛利提出「以環境設計預防犯罪」、1972年紐曼提出「防衛空間」）後，著重促發犯罪事件發生當時的環境或情境特徵逐漸取代對犯罪人犯罪傾向的觀察。

　　情境犯罪預防策略的創始者克拉克於1960年代從事認知心理學研究時，開始對預防犯罪和反社會行為產生興趣，他強調情境屬性對個體偏差或犯罪行為的影響性，並研究英國少年矯正學校（Borstal School）被收容少年越獄的現象後發現，並非有何異於常人的原因讓這些被收容少年想要越獄，就只是該少年矯正學校的總體情境提供了可越獄的機會而已。克拉克所持的情境犯罪預防策略觀點自此萌生，其並持續呼籲從事各項犯罪預防時，應以消除犯罪機會為先（Clarke, 2012）。

　　由上可知，著重於犯罪機會的情境犯罪預防策略並不重視犯罪人的犯罪傾向，也不認為以刑事司法制裁可以有效預防犯罪事件的發生，其反

而重視犯罪事件當下究竟呈現何種情境特徵，導致該犯罪事件的發生。因此情境犯罪預防策略是針對所要解決的各種犯罪類型進行量身訂製策略，並在擬定策略之前蒐集該犯罪類型相關資訊，以辨識該犯罪類型在何種情境條件下發生，並分析應投入何種情境條件加以抑制後形成預防策略。因此，情境犯罪預防策略常與問題導向策略並論。

Freilich和Newman（2014）認為：情境犯罪預防策略是如此充滿活力與創新，不僅日漸受到犯罪預防領域的重視與運用，更促使各種降低犯罪機會的策略不斷被創發。例如Clarke和Mayhew（1980）最初所提出情境犯罪預防策略僅有八項，而後受到日常活動理論及防衛空間觀點的激發下，將情境犯罪預防策略提升到十二種，並分為三類：「增加犯罪的成本」、「增加犯罪的風險」和「減少犯罪的酬賞」（Clarke, 1992）。隨後又增加「消除犯罪的藉口」為第四類（Clarke and Homel, 1997），以防止原本遵守法律的民眾普遍犯下日常性的非暴力犯罪（例如超速駕駛、闖紅燈等）。直到最近又增加「減少犯罪的刺激」為第五類，使得當前情境犯罪預防策略共有五類，並含二十五項預防技術。

這二十五預防技術可分為「剛性干預措施」（hard interventions）和「柔性干預措施」（soft interventions），其中「剛性干預措施」目的在於增加物理或程序防衛機制，使犯罪人不可能輕易得手，例如機車加裝龍頭鎖；「柔性干預措施」目的則在降低情境刺激下，減緩人們對某些特定犯罪類型的犯罪動機，例如增加警語標示（Freilich and Chermak, 2009）。

第二節 情境犯罪預防的理論基礎

一 新機會理論

「新機會理論」是由費爾森和克拉克於1998年提出，其選擇具有關鍵解釋層次的機會理論，加以整合成為「新機會理論」一說，期待將犯罪機會理論以具有系統性、組織性與邏輯性的解釋架構，來提升解釋犯罪的效度，並在日後成為情境犯罪預防措施的主要理論基礎，原因在於它點出犯罪事件（尤其是工具性犯罪）當中所存在的機會因素，是解釋犯罪發生

與否的主要關鍵，而且機會因素所提供的犯罪預防操作策略不但是具體可操作的，更重要的是，情境犯罪預防策略確實也能發揮降低社會犯罪率的實際效果。費爾森和克拉克從現存的犯罪機會理論當中，選取日常活動理論、犯罪型態理論及理性選擇理論融合而成為「新機會理論」，並嘗試以該理論提高理論結構嚴謹度與提升對犯罪的解釋效度。雖然，這三個理論分別從不同的角度面向檢視犯罪的發生，但它們最終卻是在解釋同一個目標——犯罪機會。

（一）日常活動理論

日常活動理論在發展當初是對掠奪性犯罪的一種解釋，它認為此類犯罪的發生，必須在時間和空間上將下列三個要素融合在一起：有動機的犯罪者、適合的目標物及缺乏有能力嚇阻犯罪的監控者。此處有動機的犯罪者是一個社會常數，因應當時當地的社會總體狀況而產出；監控者則不需要非常強大，只要能在犯罪者評估犯罪成本效益時，足以打消其念頭即可；適合的目標物則指被害者而言，犯罪目標可以是一個人或物體，他們在空間或時間上的位置或多或少會使其遭受犯罪攻擊的風險，而影響風險程度的因素則包括：價值性（Value）、可移動性（Inertia）、可見性（Visibility）和攜帶方便性（Accessibility）等（簡稱為VIVA）。

從上述可知，日常活動理論認為：潛在犯罪者從事掠奪性犯罪時，他們最想要在缺乏有能力的監控者在場下實施犯罪，這也意味著社會犯罪率的多寡或升降與合適目標物受監控的程度有關，而與犯罪動機程度較無關係；再者，犯罪率即使上升並不是社會上有動機犯罪者的人數增加，而是因應現代社會下，人們日常活動產生變化因而導致犯罪機會增加的結果。因此，費爾森和克拉克推論：現代社會的三大社會變遷結果導致犯罪機會的增加，一是物質輕盈易於攜帶但價值性高的電子科技或高貴物質產品大量增加；二是愈來愈多的婦女進入職場，且小家庭形式的住宅日漸增多下，無疑又提供了大量的犯罪機會；三是因為現代交通便利發達下，人們有較多遠離家庭的活動規劃，諸如休閒、訪友聚會、選擇遠程工作地等。這三個現代社會日常活動的特徵，無疑增加犯罪機會的可能。

統整日常活動理論在新機會理論當中所居於的解釋層面，似乎是位在以社會巨觀的角度，來分析犯罪機會的存在性。

（二）犯罪型態理論

犯罪型態理論的內涵，主要集中在探討犯罪發生當時的情況性質，該理論認為犯罪事件最有可能發生在犯罪者與潛在被害者（目標）活動空間的重疊區域內（Brantingham and Brantingham, 1990; Felson and Clarke, 1998），例如住宅生活、職業工作、通勤和休閒娛樂三者所建構而成的活動範圍。

Brantingham和Brantingham（1999）認為犯罪型態理論是提供機會觀點的日常活動理論，與提供犯罪決策的理性選擇理論兩者結合的理論，用以說明潛在的犯罪者如何在其日常活動過程中尋找犯罪的可能。該理論假設犯罪者會經由理性決策的過程選擇犯罪目標，這種選擇過程不會是隨機的，而是會在特定的地理區域之內選擇特定目標。因此，Bernasco和Block（2009）便以犯罪型態理論來形容潛在的犯罪者就如覓食者一樣，必須在追捕獵物之前找到良好的狩獵場。因此，犯罪型態理論提出節點、路徑、邊緣等三個與空間分布及日常活動有關的概念元素，來作為其理論支撐。

犯罪型態理論以這三個概念元素來描述犯罪事件，認為：犯罪者不會在廣泛和隨機的範圍內漫無目標地尋找犯罪對象，而是會傾向於在熟悉的空間內尋找犯罪目標，這些熟悉的空間通常是個體日常活動過程中常出現的空間環境。首先是節點位置，它是日常活動的核心位置；再來是路徑，它是連接各個節點的行動路線。而節點和路徑兩者便是共同構成個體活動空間的主要範圍，也是犯罪者最有可能搜尋犯罪目標的區域。

除此之外，犯罪型態理論還提出邊緣的概念，該理論認為個人的意識空間是其活動空間的主要範圍區域，犯罪者通常不會到他感受陌生的空間區域內從事犯罪，其最有可能在其意識空間範圍內去尋找適當的目標，且同時該空間區域若能對他也產生缺乏適當監控時，將會是該犯罪者最佳的犯罪空間，因此在各個節點周邊且還在其日常活動路徑上的邊緣，將會是犯罪者最佳選擇犯罪的空間條件（Brantingham and Brantingham, 1999）。

統整犯罪型態理論在新機會理論當中所居於的解釋層面，似乎是位在以區域中觀的空間環境角度，來分析犯罪機會的存在性。

（三）理性選擇理論

　　理性選擇理論的觀點乃在描述個體的犯罪決策，其主要假設為：犯罪是個體有目的的行為，旨在尋求其自認為可以順利完成整個犯罪歷程的決定，但因為個體受到資訊蒐集未能完整、決策模式也未達嚴謹及個人思維能力有限等因素影響下，潛在犯罪者僅能做到部分理性程度的成本效益評估，因而顯得這些決定是短視的；再者，潛在犯罪者的犯罪歷程也會因其所選擇犯罪類型的不同而有所不同，畢竟其所選擇從事的犯罪類型，會有其特定的情境背景及理性分析等需求。

　　理性選擇理論試圖從犯罪者的角度來看世界，它也試圖瞭解犯罪者如何利用特定環境當中所呈現的犯罪機會來滿足其犯罪動機，即使只是一個小動作，犯罪者也會在行動之前完成每一個思考步驟。另外，理性選擇理論也認為犯罪者的思考是透過經濟性成本效益的分析，演算的依據主要是基於犯罪可得最明顯且直接的利益，常常會忽略更長遠的成本效益分析。而這也是費爾森和克拉克為何把日常活動理論與犯罪型態理論拿來與理性選擇理論共同結合為新機會理論的原因，道理就在於日常活動理論與犯罪型態理論所呈現出的就是具體可觀察到的犯罪機會，可以讓潛在犯罪者可立即接收並據以進行成本效益評估的即時條件。

　　統整理性選擇理論在新機會理論當中所居於的解釋層面，似乎是位在以犯罪者微觀的犯罪決策角度，來分析犯罪機會的存在性。

　　當瞭解新機會理論所包納的三個理論的內涵後可知，這三個理論在解釋犯罪事件時，具有交互與連動的作用。換言之，犯罪機會存在於社會與區域層次當中，並依個體對這些機會的解讀結果而做出犯罪與否的決定，因此，當社會與區域層次發展出改變犯罪機會的作為時，將可影響潛在犯罪者也會根據這些變化而做出不同的決定。另者，從犯罪機會的角度出發也可發現，這三個理論分別有其關注的解釋層次，並且依據其理論內涵而扮演適當的解釋角色。其中：1.以日常活動理論來描述社會巨觀層次所呈現的機會，例如體積小價值高的產品增多、大量的婦女進入職場、較頻繁遠離家庭的工作或休閒模式規劃；2.以犯罪型態理論來描述區域中觀層次所呈現的機會，例如犯罪者會傾向在熟悉的區域環境內尋找犯罪目標，這些熟悉的區域環境通常是個體日常活動過程中常出現的空間；3.以理性選擇理論來描述犯罪者微觀層次的機會，例如個體的犯罪決策是針對眼前立

即環境所呈現的機會，再透過經濟性成本效益的考量之後所生成。

　　新機會理論在日後成為情境犯罪預防措施的主要理論基礎，原因在於它點出犯罪事件（尤其是工具性犯罪）當中所存在的機會因素，是解釋犯罪發生與否的主要關鍵，而且機會因素所提供的犯罪預防操作策略不但是具體可操作的，更重要的是，情境犯罪預防策略確實也能發揮降低社會犯罪率的實際效果。

三　一般化多元機會理論

　　隨著機會理論研究的蓬勃發展，當機會理論進展到新機會理論之後，又更加嚴謹細緻地發展出「一般化多元機會理論」，嘗試以宏觀和微觀的機會觀點及其相互作用下，作為研究財產犯罪事件和情境犯罪預防的理論基礎。一般化多元機會理論是由美國犯罪學家Wilcox等人於2013年所提出，該理論認為當今犯罪事件犯罪學通常都將研究焦點關注在較小的分析單位（例如在地點特徵上以犯罪熱點為代表；在個體活動特徵上則以生活方式暴露理論及日常活動理論為代表），以及促使在這些單位發生犯罪事件其實是呈現非隨機分布的微觀犯罪機會所造成。Wilcox等人更進一步指出，現行情境犯罪預防策略其實就是從這些微觀機會理論的觀點出發設計，也確實是可以有效降低犯罪機會的干預措施；然而，若能再搭配宏觀的機會理論（例如社會解組理論與破窗理論）來理解社會解組現象和其他社區鄰里特徵是如何影響潛在犯罪者的決策時，將能更完整地瞭解犯罪事件發生的全貌（Wilcox et al., 2013）。

　　另外，Tillyer（2014）於解釋一般化多元機會理論時指出：機會理論的發展已逐漸朝向微觀與巨觀層次的整合發展邁進，甚至是早已經在進行整合。他舉例日常活動理論在開發當時，即建立在巨觀的層面上，說明總體社會結構的轉變促使人們的日常活動也隨之產生變化，進而造成社會上掠奪性的財產犯罪發生率也隨之增加。只是，後來的犯罪學家在引用日常活動理論時，將該理論的內涵（有動機的犯罪者、合適的標的物、缺乏監控的情境）運用在微觀的層面上，進而忽略了日常活動論具有宏觀機會理論的本質。

　　Tillyer（2014）進一步指出：從早期犯罪學機會理論的研究當中可以發現，各種層次的機會理論被廣泛的研究，但卻都是各自獨立在進行。例

如，屬於巨觀機會理論層次的社會解組理論強調，社區或都市的解組現象是造成各種掠奪性財產犯罪發生的主因；而屬於微觀機會理論層次的生活方式暴露理論則認為，個體的人口統計學特徵影響其生活方式進而產生對潛在犯罪者的暴露程度，導致提升其被害的可能。雖然早期的機會理論似乎都是各自強調其理論層次觀點的重要性，但其實在論述各自獨立層次的觀點時，都已經跨越巨觀與微觀層次的觀點，因此無論在建構分析犯罪或被害模式時，都可以看到這兩層次的痕跡。

　　Sampson和Wooldredge（1987）在論述生活方式—日常活動理論的微、巨觀面向與機會的關聯性時即指出：探究犯罪事件時，無論是潛在犯罪者或被害者的生活方式—日常活動模式與其所處的社區結構模式都必須同時進行檢視，因為個體的生活方式或日常活動可能透過增加對潛在犯罪者的暴露程度並升高其被害風險（生活方式暴露理論與日常活動理論的觀點）；但社區大環境的劣質條件也很有可能吸引潛在犯罪者前來而提高在該社區居民的被害風險（社區解組理論與破窗理論的觀點）。因此，如何將現有的機會理論適當的加以整合，是未來研究犯罪事件與開發預防策略的重要方向。

　　總結一般化多元機會理論的內涵來說，該理論認為犯罪機會有多種層次來源，並且存在於社會生活的各個層面當中，進而成為潛在犯罪者建構其犯罪思維模式的重要依據，其中包括微觀層次的生活方式暴露理論、日常活動理論、犯罪熱點等；巨觀層次的社會解組理論、破窗理論、以環境設計預防犯罪、防衛空間等。從上述理論當中可以發現，影響犯罪事件發生的元素跨及個人、住宅、街道、社區鄰里、都市環境等特徵上，讓犯罪事件產生獨立或共同的機會效應。若以上述一般化多元機會理論的觀點而言，新機會理論其實就是一般化多元機會理論的典型代表，該理論在描述犯罪事件時即以日常活動理論作為宏觀層次的論述基礎，以犯罪型態理論作為中觀層次的依據，以理性選擇理論作為微觀層次的說明等。諸如新機會理論採取多元性機會理論的結合以解釋犯罪事件發生的模式，將會是未來研究財產犯罪事件的理論主流。

第三節　情境犯罪預防的策略與技術

一　情境犯罪預防的策略與技術

　　Clarke（1997）認為情境犯罪預防的目的，在於透過創造不利於犯罪情境來防止犯罪事件的發生，並引入「離散管理」（discrete managerial）和「環境改變」（environmental change）的特定策略來實現降低犯罪機會的預防目標。情境犯罪預防發展至今已形成五種預防策略，並從這五種預防策略當中發展出二十五項預防技術（詳如表26-1），此五種預防策略說明如下：

（一）增加犯罪的成本：該策略目標旨在讓犯罪人因需付出較大的犯罪時間或心力，因而放棄對該目標實施犯罪。例如，強化對防護目標物的安全措施、管制通道及出入口檢查、透過物理設施的設置轉移犯罪人可能的出入、針對可能作為犯罪的器械實施管制等。

（二）增加犯罪的風險：該策略目標旨在讓犯罪人因考量會有高度被逮捕的風險，因而放棄實施犯罪。例如，增加各種監控、減少匿名性、標示使用場所管理者、改善街道照明、要求計程車司機顯示身分證明、設置監視錄影器或防盜警報器等。

（三）減少犯罪的酬賞：即讓犯罪人對所設定的犯罪目標當中無從所獲，或即使得手也難以銷贓獲利等之作為。例如，隱藏重要或具有價值的物品、財產烙印識別碼、監管可能的贓物市場（如當鋪、二手商店、資源回收場）、設置婦女庇護所等。

（四）減少犯罪的刺激：此一策略著重在透過各種物理性或程序性的規劃設計，以降低刺激個體從事犯罪的可能。例如，減少個體的挫敗感和壓力、制定相關規則以避免爭執、禁止歧視種族主義言論等。

（五）消除犯罪的藉口：透過制定相關規範或規則，或是可激發個體恥感的相關作為，使犯罪人因無適當的犯罪藉口而放棄。例如，飯店旅客登記、性騷擾防治規定、私人土地禁止停車標誌等。

表26-1　情境犯罪預防五種策略及二十五項技術

增加成本	增加風險	減少酬賞	減少刺激	消除藉口
1. 目標物強化 ■ 轉向柱鎖和防盜器 ■ 防盜屏風 ■ 防篡改包裝	6. 延長監護權 ■ 夜間集體出門，留下有人在家跡象 ■ 鄰里守望相助	11.隱藏目標 ■ 減少路邊停車 ■ 無性別區分的電話簿 ■ 無標記運鈔車	16.減少挫折和壓力 ■ 高效率的排隊及有禮貌的服務 ■ 擴充座位區 ■ 舒緩的音樂／柔和的燈光	21.設定規則 ■ 租賃協議 ■ 騷擾代碼 ■ 酒店登記
2. 控制對設施的訪問 ■ 入門電話 ■ 電子卡門禁 ■ 行李安檢	7. 輔助自然監視 ■ 改善街道照明 ■ 防禦空間設計 ■ 支持保護檢舉人	12.刪除目標 ■ 可拆卸車載收音機 ■ 婦女庇護所 ■ 公用電話預付卡	17.避免糾紛 ■ 為競爭對手的球迷提供單獨的圍欄 ■ 減少酒吧的擁擠 ■ 固定車費	22.崗位說明 ■ 禁止停車 ■ 私有財產 ■ 撲滅營火
3. 出入口管制 ■ 出境需購票 ■ 出口文件 ■ 電子商品標籤	8. 減少匿名 ■ 計程車司機的識別證 ■ 公告檢舉電話 ■ 校服	13.識別財產 ■ 財務烙碼 ■ 車輛牌照和零件標記 ■ 牛隻標記	18.減少情緒激動 ■ 暴力色情管制 ■ 加強足球場上的良好行為 ■ 禁止種族歧視	23.警惕良心 ■ 路邊速度顯示牌 ■ 報關單簽字 ■ 入店行竊就是偷竊
4. 轉移犯罪人 ■ 街道封閉 ■ 分隔女盥洗室 ■ 分散酒吧	9. 利用場所管理者 ■ 雙層巴士安裝監視器 ■ 便利商店安排兩名店員 ■ 獎勵維安人員	14.擾亂市場 ■ 監控當舖 ■ 對分類廣告的控制 ■ 許可街頭小販	19.消除同儕壓力 ■ 非難酒後駕車行徑 ■ 可以說「不」 ■ 驅離學校鬧事者	24.協助合規 ■ 簡化借書程序 ■ 公共廁所 ■ 垃圾桶
5. 管制武器 ■ 智能槍枝 ■ 禁用被盜手機 ■ 限制向未成年人銷售噴漆	10.加強正式監控 ■ 闖紅燈相機 ■ 防盜報警器 ■ 保安人員	15.拒絕好處 ■ 防盜標籤 ■ 清理塗鴉 ■ 路面減速凸	20.不鼓勵模仿 ■ 快速修復破壞行為 ■ 電視內安裝監控器 ■ 避免過於詳細的犯案模式說明	25.控制毒品和酒精 ■ 酒吧酒測器 ■ 保全人員干預 ■ 無酒精活動

資料來源：譯自美國亞利桑那州立大學ASU問題導向警務中心，網址：http://www.popcenter.org/25techniques/，搜尋日期：2023年3月23日。

從上述可知，這五種不同的預防策略可稱之為理論概念，而這二十五項預防技術則是犯罪預防的實務操作，只要能提高並達成犯罪預防目的，這其中的每一種策略與技術都可以相互應用，唯一要考慮的是經濟原則（是否付出超越太大比例原則的財務或人力）及倫理原則（是否會造成他人生活上的侵擾或歧視）（Clarke, 2009）。

二　情境犯罪預防的具體實踐——「以環境設計預防犯罪」

（一）以環境設計預防犯罪的發展歷程

以環境設計預防犯罪（CPTED）的策略思想起於1960年代的美國犯罪學界，Jacobs（1961）批評當時的都市規劃造成了北美都市街道上普遍存在的不安全感和負面氣氛，後來到了1970年代，分別經由Jeffery（1971）更加具體化地強調環境設計在促進社會安全方面的作用，及Newman（1972）所提出透過自然監控、領域感、目標強化和環境形象維護等原則所建構的防衛空間概念下，逐漸導引出經由環境設計控制以達到降低犯罪事件發生的預防觀點，並與情境犯罪預防策略形成共伴效果。

以環境設計預防犯罪策略在發展上歷經三個世代演進，第一世代強調物理環境的設計與空間分配觀點，例如建築物的位置和空間設計與預防犯罪事件發生具有高度相關；第二世代強調除原有的物理與空間設計外，更應透過社會凝聚力、連動性和社區參與等，將民眾活動場所的物理特徵與民眾各種生活向度相結合，使其成為維護治安的一部分；第三世代除建立在以第二世代為基礎外，同時納入綠色方法，將生活領域與自然生態形成共生和協同關係，亦即持續第一代所強調的自然監控與領域感等，及第二代經由環境空間設計有效性和社會文化多樣性來減少犯罪，乃至第三世代強調融入在地自然生態的環境設計達成犯罪預防目標。除此之外，第三世代的以環境設計預防犯罪策略更融入基於特定族群安全需求的環境設計，例如基於婦幼安全的環境設計、基於老人及殘疾人士的安全設計等，也都在第三世代的以環境設計預防犯罪策略當中出現。尤以北歐強調社會福利國家為代表，因此形成社會福利政策與情境預防策略結合的北歐犯罪預防模式特色（Iqbal and Ceccato, 2016）。

（二）「以環境設計預防犯罪」的操作原則

　　從情境監控觀點出發的「以環境設計預防犯罪策略」歷經五十年的精進後，產出以下具體的操作原則（Iqbal and Ceccato, 2016）：

1. 監控：其中包括正式與非正式監控，前者通常由利益當事人來操作，例如住宅的屋主或聘請保全人員親自執行；後者則透過各種物理環境設計或利用器具來加以監控，例如自然監控、監視錄影器監控等。

2. 領域感：係指透過各種自然與物理設計下，使該場域呈現有專屬人員使用的氛圍，進而使有犯罪動機或在搜尋犯罪對象的犯罪者，不敢在該場域內實施犯罪。

3. 人員出入控管：設計具有特定目的的控管空間，對出入該場域的人員進行查證監控，例如設計圍欄和獨立出入口門戶進行人員辨識控制。

4. 強化目標物：設計並裝設令人難以竊取或破壞的器具在所要防衛的目標物上（例如汽機車加裝安全鎖、將放置室外的重要機具焊死在地板上等）。

5. 活動支持：鼓勵當地居民在其社區場域舉辦各種社區活動，經由社區場域被頻繁使用的情況下，減少被犯罪人選擇為犯罪的標的，例如吸（販）毒等。

6. 場域形象：意指一個地點或區域呈現潔淨的外在形象時，表明該場域是有人管理監控，進而可以增強該地區的安全感，並使潛在的犯罪人遠離；反之，場域缺乏維護管理則會鼓勵犯罪發生，因為不存在經營控制的場域，將導致當地居民逐漸放棄該空間的利用。

三　情境犯罪預防的實例——以歐洲某些國家為例

　　Garland（2001）認為自1990年代開始，刑事司法政策思維從犯罪發生後的懲罰矯治模式轉向至犯罪發生前的風險管理模式，許多犯罪學家開始著手研究是否可以創造出具有標準化及可促進安全和風險管理的相關措施，其目的就與我們在預測與控制自然災害一樣的風險評估與控管一般。因此，於2000年開始，歐洲就開始創建有關建築領域的常規安全標準，除了一般我們所熟知的機械鎖具、監視錄影器、警報系統等目標物強化技術之外，同時還引進改變物理和社會環境以降低犯罪風險的策略，將情境

犯罪預防策略與技術導入城市規劃、環境設計和社會區域管理領域之中，以應對在都市當中愈來愈多的犯罪問題。

　　Stummvoll（2012）也認為，歐洲許多犯罪學家或實務工作者受到美國關於都市規劃和建築設計的批判性論點所啟發，諸如《環境犯罪學》（Brantingham and Brantingham, 1984）、《美國大都市的死與生》（Jacobs, 1961）、《以環境設計預防犯罪》（Jeffery, 1971）及《防衛空間》（Newman, 1972）等，引發部分歐洲地區專注於都市安全的專業人員（諸如建築師、城市規劃師、治安和公共管理人員）於1995年共同商議制定「歐洲都市規劃和建築設計預防犯罪標準」（European Standard for Crime Prevention by Urban Planning and Building Design），以作為日後基於犯罪預防為導向的都市規劃與建築設計之依據。雖然上述預防犯罪標準的推動最後沒有成功，但卻也展現出歐洲地區情境犯罪預防策略與技術逐漸蓬勃發展的趨勢，以下茲就歐洲部分國家針對情境犯罪預防策略與做法簡述如下（Stummvoll, 2012）：

（一）丹麥——強化易受害的目標物

　　丹麥預防犯罪委員會於1971年成立，是司法部管轄下的獨立機構，由42個代表許多不同行業和專業的私人和民間組織所組成，其依據該國當前最嚴重的犯罪問題或針對犯罪趨勢，向治安實務機關與民眾提供專業建議和指導，使該委員會在整個社會當中發揮犯罪預防諮詢相當重要的核心作用。該委員會設有五個常務委員會和一個智庫為其運作核心，其中「規劃居住環境預防犯罪委員會」（The Committee for Crime Prevention by Planning Residential Environments, MPU）是五個委員會之一，其致力於研究開發各種情境控管的方法與技術，透過改善住宅區域的體質、文化和社會狀況等特徵下，以降低住宅被害的機會。該委員會的成員共有16個團體代表，包括地方政府、中央政府住宅與都市發展部、住房出租者協會、全國社會教育工作者聯合會、工程師、都市規劃師、建築師、丹麥青年論壇、刑事警察局、哥本哈根大學等。

　　該委員會於1995年與丹麥建築師聯合會出版《預防暴力和故意破壞行為的技術標準》及《防盜技術操作手冊》，這兩份有關情境犯罪預防手冊強調透過對某一場域的良好設計與維護，皆有助於居民對生活場域的積極管理，並激發居民對該場域的管理責任後，進而產生強烈識別感、強化

居民依附性並減少匿名性等監控效能，藉以降低犯罪事件的發生。

（二）英國——「警察建築聯絡官」和「犯罪預防設計顧問」

英國是歐洲地區從事犯罪預防和犯罪學研究歷史最悠久、也是最深入的國家，在有關情境犯罪預防的操作上，與上開丹麥的例子有所不同，丹麥的情境預防犯罪策略是由多方專業與社會人士所組成的「規劃居住環境預防犯罪委員會」來推動，但英國有關情境犯罪預防是由內政部綜合參酌的警察部門與大學針對各種犯罪類型研究後直接來推動。英國從1980年代中期開始即經歷了漫長的情境犯罪預防犯罪策略，在政治支持與學術研究支持下，相繼進行「安全城市計畫」和「減少犯罪計畫」等關於情境犯罪預防計畫的測試，其中最著名的即是「安全設計」（Secured by Design, SBD）計畫，且目前在英國仍是相當的盛行[1]。

英國的安全設計計畫始於1989年，它是一項警察犯罪預防的舉措，其內含接受一定訓練標準程序的警察專家，包括警察建築聯絡官（Police Architectural Liaison Officers）和犯罪預防設計顧問（Crime Prevention Design Advisers）；他們接受地方政府、建築師和建築公司的諮詢，當有新建住宅或建物申請「安全設計」的認證時，則必須遵循這些專家警察的建議與認證。由此可知，英國從事情境犯罪預防措施所採取的策略，係先針對警察人員進行一定專業程度的培訓，其後與建築師和都市規劃師就未來的規劃項目進行聯繫，或加入當地的犯罪預防合作夥伴聯盟，以共同維護社會安全。

（三）荷蘭——「安全住宅」認證

荷蘭於1994年引進英國「安全設計」情境犯罪預防策略，進行「安全建物」認證計畫（Certificates for "Secure Housing"），亦由警察機關擬定住宅安全檢測標準，針對所提出申請認證的住宅進行檢測認證。雖然荷蘭的警察機關安全住宅認證措施引自英國，但在概念上仍有些許的不同。Stummvoll（2012）認為荷蘭模式與英國模式最大的不同在於，荷蘭模式著重於都市設計規劃和環境美化，而英國模式則著眼於建築結構和物體周圍的細節。例如，荷蘭的警察認證措施是以其於1985年所發布的政府政

1　可參照英國大曼徹斯特警察局：https://designforsecurity.org/sbd-accreditation/。

策計畫——「社會與犯罪」為基礎，該計畫提出下列三個犯罪預防的概念
方向：

1. 修正都市環境的物理設計，以促進對潛在犯罪人的監控並降低犯罪機
   會。
2. 針對高度易被害場域（例如購物中心、公共交通運輸場所和大樓高樓層
   區域），引進適當的保全人力以增加對該等場域的監控。
3. 透過家庭、學校、休閒活動和就業的途徑，加強青年與社會之間的正向
   連繫。

　　荷蘭在上述概念基礎上引進英國「安全設計」的做法，並進一步完
善自己的警察認證計畫，同樣著重在警察機關與建商、建築師和都市規
劃師之間的溝通聯繫，同時引進「以環境設計預防犯罪」的操作原則，
強化對住宅目標物的監控，以達降低犯罪機會的產生。後來，荷蘭內政
部於2004年全面推動「警察建物安全認證」計畫，並制定「警察認證法
案」，要求各地方政府必須與「建築警察聯絡官」合作，使該法案成為荷
蘭建築法案的一部分，並將「警察認證安全建物」與建築法規連繫配套，
截至2012年，已有1,000多個建物獲得警察認證安全建物的標誌。

（四）奧地利——「性別主流化」與生活安全

　　奧地利從事情境犯罪預防工作較為著名的是，在1992年於維也納市
議會成立了「促進和協調婦女事務辦公室」（Frauenbüro），且自1998
年起，該辦公室開始致力於在計畫過程中實現婦女的權益，並著重於女
性在居住及公共（半公共）場所的安全感，尤其是婦女在日常生活中所
可能遭受攻擊和隱私受侵犯的情況，使得政府必須制定適當的計畫和
建築標準以為依據。其中最具代表性的標準手冊為《安全都市指南》
（Richtlinienfüreine Sichere Stadt），本手冊係根據CPTED原則及女性主
義角度融合出發，旨在向建築商宣傳依照該手冊的標準要求興建住宅格
式。

　　《安全都市指南》定義在設計居住建築物和公共空間時，應納入
下列核心考量：環境能見度、空間光亮性、活動可及性、促進居民對空
間管理責任感、場域空間便於管理維護等。雖然該計畫並沒有明確提及
犯罪預防的功能，但從該計畫內的核心訴求即已蘊涵預防性別化暴力犯
罪的精神。再者，維也納市政府為了強化推動「性別主流化」（gender

mainstreaming）與生活安全的計畫政策，更採取經費補助政策，當個人或建商欲興建或修建建築物時，只要符合政府所訂的興建標準，並通過政府地政、建築管理、警察治安、都市發展與更新等部門的審查後，即可獲得政府的經費補助，此舉受到建築商、住房協會、私人開發商和屋主的廣泛使用，基於情境管理且有助於降低犯罪機會的措施自此開始蔓延。

（五）波蘭──從CPTED培訓開始

　　波蘭從事情境犯罪預防工作與前述國家直接制定政策計畫的走向有所不同，其係採取軟體意識的角度出發，並從情境犯罪預防的相關教育訓練開始著手。波蘭自2004年開始，於其國家警察學院開設以情境犯罪預防為導向的警察培訓。首先，他們吸取來自如荷蘭和英國的情境犯罪預防概念作為培訓教材，培訓完成並加以實施後檢測其預防成效並加以修正精進。波蘭在進行此一培訓計畫開始之前，該國的犯罪預防工作都僅限於類似強化門窗防衛及出入口管制等保護措施，自從引進上述概念後，則注入心理學、社會學、生態學、環境設計等觀點，以降低社會犯罪與滋擾事件的發生，情境犯罪預防策略自此開始進入到各種犯罪類型的預防工作之中。

參考文獻

一、中文資料

內政部警政署（2020），108年警政統計年報，網址：https://www.npa.gov.tw/
　　NPAGip/wSite/statistics/Y108/mobile/index.html，搜尋日期：2020年8月12日。

內政部警政署（2020），防治組沿革，網址：https://www.npa.gov.tw/NPAGip/wSite/
　　ct?xItem=69519&ctNode=12778，搜尋日期：2020年5月23日。

內政部警政署全球資訊網（2020），警政統計名詞定義，網址：https://www.npa.
　　gov.tw/NPAGip/wSite/lp?ctNode=12599&xq_xCat=02&nowPage=2&pagesize=15，
　　搜尋日期：2020年5月23日。

內政部警政署刑事警察局（2020），犯罪預防寶典網頁，網址：https://www.cib.
　　gov.tw/Crime，搜尋日期：2020年9月2日。

王朝煌、林建隆（2011），刑案犯罪特徵之比較研究——以台北市搶奪與住宅竊盜
　　犯罪為例，警學叢刊，第42卷第2期，第1-20頁。

世界衛生組織（2020），心理疾患（Mental-Disorders），網址：https://www.who.
　　int/news-room/fact-sheets/detail/mental-disorders，搜尋日期：2020年2月24日。

臺北市政府警察局91年度民意調查報告，臺北市政府警察局主辦，調查機構：異視
　　市場資訊研究中心。

甘添貴（1998），犯罪除罪化與刑事政策，載於：罪與刑——林山田教授60歲生日
　　祝賀論文集，臺北：五南。

朱愛群（1998），論警察機關裡三個競值的組織典範——刑案偵破、犯罪預防及為
　　民服務，中央警察大學學報，第33期，第69-82頁。

李茂生譯、Cesare Beccaria著（1993），犯罪與刑罰，臺北：協志工業。

孟維德（2001），白領犯罪——現象、理論與對策，臺北：亞太圖書。

孟維德（2016），從情境犯罪預防探討跨境犯罪，涉外執法與政策學報，第6期，
　　第107-138頁。

林東茂（2002），一個知識論上的刑法學思考，臺北：五南。

林滄崧（2008），台灣地區住宅竊盜犯罪被害危險因素模型之研究，中央警察大學
　　犯罪防治研究所博士論文。

法務部矯正署網站（2021），科學實證之毒品犯處遇模式簡報，網址：https://www.
　　mjac.moj.gov.tw/4786/4963/4965/93583/，搜尋日期：2021年8月29日。

社區治安安全生活守護網網站（2022），犯罪預防——建立社區安全維護體系，網
　　址：https://safemyhome.npa.gov.tw/ch/app/artwebsite/view?module=artwebsite&id=
　　1360&serno=08883661-d7b3-4e8b-ba3d-dfa697d3f1b9，搜尋日期：2022年9月17
　　日。

高金桂（1987），無被害人犯罪之研究與抗制，犯罪學論叢，第415-432頁。桃
　　園：中央警官學校。

張平吾、黃富源、范國勇、周文勇、蔡田木（2010），犯罪類型學，臺北：國立空
　　中大學。

張君玫譯（2003），社會理論與現代性，臺北：巨流。譯自：Nigel Dodd (1999),
　　Social Theory and Modernity.

許春金（2001），刑事司法概論，自版。

許春金（2003），犯罪學，桃園：中央警察大學。

許春金（2006），犯罪學，桃園：中央警察大學。

許春金（2010），犯罪學，臺北：三民。

許春金（2017），犯罪學，臺北：三民。

許春金譯、Michael Gottfredson著（1989），一般性犯罪理論對犯罪預防的啟示，
　　警學叢刊，第20卷第1期，第145-150頁。

陳玉書、曾百川（2006），網路詐欺犯罪理性選擇歷程之質性分析，2006年犯罪防
　　治學術研討會，桃園：中央警察大學。

黃富源（1982），犯罪黑數之研究，警政學報，第1期，第172-183頁。

黃富源（1992），明恥整合理論——一個整合、共通犯罪學理論的介紹與評估，警
　　學叢刊，第23卷第2期，第93-102頁。

黃富源（2000），警察與女性被害人——警察系統回應的被害者學觀察，臺北：新
　　迪文化。

黃富源（2002），被害者學理論的再建構，中央警察大學犯罪防治學報，第3期，
　　第1-24頁。

黃富源（2004），竊盜犯罪與4D原則，犯罪預防工作主管講習手冊，內政部警政
　　署刑事警察局。

黃富源、范國勇、張平吾（2012），犯罪學新論，臺北：三民。

黃富源譯（1985），以環境設計防制犯罪，新知譯粹，第1卷第2期。譯自：清永賢

二、高野公男（1982），都市與犯罪防止，文刊於伊藤滋編，都市與犯罪，東京：經濟新報社。

楊士隆、曾淑萍、周子敬、李政曉（2008），台灣地區詐騙犯罪防治策略之評估研究——警察與民眾之觀點，警學叢刊，第39卷第1期，第129-160頁。

楊士隆、戴伸峰、顧以謙、鄭凱寶、白新名（2014），成人犯罪被逮捕者非法藥物使用之調查研究——以高雄市為例，警學叢刊，第45卷第1期，第27-60頁。

楊士隆、戴伸峰、吳梓豪（2019），科學實證毒品處遇之執行與策進做法，矯正期刊，第8卷第1期，第4-39頁。

楊士隆、程敬潤（2002），強盜犯罪集團之生活史與犯罪歷程研究：以嘉義地區強盜集團之個案研究為例，警學叢刊，第32卷第4期，第137-166頁。

葉毓蘭（1998），警民共治，全民共享——社區警政的紐約經驗，中央警察大學行政系學刊，第23期，第1-22頁。

蔡中志（1988），住宅被竊特性與防治之研究，臺北：五南。

蔡德輝（2002），犯罪學，臺北：五南。

蔡德輝、黃富源、周文勇、林滄崧、林千芩、陳淑雲、謝易成（2007），我國組織犯罪次文化與警察機關防制對策，內政部警政署刑事警察局委託研究。

蔡德輝、楊士隆（2006），犯罪學，臺北：五南。

蔡德輝、楊士隆（2018），犯罪學，臺北：五南。

蔡德輝、楊士隆（2019），犯罪學，臺北：五南。

蔡震邦（2019），毒癮難戒？如何重新解讀毒品再犯數字背後的意義，矯正期刊，第8期第2卷，第230-255頁。

蔡憲卿（2012），建構金融機構強盜被害風險指標之研究，警學叢刊，第43卷第3期，第93-120頁。

鄧煌發（1999），犯罪預防，桃園：中央警察大學。

鄧煌發（2004），預防式的刑事政策，博士班上課講義，未出版。

鄭昆山、楊士隆（2004），台灣地區住宅竊盜與防治措施之研究，內政部警政署刑事警察局2004年委託研究報告。

盧俊光（2007），新興詐欺犯罪型態、模式及中介物之分析，警學叢刊，第38卷第1期，第21-56頁。

聯合電子報（2017），柔性司法的力量 唇耳眼鼻被割 她願續前緣，網址：https://udn.com/news/story/7321/2397648，搜尋日期：2017年12月20日。

謝文彥（2006），街頭搶奪犯罪動機與決意歷程之研究，警學叢刊，第36卷第5

期，第93-122頁。

蘋果電子報（2015），通姦除罪民調 8成5網友反對，網址：http://www.appledaily.com.tw/realtimenews/article/new/20150812/668171/，搜尋日期：2017年12月20日。

二、西文資料

Abbey, A., Jacques-Tiura, A. J., & LeBreton, J. M. (2011). Risk Factors for Sexual Aggression in Young Men: An Expansion of the Confluence Model. *Aggressive Behavior, 37*, 450-464.

Adams, M. S., Johnson, J. D., & Evans, T. D. (1998). Racial Differences in Informal Labeling Effects. *Deviant Behavior, 19*, 157-171.

Agnew, R. (2001). *Juvenile Delinquency: Causes and control*. CA: Roxbury.

Agnew, R. (2005). *Juvenile Delinquency: Causes and Control (2nd ed.)*, LA: Roxbury.

Agnew, R. (1992). Foundation for a General Strain Theory of Crime and Delinquency. *Criminology, 30*, 47-87.

Agnew, R. (1995). Testing the Leading Crime Theories: An Alternative Strategy Focusing on Motivational Processes. *Journal of Research in Crime and Delinquency, 32(4)*, 363-398.

Agnew, R. (1997). Stability and Change in Crime over the Life Course: A Strain Theory Explanation. In Thornberry, T. P. (ed.), *Developmental Theories of Crime and Delinquency*. NJ: Transaction Books.

Agnew, R. (2001). Building on the Foundation of General Strain Theory: Specifying the Types of Strain Most Likely to Lead to Crime and Delinquency. *Journal of Research in Crime and Delinquency, 38(4)*, 319-361.

Agnew, R. (2011). Strain and Delinquency. In Feld, B. C., & D. M. Bishon, D. M. (eds.), *The Oxford Handbook of Juvenile Crime and Juvenile Justice*. NY: Oxford University Press.

Agnew, R., & Brezina, T. (1997). Relational Problems with Peers, Gender and Delinquency. *Youth and Society, 29*, 84-111.

Akers, R. L. (1998). *Social Learning and Social Structure: A General Theory of Crime and Deviance*. MA: Northeastern University Press.

Akers, R. L., & Sellers, C. (2009). *Criminological Theories: Introduction, Evaluation, and*

Application. NY: OxfordUniversity Press.

Akers, R. L. (1998). *Social Learning and Social Structure: A General Theory of Crime and Deviance*. Boston: Northeastern University Press.

Akers, R. L. (2000). *Criminological Theories: Introduction, Evaluation, and Application*. LA: Roxbury.

Akers, R. L. (2011). The Origins of Me and Social Learning Theory: Personal and Professional Recollections and Reflections. In Cullen, E. T., Jonson, C. L., Myer, A. J., & Adler, F. (eds.), *The Origins of American Criminology (Advances in Criminological Theory, 16)*. NJ: Transaction.

Akers, R. L., & Sellers, C. S. (2004). *Criminological Theories: Introduction, Evaluation, and Application (4th ed.)*. LA: Roxbury.

Alalehto, T. (2003). Economic Crime: Does Personality Matter? *International Journal of Offender Therapy and Comparative Criminology, 47(3)*, 335-355.

Alderson, J. (1979). *Policing Freedom*. Plymouth: Macdonald and Evans.

Alfermann, D., & Stoll, O. (2000). Effects of Physical Exercise on Self-concept and Well-being. *International Journal of Sport Psychology, 31*, 47-65.

Alia, M. A., Azadb, M. A., Centenoa, M. P., Haoc, F., & van Moorsela, A. (2019). Consumer-facing Technology Fraud: Economics, Attack Methods and Potential Solutions. *Future Generation Computer Systems, 100*, 408-427.

Alleyne, E., & Wood, J. L. (2011). Gang Involvement: Social and Environmental Factors. *Crime & Delinquency, 60(4)*, 547-568.

Alwin, N., Blackburn, R., Davidson, K., Hilton, M., Logan, C., & Shine, J. (2006). *Understanding Personality Disorder: A Report by the British Psychological Society*. Leicester: The British Psychological Society.

Amato, P. R., & Keith, B. (1991). Parental Divorce and Adult Well-being: A Meta-analysis. *Journal of Marriage and Family, 53*, 43-58.

Amsterdam, J. G. C., Ramaekers, J. G., Verkes, R. J., Kuypers, K. P. C., Anna E. Goudriaan, A. E., & Brink, W. (2019). Alcohol- and Drug-related Public Violence in Europe. *European Journal of Criminology, 17(6)*, 806-825.

Anderson, E. (1999). *The Code of the Street: Decency, Violence, and the Moral Life of the Inner City*. NY: W. W. Norton.

Apel, R., Bushway, S. D., Paternoster, R., Brame, R., & Sweeten, G. (2008). Using State

Child Labor Laws to Identify the Causal Effect of Youth Employment on Deviant Behavior and Academic Achievement. *Journal of Quantitative Criminology, 24*, 337-362.

Apel, R., Paternoster, R., Bushway, S. D., & Brame, R. (2006). A Job isn't Just a Job: The Differential Impact of Formal Versus Informal Work on Adolescent Problem Behavior. *Crime & Delinquency, 52,* 333-369.

Apter, M. J. (2001). An Introduction to Reversal Theory. In Apter, M. J. (ed.), *Motivational Styles in Everyday Life: A Guide to Reversal Theory*, 3-35. Washington: American Psychological Association.

Apter, M. J. (2003). On a Certain Blindness in Modern Psychology. *The Psychologist, 16(9)*, 474-475.

Armenti, N. A., Snead, A. L., & Babcock, J. C. (2017). The Role of Trait Anger in the Relation Between Juvenile Delinquency and Intimate Partner Violence in Adulthood. *Crime & Delinquency, 64(5)*, 587-605.

Arneklev, B. J., Grasmick, H. G., Tittle, C. R., & Bursik, R. J. (1993). Low Self-control and Imprudent Behavior. *Journal of Quantitative Criminology, 9,* 225-247.

Asencio, E. K., & Burke, P. J. (2011). Does Incarceration Change the Criminal Identity: A Synthesis of the Labeling and Identity Theory Perspectives on Identity Change. *Sociological Perspectives, 54*, 163-182.

Association of Certified Fraud Examiners (ACFE), (2014). Report to the Nations on Occupational Fraud and Abuse – 2014 Global Fraud Study. Retrieved from https://www.acfe.com/rttn/docs/2014-report-to-nations.pdf.

Athens, L. (1992). *The Creation of Dangerous Violent Criminals.* Ill: University of Illinois Press.

Babiak, P., Neumann, C. S., & Hare, R. D. (2010). Corporate Psychopathy: Talking the Walk. *Behavioral Science and the Law, 28*, 174-193.

Bahr, S., Hoffman, J., & Yang, X. (2005). Parental and Peer Influences on the Risk of Adolescent Drug Use. *Journal of Primary Prevention, 26*, 529-551.

Bailey, J., & Taylor, M. M. (2009). Evade, Corrupt, or Confront? Organized Crime and the State in Brazil and Mexico. *Journal of Politics in Latin America, 1(2)*, 3-29.

Baker, R., Stewart, G., Kaiser, S., Brown, R., & Barclay, J. (1979). A Computerized Screening System for Correctional Classification. *Criminal Justice and Behavior, 6,*

251-273.

Bandura, A. (1986). *Social Foundations of Thought and Action: A Social Cognitive Theory*. NJ: Prentice-Hall.

Barnes, J. C., & Meldrum, R. C. (2015). The Impact of Sleep Duration on Adolescent Development: A Genetically Informed Analysis of Identical Twin Pairs. *Journal of Youth and Adolescence, 44*, 489-506.

Barr, R. & Pease, K. (1990). Crime Placement, Displacement and Deflection. In Tonry, M., & Morris, N. (eds.), *Crime and Justice: A Review of Research (12)*. Chicago: University of Chicago Press.

Barrick, K. (2007). *Being Labeled and Its Consequences for Recidivism: An Examination of Contingent Effects*. PhD Dissertation, College of Criminology and Criminal Justice, Florida State University.

Bartol, C. R. (1995). *Criminal Behavior: A Psychosocial Approach*. NJ: Prentice-Hall.

Barton, M. S.(2016). Gentrification and Violent Crime in New York City. *Crime & Delinquency, 62(9)*, 1180-1202.

Bechmann, A., & Lomborg, S. (2013). Mapping Actor Roles in Social Media: Different Perspectives on Value Creation in Theories of User Participation. *New Media & Society (2013), 15*, 765-781.

Becker, H. S. (1963). *Outsiders*. NY: Free press.

Becker, H. S. (1966). *Outsiders: Studies in the Sociology of Deviance*. NY: Free Press.

Becker, G. S. (1968). Crime and Punishment: An Economic Approach. *Journal of Political Economy, 176(2)*, 169-217.

Bemmelen, J. M. V. (1955). Pioneers in Criminology VIII – Willem Driaan Bonger (1876-1940). *Journal of Criminal Law and Criminology, 46(3)*, 293-302.

Bennett, T., & Wright, R. (1984). *Burglars on Burglary: Prevention and the Offender*. Englewood: Gower.

Bennett, T., Holloway, K., & Farrington, D. (2008). The StatisticalAssociation Between Drug Misuse and Crime: A Meta-analysis. *Aggression and Violent Behavior, 13*, 107-118.

Benson, M. L., & Simpson, S. S. (2015). *Understanding White-collar Crime: An Opportunity Perspective*. NY: Routledge.

Bergeron, H. (2009). *Sociologie De La Drogue*. Paris: La Découverte.

Bernasco, W., & Kooistra, T. (2010). Effects of Residential History on Commercial Robbers' Crime Location Choices. *European Journal of Criminology, 7(4)*, 251-265.

Bernasco, W., Ruiter, S., & Block, R. (2016). Do Street Robbery Location Choices Vary Over Time of Day or Day of Week? A Test in Chicago. *Journal of Research in Crime and Delinquency, 54(2)*, 244-275.

Bernasco, W., & Block, R. (2009). Where Offenders Choose to Attack: A Discrete Choice Model of Robberies in Chicago. *Criminology, 47*, 93-130.

Bernburg, J. G., & Krohn, M. D. (2003). Labeling, Life Chances, and Adult Crime: The Direct and Indirect Effects of Official Intervention in Adolescence on Crime in Early Adulthood. *Criminology, 41*, 1287-1318.

Bernburg, J. G., Krohn, M. D., & Riviera, C. J. (2006). Official Labeling, Criminal Embeddedness and Subsequent Delinquency: A Longitudinal Test of Labeling Theory. *Journal of Research in Crime and Delinquency, 43*, 67-88.

Berridge, V. (1999). *Opium and the People: Opiate Use and Drug Control Policy in Nineteenth and Early Twentieth Century*. London: Free Association Books.

Bevis, C., Nutter, J. B. (1977). *Changing Streets Layouts to Reduce Residential Burglary*. Paper presented at the American Society of Criminology Annual Meeting, Atlanta, GA.

Billis, D. (1981). At Risk of Prevention. *Journal of Social Policy, 10(3)*, 367-379.

BJS (2020). *White Collar Crime*. Retrieved from https://www.bjs.gov/content/pub/pdf/jsagowcc14.pdf.

Blackburn, R. (1993). *The Psychology of Criminal Conduct: Theory, Research and Practice*. NY: John Wiley & Sons.

Blackburn, R. (2000). Risk Assessment and Prediction. In McGuire, J., Mason, T., & Kane, A. (eds.), *Behaviour, Crime and Legal Processes: A Guide for Forensic Practitioners*. London: Wiley.

Blickle, G., Schlegel, A., Fassbender, P., & Klein, U. (2006). Some Personality Correlates of Business White-collar Crime. Applied Psychology: *An International Review, 55(2)*, 220-233.

Block, A. (2001). *Honour and Violence*. Cambridge: Polity Press.

Boccaccini, M., Murrie, D., Clark, J., & Comell, D. (2008). Describing, Diagnosing, and Naming Psychopathy: How Do Youth Psychopathy Labels Influence Jurors?

Behavioral Sciences & the Law, 26, 487-510.

Boccio, C. M., & Beaver, K. M. (2017). The Influence of Family Structure on Delinquent Behavior. *Youth Violence and Juvenile Justice, 17(1),* 88-106.

Bollinger, L. (2005). Symbolic Criminal Law without Limits: Commentary on the Cannabis Decision of the German Federal Constitutional Court. Retrieved from https://cifas.us/symbolic-criminal-law-without-limits/.

Bombardier, C. H., Blake, K. D., Ehde, D. M., Gibbons, L. E., Moore, D., & Kraft, G. H. (2004). Alcohol and Drug Abuse Among Persons with Multiple Sclerosis. *Multiple Sclerosis Journal, 10(1),* 35-40.

Bonta,J., Law, M., & Hanson, K. (1998). The Prediction of Criminal and Violent Recidivism Among Mentally Disordered Offenders: A Meta-analysis. *Psychological Bulletin, 123(2),* 123-142.

Bottalico, A. (2020). Towards a Common Trajectory of Port Labour Systems in Europe? The Case of the Port of Antwerp. *Case Study on Transport Policy, 8(2),* 311-321.

Bottoms, A. R. (1994). Environmental Criminology. In Maguire, M., Morgan, R., & Reiner, R. (eds.), *The Oxford Handbook of Criminology*, 585-656. Oxford: Clarendon Press.

Bower, J., & Gilson, S. (2003). *The Social Cost of Fraud and Bankruptcy.* MA: Harvard Business Publishing.

Braithwaite, J. (1989). *Crime, Shame, and Reintegration.* Cambridge: Cambridge University Press.

Braithwaite, J., & Geis, G. (1982). On Theory and Action for Corporate Crime Control. *Crime & Delinquency, 28,* 292-314.

Brantingham, P. J., & Faust, F. L. (1976). A Conceptual Model of Crime Prevention. *Crime and Delinquency, 22,* 284-296.

Brantingham, P. J., & Brantingham, P. L. (1981). The Dimension of Crime. In Brantingham, P. J. & Brantingham, P. L. (eds.), *Environmental Criminology*. London: Beverly Hills.

Brantingham, P. L., & Brantingham, P. J. (1993). Environment, Routine, and Situation: Toward a Pattern Theory of Crime. In Clarke, R. V., & Felson, M. (eds.), *Routine Activity and Rational Choice. Advances in Criminological Theory, 5.* NJ: Transaction Books.

Brantingham, P. L., & Brantingham, P. J. (1999). A Theoretical Model of Crime Hot Spot Generation. *Studies on Crime & Crime Prevention, 8,* 7-26.

Brezina, T. (1997). The Functions of Aggression: Violent Adaptations to Interpersonal Violence. Paper presented at *The American Society of Criminology Meeting*, San Diego, Calif.

Brogden, M., & Nijhar, P. (2013). *Community Policing*. London: Willan.

Broidy, L. M. (2001). A Test of General Strain Theory. *Criminology, 39(1)*, 9-36.

Broidy, B., & Agnew, R. (1997). Gender and Crime: A General Strain Theory Perspective. *Journal of Research in Crime and Delinquency, 34*, 275-306.

Brook, J. S., Brook, D. W., & Pahl, K. (2006). The Developmental Context for Adolescent Substance Abuse Intervention. In Liddle, H. A., & Row, C. L. (eds.), *Adolescent Substance Abuse: Research and Clinical Advances*, 25-51. NY: Cambridge University Press.

Brook, J. S., Saar, N. S., & Brook, D. W. (2010). Development Pathways from Parental Substance Use to Childhood Academic Achievement. *American Journal of Addiction, 19(3)*, 270-276.

Brown, B. B., & Bentley, D. L. (1993). Residential Burglars Judge Risk: The Role of Territoriality. *Journal of Environmental Psychology, 13*, 51-61.

Brown, S. L. (2006). Family Structure Transitions and Adolescent Well-being. *Demography, 43*, 447-461.

Brownfield, D., & Thompson, K. (2005). Self-concept and Delinquency: The Effects of Reflected Appraisals by Parents and Peers. *Western Criminology Review, 6*, 22-29.

Brownfield, D., & Thompson, K. (2008). Correlates of Delinquent Identity: Testing Interactionist, Labeling, and Control Theory. *International Journal of Criminal Justice Sciences, 3*, 44-53.

Browning, C. R., Feinberg, S. L., & Dietz, R. D. (2004). The Paradox of Social Organization: Networks, Collective Efficacy, and Violent Crime in Urban Neighborhoods. *Social Forces, 83(2)*, 503-534.

Bruinsma, G. J. N., Pauwels, L. J. R., & Weerman, F. M. (2013). Social Disorganization, Social Capital, Collective Efficacy and the Spatial Distribution of Crime and Offenders. *British Journal of Criminology, 53(5)*, 942-963.

Bulmer, M. (1984). *The Chicago School of Sociology: Institutionalization, Diversity, and the Rise of Sociological Research*. Chicago: University of Chicago Press.

Burgess, E. W. (1967). The Growth of the City: An Introduction to a Research Project. In

Park, R. E., Burgess, E. W., & McKenzie, R. D. (eds.), *The City*. Chicago: University of Chicago Press..

Burgess, R. L., & Akers, R. L. (1966). A Differential Association: Reinforcement Theory of Criminal Behavior. *Social Problems, 14*, 128-147.

Bursik, R. J., & Grasmick, H. G. (1993). *Neighborhoods and Crime: The Dimensions of Effective Community Control*. NY: Lexington Books.

Burton, L. (2007). Childhood Adultification in Economically Disadvantaged Families: A Conceptual Model. *Family Relations, 56,* 329-345.

Bushway, S. D., Thornberry, T. P., & Krohn, M. D. (2003). Desistance as a Developmental Process: A Comparison of Static and Dynamic Approaches. *Journal of Quantitative Criminology, 19,* 129-153.

Cao, L., Burton Jr., V. S., & Liu, L. (2018). Correlates of Illicit Drug Use Among Indigenous Peoples in Canada: A Test of Social Support Theory. *International Journal of Offender Therapy and Comparative Criminology, 62(14)*, 4510-4527.

Cao, L., Adams, A., & Jensen, V. (1997). A Test of the Black Subculture of Violence Thesis. *Criminology, 35*, 367-379.

Capaldi, D. M., & Stoolmiller, M. (1999). Co-occurrence of Conduct Problems and Depressive Symptoms in Early Adolescent Boys: III. Prediction to Young Adult Adjustment. *Development and Psychopathology, 11*, 59-84.

Capaldi,D., & Patterson, G. (1996). Can Violent Offenders Be Distinguished from Frequent Offenders: Prediction from Childhood to Adolescence. *Journal of Research in Crime and Delinquency, 33*, 206-231.

Caplan, G. (1964). *Priciples of Preventive Psychiatry*. NY: Basic Books.

Carson, D. C., & Vecchio, J. M. (2015). Leaving the Gang: A Review and Thoughts on Future Research. In Decker & Pyrooz (eds.), *The Handbook of Gangs*, 257-275. NY: John Wiley & Sons.

Catalano, R. F., & Hawkins, J. D. (1996). The Social Developmental Model: A Theory of Antisocial Behavior. In Hawkins, J. D. (ed.), *Delinquency and Crime: Current Theories*, 149-197. NY: Cambridge University Press.

Catalano, R. F., Kosterman, R., Hawkins, J. D., Newcomb, M. D., & Abbott, R. D. (1996). Modeling the Etiology of Adolescent Substance Abuse: A Test of the Social Development Model. *Journal of Drug Issues, 26*, 429-455.

Chamberlain, A. W., & Boggess, L. N. (2016). Relative Difference and Burglary Location: Can Ecological Characteristics of a Burglar's Home Neighborhood Predict Offense Location? *Journal of Research in Crime and Delinquency, 53(6)*, 872-906.

Chambliss, W. J. (1967). Types of Deviance and the Effectiveness of Legal Sanctions. *Wisconsin Law Review*, 703-719.

Chan, H. C. (2019). Violent Offending, Nonviolent Offending, and General Delinquency: Exploring the Criminogenic Risk Factors of Hong Kong Male and Female Adolescents. *International Journal of Offender Therapy and Comparative Criminology*. Retrieved from https://autorpa.lib.cpu.edu. tw:2171/10.1177/0306624X19881917.

Chassin, L., Presson, C. C., Young, R. D., & Light, R. (1981). Self-concepts of Institutionalized Adolescents: A Framework for Conceptualizing Labeling Effects. *Journal of Abnormal Psychology, 90,* 143-151.

Chen, X., & Miller, J. G. (2002). Aggression and Violence in Youth. *International Society for the Study of Behavioral Development Newsletter, 2(42)*, 1-24.

Chen, X., & Rafail, P. (2019). Do Housing Vacancies Induce More Crime? A Spatiotemporal Regression Analysis. *Crime & Delinquency*. Retrieved from https://autorpa.lib.cpu. edu. tw:2171/10.1177/0011128719854347.

Chiricos, T., Barrick, K., Bales, W., & Bontrager, S. (2007). The Labeling of Convicted Felons and Its Consequences for Recidivism. *Criminology, 45*, 547-581.

Christiansen, K. O. (1974). Seriousness of Criminality and Concordance Among Danish Twins. In Hood, R. (ed.), *Crime, Criminology, and Public Policy*. NY: Free Press.

Clarke, R. V. (2009). Situational Crime Prevention: Theoretical Background and Current Practice. In Krohn, M. D., Lizotte, A. J., & Penly Hall, G. (eds.), *Handbook on Crime and Deviance*, 259-276. NY: Springer.

Clarke, R. V. (2012). Opportunity Makes the Thief. Really? And so what? *Crime Science, 1*, 3.

Clarke, R. V. (ed.), (1992). *Situational Crime Prevention: Successful Case Studies*. NY: Harrow and Heston.

Clarke, R. V., & Homel, R. (1997). A Revised Classification of Situational Crime Prevention Techniques. In Lab, S. P. (ed.), *Crime Prevention at a Crossroads*, 17-30. OH: Anderson Publishing.

Clarke, R. V., & Mayhew, P. M. (1980). *Designing Out Crime*. London: HMSO.

Clarke, R. V. (1983). Situational Crime Prevention: Its Theoretical Basis and Practical Scope. In Tonry, M., & Morris, N. (eds.), *Crime and Justice.* IL: University of Chicago Press.

Clarke, R. V. & Felson, M. (1993). Criminology, Routine Activity, and Rational Choice. In Clarke, R. V., & Felson, M. (eds.), *Routine Activity and Rational Choice.* NJ: Transaction.

Clarke, R. V. (1980). Situational Crime Prevention: Theory and Practice. *British Journal of Criminology, 20*, 136-147.

Clarke, R. V. (1992). *Situational Crime Prevention: Successful Case Studies.* NY: Harrow and Heston.

Clarke, R. V. (ed.), (1997). *Situational Crime Prevention: Successful Case Studies.* NY: Harrow and Heston.

Clarke, R. V. (1993). *Crime Prevention Studies(1).* NY: Criminal Justice Press.

Clarke, R. V., & Felson, M. (2011). The Origins of the Routine Activity Approach and Situational Crime Prevention. In Cullen, F. T., Jonson, C. L., Myer, A. J., & Adler, F. (eds.), *The Origins of American Criminology: Advances in Criminological Theory, 16*, 245-260. NJ: Transaction.

Clary, E. G., Snyder, M., & Stukas, A. (1996). Volunteers' Motivations: Findings from a National Survey. *Nonprofit and Voluntary Action Quarterly, 25*, 485-505.

Clinkinbeard, S. S., Simi, P., Evans, M. K., & Anderson, A. L. (2011). Sleep and Delinquency: Does the Amount of Sleep Matter? *Journal of Youth and Adolescence, 40*, 916-930.

Cloward, R. A., & Ohlin, L. E. (1960). *Delinquency and Opportunity: A Theory of Delinquent Gangs.* NY: Free Press.

Cloward, B. A., & Piven, F. F. (1979). Hidden Protest: The Channeling of Female Innovation and Protest, *Signs, 4(4)*, 651-669.

Cloward, R., & Ohlin, L. (1960). *Delinquency and Opportunity.* NY: Free Press.

Cockerham, W. C. (2005). Health Lifestyle Theory and the Convergence of Agency and Structure. *Journal of Health and Social Behavior, 46*, 51-67.

Cohen, A. (1955). *Delinquent Boys.* NY: Free Press.

Cohen, L. E., & Felson, M. (1979). Social Change and Crime Rate Trends: A Routine Activiity Approach, *American Sociological Review, 44*, 588-608.

Cohen, L. E., Felson, M., & Land, K. C. (1980). Property Crime Rates in the United States: A Macrodynamic Analysis, 1947-1977; With Ex Ante Forecasts for the Mid-1980s. *American Journal of Sociology, 86*, 90-118.

Cohen, L. E., Kluegel, J. R., & Land, K. C. (1981). Social Inequality and Predatory Criminal Victimization: An Exposition and Test of a Formal Theory. *American Sociological Review, 46*, 505-524.

Cole, S. (1975). The Growth of Scientific Knowledge: Theories of Deviance as a Case Study. In Coser, L. A. (ed.), *The Idea of Social Structure: Papers in Honor of R. K. Merton*. NY: Harcourt Brace Jovanovich.

Coleman, A. (1989). Disposition and Situation: Two Sides of the Same Crime. In *The Geography of Crime*, Evans, D. & D, Herbert (eds.), London: Routledge.

Coleman, A. (1990). *Utopia on Trial (2nd ed.)*, London: Hilary Shipman.

Colvin, M., Cullen, F. T., & Vander Ven, T. (2002). Coercion, Social Support, and Crime: An Emerging Theoretical Consensus. *Criminology, 40*, 19-42.

Conklin, J. (2007). *Criminology*. Boston: Allyn & Bacon.

Coomber, K., Mayshak, R., Liknaitzky, P., Curtis, A., Walker, A., Hyder, S., & Miller, P. (2019). The Role of Illicit Drug Use in Family and Domestic Violence in Australia. *Journal of Interpersonal Violence, 36*, 15-16.

Coomber, R. (2006). *Pusher Myths: Re-Situating the Drug Dealer*. London: Free Association Books.

Coomber, R., McElrath, K., Measham, F., & Moore, K. (2013). *Key Concepts in Drugs and Society*. CA: Sage.

Copes, H., Hochstetler, A., & Sandberg, S. (2014). Using a Narrative Framework to Understand the Drugs and Violence Nexus. *Criminal Justice Review, 40(1)*, 32-46.

Cornish, D. B., & Clarke, R. V. (1986). *The Reasoning Criminal: Rational Choice Perspectives on Offending*. NY: Springer-Verlag.

Cornish, D. B. & Clarke, R. V. (1986). Situational Prevention, Displacement of Crime and Rational Choice Theory. In Heal & Laycock (1986), *Situational Crime Prevention: From Theory into Practice*. London: HMSO.

Cornish, D. B. & Clarke, R. V. (eds.), (1986). *The Reasoning Criminal: Rational Choice Perspectives on Offending*. NY: Spinger Verlag.

Costa, D. M., & Babcock, J. C. (2008). Articulated Thoughts of Intimate Partner Abusive

Men during Anger Arousal: Correlates with Personality Disorder Features. *Journal of Family Violence, 23*, 395-402.

Courtwright, D. T. (2002). *Forces of Habit: Drugs and the Making of the Modern World.* London: Harvard University Press.

Coyne, M. A., & Eck, J. E. (2014). Situational Choice and Crime Events. *Journal of Contemporary Criminal Justice, 31(1)*, 12-29.

Craig, J. M., & Piquero, N. L. (2016). Sensational Offending: An Application of Sensation Seeking to White-collar and Conventional Crimes. *Crime & Delinquency, 63(11)*, 1363-1382.

Crawford, A. (1998). *Crime Prevention and Community Saftty: Politics, Policies and Practices.* NY: Longman.

Crawford, L. A., & Novak, K. B. (2002). Parental and Peer Influences on Adolescent Drinking: The Relative Impact of Attachment and Opportunity. *Journal of Child & Adolescent Substance Abuse, 12*, 1-26.

Cressey, D. R. (1950). The Criminal Violation of Financial Trust. *American Sociological Review, 15(6)*, 738-743.

Croall, H. (2001). *Understanding White Collar Crime.* Buckingham: Open University Press.

Crosnoe, R., Johnson, M. K., & Elder, G. H. (2004). Intergenerational Bonding in School: The Behavioral and Contextual Correlates of Student – Teacher Relationships. *Sociology of Education, 77(1)*, 60-81.

Cullen, F. T. (1984). *Rethinking Crime and Deviance Theory: The Emergence of a Structuring Tradition.* NJ: Rowman & Allanheld.

Cullen, F. T. (1994). Social Support as an Organizing Concept for Criminology: Presidential Address to the Academy of Criminal Justice Sciences. *Justice Quarterly, 11*, 527-559.

Cullen, F. T., & Agnew, R. (2003). *Criminological Theory Past to Present.* LA: Roxbury.

Curcio, A. L., Mak, A. S., & George, A. M. (2013). Do Adolescent Delinquency and Problem Drinking Share Psychological Risk Factors? A Literature Review. *Addictive Behaviors, 38(4)*, 2003-2013.

Curman, A. S. N., Andresen, M. A., & Brantingham, P. J. (2015). Crime and Place: A Longitudinal Examination of Street Segment Patterns in Vancouver, BC. *Journal of Quantitative Criminology, 31*, 127-147.

Curry, G. D. (1998). Female Gang Involvement. *Journal of Research in Crime and*

Delinquency, 35(1), 100-118.

Daday, J., Broidy, L., Crandall, C., Sklar, D. (2005). Individual, Neighborhood, and Situational Factors Associated with Violent Victimization and Offending. *Criminal Justice Studies, 18*, 215-235.

Daly, M., & Wilson, M. (1994). Evolutiopnary Psychology of Male Violence. In Archer, J. (ed.), *Male Violence.* London: Routledge.

Darke, S., Kaye, S., McKetin, R., & Duflou, J. (2007). Physical and Psychological Harms of Psychostimulant Use. *NDARC Technical Report, 286.* Sydney, Australia.

Davidson, R., Dey, A., & Smith, A. (2015). Executives' "Off-the-job" Behaviour, Corporate Culture, and Financial Reporting Risk. *Journal of Financial Economics, 117*, 5-28.

De Haan, W., & Vos, J. (2003). A Crying Shame: The Over- rationalized Conception of Man in the Rational Choice Perspective. *Theoretical Criminology, 7(1)*, 29-54.

De Moor, M. H., Boomsma, D. I., Stubbe, J. H., Willemsen, G., & de Geus, E. J. (2008). Testing Causality in the Association Between Regular Exercise and Symptoms of Anxiety and Depression. *Archives of General Psychiatry, 65*, 897-905.

Decker, S. H., & Pyrooz, D. C. (2010). Gang Violence around the World: Context, Culture and Country. In McDonald, G. (ed.), *Small Arms Survey.* London: Oxford University Press.

Decker, S. H., & van Winkle, B. (1996). *Life in the Gang: Family, Friends, and Violence.* Cambridge: Cambridge University Press.

Decker, S. H., Pyrooz, D. C., & Moule, R. K. (2014). Disengagement from Gangs as Role Transitions. *Journal of Research on Adolescence, 24*, 268-283.

Decker, S. H., & Lauritsen, J. L. (2002). Leaving the Gang. In DeLisi, M., Angton, A., Behnken, M. P., Kusow, A. M. (2013). Do Adolescent Drug Users Fare the Worst? Onset Type, Juvenile Delinquency, and Criminal Careers. *International Journal of Offender Therapy and Comparative Criminology, 59(2)*, 180-195.

DeLisi, M., & Piquero, A. (2011). New Frontiers in Criminal Careers Research, 2000-2011: A State-of-the-art Review. *Journal of Criminal Justice, 39*, 289-301.

DeLisi, M., Nelson, E. J., Vaughn, M. G., Boutwell, B. B., & Salas-Wright, C. P. (2016). An Epidemiological Study of Burglary Offenders: Trends and Predictors of Self-reported Arrests for Burglary in the United States, 2002-2013. *International Journal of Offender Therapy and Comparative Criminology, 62(4)*, 1107-1127.

Deloitte. (2008). *Ten Things about Financial Statement Fraud.* Retrieved from http://www. corporatecompliance.org/Portals/1/Users/169/29/60329/10%20Things%20about%20 financial%20statement%20fraud.pdf.

Demirkol, I. C., Nalla, M. K. (2019). How Does Police Culture Shape Officers' Support for Community Policing? *Policing and Society, 29(6)*, 692-705.

Densley, J. (2012). Street Gang Recruitment: Signaling, Screening, and Selection. *Social Problems, 59*, 301-321.

Densley, J. (2013). *How Gangs Work.* NY: Palgrave Macmillan.

Densley, J. (2015). Joining the Gang: A Process of Supply and Demand. In Decker, S. H., & Pyrooz, D. C. (eds.), *The Handbook of Gangs*, 235-256. UK: Wiley.

Dikeç, M. (2004). Voices into Noises: Ideological Determination of Unarticulated Justice Movements. *Space and Polity, 8*, 191-208.

Disley, E., & Liddle, M. (2016). *Local Perspectives in Ending Gang and Youth Violence Areas.* London: Home Office.

Doerner, W. G., & Lab, S. P. (1998). *Victimology.* OH: Anderson.

Dong, B., & Krohn, M. D. (2016). Escape from Violence: What Reduces the Enduring Consequences of Adolescent Gang Affiliation? *Journal of Criminal Justice, 47*, 41-50.

Dorminey, J. W., Fleming, A. S., Kranacher, M., & Riley, R. A. (2010). Beyond the Fraud Triangle: Enhancing Deterrence of Economic Crimes. *The CPA Journal, 80(7)*, 17-24.

Dorminey, J., Fleming, A. S., Kranacher, M. J., & Riley, R. A. (2012). The Evolution of Fraud Theory. *Issues in Accounting Education, 27(2)*, 555-579.

Douglas, K. S., Guy, L. S., & Hart, S. D. (2009). Psychosis as a Risk Factor for Violence to Others: A Meta-analysis. *Psychological Bulletin, 135*, 679-706.

Earls, F. (1998). *Linking Community Factors and Individual Development.* DC: National Department of Justice.

Edelhertz, H. (1970). *The Nature, Impact and Prosecution of White-collar Crime.* DC: US Government Printing Office.

Elliott, D. S., & Menard, S. (1996). *Delinquent Friends and Delinquent Behavior: Temporal and Developmental Patterns.* In Hawkins, J. D. (ed.), *Cambridge Criminology Series. Delinquency and Crime: Current Theories*, 28-67. Cambridge University Press.

Ellis, L. (2003). Genes, Criminality, and the Evolutionary Neuroandrogenic Theory. In Walsh, A., & Ellis, L. (eds.), *Biosocial Criminology: Challenging Environmentalism's*

Supremacy. NY: NovaScience.

Empey, L. T. (1982). *American Delinquency: Its Meaning and Construction*. IL: Dorsey.

Eric L. Piza, E. (2018). The Effect of Various Police Enforcement Actions on Violent Crime: Evidence from a Saturation Foot-patrol Intervention. *Criminal Justice Policy Review, 29(6-7)*, 611-629.

Estievenart, G. (1995). The European Community and the Global Drug Phenomenon: Current Situation and Outlook. In Estieverart, G. (ed.), *Policies and Strategies to Combat Drugs in Europe:The Treaty on European Union: Framework for a New European Strategy to Combat Drug*, 50-93. Dordrecht: Martinus Nijhoff Publishers.

Estrada Jr., J. N., Gilreath, T. D., Astor, R. A., & Benbenishty, A. (2016). A Statewide Study of Gang Membership in California Secondary Schools. *Youth & Society, 48(5)*, 720-736.

Estrada, F., Backman, O., & Nilsson, A. (2015). The Darker Side of Equality? The Declining Gender Gap in Crime: Historical Trends and an Enhanced Analysis of Staggered Birth Cohorts. *The British Journal of Criminology, 56*, 1272-1290.

Ewing, B. A., Osilla, K. C., Pedersen, E. R., Hunter, S. B., Miles, J. N., & D'Amico, E. J. (2015). Longitudinal Family Effects on Substance Use Among an At-risk Adolescent Sample. *Addictive Behaviors, 41*, 185-191.

Farrall, S., Bottoms, A., & Shapland, J. (2010). Social Structures and Desistance from Crime. *European Journal of Criminology, 7(6)*, 546-570.

Farrington, D. P. (1989). Early Predictors of Adolescent Aggression and Adult Violence. *Violence and Victims, 4*, 79-100.

Farrington, D. P., Coid, J. W., & Murray, J. (2009). Family Factors in the Intergenerational Transmission of Offending. *Criminal Behaviour and Mental Health, 19*, 109-124.

Fattah, E. A.(1993). The Rational Choice/ opportunity Perspectives as a Vehicle for Intergrating Criminological and Victimological Theories. In Clarke, R.V. & Felson, M. (eds.), *Routine Activity and Rational Choice*. NJ: Transaction.

Feins, J. D. (1983). *Partnerships for Neighborhood Crime Prevention*. Washington, DC: U.S. Government Printing Office.

Felson, R. B., & Osgood, D. W., Cundiff, P. R., & Wiernik, C. (2018). Life in the Fast Lane: Drugs, Hedonistic Lifestyles, and Economic Crime. *Crime & Delinquency, 65(9)*, 1292-1318.

Felson, R. B., & Staff, J. (2015). Committing Economic Crime for Drug Money. *Crime and Delinquency, 63*, 375-390.

Felson, M. (1994). *Crime and Everyday Life: Insight and Implications for Society.* CA: Pine Forge Press.

Felson, M. (2002). *Crime and Everyday Life.* London: Sage.

Felson, M., & Clarke, R. V. (1998). Opportunity Makes the Thief: Practical Theory for Crime Prevention. *Police Research Series (98).* London: Home Office, Research Development and Statistics Directorate.

Finckenauer, J. O. (1982). *Scared Straight! And the Panacea Phenomenon.* DC: Prentice Hall.

Fishbein, D. (2003). *Biobehavioral Perspectives in Criminology.* CA: Wadsworth.

Flyghed, J. (2007). *Kriminalitetskontroll – Baserad på tro eller vetande, Svensk Jurist Tidning, Stockholm.* Retrieved from https://svjt.se/svjt/2007/67.

Fondén, C., & Sarnecki, J. (1996). Brottsliga ungdomsnätverk i Stockholm 1995. *Brottsliga nätverk/ungdomsgäng, rapport 7,* Samordningskansliet för brottsförebyggande åtgärder, Stockholm.

Ford, J. A. (2014). Poor Health, Strain, and Substance Use. *Deviant Behavior, 35*, 654-667.

Forrest, W., & Hay, C. (2011). Life-course Transitions, Self-control and Desistance from Crime. *Criminology & Criminal Justice, 11(5)*, 487-513.

Forth, A., & Book, A. (2010). Psychopathic Traits in Children and Adolescents. In Salekin, R., & Lynam, D. (eds.), *Handbook of Child and Adolescent Psychopathy*, 251-283. NY: Guilford Press.

Foucault, M. (1977). *Discipline and Punish.* Harmondsworth: Penguin.

Freeman, R. (1992). The Idea of Prevention: A Critical Review. In Scott, S., Willian, G., Platt, S. & Thomas, H. (eds.), *Private Risks and Public Dangers.* Aldershot: Avebury.

Freilich, J. D., & Chermak, S. M. (2009). Preventing Deadly Encounters Between Law Enforcement and American Far-rightists. *Crime Prevention Studies, 25*, 141-172.

Freilich, J. D., Newman, G. R. (2014). Providing Opportunities: A Sixth Column for the Techniques of Situational Crime Prevention. In Caneppele, S., Calderoni, F. (eds.), *Organized Crime, Corruption, and Crime Prevention: Essays in Honor of Ernesto Savona*, 33-42. NY: Springer.

Freud, S. (1961). *The Ego and the Id.* Strachey, J. (ed.), NY: W. W. Norton.

Frick, P. (1998). *Conduct Disorders and Severe Antisocial Behaviour.* NY: Plenum.

Frick, P., Kimonis, E., Dandreaux, D., & Farrel, J. (2003). The 4 Year Stability of Psychopathic Traits in Non-referred Youth. *Behavioral Sciences & the Law, 21*, 713-736.

Friedrichs, D. O. (2007). *Trusted Criminals – White Collar Crime in Contemporary Society.* CA: Thomson Wadsworth.

Friedrichs, J. (2008). *Fighting Terrorism and Drugs: Europe and International Police Cooperation.* London: Routledge.

Frye, V., Haviland, M., & Rajah, V. (2007). Dual Arrest and Other Unintended Consequences of Mandatory Arrest in New York City: A Brief Report. *Journal of Family Violence, 223(6)*, 397-405.

Gabor, T. (1990). Crime Displacement and Situational Prevention: Toward the Development of Some Pricinples. *Canadian Journal of Criminology, 32*, 41-47.

Garofalo, J., & McLeod, M. (1989). The Structure and Operations of Neighborhood Watch Programs in the United States. *Crime & Delinquency, 35*, 326-344.

Gatti, U., Tremblay, R. E., Vitaro, F., & McDuff, P. (2005). Youth Gangs, Delinquency and Drug Use: A Test of the Selection, Facilitation, and Enhancement Hypotheses. *Journal of Child Psychology and Psychiatry, 46*, 1178-1190.

Geis, G. (2000). On the Absence of Self-control as the Basis for a General Theory of Crime: A Critique. *Theoretical Criminology, 4*, 35-53.

Gendrau, P. (1995). *Predicting Criminal Behaviour: What Works?* Paper presented at the annual meeting of the Canadian Association, Charlottetown, Prince Edward Island, Canada, June.

Gesch, C. B., Hammond, S. M., Hampson, S. E., Eves, S. A., & Crowder, M. J. (2002). Influence of Supplementary Vitamins, Minerals and Essential Fatty Acids on the Antisocial Behaviour of Young Adult Prisoners: Randomised, Placebo- Controlled Trial. *The British Journal of Psychiatry, 181*, 22-28.

Gialopsos, B. M., & Carter, J. W. (2014). Offender Searches and Crime Events. *Journal of Contemporary Criminal Justice, 31(1)*, 53-70.

Gibbs, J., & Shelley, P. L. (1982). Life in the Fast Lane: A Retrospective View by Commercial Thieves. *Journal of Research in Crime and Delinquency, 19*, 299-330.

Gill, C., Wooditch, A., & Weisburd, D. (2017). Testing the "Law of Crime Concentration at Place" in a Suburban Setting: Implications for Research and Practice. *Journal of Quantitative Criminology, 33*, 519-545.

Gilling, D. (1997). *Crime Prevention – Theory, Policy and Politics*. London: UCL.

Giordano, P. C., Cernkovich, S. A., & Pugh, M. D. (1986). Firendships and Delinquency. *American Journal of Sociology, 91*, 1170-1202.

Glueck, S., & Glueck, E. (1966). *Unraveling Juvenile Delinquency.* MA: Harvard University Press.

Agnew, R. (2006). *Pressured into Crime: An Overview of General Strain Theory.* CA: Roxbury.

Goldstein, P. J. (1985). The Drugs/ Violence Nexus: A Tripartite Conceptual Framework. *Journal of Drug Issues, 15(4)*, 493-506.

Goldstein, P. J., Brownstein, H. & Ryan, P. (1992). Drug Related Homicide in New York City: 1984 and 1988. *Crime and Delinquency, 38*, 459-476.

Goldstein, P. J., Bellucci, P., Spunt, B., & Miller, T. (1991). Volume of Cocaine Use and Violence: A Comparison Between Men and Women. *Journal of Drug Issues, 21*, 345-367.

Goldthorpe, J. H. (1998). Rational Action Theory for Sociology. *British Journal of Sociology, 49(2)*, 167-192.

Golub, A., & Brownstein, H. H. (2013). Drug Generations in the 2000s: An Analysis of Arrestee Data. *Journal of Drug Issues, 43(3)*, 10.

Golub, A., Johnson, B. D., & Dunlap, E. (2005). Subcultural Evolution and Illicit Drug Use. *Addiction Research and Theory, 13(3)*, 217-229.

Gomez, J. E., Johnson, B. A., Selva, M., & Sallis, J. F. (2004). Violent Crime and Outdoor Physical Activity Among Inner-city Youth. *Preventive Medicine, 39*, 876-881.

Gonzalez, R., Mandracchia, J. T., Nicholson, B., & Dahlen, E. (2014). Exploring Parenting as a Predictor of Criminogenic Thinking in College Students. *International Journal of Offender Therapy and Comparative Criminology, 58*, 1081-1100.

Goode, E. (1997). *Deviant Behavior.* NJ: Prentice-Hall.

Gottfredson, M. R., & Hirschi, T. (1990). *A General Theory of Crime.* CA: Stanford University Press.

Gottfredson, G. D., & Gottfredson, D. C. (2001). *Gang Problems and Gang Programs in a National Sample of Schools.* MD: Gottfredson Associates.

Gottfried, E. D., & Christopher, S. C. (2017). Mental Disorders Among Criminal Offenders: A Review of the Literature. *Journal of Correctional Health Care, 23(3)*, 336-346.

Gover, A. R., Jennings, W. G., & Tewksbury, R. (2009). Adolescent Male and Female Gang Members' Experiences with Violent Victimization, Dating Violence, and Sexual Assault. *American Journal of Criminal Justice, 34*, 103-115.

Grabb, E. G. (1997). *Theories of Social Inequality.* Ontario: Harcourt Brace & Company.

Graham, J. (1990). *Crime Prevention Strategies in Europe and North America.* Helsinki: HEUNI.

Grasmick, H. G., Bursik, R. J., & Arneklev, B. (1993). Reduction in Drunk Driving as a Response to Increased Threats of Shame, Embarrassment, and Legal Sanctions. *Criminology, 31*, 41-67.

Green, K. M., Doherty, E. E., Stuart, E. A., & Ensminger, M. E. (2010). Does Heavy Adolescent Marijuana Use Lead to Criminal Involvement in Adulthood? Evidence from a Multiwave Longitudinal Study of Urban African Americans. *Drug and Alcohol Dependence, 112*, 117-125.

Greenberg, D. (1981). *Crime and Capitalism.* CA: Mayfield.

Grigsby, T. J., Forster, M., Baezconde-Garbanati, L., Soto, D. W., & Unger, J. B. (2014). Do Adolescent Drug Use Consequences Predict Externalizing and Internalizing Problems in Emerging Adulthood as well as Traditional Drug Use Measures in a Hispanic Sample? *Addictive Behaviors, 39*, 644-651.

Haan, W. D. & Vos, J. (2003). A Crying Shame: The Over-rationalized Conception of Man in the Rational Choice Perspective. *Theoretical Criminology, 7(1)*, 29-54.

Haberman, C. P., Sorg, E. T., Ratcliffe, J. H. (2017). Assessing the Validity of the Law of Crime Concentration across Different Temporal Scales. *Journal of Quantitative Criminology, 33*, 547-567.

Habersaat, S., Ramain, J., Mantzouranis, G., Palix, J., Boonmann, C., Fegert, J. M., Schmeck, K., Perler, C., Schmid, M., & Urben, S. (2018). Substance-use Disorders, Personality Traits, and Sex Differences in Institutionalized Adolescents. *The American Journal of Drug and Alcohol Abuse, 44(6)*, 686-694.

Hagborg, W. J. (1998). An Investigation of a Brief Measure of School Membership. *Adolescence, 33*, 461-468.

Hammersley, R., Marsland, L. & Reid, M. (2003). *Substance Use by Young Offenders:*

The Impact of the Normalisation of Drug Use in the Early Years of the 21st Century. London: Home Office.

Hanrahan, K., Gibbs, J. J., & Zimmerman, S. E. (2005). Parole and Revocation: Perspectives of Young Adult Offenders. *The Prison Journal, 85*, 251-269.

Harry, B. (1992). Piaget's Enduring Contribution to Developmental Psychology. *Developmental Psychology, 28(2)*, 191-204.

Hasani, W. S. R., Yn, J. L. M., Saminathan, T. A., Lourdes, T. G. R., Ramly, R., Hamid, H. A. A., Ismail, H., Majid, N. L. A., Rifin, H. M., Awaluddin, S. M., & Yusoff, M. F. M. (2019). Risk Factors for Illicit Drug Use Among Malaysian Male Adolescents. *Asia Pacific Journal of Public Health, 31(8)*, 48S-56S.

Hastings, R., Dunbar, L., & Bania, M. (2011). *Leaving Criminal Youth Gangs: Exit Strategies and Programs*. Ottawa: Institute for the Prevention of Crime.

Hawkins, D., Laub, J., & Lauritsen, J. (1998). Race, Ethnicity, and Serious Juvenile Offending. In Loeber, R., & Farrington, D. (eds.), *Serious and Violent Juvenile Offenders: Risk Factors and Successful Interventions*, 30-46. CA: Sage.

Hawkins, J. D., Catalano, R. F., & Miller, J. Y. (1992). Risk and Protective Factors for Alcohol and Other Drug Problems in Adolescence and Early Adulthood: Implications for Substance Abuse Prevention. *Psychological Bulletin, 112*, 64-105.

Haynie, D. L., & Osgood, D. W. (2005). Reconsidering Peers and Delinquency: How Do Peers Matter? *Social Forces, 84(2)*, 1109-1130.

Healy, D. (2010). *The Dynamics of Desistance: Charting Pathways Through Change*. Cullompton: Willan.

Hemphill, J. F., Hare, R. D., & Wong, S. (1998). Psychopathy and Recidivism: A Review. *Legal and Criminological Psychology, 3(1)*, 139-170.

Henning, K., & Feder, L. (2004). A Comparison of Men and Women Arrested for Domestic Violence: Who Presents a Greater Threat? *Journal of Family Violence, 19(2)*, 69-80.

Higgins, A. (2018). *The Future of Neighbourhood Policing*. London: Police Foundation.

Hindelang, M. J., Gottfredson, M. R., & Garofalo, J. (1978). *Victims of Personal Crime: An Empirical Foundation for a Theory of Personal Victimization*. MA: Ballinger.

Hipp, J. R., & Wickes, R. (2017). Violence in Urban Neighborhoods: A Longitudinal Study of Collective Efficacy and Violent Crime. *Journal of Quantitative Criminology, 33(4)*, 783-808.

Hipp, J. R. (2010). Assessing Crime as a Problem: The Relationship Between Residents' Perception of Crime and Official Crime Rates Over 25 Years. *Crime & Delinquency, 59(4)*, 616-648.

Hirschi, T. (1969). *Causes of Delinquency*. Berkeley: University of California Press.

Hirschi, T. (2004). Self-control and Crime. In Baumeister, R. F., & Vohs, K. D. (eds.), *Handbook of Self-regulation: Research, Theory, and Applications*, 537-552. NY: Guilford.

Hirschi, T. (1969). *Causes of Delinquency*. CA: University of California Press.

Hoaken, P. N., & Stewart, S. H. (2003). Drugs of Abuse and the Elicitation of Human Aggressive Behavior. *Addictive Behaviors, 28*, 1533-1554.

Hollin, C. (1989). *Psychology and Crime: An Introduction to Criminological Psychology*. NY: Routledge.

Holman, J. E. & Quinn, J. F. (1996). *Criminal Justice: Principles and Perspectives*. MN: West.

Holtfreter, K., Reisig, M. D., & Pratt, T. C. (2008). Low Self-control, Routine Activities, and Fraud Victimization. *Criminology, 46*, 189-220.

Hooten, E. (1939). *Crime and the Man*. MA: Harvard University Press.

Hope, T. L., Grasmick, H. G., & Pointon, L. J. (2003). The Family in Gottfredson and Hirschi's General Theory of Crime: Structure, Parenting, and Self-control. *Sociological Focus, 36*, 291-311.

Hope, T. (1986). Crime, Community and Environment. *Journal of Environmental Psychology, 6*, 65-78.

Hoppe, L., & Gerell, M. (2018). Near-repeat Burglary Patterns in Malmö: Stability and Change over Time. *European Journal of Criminology, 16(1)*, 3-17.

Horney, J., Osgood, D. W., & Marshall, I. H. (1995). Criminal Careers in the Short-term: Intra-individual Variability in Crime and Its Relation to Local Life Circumstances. *American Sociological Review, 60*, 655-673.

Hough, J., Clarke, R. V., & Mayhew, P. (1980). Introduction. In Clarke, R. V., & Mayhew, P. (eds.), *Designing Out Crime*. London: HMSO.

Howell, J. C. (2007). Menacing or Mimicking? Realities of Youth Gangs. *Juvenile and Family Court Journal, 58(2)*, 39-50.

Howell, L. C., & Griffiths, E. (2016). *Gangs in America's Communities*. CA: Sage.

Howitt, D. (2009). *Introduction to Forensic and Criminal Psychology*. London: Pearson Education.

Huff, C. R., & Scarpitti, F. R. (2011). The Origins and Development of Containment Theory: Walter C. Reckless and Simon Dinitz. In Cullen, F. T. et al. (eds.), *The Origins of American Criminology*, 277-294. NJ: Transaction Publishers.

Hughes, C. E., & Stevens, A. (2012). A Resounding Success or a Disastrous Failure: Re-examining the Interpretation of Evidence on the Portuguese Decriminalisation of Illicit Drugs. *Drug and Alcohol Review, 31*, 101-113.

Hunt, G., Milhet, M., & Bergeron, H. (eds.), (2011). *Drugs and Culture: Knowledge, Consumption and Policy.* Farnham/ Burlington: Ashgate.

Hwang, M., Grabb, E., & Curtis, J. (2005). Why Get Involved? Reasons for Voluntary-association Activity Among Americans and Canadians. *Nonprofit and Voluntary Sector Quarterly, 34*, 387-403.

Inderbitzen, M. (2009). Reentry of Emerging Adults: Adolescent inmates' Transition Back into the Community. *Journal of Adolescent Research, 24*, 453-476.

Iqbal, A., & Ceccato, V. (2016). Is CPTED Useful to Guide the Inventory of Safety in Parks? A Study Case in Stockholm, Sweden. *International Criminal Justice Review, 26(2)*, 150-168.

Iritani, B. J., Hallfors, D. D., & Bauer, D. J. (2007). Crystal Methamphetamine Use Among Young Adults in the USA. *Addiction, 102*, 1102-1113.

Jackson, D. B., & Beaver, K. M. (2013). The Influence of Neuropsychological Deficits in Early Childhood on Low Self-control and Misconduct Through Early Adolescence. *Journal of Criminal Justice, 41*, 243-251.

Jackson, D. B., & Hay, C. (2012). The Conditional Impact of Official Labeling on Subsequent Delinquency: Considering the Attenuating Role of Family Attachment. *Journal of Research in Crime and Delinquency, 50(2)*, 300-322.

Jacobs, B. A. (2000). *Robbing Drug Dealers: Violence Beyond the Law.* NY: Aldine de Gruyter.

Jacobs, B. A., & Cherbonneau, M. (2014). Auto Theft and Restrictive Deterrence. *Justice Quarterly, 31*, 344-367.

Jacoby, J. (2004). *Classics of Criminology*. IL: Waveland Press.

Jargowsky, P. A., & Sawhill, I. (2006). *The Decline of the Underclass Center on Children and Families.* DC: Brookings Institution.

Jargowsky, P. A., & Yang, R. (2006). The "Underclass" Revisited: A Social Problem in Decline. *Journal of Urban Affairs, 28*, 55-70.

Jeffery, C. R. (1971). *Crime Prevention Through Environmental Design.* CA: Sage.

Jeffery, C. R. (1977). *Crime Prevention Through Environmental Design.* CA: Sage.

Joe Laidler, K. A., & Hunt, G. (1997). Violence and Social Organization in Female Gangs. *Social Justice, 24(4)*, 148-169.

Johnson, L. T. (2016). Drug Markets, Travel Distance, and Violence: Testing a Typology. *Crime & Delinquency, 62*, 1465-1487.

Johnson, L. T., & Kane, R. J. (2016). Deserts of Disadvantage: The Diffuse Effects of Structural Disadvantage on Violence in Urban Communities. *Crime & Delinquency, 64(2)*, 143-165.

Juby, H., & Farrington, D. P. (2001). Disentangling the Link between Disrupted Families and Delinquency. *British Journal of Criminology, 41*, 22-40.

Kadish, S. H. (1977). Some Observations on the Use of Criminal Sanctions in the Enforcement of Economic Regulations. In Geis, G., & Meier, R. F. (eds.), *White-Collar Crime Offenses in Business, Politics and the Professions.* NY: Free Press.

Kagan, R. A., & Scholz, J. T. (1980). The Criminology of the Corporation and Regulatory Enforcement Strategies. *Enforcing Regulation, 67*, 69-74.

Kaiser, F. (2022). Does Contact with the Justice System Influence Situational Action Theory's Causes of Crime? A Study of English and German Juveniles. *International Criminal Justice Review.* Retrieved from https://doi.org/10.1177/10575677221082071.

Kandel, D. (1983). The Role of Parents and Peers in Adolescent Marihuana Use. *Science, 181*, 1067-1070.

Kandel, D. B. (1996). The Parental and Peer Contexts of Adolescent Deviance: An Algebra of Interpersonal Influences. *Journal of Drug Issues, 26*, 289-315.

Katz, J. (1988). *Seductions of Crime: Moral and Sensual Attractions of Doing Evil.* NY: Basic Books.

Kavish, D. R., Mullins, C. W., & Soto, D. A. (2014). Interactionist Labeling: Formal and Informal Labeling's Effects on Juvenile Delinquency. *Crime and Delinquency, 62(10)*, 1313-1336.

Kelly, T. M., Daley, D. C., & Douaihy, A. B. (2012). Treatment of Substance Abusing

Patients with Comorbid Psychiatric Disorders. *Addictive Behaviors, 37(1)*, 11-24.

Kempf, K. L. (1993). The Empirical Status of Hirschi's Control Theory. In Adler, E. & Laufer, W. S. (eds.), *New Directions in Criminological Theory (Advances in Criminological Theory, 4)*. NJ: Transaction.

Kendler, K. S., Ohlsson, H., Edwards, A. C., Sundquist, J., & Sundquist, K. (2017). A Developmental Etiological Model for Drug Abuse in Men. *Drug Alcohol Depend, 179*, 220-228.

Kennedy, D. B. (1995). Social Control, Crime Prevention, and the Police. *Security Journal, 6*, 163-170.

Kennedy, L.W. & Sacco, V. F. (1998). *Crime Victim in Context*. CA: Roxbury.

Kert, R., & Lehner, A. (2013). Content and Impact of Approximation: The Case of Drug Trafficking. In Galli, T. & Weyembergh, A. (eds.), *Approximation of Substantive Criminal Lar in the EU: The Way Forward*. Brussels: Editions de l'université de bruxelles.

Klein, M. W. (1971). *Street Gangs and Street Workers*. NJ: Prentice-Hall.

Klein, M. W. (2007). *Chasing After Street Gangs: A Forty-Year Journey*. NJ: Pearson Prentice Hall.

Klein, M. W., & Maxson, C. L. (2006). *Street Gang Patters and Policies*. NY: Oxford University Press.

Knox, G. W. (2004). Females and Gangs: Sexual Violence, Prostitution, and Exploitation. *Journal of Gang Research, 11*, 1-15.

Knox, G. W., Etter, G. E., & Smith, A. C. F. (2019). *Gangs and Organized Crime*. NY: Routledge.

Kohlberg, L. (1984). *The Psychology of Moral Development: Essays on Moral Development*. NY: Harper & Row.

Kornhauser, R. R. (1978). *Social Sources of Delinquency: An Appraisal of Analytical Models*. Chicago: University of Chicago Press.

Kotlaja, M. M., & Carson, J. V. (2018). Cannabis Prevalence and National Drug Policy in 27 Countries: An Analysis of Adolescent Substance Use. *International Journal of Offender Therapy and Comparative Criminology, 63(7)*, 1082-1099.

Kranacher, M. J., Riley, R. A., & Wells, J. T. (2011). *Forensic Accounting and Fraud Examination*. NJ: John Wiley & Sons.

Kretschmer, E. (1925). *Physique and Character*. NY: Harcourt Brace.

Kroneberg, C., Heintze, I., Mehlkop, G. (2010). The Interplay of Moral Norms and Instrumental Incentives in Crime Causation. *Criminolog: An Interdisciplinary Journal, 48(1)*, 259-294.

Kubrin, C. E., & Weitzer, R. (2003). New Directions in Social Disorganization Theory. *Journal of Research in Crime and Delinquency, 40(4)*, 374-402.

Kuo, S. Y. (2014). Opportunity, Choice, and Burglary Victimization in Taiwan. *International Journal of Offender Therapy and Comparative Criminology, 59(8)*, 873-891.

Laar, M., Frijns, T., Trautmann, F., & Lombi, L. (2013). Cannabis Market: User Types, Availability and Consumption Estimates. In Trautmann, F., Kilmer, B., & Turnbull, P. (eds.), *Further Insights into Aspects of the EU Illicit Drugs Market*. Luxembourg: European Commission, Directorate-General for Justice.

Lab, S. P. (2000). *Crime Prevention – Approach, Practices, and Evaluations*. OH: Anderson.

Lamberti, J. S., Weisman, R. L., Schwarzkopf, S. B., Price, N., Ashton, R. M., & Trompeter, J. (2001).The Mentally Ill in Jails and Prisons: Towards an Integrated Model of Prevention. *Psychiatr Quarterly, 72(1)*, 63-77.

Lane, J. (2019). *The Digital Street*. NY: Oxford University Press.

Lange, J. (1929). The Importance of Twin Pathology for Psychiatry. *Allgemeine Zeitschrift für Psychiatrie und Psychisch- Gerichtliche, 90*, 122-142.

Langton, L., Piquero, N. L. (2007). Can General Strain Theory Explain White-collar Crime? A Preliminary Investigation of the Relationship between Strain and Select White-collar Offenses. *Journal of Criminal Justice, 35(1)*, 1-15.

Laub, J. H., & Sampson, R. J. (2003). *Shared Beginnings, Divergent Lives: Delinquent Boys to Age 70*. MA: Harvard University Press.

Leavell, H. R. & Clarke, E. G. (1965). *Preventive Medicine for the Doctor in His Community: An Epidemiological Approach*. NY: McGraw-Hill.

LeBeau, J. (1987). Environmental Design as a Rationare for Prevention. In Johnson, E. (ed.), *A Handbook of Crime and Delinquency Prevention*. Westport: Greenwood Press.

Lee, H. J., & Cho, B. J. (2018). Do Types of Employment Matter in Explaining Juvenile Delinquency? A Longitudinal Study of South Korean Youth. *Criminal Justice and Behavior, 45(12)*, 1871-1887.

Lee, J., Menard, S., & Bouffard, L. A. (2014). Extending Interactional Theory: The Labeling

Dimension. *Deviant Behavior, 35*, 1-19.

Leeman, L. W., Gibbs, J. C. & Fuller, D. (1993). Evaluation of a Multi-component Group Treatment Program for Juvenile Delinquents. *Aggressive Behavior, 19(4)*, 281-292.

Lemert, E. M. (1972). *Human Deviance, Social Problems, and Social Control.* NJ: Prentice Hall.

Lemola, S., Räikkönen, K., Gomez, V., & Allemand, M. (2013). Optimism and Self-esteem are Related to Sleep: Results from a Large Community-based Sample. *International Journal of Behavioral Medicine, 20*, 567-571.

Lewis, D. O., Pincus, J. H., Bard, B., Richardson, E., Prichep, L. S., Feldman, M., & Yeager, C. (1988). Neuropsychiatric, Psychoeducational, and Family Characteristics of 14 Juveniles Condemned to Death in the United States. *American Journal of Psychiatry, 145*, 584-588.

Ley, D. (1996). *The New Middle Class and the Remaking of the Central City.* NY: Oxford University Press.

Li, C., Pentz, M. A., & Chou, C. P. (2002). Parental Substance Use as a Modifier of Adolescent Substance Use Risk. *Addiction, 97*, 1537-1550.

Li, C. M., Yu, M., Wong, T. W., & Ngan, M. H. (2015). Understanding and Preventing Financial Fraud against Older Citizens in Chinese Society: Results of a Focus Group Study. *International Journal of Offender Therapy and Comparative Criminology, 60(13)*, 1509-1531.

Liau, A. K., Barriga, A. Q., & Gibbs, J. C. (1998). Relations Between Self-serving Cognitive Distortions and Overt vs. Covert Antisocial Behavior in Adolescents. *Aggressive Behavior, 24*, 335-346.

Lilly, J. R., Cullen, F. T., & Ball, R. A. (2011). *Criminological Theory: Context and Consequences.* CA: Sage.

Lipsey, M., & Derzon, J. (1998). Predictors of Violent or Serious Delinquency in Adolescence and Early Adulthood: A Synthesis of Longitudinal Research. In Loeber, R., & Farrington, D. (eds.), *Serious and Violent Juvenile Offenders: Risk Factors and Successful Interventions*, 84-105. CA: Sage.

Liu, X. (2000). The Conditional Effect of Peer Groups on the Relationship between Parental Labeling and Youth Delinquency. *Sociological Perspectives, 43*, 499-514.

Longest, K. C., & Shanahan, M. J. (2007). Adolescent Work Intensity and Substance Use:

The Mediational and Moderational Roles of Parenting. *Journal of Marriage and Family, 69*, 703-720.

Lopes, G., Krohn, M. D., Lizotte, A. J., Schmidt, N. M., Vasquez, B. E., & Bernburg, J. G. (2012). Labeling and Cumulative Disadvantage: The Impact of Formal Police Intervention on Life Chances and Crime during Emerging Adulthood. *Crime & Delinquency, 58*, 456-488.

Lord, N., Elizondo, C. J. F., & Spencer, J. (2017). The Dynamics of Food Fraud: The Interactions between Criminal Opportunity and Market (Dys)functionality in Legitimate Business. *Criminology & Criminal Justice, 17(5)*, 605-623.

Lorenz, K. (1966). *On Aggression*. NY: Harcourt Brace Jovanovich.

Loughran, T. A., Paternoster, R., Chalfin, A., & Wilson, T. (2016). Can Rational Choice be Considered a General Theory of Crime? Evidence from Individual-level Panel Data. *Criminology, 54*, 86-112.

Louw, D. A., Strydon, C. C., & Esterhutse, K. G. F. (2005). Prediction of Violent Behaviour: Professionals' Appraisal. *Criminal Justice, 5(4)*, 379-406.

Luckenbill, D. F. (1977). Criminal Homicide as a Situated Transaction. *Social Problems, 25(2)*, 176-186.

Luckenbill, D., & Doyle, D. (1989). Structural Position and Violence: Developing a Cultural Explanation, *Criminology, 27*, 419-436.

Maccoby, M. (2000). Narcissistic Leaders: The Incredible Pros the Inevitable Cons. *Harvard Business Review, January*, 92-101.

Maguin, E. & Loeber, R. (1996). Academic Performance and Delinquency. In Tonry, M. (ed.), *Crime and Justice,* 145-264. Chicago: University of Chicago Press.

Mah, A. (2014). *Port Cities and Global Legacies – Urban Identity, Waterfront Work and Radicalism*. London: Palgrave Macmillan.

Makarios, M. D., Sams, T. L. (2013). Social Support. In Cullen, F. T., Wilcox, P. (eds.), *The Oxford Handbook of Criminological Theory*, 160-185. NY: Oxford University Press.

Mallion, J. S. & Wood, J. L. (2018). Emotional Processes and Gang Membership: A Narrative Review. *Aggression and Violent Behavior, 43*, 56-63.

Mannle, H. W. & Hirschel, J. D. (1988). *Fundamentals of Criminology*. NJ: Prentice Hall.

Marcus, R., & Gray, L. (1998). Close Relationships of Violent and Nonviolent African American Delinquents. *Violence and Victimization, 13*, 31-42.

Martin, I., Palepu, A., Wood, E., Li, K., Montaner, J., & Kerr, T. (2009). Violence Among Street-involved Youth: The Role of Methamphetamine. *European Addiction Research, 15*, 32-38.

Martinez, D. J., & Abrams, L. S. (2013). Informal Social Support Among Returning Young Offenders: A Metasynthesis of the Literature. *International Journal of Offender Therapy and Comparative Criminology, 57*, 169-190.

Maruna, S., & Copes, H. (2005). What Have We Learned from Five Decades of Neutralization Research? In Tonry, M. (ed.), *Crime and Justice: A Review of Research, 32*. Chicago: University of Chicago Press.

Marzuk, P. M. (1996). Violence, Crime, and Mental Illness: How Strong a Link? *Archives of General Psychiatry, 53(6)*, 481-486.

Massoglia, M., & Uggen, C. (2010). Settling Down and Aging Out: Toward an Interactionist Theory of Desistance and the Transition to Adulthood. *American Journal of Sociology, 116*, 543-582.

Matsueda, R. L. (1992). Reflected Appraisals, Parental Labeling, and Delinquency: Specifying a Symbolic Interactionist Theory. *American Journal of Sociology, 97*, 1577-1611.

Matsueda, R. L., Kreager, D. A., & Huizinga, D. (2006). Deterring Delinquents: A Rational Choice Model of Theft and Violence. *American Sociological Review, 71*, 95-122.

Matza, D. (1969). *Becoming Deviant*. NJ: Prentice Hall.

Matza, D. & Sykes, G. (1957). Techniques of Neutralization: A Theory of Delinquency. *American Sociological Review, 22*, 664-670.

Matza, D. (1964). *Delinquency and Drift*. NY: John Wiley.

Matza, D. (1969). *Becoming Deviant*. NJ: Prentice Hall.

Maume, M. O., Ousey, G. C., & Beaver, K. (2005). Cutting the Grass: A Reexamination of the Link between Marital Attachment, Delinquent Peers, and Desistance from Marijuana Use. *Journal of Quantitative Criminology, 21*, 27-53.

Maxwell, S. R., & Gray, M. K. (2000). Deterrence: Testing the Effects of Perceived Sanction Certainty on Probation Violations. *Sociological Inquiry, 70(2)*, 117-136.

Mayhew, P. (1979). Defensible Space: The Current Status of a Crime Prevention Theory. *Howard Journal, 18*, 150-159.

Mcallister, W. B. (2000). *Drug Diplomacy in the Tresentieth Century: An International*

History. London: Routledge.

McLaughlin, E., Muncie, J., & Hughes, G. (2003). *Criminological Perspectives.* London: Sage.

McSweeney, T. & Turnbull, P. (2007). *Exploring User Perceptions of Occasional and Controlled Heroin Use: A Follow-up Study*. NY: Joseph Rowntree Foundation.

McSweeney, T., Stevens, A., Hunt, N., & Turnbull, P. (2006). Twisting Arms or a Helping Hand? Assessing the Impact of "Coerced" and Comparable "voluntary" Drug Treatment Options. *British Journal of Criminology, 47(3)*, 470-490.

Mears, D. P., Reisig, M. D., Scaggs, S., & Holtfreter, K. (2014). Efforts to Reduce Consumer Fraud Victimization Among the Elderly: The Effect of Information Access on Program Awareness and Contact. *Crime & Delinquency, 62(9)*, 1235-1259.

Mednick, S., Gabrielli, W. F., & Hutchins, B. (1984). Genetic Influences in Criminal Convictions: Evidence from an Adoption Cohort. *Science, 224*, 891-894.

Melde, C., & Esbensen, F-A. (2013). Gangs and Violence: Disentangling the Impact of Gang Membership on the Level and Nature of Offending. *Journal of Quantitative Criminology, 29*, 143-166.

Melde, C., Diem, C., & Drake, G. (2012). Identifying Correlates of Stable Gang Membership. *Journal of Contemporary Criminal Justice, 28(4)*, 482-498.

Meldrum, R. C., Connolly, G. M., Flexon, J., & Guerette, R. T. (2015). Parental Low Self-control, Family Environments, and Juvenile Delinquency. *International Journal of Offender Therapy and Comparative Criminology, 60(14)*, 1623-1644.

Merton, R. (1968). *Social Theory and Social Structure*. NY: Free Press.

Miethe, T. D. & Meier, R. F. (1990). Opportunity, Choice, and Criminal Victimization: A Test of a Theoretical Model. *Journal of Research in Crime and Delinquency, 27(3)*, 243-266.

Miethe, T. D. & Meier, R. F. (1994). *Crime and Its Social Context*. Albany: State University of New York Press.

Mikko Aaltonen, M. (2016). To Whom Do Prior Offenders Pose a Risk? Victim-Offender Similarity in Police-Reported Violent. *Crime & Delinquency, 63(11)*, 1410-1433.

Miller, J., & Brunson, R. K. (2000). Gender Dynamics in Youth Gangs: A Comparison of Males' and Females' Accounts. *Justice Quarterly, 17(3)*, 419-448.

Miller, W. B.(1958). Lower-class Culture as a Generating Milieu of Gang Delinquency.

Journal of Social Issues, 14, 5-19.

Miller, W. B. (1975). *Violence by Youth Gangs and Youth Groups as a Crime Problem in Major American Cities*. DC: Department of Justice.

Mills, J. H. & Barton, P. (2007). *Drugs and Empires: Essays in Modern Imperialism and Intoxication.* Basingstoke: Palgrave MacMillan.

Mobley, A., Pepinsky, H., & Terry, C. (2002). Exploring the Paradox of the (Un)reality of Richard Quinney's Criminology. *Crime and Delinquency, 48(2)*, 316-332.

Monahan, J., Steadman, H., Silver, E., Appelbaum, P., Robbins, P., Mulvey, E., Roth, L., Grisso, T., & Banks, S. (2001). *Rethinking Risk Assessment: The MacArthur Study of Mental Disorder and Violence.* NY: Oxford University Press.

Monroe, K. R. (2001). Paradigm Shift: From Rational Choice to Perspective. *International Political Science Review, 22(2)*, 151-172.

Montgomery, K. L., Vaughn, M. G., Thompson, S. J., & Howard, M. O. (2012). Heterogeneity in Drug Abuse Among Juvenile Offenders: Is Mixture Regression More Informative than Standard Regression? *International Journal of Offender Therapy and Comparative Criminology, 57(11)*, 1326-1346.

Mortimer, J. T. (2003). *Working and Growing up in America.* MA: Harvard University Press.

Moule, R. K., Pyrooz, D. C., & Decker, S. H. (2013). From "What the F#@% is a Facebook?" to "Who Doesn't Use Facebook?": The Role of Criminal Lifestyles in the Adoption of the Use of the Internet. *Social Science Research, 42*, 1411-1421.

Mrug, S., & McCay, R. (2013). Parental and Peer Disapproval of Alcohol Use and Its Relationship to Adolescent Drinking: Age, Gender, and Racial Differences. *Psychology of Addictive Behaviors, 27*, 604-614.

Muftić, L. R., & Updegrove, A. H. (2017). The Mediating Effect of Self-control on Parenting and Delinquency: A Gendered Approach with a Multinational Sample. *International Journal of Offender Therapy and Comparative Criminology, 62(10)*, 3058-3076.

Muncie, J. & McLaughlin, E. (2001). The Construction and Deconstruction of Crime. In Muncie, J., & McLaughlin, E. (eds.), *The Problem of Crime.* London: Sage.

Muscat, R., Korf, D. J., Neigreiros, J. & Vuillame, D. (2009). *Signals from Drug Research.* Strasbourg: Council of Europe.

Nagin, D. S., & Paternoster, R. (1993). Enduring Individual Differences and Rational Choice Theories of Crime. *Law & Society Review, 27*, 467-496.

Nagin, D., & Pogarsky, G. (2001). Integrating Celerity, Impulsivity, and Extralegal Sanction Threats into a Model of General Deterrence: Theory and Evidence. *Criminology, 39*, 865-891.

National Alliance of Gang Investigators Associations (2005). *National Gang Threat Assessment.* Retrieved from https://bja.ojp.gov/sites/g/files/xyckuh186/files/Publications/2005_threat_assesment.pdf.

National Crime Prevention Council. (2000). *Are We Safe? The 2000 Crime Prevention Survey.* DC: Author.

National Gang Center (2016). *National Youth Gang Survey analysis.* Retrieved from http://www.nationalgangcenter. gov/Survey-Analysis.

Neff, J. L., & Waite, D. E. (2007). Male Versus Female Substance Abuse Patterns Among Incarcerated Juvenile Offenders: Comparing Strain and Social Learning Variables. *Justice Quarterly, 24*, 106-132.

Newburn, T. & Sparks, R. (2004). Criminal Justice and Political Cultures. In Newburn, T. & Sparks, R. (eds.), *Criminal Justice and Political Cultures: National and International Dimension of Crime Control*, 1-15. Cullompton: Willan Publishing.

Newcomb, R. (1990). Drug Use and Drug Policy in Merseyside, Report for Merscy Regional Health Authority', in Schneider, W. (ed.), *First Conference of European Cities at the Centre of the Illegal Drug Trade.* Frankfurt: Conference City Reader.

Newcombe, R. (2007). Trends in the Prevalence of Illicit Drug Use in Britain. In Simpson, M., Shildrick, T., & MacDonald, R. (eds.), *Drugs in Britain: Supply, Consumption and Control*, 13-38. Basingstoke: Palgrave Macmillan.

Newman, O. (1972). *Defensible Space: Crime Prevention Through Urban Design.* NY: Macmillan.

Newman, O. (1973). *Crime Prevention Through Urban Design: Defensible Space.* NY: Collier Books.

Nisbett, R. E. & Cohen, D. (1996). *Culture of Honor: The Psychology of Violence in the South.* CO: Westview Press.

Nuño, L. E., Herrera, V. M., Choate, D. E., & Koontz, M. (2018). Hispanic Youth and Illicit Drug Use: Assessing the Relevance of Risk and Protective Factors. *Crime &

Delinquency, 65(10), 1422-1454.

O'Brien, K., Daffern, M., Chu, C.M., & Thomas, S. D. M. (2013). Youth Gang Affiliation, Violence, and Criminal Activities: A Review of Motivational, Risk, and Protective Factors. *Aggression and Violent Behavior, 18(4)*, 417-425.

Ogle, R., Maier-Katkin, D., & Bernard, T. (1995). A Theory of Homicidal Behavior Among Women. *Criminology, 33*, 173-193.

Oidjarv, H. (2018). The Tale of Two Communities: Residents' Perceptions of the Built Environment and Neighborhood Social Capital. *SAGE Open, 8(2)*. https://doi. org/10.1177/2158244018768386.

Oldenburg, R., & Brissett, D. (1982). The Third Place. *Qualitative Sociology, 5*, 265-284.

Onwubiko, C. (2020). Fraud Matrix: A Morphological and Analysis-based Classification and Taxonomy of Fraud. *Computers & Security, 96*. Retrieved from https://autorpa.lib. cpu.edu.tw:2052/science/article/pii/S0167404820301759.

Orcutt, J. (1983). *Analyzing Deviance*. Chicago: Dorsey.

Palen, J. J. (1981). *The Urban World*. NY: McGraw-Hill.

Palmer, E. J., & Hollin, C. R. (2000). The Inter-relations of Sociomoral Reasoning, Perceptions of Own Parenting, Attributions of Intent with Self-reported Delinquency. *Legal and Criminological Psychology, 5*, 201-218.

Panfil, V. R., & Peterson, D. (2015). Gender, Sexuality, and Gangs: Re-envisioning Diversity. In Decker, S. H., & Pyrooz, D. C. (eds.), *The Handbook of Gangs*. MA: John Wiley & Sons.

Paternoster, R. (2010). How Much Do We Really Know about Criminal Deterrence? *Journal of Criminal Law and Criminology, 100*, 765-824.

Paternoster, R., & Bushway, S. (2009). Desistance and the "Feared Self": Toward an Identity Theory of Criminal Desistance. *Journal of Criminal Law and Criminology, 99(4)*, 1103-1156.

Paternoster, R., & Iovanni, L. (1989). The Labeling Perspective and Delinquency: An Elaboration of the Theory and an Assessment of the Evidence. *Justice Quarterly, 6*, 359-394.

Paternoster, R., & Simpson, S. (1996). Sanction Threats and Appeals to Morality: Testing a Rational Choice Model of Corporate Crime. *Law & Society Review, 30(3)*, 549-584.

Paternoster, R., & Simpson, S. (1993). A Rational Choice Theory of Corporate Crime. In

Clarke, R. V., & Felson, M. (eds.), *Routine Activities and Rational Choice*, 37-58. NJ: Transaction Publishers.

Patton, D. U., Eschmann, R., Elsaesser, C., & Bocanegrad, E. (2016). Sticks, Stones and Facebook Accounts: What Violence Outreach Workers Know about Social Media and Urban-based Gang Violence in Chicago. *Computers in Human Behavior, 65*, 591-600.

Pauwels, L., Weerman, F., Bruinsma, G., & Bernasco, W. (2011). Perceived Sanction Risk, Individual Propensity and Adolescent Offending: Assessing Key Findings from the Deterrence Literature in a Dutch Sample. *European Journal of Criminology, 8(5)*, 386-400.

Peach, H. D., & Gaultney, J. F. (2013). Sleep, Impulse Control, and Sensation-seeking Predict Delinquent Behavior in Adolescents, Emerging Adults, and Adults. *Journal of Adolescent Health, 53*, 293-299.

Pearson, G. & Hobbs, D. (2001). *Middle Market Drug Distribution*. London: Home Office Research.

Pechorro, P., Gonçalves, R. A., Maroco, J., Gama, A. P., Neves, S., & Nunes, C. (2012). Juvenile Delinquency and Psychopathic Traits: An Empirical Study with Portuguese Adolescents. *International Journal of Offender Therapy and Comparative Criminology, 58(2)*, 174-189.

Perri, F. S. (2013). Visionaries or False Prophets. *Journal of Contemporary Criminal Justice, 29(3)*, 331-350.

Petrosino, A. J., & Brensilber, D. A. (2003). The Motives, Methods, and Decision Making of Convenience Store Robberies: Interviews with 28 Incarcerated Offenders in Massachusetts. In Smith, M., Cornish, D. B. (eds.), *Theory for Practice in Situational Crime Prevention*, 237-263. NY: Criminal Justice Press.

Petrosino, A., Turpin-Petrosino, C., & Buehler, J. (2002). "Scared Straight" and Other Juvenile Awareness Programs for Preventing Juvenile Delinquency. *Cochrane Database of Systematic Reviews, 2*: CD002796. doi:10.1002/14651858.CD002796.

Petrosino, A., Turpin-Petrosino, C., Hollis-Peel, M. E., & Lavenberg, J. G. (2013). "Scared Straight" and Other Juvenile Awareness Programs for Preventing Juvenile Delinquents. *Cochrane Database of Systematic Reviews, 4*: CD002796. https://doi.org/10.1002/14651858.CD002796.pub2.

Pettersson, T. (2002). *Tre aspekter på brottsliga nätverk: supporterbråk, etnicitet och genus.*

Stockholm: Kriminologiska Institutionen, Stockholms Universitet.

Phillipson, M. (1973). Sociological Aspects of Crime and Delinquency. *Criminology, 8(1),* 101-105.

Piotrowski, P. (2011). Street Robbery Offenders: Shades of Rationality and Reversal Theory Perspective. *Rationality and Society, 23(4),* 427-451.

Piquero, N. L., Carmichael, S., & Piquero, A. R. (2008). Assessing the Perceived Seriousness of White-collar and Street Crimes. *Crime & Delinquency, 54,* 291-312.

Piquero, N. L., & Schoepfer, A. (2010). Theories of White-collar Crime and Public Policy. In Barlow, H. D., & Decker, S. H. (eds.), *Criminology and Public Policy: Putting Theory to Work.* Philadelphia: Temple University Press.

Piquero, N. L., & Weisburd, D. (2009). Development Trajectories of White-collar Crime. In Simpson, S. S., & Weisburd, D. (eds.), *The Criminology of White-collar Crime.* NY: Springer.

Pogarsky, G. (2007). Deterrence and Individual Differences Among Convicted Offenders. *Journal of Quantitative Criminology, 23,* 59-74.

Portillos, E. L. (1999). Women, Men and Gangs: The Social Construction of Gender in the Barrio. In Chesney-Lind, M., & Hagedorn, J. M. (eds.), *Female Gangs in America: Essays on Girls, Gangs and Gender.* Chicago: Lake View Press.

Potchak, M. C., Mcgloin, J. M., & Zgoba, K. M. (2002). A Spatial Analysis of Criminal Effort: Auto Theft in Newark, New Jersey. *Criminal Justice Policy Review, 13(3),* 257-285.

Powell, Z. A., Grubb, J. A., & Nobles, M. R. (2018). A Near Repeat Examination of Economic Crimes. *Crime & Delinquency, 65(9),* 1319-1340.

Poyner, B. (1983). *Design Against Crime: Beyond Defensible Space.* Boston: ButterWonths.

Prado, G., Szapocznik, J., Maldonado-Molina, M. M., Schwartz, S. J., & Pantin, H. (2008). Drug Use/ abuse Prevalence, Etiology, Prevention, and Treatment in Hispanic Adolescents: A Cultural Perspective. *Journal of Drug Issues, 38,* 5-36.

Pratt, T. C., Holtfreter, K., & Reisig, M. D. (2010). Routine Online Activity and Internet Fraud Targeting: Extending the Generality of Routine Activity Theory. *Journal of Research in Crime & Delinquency, 47,* 267-296.

Pratt, T. C., Cullen, F. T., Blevins, K. R., Daigle, L. E., & Madensen, T. D. (2006). The Empirical Status of Deterrence Theory: A Meta analysis. In F. T. Cullen, J. P. Wright,

& K. R. Blevins (eds.), *Taking Stock: The Empirical Status of Criminological Theory – Advances in Criminological Theory*, 367-395. NJ: Transaction.

Pratt, T. C., & Cullen, F. T. (2000). The Empirical Status of Gottfredson and Hirschi's General Theory of Crime: A Meta-analysis. *Criminology, 38(3)*, 931-964.

Pyrooz, D. C. (2014). From Colors and Guns to Caps and Gowns? The Effects of Gang Membership on Educational Attainment. *Journal of Research in Crime and Delinquency, 51*, 56-87.

Pyrooz, D. C., & Decker, S. H. (2011). Motives and Methods for Leaving the Gang: Understanding the Process of Gang Desistance. *Journal of Criminal Justice, 39*, 417-425.

Pyrooz, D. C., Decker, S. H., & Webb, V. J. (2010). The Ties that Bind: Desistance from Gangs. *Crime & Delinquency, 60(4)*, 491-516.

Pyrooz, D. C., Moule, R. K., & Decker, S. H. (2014). The Contribution of Gang Membership to the Victim-offender Overlap. *Journal of Research in Crime and Delinquency, 51(3)*, 315-348.

Pyrooz, D. C., Turanovic, J. J., Decker, S. H., & Wu, J. (2015). Taking Stock of the Relationship Between Gang Membership and Offending: A Meta-analysis. *Criminal Justice and Behavior, 43(3)*, 365-397.

Pyrooz, D. C., & Densley, J. A. (2015). Selection into Street Gangs: Signaling Theory, Gang Membership, and Criminal Offending. *Journal of Research in Crime and Delinquency, 53(4)*, 447-481.

Pyrooz, D. C., Decker, S. H., & Moule, R. K. (2015). Criminal Routine Activities in Online Settings: Gangs, Offenders, and the Internet. *Justice Quarterly, 32*, 471-499.

Quinney, R. (1974). *Criminal Justice in America: A Critical Understanding.* Boston: Little, Brown.

Quinney, R. (1969). *Crime and Justice in Society.* Boston: Little, Brown.

Ragatz, L. L., Fremouw, W., & Baker, E. (2012). The Psychological Profile of White-collar Offenders: Demographics, Criminal Thinking, Psychopathic Traits, and Psychopathology. *Criminal Justice and Behavior, 39(7)*, 978-997.

Ramamoorti, S. (2008). The Psychology and Sociology of Fraud: Integrating the Behavioral Sciences Component into Fraud and Forensic Accounting Curricula. *Issues in Accounting Education, November*, 351-363.

Ray, M. C., & Downs, W. R. (1986). An Empirical Test of Labeling Theory Using Longitudinal Data. *Journal of Research in Crime & Delinquency, 23*, 169-194.

Rebellon, C. J. (2002). Reconsidering the Broken Homes/ delinquency Relationship and Exploring Its Mediating Mechanism(s). *Criminology, 40*, 103-130.

Rebellon, C. J., Straus, M. A., & Medeiros, R. (2008). An Empirical Assessment of Gottfredson and Hirschi's General Theory Within and Across 32 National Settings. *European Journal of Criminology, 5*, 331-362.

Reckless, W. C. (1967). *The Crime Problem.* NY: Meredith.

Reiss, A. J., & Roth, J. A. (eds.), (1993). *Understanding and Preventing Violence.* DC: National Academy Press.

Rengert, G. F., & Wasilchick, J. (2000). *Suburban Burglary: A Tale of Two Suburbs (2nd ed.)*, Illinois: Charles C Thomas.

Rice, K. J., & Smith, W. R. (2002). Socioecological Models of Automotive Theft: Integrating Routine Activity and Social Disorganization Approaches. *Journal of Research in Crime and Delinquency, 39(3)*, 304-336.

Ritzer, G. (2008). *Sociological Theory.* NY: McGraw-Hill.

Robins, L. N., Davis, D. H., & Goodwin, D. W. (1974). Drug Use by U.S. Army Enlisted Men in Vietnam: A Follow-up on Their Return Home. *American Journal of Epidemiology, 99(4)*, 235-249.

Robinson, M. B. (1998). Burglary Revictimization: The Time Period of Heightened Risk. *British Journal of Criminology, 38*, 78-87.

Rocheleau, G. C., & Swisher, R. R. (2012). Adolescent Work and Alcohol Use Revisited: Variations by Family Structure. *Journal of Research on Adolescence, 22*, 694-703.

Room, R. (2010). *Cannabis Policy: Moving Beyond Stalemate.* NY: Oxford University Press.

Rothman, D. J. (1980). *Conscience and Convenience: The Asylum and Its Alternatives in Progressive America.* Boston: Little, Brown.

Rowe, D. C. (1983). Biometrical Models of Self-reported Delinquent Behavior: A Twin Study. *Behavior Genetics, 13*, 473-489.

Roy, É., Arruda, N., Bruneau, J., & Jutras-Aswad, D. (2016). Epidemiology of Injection Drug Use: New Trends and Prominent Issues. *The Canadian Journal of Psychiatry, 61(3)*, 136-144.

Rusche, G., & Kirchheimer, O. (1939). *Punishment and Social Structure*, NY: Columbia University Press.

Rush, G. E. (1994). *The Dictionary of Criminal Justice.* CT: Dushkin.

Rykert, W. (1971). *Reduction of Criminal Opportunity.* Pittsburgh: National Crime Deterrence Council.

Sacco, V. F., & Kennedy, L. W. (2002). *The Criminal Event: Perspective in Space and Time.* CA: Wadsworth.

Sampson, R. J. (1999). Techniques of Research Neutralization. *Theoretical Criminology, 3,* 438-451.

Sampson, R. J. (2010). Collective Efficacy Theory. In Cullen, F. T., & Wilcox, P. (eds.), *Encyclopedia of Criminological Theory.* CA: Sage.

Sampson, R. J. (2012). *Great American City. Chicago and the Enduring Neighborhood Effect.* Chicago: University of Chicago Press.

Sampson, R. J., & Groves, W. B. (1989). Community Structure and Crime: Testing Social Disorganization Theory. *American Journal of Sociology, 94,* 774-802.

Sampson, R. J., & Laub, J. H. (1990). Crime and Deviance over the Life Course: The Salience of Adult Social Bonds. *American Sociological Review, 44,* 609-627.

Sampson, R. J., & Laub, J. H. (1993). *Crime in the Making: Pathways and Turning Points Through Life.* Cambridge: Harvard University Press.

Sampson, R. J., & Laub, J. H. (1997). A Life-course Theory of Cumulative Disadvantage and the Stability of Delinquency. In Thornberry, T. P. (eds.), *Developmental Theories Crime and Delinquency.* NJ: Transaction.

Sampson, R. J., Raudenbush, S. W., & Earls, F. (1997). Neighborhoods and Violent Crime: A Multilevel Study of Collective Efficacy. *Science, 277,* 1-7, 918-924.

Sampson, R. J., & Wooldredge, J. (1987). Linking the Micro- and Macro-level Dimensions of Lifestyle-routine Activity and Opportunity Models of Predatory Victimization. *Journal of Quantitative Criminology, 3,* 371-393.

Sansone, R. A., & Sansone, L. A. (2012). Borderline Personality and Externalized Aggression. *Innovations in Clinical Neuroscience, 9(3),* 23-26.

Santrock, J. W. (2015). *Children.* NY: McGraw-Hill.

Schinkel, M. (2014). Punishment as Moral Communication: The Experiences of Long-term Prisoners. *Punishment & Society, 16(5),* 578-597.

Schipstal, I. V., Mishra, S., Berning, M., & Murray, H. (2016). Harm Reduction from Below: On Sharing and Caring in Drug Use. *Contemporary Drug Problems, 43(3)*, 199-215.

Schmalleger, F. (2007). *Criminal Justice Today an Introductory Text for the 21st Century*. NY: Pearson Custom.

Schmalleger, F. (2014). *Criminology*. NJ: Pearson Education.

Schnitzer, S., Bellis, M. A., Anderson, Z., Hughes, K., Calafat, A., Juan, M., & Kokkevi, A. (2010). Nightlife Violence: A Gender-specific View on Risk Factors for Violence in Nightlife Settings: A Cross-sectional Study in Nine European Countries. *Journal of Interpersonal Violence, 25*, 1094-1112.

Schoenthaler, S. J. (1985). Diet and Delinquency: Empirical Testing of Seven Theories. *International Journal of Biosocial Research, 7*, 108-131.

Scudder, R., Blount, W., Heide, K., & Silverman, I. (1993). Important Links Between Child Abuse, Neglect, and Delinquency. *International Journal of Offender Therapy, 37*, 315-323.

Seddon, T. (2016). Inventing Drugs: A Genealogy of a Regulatory Concept. *Journal of Law and Society, 43*, 393-415.

Seiter, R. (2011). *Corrections: An Introduction*. Boston, MA: Prentice Hall.

Sellin, T. (1938). Culture Conflict and Crime. *American Journal of Sociology, 44(1)*, 97-103.

Semenza, D. C. (2017). Health Behaviors and Juvenile Delinquency. *Crime & Delinquency, 64(11)*, 1394-1416.

Sergi, A., & Storti, L. (2020). Survive or Perish: Organised Crime in the Port of Montreal and the Port of New York/ New Jersey. *International Journal of Law, Crime and Justice*. Retrieved from https://doi.org/10.1016/j.ijlcj.2020.100424.

Serin, R. (1991). Psychopathy and Violence in Criminals. *Journal of Interpersonal Violence, 6*, 423-431.

Shah, S. A., & Roth, L. H. (1974). Biological and Psychophysiological Factors in Criminality. In Glaser, D. (ed.), *Handbook of Criminology*. Chicago: Rand-Mcnally.

Shaw, C. R., & McKay, H. D. (1972). *Juvenile Delinquency and Urban Areas*. Chicago: University of Chicago Press.

Shelden, R. (2006). *Delinquency and Juvenile Justice in American Society*. IL: Waveland

Press.

Sheldon, R. G., Tracy, S. K., & Brown, W. B. (2001). *Youth Gangs in American Socirty.* CT: Wadsworth/ Thomson Learning.

Sheldon, W. H. (1940). *The Varieties of Human Physique: An Introduction to Constitutional Psychology.* NY: Harper and Brothers.

Sherman, L. W., Gartin, P. R., & Buerger, M. E. (1989). Hot Spots of Predatory Crime: Routine Activities and the Criminology of Place. *Criminology, 27*, 27-56.

Sherman, L.W. (1995). Hot Spots of Crime and Criminal Careers of Places. In Eck, J., & Weisburd, D. (eds.), *Crime and Place: Crime Prevention Studies, 4*. NY: Willow Tree Press.

Shewan, D., & Dalgarno, P. (2005). Evidence for Controlled Heroin Use? Low Levels of Negative Health and Social Outcomes Among Non-treatment Heroin Users in Glasgow (Scotland). *British Journal of Health Psychology, 10(1)*, 33-48.

Shoham, S. (1962). The Application of the Culture-conflict Hypothesis to the Criminality of Immigrants in Israel. *Journal of Criminal Law and Criminology, 53*, 207-214.

Shover, N. (1996). *Great Pretenders: Pursuits and Careers of Persistent Thieves.* CO: Westview.

Siegel, L. J. (2000). *Criminology.* MN: West.

Siegel, L. J. (2009). *Criminology.* CA: Cengage Learning.

Simon, J. (2007). *Governing Through Crime: How the Fear of Crime Transformed American Democracy and Created a Culture of Fear.* NY: OxfordUniversity Press.

Simons, R. L., Johnson, C., Conger, R. D., & Elder, G. H. (1998). A Test of Latent Trait Versus Life-course Perspectives on the Stability of Adolescent Antisocial Behavior. *Criminology, 36*, 217-214.

Simpson, S. S. (2013). White-collar Crime: A Review of Recent Developments and Promising Directions for Future Research. *Annual Review of Sociology, 39*, 309-331.

Simpson, S. S., & Piquero, N. L. (2002). Low Self-control, Organizational Theory, and Corporate Crime. *Law and Society Review, 36*, 509-548.

Singleton, N., Murray, R., & Tinsley, L. (eds.), (2006). *Measuring Different Aspects of Problem Drug Use: Methodological Problems.* Home Office Online Report 16/06. London: Home Office.

Skjaeveland O., & Garling, T. (1997). Effects of Interactional Space on Neighbouring.

Journal of Environmental Psychology, 17, 181-198.

Skogan, W. G. (1988). Community Organizations and Crime. *Crime and Justice, 10*, 39-78.

Skogan, W. G. (1990). *Disorder and Decline: Crime and the Spiral Decay in American Neighborhoods*. NY: Free Press.

Smith, N. (1987). Gentrification and the Rent Gap. *Annals of the Association of American Geographers, 77*, 462-465.

Smith, W. R., Frazee, S. G., & Davison, E. L. (2000). Furthering the Integration of Routine Activity and Social Disorganization Theories: Small Units of Analysis and the Study of Street Robbery as a Diffusion Process. *Criminology, 38*, 489-524.

Southwell, M. (2010). Perspectives on Harm Reduction: What Experts Have to Say. People Who Use Drugs and Their Role in Harm Reduction. In Rhodes, T., & Hedrich, D. (eds.), *Harm Reduction: Evidence, Impacts and Challenges*, 101-104. Luxembourg: Office for Official Publications of the European Communities.

Sparks, R. F. (1982). *Research on Victim of Crime: Accomplishments Issues and New Direction.* DC: U.S., Government Printing Office.

Spohn, R. E., & Kurtz, D. L. (2011). Family Structure as a Social Context for Family Conflict: Unjust Strain and Serious Delinquency. *Criminal Justice Review, 36*, 332-356.

St. Jean, P. K. B. (2007). *Pockets of Crime: Broken Windows, Collective Efficacy, and the Criminal Point of View.* IL: The University of Chicago Press.

Stadler, W. S., & Benson, M. L. (2012). Revisiting the Guilty Mind: The Neutralization of White-collar Crime. *Criminal Justice Review, 37(4)*, 494-511.

Steadman, H. J., Mulvey, E. P., Monahan, J., Robbins, P. C., Appelbaum, P. S., Grisso, T., Roth, L. H., & Silver, E. (1998). Violence by People Discharged from Acute Psychiatric Inpatient Facilities and by Others in the Same Neighborhoods. *Archives of General Psychiatry, 55(5)*, 393-401.

Stevens, A., Hughes, C. E., Hulme, S., & Cassidy, R. (2019). Depenalization, Diversion and Decriminalization: A Realist Review and Programme Theory of Alternatives to Criminalization for Simple Drug Possession. *European Journal of Criminology, 19(1)*, 29-54.

Stogner, J., Gibson, C. L. (2011). The Influence of Health Strain on the Initiation and Frequency of Substance Use in a National Sample of Adolescents. *Journal of Drug*

Issues, 41, 69-93.

Stracuzzi, N. F., & Mills, M. L. (2010). Teachers Matter: Feelings of School Connectedness and Positive Youth Development Among Coos County Youth. *The Carsey School of Public Policy at the Scholars' Repository (122).*

Straus, M. (1991). Discipline and Deviance: Physical Punishment of Children and Violence and Other Crime in Adulthood. *Social Problems, 38*, 133-154.

Stummvoll, G. (2012). Governance Through Norms and Standards: The Normative Force Behind Design-led Crime Prevention. *Criminology & Criminal Justice, 12(4)*, 377-396.

Sutherland, A., Brunton-Smith, I., & Jackson, J. (2013). Collective Efficacy, Deprivation and Violence in London. *British Journal of Criminology, 53(6)*, 1050-1074.

Sutherland, E. H. (1937). *The Professional Thief: By a Professional Thief.* Chicago: University of Chicago Press.

Sutherland, E. H. (1939). *Principles of Criminology (3rd ed.)*, Philadelphia: J. B. Lippincott.

Sutherland, E. H. (1949). *White Collar Crime.* NY: Holt, Rinehart & Winston.

Sutherland, E. H., & Cressey, D. R. (1970). *Criminology (8th ed.)*, Philadelphia: J. B. Lippincott.

Sutton, A. (1994). Crime Prevention: Promise or Threat? *Australian and New Zealand Journal of Criminology, 27*, 5-20.

Swanson, J. W. (1994). *Mental Disorder, Substance Abuse, and Community Violence: An Epidemiological Approach.* In Monahan, J., & Steadman, H. J. (eds.), *Violence and Mental Disorder: Developments in Risk Assessment.*

Sykes, G., & Matza, D. (1957). Techniques of Neutralization: A Theory of Delinquency. *American Sociological Review, 22*, 664-670.

Sykes, G. M. (1974). The Rise of Critical Criminology. *Journal of Criminal Law & Criminology, 65(2)*, 106.

Tannenbaum, F. (1938). *Crime and the Community.* NY: Ginn Press.

Taylor, I., Walton, P., & Young, J. (1973). *The New Criminology.* London: Routledge and Kegan Paul.

Telzer, E. H., Gonzales, N., & Fuligni, A. J. (2014). Family Obligation Values and Family Assistance Behaviors: Protective and Risk Factors for Mexican – American Adolescents' Substance Use. *Journal of Youth and Adolescence, 43*, 270-283.

Theimann, M. (2015). School as a Space of Socialization and Prevention. *European Journal of Criminology, 13(1)*, 67-91.

Thies, C. F., & Register, C. A. (1993). Decriminalization of Marijuana and the Demand for Alcohol, Marijuana and Cocaine. *The Social Science Journal, 30*, 385-399.

Thompson, M., & Uggen, C. (2012). Dealers, Thieves, and the Common Determinants of Drug and Nondrug Illegal Earnings. *Criminology, 50*, 1057-1087.

Thornberry, T. P., & Krohn, M. D. (1997). Peers, Drug Use, and Delinquency. In Stoff, D. M., Breiling, J., & Maser, J. D. (eds.), *Handbook of Antisocial Behavior*, 218-232. NY: John Wiley.

Thornberry, T. P., Freeman-Gallant, A., Lizotte, A. J., Krohn, M. D., & Smith, C. A. (2003). Linked Lives: The Intergenerational Transmission of Antisocial Behavior. *Journal of Abnormal Child Psychology, 31*, 171-184.

Thornberry, T. P., Krohn, M. A., Lizotte, A. J., Smith, C. A., & Tobin, K. (2003). *Gangs and Delinquency in Developmental Perspective.* NY: Cambridge University Press.

Tillmann, K. J. (2007). *Schülergewalt als Schulproblem. Verursachende Bedingungen, Erscheinungsformen und pädagogische Handlungsperspektiven.* Weinheim: Juventa.

Tillyer, M. S. (2014). General Multilevel Opportunity and Crime Events. *Journal of Contemporary Criminal Justice, 31(1)*, 107-121.

Tittle, C. R., Ward, D. A., & Grasmick, H. G. (2004). Capacity for Self-control and Individuals Interest in Exercising Self-control. *Journal of Quantitative Criminology, 20*, 143-172.

Tombs, S., & Whyte, D. (2010). *Regulatory Surrender: Death, Injury and the Non-Enforcement of Law.* London: Institute of Employment Rights.

Tomlinson, M. F., Brown, M., & Hoaken, P. N. (2016). Recreational Drug Use and Human Aggressive Behavior: A Comprehensive Review Since 2003. *Aggression and Violent Behavior, 27*, 9-29.

Tonry, M. (2008). Learning from the Limitations of Deterrence Research. *Crime and Justice, 37*, 79-311.

Trasler, G. (1993). Conscience, Opportunity, Rational Choice and Crime. In Clarke, R. V., & Felson, M. (eds.), *Routine Activity and Rational Choice.* NJ: Transaction.

Tremblay, R., & LeMarquand, D. (2001). Individual Risk and Protective Factors. In Loeber, R., & Farrington, D. (eds.), *Child Delinquents: Development, Intervention, and Service*

Needs, 137-164. CA: Sage.

Turk, A. T. (1969). *Criminality and Legal Order*. Chicago: Rand McNally.

Turk, A. T. (1987). Turk and Confiict Theory: An Autobiographical Reflection. *The Criminologist, 12*, 3-7.

Uhlmann, E., & Swanson, J. (2004). Exposure to Violent Video Games Increases Automatic Aggressiveness. *Journal of Adolescence, 27*, 41-52.

Usán, P., & Salavera, C. (2017). Influence of Physical Self-concept in Drug Use in Adolescent Students Athletes. *SAGE Open, 7(2)*. Retrieved from https://doi.org/10.1177%2F2158244017715058.

Van Baardewijk, Y., Vermeiren, R., Stegge, H., & Doreleijers, T. (2011). Self-reported Psychopathic Traits in Children: Their Stability and Concurrent and Prospective Association with Conduct Problems and Aggression. *Journal of Psychopathology and Behavioral Assessment, 33*, 236-245.

Van der Put, C. E., van Solinge, N. F. B., Stams, G. J., Hoeve, M., & Assink, M. (2020). Effects of Awareness Programs on Juvenile Delinquency: A Three-level Meta-analysis. *International Journal of Offender Therapy and Comparative Criminology, 65(1)*, 68-91.

Van Dijk, J. M., & de Waard, J. (1991). A Two-dimensional Typology of Prevention Projects. *Criminal Justice Abstracts, 23*, 483-503.

Van Koppen, P. J., & Jansen, R. (1999). The Time to Rob: Variations in Time of Number of Commercial Robberies. *Journal of Research in Crime and Delinquency, 36(1)*, 7-29.

Van Onna, J. H. R., van der Geest, V. R., & Denkers, A. J. M. (2018). Rule-violating Behaviour in White-collar Offenders: A Control Group Comparison. *European Journal of Criminology, 17(3)*, 332-351.

Van Onna, J. H. R., van der Geest, V. R., Huisman, W., & Denkers, A. J. M. (2014). Criminal Trajectories of White-collar Offenders. *Journal of Research in Crime and Delinquency, 51(6)*, 759-784.

Vanassche, S., Sodermans, A. K., Matthijs, K., & Swicegood, G. (2014). The Effects of Family Type, Family Relationships and Parental Role Models on Delinquency and Alcohol Use Among Flemish Adolescents. *Journal of Child and Family Studies, 23*, 128-143.

Vaughan, D. (2007). Beyond Macro- and Micro-levels of Analysis, Organizations, and the

Cultural Fix. In Pontell, H., & Geis, G. (eds.), *International Handbook of White-Collar and Corporate Crime*, 3-24. NY: Springer.

Vaughan, E. L., Kratz, L., & d'Argent, J. (2011). Academics and Substance Use Among Latino Adolescents: Results from a National Study. *Journal of Ethnicity in Substance Abuse, 10*, 147-161.

Vaughn, M. G., AbiNader, M. A., Christopher, P., Salas-Wright, C. P., Oh, S., & Holzer, K. J. (2018). Declining Trends in Drug Dealing Among Adolescents in the United States. *Addict Behav, 84*, 106-109.

Veneziano, C., & Veneziano, L. (1988). Correlates of Moral Development in Juvenile Delinquents. *American Journal of Criminal Justice, 13*, 97-116.

Ventura, L. A., & Davis, G. (2005). Domestic Violence: Court Case Conviction and Recidivism. *Violence Against Women, 11*, 255-277.

Vigil, J. D. (1988). *Barrio Gangs: Street Life and Identity in Southern California*. Austin: University of Texas Press.

VigilA, J. D. (2002). *A Rainbow of Gangs: Street Cultures in the Mega-city*. TX: University of Texas Press.

Visher, C., LaVigne, N., & Travis, J. (2004). *Returning Home: Understanding the Challenges of Prisoner Reentry*. DC: Urban Institute, Justice Policy Centre.

Volavka, J., & Citrome, L. (2011). Pathways to Aggression in Schizophrenia Affect Results of Treatment. *Schizophrenia Bulletin, 37(5)*, 921-929.

Vold, G., Bernard, T., & Snipes, J. (2002). *Theoretical Criminology*. NY: Oxford University Press.

Wahl, A. M. G., & Eitle, T. M. (2010). Gender, Acculturation and Alcohol Use Among Latina/o Adolescents: A Multi-ethnic Comparison. *Journal of Immigrant and Minority Health, 12*, 153-165.

Walker, S., Higgs, P., Stoové, M., & Wilson, M. (2017). Narratives of Young Men with Injecting Drug Use Histories Leaving Adult Prison. *International Journal of Offender Therapy and Comparative Criminology, 62(12)*, 3681-3707.

Walker-Barnes, C. J., & Mason, C. A. (2004). Delinquency and Substance Use Among Gang-involved Youth: The Moderating Role of Parenting Practices. *American Journal of Community Psychology, 34*, 235-250.

Wallace, J. M., & Muroff, J. R. (2002). Preventing Substance Abuse Among African

American Children and Youth: Race Differences in Risk Factor Exposure and Vulnerability. *Journal of Primary Prevention, 22*, 235-261.

Walters, G. (1994). *Drugs and Crime in Lifestyle Perspective.* CA: Sage.

Walters, G. D., & White, T. W. (1989). Heredity and Crime: Bad Genes or Bad Research? *Criminology, 27*, 455-485.

Ward, J. T., Nobles, M. R., Youstin, T. J., & Cook, C. L. (2010). Placing the Neighborhood Accessibility – Burglary Link in Social-structural Context. *Crime & Delinquency, 60(5)*, 739-763.

Waroop, S., & Morenoff, J. D. (2006). Building Community: The Neighborhood Context of Social Organization. *Social Forces, 84*, 1665-1695.

Warr, M. (1996). Organization and Instigation in Delinquence Groups. *Criminology, 34*, 11-37.

Warr, M. (1998). Life-course Transitions and Desistance from Crime. *Criminology, 36*, 183-216.

Warr, M. (2002). *Companions in Crime: The Social Aspects of Criminal Conduct.* Cambridge, UK: Cambridge University Press.

Watson, A., Hanrahan, P., Luchins, D., & Lurigio, A. (2001). Mental Health Courts and the Complex Issue of Mentally Ill Offenders. *Psychiatric Services, 52(4)*, 477-481.

Webster, C. D., & Jackson, M. A. (eds.), (1997). *Impulsivity: Theory, Assessment, and Treatment.* NY: Guilford.

Weerman, F. M., Maxson, C. L., Esbensen, F., Aldridge, J., Medina, J., & van Gemert, F. (2009). *Eurogang Program Manual Background, Development, and Use of the Eurogang Instruments in Multi-site, Multi-method Comparative Research.* Retrieved from http://www.umsl.edu/~ccj/eurogang/Eurogang_20Manual.pdf.

Wegerhoff, D., Dixon, L., & Ward, T. (2019). The Conceptualization of Gangs: Changing the Focus. *Aggression and Violent Behavior, 47*, 58-67.

Weisberg, R. (2003). Norms and Criminal Law, and the Norms of Criminal Law Scholarship. *Journal of Criminal Law and Criminology, 93(2-3)*, 467-591.

Weisburd, D. (2015). The Law of Crime Concentration and the Criminology of Place. *Criminology, 53*, 133-157.

Weisburd, D., Groff, E. R., & Yang, S. M. (2012). *The Criminology of Place: Street Segments and Our Understanding of the Crime Problem.* NY: Oxford University Press.

Wellford, C. F., MacDonald, J. M., & Weiss, J. C. (1997). *Multistate Study of Convenience Store Robberies: Summary of Findings*. DC: Justice Research and Statistics Association.

Wells, L. E., & Rankin, J. H. (1991). Families and Delinquency: A Meta-analysis of the Impact of Broken Homes. *Social Problems, 38*, 71-93.

Weng, X., & Chui, W. H. (2018). Assessing Two Measurements of Self-control for Juvenile Delinquency in China. *Journal of Contemporary Criminal Justice, 34(2)*, 148-167.

Wheeler, S., Weisburd, D., & Bode, N. (1982). Sentencing the White-collar Offender – Rhetoric and Reality. *American Sociological Review, 47(5)*, 641-659.

Whitty, M. T. (2013). The Scammers Persuasive Techniques Model: Development of a Stage Model to Explain the Online Dating Romance Scam. *British Journal of Criminology, 53(4)*, 665-684.

Wikström, P.-O. H., & Treiber, K. (2016). Situational Theory: The Importance of Interactions and Action Mechanisms in the Explanation of Crime. In Piquero, A. R. (ed.), *The Handbook of Criminological Theory*, 415-444. Wiley.

Wikström, P-O. (2004). Crime as Alternative. Towards a Cross-level Situational Action Theory of Crime Causation. In McCord, J. (ed.), *Beyond Empiricism: Institutions and Intentions in the Study of Crime*. New Brunswick: Transaction.

Wikström, P-O. (2006). Individuals, Settings and Acts of Crime. Situational Mechanisms and the Explanation of Crime. In Wikström P-O., & Sampson Robert. J. (eds.), *The Explanation of Crime: Context, Mechanisms and Development*. Cambridge: Cambridge University Press.

Wikström, P-O. (2009). Crime Propensity, Criminogenic Exposure and Crime Involvement in Early to Mid-adolescence. *Monatsschrift für Kriminologie und Strafrechtsreform, 92*, 253-266.

Wikström, P-O. (2018). Situational Action Theory. *Oxford Research Encyclopedia (ORE) of Criminology and Criminal Justice*. Oxford University Press. http://criminology. oxfordre.com/.

Wikström, P-O., Oberwittler, D., Treiber, K., & Hardie, B. (2012). *Breaking Rules: The Social and Situational Dynamics of Young People's Urban Crime*. Oxford: Oxford University Press.

Wilcox, P., Gialopsos, B. M., & Land, K. C. (2013). Multilevel Criminal Opportunity. In

Cullen, F. T., & Wilcox, P. (eds.), *The Oxford Handbook of Criminological Theory*, 579-601. NY: Oxford University Press.

Wilcox, P., & Gialopsos, B. M. (2014). Crime-event Criminology: An Overview. *Journal of Contemporary Criminal Justice, 31(1)*, 4-11.

Wilcox, P., & Gialopsos, B. M. (2015). Crime-event Criminology: An Overview. *Journal of Contemporary Criminal Justice, 31*, 4-11.

Wiles, P., & Costello, A. (2000). The "Road to Nowhere": The Evidence for Travelling Criminals. *Home Office Research Studies, 207*. London: Home Office.

Willemse, H. M. (1996). Overlooking Crime Prevention: Ten Years of Crime Prevention in the Netherlands. *Security Journal, 7*, 177-184.

Williams, F. P., & McShane, M. D. (2017). *Criminological Theory*. NJ: Pearson.

Wilson, J. Q., & Kelling, G. L. (1982). Broken Windows: Police and Neighborhood Safety. *Atlantic Mnothly, 249(March)*, 29-38.

Wilson, J. Q., & Herrnstein, R. J. (1985). *Crime and Human Nature*. NY: Simon & Schuster.

Wilson, E. O. (1975). *Sociobiology: The New Synthesis*. MA: Belknap Press.

Windle, M. (1990). A Longitudinal Study of Antisocial Behaviors in Early Adolescence as Predictors of Late Adolescent Substance Use: Gender and Ethnic Group Differences. *Journal of Abnormal Psychology, 99*, 86-91.

Withington, P. (2014). Introduction: Cultures of Intoxication. *Past and Present, 222(9)*, 9-33.

Wolfe, D. T., Hermanson, D. (2004). The Fraud Diamond: Considering the Four Elements of Fraud. *The CPA Journal, December*, 1-5.

Wolfgang, M. E. (1957). Victim Precipitated Criminal Homicide. *The Journal of Criminal Law, Criminology, and Police Science, 48(1)*, 1-12.

Wolfgang, M. E. (1973). Cesare Lombroso. In Mannheim, H. (ed.), *Pioneer in Criminology*, 232-291. NJ: Patterson Smith.

Wolfgang, M. E., & Ferracuti, F. (1982). *The Subculture of Violence: Toward an Integrated Theory in Criminology*. CA: Sage.

Wong, I. W. J., Toh, D. P., Hung, P. P. L., & Ang, R. P. (2013). Delinquency in Gangs – Selection or Socialization? *Aggression and Violent Behavior, 18*, 784-791.

Wood, L., & Giles-Corti, B. (2008). Is There a Place for Social Capital in the Psychology of Health and Place? *Journal of Environmental Psychology, 28*, 154-163.

Wright, J. P., & Cullen, F. T. (2000). Juvenile Involvement in Occupational Delinquency.

Criminology, 38, 863-892.

Wright, J. P., Cullen, F. T., & Williams, N. (1997). Working While in School and Delinquent Involvement: Implications for Social Policy. *Crime & Delinquency, 43*, 203-221.

Wright, R. T., & Decker, S. H. (1997). *Armed Robbers in Action*. MA: Northeastern University Press.

Wu, L. (1996). Effects of Family Instability, Income, and Income Instability on the Risk of Premarital Birth. *American Sociological Review, 61*, 386-406.

Yablonsky, L. (1962). *The Violent Gang*. NY: Macmillan.

Zimmerman, G. M., & Messner, S. F. (2010). Neighborhood Context and the Gender Gap in Adolescent Violent Crime. *American Sociological Review, 75*, 958-980.

國家圖書館出版品預行編目資料

犯罪學與犯罪預防／林滄崧著. ——初
版.——臺北市：五南圖書出版股份有限公
司, 2023.10
面；　公分
ISBN 978-626-366-630-6（平裝）

1.CST: 犯罪學　2.CST: 犯罪防制

548.5　　　　　　　　　112015706

1V28

犯罪學與犯罪預防

作　　者 — 林滄崧（133.6）

發 行 人 — 楊榮川

總 經 理 — 楊士清

總 編 輯 — 楊秀麗

副總編輯 — 劉靜芬

責任編輯 — 林佳瑩

封面設計 — 陳亭瑋

出 版 者 — 五南圖書出版股份有限公司

地　　址：106台北市大安區和平東路二段339號4樓

電　　話：(02)2705-5066　　傳　　真：(02)2706-6100

網　　址：https://www.wunan.com.tw

電子郵件：wunan@wunan.com.tw

劃撥帳號：01068953

戶　　名：五南圖書出版股份有限公司

法律顧問　林勝安律師

出版日期　2023年10月初版一刷

定　　價　新臺幣680元

經典永恆・名著常在

五十週年的獻禮 —— 經典名著文庫

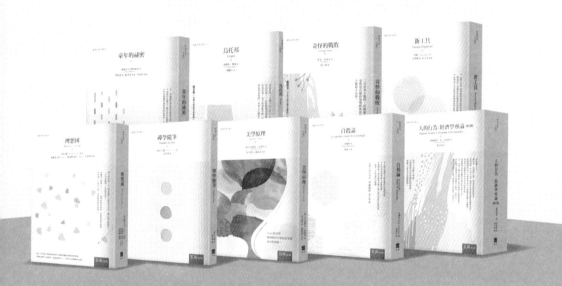

五南，五十年了，半個世紀，人生旅程的一大半，走過來了。
思索著，邁向百年的未來歷程，能為知識界、文化學術界作些什麼？
在速食文化的生態下，有什麼值得讓人雋永品味的？

歷代經典・當今名著，經過時間的洗禮，千錘百鍊，流傳至今，光芒耀人；
不僅使我們能領悟前人的智慧，同時也增深加廣我們思考的深度與視野。
我們決心投入巨資，有計畫的系統梳選，成立「經典名著文庫」，
希望收入古今中外思想性的、充滿睿智與獨見的經典、名著。
這是一項理想性的、永續性的巨大出版工程。
不在意讀者的眾寡，只考慮它的學術價值，力求完整展現先哲思想的軌跡；
為知識界開啟一片智慧之窗，營造一座百花綻放的世界文明公園，
任君遨遊、取菁吸蜜、嘉惠學子！